U0524104

雅众
elegance

智性阅读　诗意创造

雅众·电影

陆上行舟

赫尔佐格

Werner Herzog
A Guide for the Perplexed
Conversations with Paul Cronin

谈电影

[德] 维尔纳·赫尔佐格　[英] 保罗·克罗宁　著　　　　黄渊　译

中信出版集团 | 北京

图书在版编目（CIP）数据

陆上行舟：赫尔佐格谈电影/（德）维尔纳·赫尔佐格,（英）保罗·克罗宁著；黄渊译.—北京：中信出版社,2023.4
书名原文：Werner Herzog: A Guide for the Perplexed
ISBN 978-7-5217-5344-8

Ⅰ.①陆… Ⅱ.①维…②保…③黄… Ⅲ.①赫尔佐格－访问记 Ⅳ.①K851.657.8

中国国家版本馆CIP数据核字(2023)第027117号

WERNER HERZOG: A GUIDE FOR THE PERPLEXED:
CONVERSATIONS WITH PAUL CRONIN ©Werner Herzog, 2014
Commentary and "Visionary Vehemence" ©Paul Cronin, 2014
Foreword ©Harmony Korine, 2014
"Shooting on the Lam" ©Herbert Golder, 2014
Afterword ©Lawrence Krauss, 2014

Simplified Chinese edition copyright © 2023 Shanghai EP Books Co., Ltd.
This translation published by arrangement with FABER AND FABER Ltd.
through Big Apple Agency, Inc., Labuan, Malaysia.
All rights reserved.
本书仅限中国大陆地区发行销售

陆上行舟——赫尔佐格谈电影
著者： [德]维尔纳·赫尔佐格 [英]保罗·克罗宁
译者： 黄渊
出版发行：中信出版集团股份有限公司
（北京市朝阳区东三环北路27号嘉铭中心 邮编 100020）
承印者： 山东临沂新华印刷物流集团有限责任公司

开本：889mm×1194mm 1/32 印张：22.25 字数：410千字
版次：2023年4月第1版 印次：2023年4月第1次印刷
京权图字：01-2023-1297 书号：ISBN 978-7-5217-5344-8
定价：118.00元

版权所有·侵权必究
如有印刷、装订问题，本公司负责调换。
服务热线：400-600-8099
投稿邮箱：author@citicpub.com

前　言

维尔纳·赫尔佐格讨厌鸡。这是个事实，也是一个贯穿他作品的主题。他讨厌鸡，我很清楚这一点。他之所以一直以来都是我最钟爱的电影导演，这也是原因之一。因为我也讨厌鸡。第一次看《侏儒流氓》(*Even Dwarfs Started Small*) 的时候，我就知道，我将来也要拍电影。这种感觉，在此之前我只经历过一次：那时候我年纪还很小，看的是 W.C. 菲尔兹[1]的作品连映，边上坐着一个害了严重肺气肿的男人。我实在无法想象，究竟是什么样的人，能有那么疯狂的想法。我也无法理解，为什么那些侏儒能整部电影从头到尾笑得那么厉害。直到我跟这位了不起的人物相识之后，这才发现，答案其实非常明显。他那些想法，全都出自某个幽深之处。在那个地方，形式逻辑与学院式的思维，全都没有存在的必要。他是一位纯粹的艺术家，也是个疯子。这世上再不会有第二个像他这样的人。他发明了属于他自己的电影宇宙，在

---

[1] W.C. 菲尔兹（W.C. Fields）：美国演员、导演。（本书注释除特殊标明的以外，皆为编注。）

这宇宙中，由混沌与残屑中，诞生出了纯粹的诗意与最深刻的启迪。赫尔佐格的影响力无可否认。他是真正的电影偶像。他是个士兵。他不是鸡。

哈莫尼·科林[1]

---

[1] 哈莫尼·科林（Harmony Korine）：美国独立导演。导演作品有《驴孩朱利安》（*Julien Donkeyboy*）、《孤独先生》（*Mister Lonely*）等。赫尔佐格很喜欢他的电影，并在其中客串过。

目 录

澎湃不息的远见   1

第一章：浴帘   49
遗失的西部片 / 大力士 / 沙中的游戏 / 德意志克洛伊茨要塞史无前例的防御

第二章：亵渎上帝与海市蜃楼   103
生命的标记 / 最后的话 / 提防狂热粉丝 / 东非飞行医生 / 复杂蜃景 / 侏儒流氓

第三章：适当的意象   147
残缺的未来 / 沉默与黑暗的世界 / 阿基尔：上帝的愤怒

第四章：竞技与美学   199
木雕家斯泰纳的彻底忘我 / 没人愿意和我玩 / 卡斯帕·豪泽之谜 / 玻璃精灵

第五章：正统性   235
一只土拨鼠能咽下多少木头 / 史楚锡流浪记 / 苏弗雷火山 / 诺斯费拉图 / 沃伊采克

第六章：挑战地心引力   289
上帝的怒汉 / 休伊布道 / 陆上行舟 / 小兵之歌 / 发光的山

第七章：无赖电影学院   335

第八章：遐想与想象   387

绿蚂蚁做梦的地方 / 非洲黑奴 / 高卢人眼中的法国人 / 沃达比：太阳的牧民 / 来自昏暗国度的回声 / 乌代布尔王公的古怪私人剧场 / 石头的呐喊

第九章：事实与真相   435

黑暗课程 / 来自深处的钟声 / 将世界转变成音乐 / 五种死亡的声音 / 小迪特想要飞 / 希望的翅膀

第十章：热情与悲伤   495

我最亲爱的魔鬼 / 上帝和负荷 / 朝圣 / 纳粹制造 / 一万年年华老去 / 时间之轮 / 白钻石

第十一章：烧保险丝   539

灰熊人 / 浩渺的蓝色远方 / 重见天日 / 在世界尽头相遇 / 坏中尉

第十二章：生命之歌   587

儿子，你都干了些什么 / 忘梦洞 / 快乐的人 / 人类黎明颂 / 凝视深渊 / 死囚 / 须臾之间

诗十首 641

附录：

关于德国的思考 655
明尼苏达宣言 678
亡命天涯拍电影 680
跋 695

澎湃不息的远见
有关维尔纳·赫尔佐格的十点想法

"人生就是与全世界为敌。"
　　　　　　　　　　　　保罗·鲍尔斯[1]

"勤勉是亵渎圣灵的罪。唯有行走中获得的想法才有价值。"
　　　　　　　　　　　　尼采

"艺术家是被魔鬼驱策着的人。他不清楚魔鬼为何会选中自己,而且一般也懒得去知道原因,他实在是太忙了。"
　　　　　　　　　　　　威廉·福克纳

"想要戒烟,唯一的办法就是,不再抽烟。"
　　　　　　　　　　　　维尔纳·赫尔佐格

1　保罗·鲍尔斯(Paul Bowles):美国作曲家、作家。

我第一次跟维尔纳·赫尔佐格见面，是在伦敦市中心一家颇具风格的宾馆里，那是一间布置豪华的客房起居室。我们花了好几个小时，兜着圈子地讨论合作一本访谈录的事。第二天一早我又去了那儿，我们边吃早饭，边接着聊。他究竟会不会答应？"我把各方面的因素都想了一遍。"他语速缓慢，但语气十分肯定。话说到一半，他不慌不忙地把涂满黄油的面包，放在了盘子上。顿了半分钟，他又慢悠悠地喝了一大口咖啡，然后紧紧盯着我的眼睛。"觉得最好还是同意跟你合作。"我顿时松了一口气。"但趁这星期我人在伦敦，有件事得先办掉。"

"任凭差遣。"

"我想去看一场阿森纳的比赛。"

第二天，我涉足了一个全新的领域。我游荡于某些黑暗小巷，从黄牛手里购买球票。一周之后，我又去了靠近厄普顿公园的某间酒吧，和赫尔佐格还有他妻子莉娜一起，喝着健力士啤酒。我们刚看了西汉姆跟阿森纳的比赛（谁输谁赢我现在已经不记得了）。"26号，那是个很有脑子的球员。"赫尔佐格对我说，"他叫什么来着？"这问题我可答不上来。于是他转过头去，向我们边上站着的那位身材发福、已喝到微醺的绅士还有他的伙伴请教。"那是乔·科尔（Joe Cole）。"对方告诉我们，"现如今最优秀的球员之一，才十八岁。""确实。"赫尔佐格答道，"他很懂怎么利用自己周围的空间，哪怕是无球状态下。用不了多久，他就会进国家队的。"后来的事证明，赫尔佐格对于足球的认识，毫不亚于他在各类电影相关事物上的认知。那之后没过多久，乔·科尔就被选入了英国国家队[1]。又过了几周，某个晴天的清晨，我又去了他洛杉矶的家里，那是在好莱坞山（Hollywood Hills）地区，闹中取静，整个居室布置简朴，格外通风。我们坐在客厅里，看着电视里转播的拜仁慕尼黑和AC米兰的比赛。这一战对双方都很关键，所以客厅里也是气氛凝重。赫尔佐格紧张地不断抽烟，还和我一起吃着多力多滋薯片。拜仁在最后时刻扳平了比分，为我们之后的对谈打下了良好基础。那是我们一系列对谈中的第一次，这些对谈加在一起，便有了后来的这本书。要问这本书——它是最接近于赫尔佐格自传的一种替代品——是否能做到完整论述他的生平与作品，这问题可不太容易作答。我时常会想到，倘若自他事业起步之初，我就能每隔几年去采访他一次（当然，这实际上并不可能，因为他入行约十年之后，我才刚刚降生），那样的话，这本书又会变成什么样？书中所呈现的赫尔佐格，又会有何不同？如果让他想到什么就说什么，那么，书中原本很有用处的那些内容，那些以他无穷无尽的构想与原则为焦点的东西，是否会被取代，让位给他在那些风景中拍摄时所遇上的各种奇闻逸事？赫尔佐格面对自己大多数作品时的距离感［如今距其首作《遗失的西部片》（*A Lost Western*）的拍摄，已过了五十余年，他已拍过六十多部电影，书也写了好几本］，是否反而能产生某种更具积淀效果的整体观感？

有两件事，我可以很肯定地告诉你。第一，赫尔佐格的记忆力很好。他最出名，也是他最近的一次演出经历，是二〇一二年由汤姆·克鲁斯主演的枪战片《侠探杰克》（*Jack Reacher*）。影

---

[1] 所有英国球员里，赫尔佐格最喜欢鲍比·查尔顿（Bobby Charlton），"令足球回归其简单本性的天才球员"，这是他对查尔顿的评价。位居第二的是格伦·霍德尔（Glenn Hoddle），赫尔佐格说他能让"球场上发生大地震"。——原书注

片在匹兹堡拍摄。某天下午,赫尔佐格借了辆车,由拍摄现场开出去好几里地。他去了附近一处郊野,五十年前,赫尔佐格曾在那儿住过几个月,在此之后便再也没来过匹兹堡。由市里开到那处郊野,路线相当复杂。尽管如此,他还是一下子就找到了那栋房子。"完全都还记得,"赫尔佐格说,"印象很深刻,通往车库的地方,有一段后来才有的楼梯,还让我撞了一下。"波士顿大学古典文学教授赫布·戈尔德(Herb Golder)是赫尔佐格信任的伙伴,也经历了他好几部电影的拍摄工作。他记得,当初拍《希望的翅膀》(*Wings of Hope*)时,他们在利马一家宾馆里开了次协商会。"他凭记忆画了一幅地图,图上那些地方,与电影故事息息相关。那里有你所能想象到的最浓密的热带丛林,而且他已经有二十七年没去过那地方了,包括坠机的地点以及蜿蜒流经孙嘉洛、谢邦亚地区,最终汇入尤亚皮奇斯河的帕奇特阿河支流。第二天,我们把他画的图和一张实际地图做了比较,发现他对地形地貌的再现,几乎可以用完美来形容。这张他草草画成的地图,我至今都还保留着。现在再拿出来看,我觉得那就像是某种蓝图,象征着伟大的电影制作所必需的那种对于景观的感觉和对空间的感知。"

第二点就是,对于精力旺盛的维尔纳·赫尔佐格来说,如果你想要彻底了解他,唯一存在可能的途径,那就是(首先得)隔三差五地钻进他脑袋里去攀爬一番,看看他那些想法究竟出自何处;随后,还要在他拍摄一连串作品(这里面既要有虚构作品,还得有非虚构作品)的过程中,近距离去观察他;(其次还得)手里拿好麦芽啤酒,站在他家的花园里,观察一下他腰系围裙在烧烤炉前煎羊排的过程,或是在他们家的大肥猫"胖子多米诺"晃来走去的时候,跟他们夫妻俩一块儿喝点她做的西伯利亚蘑菇汤。很遗憾，上述这些事情，至今为止我也只做过其中之一，暂且没见过有谁能做全过。基于这一点，本人给这本《陆上行舟：赫尔佐格谈电影》的终审意见就是：目前而言，它是最好的一本。

任何时候，只要维尔纳·赫尔佐格一施展本领，我们便可期待，由他口中迸出各种出人意料、无可比拟、熠熠生辉的高见，外加各种如宝石般闪闪发光的独特措辞。本书收入这些访谈，想要做的就是，抓住他面对身边那些景、物、书、艺、诗、乐、文、电影、观点和人物时，内心所产生的激昂情绪。然后再写一下他的消遣、信念与判断，希望能带来一些"心灵震撼"。如果说荷尔德林是把他身边的世界转化成了文字，那赫尔佐格一直以来所做的，就是将他自己的体验转化为声音与画面。这本书的主人公是研究电影时不可或缺的重要人物，但这其实只是我们写这本书的附带价值，更重要的其实还是在于，他是一个能让人受益匪浅，能给人带来彻底改变的谈话对象。

直觉

这些年来，这本书——它最初的版本诞生于二〇〇二年，当时名为《赫尔佐格谈赫尔佐格》(*Herzog on Herzog*)——似乎为赫尔佐格的公共形象的塑造，尽了一份绵薄之力，而且已成了某种另类的自助式书籍。常有人对我说，这本书在他们心目中如何意义重大、令人精神焕发、鼓舞人心（赫尔佐格不喜欢鼓舞人心这个词，他觉得这说法会让他听着"太像是一个传道者"）。有人称此书为"圣典"，《新闻周刊》也兴奋地表示，它是"我国各所电影院校都应必备的指定教科书"。当然，我们确实能从赫尔佐格这儿学到不少电影方面的东西。他拍了一辈子电影，谈到电影制作之苦，他能说出走哪一条路遇到的艰难险阻会最少，他能告诉我们，如何才能做到扬长避短。但光看这本书，你没法学到太多有关焦距、布光和故事结构的东西。比如说，赫尔佐格关于电影语法的解释，就不涉及电影胶片、景别和剪辑技巧的相关细节。他谈得更多的，反而是牛仔为什么从不吃意大利面。同样道理，虽然学术界针对赫尔佐格作品的关注与研究，这些年来与日俱增，但在本书中，你也找不到能在这方面予人启示的精妙理论分析。赫尔佐格一直拒绝诠释（荷尔德林说过，"人在做梦时，和上帝是平等的，而当人思考时，还不如乞丐"），而我由一开始就很清楚这一点，所以从未要求他做过任何自我诠释。相反，他以清晰优雅的文字，描述了自己拍摄前后的各种行事方法。有一点他说得很清楚，那就是，针对他作品的任何调查研究，如果想要合格，那就一定得弄清楚，那些作品是何时何地拍摄、在何种条件下拍摄、由谁参与拍摄的；厘清这些，由此出发的调查研究，才能算是合格。

与他一起筹划本书的过程中，到了收尾阶段，有一次碰面时，赫尔佐格提醒我要特别注意某几个小节。它们涉及的一些材料，无一例外，都是他针对自己作品所给出的某种泛泛的解释（想来应该是在他精神较差的那些时刻里给出的）。重审手稿的过程中，出于直觉，赫尔佐格一眼就瞄准了这些内容，做了大幅删减——感觉就像是担心它们有可能会弄脏整本书。自己拍过的电影及电影里的人物，它们可能会有什么"意义"，在这方面，他是能躲多远就躲多远。某次，赫布·戈尔德拿了一本市面上出版的关于他作品的专著给他看，赫尔佐格二话不说就把它扔进了垃圾桶，"这跟我毫无关系。"他说。他的书架上摆着不少艺术书——希罗尼穆斯·博斯[1]、约翰·马丁[2]、阿尔布莱希特·阿特多弗尔[3]——此外还有些文学选集，那是他心目中少数几位具有分量的作家——荷尔德林、克莱斯特（Kleist）、库尔曼（Kuhlmann）、蒙田、修昔底德、维吉尔——此外就是二十册《牛津英语词典》以及安德森和迪勃翻译的那几卷《佛罗伦萨抄本》（*Codex Florentino*）了。至于他自己写的书，有些也留了几本在书架上，但关于他的电影的书，一本都没有。

赫尔佐格曾和我说起过，有次他遇到一位挪威跳台滑雪冠军，那个赛季里，他所向披靡。"他正巧还是个建筑系学生，第二年写的论文，内容就是如何搭建滑雪跳台。所以第二个赛季里，他满脑子想的尽是那些鬼东西，结果，整个赛季颗粒无收。"在赫尔佐格看来，原本的平衡中，一旦加入这类冥想，太过投入，开始自我诠释，那平衡就会被打破，创造力就被迫靠边站。最低限度地来讲，那也会让创造力变得暗淡。他觉得，相对纯粹理性而言，电影——和音乐一样——与想象之间的关系，才来得更为深层。虽然他对这世上的理性主义者，无疑都抱持敬意，但相比之下，不加掺杂的直觉，才是他心目中那盏更为明亮的指路明灯。在这方面，理性分析永远都不可能产生类似作用。换句话说，拍摄新作品永远都要比谈论旧作品，来得更为重要。"访谈几乎毫无意义。"他在一九七九年时就说过，"不管是对观众而言，还是对我自己来说，都没什么帮助。我宁可观众自己带着十分直接、清晰、开放的态度，来对待他们在大银幕上看到的东西。"曾有研讨会

---

[1] 希罗尼穆斯·博斯（Hieronymus Bosch）：十五至十六世纪的荷兰画家。

[2] 约翰·马丁（John Martin）：十八至十九世纪的英国画家。

[3] 阿尔布莱希特·阿特多弗尔（Albrecht Altdorfer）：文艺复兴时期德意志画家、建筑师。

组织者问过我，如果他们办个圆桌会议，讨论一下赫尔佐格的作品，顺便表彰一下他过往的成就，他本人是否会愿意出席。我的答复就是，只能说希望渺茫，而且首先还得看他那天有没有工作。

不懈

赫尔佐格的影史地位早已稳如泰山，但一直以来，相对他那份"超越电影"的强烈好奇心和痴迷心，那些电影更像是某种副产品。极其繁杂的广泛兴趣，一直令他获益良多，它们本有可能将他推向数学、哲学、考古、史学、烹饪、蚂蚁训练（参见第八章）、足球或是科学［正如劳伦斯·克劳斯（Lawrence Krauss）在本书后记中所表达的］等各个方向，但多才多艺的他最终还是选了电影。可是，从某种程度上来说，这与本书所要讲述的故事，并无关系。本书要讲的，是一个关于奉献、激情和决心的故事。故事里的这个男人，一直都在对抗他肩负的沉重责任感，而且（几乎）总能获得胜利，卸下这副担子。单就这一条理由，他就值得我们关注。

赫尔佐格的职业道德和干劲，几十年如一日，始终给人留下深刻印象。而他持续保持创造力并且不断催生新想法的能力，也让旁人觉得振奋。拍《陆上行舟》（*Fitzcarraldo*）时，他以极小号字体写下的日志——这让人想到罗伯特·瓦尔泽[1]的作品——事后被结集出版，即为《无用功》（*Conquest of the Useless*）。书中有处记载相当精彩：在利马上演的那场纯属想象的足球比赛中，赫尔佐格努力想把己方和对方的球员分清楚。原本，一方换身颜

---

1 罗伯特·瓦尔泽（Robert Walser）：瑞士作家，被认为是二十世纪最被低估的德语文学大师。在世时读者稀少，但备受穆齐尔、本雅明、卡夫卡、黑塞等大作家推崇。

色差别大些的球衣,便可解决问题,但裁判拒绝叫停比赛。于是赫尔佐格得出结论:"想要赢下比赛,唯一的希望就是,我自己一人包办所有的事……战胜场上每一个人,包括我方球员在内,非得这样才行。"放到他的那些电影里,用他的话来说,持续催生这种能量的,正是那些"入侵他家的不速之客",那些偷偷潜入他头脑之中的想法,需要他用一个剧本、一部电影或是一本书的形式,来将它们制服。光靠拍电影,还不足以带给他这样的慰藉。那既是一种幸福,也是种负担。他从来都不用担心,自己下一部作品的好构思会不会自己冒出来。因为不管他自己乐意与否,根本无须等到手头这部完成,下一个令人怦然心动的想法,早已在那儿等着了。赫尔佐格在书里写到过,汽船循山而上的画面,紧紧抓住了他,那力量之大,就像是"正将獠牙插入小鹿身体的猎犬身上,那股狂乱的疯劲"。细细想来,过去五十年里他投身其中的所有那些项目,每一个都有着不亚于此的迫切性。正如大卫·马麦特(David Mamet)说过的,"那些能够'有所依赖'的人,无一例外地都会选择依赖。他们自始至终就是那么打算的。所以才会给自己备好能够依赖的东西。而那些别无选择的人,他们会用不同的方式去看这世界。"

大约十五年前,当我刚着手这一项目时,赫尔佐格尚未获得如今这般高高在上的江湖地位。过去二十年里,他一直住在美国西海岸,最近这些年,更是住得距离好莱坞不过数里之遥。但在这里,他是他自己的主人。当有些人望眼欲穿地等待经纪人来电时,赫尔佐格却几乎不怎么理会他经纪人的消息。("之前有好几十年,我压根就没经纪人,即便是现在,其实我也并不需要。")相比电影同行,他更爱与农夫、机修工、木匠、酿葡萄酒的工人为伍。身处加州,他摆脱了欧洲人的刻板束缚,但仍在智识与情感层面保持着与祖国的强有力纽带。赫尔佐格的精神导师洛特·艾斯纳（Lotte Eisner）曾在一九八二年，即她去世的前一年，如此评价赫尔佐格："他代表着德国人这个词所能包含的最好的意义。和瓦尔特·冯·德·沃格尔韦德[1]以及他的情诗《菩提树下》（*Under the Lime Tree*）一样，代表着德国；和瑙姆堡[2]大教堂简朴、优美的雕塑，还有班贝格[3]的骑士塑像一样，代表着德国；和海涅的抒情诗《悲歌》一样，代表着德国；和布莱希特的《溺水的少女》（*Ballad of the Drowned Young Girl*）一样，代表着德国；和第三帝国试图毁掉的巴尔拉赫[4]的那些大胆的木雕一样，代表着德国；和勒姆布吕克[5]的《下跪的女人》（*Kneeling Woman*）一样，代表着德国。"

如今，也有够胆量冒险的电影公司高层，会亲自上门拜访，试着怂恿他参与某些更为常规的项目——虽然按照安东尼·莱恩[6]的说法，这件事的关键"不在于赫尔佐格出卖自己，而是好莱坞想要过来收买他"。作为特柳赖德电影节的联合创始人（二〇一三年，以维尔纳·赫尔佐格命名的戏院，在当地落成揭幕），与赫尔佐格志同道合的汤姆·勒迪（Tom Luddy）也用"流行偶像"一词来形容赫尔佐格。他这一生，早已见证了数不胜数的各种流行风向的生生灭灭，如今自己也一如他当年所预言的那

---

1 瓦尔特·冯·德·沃格尔韦德（Walther von der Vogelweide）：中世纪游吟诗人。
2 瑙姆堡（Naumburg）：德国萨克森-安哈尔特州萨勒河畔的一个镇。
3 班贝格（Bamberg）：德国巴伐利亚州直辖市。
4 恩斯特·巴尔拉赫（Ernst Barlach）：德国表现主义雕塑家、作家。早先支持"一战"，但在参战后其态度发生转变，并在其后创作了一系列反战的雕塑作品。纳粹上台后，他的多数作品因被视为"堕落的艺术"而遭查处和没收。
5 威廉·勒姆布吕克（Wilhelm Lehmbruck）：德国雕塑家。
6 安东尼·莱恩（Anthony Lane）：《纽约客》影评人。——译者注

样，迈入了主流世界，盛名遍及世界各地。"我相信世人会慢慢熟悉我那类电影的。"早在一九八二年时，他就这么说过。赫尔佐格也坦然承认，那些他所尊重的人，能够赢得来自他们的敬意，那也算是助力他继续前行的某种力量。退一万步说，这至少也能暂时帮他减轻些负担。但是，他对自己能力的信心，这些年来从未怎么衰减过。因此，他电影事业所历经的各种巅峰与低谷——这种峰谷，其本质就是职业影评人与购票入场的广大观众对于他作品的态度——在本书这些对谈之中，基本都未怎么触及。赫尔佐格对于这种大合唱，从来都不怎么在意。他又有什么理由要去在意呢？与其说他对那些人心存敌意，还不如说是漠不关心。不管到了什么时候，不管遇到什么障碍，他在拍电影和写书这两件事上的强烈需求，都胜过其他任何事。

在本书中，通过介绍每部作品的拍摄背景和制作过程，赫尔佐格也给出了关于形式、结构和（以间接方式得到呈现的）意义的细节。在我们的对谈中，他针对各种技巧、想法和原则，给出明确表述，在此过程中，他观察世界的方式，也逐渐变得清晰起来。用他自己的话来说，他的"信条"，那"就是电影本身，还有我拍电影的能力"。特吕弗曾解释过，拍电影就像是驾船出海，导演负责掌舵，要始终努力避免遭遇海难（在他那本希区柯克对话录里，他将这一过程称为"布满了陷阱的迷宫"）。随风浪颠簸不休，这本就是电影制作的一部分，只有业余的外行才会怨天尤人。（"我不习惯抱怨。"在电影《驴孩朱利安》里，赫尔佐格对他儿子说过这样的台词，"赢家不打哆嗦。"物理学家劳伦斯·克劳斯也说过："宇宙之存在，并非要让我们开心。"）总而言之就是一句话：想要出海，就得有沉船的准备。或者用赫尔佐格的话来说，拍电影"定会造成痛苦"，而他本人正是不断累积的各种羞辱与失败的产物。本书探讨了电影从业者的日常经验和艰辛付出，强调了坚持自我对于我们每一个人来说的重要性，同时还指出了拍电影这件事，其本质在于信念而非金钱。通过上述这些，本书为读者所提供的，是一份海底的斜面地形图，意在助你成功穿越暗礁，应对每天都有可能会遇上的各种天灾人祸。

这并非出于巧合，在他那所突破各种禁忌、为期仅仅三天、具体教程具有强烈偶然性的"无赖电影学院"（Rogue Film School）里，赫尔佐格在即兴发挥的讲课过程中，作为基础、贯穿始终的，恰恰也是上述这些想法。尼采告诉我们，"不能催生出行动来的写作，全都毫无用处。"本着相似的态度，赫尔佐格也认为，他办学的终极目标，是学以致用，而非为学而学。在这方面，我有理由相信他已获得成功，而这也让那些对他充满敬畏之情的年轻参与者十分高兴。针对什么是电影人，以及漫漫前路上每次转身都会遇上阻碍时，电影人又该怎么应对，他以学习如何伪造文书和溜门撬锁为象征，做了一番充满煽动力的表述，让人看见他别出心裁、不怕丢人、不知疲倦的破冰者形象。《陆上行舟》开场不久，莫莉和布莱恩历经两天两夜的航行，由伊基托斯抵达马瑙斯。他们冲进歌剧院的时候，莫莉有句台词："这男人没票。"但她坚称，菲兹卡拉多（Fitzcarraldo）享有的，是一种精神权利，他理应获准入场，亲眼一睹他心中的英雄卡鲁索，聆听他的演唱。基于这样一种精神，赫尔佐格也相信，对于一名正处在工作状态中的电影人来说，偶尔犯些小错误，反而能维持自然法则不受侵扰地顺利运作。为达这种目的，他提议，去窃取那些你绝对必不可少的东西。而这也是他自己所特有的一种长期生存的战略。

在"无赖电影学院"的整个周末，他回答听众的提问，开启了数十年电影制作经历积累的故事宝盒,一件件往事细细回忆,娓娓道来。在此过程中,上述想法也变得更为清晰。翻看二〇一〇年六月时我在"无赖电影学院"做的笔记,其中有一段写着:"拉斐尔谈到他在切尔诺贝利拍摄时破坏了数条规章制度。赫尔佐格惊呼'那恰恰是一种非常优秀、非常无赖的态度'。"这一切,或许都可以归结到艾伦·格林伯格(Alan Greenberg)在《玻璃精灵》(*Heart of Glass*)拍摄现场录得的那句赫尔佐格妙语:"工作就摆在那里,等着去做,但我们会把它做好的。光看外表,我们像是强盗。可在内心,我们会穿上神父的长袍。"有一点我可以肯定,赫尔佐格和我遇到的那些"无赖电影学院"的参与者,他们始终能做到彼此谅解。一方面,前者完全无视传统意义上的电影学院;另一方面,这后一群人都是自愿加入,否则按着他们这种赫尔佐格式的性格脾气,即便收到入学邀请,也会轻轻地扔回去,扔在他们心目中这位英雄的脸上。

这所电影学院——其重中之重,在于对自身"内心风景"的探寻——是一剂强烈的兴奋剂,那感觉就像是兜头泼你一桶冰水,能起到强烈效果。它的存在让我们相信,赫尔佐格强烈的好奇心和他对这世界的爱,他对这星球上各种未知领域的探索,他在研究调查时永不满足的心理,他贪婪的胃口和强烈的信念,他对各式各样的混沌状况的痴迷,时至今日,这些全都不但毫无衰减,反而越变越强。这所临时性的学校,是他多年工作的经验积累,通过它,赫尔佐格将过往四十年里曾在各种访谈中浮现过的想法,逐一沉淀下来,肯定这些想法与当下的关联性,对其重新调整打磨。在此过程中,赫尔佐格超越了他以往被赋予的多重化身。那个"新德国电影"运动的中流砥柱,早已被人取代。那个《陆上行舟》种种丑闻的始作俑者,已成为过去。那个曾为克劳斯·金斯基（Klaus Kinski）拍了五部电影的导演（最后的那部，已是四分之一世纪前的事了），或多或少也已不在。如今依然存在着的，是一位足智多谋、乐观向上的电影人，他依然不断走强，引领我们付诸行动，教会我们如何战胜邪恶力量，处处身先士卒。"我用大量哲学武装自己，数量多到足以应付这些年来所遭遇过的任何事情。"赫尔佐格说，"我总能成功解决问题，无论遇上的究竟是些什么事。"

旅行癖

赫尔佐格的同情心细致入微，他是一位懂得体贴人、要求严格、治学勤勉、通晓多国语言的诗人。在翻译自己以及旁人作品时，他懂得词与词之间的细微差别；不光是德语，还有英语以及包括古希腊语在内的别的语言。赫伯特·阿赫特恩布施（Herbert Achternbusch）说赫尔佐格"对于文字上瘾"；在本书中，赫尔佐格自己也怀疑过，"相比导演，我可能当作家会来得更好。"但就是这同一个人，也曾在一九八八年伦敦国家电影院举办的一次公开见面活动中，先是针对《陆上行舟》拍摄过程中某些荒唐可笑的说法，表示无法接受，继而情不自禁地告诉在场观众，"如果你们不相信我说的，我们可以出去，到大街上去，用拳头来解决问题。我也没别的证据了，只有靠我这身子骨来证明了。"赫尔佐格处理一切事情的方式，都是大无畏的先驱者、探路人才会采取的方式。正如他在一九八二年的一次访谈中所解释过的，他"不想生活在一个再也没有狮子存在的世界里"。七十岁的他，如今依然身手灵敏，走路习惯三步并作两步。在他看来，所有能触摸得到，肉体能感受得到的东西，都更有长处。他和这世界打交道的方式，靠的是个人体验，而非基于意识形态。对他来说，电影更像是竞技，而非美学［摄影师艾德·拉赫曼（Ed Lachman）说过："最强有力的，是画面的内容，而非围绕何为画面的形式主义之争。"］。

赫尔佐格过日子，从来都没假借过他人之力。他向来都无法接受久坐的生活，随时随地都做好打点行装的准备，很多时候自己都不清楚下个月会身处何方。对一个新地方展开调查，这能带给他莫大的喜悦，一直以来，这也是他个体存在的一个特征，甚至比他拿摄影机的日子还要历史悠久。对此，德国人习惯用一个词来形容：Fernweh，翻译过来就是"对远方的向往"（赫尔佐格说他是唯一一个在全世界七大洲都拍过电影的人，这说法或许挺靠谱的）。那些遥远的人和地方，无论有多么不友好，总会是他获得灵感的重要来源。他说过，如果有个机会摆在他面前，能去完成一次特别的单程探险，超越平流层，去寻觅那些无瑕的画面，那他绝不会放过这样的机会。对于这番话，我们完全没有任何理由去怀疑。他善于发现各种抒情的、非凡的东西——这种本领我们常能从他作品里看到。["我们感谢美国国家宇航局对于诗意的领会能力。"赫尔佐格在《浩渺的蓝色远方》(*The Wild Blue Yonder*) 结尾告诉我们。光凭这一句，或许就能让那些说他不懂何为讽刺的人彻底闭嘴了。]凭着这种本领，先是各种基于本能的体验获得消化吸收。随后，故事、人物与剧情各自成型，画面自己便生成了，而且其精准性与迫切性，都让赫尔佐格显得更像是个誊写员，而非作者本人。落实剧本——他的剧本常以非常规的形式呈现出来，那也是他想要建立一种新的文学形式的努力的一部分——的目的只有一个，为了筹集拍摄资金。他从不需要依靠这些剧本来实现自己的想法。瓦格纳曾这样形容过自己的创作过程："记录详细乐谱更像是一件平静、经过细心考虑的收尾活，而真正的创作过程，都发生在那之前。"

传说，在旅行的时候，向来都不会踌躇犹豫的赫尔佐格，会主动去寻找最猛的湍流和最变化莫测的水面。("那斜坡看着可能不值一提，"费兹卡拉多说，"但它会成为我的宿命。")曾与他有过长期合作的摄影师彼得·蔡特林格（Peter Zeitlinger）坚持认为，"赫尔佐格从不走康庄大道，总爱走无人小径。"而且他还觉得，赫尔佐格"可能由青春期中段开始，就一心想要死得轰轰烈烈、诗情画意"。扎克·佩恩（Zak Penn）曾两度执导过由赫尔佐格亲自出演的电影，在他看来，"身体力行的冒险家，类似这样的重要角色，赫尔佐格在各方面都很符合。我们也通过他，间接地获得这种体验，并且希望自己也能拥有他那样的勇气。他是个完人，是个神话里的英雄。"[宝琳·凯尔（Pauline Kael）曾描述赫尔佐格是"形而上学意义上的人猿泰山"。]习惯处变不惊的赫尔佐格，当他说自己是真的热衷冒险、不顾后果的时候，此话是否能当真，旁人大可以各抒己见，但有件事我们可以确定：他寻求的正是罗伯特·瓦尔泽所说的那种"非常非常小的一小片存在"，那是一片不存在等级制度的自治领地，在那地方没有亵渎、专制、奴役、谎言、巫法、妖言惑众、教义、僵化以及不必要的规章制度；在那里，不再有严厉的政治操控与奴役，也不存在无缘无故、失去控制的商品化；在那里，诗人和不随波逐流的人会受到欢迎，官僚制度被限制在最小程度内，独立自决、实事求是与多元化的精神能够蓬勃发展。在那里，世俗的群体可以有机会按他们自己的人性标准来繁衍生息。"说实话，"去年他对我说，"到了现在，我也希望自己不用再做那么多旅行，但问题是，如果你想去南极洲拍部电影，那就只能先坐上飞机。"

想象

在"无赖电影学院"里,赫尔佐格总给人提建议,但我相信他应该从没找别人给自己出过主意。艾罗尔·莫里斯[1]曾提到过加西亚·马尔克斯某次受访时说的一句话,马尔克斯说他当年第一次读卡夫卡的《变形记》,掩卷之后他告诉自己,"以前我都不知道,还有人能像这样子写东西。"莫里斯想要说的就是,当年他第一次看赫尔佐格的《复杂蜃景》(*Fata Morgana*),散场后走出太平洋电影档案馆时,自己嘴里反复嘟囔、自言自语的,也正是这句话。他的意思,我们懂。一九七七年,阿莫斯·沃格尔(Amos Vogel)给短片《苏弗雷火山》(*La Soufrière*)写影评,他评价赫尔佐格是"德国目前仍在拍戏的导演里最重要的一位,是我们这时代最伟大的电影天才之一,现在的他尚未达到创作生涯的最巅峰,但他是一个永不妥协的人,他有意让自己'无法被归类',于是也就被那些不给人归类就不舒服的人,当成了攻击对象。"赫尔佐格的电影,即便是那些四十年前拍摄的作品,如今看来也毫不过时,原因或许就在这里。

看看本书中提到的那些故事,还有赫尔佐格在"无赖电影学院"里即兴发言时说的那些故事,显而易见,他由一开始,便始终都在追逐自己最深深迷恋的东西。他以往的电影里,有些或许改编自文学作品,还有些则受到真实事件启发,但看看其中所展现出的独一无二的世界观,可以说这每一部,都是"无中生有",都出自他非同一般的想象力。创作事业走到他现在这个阶段,换作别的导演,或许很多早已快油尽灯枯了,很难再有创新——

---

[1] 艾罗尔·莫里斯(Errol Morris):美国纪录片导演,代表作品有《细细的蓝线》(*The Thin Blue Line*)、《战争迷雾》(*The Fog of War*)等,其中《战争迷雾》获得奥斯卡最佳纪录片奖。

光是各种接踵而至的荣誉和作品回顾展,就能让人应接不暇——赫尔佐格却在过去这段时间里,继续成为世界各地电影新人的指路明灯;在不少人看来,面对挑战,他永远都会主动迎上去,眼睛都不眨一下。"既然没人会鼓励我,那我就自己给自己鼓励。"他在一九七四年时写到过。

我也和其他一些电影人有过紧密合作——既有知名大牌,也有默默无闻的;既有现在已去世的,也有尚在人间的——经历过这些之后,我可以很自信地告诉你们,拿赫尔佐格跟任何人做比较,都是毫无意义的事。这并不是说,他习惯不墨守成规,会对周围情况做出反应,主动争取与众不同。相反,他是一生下来就与众不同。所以不管是谁,想要模仿他,结果只能是东施效颦。"无赖电影学院"——整个概念都属于他一人,他对学校全权掌控——就是他有意避开任何形式的建制的产物。通览本书,你会发现其实也有那么少数几人,他很乐于视其为同道中人,从他们几百年前的作品中,去感悟强烈的共鸣。但即便如此,赫尔佐格那种惊人的独创性,真的只属他一人所有,而他反复强调自己作品无法被纳入浪漫主义传统的态度,也反映出其对任何一家本有可能接纳他为成员的俱乐部的不屑态度。对他来说,从来就不存在什么电影学院或电影学徒期。五十年前,他一下子就冒了出来,出现在世人面前。那时的他,差不多就已经是个完全像模像样的电影人了,已做好了各种准备,来和观众分享他的个人幻想,并且愿意不计较任何代价。作品值得我们反复研究的导演不多,赫尔佐格属于其中之一,但是他又与自己所处的这个影坛,相距得如此之远——用汉斯·席菲勒[1]的话来说,他是如此地"与

---

1 汉斯·席菲勒(Hans Schifferle):德国影评人。——译者注

构成电影史的每一张网全都隔绝"——以至于你越是对影坛万象了如指掌，反而越有可能因此妨碍了你对他作品的欣赏。

讲故事

一九九三年，赫尔佐格在巴黎巴士底歌剧院排演歌剧《飞翔的荷兰人》，带妆彩排时，电子设备出了问题，"巨大的冰山朝乐池方向滑去，有些时候连大幕都没法正常拉开。"赫尔佐格告诉我说，"结果发现，这些问题全都是某种特殊的电子信号引起的，它与出租车上用的呼叫电台的频道恰巧重合，所以只要有出租车从歌剧院附近开过，那套最时兴的电脑系统就会乱套。于是，我坚持让他们改用更原始的技术，因为其他办法全都不适合，反而会带来危险。"在赫尔佐格心目中，模拟信号几乎永远都要比数字信号更强。虽说他对电影制作的各个流程，始终热情不灭，也很乐于尝试最新设备，但总体而言，科技始终不是他的菜。他是那种原始意义上的见多识广、博学多识之辈，依依不舍地向往着某种文字诞生之前、电诞生之前（或是文字消亡之后、电消亡之后）的生存状态。在那种情况下，那些未受过教育的人，还有那些能够记住故事和诗歌、不必借助任何道具便能背诵它们的人，他们的原始智慧会占上风。

神圣的傻瓜

几乎所有的电影人，都在讲述关于落难之人的故事。这些人遇上了麻烦，拼命想解决难题。他们受尽羞辱，被种种焦虑与困惑的心情反复折磨。他们的人生宛若浮云，整个世界都与其为敌。他们不得不与各种对手交战。这样的局外人、叛逆者，从人类最早学会讲故事起，便是故事中戏剧性的固定套路。但赫尔佐格的那些主人公——他们全都是极端分子——是有着特殊信仰的一群人。阿莫斯·沃格尔称他们是一群存在于电影中的神圣的傻瓜,这种人"敢冒天下之大不韪,于是乎(赫尔佐格之所以会被这种人吸引,也正是出于这种原因),他们更有可能抵达通往更深层的真相的各种源头。相比我们,这种人会更接近那些源头,尽管他们并不一定全都具有抵达这些源头的能力"。西格伯特·萨洛蒙·波拉厄(Siegbert Salomon Prawer)在他那本关于《诺斯费拉图:夜晚的幽灵》(Nosferatu: Phantom of the Night)的专著里,提出过这样一种说法:在赫尔佐格的电影世界里,普遍存在着这么两类人:"一种是局外人,他们所处的社会,永远都不会给予他们家的感觉,甚至到头了还要毁了他们;另一种则是叛逆者,他们借助暴力手段,想要获得生活拒绝给予他们的东西,结果同样以失败而告终。"类似这样的个体,在赫尔佐格的纪录片和故事片里,数量多、样式杂,而且呈现出来的时候,始终带着同理心与同情心。这很清楚地说明了一个道理:这些人物都以某种方式反映着其创造者内心最深处的热情。所以,当赫尔佐格自己出现在银幕上时,他所给出的那些回应和互动,从来都不会让人觉得隔膜。

在这些人物中,有些个〔阿基尔(Aguirre)、菲兹卡拉多(Fitzcarrald)、沃尔特·斯泰纳(Walter Steiner)、莱因霍尔德·麦斯纳(Reinhold Messner)、弗朗西斯科·马诺埃尔(Francisco Manoel)、格雷厄姆·多林顿(Graham Dorrington),他们都是无所顾忌的人〕故意会跟自己过不去,挑战的难度越大越好;另一些〔菲妮·斯特劳宾格(Fini Straubinger)、阿道夫·拉兹卡(Adolph Ratzka)、卡斯帕·豪泽(Kaspar Hauser)、《史楚锡流浪记》(Stroszek)里的早产儿、痛苦的沃伊采克(Woyzeck)、迈克尔·戈德史密斯

（Michael Goldsmith）、贾里德·塔尔伯特（Jared Talbert）、《须臾之间》（*From One Second to the Next*）里的那些受害者］则是一下子就被人生的重担压得喘不过气来。我们在他电影里反复见到一无所有的边缘人和异类、与旁人疏远的孤独者、痛苦挣扎的眼高手低之流，还有生活在人生绝境之中的失败者。他们的人生经历有限，孤立无援，与旁人沟通和融入时，全都是问题一堆。他们抱怨那些有时足以让人窒息的社会规约，常会兴致勃勃地做出鲁莽的决定，去做一些自己明知没有用处的事情。通过这些人物，我们看到的是关于人的境况（human condition）的一系列生动定义。同时，对社会，甚至是对他们所处的整个历史阶段，也能获得一定程度的认识。托马斯·埃尔泽塞尔[1]认为，"在他的作品中，相比可能需要剧中人去反抗或是承受的那些社会问题，赫尔佐格似乎总会更优先地去考虑他们的生存维度本身。"

在讽刺感十足的短片《大力士》（*Herakles*）里，身强力壮的主人公赫拉克勒斯接下十二项任务，承接了自己不可能完成的工作。他可以说是典型的赫尔佐格式反英雄人物。原本的清扫奥革阿斯的牛棚，到了这里，成了清空一大堆垃圾；而阻止斯廷法罗斯湖的怪鸟的任务，则变成了要对抗美国空军的威力。《生命的标记》（*Signs of Life*）里的史楚锡，被困在密不透风的反复循环与一成不变之中，要想逃脱，除了诉诸暴力，别无他法。他已竭尽所能，达到了自身极限。不管他再怎么猛烈挣扎，失败都早已注定。但是，面对无比强大的压力，史楚锡始终不曾停止努力。这和多年之后由布鲁诺·S（Bruno S.）饰演的另一个史楚锡不同，后者的移动房屋被人装上卡车，充公收走，他却只能

---

[1] 托马斯·埃尔泽塞尔（Thomas Elsaesser）：德国电影学者。——译者注

痴痴地站在冰冷的寒风中。他本打算抢银行，但因为银行关了门，结果只能掉头去理发店打劫。（"我觉得那是我在银幕上看到过的最悲哀的一次抢劫。"赫尔佐格说。）《侏儒流氓》里的小矮人，明知反抗小资产阶级的餐桌礼仪毫无意义，注定会失败，但还是那么做了。心生妄想的阿基尔寻找着某些根本就不存在的东西（黄金国），他挑战自然的行为上升到了一定的限度，以至于不可避免地会遭到自然的反击。从一开始，他做的就是一件自杀性质的事。《陆上行舟》上映三十多年后，依然能牢牢地抓住观众。尽管为拍电影，赫尔佐格别无选择，只能先确保自己脑海中涌动的那些想象中的事件，与现实挂钩，但《陆上行舟》仍不失为他内心深处各种可望而不可即的幻想的银幕投射。《纳粹制造》（*Invincible*）里最酸楚的一刻，无疑是塞舍·布雷特巴特（Zishe Breitbart）回村里的时候——那是他从小长大的地方——他拼命想要警告村民，纳粹的威胁已迫在眉睫（"我们必须变强。我们需要一千个参孙"）。若要放弃野心，将尚未实现的希望与梦想搁置一旁，那只会带来更沉重的负担。"哪怕是吃败仗，也总比什么事都没发生要好。"《德意志克洛伊茨要塞史无前例的防御》（*The Unprecedented Defence of the Fortress Deutschkreuz*）最后几秒钟里的旁白是这么说的。

听一下《残缺的未来》（*Handicapped Future*）开始的那几分钟里，那个身体残疾却极其乐观的女孩的话。她在五岁时，就已不再有机会怀揣任何憧憬，她最大的想法就是要走着去看看美国，认识一下自己最喜爱的西部片里的印第安人。想一下《绿蚂蚁做梦的地方》（*Where the Green Ants Dream*）里不失尊严的澳大利亚土著，他们自认按道理来说，自己就是那片古老土地的拥有者，所以大胆面对白人法庭上失去理智的官员。看一下莱因霍尔德·麦斯纳，一想到要告诉母亲她另一个儿子已经去世的噩耗，他便潸然泪下。所有这些，都是这类人物某种形式的代表：菲妮和弗拉迪米尔·科克尔（Vladimir Kokol）的善心；坏中尉的长期背痛；吉恩·斯科特（Gene Scott）的癫狂怒火、布鲁克林布道家休伊·罗杰斯（Huie Rogers）忘我的狂怒以及卡洛·杰苏阿尔多（Carlo Gesualdo）的谋杀冲动；班吉的博卡萨（Jean-Bédel Bokassa）从他庞大的冰箱里拿出食物来大快朵颐，还有得克萨斯的监狱里，那些在防弹玻璃窗后闲聊的死刑犯；与斯泰纳一同飞向深渊、和蒂莫西·特雷德韦尔（Timothy Treadwell）以及阿拉斯加的熊一起嬉戏；和迪特·丹格勒（Dieter Dengler）一起坐在他让人安心的驾驶舱里，还有和尤利亚妮·克普克（Juliane Koepcke）一同穿越让人恐惧的热带丛林；在即将火山爆发的无人小岛上关注着最后留下的那个人，以及在如梦似幻的罗斯冰架下游过；在被人遗忘的战后科威特扫视那群无言的孩子，以及在尼加拉瓜听那些年轻的米斯基托印第安人唱着忧伤的小调；会一会撒哈拉高低起伏的沙丘中的那些居民，还有在那常人难以抵达的麦克默多科考站里生活的各色人等，然后再向下，进入那座有着保存完好的旧石器时代艺术作品的岩洞，之后再向上，登上令人眩晕的托雷峰；再去拜访流亡的电影史学家洛特·艾斯纳以及那些被大雪围困却仍自力更生的西伯利亚猎人，见证一下他们的权威；为那些寻找某种形式宗教救赎的人所惊叹，不管他们是虔诚的朝圣者，还是那五十万个佛教徒，抑或是在冰面上爬行以寻找失落城市的那些人。

　　此外，还有赫尔佐格本人身上无法改变的自我学习的天性和他学到的那些知识。但你首先得有激情，这是必不可少的，只要我们能唤醒自己内心的这种激情，他就可以把这些都传递给我们；

还有他永无休止的自我教育（自我完善、个人转型），他拒绝在公共场合唱歌的决定，他电影里神话般的最后时刻，他一个人无拘无束地走到无路可走的做法；他试图在德国最重要的电影节的边缘地带培育出一个群体，想要在南美洲创造乌托邦社会，想要建立一个现代的工坊，让集聚在那里的手工艺人互相合作，使各种集体工作的方式，有机会在远离好莱坞过度商业的地方，生根发芽。再想一下从慕尼黑到巴黎，在种满了甜菜的山间行走穿越时，顺便踢的那场完美的足球赛[1]；还有非洲奴隶买卖行为的令人发指；一个注定灭亡的古老社会的催眠状态；被瘟疫所困的城市因其解体反而得到快乐；一个小规模、团结紧密、运作良好的电影团队；降落地球后什么事都办不好的白痴外星人；为让分裂的国度重归一体而徒步旅行（而且路上还救了差点噎死的年轻爱因斯坦）；太空探索；飞行的本领。赫尔佐格别无所求，只要自由。莱因希尔德·斯泰恩格洛维（Reinhild Steingröver）告诉我们，在赫尔佐格的作品中，自然和文化都被当成"具有不可避免的敌意的王国"来呈现。赫尔佐格只能试着逃避它们的潜在威胁。

生存

赫尔佐格过着一种朴素、克制、真实的生活。他的好友兼合作伙伴弗洛里安·弗里克（Florian Fricke）曾在一次受访时说过——当时距离赫尔佐格拍完他人生第一部戏，已过了不止三十五年——"我朋友里这样的人不多，但维尔纳·赫尔佐格是其中之一，他声名显赫，却不曾因此有过丝毫改变。现在的他，和我二十五年前认识的那个他，没任何区别。就连喝啤酒，也还

---

[1] 参见《冰雪纪行》（*Of Walking in Ice*）。——原书注

是直接对着瓶口吹。"（在纽约的时候，我曾陪着赫尔佐格坐过好几次地铁，每次都是因为他觉得叫出租车太奢侈。）赫尔佐格一直都很尊重他的观众，他知道这些自己作品的崇拜者，都是他的衣食父母。他始终觉得，自己所过的并不是一种"艺术家"的生活。相反，他更愿意称自己为"士兵"或"手艺人"。这两种称呼是否完全恰当，或许会有人另有想法，但基本上来说，我想大家应该都能接受。说到底，正如沃尔特·格罗皮乌斯（Walter Gropius）在近一百年前所说过的："被人高度赞扬的手艺人，那就是艺术家。"而有一点是我们都可以肯定的：如果说，东西两德在二十世纪下半叶，真的全都遇上了"愚钝的物质主义"（这是君特·格拉斯用来形容它的话）的问题，那在当时，这问题始终都没在赫尔佐格身上发生过。他一早便认识到，自己想要的东西，永远都无法靠金钱获得（尽管他也在一九七六年时说过，将来某天，金钱或许会成为"一件伴随我作品一同产生的东西"）。从那时起，他就选择了一种事事亲力亲为的生活方式。他的生活空间与他的职业生活，明显地结合成了一个整体。虽然，当合适的机会出现时，他也乐于融入主流电影圈——不论是和二十世纪福克斯合作《诺斯费拉图：夜晚的幽灵》，还是三十年后受聘执导《坏中尉》（*Bad Lieutenant*）——但赫尔佐格的人生方向，始终不曾有过什么重大的偏离。当他被深渊凝视的时候，赫尔佐格眼神坚定地看了回去，然后继续该干吗干吗。"如果想把自己从边缘给拉回来，"他说过，"我的办法就是看看艾迪·墨菲（Eddie Murphy）的喜剧片。"

宗教

赫尔佐格是人道主义者、唯物主义者。科学探索与科学进步让他心生敬畏。他看不起超自然的东西，但如果遇上有可能被克里斯托弗·希钦斯用"神秘的、超越的或是——往最好了说——忘我的"来形容的那类东西，他会相当地看重，远胜过绝大多数虚幻缥缈的东西。在他的生活中，不存在那些有组织的宗教。但那些神的、神圣的、因与神相关而不可言喻的东西，始终都在他的生活中占据着各自的位置。

政治

本书极少明确提及政治，但仔细分析赫尔佐格在两件事情上的想法（一是"缺少适当的意象"给社会带来难以估量的危险，二是我们没能做到往电视台里投手榴弹），你就会发现，很难将这两件事从其更广阔的背景中抽离出来单独评论。他的这两种想法，都会让人想到作为历史学家、作家和策展人的阿莫斯·沃格尔来，让人想到沃格尔相信的某种观点：我们身边绝大多数的影像，那些充斥着商业主义的画面，已失去力量，其平庸还给我们造成危害，而电视则让人窒息，让人变得贫瘠（"让全世界都变成白痴"）。这两件事也反映出不少人内心都具有的想法，他们反对的正是那些邪魔外道的官僚。这些官僚——依靠着强有力的企业支持——通过这些浪费时间、因循守旧、逃避现实的声音与画面，不断地攻击着整个世界，自己则从中收获巨大财富。按照奥威尔给"政治"下的定义："希望把世界推往一定的方向，帮助别人树立起自己想要努力争取的，到底是哪一种社会的想法。"那这两件事都可以被称作是"政治的"想法。用奥威尔的话来说，电影的贫瘠，有着政治上和经济上的原因，不能简单归因于某些电影人个体的"坏影响"。当"文明堕落"的时候，文明所反映出的画面，也"必须不可避免地分担这整体上的大崩溃"。在如今这个时代,各种不带个人色彩的历史、经济与环境力量足以压倒一切,我们所有人,都只能任其摆布。因此,电影也不可能独善其身,它停滞不前的大势也无法被逆转。幸运的是,依然还有那么些人,他们愿意挑战包围我们的那些腐化、下贱、陈腐、掺假、现成品的、老掉牙的画面。某一个开了窍的个体,或是少数几个勇敢的先驱,无论究竟有多少胜算,他们都已做好了反击的准备,为实现理想而努力奋斗,这样的行为可以激励好几代人。长久以来,赫尔佐格都很清楚,他无法靠自己的电影来改变世界,但通过这些电影,他能帮助我们更好地去理解某些事。

虽然赫尔佐格在影片和采访中,总是——他自己可能会管这个叫——拿着"一副铁钳"来处理意识形态的话题;哪怕他始终把力气用在了永恒——而非时下——的话题之上;尽管他"充满远见"的立场意味着,他的作品(用埃里克·伦齐勒[1]的话来说)"不会因历史或社会政治考量而受到影响"。但是,你绝不能说,赫尔佐格是一个不关心政治的人。举个例子,赫尔佐格的反专制精神其实就相当活跃,只要遇到合适环境,这种精神就会成为他的全部。他曾对我说过——他说这话的时候,完全不是自我吹嘘或强逞英雄——他肯定不会活着见证像是第三帝国那样的政权出现在自己祖国的土地上,说这话的理由很简单,那就是他肯定会奋起反抗,而且肯定会在此过程中牺牲性命。一九七〇年,他和阿莫斯·沃格尔有一段录了音但从未被公开过的访谈。赫尔佐格认为,当权者应当吸取重大教训,他还表示自己希望美国"输掉越战"。一九六八年(对于全世界很多国家来说,那都是政治上、社会上起伏不定的一年),他为一家德国杂志撰

---

[1] 埃里克·伦齐勒(Eric Rentschler):德国作家。——译者注

文，提到在戛纳和奥伯豪森（Oberhausen）这两个电影节上发生的事，赫尔佐格写道：

> 在激进政治活动频发的大气候下，关于个人决定的任何事，都已不可能再做沟通；因为不管是什么声明，结果只能是被迫地简单化，以适应某种不平等的非友即敌的构想……
>
> 发生在奥伯豪森和戛纳的那些事，让我得到一个教训：面对政治辩论，电影人无法令其作品置身事外，而且他也不应该那么做。但即便是这样的立场，也已为文化政治领域如今越来越严肃的形势所不容。在这样的动荡年代，你再也不可能将自己的电影救出来，藏在某个中立的安全角落里。电影人再也无法保持中立，而且再也不能借口说，其实不是自己，而是除自己之外的所有人，将他的电影变成了政治宣言。
>
> 但是，电影的政治化，充满危险。这危险在于，某个关键性的政治时刻一旦出现，人们对于电影的期待也就会自动减少。电影在内容和风格两方面，都无力再开发其全部潜能，因为所有人的兴趣都集中在了某些可由电影里捡拾到的明显的结果上。大家不再针对问题获得认识，不再开发议题，相反，人们会——根据电影的政治立场——首先考虑能从电影中读出什么观点，甚至于将某些观点强加在电影之上。所以我一直试图宣称《生命的标记》是非政治的，尽管该片的主题是一个个体的激进反抗。

让-皮埃尔·梅尔维尔（Jean-Pierre Melville）曾说过，电影人"必须要做时代的证人"。赫尔佐格就是这样的电影人，只不过，他一直以来都用属于他自己的方式来旁观和参与。对他而言，更看重的肯定不是日常政治的乏味本性，而是那里头的诗意与抽象概念。一有机会，他就会嘲笑以一九六八年为标志的那个时代中，那些执迷不悟的政治行为。在他看来，那些热情的"六八一代"，如果能看一下抽象的《侏儒流氓》——看看片中的小规模造反和他们混乱、零散、错位、徒劳但依然值得尊敬的革命热忱——"他们有可能会看到关于一九六八年那些事，是相比绝大多数电影都来得更为真实的一次呈现。"

会计师工作

赫尔佐格的母亲曾回忆说："他以前读书的时候，什么都没学会。该看的书一本都没看，从来就不学习，该知道的事，好像他一点都不知道。可其实呢，这世上所有的事，维尔纳一直都很清楚。他的五感相当厉害，只要是听过的声音，哪怕再细微，十年后他照样能准确地记得。他会谈起那声音，甚至有可能以某种方式加以利用。但不管是要他解释什么，他绝对都没这本事。他能知道，能看见，能理解，却没法解释。那是他天性里没有的东西。对他来说，所有东西都能进得去，但如果再要从他那里出来的话，出来的也都是已转化过的东西了。"某次，我曾和他谈到他那些相对来说更风格化的纪录片，谈到拍摄中用到的技巧。他告诉我，如果把所有事都解释清楚了，"编造（fabrication）的魅力也就消失了。我不介意做魔术师，就是不能让观众知道那些戏法的奥妙所在。"在本书中，我们确实也提到了不少赫尔佐格曾用过的花招（他那些充满了创意,常常显得格外心灵手巧的方法，依靠这些方法,赫尔佐格将深埋着的"真相"释放了出来,让我们看到了前所未见的事),但相比之下,想来应该还有更多的招数,是我们永远都无法了解的了。

他曾在《关于绝对的、崇高的、令人忘我的真相》(*On the Absolute, the Sublime and Ecstatic Truth*)一文中,就"事实究竟有多重要?"这一问题自问自答,"当然,我们不能无视事实,它有着规范性的强权。但有些东西是事实永远都没法给我们的,那就是当真相浮现时我们所获得的启迪,所看到的那种令人忘我的闪光。"对他来说,现实始终都显得太过晦涩与深不可测,无法迎头而上。单纯的事实——即他所说的"会计师的真相"——自身就有一种可耻的贫乏无力,什么都孕育不出来,所以赫尔佐格常拿这类东西来做文章。他知道相比新闻报道和现实状况,我们对诗歌的反应会更强烈。诗人能够清晰地表达出某种更强有力、更浓缩成精华、更得到升华也更神秘的真相。所以阿莫斯·沃格尔才会说,艺术家是"人类的良心和先知"。格雷厄姆·多林顿博士去年曾给我来信,当初赫尔佐格拍《白钻石》(*The White Diamond*)的时候,他曾大力参与,而且还作为核心人物出现在了影片中。他在信里写道:"有一点我当时就很明白,现在依然如此,那就是赫尔佐格并不是在拍摄一部严格意义上的纪录片。那是一部精心制作的电影,带有很刻意、很鲜明的风格。但时至今日我仍感到很惊讶,那些容易上当的观众(他们都给我写信了),甚至还有影评人,都认定了《白钻石》就是一部试图表现事实之真相的纪录片。所以我才会觉得,我关于这些真相的阐述,并不一定就必须有用。也就是说,任何必要的误传(或是歪曲),我已全盘接受,这和某张(比方说)由毕加索、扬·凡·艾克(Jan van Eyck)或希罗尼穆斯·博斯画的肖像画,其实并不反映任何人的真实样貌，是一个道理。"[或者用阿巴斯·基阿鲁斯达米（Abbas Kiarostami）的话来说："每个电影人都有他自己对现实的理解，所以他们都是说谎者。但这些谎言说出来，是为了表达某种更深层的关于人的真相。"或者再简单些，那就是费里尼的说法："相比日常的、明显的现实，虚构的作品里或许会有更宏大的真相。"]

多林顿的话让我想到一个在本书中出现多次的概念，特别是在第九章里，出现次数最多。赫尔佐格对"真实电影"（cinéma-vérité）的攻击，这一点我们有必要仔细说清楚。他频繁使用这个电影术语——而且总是带着轻视；它也出现在《明尼苏达宣言》（*Minnesota Declaration*）的核心内容中。所以不妨先介绍一下这三种彼此关联的说法。首先，电影理论，不管是哪一套演绎，从来都不是赫尔佐格的菜。而且他从不否认自己对于迷影文化（cinephilia）缺乏兴趣。所以在我看来，他分不清"真实电影"和"直接电影"（direct cinema）的区别，这也很正常。前者于二十世纪五十年代在法国出现，在这类电影中，不管拍摄的是什么，必不可少的是电影人在某种程度上的介入——对此他们毫不内疚。后者则是不久之后就在北美出现的一种非虚构类电影。在这里，保持低调、不易引人注意的摄影师，或多或少被禁止去干涉自己所面对的所谓现状，也不可以为了电影考虑而人为地去改变任何事件（不能有画外音，不用事件重现的拍法，不预先安排任何东西，诸如此类）。简单地说，那就是主动促使某事发生与碰巧捕捉到某事发生这两者之间的区别。值得玩味的一点在于，赫尔佐格对于"真实电影"的批评（"一种疾病，一种无休无止的事实再现"），如果对象换成"直接电影"，那会更加合理。詹姆斯·布卢（James Blue）在一九六五年时曾写到，"真实电影"

的拍摄者,"针对各种情形去干预、刺探、采访、刺激,于是某些事可能忽然就会被暴露出来。在这里,存在着某种企图,想要由拍摄对象那儿获得某种创作上的参与性。"换句话说,或多或少的,那正是赫尔佐格创作时所做的,正是他口中所说的"操控"。他甚至对《通灵仙师》(*Les maîtres fous*)一片不乏溢美之词,称之为自己最心爱的影片之一。而那恰恰就是杰出的"真实电影"拍摄者让·鲁什(Jean Rouch)的作品,他总会在作品中添加某些经过精心计划的带有人为技巧的层次。在鲁什看来,摄影机就是一种催化剂,"对于被观察对象和观察者来说,都是一种妙不可言的刺激物。"

其次,我们谈到这一类非虚构类的电影创作,口中所说的"真相",那其实就是虚晃一枪;一直以来它都是如此。如果你感觉"直接电影"(或者说"真实电影",或是随便什么叫法)的诗意似乎都是碰巧出现的,事实上,那恰好说明了创作者艺术手段的高超。"直接电影"——尽管人们常按新闻报道的传统做法,将其纳入社会学范畴——以这种巧妙、刻意的方式制作出来,为的是想要达到赫尔佐格所谓的那种"更深层的真相"。即便摄影师拍摄的都是些日常现实,但实际拍到的,绝不是"墙上的苍蝇"所看到的东西。因为总会存在一个主动的视点,当然,如果观众相信这样拍出来放在大银幕上的东西就是"现实",那也没什么坏处。经典的"直接电影"里最优秀的那些,即便是少了些想象力与"忘我";即便有些时候它们的拍摄对象,相比赫尔佐格的主人公,要更平常乏味一些;即便有些时候那些人物未曾经历过那么多预演的过程,其实,这些影片的真实性也一点不减。不管是哪种形式的纪录片,其拍摄者中的佼佼者,他们所关注的也都是如何将观众的注意力吸引到某些特定的细节上(依靠摄影技巧和剪辑，他们对素材做出主观的重新安排，以符合电影本身的需要），所以几乎很少会主张什么客观性或是彻底的真相。他们并不否认曾在自认为需要的情况下，对周遭发生的事件做了不同程度的诠释。通过实施控制、自我投射、创造结构、强加"主题"等方法，他们实现了上述目的，但前提是不损害素材本身的完整性。"直接电影"导演艾尔·梅索斯（Al Maysles）曾在一九七一年时解释说："我们通过自己身边觉得有意思的东西来表达自己，就此以一种间接方式实现了自我表达。"爱默生也曾告诉我们："虚构能够揭示被现实模糊了的真相。"如果他这话没问题，那你再仔细看看，就会发现赫尔佐格的"忘我"电影创作与奠定"直接电影"基础的那些作品之间，其实并无多大的哲学鸿沟。相比起赫尔佐格，"直接电影"的导演在其完成品上留下的个人印记，要来得稍微淡一些——不像是他在作品上留下的个人印记那么异想天开或是异常明显。

最后，赫尔佐格的《明尼苏达宣言》不该被视作某种福音。它其实更像是一种挑衅。他其实一直都很清楚，在非虚构类电影中根本就不存在什么绝对的透明，也不存在什么真正中性的画面，那是只有监控探头才能客观、冷漠地记录下来的东西。我想说的就是，赫尔佐格并非不假思索地便对"真实电影"做了否定，相比之下，这种情况更像是圭多·韦迪埃洛（Guido Vitiello）所描述的，"通过对比，建立自己的诗学，为此需要采用某种修辞手段。"对赫尔佐格来说，那就是件战斗工具。这样，面对痴迷于追究逼真的海量的废话，他才能给自己找到一个合适的位置，给自己的方法下个定义（持有此种观点的，并非只有他一位。"真实电影"已变成一个为图方便而使用的代名词，它抹煞了各种细微差别，囊括了各式各样的电影实践，结果显得词不达意）。他最初发表这十二条警句，那是在一九九九年的明尼阿波利斯沃克艺术中心一群热情的观众面前。面对从各个角度不断输入的华而不实的产品，即那些相比"真相"更关注事实的人，那些相信只有经由最常见的途径才有可能获得真实性的人以"真实电影"的名义所犯下的滔天罪行——轻浮的真人秀、虔诚且"不屈不挠"地呼吁要拯救世界的咆哮、令人厌烦的名嘴、伪人类学的说教、假装圣洁且预先已被消化的自我感觉良好的哭泣大会（"人类精神奇迹般的胜利"）、廉价的情景再现、电视里广告与广告之间的有害填充物以及／或是电影节上的派对（大卫·马麦特称这种电视节目几十年里都是"非洲猎豹在制服同一头老羚羊"），这宣言始终都是他调动力量、赢得支持的重要途径。那就像是赫尔佐格在劝诫自己的电影同行：你们这些也愿意辛勤付出的电影人啊，千万别再熟视无睹了。要反击回去。

在本书访谈内容的开始与结束处，赫尔佐格都曾表示过，他并不觉得拍电影是一种"真正的职业"，他是抱着"高度的怀疑"来看待这份工作的。话虽如此，这工作他还是优雅华丽、技艺高超地做了五十年。我尊敬他——他天生的牛脾气，令他在面对各种神圣不可侵犯的对象时，从来都是一个绝不低头的对手——尊敬他的个性、风度、直率、坚韧、天生的权威性、有目共睹的举重若轻的作风、纪律性、宽容待人、快乐处世、专注力、适应性、直言不讳、朴实无华、注重实际的感性以及洛特·艾斯纳所说的那种"澎湃不息的远见"，上述这每一条，都让我抱有同等程度的敬意。在他的世界里，不存在自鸣得意、自怨自艾、麻木不仁、艰深晦涩和缺乏自信。我要向他致敬，敬他从不妥协，也敬他不设办公室、不请私人助理或秘书的决定；我要敬他总是满出来的收件箱和他亲力亲为的做法。这些也都是令他自豪的事。他一直都在努力工作，怀抱着必需的自信心，哪怕是赛场另一头的球员，已吸走了全世界的注意力。他对概念艺术的看法；他对铺天盖地的不审慎行为、自行车头盔和消毒洗手液的看法；他坦然接受拍电影所需付出的个人牺牲的态度；他对于作为电影人的自己终有一日会失去观众欢迎的（错误）担心；他对于巴伐利亚的挚爱；他诧异于在我们中竟有那么多人希望自己一辈子完全不遇上任何逆境的事实，全都让我为之欢呼喝彩。而且他也是个理想的伙伴，那些日子里，我们相处得十分愉快。赫尔佐格是个凡事坦然面对的人，但他也有多愁善感的一面。布鲁斯·查特文[1]对他的描写，说在了点子上："铮铮铁骨，却又柔肠百转，深情款款却又保持距离，生活清贫却又享受感官的愉悦。"

有人会自豪地将自己多年积累下来的奖杯和奖座，在壁炉台上一字摆开，但这样的事，赫尔佐格根本连想都不会去想。他知道永无止境地去寻找新东西，这是多么宝贵，不过他也是一个愿意在寂静中安坐，需要坐多久就能坐多久的人。他懂得享受家庭生活（"一张安乐椅外加香茗一盏"）的和平与安宁。电话答录机上没听过的留言多到难以应付时，他会干脆一删了之（"真要是要紧事，最终总会有办法找到我的"）。他也是个有原则的人，言出必行。摄影师艾德·拉赫曼在一九八四年时就说过，"赫尔佐格曾告诉我，如果他说他一九九〇年的哪一天会出现在哪一条街道上的哪一个位置上，那么，等那一刻来临时，他一定会出现在那里。"人们之所以钦佩他，还因为他能在虚构与非虚构之间如此地游刃有余。同时，作为一名企业家型的电影制片人，他在

---

[1] 布鲁斯·查特文（Bruce Chatwin）：英国作家，代表作品有《巴塔哥尼亚高原上》（*In Patagonia*）等。

财务上也对自己几乎全部作品都有着完全的掌控。赫尔佐格这位"电影士兵"（kinosoldat），其意志不可动摇，性格坚定但又从不咄咄逼人。他能承受各种压力，从不向人低头，除非那是他自己心甘情愿。做这本书的时候，有一次他向我表示，某个地方他希望能按某种特定的方式来做处理。我把自己的想法说给他听了，"通常情况下，出版商不会那么做。"他把我这番话反复想了想，停顿了那么一会儿，然后轻声细语地对我说："我对通常情况下的做法不感兴趣。这个地方，我想就得这么处理。"

我要感谢赫尔佐格为本书投入的工夫，但我也很清楚，于他而言，这本书的意义不可避免地要小于他作品中任何的一部。"毫不夸张地说，这些年来我接受过的采访也有几千次了，而且我自己拍电影时也给人做过许多访谈。"他曾对我说过，"所以就我而言，我由始至终都很清楚这一点，那就是单纯靠着录音机来工作的记者，结果总不可避免地会产生误会。而那些愿意坐下来，愿意仔细倾听，逐字逐句做好记录，再放在一个更宏大的背景中来理解那些话的人，才有更多机会获得真相。"说到单纯靠录音来工作，当初我也做了许多个小时的录音，借此记录下我与他共度的那些时光中的一部分。好在，他对这本书还算是宽容，尽管他也感觉到了——他的这种想法或许是对的——某些时候，我们这本书的调子没能足够精准地捕捉到他真实的一面。"太啰唆了。"光是这一条罪名，就曾被他频繁地点出过。哪些东西才是重要的，他一下子就能看透。于是，类似于电视访谈节目的那些元素——那些无聊、调笑、意义模糊的内容——被悉数剔除，那些冗长的章节也都做了删减，某些"煮过了头"的想法，那些他"无休无止地高谈阔论"的地方，也都被缩减过。

多年之前，也就是本书第一版发行问世不久之前，赫尔佐格曾费了一番工夫，将样稿整个通读了一遍。当时他就很明确地表达了悔意，后悔自己当初答应我合作此书。毕竟，他自己也承认，平时生活中他都尽可能少地去做自我内省。相比反观自己，他宁可将精力花在别的地方，宁可去这世上的丛林、沙漠、田野、城市与山川，做一次彻底的探索。（"我和海洋总是无缘，不管是在生活中还是在电影里，其实我很懂得欣赏大海，也很理解在海上的人。"）幸运的是，这次的第二版，足够让他满意，所以他也愿意为此投入大量时间，包括那紧张的十二天，我们一起对手稿做了深入修改，逐行地进行讨论，查阅同义词词典，为各种可能性而轻声窃笑，一个个章节地大声朗读出来，听取对方意见。在此期间还发生过这么一件事，尤其令我感动。那天上午，他本约好要去看牙，但我们说好了，下午还要继续碰头弄这本书。于是，赫尔佐格决定补牙时不打麻药，以确保思路清晰。

我常被人问起，当初是怎么认识赫尔佐格的。所以，请允许我岔开话题说一下这事。整个经过，事关我当初是怎么想到要做这本书的，而且这经过的本身，恰恰也反映了这本书论及的那些主题。如果说我们这本专著，以迂回的方式触及了如何将我们过去从不知道的、在我们内心中沉睡着的那份好奇心唤醒；触及如何将拍电影过程中不断遭遇到的各种邪恶力量一一制服；触及如何抵消周围人的愚蠢、如何扫清障碍、如何由内心深处迸发出必需的勇气、如何挪走所有的绊脚石（既有内心的绊脚石，也有实际存在着的绊脚石）、如何挽回尊严（或者至少也要学会该如何去适应不再拥有尊严的处境）、如何接受苦难、如何忍受沮丧与焦虑、如何打消自我怀疑的念头、如何无视自己遭受的踢打，只管埋头工作。那么，这本书就是我生命中最好的学习典范。把时间花在你信仰的工作上，那些时间绝不会是白白浪费了的。

我最初知道赫尔佐格其人，是通过伦敦现代艺术中心的一次放映活动。那次他们放的是《木雕家斯泰纳的彻底忘我》(*The Great Ecstasy of Woodcarver Steiner*)和《苏弗雷火山》。那时我大概十六岁，至今仍能记得当时的感想，确信它们都属于我彼时所见过的最引人入胜的电影。之后，我又在纽约市中心的"电影论坛"(Film Forum)电影院里，看了他的《黑暗课程》(*Lessons of Darkness*)[当时我坐在苏珊·桑塔格(Susan Sontag)和华莱士·肖恩(Wallace Shawn)的后排]。就此，我对赫尔佐格的兴趣彻底成型。多年之后，感觉自己处处碰壁的我，给沃尔特·多诺霍(Walter Donohue)写了一封傲气十足的自荐信——他至今仍掌管着费伯出版社(Faber & Faber)的电影书籍这一块。当时，我正在协助雷·卡尼(Ray Carney)写他那本《卡萨维茨谈卡萨维茨》(*Cassavetes on Cassavetes*)[1]。我负责研究相关的欧洲档案，将法语译成英语。所以在出版社这边，我也算是混了个半熟。沃尔特见信后便给我来了电话，说他的副手马上要离职去戛纳电影节工作，所以提议我过去帮忙，不拿工钱，但可以从内部了解一下他们的运作。当时我就清楚地知道，有这么一本书，我想要做，而且我相信世人都需要读一下这本书（在当时的书架上，在霍华德·霍克斯和阿尔弗雷德·希区柯克之间，有着一个敞开的并且——至少在我看来——完全没法解释的大缺口）；而多诺霍正是有可能批准我这计划的关键人物。过了不到一周，我已成为他办公室里的一员。之后那些年的付出，如果要为我最初的想法找个尽可能简洁的解释，我想不妨借用另一本《赫尔佐格》——贝娄先生

---

[1] 约翰·卡萨维茨(John Cassavetes)：美国导演，美国独立电影重要的开拓者。代表作品有《影子》(*Shadows*)、《首演之夜》(*Opening Night*)、《女煞葛洛莉》(*Gloria*)等。

写的那本[1]里的话：我当时（而且现在依然）"只想要解释，想要说个明白，想要证明，想要客观地看待，想要说个清楚"。我想要毕其功于一役。

在费伯出版社位于皇后广场的办公室里，在那种刺激却又稳重的气氛中，头一个星期我都在接电话。之后，我向沃尔特请教，为什么没有这么一本书存在：《赫尔佐格谈赫尔佐格》。照理说，他们出了那一系列的访谈书，再出这一本，也算顺理成章。他回答我，这么些年来，他们也收到过各类提案，但他始终不喜欢那些人想要采用的处理方式，觉得那些都太偏重于学术性。于是我问他，能否让我来做这本书。他让我把想法具体地写下来，然后他会拿去编委会上讨论。很快就传来了消息：该项目可着手推进。万事俱备，就看能否说服赫尔佐格了。我回到家里，写了一则短信，用传真发去了他在慕尼黑的办公室。一周之后来了回复："我从不会绕着自己的作品打转。我不喜欢密切关注自己。我也照镜子，但那是为了刮胡子时别受伤，除此以外，我都不知道自己的眼睛是什么颜色的。我不打算协助别人写一本关于我的书。这世上不会有《赫尔佐格谈赫尔佐格》。"我想到了我写的那封信，找出底稿重新看了看，发觉那写得过于一本正经。于是我重写了一封，篇幅长了不少，用简单但充满情绪的文字，娓娓道来。我是谁，为什么我觉得这项目很有价值。我还补充说，在我看来，这本书如果能写出来，肯定大有知音。信发出之后又过了几天，我收到他的传真。"非常感谢，信写得很好，让我从一个新的、不同的角度了解了你这个人。"赫尔佐格写道，"我九月会来伦敦，如要见面详谈，想必那是最好的机会。"

---

[1] 即索尔·贝娄的同名小说，国内通常译作《赫索格》。——译者注

亲爱的读者，我之所以——冒着被人当成廉价的心灵鸡汤大师的风险——告诉你们这些，那是因为这些事值得你去做：坚持己见，追逐梦想，放胆一试。在我收到第一份传真时，整个项目很可能就那么废了，但我没有那么做，相反，我坚持了下来。赫尔佐格是我第一个采访对象，但基于某些理由，我相信自己能把这件事办成。而且我也相信，我最终得到的结果，也就是这本书，那就是干货，那就是一册利落的散文，和赫尔佐格拍的那些电影没什么两样。"我讲的，从来都不是什么深刻复杂、考验智力的故事。"他曾解释说，"不管是哪里的儿童，都能理解。"

在赫尔佐格的世界里，不存在什么含混不清的事。他电影里的人物，有可能会处于某种过渡阶段，但赫尔佐格自己——一位具有强烈本能的电影人——绝不会这样。他从不半途而废。在他充满诗意的《无用功》一书中，我们会看到类似这样的表述，"如果我要死了，我会一心一意地死，不做其他任何事。"他常批评我的工作方式，老觉得我再耽搁下去，书里的东西就要变陈旧了。("要到什么时候才算写好啊？得抓紧写。它需要生命！空着的地方就让它空着，让它有点空隙。不要管什么结构，只管写。总之抓紧把这狗娘养的给写完吧。")他还指责我是个"没完没了的补锅匠"(我承认罪名成立)。普莱斯顿·斯特奇斯的《红杏出墙》(*Unfaithfully Yours*)里有句话，说的就是他："如果你想要办成什么事，记得一定要找最忙的那个人。其他人根本就没那时间。"

在这本书里，有清晰的思路，有了不起的倔强和钢铁般的意志，有信念、冲动以及某种顽固，有对轻重缓急的清楚理解，或许还有些夸张。所有这些，全都确然地（apodictically，这是赫尔佐格最爱用的词语之一）不会显得陈旧过时。即便某些地方可能存在一些良性的前后矛盾，我仍对此书充满自信，因为他在这里充分运用了自己善于讲故事的惊人本领。赫布·戈尔德曾和我说过，在这本《陆上行舟》里"维尔纳无所不谈，从外太空一直讲到我们的内心世界"。我还有位朋友，曾形容这本书就是"一次真正激情四射的邂逅，就像是去参加派对时，你在里屋碰巧赶上有人正在进行的一次引人入胜的对话。他们吐露的，全都是真实的想法与个性，与充斥在厨房里的各种噪音和夸夸其谈，大相径庭"。写书的这些年里，无眠的长夜与口是心非（离经叛道）已成为常态。慢慢压上我肩头的责任感，也让我感觉喘不上气来。长达十年之久的追寻——也包括那些前往萨赫朗（Sachrang）、新天鹅堡（Neuschwanstein）和斯凯利格（Skellig）的具有说服力的旅行——带来的是毫无保留、受益匪浅的挑战。让我感到幸运的是，我用了那么久才完成它，因为只有到了现在这会儿，这一切的意义才刚开始浮现。这样一次彻底的洗礼，帮助我确信了两件事：首先，耙梳赫尔佐格的全部作品，对我来说就像是上了一堂实物教育课，让我知道在很多时候，阐释性／理论化的手段，是多么欠缺活力与深度，但又有那么多人，总爱搞这种毫无意义的重复。其次，从这里开始，我已走上了下坡路。对于我来说，有时也会去采访一些电影圈中人，但赫尔佐格就是那个制高点。在那之后，我再没遇到过更好的。

  自本书初版面世之后，我就有种强烈的想法，希望它能自成一体，而非仅仅只是点评。由此，我对其内容做了修订／补充，要求自己具有——摩西·迈蒙尼德（Moses Maimonides）在谈他那卷和本书同名的巨著时曾这么表述——"高度的准确性和卓绝的精准度，并要注意避免出现未能将某个晦涩的点解释清楚的情况。"本书中的访谈内容，被我有意识地加入了某些变化，小心谨慎地在多个方向上铺开，并点缀以某些特定的想法。所有的东西，全都一个萝卜一个坑。所以在以下访谈中出现的赫尔佐格，他话语中的那些结构、节奏和拍子，都是我煞费苦心事后强加上去的。我把他说的话编辑成了一整段回答，这些回答的篇幅常被拉得很长，而触发这些回答的提问，绝大多数也都是事后再写成的。（"你该让读者知道这一点。这书里的我，听着就是个话痨，但我其实并没那么爱唠叨。"）所以，各位读者面对这样一幅肖像，面对这些经过仔细调校的内容，理应尤其注意上述这一点。本书为你提供的虽是一个官方版本的赫尔佐格，但这与存在于网络上以及其他各处的那些不同版本的赫尔佐格相比，与那些互相补充又互相对抗的（赫尔佐格称之为他的）"分身"相比，其实并无什么区别，均属于某种人为的建构。那么多的内容，想要如此高效地呈现出来，除此以外，别无他法。

"迷途"的概念，隐隐约约地是从犹太哲学家、医学家、数学家、天文学家与神秘主义者迈蒙尼德那儿直接拿来的。身处十二世纪的他，专为当时的某些读者写了一本《迷途指津》[1]。那些人尊重科学，却苦于不知该如何将这些知识与他们对神圣法（divine law）、形而上的信念以及各种"奥义"的虔诚信仰平衡起来。针对他那个时代的巨大命题，即宗教的问题，那个"所有有智慧的人的焦虑来源"，迈蒙尼德在书中给出了答案。而我这一本《陆上行舟》所记录的，则是赫尔佐格针对大家心中那些更具有现代性的忧虑，那些至今悬而未决的尖锐问题，尝试给出的各种答案。例如，一边是自我表达的强烈欲望，一边是养家糊口的实际需要，两者如何平衡？身处如此同质化的世界，保持个性是否依然可能？不利的条件总是不可避免地出现，这种情况下，是否还能拥有必

---

[1] 本书原名为《迷途指津》（*A Guide For The Perplexed*）。

需的坚韧与坚定？具体要怎么做，才能催眠小鸡？通过他的清晰回忆（回忆他当初是如何克服我们的文化所制造出的种种障碍与束缚），通过他的展示（展示该如何超越这个令我们泥足深陷的破产世界，这个被反智主义、犬儒主义、消费主义、恐惧、懦弱、粗俗、极端主义、懒惰和自恋所充斥的世界），通过他的阐述（阐述各种关于人生和电影的不加限制、历尽锤炼的观点），赫尔佐格——他是我们矢志不渝、博闻广识、怀疑一切的向导，他性格里的无政府主义，熠熠生辉——为遍布全球各地的内心满是困惑的怀疑者，为那些被不断冲刷人性的无法驾驭的信息浪潮所吓退的人，为那些被我们这个不敬神祇、由科技主宰、半文盲的时代所造就的漠不关心的滔天巨浪所裹挟的人，献上了他菩萨心肠、霹雳手段的大智慧。

我们这本《陆上行舟》是他几十年厚积薄发的各种思绪的部分汇总，是他对那些要求他给予指导的热诚、强烈的呼声的回应。他为我们展示了个人的理念，畅谈自己的生平与作品，并且在此过程中——在袒露他的实用主义和一身正气的过程中——为我们每一个人提供了支援补给，襄助我们建造属于我们自己的个性化堡垒。徒步旅行的赫尔佐格，是能伴我们一路同行的陪护者，他精力充沛、头脑开明、来者不拒。他是一个诚实的表演者，为我们提供某种类似于说明书的东西，外加各种生活所需的工具、我们急需的一针强心剂以及一张标有补给站具体方位的地图。套用迈蒙尼德的话：没学过电影的读者，看了这本书，都可以在多个章节中获益良多；而那些跃跃欲试，想要从事各类创意、想象工作的人，看了这本书，肯定能从每一个章节中都获益良多。想到这一点，他该多快乐！听到这样的评价，他会多惬意！与其在虚假和错误中当个赢家，希望你更愿意做真相和正确面前的失败者。

本书收入的对谈，以每部电影的拍摄时间先后为序，自一九五七年的《遗失的西部片》到二〇一三年的《须臾之间》，逐一展开讨论。其间插入的话题，已做最大限度的控制（用特吕弗的话来说，这就像是他那本采访希区柯克的书一样，完全不存在任何"系统性的问卷调查"或是"一长串错综复杂的问题"来强人所难），即便有插入的话题，其首要目的也是为起铺垫作用（作为采访者，你有可能犯下的一个致命错误，便是只顾自己滔滔不绝）。考虑到可能并没有多少人完整地看过赫尔佐格每一部电影，于是我希望这些访谈能有这样的效果：即便这部电影你并未看过，也仍可能在阅读过程中，即刻地感知到某些值得借鉴的东西。

在本书后半部分，你会看到赫尔佐格（最初发表于一九七八年）的一些诗作的最新译本，以及一九八二年他在德国徒步旅行时写就的一部分日记，一九九九年那份业已成为传奇的《明尼苏达宣言》，还有（由一份未曾发表过的篇幅赛过书本的手稿中摘录、编辑得来的）赫布·戈尔德[1]写的短文《亡命天涯拍电影》（*Shooting on the Lam*）——从中我们可以得知，拥有智慧的电影人，能够以那些被体系捆绑了手脚，鉴赏力被蒙蔽的理论家与学者只有做梦才能想到的方式，来让人变得更强大，受到更多教育，精神更为振奋。该文——虽只寥寥几页，但相比绝大多数用了上百页文字来分析赫尔佐格作品的文章，都来得更言之有物——就像是一座堡垒，我们能用它来抵御那些关于电影的理论表述。

---

[1] 即本书附录文章《亡命天涯拍电影》的作者赫伯特·戈尔德（Herbert Golder），此为昵称。

阅读本书时，千万记得要有所保留，绝对不要无视赫尔佐格的电影与访谈中比比皆是的自嘲与讥讽口吻的，但誊写成的访谈文字存在于世，但我还是会设法找出其中一些的录音来，亲耳聆听一遍，之所以要那么做，部分原因便在于此）。看看下面这句话，他说的时候其实是带有玩笑和讥讽口吻的，但誊写成文字时，如何处理才最好呢？赫尔佐格说的是："我和袖珍身材的阿涅丝·瓦尔达（Agnès Varda）曾有过一次公开的争论，她似乎被我提出的一项论断冒犯了，我说的是，对于电影人来说，最重要的一项素质不是别的，而是要会跳高，能跳过他或她自身身高的高度。她不太喜欢这种说法。"此外，赫布·戈尔德在回忆《希望的翅膀》和《我最亲爱的魔鬼》（*My Best Fiend*）时也说过，"我还记得，在亚马孙丛林里，常会碰见某种树，尤其可怕，它整个树干上，全都覆盖着和小铁钉一样大小的刺。"对此，赫尔佐格的评语就是，"让那些喜欢抱大树的环保狂热分子来试试看吧。"

我用这本书来纪念一位真正的君子，他是赫尔佐格的朋友（他称其为"最后的狮子"），也是我的朋友。他毕生都在追求宏伟的目标，永不休息，时刻警惕，总能察觉敌在何方并解释给我们听；他永远都在寻找新鲜的视觉表达形式；他要求我们睁大眼睛、保持警觉，关注正在我们身边爆发的各种复杂与平庸；任何人，只要你想提高觉悟，想变不可能为可能，他永远都愿意为你提供帮助；他启发和感染了一代又一代的电影人与电影艺术家；他从来都是有几分证据说几分话；他总是——以他的创造力和正直秉性——孜孜不倦地为塑造公众趣味和促进意识转变而努力；他爱知识胜过爱信息。他名叫阿莫斯·沃格尔。赫尔佐格曾如此评价他的这位良师："最具深度的电影鉴赏家之一，被赋予了一种本能,在发现天才这件事情上从不犯错。"我缅怀他的韧劲,想念那些能细细翻阅他汗牛充栋的藏书的日子,我忘不了当我打开他那些五斗文件柜,探索其中奥妙时,它们所发出的咔咔响声。我怀念与他一起在华盛顿广场公园中散步的那些日子,对我来说,他就像是我的另一位祖父。愿他的思想能熔穿这个社会,愿所有理应被消灭的东西统统被之熔化,愿他的思想能哺育那些为寻找适当的意象而拒绝移开视线的躁动的无赖们。

现在,是时候做个男子汉了,放下那些情绪化的思绪吧。

保罗·克罗宁
纽约
二〇一四年二月

面对如此艰难的选择：要不就眼睁睁地看着一本关于我的书，由那些早已布满了灰尘，包含着各种大肆曲解与谎言的采访，汇编而来；要不就自己参与合作——我选了相比之下要糟糕许多的那一条路：参与合作。

维尔纳·赫尔佐格

洛杉矶

二〇〇二年二月

第一章

浴帘

遗失的西部片

大力士

沙中的游戏

德意志克罗伊茨要塞史无前例的防御

正式开始之前，能否先为读者提供一些大致的人生见解，好让他们听完之后，晚上更容易入眠？

我想说的就是——这话适用于所有人类——不管你生活在哪里，不管你是不是电影人。想要回答你这个问题，我只有一个办法，那就是借用酒店业巨头康拉德·希尔顿（Conrad Hilton）的一句话。某次有人问他，有什么话想要传给子孙后代的。他答道："不论什么时候，只要是淋浴，就一定要把浴帘拖在浴缸里头。"此刻我坐在这里，给出同样的建议。永远别忘了浴帘。

想当初你是什么时候有这个意识，打算一辈子都要拍电影？

从我能独立思考的那一刻起。和绝大多数人不一样，我没有那份幸运，可以选择自己的职业道路。我甚至都没问过我自己：你究竟能不能干这个。我只管埋头接着干。十四岁那年，我经历了充满戏剧性的数月，开始了徒步旅行，还皈依了天主教。也就在那段时间里，我的想法变明确了。那也是我第一次真正意义上从家庭生活里逃了出来。我的父亲——一位斗志昂扬的无神论者——因此暴跳如雷，但我母亲似乎只是觉得，我之所以会那么做，纯粹只是因为本地的神父也爱踢足球。其实，是天主教的历史传统吸引了我，还有它对于艺术的关注。竟然有那么多巴伐利亚民间传说全都根植于宗教，这让我很感兴趣。加尔文教派的严苛和基督教的苦修，这些从来都没吸引到我；我一直都更倾向于天主教，被它更为丰富的巴洛克式元素所吸引。要是我当初出生在德国北部——那边几乎所有人都信新教——说不定我也就反过来，更多兴趣放在新教上了。

那次我本想去的是阿尔巴尼亚，在当时，那是一个神秘国度，与世隔绝，由极端派以强硬手段控制，不准外人进入。所以我只好徒步沿着亚得里亚海走，紧贴着阿尔巴尼亚和南斯拉夫的边界，最多可能也就走了几百米，始终不敢踏入阿尔巴尼亚那一边。我数次徒步行走至德国北方，其中有几次还赶上了极寒天气，距离最近的小镇都有好几里地。碰到这种情况，我总能靠着随身携带的几件开锁工具，打开附近某栋独栋小屋的大门。到后来，我已经很擅长于不留丝毫痕迹地潜入此类小木屋了。在屋里，他们总是备着上好的葡萄酒，有时我还会玩一下填字游戏再离开。当然，离开前我会像童子军好小孩那样，将床重新铺好，把屋子打扫干净，甚至还会留下表示感谢的字条。某次，我在屋内睡得正香，忽然间，楼下灯光大亮，还传来了说话声。我立即从窗口爬了出去，跳到车库顶上。那家人当时正在车库卸货，在我跳落的瞬间，四下里变得鸦雀无声。然后我听到一个女人的声音，"一定是那只猫啦。"在那样的天气条件下，进入那些木屋避难，是你与生俱来的权利。如果当时被警察发现的话，我相信他们也会马上给我递上一杯热茶。当然，我肯定不会为那些葡萄酒买单，而这其实就是我在拍电影的方向上迈出的一小步了。说到拍电影，直至今日，我都很难把它视作一份真正的职业。

"真正的职业",此话怎讲?

我不太拿自己当回事。而且到了我这个年纪,可能我应该找一份相比拍电影要更有尊严的工作才对。但是一直以来,电影留给我们的印象,相比其他任何一种现有的意象表现的形式,都要更强烈。电影对于人的境况做了最集中的编年记录,同样道理,绘画当初也曾占据过这么一个崇高地位。说到十七世纪最重要的荷兰作家,绝大多数人都说不出他们的名字来,但同一时期的荷兰艺术家,大家都知道那么几位。那就像是在中世纪盛期,建筑也曾享有某种特殊地位是一个道理。同样,在未来,电影也会被我们视作关于二十世纪社会,关于我们的成与败,最具连贯性的表现形式。

不妨再多谈谈你最初接触有组织的宗教的那个时期。

许多那个年纪的青少年,都遇上过类似的事,体内有某种带有能量的东西爆炸了,需要他们做出人生的重大决策。区别或许只在于,他们遇上的爆炸强度,没我当初经历过的那么厉害。那时候的我,人生各方面都正在经历某种强烈的凝缩,于是便产生了一种需要,需要与某些崇高的东西发生联系。不过,我对于宗教的兴趣,之后没过多久也就烟消云散了,甚至都没怎么意识到,就把这事给抛诸脑后了。再往后,我又迎来了另一个阶段,对上帝彻底失去了兴趣——这种情感可能一直伴随着我,直到现在。我记得我那时候对于宇宙的荒谬本质感到无比愤慨。万事万物之中,似乎从最开始时,就已埋下种种缺陷。生活在这世界上的每一种生物,不管是丛林、海洋还是山川里的,全都毫不在乎我们人类。不可否认,宗教是我们内心世界的一个重要组成部分,为许多人提供慰藉,对人类总体而言,也具有一定的价值。所以我绝不会不假思索地便全盘否定它。而且，作为一个受过洗礼的人——按照天主教教会的教义，那在我灵魂上留下了不可磨灭的永恒印迹——我永远都是个天主教徒。但自从和有组织的宗教有过亲密接触之后，我就知道，那并不是我的菜；尽管，直至今日，我作品里仍留有某种与宗教相关的余韵。对我来说，始终都是符合现实的科学依据，相比之下要来得更为重要。我们对于这个星球的理解，永远都不该让意识形态的东西来横插一杠。必须实事求是。

我还想指出一点，对于早年间的基督教坐柱修道派（苦行僧中的一种），我始终心怀景仰之情。他们会坐在石柱顶上，一坐便是经年，始终不肯下来。那是自我放逐与孑然独处的终极形式。历史上曾有过这样的事，两人各坐一根石柱，互相叫嚷，指责对方才是异端。有时候，我也羡慕那些能在宗教里找到慰藉的人。

你刚说了，要与某些崇高的东西发生联系，这里的"崇高"如何理解？

由其拉丁语词源入手：sublimus，意思是被举起的、高处的或是被抬高的。一扇大门，下面是门槛，上面则是高起的门梁，就是头顶上的那个横向的支撑物。经过大门的时候，门梁就在我们头顶上方的高处。这东西你摸不着够不到，体积也远比你来得大，但又并非完全抽象或陌生的东西。

你信上帝吗？

卡斯帕·豪泽说过："我没法想象上帝完全凭空创造出了一切。"如果上帝真的存在，我更愿意相信，他其实也和人类一样，一样愚蠢、困惑、矛盾且迷失了方向。至于魔鬼，我相信愚蠢就是人类的魔鬼，因为没有比愚蠢更糟的事了。

你时常旅行。

我为什么总要去离家很远的地方拍电影，这问题要解释清楚并不容易。但有一点我很清楚，那就是健康的想象力需要空间。伟大的电影，不是你站在厨房水槽边上就能拍出来的。对我来说，拍的每一部电影，都是我通向世界的一张门票，都是人生在世的重要事。我一路寻寻觅觅的，是那么一个尚未遭受破坏的、符合人性的地点，能让人在那里生存。我要寻找那么一个值得人类去的地方，我们可以在那里过上有尊严的生活。类似的意思，在我的电影里以前也提到过。《陆上行舟》里的厨子讲述说，森林里的土著，一代接一代，已经流浪了三百年，只为寻找一个既没有忧伤又没有痛苦的地方。对于伯格曼来说，一部电影的起点似乎是某张人脸，而且通常还都是女性的面孔。而对我来说，一部电影的起点就是一片自然景观，不管那是真实的、想象的抑或是幻觉中的。我很清楚，老是停留在同一个地方，我永远都找不到我想要的东西。寻找永无止境。在《尼斯湖事件》(*Incident at Loch Ness*)里，你看到我和我妻子——她是西伯利亚人——安静地坐在那里。那是俄罗斯人的习俗。去旅行之前，在做完各种准备工作，打包停当之后，先停歇一阵子，这样，你可以从一个完全静止的出发点转身离去。那会带给你一次安全、愉快的旅行。

还没正式毕业之前，我就在曼彻斯特住过几个月，因为我生平第一位正式交往的女朋友，去了曼彻斯特学英语。几周之后，我便步她后尘，也去了那里。当时我身上带着一小笔钱，跟一群来自孟加拉国和尼日利亚的人，合资在贫民区买了栋破房子。按照出资比例，我分到了其中一间房间，和女友同住。它属于十九世纪造的那种联排屋,后院堆满瓦砾,垃圾遍地,屋内则老鼠成群。我的英语,有不少就是那时候在曼彻斯特学的,就靠在街头跟当地人聊天。我那时候也没工作,某次出于好奇,和女友一起去了她班上。那位胖乎乎的老师让所有人反复念同一个句子——大家伙齐声朗读整整十遍——这句话就那么铭刻在了我脑袋里,至今都忘不了。"他又是咕哝又是嘟囔,因为他感觉很窝囊。"就在那一刻,我逃出了教室。

一九六一年,我十九岁了。期终考试后,我认识了一些从慕尼黑往雅典和克里特岛运二手卡车的人。我拿出身边不多的一小笔钱,投在那些旧卡车上,也算占了一股。之后靠参加这支小型车队,我赚了一笔。抵达克里特岛之后,我又坐船去了埃及亚历山大,打算要去从前的比属刚果[1]旅游。但结果没能去成,后来想想,始终觉得真是万幸。因为我事后了解到,当时去了刚果东部省份的那些人,几乎全部丢了性命。当时刚果才刚独立不久,立即陷入了最混乱的无政府状态,爆发出最黑暗的暴力事件。文明的各种痕迹一一消失,秩序和安全的所有形式全部丧失,重又回到了部落制度和吃人肉上。一直以来,有种说法很让我着迷:文明就像是一层薄冰,漂浮在黑暗与混乱的深海之上。在当时,我希望能通过观察非洲,更好地理解纳粹主义在德国的起源,我想知道那一切是怎么发生的,为什么不过几年的时间,一个国家就能将所有的文明丢失殆尽。表面来看,那时的德国是个文明、安定的国度,在许多领域有着优良传统——哲学、数学、文学还有音乐。但到了第三帝国时,忽然之间,这国家所有具有致命危险性的东西,全都一下子暴露了出来。搞了半天,就在欧洲的核心地带,

---

[1] 今天的刚果民主共和国,简称刚果(金),曾为比利时殖民地。1960年宣告独立。

竟有着一个内心深处仍旧还未开化的野蛮国家。

到亚历山大之后,你又去了哪儿?

沿着尼罗河一路到了苏丹,但在去朱巴(Juba)的路上,距离东刚果[1]不远的地方,我得了重病。我心里很清楚,想要活命就得尽快回家。很走运,我坚持到了阿斯旺,当时那儿正在修水坝。苏联人先期造好了水泥地基,德国工程师正在布置电网。我躲进了他们的一处工具间,我也不知是过了多久,有人发现了我。我烧得相当厉害,所以关于那段经历只剩下模糊的记忆。但我清楚地记得,我一次又一次反反复复地把随身带着的不多的几件东西,理了又理,然后小心翼翼地放在我的帆布包里,感觉就像是到了这时候,还要做到井井有条一样。迷迷糊糊的,我幻想自己被鲨鱼吃了,醒来后才发现是老鼠咬了我的手肘和胳肢窝。张开手臂的时候,我发现衣服上有个巨大的洞,想必它们是要用那些羊毛来做窝吧。还有只老鼠咬了我的脸,然后逃窜进了角落。那伤口过了好几周才痊愈,至今还留着疤。

我最终回到了德国,在那儿拍了我最初的几部电影。时不时的,我会去慕尼黑大学露个脸,我本该在那儿念历史和文学课程,结果也没太拿那当回事。之所以保留学生身份,主要是为了买火车票能便宜不少。不过,有一位教授的课,却是我当时很爱听的。英格丽·施托施奈德-科尔(Ingrid Strohschneider-Kohrs),她教的是德国文学,有着相当厉害的活学活用的大智慧。我立刻便发现,她能十分精准地将某些想法运用到这些文本中。听她讲课——她会讲到诸如格奥尔格·毕希纳(Georg Büchner)等作家——

---

[1] 即刚果(金)。

相当吃力,我很少有机会完全跟上进度。她和我说起过自己去黑森林旅行,和海德格尔相遇的事情。她原本准备了一连串详细、复杂的哲学难题,想要问他,但海德格尔只想与她徜徉于林间,聊聊关于蘑菇的事。虽说我当时还只是大学一年级的新生,她却邀请我参加一个面向研究生的研讨班,并且建议我今后要攻读博士学位,而她会担任我的导师。不过,她后来去了波鸿大学,那意味着,我也得一起跟过去。但说老实话,我完全想不出我要博士学位干吗。而且,我本就对自学更感兴趣。如果我想要钻研什么问题,我从来不会想到要去报名听什么课;我会自己找书来看,或是直接物色专家人选,找他当面对话。所有你在学校时被强迫去学的东西,都会很快被遗忘,反而是那些自发地去学习——为了减轻饥渴感——的东西,一辈子都会牢记,而且一定会成为你生命中一个重要的组成部分。

你打算拍电影,对此你父母有何反应?

主要还是我母亲,因为父亲很少出现。我跟他从来就不怎么熟悉。在我的孩提时代,他只扮演了一个很小的角色。

我母亲名叫伊丽莎白,她是位生物学博士,曾经师从卡尔·冯·弗里施[1]。她和我父亲是在维也纳的大学里认识的,两人当时都还是学生。我爷爷家藏书极多,但我们平时不怎么去他家,所以我也没什么机会在那里博览群书。总体来说,我小时候的成长环境,并没有很特别的知识分子氛围。她完全靠自己一个人,在当时的德意志联邦共和国,独自拉扯三个男孩长大;再加上她先前在奥地利取得的那些资历并不被德国承认,所以那段时

---

1 卡尔·冯·弗里施(Karl von Frisch):奥地利生物学家、诺贝尔奖得主。

间里，我们没能完全赶上那个所谓的"Wirtschaftswunder"（德国经济奇迹）。于是，她被迫变成了一个非常现实、务实的女人。一度，她还当过清洁工。所以直至今日，随便什么时候，只要是有这个需要，我完全不介意为了糊口去扫大街。我母亲——她在一九四八年和我父亲离了婚——至今都是我所见过最有勇气、最能冒险的人。七十岁时，她开始学习土耳其语，因为她在慕尼黑认识了一些几乎不怎么会说德语的新朋友。后来她甚至还去了安纳托利亚东部旅游。

说到拍电影的事，她当时采取了很明智的做法，她希望我能对这选择做些现实考量，了解自己将要面对什么，该怎么做才算明智。她向我解释了德意志联邦共和国当时的经济情况，在那些来信中，她恳请我三思而后行。"太可惜了，我们以前从没仔细讨论过这问题。"她写到。不过，不管我做什么事，母亲向来都很支持。她从没想过要在我将来择业的问题上出谋划策、指手画脚。有时候，我会跑出去，一连几星期不见人影。她虽不知道我身处何方，但她能感觉得到，我可能又得走开一阵子。她很清楚，我就属于那种没法总被学校留住的人，所以母亲会马上给学校写封信，说我得了肺炎。在学校的时候，我总觉得自己是个陌生人，因为相比我那些同学，我有着不一样的目标和兴趣。我不信任学校发给我们的课本。上数学课时，我对那些被视为基本公式的解题方法表示质疑。难道就不可能有人会想出另一种做法来吗？我不否认，教书育人是一门崇高职业，但只要是在学校，我就从来没有过自在的感觉。我始终都不信任老师。说实话，我那时候极度厌恶学校，甚至酝酿了一个计划，打算哪天晚上去把学校付之一炬，只不过这计划最终没有执行到底。回头想想，有一件很重要的事，是我在学校里体会到的。那是在历史课上，我们经常能读到一手资料，而非课本。直至今日，对于那种在相关事件发生多年之后才来讨论某个特定主题的书籍，我仍旧不太相信。我小时候读过的那本古希腊文的《奥德赛》(*The Odyssey*)，至今都还摆在我书架上，上面写满了潦草的铅笔注释。

一九六一年八月，母亲给我寄来两封信——隔天连着写了两封。当时我正在克里特岛。她在信里提到，我父亲急于想要说服我放弃做导演的打算。应该是我在动身离开慕尼黑之前，便已宣布了回家后就要开始拍电影。大概是在十四岁时，我开始写电影剧本，还交过提案给制片人、电视台。在信里，母亲想劝说我从克利特岛直接回德国，那样我就可以去某位摄影师的暗房做学徒。她觉得那对我来说会是件好事。在她看来，这事得抓紧。我一定要在九月之前回来，以免耽误了再等来年。她和某位就业辅导专家谈过，了解到想要从事电影导演这门职业，入门很难。专家告诉她，鉴于我只参加过高中考试，所以理应从暗房做起，以此为基础，再争取能进电影公司，做到副导演。对此，我显然有不同的想法，根本不可能被说服。数年之后，母亲开始收集关于我电影的每一篇文章、影评和采访，她把能找到的，全都剪了下来，做成好多本巨型剪贴本。很长的一段时间里，那些本子就摆在我慕尼黑办公室的书架底下积灰。之所以那么做，部分原因是她为我感到骄傲，另一部分原因则在于，她很清楚我自己是绝不会去收集这些东西的。她对我说过，说不定某一天，我可能会需要这些东西。

像我母亲那一代的德国女性，真是非常了不起。一九四五年，随着战争结束，她们撸起袖子，清扫废墟，投入重建。我母亲也不例外，她总是作为表率，为我们这三个儿子树立了很好的榜样。某天，我哥和我买了辆摩托车，但上路之后小事故不断——

至少一周一次。那时候，只见她漫不经心地掐灭了手里的香烟，对我们说："我觉得你们该和这摩托车说再见了，因为，我也刚和我的最后一根香烟说了再见。"很快我们就把车卖掉了，而吸烟多年的她，在那之后再也没抽过烟。刚一开始，有那么很短暂的一阵子，她也认为在德国出现的纳粹，是一种积极力量。其中的缘由，或许是因为她在维也纳长大，出生在一个军人家庭，祖上又是来自克罗地亚的民族主义者——为了自己的身份去战斗，那是克罗地亚人根深蒂固的传统。而且她自己年轻时，也在政治上相当积极。她有两位亲戚，据说参与了一九三四年在马赛谋杀南斯拉夫的亚历山大一世的行动。她自己也曾在"二战"前坐过很短一阵的班房。一九三三年，希特勒掌权。许多人内心深埋着的国族意识被激发出来，那种情感可能要比现如今的德国人更强烈。这种想要争取独立的巨大推动力，在有些情况下就转化成了对于法西斯的支持。但我奶奶的情况又不一样。虽说我们从没讨论过政治方面的事，但很明显，她对希特勒全无好感。她觉得那就是个小丑，她敏锐地感觉到了，那人身上有些地方不太对劲。

我父亲迪特里希，祖上是信奉胡格诺派的法国人，他也是生物学博士。"二战"时他在部队，但我估计他应该没亲眼见过硝烟。作为战俘，他在法国被关押了将近两年。他就像是一本活的百科全书，能说多门外语，包括日语和一些阿拉伯语。但他这个人，永远都在逃避责任。他不愿参加任何实际工作，总爱说他正在钻研的那套漫无边际的宇宙科学理论。他坚称，总有一天会大功告成，尽管我们全都明白，他压根就没写出过任何东西。他总是要求家人为他的科研工作创造便利条件，这意味着他可以不用上班挣钱、养活全家。于是，照顾所有人的重担就一直落在我母亲肩上。有一次，他又在那里嚷嚷他的大作，我碰了碰他的肩膀，对他说："你明明一个字都没写出来过。"他看了看我，表情像是在承认我说的很有道理。但才过了五分钟，他又开始胡吹他那本压根不存在的著作。纳粹给德国带来了巨大灾难，这样的事实，他得过了好些年才肯承认。不过我觉得那里面可能涉及一个文化霸权的问题。战后，因为美国军中广播电台的关系，好些英语单词被引入德语，美国文化在德国人的生活中，扮演起了重要角色。于是父亲开始怀念那看似更加美好的往昔岁月。时月累积，我从他的缺点中，学到了究竟该如何为人父。从小我就明白，他没怎么参与过我的成长过程，这对我来说反而是因祸得福。

可以说，你长大成人的那些年，正好经历了德国的战后重建。

就在我出生的几天之后，一九四二年的九月，一颗炸弹飞向我们在慕尼黑的家，邻居家被整个摧毁，我家也严重受损。能活着逃出来已很幸运。据说母亲发现我躺在摇篮里，身上压着碎砖和玻璃碴，好在人毫发无伤。她把我和我哥送出城，去了萨赫朗。那是个很偏僻的小山村，距离德奥边境不到五千米，而从慕尼黑开车过去，需时大约六十分钟。萨赫朗四周都是森林，就像是童话故事里写的那样。我们在那儿生活了十一年，然后才搬回慕尼黑。环绕着萨赫朗和奥地利蒂罗尔的凯塞伯格山脉，那是战争末期德军零星抵抗的最后几块区域之一。在当时，狼人队——那是第三帝国党卫队里最疯狂的一支部队，直至最后仍在负隅顽抗——在逃跑时就途经我们村，他们把武器和制服藏在了农民的干草堆里，再穿上平民的衣服，躲进深山。

有天晚上，在我们家背后的小河边，有个男人坐在一堆熊熊燃烧的篝火旁。从他眼睛里和脸上，都反射出火焰的光芒。我当时对德奥两国的分界线了如指掌，因为母亲经常会带着我们兄弟两个，穿过边境线，去奥地利的维尔比克（Wildbich）。我们会把在德国不太容易搞到的各种货物走私回来。她会用沙子来清洁锅碗瓢盆，有一次她过生日，我们兄弟俩在附近的河滩上装了一大袋沙子，送给她当礼物。那沙包实在是太沉了，花了我们几乎一整天时间，才扛回家。那是我记忆中她最最快乐的一天。

我很能理解帕西法尔（Parsifal）这个人物，因为我小时候也对外面的世界一无所知，我们完全与世隔绝。去村里上学的时候，路上会经过一片森林，我深信那里住着女巫。即便是现在，当我走过那地方，我仍觉得那里面有些东西不太对劲。那时候的萨赫朗是个非常闭塞的地方，我直到十二岁才知道香蕉是什么东西，十七岁才第一次打电话。如果哪天有汽车出现，那绝对是全村轰动的大事，小孩全都跟在后面跑，就为看个究竟。所以时至今日，看到成百上千的汽车在彼此相连的路网上风驰电掣时，我仍会觉得莫名的兴奋。一直以来，我始终觉得偏远山区里的生活最自在，在我身上留有那么一部分，至今都还没真正地适应现代科技。无论什么时候，只要电话铃声大作，我都会猛地蹦起来。我们的房子里没有自来水，也没正式的床垫。母亲用干草塞满了亚麻布口袋，我们就睡在那上面。还有我们穿的衣服，她会用手头能找到的最厚的面料来缝制。冬天时，每每醒来，我都会发现毯子上结了一层薄冰。屋外的厕所常被积雪覆盖，有时候房门都会被雪堵住，我们只好从窗口爬出去。有时我们会滑雪去上学，而到了夏天，孩子们一连好几个月都不穿鞋，从头到脚只穿一条皮短裤。

我们都很有想象力，自己发明了不少玩具。屋后的大树上架着秋千，那种在空中飞翔的感觉，我永生难忘。而那些党卫军遗留下来的枪支军火，也成了我们的玩具，某次我们还用炸药炸掉了一小段下水道。我和当地十几个孩子一起，组成了一个小团伙，其中还包括一个女生,我们所有人都很尊重她,因为她各方面都很厉害。我们那群人还发明出一种用榉木做成的箭矢,我对空气动力学全无认识,但不知怎么就研究出了如何让它飞远的办法。你像是抽鞭子那样,把它扔出去,它能飞一百二十多米。吃完午饭,母亲会让我们两兄弟快点出去——不论是寒冬还是酷暑,也不管室外有几度——不在外面待上几小时就不准回来。她觉得这能让我们体质强健。我小时候有不少时间都是独自度过的,就此培养出了很强的自立意识。人人都觉得,在已沦为废墟的德国城市中长大成人,那一定是种可怕的经历。确实,对于那些失去了一切的大人来说,的确如此。但对我们这些孩子来说,那却是最美妙的时光。慕尼黑受到的打击不像其他城市那么厉害,虽然你也能看到某些房屋消失后,街道上留下的巨大空隙。装满碎砖瓦的卡车,由我们窗外经过,开向城郊;碎石堆起,形成小山。那些被炸过的街区,则成了我们这些孩子的天下,在残垣断壁间,在暴露出来的地下室里,常有各种神奇的发现。那些被废弃的建筑物和工厂,都成了我们体验各种刺激冒险的游乐园。那真是一种超现实主义的环境,我所认识的每一个曾在战后德国的废墟中度过童年时光的人,无一例外,都对那段经历赞不绝口。既没有爱教训人的父亲,也不存在什么规矩要去遵守,那根本就是无政府主义,最积极意义的无政府主义。我们由零开始,创造一切。

  数年前我看过一部电影,用到的全都是"二战"期间在列宁格勒被围城之前、之中和之后所拍到的素材[1]。一切看着都是那么平和,丝毫不见危在旦夕的迹象。人们在街头漫步,在路边的咖啡馆闲聊,孩子们在公园里玩耍。从这些人的脸上,你完全看不

---

1 指二〇〇五年由谢尔盖·洛尼察(Sergei Loznitsa)执导的《封锁》(*Blockade*)。——原书注

出即将到来的灾难。稍后，轰炸开始了，严重饥荒接踵而至。死亡悄悄逼近那些街道、咖啡馆和公园，空气中充满了难以言说的恐惧。当我回顾自己的童年，我能很清楚地感悟到，如今的欧洲正处在一个安宁的时期，而这是整个人类历史上很少见的。

你最初的记忆是什么？

某天晚上，母亲把我们兄弟俩从床上拖了起来，带着我们——一手抱一个，用毯子包裹着——上了我家后头的斜坡。远方的天空呈现一片橘色和红色，像是整个在震动。那是我童年时代一份永远无法磨灭的记忆。"我把你们从床上拉起来，因为你们必须看看这个。"母亲告诉我们，"罗森海姆（Rosenhaim）[1]正在燃烧。"罗森海姆，在我们心目中等同于世界尽头的那座大城市，此刻正被轰炸。萨赫朗位于山谷之中，十二千米开外就是阿绍（Aschau），那儿有所医院，还有个火车站。再过去，就是罗森海姆了。对于当时年幼的我来说，那里就像是宇宙的尽头。另一段记忆则是，大约三岁的时候，我见到过上帝本人。那一天是圣尼古拉斯日，圣人尼古拉斯会带着一本书出现在你面前，书上记着你这一年里所有做过的坏事。还有那个像是魔鬼一样的克朗普斯，也会一起出现。那天我是真被吓坏了，逃到了桌子底下，还尿了裤子。就是这时候，就像是老天爷派人来救我一样，门忽然打开了，一个男人站在那里。他身穿棕色工作服，脚上光着，手上都是油。我当时觉得，那一定就是上帝，他来是为了把我从克

---

[1] 罗森海姆是赫尔曼·戈林（Hermann Göring）的出生地，一九四五年四月十八日，全城被焚，不到两周之后，希特勒在柏林自戕。赫尔佐格此时大约两岁半，那天晚上，一百四十八架美军B17轰炸机，为摧毁敌军运输系统，在罗森海姆的铁路编组站，投下了四百多吨炸弹。——原书注

朗普斯手里救出来。后来我才知道，那人是电力公司的，他只是正巧路过我们家。

在我五六岁时，有次病得很重。因为四周积雪很深，所以也没打电话叫救护车。母亲用毯子把我裹好，再绑在雪橇上，连夜拉我去了阿绍的医院。八天之后，她徒步穿越积雪，来医院看我，见我毫无抱怨，母亲十分惊讶。那段时间里，我从毯子上扯出来一根细线，就那么玩了八天，丝毫不觉得无聊。对我来说，那缕线上满是故事与幻想。

平时你有过觉得无聊的时候吗？

我的字典里没有这个词。看到我可以一连好几天就那么站在窗边，望着窗外，我妻子都惊呆了。乍一看，那时的我好似表情呆滞，但其实内心并非如此。维特根斯坦曾经说过，由屋内关着的窗户望出去，看到路上有个男人奇怪地挥舞着手臂。你没法看到或是听到外头的暴风咆哮嘶吼，所以你不知道这男人光是想要站定，就得付出多大的努力。我们每个人的内心，都有隐藏着的风暴。

战争结束时，美国军队也占领了萨赫朗。

美军占领德国时，那儿是他们最后进驻的几个地方之一。美国大兵是坐吉普车来的，他们一条腿悬在车外晃晃悠悠，嘴巴里不停地嚼着口香糖。我当时还以为，全世界所有美国人，都已经到齐了。我第一次见到黑人也是在那时候，他把我彻底迷倒了，因为在那之前我只在童话故事里听说过黑人。我跑去告诉母亲，"我刚才见着一个漆黑漆黑的摩尔人！"那人是个大个子，脾气很好，说起话来中气十足，余音绕梁，那嗓音我至今都还记得。母亲问我是怎么跟他交流的，"我们说美国话。"我回答道。他送了我一片口香糖，我整整保存了一年，每天晚上都把它妥妥地藏好。最后，这秘密被我哥哥发现了，他偷走了那片口香糖。还有一些记忆片段，也留在了我脑海中。那就是萨赫朗那些居民在窗口挂出的白旗。美国人到的那一天，家家户户都亮出了白旗或是白色被单，目的是表明友好，让美国人知道他们无意抵抗其占领，家里也没窝藏"狼人队"或是纳粹。我记得我们当时在阳台上玩，把被单摘下来，丢到了地上，结果被母亲一通臭骂，记忆中她从没那么生气过。其实想想也明白，那种做法，弄不好就会让我家变成靶子。

有一段时间，父亲在军队里做军需官，一有机会就送吃的回来。但基本上我们还是一直叫饿，永远都在觅食，紧紧抓住母亲的裙角，大声哭闹。有一次，她对我们说："孩子们，要是可以从我身上割片肉下来，我都乐意。"她一直都在找寻食物，有时候还会趁农户不注意，从装牛奶的大桶里，抹点奶沫下来。只要能填肚子，什么都行。每次，周边的农户收成完毕，我们马上就会过去，把地里剩下的小土豆一网打尽。上学路上，我们会试着徒手去抓小溪里的鳟鱼。如果抓到了，就先放在附近的小水塘里，等放学回来再捞。直到今天，我都一直很了解食物的价值，每一餐，不论我面前的盘子里放的是什么，我都心存感恩。有次我偶然见着几个工人打到一只乌鸦，正在路旁用锅煮。那是我生平第一次看见汤里泛起的那层脂肪究竟是什么样子的，真是大开眼界。所以我也从我们在附近森林里找到的那些冲锋枪里拿了一把出来，也想打只乌鸦下来。结果，我被后坐力抛到了地上。让我意外的是，母亲并未生气。她带我一起进了林子，冲着一棵枝繁叶茂的山毛榉，开了一枪。只见木屑从另一头飞出。"扣下扳机，你就该预见到这一幕。"她对我说,"所以绝不要把枪口对准任何人,哪怕是玩具枪。"这种暴力顿时就把我给镇住了,当即便叫我放弃了对于那类东西的关注。接着她又向我演示该怎么上保险,怎么退子弹,还说只要我能学会如何安全携带,便可以一直留着它。

你怎么形容小时候的自己?

我小时候是个闷葫芦,但又是急脾气,不合群,常显得离群索居,可以一连几天生闷气,然后就是一次大爆发。我花了很长时间才学会控制自己的行为,主要的转折点是一桩我没法详细跟你说的灾难性事件:我拿刀攻击了我哥哥。我十一岁那年,全家搬回了慕尼黑。所有人都住在同一个房间里,于是我学会了如何集中精神。那么小的空间,要住我们四个人,大家各干各的。我会仰卧在地板上,连续几小时地看书,完全不受他们的说话声和各种活动的影响。很多次,我会看上一整天书,精神高度集中到令人难以相信的程度,所有心思都放在书里,最后抬头一看才发现,其他人数小时前就都已经出门了。在我最初拥有的那些书籍里,有一本是《小熊维尼》,那是从美国人给的爱心包裹里拿来的。它至今都是我最心爱的文学作品之一。《小熊维尼》再加上玉米粉,那可是将德国重新带回到文明世界的一剂妙方。在许多人眼里,玉米粉是鸡饲料,我母亲却有办法骗我们说那里面富含蛋黄。于是它吃在嘴里,顿时成了美味佳肴。马歇尔计划万岁!时隔多年我依旧心怀感激,而我对美国的推崇备至,也都肇始于此。后来,等到我青春期的时候,美国在德意志联邦共和国的影响力非常强劲,但我还好。我从不穿牛仔裤,也没对"猫王"产生多大兴趣,尽管他主演的电影当初在慕尼黑公映时,我也跑去看了最先放的那一部。片子放到一半,所有人都站起身来,平静地摇晃座位，直至椅子从地板上整个松开。到最后，只能出动警察来维持秩序。

搬到慕尼黑之后，哥哥蒂尔伯特——他其实只比我大一岁多一点——承担起了家庭的重担。他这人非常聪明，在一群人里总是当头，也是各种恶作剧的总策划。他没读几年书就被学校赶了出来，转身就开始学做生意，而且一路往上升得很快。十四岁时，他在一家专做热带木材进口生意的商社当学徒，两年不到已经成了我们家的经济支柱。虽说我也抓住一切机会去打工，但总体来说，我之所以能继续学业，还是靠他。我受他恩惠很多，即便是到了现在，他仍是一家之主。另一边，弟弟卢奇则是我多年来的亲密合作者。虽然我俩不是一父所生，可对我来说，他就是我百分百的亲兄弟。他小时候很有音乐天赋，但不久便意识到自己还不够好，竞争不过别的钢琴家，于是也开始学做生意，同样爬得很快。但我觉得这反而让他动摇了，因为没过多久他就去了亚洲：印度、缅甸、尼泊尔和印度尼西亚。拍《阿基尔：上帝的愤怒》(*Aguirre: The Wrath of God*)时，我写信向他求援，他横穿太平洋来到秘鲁，及时向我们伸出了援手。后来他全职跟我合作，几十年里，我的电影制作公司一直由他负责经营。涉及财务方面的问题，他永远都比我更擅长。

赫尔佐格是你的真名吗？

那是我父亲的姓。我五六岁的时候父母离了婚，于是在法律层面，我跟着母亲娘家的姓，改叫斯蒂培迪克（Stipetić）。情感上，我一直觉得自己和母亲更加亲密，但拍电影时之所以还是选了赫尔佐格这个名字，部分原因在于它在德语中是"公爵"的意思。我那时候总觉得，拍电影的人里边，也该有个名字类似于贝西伯爵或艾灵顿公爵的人。宇宙中尽是敌意与杀机，天空看似安宁，其实每秒钟都会发生二十万次核爆。而且相比之下太阳还只是沧海一粟，浩瀚天际还有许多更凶猛的太阳。而地面上的事也都已经被扭曲了，在这方面，我们人类本身就是活生生的证明。或许，正是因为我改了名字，所以才能在面对宇宙中各种邪恶力量时，逢凶化吉。

你最早看的电影都有哪些？

一岁之前我不知电影为何物。那年，专为偏远地区学校而设的流动电影放映员，带着一些十六毫米胶片，去了我们那里。在那之前，我难以想象这种东西竟有可能存在，所以看得目瞪口呆。但说实话，我看的那第一部电影，并没怎么特别让我信服。那片子说的是爱斯基摩人建圆顶冰屋的事，旁白部分冗长乏味，片子拍得极其无聊。我自己从小就没少和冰雪打交道，所以能看得出来，那些爱斯基摩人的活儿，干得其实并不怎么出色；也可能那些只是找来的演员，结果也没演好。于是我当时就获得了一个教训：电影人所能犯下的最严重的罪孽，就是让观众看了觉得无聊，就是没能从影片一开始就把观众牢牢抓住。那天看的第二部电影相比之下要好一些。它说的是一群俾格米人[1]在喀麦隆丛林里修建一座跨河的藤索桥。他们分工合作，干得很棒。给我留下最深印象的是，他们不借助正式工具，就能造出这么一条实用的吊桥来。有个俾格米人，能像人猿泰山那样，靠着一根藤蔓就飞越河面，还能像蜘蛛那样由桥上悬垂而下，真是让我大开眼界。至今，

---

[1] 属一种矮小人种，身高不满一米五，分布在中非、东南亚、大洋洲及太平洋部分岛屿。——译者注

我仍然因为俾格米人在影片中的工作方式而喜欢他们。

后来我又看了《佐罗》《人猿泰山》和一些美国 B 级片。有一部讲"傅满洲"的电影让我大获启示。片中有个男人被枪击中，由十七八米高的岩石上跌落下来，他在半空中翻了个筋斗，腿还踢了一下。十分钟后，正是因为这个踢腿动作，我在另一场枪战戏里认出了这一模一样的同一个镜头。拍摄者将它重复使用了两遍，以为能蒙混过关。我和朋友们谈起这事，质疑为何同一个镜头可以重复使用两次，可他们谁都没注意到这点。在此之前，我以为看电影时见到的就是某种现实，以为电影就是某种真实记录。忽然之间，我看到了电影是如何添加叙述和进行剪辑的，看到了紧张和悬念是如何设置的，看到了一连串符合逻辑的场景，是如何依序拼凑起来，最终创造出一个故事的。在那一刻，电影开始让我着迷。回慕尼黑后，我会从校园里偷走一些空牛奶瓶，换回的押金全都用来看电影，越多越好。

大约二十一岁的时候，有个名叫 P. 亚当斯·西特尼（P. Adams Sitney）[1] 的美国年轻人来德国放映了一批实验电影，包括斯坦·布拉哈格（Stan Brakhage）和肯尼斯·安格尔（Kenneth Anger）的作品。发现这世上竟还有这么一群年轻电影人，使用着这样的电影词汇和语法，这让我无比兴奋。这些作品与我此时业已熟悉的那类电影，大相径庭；虽说我很清楚，自己并不想拍这种电影，但我仍对它们充满敬意。看到还有人正在制作如此大胆、出人意料的东西，拍着与标准教科书里讲述的电影史背道而

---

1 一九六三年十二月至一九六四年八月，西特尼担任了美国独立电影全球博览会策展人一职，去了包括慕尼黑（一九六四年一月）、阿姆斯特丹、斯德哥尔摩、巴黎、伦敦和维也纳在内的一批大城市。该巡展的组织者，是立陶宛裔美国电影人兼策展人乔纳斯·梅卡斯（Jonas Mekas），他后来还建立选集电影档案馆（Anthology Film Archives），那是美国数一数二的非主流电影放映场所。——原书注

驰的电影作品，我按捺不住激动的心情，写了一篇关于这些电影的文章[1]，请求某家电影期刊予以发表。尤其让我感到兴奋的是，他们那些作品所具有的广度与深度，不一定是从对电影和艺术的理解中所获得的，反而是从长期的阅读中得来的。多年之后，我在特柳赖德电影节（Telluride Film Festival）上与布拉哈格初次见面，他随身带着本斯宾塞（Edmund Spenser）的《仙后》（*The Faerie Queene*），而且还是原本的古英语版本。他向我说明，这书上的文字对他来说所具有的重要意义，并且问我是否愿意听听其中的某些句子。我说我当然乐意。于是他合上书，凭记忆朗诵了五分钟那些美丽的诗句。

你写过诗吗？

年轻时我在慕尼黑参加过一次面向年轻作者的诗歌比赛，前十名都能获得奖项。我一共送了五首诗过去，分别用了五个不同的姓名，假装那是生活在同一个社群里的五位诗人，结果有四人得了奖。最后还是我自己揭露了真相，我一气儿把获奖的那四首诗都背了一遍，引发轩然大波。那五个假名字里，有几个我现在还记得。其中一个是"文泽尔·史楚锡"，还有一个是斯堪的纳维亚味道十足的"埃里卡·霍尔姆哈维"。数年之后我还在一家

---

[1] 即发表在一九六四年五月号《摄影棚》（*Filmstudio*）杂志上的《叛逆在美国》（"Rebellen in Amerika"）一文。赫尔佐格在文中描述了慕尼黑的那次放映活动，包括罗伯特·布里尔（Robert Breer）、迪克·希金斯（Dick Higgins）、乔纳斯·梅卡斯、斯坦·布拉哈格、肯·雅各布（Ken Jacob）、艾德·埃姆什威勒（Ed Emshwiller）和肯尼斯·安格尔等人的作品。他在文中写道："很明显，德国影评人——或是被这么一次放映事件的影响力所警醒，或是恰恰相反，脑子无比僵化，以至于怎么都不可能觉醒过来——直至今日，仍旧差不多完全没注意到在过去的几十年里，美国前卫运动所做出的各种努力。超现实主义实验当初没做完的事，被这些电影人重新拾了起来，一丝不苟地继续了下去。"——原书注

德国杂志上发表了几首诗歌[1]。我还曾动笔写过一部小说,那是我十五岁时的事,当时我生平第一次去科斯岛[2]。前不久清理东西的时候,我又把这手稿给找着了,我发现它和我几年之后拍摄的《生命的标记》非常相像。真要写的话,我可能还有几本小说已经有了构思,但写小说这种事,需要你全身心投入,目前来说我没有富裕的时间。剧本就不一样了,很快就能写完,侦探故事更是只需三周便可完工。至于博士论文,不管是谁写,最多花一个月,再多那就没法接受了。但小说需要更长的时间。我曾经仔细想过,要写一本关于打仗的书,那是一场没能打成的仗,因为双方军队走错开了,没能碰着面。兴许将来某个时候,我会把这故事写出来。

你有所耳闻的电影竟是如此之少,看过的就更别提了,这一点让我感到很意外。

我爱电影,但和那些一辈子都在看别人拍的作品的电影人不同——比如说马丁·斯科塞斯,他自己收藏电影拷贝,有个藏馆,对他来说,电影就是生命的快乐源泉,是他经常要参照的坐标——我不觉得有这必要,每天非得看上三部电影。对我来说,一年看上三部好电影,那就够了。我平均下来,可能一个月能看一部。通常那就是在电影节上,我一下子就把一年的指标都给看掉了。我不是个电影发烧友,对比绝大多数同行,电影学养这样的形容词,都不太能用在我身上。摸索着爬进一间光线昏暗的屋子,用几天的时间来看别人的努力成果,我想象不出这对于我自己的作

---

1 请参见本书附录的十首诗。——原书注
2 Kos,希腊小岛,位于爱琴海东南隅。——译者注

品，能起到什么帮助，或是造成什么损害。

电影是我生命中最迷恋的东西。看到精彩的电影，我会被它彻底征服。当初看过的电影，即便多年后回想起来，可能仍会为它的美而感到心痛，尽管它们对我来说永远都是一个谜。我觉得我永远都不可能明确地指出，究竟是什么构成了电影里真正的诗意、深度和启示。我一直弄不明白，黑泽明是怎么拍出像《罗生门》那么好的东西来的。那种均衡感和流动感，都达到了完美的程度。而他对于空间的使用，也实现了高度平衡。有史以来真正伟大的电影，其实就那么少数的一些，《罗生门》便是其中之一。反过来，罪孽深重的电影，那就很容易便能说出一大堆了。关于拍电影，正是烂片教会了我最多的东西。我会寻找它的负面意义。看到这样的电影，问问自己："如果让我来拍，我也会这样处理吗？"这是一种永无止境的受教育过程，可以由此了解到，当你处理自己的作品和想法时，该往什么方向走。我的第一部失手之作，《大力士》，它留给我不少重大教训，从那以后，关于我应该怎么拍，我的想法就明确了很多。上来先拍了这么一部小片子，这是件好事，好过一上来就急着拍某些意义更重大的东西。

你很年轻的时候就成立了自己的电影制作公司。

十七岁那年，有些制片人给我打来电话，说对我之前交给他们的一份提案很感兴趣。此前我一直有意避开这些人，一个都不愿意见，因为我觉得自己还太年轻，不可能被他们认真对待。而通常情况下，我从他们那儿得到的反应，也确实就是那样。可能是因为我发育晚的关系，直到十六岁，我看着还像是个小孩。一直都是学校里的小不点儿。所以我一般都用信件或电话来联系他们——人生最初拨出的几个电话里，就有给这些人打的——一直到了最后，经过一系列对话之后，似乎有那么两位制片人，愿意用我这个新手来当导演。

走进他们的办公室，我看到他俩坐在一张巨大的实木办公桌后。那场景至今历历在目。我就那么站着，他们的视线则落在我的身后，就那么等待着，感觉像是在等我的父亲，而我还只是个孩子，由父亲带着一起来了城里。然后，其中一个人冲我嚷嚷，他说的话非常难听，以至于我当即就把它从记忆中抹去了。另一个人则拍着大腿，笑着说："啊哈！现如今连幼儿园的小孩也想要拍电影了！"整个会面只持续了十五秒，随后我转身离去，心里彻底明白了：我必须自己给自己当制片人。那次会面，是我遭遇的许多挫折与羞辱的最终爆发，结果也成了我人生中的重要一刻。我问我自己："这些白痴凭什么能当制片人？"也就从那一刻起，我明白了一件事：我这一辈子，如果还想让别人来制作我的电影，那就一定还会遇见这种态度。这事发生后没过多久，母亲带我去见了她一位好友的丈夫。那人是个富有的企业家，母亲说他会给我解释，该如何建立自己的电影制作公司。他一上来，说话的嗓门就大得滑稽可笑，到最后更是冲我吼了差不多一个小时。"实在是太愚蠢了！你这个白痴！你以前从没干过这一行！你根本不知道自己在做些什么！"两天之后，我填妥必需的文件，付了几块钱注册费，成立了"维尔纳·赫尔佐格电影制作公司"。

那么年轻就自己成立公司，这也意味着我没能真正地度过我的童年。我当时那年龄该干的各种事情，比如完成学业啊，当学徒工啊，或是进大学啊，我全都跳过了。结果就是，当时还不满二十岁的我，承担起了大多数人要到三十岁时才会面对的某些责任。而我的青年时代，可能也没按照那些传统方式来度过。几年之后，当我拍摄剧情长片首作《生命的标记》时，我也才二十五岁上下,外表看着更是显得比实际年龄还要年轻一些。但那时候我身上已经有了一定的权威感,对于自己的想法始终坚定不移,明确地知道自己想要什么,而这也就意味着,演员——他们中间许多人的年龄,都要比我更大——始终都很清楚该由谁说了算。等《生命的标记》上映时,看过的人都以为这导演一定已经四十多岁甚至五十出头了。他们认定这作品肯定是某个比我更年长、更成熟的导演拍摄的,无法相信我竟如此年轻。

你可不算是什么典型的好莱坞巨头。

公司高层请我去好莱坞谈,还给我安排了一栋豪宅,供我使用,让我安心在那儿写剧本。但我不怎么想去,所以就请他们到慕尼黑来。那就像是一个测试,测测他们究竟有多少诚意。某个寒冬腊月的清晨,我们在机场见了面——他们四人全都西装革履,拎着考究的公文包。我把他们塞进我那辆"大众",一路驶向巴伐利亚郊外。他们谈到要"投资"好几个剧本。我不太明白他们在说些什么。"你需要多少?"他们问我。"我需要一星期时间和一点五美元,用来买一百页白纸。"我回答说,"可能还得再加一美元,用来买几支铅笔。"他们一脸茫然地面面相觑。

你早期的那些电影都是自己出资拍摄的。

高中最后两年,我在钢厂上夜班,做焊工。我做的是点焊的活儿,那种焊接不需要很高超的技术,不需要花费数年工夫才能练成。我干的绝大多数都是装配的粗活,但偶尔也有机会操作液压机来冲压金属。在学校的最后两年,现在让我再回忆,几乎已经什么都不记得了。实在是太累了,每天晚上上班,一直干到早上六点。赚的钱都要存下来。因为偶尔上课时都会睡着,学校威胁说要把我赶出去。"如果你们把我踢出去,是因为我不能把拉丁语的句子翻译成德语,那没问题。"我告诉那些老师,"但如果你们那么做,是因为我比其他任何一位同学干得都更努力,那就会是一件丑闻了。"

对于那些打算进电影圈的人,我能给出的最宝贵的建议就是,不要等待体制来投资你的项目,也不要等待别人来决定你的命运。如果你现在还没法承担一百万成本的电影,那就先筹一万元,自己来制片。现如今拍部剧情长片,一万美元已经足够了。千万要注意,别去电影制作公司干那些毫无意义的底层的文书工作。有这点时间,只要你身体健全,大可以去现实世界中闯一闯。撸起袖子,去情色夜总会门口当个保安,或是去精神病院做管理员,或去屠宰场操作切肉机。开上半年出租车,拍电影的钱也就够了。徒步行走,学点外语,学点和电影无关的手艺活或是生意经。拍电影——和伟大的文学创作一样——必须以生活经验来做基础。读一下康拉德或是海明威的书,你一定能看出那里面有太多太多的真实生活。你在我电影里看到的不少东西,也都不是凭空创造的,那很大程度上就是生活本身,我自己的生活。如果你想到什么画面,千万要抓住它,因为——不管那看上去有多遥远——说不定什么时候,就有可能把它用在你的电影里。我一直都会试着将自己的经历和幻想转化为电影。

《生命的标记》里用核桃木刻出来的猫头鹰,木雕里头还有只活的苍蝇,还有《诺斯费拉图:夜晚的幽灵》开始时的木乃伊,那些都是我在距离拍摄它们十五年之前所见过的东西。那时我在墨西哥瓜纳华托住了几个月。大约是世纪之交时,能用来做坟墓的地方不够了,于是当局把本地公墓里的尸体给挖了出来,结果发现许多已经成了木乃伊。在那附近有个地下通道,那些木乃伊就放在那里，排成一长列，身体靠在两侧的墙壁上，嘴巴张开着，感觉像是在叫喊或是歌唱。所以配合这些画面，我选了合唱音乐。想当初，自从我看到这画面之后就一直念念不忘，我就知道把它放在《诺斯费拉图：夜晚的幽灵》里，一定会很合适。等到我去瓜纳华托拍这部电影时，那些木乃伊已经都用玻璃箱装了起来。我给守夜的值班人塞了点钱，他就把它们从那些透明棺椁里弄了出来，于是我就能完全按着我记忆中的样子来拍了。

《大力士》是我第一部真正意义上的电影，为了拍它，我需要一笔钱，相对我当时的情况来说，那是个大数目；因为我想用三十五毫米来拍，而不是十六毫米。对我来说，只有用三十五毫米，那才能叫拍电影，不然就只能算是业余玩玩。而且这种格式最能说明问题——相比其他格式更具有这种能力——能看得出，我究竟拿不拿得出什么有实质性的东西来。开拍之前我对自己说："如果失败了，那就是一败涂地，再无可能重整旗鼓。"当时我参加了一个电影人的小团体，不是核心，只能算是边缘人物。我们一共有八个人，他们大多要比我稍稍年长一些。我们各自计划了一些拍摄项目，最终有四个压根就没启动，第一步都没能跨过去。还有三部开拍了但因为收音的问题，最终都没拍完。只有我那部完成了。所以我当即便意识到了电影拍摄的关键所在。关于这个，秘鲁人说得好："上帝就住在锲而不舍之中。"

这一切与金钱无关？

《陆上行舟》里拖着轮船翻山越岭的，不是金钱，而是信念。曾有人采访时问到这部影片，用"灾难性的"一词来形容其制作过程，我半截就打断了他的问题，并且告诉他，"那并非灾难性的，那是很辉煌的，是一次真正的非凡成就。"你以为自己在丛林里碰上的那些难题,能靠美元来解决,其实那是错误的想法,而我由始至终就没这么想过。去戛纳电影节的时候,当我第一次和那些制片人谈起《陆上行舟》时,其中有一位——他是我的朋友,是一个香槟酒喝到一半发现不够凉了立马就会再重新开一瓶的人——听了之后兴奋起来,询问我筹拍阶段大概需要多少钱。"一百万美元。"我回答他。他豪爽地递来一张支票,上面写的正是这个数目。回去后我把支票钉在了办公室的墙上,因为我知道这么做才是最好的结果。遇上这人,对我来说是个信号,提醒我金钱并不一定能帮助我启动这个项目。

最终《陆上行舟》是你独立制片的。

"独立电影"是个毫无意义的说法,是种迷思。真正的独立是一种心态,仅此而已。称呼某人为"独立电影人",其实恰恰是把好莱坞捧得太高了。那些大公司并不是电影拍摄的唯一核心,并非评判相关一切的基准。投资人、导演和发行商之间,一直都存在着互相依存的关系,所以根本就没有真正的"独立电影"一说。唯一的例外,是那种为家人留影的家庭录影带,或是用手机拍摄的佛罗里达假日沙滩派对场景,那才是独立电影。拍电影这件事,没有人能完全只靠自己一个人。观众和导演始终互相依赖,只不过,有些导演——这里面就包括我——相比大多数的同行,其自力更生的程度可能要更高一些。我随时都准备撸起袖子,去干各种需要干的活儿。这种我自己来的强烈冲动,我打从最一开始就有。

多年之前有一次,我在纽约拍摄,自己开着货车,去了一家专门出租设备的公司。"这是不允许的,你自己个儿什么东西都不能运。"对方告诉我,"必须由工会的卡车来运。"我们就此问题没完没了地争论不休，最终，我抓起自己需要的东西，装上货车——货车距离公司大门也就三米——一走了之。曾经，我甚至考虑过要自己建一个演员工会。前不久有个朋友找到我，想请我在他电影里说几句旁白，但演员工会不允许我那么做，除非对方按行业标准付我片酬，而且他的公司还得在工会注册登记。但我这位朋友承担不起这些费用。这真让我觉得滑稽透顶。正是基于这种想法，许多刚起步的电影人，在半道上就被扼杀了。所以那时候我很认真地考虑了一番，打算建一个跟他们竞争的演员工会。对我来说，要回答的问题很简单：作为一个德国人，我能不能在美国成立工会？可以的话，需要几个创始成员才符合要求？四个、四十个还是四千个？好莱坞有着太多的繁文缛节和尊卑贵贱；所谓独立，指的就是不受这类东西束缚。拍《史楚锡流浪记》时，工会找上了我们，宣称要派个代表来现场。我让他们去大峡谷里的死亡谷和我们碰头。那里距离我们实际的拍摄地，有几千千米。也不知道他们去了没有，反正没再听到过他们的消息。

所有人都知道，你是个走极端的人。

你把一块不知名的合金交给化学家，他会用机器来压它，用烈火烤它，以求了解它的结构。他通过这些手段，来更好地了解那块金属的构成。人也是一样。常常都是在重压之下，才能洞察自己内心最深处的隐秘。人的定义是在战斗的过程中形成的。希腊人说得好："船长只在暴风雨来的时候才现身。"带着一定程度的压力与不安去拍摄，这能为电影注入它由其他途径不可能获得的真正的生命与活力。当然，我拍电影时，从不会拿任何人的性命去冒险，否则我现在也不可能坐在这里了。我是个专业人士，我不会自己给自己找麻烦，我总是希望能避开麻烦。

在南极埃里伯斯火山拍摄时，我本想带着机器下到山里去拍，但很快便意识到那是个愚蠢的危险念头。不管我自己有多好奇，说到我正在拍摄的那部电影，完全想不出有任何理由，我非得去拍那几个镜头。我不相信什么宿命和命数，但我很相信概率，不管做什么事，我事先都要确定那么做是安全的。登山者或许会有动力去寻找难度系数最大的路线，但我不会。对电影人来说，那样的态度一点都不专业，毫无责任感可言。而且我自己还是制片人，如何尽可能高效地完成工作，就更关系到我的切身利益了。拍《陆上行舟》时，我事先就知道，我们肯定会遇到某些无法避开的难题要去解决，换句话说，这是必然的事，我没法回避。有些挑战，那是你没法推卸的责任。但是，面对这些事迎头而上，我只是在尽我自己的责任。我从没有主动去寻找条件恶劣的环境拍摄，也从没像盲目、愚蠢的冒失鬼那样，做一些白痴的冒险举动。我也知道，大家都觉得我是个不管不顾的疯子，但我再拿好莱坞——那根本就是个疯狂世界——对比一下我就知道了，我才是那地方唯一一个临床诊断结果属于心智健全的人。我妻子的证词肯定有足够说服力，她觉得我是个浑身毛茸茸的好丈夫。

但你拍电影时也确实冒过一些风险。

有可能，但那都是预先经过考量的，然后再以符合职业精神的方式去冒险。通常情况下，都是由我自己先试水，然后才让别人跳下去。作为一支队伍的领导人，你有义务第一个冲出去，让其他人跟在后面。说到底，必须对所有人的安全负责任的那个人，是我。我自己不会去做的事，我也不会要求演员或剧组工作人员去做。导演必须和周围人站在平等的高度上，这样还能培养出团结的精神。《生命的标记》里有场戏，那些士兵在玩焰火；

当小火箭——那里面确实塞满了火药——被点燃时，特写镜头里你看到的，那是我的手。拍摄《阿基尔：上帝的愤怒》时，其他人下水之前，是我先到河里去查探激流的；拍摄《黑暗课程》时，也是我走在摄影师的前头，第一个走进了科威特的雷区。《诺斯费拉图：夜晚的幽灵》里，拍摄老鼠那场戏时，气温很低。所以当我们把那几千只老鼠放到代尔夫特[1]街头时，它们全都凑在一起，抱团取暖。是我冲进去想要驱散它们，结果被咬了至少二十多口。还有你在片中看到的，老鼠从裸露的脚面上爬过的画面，那也是我的脚；除了我，没人希望做这件事。多年前排演一出歌剧时，我想让特技演员从距离舞台十五米的高处跌落下来，以实现登山者由岩壁高处摔落，消失在云雾之中的效果。他落下时，必须要命中一片很狭窄的空间——穿过地板上的一道活板门，那下面放置了气垫——因为高度的关系，要做到这一点并不容易。结果我们没钱找特技演员，所以我决定自己先来试试。我被缓缓吊起，从不同高度做了数次尝试。先是三米，最后到了十米左右。我从那儿跳了下来，脖子严重扭伤。于是我意识到，根本没必要再去试十五米的高度了，当即便放弃了整个设计。

拍摄《白钻石》时，在圭亚那的丛林里，我想要一些由空中俯拍树冠的画面，但我发现那艘电动飞艇之前可能只成功试飞过一次，我不能让我们的摄影师上去，因为几年之前发生过一次事故，一架仍处于样机阶段的飞艇，首航的时候发生了事故，结果坐在上头的摄影师送了性命，为的也是要拍一些类似的画面。所以，我坚持亲自飞上去拍，尽管飞行工程师格雷厄姆·多林顿——是他设计和建造了那艘电动飞艇——提了反对意见。还有《重

---

[1] Delft，荷兰小城。——译者注

见天日》(Rescue Dawn)里，为拍到其中某个画面，我想让演员从一座由绳索和植物构成的吊桥上跑过去，桥下是湍流不息的河水。克里斯蒂安·贝尔（Christian Bale）做了很正确的提议，提议在他自己上桥之前，一定得有人先上去检查一下牢度。这工作，也是我自己做的。拍摄他和史蒂夫·赞恩（Steve Zahn）坐木筏顺流而下的那场戏时，我也一连几小时地陪他们一起站在水里。迪特吃蛆的那场戏，我告诉贝尔说我也会一起吃一点，但他放过了我。"开始拍吧。"他对我说。当初我们碰头讨论这部电影时，我向他提出的第一个问题就是，"说到晚上睡在丛林里，醒来时发现浑身都是蚂蟥，你怎么想？还有把一条活的蛇一口咬成两段，再吃下去，你准备好了吗？"他的回答是，"准备好了。"这样，我才确信我俩可以合作。我还告诉过他——他花了几个月时间，在医生的监护下，减了将近二十七千克体重——他为这角色减重多少，我自己也会减掉那一半的重量。所以我最后也轻了大约十三千克。一半就够了，如果我也瘦到跟他一样的程度，那去了现场，只会产生反效果。

你当时是怎么瘦下来的？

这和吃什么无关，还是少吃多运动。关于冒险，我还想再补充几句，我要说说一直都让我很感兴趣的两个人。基里努斯·库尔曼（Quirinus Kuhlmann）是一位几乎不怎么为人所知的巴洛克诗人，对于生命的本质有很深刻也很危险的追求。他为自己安排了一次最后的东征，以徒步方式游历欧洲，同时向人布道——他称之为一件神圣的使命。最终，他找到一对生癞病的母女，一同前往君士坦丁堡，他打算在那里建立一个基督王国。半道上，母女俩在威尼斯丢下了他，跟水手跑了，没等他登船，他们就起航了。结果他跃入水中,几乎溺亡。后来有人把他救上了船,带他去了君士坦丁堡。在那里,他企图说服苏丹改信基督,结果被关入大狱。放出来之后,他又去了莫斯科,煽动某种宗教暴乱——但当权者误以为他怀有政治目的——结果又被关了起来,最终和他写的书一起,被绑上火刑柱,灰飞烟灭。我曾一度有过一个模糊的想法,想找金斯基合作,把库尔曼的生平和他这种迷狂拍成电影。我想说的另一个人,是比利时物理学家约瑟夫·普拉托(Joseph Plateau),他是研究视觉残留原理的第一人。光线在视网膜上留下的余晖,那是电影运动画面的最基本原理。我视他为有史以来最具深远意义的探险家之一,他为做实验,长时间直视太阳,结果变成了盲人。这是位英雄,为了电影牺牲了自己的双眼。要说这么做值不值得?有可能值得,因为他让我们的存在有了意义。在生命的劳苦与磨难中渐渐老去,这可没什么错的。

你前不久又找到了自己第一次当导演的作品,那是一九五七年,你当时十五岁。

我有个朋友,托尼·菲舍尔(Tony Fischer),人长得高大帅气,老爱跟我吹嘘自己比加里·库珀(Gary Cooper)还帅,演技也能把库珀比下去。所以某天我决定考验他一下。我哥当时在贸易公司上班,公司属下有家咖啡馆。我们获得许可,在那儿拍摄一个周末。那就成了我们的西部沙龙。我们给咖啡馆装上旋转木门,再钉上"威士忌"的招牌,贴上"缉拿逃犯"的海报。最终拍出来的,是一部很原始的默片,大概只有六分钟长,用八毫米胶片拍摄。片子没多少实质内容,只是小孩子拍电影寻开心。我们找来所有能搞到的最基本的牛仔服装穿上,打打扑克,喝几口威士忌,打打架。我现在称它为《遗失的西部片》。我发现托尼确实长得和库珀一样帅,但说到演戏,那真是彻底失败。几年之前,我在都灵电影博物馆里看到一部旧片,那是影史最早拍摄的电影之一,是乔治·梅里爱一九〇一年的作品:《侏儒和巨人》(*Nain et géant*)。正巧都灵当时也在办我的作品回顾展,所以我前后脚地看了《遗失的西部片》和这部《侏儒和巨人》。让我吃惊的是,两者十分相似。那感觉就像是,和那些电影先驱一样,我当初也在以我自己的方式,发明着电影。

你曾说过,《大力士》更像是一次剪辑的实验。

如今回头再看《大力士》,我觉得它挺没意思的,尽管在当时,那对我来说是一次重要的检验。那就像是我的学徒期,我觉得与其去电影学院,还不如直接做个片子出来。我跟某家公司的老板关系不错,他从自己制作的新闻片里拿了些镜头给我,全部免费赠送。我把这些画面拿出来,和我自己拍的,包括一九六二年荣膺"德国先生"称号的健美运动员的那些素材,全都剪辑在了一起。那些看似毫无关系的素材,那些通常情况下根本就没法配在一起的声音与画面,全被我剪到了一起,真是奇妙。原本天各一方的元素,当你把它们嫁接在一起时,电影里也就闯入了一种特殊的精神。整部电影最有趣的地方之一,是一九五五年勒芒赛道上那个警察的画面。当时发生了一次可怕的事故,燃烧的汽车碎片飞上看台,导致八十多名观众死亡。而那位警察完全就被这一幕惊呆了,手足无措,只能愣愣地直视着镜头。有句话说得好,"对于饥饿最好的描述,就是对于面包的描述。"同样道理,对于飞来横祸最好的描述,就是这个警察茫然的眼神。

《大力士》关注的是强者，这种人物在你的作品中反复地出现。

我一直都对强者有亲切感，"强者"这个词，意义不仅限于身体上的能力，还包含智慧上的力量、心智上的独立，此外还有自信，或许还有某种纯真。在我看来，强者和健美运动员是有区别的。我不喜欢由健美运动中诞生的那种近似于美的典型，反倒是它彻底的对立面，才更吸引我。许多年之前，我和作家赫伯特·阿赫特恩布施构想过，要一块办个出版公司，但最终毫无进展，只想出来一个公司名字：Fehler-Pferd，直译过来就是"全都有毛病的马"；我们还想好了公司标志，那是从一家美国大药厂那儿借鉴来的，他们生产了好多种给马治病的药。我们设计的标志上，是一匹病马，你能想象到的各种疾病和所有可见的缺陷，它身上全都有：嘴唇下垂、多发疝气、马背骨折下凹、营养不良、马蹄碎裂。真是触目惊心，完全就是对于美的负面的定义。结果我们一本书都没出过，但这想法我一直都没忘记。

我对强者的迷恋，可能源于我在萨赫朗生活时，那些孩提时代的英雄人物。其中有个名叫斯特姆·泽普（这名字翻译出来的话，差不多就是"坏脾气老头"的意思）的农场老工人。他当时一定有八十岁了，身高超过一米八，只是你平时都看不出来，因为他老是弯着腰，驼着背。这是个怪人，感觉就像是《圣经》里的人物，留一把大胡子，嘴里叼着长柄烟斗。他总是很安静，怎么都没法让他开口，从不肯谈论他自己；他根本就不怎么说话。泽普去田里割草时，我们会去和他捣乱。他会追着我们，挥舞镰刀。我清楚地记得，在我家背后的山坳里，在那寒意彻骨、轰轰作响的瀑布底下，斯特姆·泽普一丝不挂，手拿一把草根洗澡的样子。听大人说，他年轻时非常强壮，有次他的骡子在运树干时气力不支倒下了，是泽普自己把那几根巨大的圆木，从山上扛下来的。但也因为那一次壮举太费力气，之后他的腰再也直不起来了。关于他，还有一个传说。第一次世界大战时，他单枪匹马俘虏了一队法国士兵，整整二十四人。他在山里健步如飞，飞一般地绕着整座山，跑了一圈又一圈，而且神出鬼没的，以至于那些法国兵——他们驻扎在山谷里的一个山洞里——还以为自己被德军大队人马给包围了。这一幕，我至今都能想象。

我的另一位孩提时代的英雄，是齐格尔·汉斯（Siegel Hans）。他是伐木工，一个勇敢无畏的小伙子，肌肉发达，绝对不输"环球先生"。他还是村里第一个有摩托车的。我们都打心眼儿里崇拜他，欣赏他。有一次，运牛奶的卡车撞断木桥，冲入河里。有人想到了他，找了他来帮忙。只见他攀缘而下，站在水里，脱去衬衣，在所有人眼前露出那一身腱子肉。他本想赤手空拳就把卡车重新抬起来，但没成功。可单凭他敢试着来这么一下，就足以激起我们心中的敬畏之情了，只是时过境迁，现在回想起来，我怎么都理解不了当初的那份情感。几十年后，我把这画面用在了《纳粹制造》里。后来，齐格尔·汉斯加入当地人的走私活动，与海关关员同谋，运送咖啡穿越边境。警察来抓他的时候，他由窗户跳出，直接逃到了附近的盖格尔施泰因山上。到了山顶，他吹响号角，警察闻声上山追捕。可到了那儿，又听到对面山顶上传来的号角声。这么一个过程，周而复始，持续了好多天。为此，村里人全都对他佩服不已，我们更是把他当宗教偶像那样，忘我地崇拜。最终，他向警方投案自首。我记得我当时曾想过，他在山谷里躲警察躲了那么久，其实一定是已经把整个德国边境线都走过一遍了。那就像是拿一把最有力的来复枪，射出一发子弹，最终它会绕着地球一圈，射入你的后背。

在我的成长过程中，类似这样的故事——神话英雄的故事，还有像是《玻璃精灵》里那种，伐木工在酒吧里打架的故事——比比皆是。住我家隔壁的农夫名叫贝尼，也很强壮。有那么好几年，齐格尔·汉斯老想找他打架。这两个顽固的男人，就那么坐在酒吧里，手拿啤酒杯，大眼瞪小眼，然后猛的一下子就开始做些暴力的动作。直到现在，看着啤酒节上畅快玩乐的两个巴伐利亚人，我仍能估算得出，在接下来的九十秒里，他俩究竟会不会打起来。那都是些很微妙的征兆，但我能读懂。在巴伐利亚真有那么一条法律存在，规定啤酒杯把手的上下两头，都得各留一条缝。这样，稍一打起来，酒杯就会松脱，以免有太多人被砸成骨折。某天我也在酒吧里，那两人打起来了。最终还是齐格尔·汉斯把贝尼的脑袋塞进了小便池。全村人都在一旁起哄，大喊着，"我们得知道究竟谁才是村里最强壮的人！"

拍完《大力士》没多久，你凭借《生命的标记》的剧本，拿到了卡尔·迈耶奖。

我当时的行为说来挺可笑的，但实在是对自己的能力太有信心了，我自负地对哥哥和弟弟说，那些竞争对手的剧本，我根本就不需要看，我很清楚自己写的就是最好的。评审在慕尼黑开会。某天深夜，一位评委摁响了我家的门铃，他极其兴奋地告诉我，我赢了——奖金有七千美元——我看着他说"你没必要后半夜跑来叫醒我。就为告诉我这个消息？我早知道结果了"。虽然那剧本过了几年才真正拍成电影，但能拿到这个奖，对我来说还是向前迈出了一步。我当时能感觉到，它给我带来了实实在在的动力，那股力量支撑了我有十年。

我接下来的一部电影是《德意志克洛伊茨要塞史无前例的防御》。拍摄经费就是我的剧本奖奖金。基本的花销就是买胶片，洗印，还有给四位演员的钱。这是部短片，说的是几个年轻人保卫一座荒废的堡垒，抵御他们想象中的进攻者，和几年后的《生命的标记》是同一个故事。他们把自己堵在堡垒里，漫无目的地等待着他们自知并不会出现的敌人，随后他们又离开了那儿，迅速占领了一片麦地。影片甫一开始，画外音旁白听上去，像是在评点故事情节，但之后又变成了某种狂乱的絮语，完全没起到解释作用，根本就和画面上发生的事，完全无关。这种不可靠的叙事，赋予影片某种如梦似幻的感觉。甚至都没法说清楚，要塞里的四人，究竟是在闹着玩，还是真在战斗。

在《大力士》和《德意志克洛伊茨要塞史无前例的防御》之间，你还拍过一部电影。

《沙中的游戏》(*Game in the Sand*)，它要比《大力士》更像电影，但确实只有很少人看过。拍完之后虽说我也给一些朋友放过，但我几乎是在第一时间，就审慎地做出了决定，不再让其进入流通环节。这部电影，只要我还活着，就不会再公开；我甚至很可能会在我死前就把它的底片毁掉。这片子是在奥地利东南部的布尔根兰州拍的，当初沃尔克·施隆多夫（Volker Schlöndorff）看过之后，便决定他的第一部电影《青年特尔勒斯》(*Young Törless*) 也要在那村子里拍摄。《沙中的游戏》说的是四个孩子和一只公鸡的故事。拍摄过程中，我感觉事情正在失去控制。那几个男孩变得越来越暴力，而我也熟视无睹。事后想来，这电影可能当初根本就不该拍。后来，我把其中某些元素放在了《生命的标记》里，当迈恩哈德走在海滩上时，他碰上一大堆沙子，沙子里头竖着一只鸡头。幸运的是，我由那段经历中获得某些有益的教训，之后再拍电影的时候，我就能做到——坚定地、百分百明确地——建立起属于我自己的伦理道德界限了。我明白了这一点很重要：划定好边界，我可以在此范围内拍摄电影，确保自己能掌控各种局面。我是出于偶然，因为犯错，才得到了这个教训。

然后你第一次去了美国。

当时有好几个制片人给出报价，想把《生命的标记》的剧本买下来，拍成电影，但全被我拒绝了。我很清楚，那只能由我自己来执导。但在当时，尽管我已拍过那些早期的短片作品，还拿到了剧本奖，照样找不到谁愿意给我投资。所以一九六四年的时候，我申请了美国的奖学金，也顺利通过了，而且具体去哪个城市就学，选择权完全在我。我不愿去纽约、洛杉矶那种浮华之地，于是挑了匹兹堡。那儿有真正的劳动者，有焊工，他们的世界，我能懂。在当时，坐飞机跨越大西洋尚未成为常态，所以我是由不来梅哈芬坐船过去的，我记得整个航程是十天，我很享受那一路上满怀憧憬的期待感。但没想到，早在二十世纪六十年代初期，匹兹堡已遭遇严重衰退，炼钢厂相继关闭，许多人生活陷入困境。我按照原本的计划，去了杜肯大学，但实在没想到美国的大学与大学之间，教学质量竟有如此大的差距，所以很快就感觉到，那并不是个适合我的地方。报到三天之后，我就把奖学金退给了他们，结果自己落得身无分文，也失去了寄宿家庭，想不出要怎么回家。

就这样，我在匹兹堡流浪了几周，直到某天在路边遇上了富兰克林一家，得到他们接纳。丧夫的伊夫琳有六个孩子，最小的十七岁，最大的二十七岁，她九十三岁的老母亲也和他们一起生活。我欠他们太多，这奇妙、疯狂的一家人。我在他们靠近福克斯察贝尔的家里,在阁楼上,生活了将近半年。他们家最小的孩子,是一对十七岁的双胞胎女孩。而最年长的儿子比利,则是个没能成功的摇滚歌手,每晚都会在各色酒吧演出。每天早上七点,望孙成龙的老外婆,会准时敲响他的卧室房门,口中一边念着《圣经》经文,想催促比利早点起床。差不多到了下午四点,比利终于露面。他浑身上下一丝不挂,先是冲他养的那条可卡犬,用他自己发明的不知什么外语,胡乱叫喊一番;然后就夸张地敲打自己胸部,冲外婆一番抱怨,哀叹自己罪孽深重的人生。差不多也就在这时,双胞胎放学回家了,总有几个朋友会和她们一起回来,见到赤身裸体的比利后,众人惊声尖叫,一哄而散。他们家还有个男丁,小时候从行驶中的汽车上跌落,语言功能就此受到了影响,说话语速缓慢而且稍有些含混不清。当初服兵役时,他有一段时间曾在距离法兰克福不远的拉姆斯坦空军基地待过。就是从他这里,我知道了"怎么啦?蹲着拉"这句话,并且最终将其用在了《史楚锡流浪记》里。他在德国待了两年,学会的德语就这两句。孩子们的父亲是个酒鬼,在我去他们家几年前就已经死了。就是这么胡来的一大家子,再加上我这个乱上添乱的"德国鬼子",但伊夫琳愣是应付得来,不得不叫人佩服。没错,大多数时候,他们都管我叫"德国鬼子",不过具体还得视外婆而定,因为每隔一天她就会问我一次尊姓大名。"维尔纳。"我回答说。"啊,Wiener(香肠)。"她会说。外婆的听力不怎么好,而且人也有点老糊涂了。事实上,"香肠"这名字就那么跟着我了,直到现在我弟弟卢奇给我写邮件,还是用"香肠"来称呼我。我儿子鲁道夫也管我叫"香肠",还有在我孙女亚历山德拉嘴里,我也成了毛茸茸的"香肠"。几天之后,外婆又给了我一个新名字,

"Urfan"（厄范）或是"Urban"（都市）什么的，于是双胞胎有时候会管我叫"德国鬼子，都市香肠"。那阵子我弹跳很好，是所有人里唯一能跳起来用头碰到客厅天花板的，于是偶尔他们也会叫我"跳跃的德国鬼子"。

是双胞胎让我知道了"滚石乐队"的大名，一九六四年的某一天，我们一起去了他们在匹兹堡开的演唱会。演出结束之后，我发现一排排的塑料座椅上，竟然散发着热气。许多费力尖叫的年轻姑娘，尿湿了座椅。此时我才意识到，这乐队该有多火。

那段时间你靠什么生活？

我听说有位和匹兹堡 WQED 电视台有过合作的电影制片人，正打算替 NASA 拍一个系列作品，讲的是他们最先进、最未来主义的那些火箭推进系统。结果他提议由我来拍摄其中关于等离子体推进器的一集，那需要我去克利夫兰，去和那些科学家会面，并且要去见一下当时全球范围内功率数一数二的电磁铁。后来常有记者写到，我曾有机会为 NASA 拍电影，甚至本可以成为科学家，前途光明灿烂，结果却半道放弃，转而当了电影人。事实却是，克利夫兰还有个高度机密的原子反应堆，去那工作的人，必须先经过非常严格的安保筛查。我本已获准进入某些禁区，和那些科学家有了接触，但就在我准备正式开拍之前，他们发现我是拿学生签证进的美国，退学之后，等于已经违反了签证规定。于是不久之后，我就被匹兹堡移民局给叫去了。

事已至此，显然我很快就会被驱逐出境，装船送回德国。于是就在那个特别寒冷的冬季，我索性自己开着一辆破烂的大众车，去了纽约。我打算在那儿找份活儿干，结果却在那辆车里住了好几个星期。车的底板已经完全锈蚀，而且我从脚踝到屁股，还都打着石膏。几周之前，我和富兰克林家的双胞胎在匹兹堡玩的时候，摔断了腿。她俩老喜欢找来最廉价的香水，攻我个不备。那天我打算从三楼浴室窗户跳出去，从后边向她们发动突袭，结果却出了点意外。因为打石膏的关系，我的脚趾没法动弹，差点就冻坏了。所以我找了一叠报纸，包在脚趾周围，以免因冻伤而失去什么身体零件。那些特别寒冷的夜晚，纽约市无家可归的人——他们的生活状况，几乎就像是穴居的原始人——会聚在某几条空旷无人的街道上。他们在铁皮垃圾桶里生好火，围成一圈站着，一言不发。我当时的样子十分狼狈，即便找到雇主，估计也不会给人留下好印象。所以最终我拿了一把剪骨头用的厨房剪刀，割开了那该死的石膏，在靠近瓜纳华托和圣米格尔德阿连德的地方，穿过边境，逃去了墨西哥，之后又一路南下，去了南边的圣克里斯托瓦尔-德拉斯卡萨斯。

你是在墨西哥学的西班牙语。

也是在那里，我逐渐爱上了拉丁美洲，对它产生了极大的兴趣。在那儿的时候，我起初过得很艰难。后来我发现，在墨西哥雷诺萨的里奥格兰德和美国得克萨斯的麦克阿伦之间的边境线上存在一处薄弱环节。每天都有数以千计的墨西哥人，白天穿越边境去打工，晚上再回墨西哥，靠的就是他们车窗上贴的一张特别通行证。于是我也偷了一张，去美国买了些电视机，再回到墨西哥——当地的电视机价格很贵——转手卖出。我想那应该也算是某种走私行为了，不过最终我也只赚到些零花钱而已。某次，一位牧场主让我帮他弄把银制的科尔特左轮手枪，因为墨西哥当地没有这东西。于是我买了一支带了回去。靠着这些旁门左道，我成功生存了下来,不过也因为那几年的事,后来才会有人传说,说我曾贩卖过军火。

有几个周末,我在墨西哥人的牛仔竞技大会上,作为骑手参加比赛。先由三个牛仔进入赛场,用套索抓住那牛,把它拉进赛场,在它身上套根绳子,然后由我蹲坐在它身上。这时候,公牛会勃然大怒,我曾亲眼见过,有些牛能从高达一米八的石墙上头,一跃而过。我根本就不知道该如何驾驭它们,那些观众也很快发现了这一点,于是我再次登场时,他们管我叫"阿莱曼",那是继斯大林格勒之后,"二战"中德军吃到最大败仗的地方。每次出赛,我都会在众目睽睽之下受伤下场,而他们也喜欢替白痴喝彩加油。有次我在赛场中央,面对一头公牛,它前腿悬空站了起来,双目紧盯着我。"傻叉!"我尖叫到。"你才是傻叉!"观众发出的叫嚷声,我至今都还记得。那牛的脾气也上来了,想把我逼在墙边。我的腿——就是在匹兹堡时骨折过的那一条——没能躲过,伤得相当厉害,以至于我当场就做了个决定,退出这一行。现在说起这一切,听着似乎挺有意思的,我甚至可以抱着某种幽默的态度,来回顾自己在墨西哥度过的那段时光。但说实话,那些其实都是很平庸的日子,有些时候过得还相当悲惨,虽说墨西哥人都管这种叫作"pura vida"(纯粹的人生)——赤裸裸的、原生态的生活品质。

我开车回了匹兹堡,又去了富兰克林家。不过接下来的几周时间,大部分我都在医院里度过。在墨西哥的时候,我得了肝炎。最终,我坐飞机回了欧洲,四处旅游了几个月,然后才回了家。到家之后,我几乎立马就开始了《生命的标记》的筹备工作。直到此时,尽管我已经拿过卡尔·迈耶奖,尽管我那些短片都已在奥伯豪森短片电影节等场合做过放映，依然没人真拿我当回事。在当时，慕尼黑是德意志联邦共和国的文化中心，我和包括施隆多夫在内的一些电影人有了联系。他当时正准备开拍《青年特尔勒斯》，某天直接找上了我的门。从此之后，他始终对我鼎力相助，是我所有电影人朋友中最忠诚的一位，尽管我俩的电影是如此不同。在我人生最黑暗的某些时刻，他满怀热情地挺身而出，而之前他还为《忘梦洞》(*Cave of Forgotten Dreams*) 配了法语旁白。

我初识法斯宾德，差不多也是在那段时间。在我们开垦那些新地域的过程中，他始终是一位可靠的志同道合者。某天晚上，他出现在我家门口。那应该是一九六七年左右，他时年二十二岁，脸上发了粉刺，浑身上下胖嘟嘟的。砰的一下，他放下一大摞电影拷贝，那都是他最初完成的一些短片。乍看之下，他像是个农民，其实却是个很懂人情世故的家伙，有着在街头生存的智慧。我立刻便察觉到，他身上有着某种很强有力的东西，那是一种真正的天赋。"看看这些吧，现在就看！我想让你来制作我的电影。"他对我说。"雷纳，看在上帝的分上。"我回答说，"你得学我，自己的作品必须自己当制片。"我给他解释了，我这个制片人，和别的制片人不一样，我可不会基于商业目的，买下什么项目，然后雇人来当导演。我之所以建立自己的制片公司，纯粹只是为了制作我自己的电影。"你也必须拿出胆量来，创办你自己的制片公司。"我对他说，"放手去做吧。"后来再谈起这件事，他说他很感激我当初拒绝了他，是我让他意识到了那些他原本并不知晓的可能性。

你已经在德国以外的地方生活多年，事到如今是否还保留有

德国式的感性?

好莱坞这个地方,你要么就整个人投进去,如果只放一半重心过去,那永远都没法成为其中的一员。对某些德国导演来说,搬去好莱坞,执导美国电影,那是他们的梦想;但这也意味着放弃自己的文化。对此我向来毫无兴趣。虽然我已离开德国几十载,但我那些作品,物理意义上究竟是在哪里拍摄的,这其实都无关紧要,因为在精神层面上,它们依然很有巴伐利亚味道。我可以离开我所属的土地,但不会离开我所属的文化。有些爱尔兰人用英语写作,但他们根子上仍旧是爱尔兰人。我现在用英语用得很多,但我仍旧是一个巴伐利亚人。历史上,巴伐利亚人从来都不把自己当成德国的一部分。我的母语是一种巴伐利亚方言,就连我父亲有时候都听不懂我在说些什么,只能求助我母亲来做翻译。我曾在施瓦本[1]念过几个月的书,那真是一次文化冲击,大家说的都是另一种德语。小时候,我因为说话口音重,没少被人取笑,大约十一岁的时候,只能从头开始学习"高地德语"——也就是由马丁·路德创立的标准德语。

但在巴伐利亚,人们行为处事的方式都和德国其他地方不一样,那种独特的生活方式,早已融入我血脉之中。身为巴伐利亚人,那感觉就和生活在英国的苏格兰人一个道理。和苏格兰人一样,巴伐利亚人也很能喝酒,很能打架,为人热心,想象力丰富。一部德国电影和一部巴伐利亚电影之间的区别,就是威廉大帝(Kaiser Wilhelm of Prussia)和路德维希二世(King Ludwig □)之间的区别。前者协调军队、发动战争的本领,堪称完美,后者

---

[1] 施瓦本(Swabia):德国西南部以斯图加特为核心的广袤区域,当地人讲施瓦本语,与标准德语有不小区别。——译者注

则拥有过人的想象力，还是瓦格纳的资助人。路德维希对瓦格纳，有着近乎宗教般的狂热。他完全就是个疯子，陷在他自己那些幻想之中。他之所以年纪轻轻就当了国王，那是因为也没别人了，他弟弟奥托比他还要疯。路德维希设计了一种缆车，吊在热气球下面，他希望这能载着他翻越阿尔卑斯山。他修建了一系列城堡，它们充满了典型的巴伐利亚式梦幻色彩和勃勃生机，成了如今迪士尼乐园里那些城堡的范本，但当初几乎让整个国家因之破产。出神入化的新天鹅堡，在他一八八六年去世时尚未完工，城堡里有许多表现瓦格纳歌剧场景的壁画。所有这些，全都是威廉大帝挖空心思都想不到的。路德维希的林德霍夫宫，从技术角度来说，也领先于那个时代。宫里有个奇妙的石洞，洞里有许多发动机，能制造出一组灯光效果。之所以建造这套系统，只是为了瓦格纳歌剧《唐豪瑟》的一场私人演出；路德维希甚至还设计了一条船，演出时由他亲自划桨，送主人公唐豪瑟登岸。晚上他经常会彻夜不眠，有时会驾着他自己设计的装饰考究的雪橇，穿越冬夜的森林，身边只带少数几个仆从。一路行来，他会在半夜四点敲开当地农户的家门，不顾对方的惊恐万分，只求能喝一杯水。作为交换，他会递上自己最珍贵的黄金、珠宝首饰。他的一生，是悲剧的一生，最后也是遭人逼宫下台。他的死也很神秘，人们在施塔恩贝格湖边，发现了他和他医生的尸体，死因是溺水，但那里恰恰是湖水最浅的区域。除我之外，历史上只有他一人，有可能会拍出一部《陆上行舟》来。这样的巴洛克想象，你也能在法斯宾德的电影里看到。在他身上，有种难以抑制的、未经过多雕饰的、喷涌而出的创造力。和他的作品一样，我的电影不是什么意识形态的构想，也不是那种寡淡的漱口水，而是浓郁的烈性黑啤酒，但在整个二十世纪七十年代的德国影坛，恰恰是漱口水泛滥了。

说到巴伐利亚，有哪些东西是让你怀念的？

曾有记者问我，最喜欢哪个季节。"秋天。"我回答他。我已在南加州生活多年，那地方没有四季可言。那真是让我怀念。为了一盘新鲜出炉、冒着热气、涂满黄油的蝴蝶酥面包卷，再加上一杯啤酒，你让我杀人，我都愿意。什么是巴伐利亚人？这就是巴伐利亚人。生活在国外，这意味着我很少有机会听到纯正的巴伐利亚方言，那是我最大的遗憾。好些年前，我被授予联邦十字勋章，那是德国政府颁发的荣誉勋章。我原本也无意去领，没打算出席典礼。但我弟弟给我打来电话，说有些记者问他，"总理授予赫尔佐格先生这项荣誉，他却不愿到场。他就那么讨厌德国吗？"怎么可能？我不讨厌德国，尤其不会讨厌巴伐利亚，虽然我也不觉得那儿发生的各种变化，都能算是进步。今时今日的慕尼黑，在我看来只是一座失去了各种意义的空城，普鲁士人侵占了它，巴伐利亚精神已被彻底剥离。

你曾说过，你对幸福这种东西，并不怎么感兴趣。

我觉得幸福的概念挺奇怪的，有些时候我确实也会纳闷，怎么我就和美国人看着有那么大区别呢，他们甚至会把幸福的"权利"写进《独立宣言》里。但那从来就不是我的人生目标，我压根就不考虑这些。某次在迈阿密机场，我大声呵斥了一位国际奎师那知觉协会[1]的信徒，因为他非让我收下他分发的一本小册子。"难道你对幸福这件事不感兴趣吗？"他问我。"没兴趣！"对我来说，正义感要比幸福更重要，而且正义感肯定也比金钱和好评更

---

[1] 国际奎师那知觉协会（Hare Krishna）：一个基于印度教的大型宗教团体。在国际上饱受争议。该组织的工作包括教授瑜伽和推广素食，有着众多支持者。

宝贵。那些公认的这世上最好的大学，包括剑桥，包括纽约某所大牌学府，都说要给我颁荣誉学位，但都被我礼貌地回绝了，具体次数已经多到我记不清了。我对这些装点门面的头衔完全没兴趣，我的兴趣在别的方面。

哪些方面？

通过我的作品，让我的存在具有意义，这才是我努力追求的东西。简单来说就是这些，但说实话，我自己究竟幸福不幸福，跟我自己其实没太大关系。我一直都很享受这份工作，也许用"享受"并不确切；我爱拍电影，能从事这一职业，对我来说意义十分重大。我很清楚，有许多渴望成功的电影人，明明有很好的想法，却始终没法赢得一席之地。我十四岁那年便意识到，拍电影就是我想推也推不掉的责任，从此以后，我就别无选择了，唯有一路继续下去。电影给了我一切，也从我这里拿走了一切。

你是不是真的没法理解别人的讽刺？

这是一种沟通上的严重缺陷，打从我能独立思考开始，我就在和它搏斗，已经搏斗了一辈子。我缺少能够感知讽刺的器官，所以老是落入这种陷阱。也正是因为这一点，我才觉得自己和基里努斯·库尔曼很像。他显然也是个一板一眼的人，大约是在一七〇〇年时，许多炼金术士都在寻找所谓的"贤者之石"[1]，而身在西里西亚的他，却真的用铁锹挖地，想在土里找出它来。几周之前，我接到一位住在附近的画家打来的电话。他说想卖几幅画给我，因为我们住得很近，据说还能给我打折。说着说着，他

1　贤者之石（philosopher's stone）：传说中能点石成金的特殊物质。——译者注

和我争了起来，号称某一幅画，我只要出十块钱就能拿下来，甚至连十块钱都用不着。我试着让他打住。"先生，抱歉。"我说，"但我公寓里一幅画都没有，我家墙上不挂艺术品，只挂地图。时不时的，还会放些家人的照片，但从不放画。"他仍说个不停，说着说着，忽然他笑出了声来。"我认得这笑声。"我心里犯起了嘀咕。结果，还是他自己暴露了真面目，原来是我朋友哈莫尼·科林。他甚至都没换种说话声，就能把我蒙在鼓里。

再举个例子，一个男人是不是同性恋，除非他男扮女装起来，化好妆，不然我也分不清楚。在我看来，男人就是男人。前不久参加一个活动，我和约翰·沃特斯（John Waters）导演一同登台——我俩相识已有四十载。一束亮到让人睁不开眼的聚光灯打下来，照在他身上；黑暗处，一千六百名观众都将目光聚焦在他身上。我往旁边让开半步，隔着一条手臂的距离，聚精会神地审视着他。我半转身，低声问我妻子："他有没有可能是个同性恋？"约翰是位大胆的电影人，在我心里也有很重的分量。我钦佩他的勇气，但确实完全不知道他是同性恋这个事实。一直以来，在我心里，他就是他，约翰·沃特斯。

当初宣布《生命的标记》拿了德国电影奖之后，我接到了内政部打来的电话，那一头是部长的私人助理。"你是维尔纳·赫尔佐格吗？部长要和你说话。"随后电话转到部长那里，他磕磕绊绊地对我说："嗯，是这样的，赫尔佐格先生，我们对外发布了消息，宣布你获得了德国电影奖，但是，嗯，我必须亲自处理这事，我要恳求你的原谅。很遗憾地告诉你，其实得奖的不是你，另有别人。"我彻底呆住了，但平静下来之后，我回答说："先生，怎么可能发生这种事？作为内政部部长，你要负责很多事情，包括国家内部的治安和边境上的安全。你那里现在究竟处于什么状况？我手里这封信，上面不仅有你，还有另外两人的签字。我可以接受你的说法，但还是想问一下，到底怎么会发生这种事的？"就这样，我和部长的对话，持续了十来分钟。突然，部长笑喷了出来，我认出了这声音，那是我朋友弗洛里安·弗里克。"弗洛里安，你这杂种。"我说。之前的部长私人助理，其实也是他，他甚至都没换种嗓音，我却以为那是两个人。可想而知，我在沟通上的缺陷有多严重。说到讽刺，几乎人所共有的某些常识，在我身上却找不到。

和其他电影人相比——特别是法国电影人，他们就有这种本领，往咖啡馆里一坐，一边吮吸咖啡，一边畅谈自己的作品——我就像是一只正蹲着产卵的巴伐利亚牛蛙，一个不懂得怎么和人聊艺术的乡巴佬。法国人喜欢玩文字游戏，所以熟练掌握法语，你也就成了讽刺的大师。从技术层面来说，我会说法语，单词我认识，语法也懂，但不到迫不得已时我从来不说。这样的情况，至今只遇到过两次。一次是在非洲拍《复杂蜃景》时，我被捕了，身边围了一群醉醺醺的士兵，有支步枪瞄着我的脑袋，另一支对着我心脏，还有一支冲着我下边。我试图说明身份，带头的长官却冲我大喊："On parle que le français ici!"（咱们这儿只讲法语！）他们指着我们剧组的一支麦克风，问那是什么东西。我学了学电动刮胡刀的声音。要是跟他们说实话，这些设备立马就会被没收。然后他们又发现了那些拍完后还没冲印的胶片，想把盒子打开，于是我只能和他们说起法语来，最后给了他们三个没开过封的铁盒，里头装满了湿沙子。我跟他们反复强调，一定要找间暗室，然后才能打开。就这样，我们把真正的胶片偷偷带出了境。第二次是在瓜德罗普岛拍《苏弗雷火山》，岛上的人几乎全都是非洲人，但说的是法语。我们找到了要找的那个人，他是唯一一个拒绝撤离小岛的人，就那么在树底下躺着睡觉。我把他叫起来，用法语和他交谈。情况便是这样，迫不得已的时候，我也能说这门语言，但前提是有切实必要。否则我会全身而退，退回悬崖峭壁上过我自己的日子。

你可能确实不太懂讽刺，但幽默感还是有的。

那是当然。德国有份杂志，曾经登过一篇写我的文章，标题是"这个男人从来不笑"，边上配了张我的照片，神情无比严肃，完全符合某些人对我的想象。"笑！笑！"摄影师对我说，"你怎么从来都不笑啊？"我觉得越来越不自在，终于忍不住对他说，"相机对着我的时候，我就从没笑过。"结果不出意料，他们把我这前半句话给漏写了。

讽刺和幽默之间，存在巨大差别。我懂幽默，听人说笑话，我也会笑，虽然我自己始终不怎么擅长讲笑话。但是我这张脸，生来就不是笑脸。从《侏儒流氓》到《坏中尉》，我电影里的幽默，常会被人忽视。观众看的时候却一直在笑，观众只要是笑了，那总是有道理的，这可是一条自然法则。即便是看《阿基尔：上帝的愤怒》，看到某个士兵被箭射中后说了句"长箭又开始流行了"之后倒地毙命的画面，他们也能咯咯笑个不停。虽说没法理解讽刺——这是我身上一个明显的缺陷，但能看见观众在看我电影时笑起来，这对我来说始终都很重要。

一个讨人喜欢的缺陷。

等你见到我坐在巴黎咖啡馆里的样子，就不会这么说了。

第二章

亵渎上帝与海市蜃楼

生命的标记
最后的话
提防狂热粉丝
东非飞行医生
复杂蜃景
侏儒流氓

德意志联邦共和国的电影补贴制度,也让你受益了。

战后的德国,出现了这样一代人,他们之中有许多人想以崭新的电影方式来表达自我,而我也属于这一代人;对于这样的做法,只要想一想二十世纪五十年代那些联邦德国电影,你就不会觉得奇怪了。我们刚起步的时候,社会上并不是没有现成的电影制作公司,但我们谁都不想和那些公司打交道。他们制作出来的东西,不知怎么几乎全都带着纳粹主义的污迹,例如那些《故乡》(*Heimat*)系列电影,都有着浓浓的鲜血和土壤的味道,完全不对我们胃口。即便是像《桥》(*Die Brücke*)那种名声在外的电影,即便它在精神上是反纳粹的,但在我们看来,也显得过时落伍。

到二十世纪六十年代初的时候,形势已经很清楚了,我们这些联邦德国电影人,是时候成长起来,自己掌握命运了。这涉及的已经不仅仅是电影制作的问题,还包括创办属于我们自己的电影节,我们自己的发行系统,和那些有意愿向我们投资的电视台建立关系。在我看来,亚历山大·克鲁格(Alexander Kluge)是那一时期联邦德国电影背后的精神及意识形态支持。包括为我们这些人创造了一个理想创作环境的电影补贴法案,包括一九六二年发表的《奥伯豪森宣言》[1]——就在柏林墙建起的第二年，它宣告了新一代联邦德国电影人的出现，这些全都离不开他。克鲁格和埃德加·莱兹（Edgar Reitz）——两人同龄，都比我年长十岁——看了我的一些早期作品，问我是否考虑与他们的电影公司以及他们早先在乌尔姆创办的电影学院（电影设计学院）合作。我告诉他们，我要自己做制片人，他们又主动提出，我可以用他们的器材，结果我确实用那些转制了不少作品。他俩的支持，对我来说十分重要，因为在当时，我完全就是个无名小卒。而且也是通过莱兹，我认识了托马斯·毛赫（Thomas Mauch），他后来做了我某些作品的摄影师，包括《阿基尔：上帝的愤怒》和《陆上行舟》等。

曾几何时，联邦德国的电影拍摄津贴数额之巨，不说全世界，至少在欧洲是最拔尖的。不过，真想要拍部电影出来，依然不是件容易事。当时有个名为"新德国电影委员会"（Kuratorium junger deutscher Film）[2]的组织，由电影人自己创立，给了许多联邦德国导演初次起步的机会。但首先你得把剧本交上去，看看有没有机会成为那少数几个幸运儿之一，拿到他们批拨的经费。钱不算少，大约三十万马克一部电影，约合二十万美元，不过在他们接受你的申请之前，你得预先把剩余的拍摄资金找好。我此前已拍过三部短片，每一部都在一定程度上引起了媒体和电影节的关注，而且我的电影剧本《生命的标记》几年前还拿过奖，我还事先为它准备好了一部分经费，所以，当时我一心以为，自己怎

---

[1]《奥伯豪森宣言》：亚历山大·克鲁格等二十六名德国青年电影人于一九六二年在奥伯豪森国际短片电影节上发出的宣言。宣言号召建立"新德国电影"，其口号为"爸爸的电影死了"。
[2] 为响应《奥伯豪森宣言》的提议，将之付诸实践，内政部出资成立了这一非营利组织。递交的电影剧本，由一些影评人负责审读。从一九六五年到一九六八年，委员会为二十部影片提供了无息贷款，给予资金方面的支持。——原书注

么都该算是个理想的申请人了吧。结果却连续两年都被委员会拒之门外。在当时，二十二岁的人自己制作、执导剧情长片，这样的事并无先例；我想我之所以会被拒绝，可能就是基于这个原因。纯粹只是因为我太年轻，欠缺经验。

但最终我也确实从补贴制度中获过益，我得承认，那些钱成了我某些影片的启动资金，但我始终不觉得这是最利于健康发展的运作方式，完全由委员会来做决定，那就像是在做人工呼吸，有着先天的不足。有太多太多的人，因此沦为奴隶，满心期待能得到那份施舍，一心只想着如何满足那些委员的愿望。结果也就导致了，他们之中很多人只拍了一部电影，随后就放弃了。他们把时间都用在了填表上，一旦获得补贴的门槛变高，他们之中许多人便退缩了，这些人已经丧失了自力更生的本领。而对于我使用的那种电影制作方式来说，在自由的市场里进行运作，要存活下来，难度更大，但本身这种体系，也更有活力。在那片天地中你所要面对的，那才是真正的战斗。如果可以不借助人工呼吸机，直面市场的猛烈冲击，你理应这么做。当时我想的就是，我承认自己很幸运，能获得某些机遇，但我必须尽快学会靠自己双脚走路。

你第一部剧情长片《生命的标记》，差不多也就是在这时期拍的，与此同时，这场后来被称为"新德国电影"的运动也诞生了。

所谓的"新德国电影"，对我来说并没有太大意义，因为在《奥伯豪森宣言》出来之前，我已经开始拍电影了。当时短片电影十分流行，已经成了某种文化现象，我也在奥伯豪森电影节上放映了一些作品。但我和那宣言没什么关系，虽说他们也请我共同署名来着。我觉得这一整个事，太像是法国新浪潮运动的派生品了，那些发起签名的人,只是一群平庸、无足轻重的跟风者。你可以去看一下那份名单,除克鲁格和莱兹之外,剩余的人里头,只有极少数后来能以电影人身份永垂青史的。剩余绝大多数,早都彻底湮灭了,哪怕是研究德国电影的专家,估计也得把他们手里的百科全书翻烂掉,才能找出那些人的相关信息。毫无疑问,从二十世纪六十年代晚期到七十年代,德国电影确实经历了一次重生,但要说我们这群人是一个整体,不管从风格上来说,还是从拍摄对象和主题上来讲,那都只能说是外界把我们给神话了。因为大家做的电影都不一样,有些人彼此之间甚至都不怎么认识。我并不效忠于他们中的任何人,而且对于某些与我同时代的电影人以及他们的作品,我明显有种疏离感;例如那些无休无止的、愚蠢的假定正在发生一场全球革命的教条主义的政治电影。他们在联邦德国电影观众中,从来就没产生过多大的号召力——如果能产生巨大的号召力,那才奇怪呢。到二十世纪六十年代晚期,我已制作完成好几部电影,而且从一开始就有不少时间在德国以外的地方度过,所以实事求是地说,我怎么都没法被视作"新德国电影"的代言人。这个名词,其实主要就是由美国或许还有法国的电影记者为图方便而创造出来的概念。现如今,你再把我归进"新德国电影"里,我也不反对,因为那里边的好作品的数量足够多,所以把我归进去,我也不会觉得尴尬。但我自己清楚,我其实并不属于那个。

在当时,我们这些个体都独立于联邦德国主流电影工业之外,完成各自的创作;要说我们身上有什么共同点,这才是关键所在,而不是那些作品本身。当时存在一种高度活跃的、集体性的思维上的兴奋状态,电影人之间有种基于实用主义的团结一心的气氛,某些人会在后勤支援方面,尽己所能地彼此协助。不过,说是这么说，但每次施隆多夫和我见面的时候，我们通常聊的都是女人。至于法斯宾德，当我在电影节上碰到他时，在他周围的人中，有些会以为我也是同性恋，因为我手拿一杯香槟，与他稍一拥抱便撒手的样子，看着相当羞涩。在公开场合，我和法斯宾德不会轻易谈及重要的事。每当有记者请他或是我就电影做些深刻的表述时，我都会伸出手，说上一句"我喜欢你的领带"。我和他之间，那些最激烈的讨论，全都发生在他家厨房里。佐以啤酒，我们通宵达旦地聊个痛快。他这人太不守规矩——他就像是一头正在灌木丛中横冲直撞的野猪，大汗淋漓、哼哼唧唧，身后留下了一道道的缺口，方便别人行走——私生活又大大咧咧，于是媒体错误地为他贴上了革命者的标签。我却从不这么觉得。

当初我去秘鲁为《阿基尔》做前期准备时，除我自己的一些片子，还瞒着法斯宾德把他的《卡策马赫尔》（*Katzelmacher*）也一起带去了——我记得还有让-玛利·施特劳布（Jean-Marie Straub）的《安娜·玛格达丽娜·巴赫的编年史》（*The Chronicle of Anna Magdalena Bach*）、维尔纳·施勒特尔（Werner Schroeter）的《艾卡·卡塔帕》（*Eika Katappa*）和彼得·弗莱施曼（Peter Fleischmann）的《巴伐利亚打猎即景》（*Hunting Scenes from Bavaria*），我事先全都加好了西语字幕。我在利马办了一场小型的电影回顾展，专门租了电影院，为完全不熟悉当时联邦德国电影的当地观众，放映了这批电影，结果大获成功。法斯宾德事后才知道这事，对我十分感激。有时候，他会一连有两三部作品，都让我觉得不够好，让我看了都觉得灰心（他拍得太快了，有时候一年能拍个三四部），但紧接着，他又会拿出一部佳作来——就像是《彼得拉·冯·康德的苦泪》（*Bitter Tears of Petra von Kant*）或是《四季商人》（*The Merchant of Four*

Seasons）——于是我又会告诉自己,不要对法斯宾德失去信心。

德国电影人是一拨一拨出现的,先是《奥伯豪森宣言》那批人,基本都要比法斯宾德、文德斯和我年长;我属于第二拨中早期的一批。事实上,法斯宾德和文德斯要再晚一些,他们差不多算是第三拨了。在我们之后,还出现了一些人,也拍出了一些不错的作品,但他们没能坚持到最后,要不就完全转行了,要不就图安逸,专替电视台拍片了。

对于外界来说,真正了解这些联邦德国电影,那又是再经过一段时间之后的事了。

或许可以这么说,当大多数联邦德国以外的人刚开始意识到,那里也出了不少好作品的时候,"新德国电影"其实已经在走下坡路了。作品能拿到国际上放映的联邦德国导演,只有少数几位,而且这种势头持续的时间也很短暂。当时,在德国之外的地方,法斯宾德、施隆多夫和文德斯的电影,你还有机会能看到一些,但完全看不到阿赫特恩布施或是维尔纳·施勒特尔的任何东西,可是,后者恰恰是当时真正具有重要性的联邦德国导演。施勒特尔具有一种非凡的革新思维,但不管是在国内还是在海外,都没能得到应有的肯定,真是可惜。一九六九年,我在曼海姆电影节当评委,不顾其他人怯懦的反对意见,坚持要给他的《艾卡·卡塔帕》颁个奖。问题的症结就在于,那时候的联邦德国电影有种过于小富即安的趋向,有些导演从来就没想到过,应该试试看让国外观众也能看到自己的作品。我从刚开始入行时,就把眼光放到了德国以外的地方,我一直相信自己的作品能在海外发行,并能获得肯定。不管是能让《阿基尔》和《卡斯帕·豪泽之谜》(*The Enigma of Kaspar Hauser*)在伦敦、基辅、圣保罗放映,还是能让秘鲁的印第安土著看到它们、欣赏它们，这都会让我感到十分满足。我很早便意识到，联邦德国电影如果还想要存活下去，首要的一点就是，不能再继续孤立下去了。

多年之前，有次我开着一辆挂宾夕法尼亚牌照的汽车，在美国南方腹地某加油站门口停下。负责加油的机师称我为北方佬，毫不犹豫地拒绝了我加油的需求。在南北战争结束一个半世纪之后，南方人仍然不待见北方人。在有些人的眼里，德国也是一样。一九四五年之后，存在两种重建工作：对于城市的物质上的重建，同样重要的还有，要将德国作为一个文明国家的正统性，也重建起来。近年来的德国电影，之所以会在"二战"结束那么多年之后，依然会在海外放映时遇到好多困难，其中一个原因，或许就在于人们共同意识的转变，其速度来得非常之慢。很难说得清，德国的作家、画家和电影人，究竟要到什么时候才能完完全全地、自由自在地在国际文化版图中，重新找回自己的位置。

你当时和作者电影发行公司[1]有没有联系？

他们在一九七一年成立时，曾邀我加入，但被我拒绝了。想法很好：发行无门的电影人，自己建一家发行公司。但他们的人员构成太杂，我不喜欢；公司内部有种各说各话的感觉，不太对我的路。要是当初只有法斯宾德和我，另外再加上少数几个人，那兴许我会对它有信心。但事实是，当时参与其中的某些人，有他们自己的盘算，工作起来似乎也不怎么团结。他们后来也发行过我的一些早期作品，不过我这人对于集体向来都很警惕。集体

---

1 作者电影发行公司（Filmverlag der Autoren）：由文德斯、法斯宾德等共十三人联手创办的电影发行公司，曾在"新德国运动"中扮演重要角色。——译者注

很容易被稀释，只要有庸人上了船，那肯定逃不过全军覆没的结局。所以我的建议就是，找出最优秀的那个人，然后再排除别人加入。

由阿希姆·冯·阿尼姆（Achim von Arnim）短篇小说获得灵感的《生命的标记》，是你第一部剧情长片。

我当时正在看关于"七年战争"以及当时的军事策略方面的东西，在一份一八〇七年的日报上，我发现了一篇短文，写的是战争期间在马赛发生的一件事。某个男人发了疯，把自己锁在塔楼里。结果我发现，冯·阿尼姆十九世纪早期写的小说《拉多诺要塞里的疯子老兵》（*Der tolle Invalide auf dem Fort Ratonneau*），就是根据这同一件事而来。小说写得很精彩，讲一个老上校坐在火炉边，讲故事讲得极其投入，以至于没注意到自己那条木头假腿都已经烧着了。一部文学作品读过之后，让我能有想法把它改成电影剧本的，这样的事其实很少会发生，但这是其中的一例——《沃伊采克》和《非洲黑奴》（*Cobra Verde*）也都是如此。

但对《生命的标记》影响最大的，还是我十五岁时去希腊旅行的经历。我用了不少时间，追寻我爷爷鲁道夫当年的足迹，了解他作为碑刻学家和考古学家，在科斯岛都做了些什么。他当时年纪轻轻的，抛下所有一切——他当时已当上了古典文学教授——动身远行，想要当个考古学家。他一生最重要的工作，都是在那岛上完成的。那大概是从一九〇二年开始的，他花了几年时间，做了不少重要的挖掘工作。我拍《生命的标记》的那个要塞，你看到石头上刻着碑文，那些正是六十多年前由我爷爷翻译、出版过的那些碑文。他后来疯了，等到有了我的时候，他年纪已经很大了。看到一个当初凭着直觉就能与整个世界息息相关的人，忽然之间就变得如此迷失，真是叫人伤心。他以前看书的时候，就有在某些章节下画线的习惯，但到了他生命最后几年，爷爷会仔仔细细地一页接一页地画线，到最后，每行文字下全都画满了。我很爱爷爷，但小时候我们时不时也会对他做些很残忍的事。我们会躲在花园的树丛里，大声说些恶劣的押韵词，来取笑他。"教授教授，吃人的怪兽!"说完就爬到就近的大树上，让他没法抓住我们。有次为了这种事，我奶奶抓住了我，拿做饭用的木头勺子教训了我一顿，那是我这辈子被打屁股打得最厉害的一次。

每天晚上，爷爷都会把自己的东西打包装箱，将家具堆叠在一起，他总觉得有人马上就要开着卡车过来，装上所有东西，连他一块儿扫地出门。这让奶奶吃了不少苦头。她每天早上都要把那些行囊重新打开，把座椅放回原位。我至今都还记得她当时所说的："我和他一起生活了那么久，爱了他那么久，所以，如果想让他离开这个家，除非是我死了。"某天晚上，爷爷穿戴整齐地来吃晚饭，他坐在桌前，动作轻柔地把刀叉往边上一放，叠好餐巾，起身一鞠躬，对我奶奶说——此时的他已经不认得她是谁了——"女士，要不是因为我已经结了婚，我一准会追求您的。我们当初是怎么认识的?"这句话，我拿来用在了《诺斯费拉图：夜晚的幽灵》里。但就是在这样的情况下，爷爷也常会思路清晰、口齿伶俐地谈起他作为考古学家的那些挖掘工作。我十岁那年，他去世了。

十五岁去希腊旅行时，某天我骑着毛驴在克里特岛闲逛，不知怎么就到了拉西希高原。我行经一段山口，俯瞰山谷，发现下面有数以万计的风车正在转动，那就像是一片疯狂旋转的花海，光是发出的吱呀声就够让人震惊的了。我的心脏仿佛停止了跳动，我必须先坐下来才行。"要不就是我疯了，要不就是我目睹了意义非凡的一幕。"我对自己说。后来我发现，这些狂转的风车都是真实存在的，它们是为灌溉取水而设。那一刻我就知道，终有一天我还会回来，在这地方拍一部电影。多年之后，这凡间难见的一幕，作为关键性的画面，出现在了《生命的标记》里。由某些画面中传出的尖厉的声音，总能引起我的关注，如果那声音够大，够持久，我还会做出回应。要是当初没见到那些风车，我后来读到阿尼姆的小说时，也不会将它与这片难以想象、令人忘我的风景联系在一起。

《生命的标记》以"二战"作为背景。

故事发生在纳粹占领下的希腊，所以注定会有一些人，觉得这是一部历史片。但就这部影片而言，我由始至终感兴趣的，并非希腊沦陷的相关事实，而且整个故事里，绝对没有一星半点地方，直接提及第二次世界大战。如果有学究气重的历史学家，仔细去看这部电影，肯定能发现许多史实错误。片中我用到的卡车，是二十世纪五十年代中期生产的，因为那要比我当时所能找到的那些二十世纪四十年代的旧卡车，便宜很多。还有那些士兵，当他们出现在镜头中时，几乎总是光着脚，或是上身赤裸，而且他们从不行礼。队长让他们集合时，某个士兵只管自己嚼面包。这些都和第三帝国扯不上关系。你什么时候见过战争片里的德国兵有这样的？莎士比亚写《哈姆雷特》时，参考的是在他之前几百年发生的事，但写出来的东西，不仅放在他那个时代能引起共鸣，即便放到现在也是如此。同样的道理，《生命的标记》关注的并非某个特定的时代，某次特定的军事冲突；它关心的是把战争工具放在个体手中，结果会如何。

影片拍摄过程是否顺利?

作为导演,拍摄过程中许多事情其实都不受你控制,本片的拍摄经历,在这方面给我上了重要的一课。计划永远赶不上变化。但凡有可能会出错的事,到最后一定会出错,根本就没必要因此而生气。我很快就发现,这正是电影拍摄的本质所在;相比我绝大多数的同事,这些教训我要更早地体会到,体会得也更深。随着拍摄深入,我清晰地感觉到,拍电影的时候,我其实就是个灾星,麻烦会自己找上门来,那就像是被人施了诅咒一样。但拍摄这部电影时遇到的问题,也让我后来拍《复杂蜃景》和《陆上行舟》时心里有了底。

拍《生命的标记》之前,我本已取得外景地的拍摄许可,但就在距离开拍还有三星期时,希腊发生了军事政变。多名政客被捕,公民权利当即遭到冻结,宪法也暂时失去效力,那真是充满戏剧性的一刻。电话线都被切断了,我什么人都联系不到。机场关闭,火车都停在了国境线上。我开着车,马不停蹄地赶到雅典,发现已经没法去科斯岛上拍摄了,因为地方当局担心此举会招惹军方。于是,我的拍摄许可证,一夜之间便成了废纸一张。到最后,这些问题总算都获得了解决,但拍着拍着,男一号彼得·布罗格勒(Peter Brogle)遇上一次莫名其妙的事故,弄断了脚跟上的骨头。他本是个走钢丝的艺人,所以我提议在要塞里拍这么一场戏:他沿着绳子,从墙上走到一座小塔楼上。他自己固定好了绳子,结果却从两米多高的地方摔了下来,逼得我们只能停拍五个月,一度还有过这片子究竟还能不能拍完的疑问。之后,等所有人重新回来,完成最后十天的拍摄时,再要找回原来的节奏感,已成了件难事;尤其是因为,布罗格勒这时候脚上仍戴着护具,所以我们只能拍他腰部以上的画面。拍到最后一组戏时,放焰火是个关键,但军方不允许我那么做。"你会被抓起来的。"一位上校对我说。"那就抓起来吧。"我回答,"但你记住,我明天不会赤手空拳地来,谁第一个敢靠近我,我就跟他同归于尽。"第二天,警察和士兵来了五十多个,他们就那么干站着,看着我指挥拍摄。旁边还围着几百个从镇上赶来想要一睹焰火的老百姓。警察和士兵,没有一个敢靠过来的。当然,我威胁说要持枪,其实只是虚张声势,结果却唬住了他们。

主人公史楚锡之所以会发疯,究竟是什么原因?

他想不出合适的字句来表达自己,来让别人理解他,因此情感上受到压抑。到最后,他给出的回应就是白日焰火,用荒谬对抗荒谬,以暴力对抗暴力。其实,我一直觉得史楚锡神志挺清醒的。

《生命的标记》里存在一些神秘的时刻,我也没法完全说清楚,它们对于解释史楚锡的行为,能起到什么作用。有一场戏,他和几个男孩一块儿坐在码头边,有个男孩说——也没什么前因后果——"现在我能说了,我又该说些什么呢?"然后他目光紧盯镜头。另外还有一个时刻,对我来说非常重要:两个士兵去执行侦察任务,路上遇到一个牧羊人。牧羊人住的地方非常偏僻,他给士兵拿了些水喝,他家门口坐着一位年轻姑娘。牧羊人解释说,孩子她妈白天都出去放羊了,而他自己晚上又要干活,所以女孩很少有机会听别人说话,她自己也不怎么开口。"山上很美,但没什么能和她说说话的孩子。"牧羊人说,"她有时候下山去镇上和她阿姨在一起时,会学上几句。"然后,牧羊人让女儿为士兵朗诵一首诗歌。我事先写了一段文字,说的是拉西希高原上有头羊在游荡,其中有一头走失了的事。我有意不给她很多时间去背,还把整个剧组的人都支开了,好不让她求助于别人。结果,她背着背着就卡住了，只能绝望地揉着裙角。拍第二遍的时候，她一气呵成地背出了整首诗，但我心里很清楚，第一次拍到的画面，才应该被留下。

我从来就没打算重点表现史楚锡的精神状态。在他崩溃之前，影片表现的一连串场景，时间跨越了几周，但一旦他把自己堵在要塞之中，与全镇为敌，故事就被压缩到了几天之内。当他开始成为心理学家有可能产生兴趣的研究对象时，我们已经距他数百米开外了。事实上，影片最后二十分钟里，我们基本就没怎么见到他。当他点燃火箭，当他点着了椅子，打死驴子的时候，他爆发出来的反应和行为，替代了他本身。所有人——也包括彼得·布罗格勒——都问我，为什么不在这一刻切个特写。他希望自己可以在银幕上表现这个人物的疯狂，然后再扯上几句胡话，正所谓，在这个上帝创造的地球上，最迷人的风景其实是人脸。他告诉我说，这些对他而言十分重要。但我告诉他，"那并不重要。如果置身于风景中的你，看着就和蚂蚁一般大小，观众才会觉得你迷人。"一直以来，我都更喜欢在镜头与演员之间保持一定距离。太过贴近别人的脸，那是一种侵扰，不管镜头要拍摄的对象是谁，那几乎都算是某种人身侵犯。内心戏的巅峰，并不一定非得靠特写镜头来呈现，所以我电影里的特写不怎么多，相对来说我更喜欢用广角，因为我希望观众能知道剧中人究竟处在什么样的实际空间之中。《诺斯费拉图：夜晚的幽灵》里那些情绪化的时刻——比如乔纳森和妻子告别的那场戏——我都从背后来拍演员，你根本就看不到他们的脸。我从来就不想看演员抽泣，我想看到的是观众在落泪。

《生命的标记》上映后观众反响如何？

他们不为所动。片子拿到了德国电影奖（那意味着我下部影片有了资金来源），外加一座奖杯，以及与内政部部长的一次握手。此外，它还拿到了柏林电影节的银熊奖。之后靠着口耳相传，多少也算有了些知名度。威斯巴登有份报纸上登了篇关于这片子的文章，那次放映我也受邀去了，到了之后才发现，场子里只有九个观众。那一刻带给我的内心震动，至今记忆犹新。我这辈子一直都在争取德国观众的关注，但始终还是不像在国外那样受欢迎，不管是德国影评人还是德国观众，情况都是如此。事实就是，德国从来就不是个爱看电影的国家；被动接受的电视观众，反倒是铺天盖地。过去的几十年里，德国电影观众始终有种内心不安的感觉。但那也很好理解，毕竟过去百年间，人类所遭遇的最严重的两次灾难，全都拜德国人所赐。所以，即便是战后成长起来的一代又一代德国人，也都保持着很高的警惕性。不管什么时候，只要有人——为了吸引公众关注或是为了让全世界都能看到自己的作品——从那些大众视线之外的地方探出头来，太过拔尖，所有国人都会立刻怀疑他的动机。

德国人从来就不喜欢他们自己的诗人，至少不喜欢那些还活着的。可以对比一下爱尔兰的情况。我曾在爱尔兰西南海岸巴林斯凯利格斯（Ballinskelligs）的一间小客栈里，住过一段时间。女店家问我是干哪行的，我也不知道为什么，脱口而出地说了句"我是个诗人"。结果她热情地把我迎了进去，而且房费只收了我半价。换作是德国，估计我会被人扔大街上去。多年前在雷克雅未克的时候，我很幸运，获准下到一处能防核辐射的地堡里去。它位于国家银行的地下八层，《皇家抄本》（*Codex Regius*）就保存在那儿。那是定义冰岛人灵魂的一件文学作品，重要程度类似于《死海古卷》在以色列的地位。这小小一卷皱褶横生的羊皮纸，在丹麦人手里放了三百年，最终由丹麦最大的战舰负责运送，再加上潜艇护航，归还到了冰岛。冰岛全体国民中，有多达一半的人，为此欢庆了五天五夜。当他们得知，我曾亲手捧起过这份抄本时，连我也顺带享受到了国王般的待遇。这样的事，在德国你想都不用想。拍完《阿基尔》，我在戛纳参加新闻发布会，谈到联邦德国电影的复兴，结果却听到由会场角落里传来的笑声。坐在那角上的，全都是德国人。说出来都没人会相信，当初电影分级委员会很讨厌《阿基尔》，不愿承认它具有任何文化价值。他们不给它评级，那就意味着联邦德国任何一家电影院放映这部电影，都没法获得退税便利。要知道，通常只有硬核色情片，才会遇上这种问题。所以到后来，当《我最亲爱的魔鬼》在德国口碑与票房双赢时，我都惊呆了。我觉得那是他们第一次真正接受我的作品。

你怎么会想到要拍《最后的话》（*Last Words*）这部短片？

这部电影一反常规地进入了未知地带，那感觉就像是在说，在它之前，根本就不存在任何电影的历史。它全然不顾传统电影讲故事时用到的那些叙事"法则"；相比之下，《生命的标记》就很符合常规了。我觉得，如果不是先有《最后的话》，后来我也不会去拍《复杂蜃景》，而且我电影里后来形成的那些叙事上的风格化倾向，也都不会有。这短片我是在克里特岛附近一座名为史宾纳隆加（Spinalonga）的小岛上拍摄完成的，光拍摄用了两天，剪辑用了一天。关于这部电影的所有一切，由始至终我都想得很清楚，思路明确，所以一直以来，我都拿它来激励自己。

它要说的是一座正在走向衰落的小岛，因为忽然暴发的麻风病，岛民都被撤离。关于岛上原本那些居民，片中讲到数件怪谈。例如某个缺了双腿的男人和某个缺了双臂的女人，出于彼此需要而结成了夫妻。岛上有个男人拒绝撤离，他明显已丧失了心智，还自以为是个国王。警方强行将他带离，他却照样蔑视整个社会的力量，甚至是语言的规则。虽然他重又过上了所谓的体面生活，但继续与全世界为敌，不肯开口说话，白天也不肯外出。只有到了晚上，他才会弹起七弦琴来。影片本身并未针对上述这些全都给出解释，取而代之的是各种惊鸿一瞥和强迫性的反反复复——例如那个男人说到的故事，最后的土耳其人留下的最后的脚印。他由悬崖跃入海中，在岩壁上留下一个脚印，希腊人就在这位置上建了座礼拜堂。但这人讲这故事的时候，总是一遍还没讲完，就又从头开始讲，第二遍还没讲完，又开始第三次重复。片子里还有两个警察的角色，我告诉那两位演员，"拍电影就是这样，同一场戏要反反复复地拍好多遍，所以请你们把那些台词重复讲十遍，我会把效果最好的一条留下。"于是两人站到镜头前，反复讲着同样的台词："我们是在那儿找到的他，我们救了他"和"你好，都顺利吧？"短时间内反复连续多次地听到这些故事，你会发觉这些人的语言开始呈现出一种奇怪的特质。虽说他们陷入了这种强迫性的行为，但正是在这让人难受的过程中，你会隐隐约约地对这些人逐步有了些了解。弹七弦琴的那个人很让我着迷，一连几分钟他都不断诉说着同样的话语："不，我一个字都不会讲。什么都不讲。一丁点都不讲。我甚至都不会讲'不'字。从我这儿，你一个字都听不到。我什么都不会讲。哪怕你想要我说个'不'字，我都不会答应。"

《提防狂热粉丝》（*Precautions Against Fanatics*）说的是赛马

场里，各式各样的人都谈到，有必要保护好那些动物，提防各种"狂热粉丝"。

当时我去了慕尼黑郊外某个赛马场，那儿正在举办某项一年一度的赛事，有不少知名公众人物和演员都作为选手参加了。看到他们练习时候的样子，我当即决定，要把它拍成电影。和《最后的话》一样，这也是一部叙事结构上相当大胆的短片，而且片子里有种奇特的幽默感，但对于不会德语的人来说，可能没法一下子就体会出来。当初德国观众看了这片子可真没少乐，因为片中出现的都是些他们耳熟能详的名人，比如导演彼得·沙莫尼（Peter Schamoni）、演员马里奥·阿多夫（Mario Adorf）以及总能引发全场轰动的塞尔维亚足球守门员佩塔尔·拉登科维奇（Petar Radenković）。他当时在人称"狮子"的慕尼黑一八六〇队效力，是个天马行空的家伙，脾气性格真的很古怪。比赛正在进行当中，他看到场边有鸭子出现，就会不顾一切地撵上去。他还有一点也很出名，当队友突破对方防守时，有时他也会冲出自己镇守的禁区，全速冲向对方半场，寻求跟队友配合。每当此时，全场观众都会为之疯狂。

我说服柯达公司，白给了我一些彩色胶片。那些都是退货，之前显然被人带去过非洲，在极端高温下放置过，而且早已过了保质期。这种情况下，他们不可能再出售这些胶片，但柯达显然也很想知道，它们能否挨过那么恶劣的环境。我被要求签一份免责声明，声明他们事先警告过我，这些胶片已无法使用，所以结果不论如何，他们概不负责。随后我就拿到十卷这样的胶片。我很满意，用它们拍了这部短片，尽管拍的时候，我也不知道最终能不能洗印出东西来。我当时的想法就是，当初斯科特在南极附近死去[1],他留下的底片,过了几十年还能成功冲洗出来,那我这些柯达胶片应该也没问题。结果,我拍出来的东西,一帧画面都没有掉,只不过色彩还原度稍微有点差,但那反而赋予画面一种奇特的质感。所以直到现在,我有时还会想到,要把外面所有的过期胶片都收来,用它们拍上一两部电影。

后来你又去了非洲,在同一段时间里,完成了三部电影的拍摄:《复杂蜃景》《侏儒流氓》和《东非飞行医生》(*The Flying Doctors of East Africa*)。

在坦桑尼亚和肯尼亚拍摄的《东非飞行医生》,就属于我所说的那种"实用"电影。与其说是一部电影,不如说那更像是一份报告,我把它当成一份礼物,送给那些医生。靠这部电影,他们也赚到一笔钱,足够用来买两架小型飞机了。当初是一位女士邀请我去参加那项目的,她平时负责替那些医生募集资金,也跟随他们去过田间地头进行手术,去过那些此前从未有医生涉足过的地方。但轮到我和那些医生一起出勤时,看到他们主要还是在做一些预防性的医疗项目,尤其是针对沙眼的疫苗接种和医学讲座。这种预防工作费用低廉且难度很小;沙眼主要还是由不良卫生习惯造成的。我获准坐上他们的小飞机,拍了不少地面上没法拍到的东西,那些素材后来被我放进了《复杂蜃景》里,包括有几百万只粉红色火烈鸟的纳库鲁湖(Lake Nakuru)的航拍镜头。

虽说这部短片的拍摄,具有特定的目的性,但它还是带给我一些非比寻常的收获。全片之中,最有意思的那几场戏,出自我

---

[1] 指英国探险家罗伯特·斯科特一九一一年的南极之行,翌年的返程途中,斯科特与两位同伴全部遇难。——译者注

对视觉和感知的兴趣，我想知道人是如何识别画面的，人脑如何分析画面并赋予其意义。片中有位医生谈到，他给村民看了一张印有苍蝇的海报，那些人以前从不知照片为何物，也从没见过任何形式的图片。"我们这儿没有那样的问题，"他们对医生说，"我们这儿的苍蝇没那么大。"这回答让我很感兴趣，所以我们拿着各种海报———张上面是个人，另一张上面整个就印了一只大大的眼睛，还有一张上印了栋小屋——做了个实验。我问村民，能不能认出有人眼的是哪张海报，结果绝大多数人都不认识；对他们来说，那些画像纯粹只是一些抽象的构成。有人以为小屋上的窗户是眼睛，另一个人则指着海报上的眼睛说："那是正在升起的太阳。"显然，视觉感知过程中的某些要素，在某种程度上受到了文化水平的限制。这些人看到画面后的处理过程，与西方人不同。此外，我还发现另一些事，比如马赛人部落里的成员，或许是出于某些古老禁忌，他们极不情愿走进流动医疗所。那些拖车只不过高于地面六十厘米，但最终只有少数人能鼓起勇气，登上那几级台阶。

在几十年后的《白钻石》里，格雷厄姆·多林顿告诉马克·安东尼·雅普（Marc Anthony Yhap），当他的飞艇初次落地时，他有种感觉，当地那些印第安土著小孩，眼里似乎看不到飞艇，感觉就像是那东西对于他们来说太过匪夷所思，于是索性视而不见。他解释说，当初库克船长首次登陆太平洋小岛时，土著的毛利人眼里也看不到他们的船只，因为此类东西的概念，已经超越了他们的感知范围。他们无法理解此类东西的存在。这种想法听上去很玄妙，但感觉实际可能性不大。毕竟，阿兹特克人就能清晰无误地看见科尔特斯（Hernan Cortés）的西班牙舰队。在《佛罗伦萨抄本》里就有关于他们看见远处的大帆船和目睹战舰登陆的精准文字描述和配图。不管阿兹特克人对于大帆船的概念有多陌生，但看肯定还是看得见的。古埃及艺术作品中的人像，只看得到侧脸；但是，古埃及人不表现透视，不代表他们在生活中看不出透视，理解不了透视。

《东非飞行医生》里有幅由五名爱尔兰医生构成的画面。

你能看到他们从头到脚整个人出现在画面之中，他们盯着镜头，与此同时，五人作为一个整体，暗暗地开始移动脚步。"我不打算让镜头朝着你们移动，因为我手头没有轨道车，手提拍摄的话，这镜头会变得太摇摇晃晃。"我向他们解释，"所以，或许你们可以朝着我这边悄悄移动，就像是在空中飘起来那样。"他们看上去有些尴尬，又有些不知所措。但随着他们开始向前挪动，在他们与我们之间，顿时就形成一种移情作用。

就在拍摄《东非飞行医生》的过程中，我还和摄影师托马斯·毛赫一起，在坦桑尼亚和肯尼亚为《复杂蜃景》拍了些素材。随后我们去了乌干达，想找约翰·奥凯洛（John Okello）也拍点东西。几年前，他在桑给巴尔策动叛变，自立为陆军统帅兼总统。之前我在各种不同的报纸上，都读到过关于他的种种疯狂故事；当地那些针对阿拉伯人犯下的暴行，其幕后黑手也都是他。结果我始终没找到他，只是一度与他有过一些信件往来。他当时想找我把他的一本书[1]翻译成德语，再找人出版，结果我也没翻译。不过后来在《阿基尔》里，有个人物我用了他的名字，因为那部电影里有些地方，正来源于他那些歇斯底里、残暴不仁的狂想。

---

1 指《桑给巴尔革命》（*Revolution in Zanzibar*），东非出版社一九六七年出版。——原书注

他曾经坐着飞机,在空中直接广播,做他那些让人难以置信的演说。"我是你们的陆军统帅,马上就会降落。偷东西的人,哪怕只偷了一块肥皂,都将被押往监狱,关押两百二十五年。"都是诸如此类的东西。他咆哮时的语气,强烈影响到了片中的阿基尔。丛林之旅快到头时,阿基尔警告手下,谁敢多吃一粒玉米,都要关他一百五十五年;谁敢临阵脱逃,都会被切成一百九十八块,然后践踏成泥,用它来刷墙。

你去沙漠的时候,是带着《复杂蜃景》的剧本去的,还是原本只计划看到什么就先记录什么?

我从不会自己去找故事来讲;总是故事反过来刺激到我,而且我很清楚,在非洲有我要拍的东西。在我眼里,那些铺满了碎石的、原始的、最有代表性的沙漠风景,看着根本就像是虚幻的假象,就像是来自另一个星球;自我第一次踏足这片大陆,它便始终令我着迷。但我很快就发现,想要把《复杂蜃景》拍出来,难度肯定极大,要吃很多苦头。这种体验甚至影响到了在它之后立即就开拍的《侏儒流氓》带给我的整体感受。在非洲的时候,虽说我特别谨慎小心,但老是会遇上麻烦。我不是那种有着海明威式乞力马扎罗怀旧情结的人,不会端着猎象枪穿越丛林追踪猎物,一边还让土著围在身边扇扇子。非洲这个地方,总是让我很紧张,因为年轻时在那儿的经历,这种感觉我可能永远都无法摆脱。拍摄《复杂蜃景》时的经历,同样如此。

整个拍摄过程分了好几次才完成,起初是一九六八年年底拍了一阵,然后一九六九年中期又回去拍了一阵,十二月又去拍了一些,最后收尾是在一九七〇年的夏天。自始至终都没什么剧本;拍摄过程中并没完全想好,这些素材带回去之后究竟要怎么处理。

我原本的想法是，去南撒哈拉沙漠，拍个关于外星人的科幻故事，很久很久以前，来自仙女座星云乌斯马尔星球的宇航员，降落在地球上，用手里的摄影机，拍下了这颗星球以及星球上的居住者。他们将这做成报告，想带回去给自己的同胞看，结果飞船失事坠落，人类从事故残骸中找到他们拍摄的素材，将它剪辑成了某种调查性质的影片，关于一颗陌生的、未知的星球的报道，能让我们了解，外星人是如何理解我们以及我们生活的这个世界的。

但实际拍摄开始之后，第一天我就决定放弃这个构思。沙漠景观的各种异象（vision），牢牢地抓住了我的心。不管我原本有什么构思，在它面前都只会显得苍白无力。于是我索性抛开原本设想的故事，睁大眼睛，竖起耳朵，只管拍摄沙漠中的海市蜃楼。我不再提出任何问题；只管顺其自然。那一刻，我看见周遭事物后的反应，就像是十八个月大的新生儿，第一次探索外部世界。那电影的感觉，就像是清晨时分，半梦半醒之际，在你脑海中闪过的一连串疯狂、难以驾驭的念头。那些想法和画面，几乎都没什么条理，但都是你身上的一部分，和你有着某种神秘的关联。那就像是刚从宿醉中醒来，在那一刻，你体会到了某种最纯真的透明感。我需要做的，就只是把我所见到的都记录下来，然后这电影也就水到渠成了。在沙漠里，每晚入睡前，我都已不记得之前一天我拍了些什么。那种工作方式，就像是在做一个梦，或是经历一次幻觉。拍摄过程中，我始终没有问过自己任何问题，也从没想过收集到的这些素材，回头要如何给它们安排结构。每晚入睡之前，我完全都不会去考虑第二天要拍些什么。有趣的是，你看《复杂蜃景》的时候，会发现里面还是留下了一些遥远的回响，把它和科幻联系在了一起；那些美丽、和谐、恐惧的影像，尽管看着像是来自某颗遥远的外星球，但说到底，那明显还是属于我们自己的世界。

"复杂蜃景"[1]是什么意思？

就是一种海市蜃楼，一种你真能在沙漠里拍到的幻影。人有了幻觉，那只出现在你脑海中，没法用胶片记录下来，但海市蜃楼就不一样了。它是物体的镜面反射，那物体你看得见，它是真实存在的。那就像是你用相机拍摄浴室镜子里的自己，你并非真的就在那映像之中，但仍可以用胶片记录下自己的影像。最好的例子就是地平线上出现那辆巴士的段落，那是用远摄镜头拍的。看上去，那车就像是浮在水面上一样，人也像是在水上滑行。这片子大部分都是在下午拍的，高温——那天的热度尤其让人难以置信——带来一种奇特的幻觉质感。我们当时真是渴极了，大伙都知道，有些巴士上会载着冰块和冰水，所以那组镜头一拍完，我们立即飞奔过去。从远处看过去，那巴士距离我们不过一千多米，跑过去之后却找不到它的半点痕迹。一星半点轮胎印都没有。不光是我们到那儿的时候什么东西都没有，而且是从来就没有过任何东西，可之前我们确实拍到了那些画面。所以这一定是某个地方有辆巴士经过，可能是三十千米或一百六十千米、四百八十千米之外吧。空气受热之后，把它给反射了过来，于是才出现在我们视线之中。

电影开场的段落，是某个大夏天在慕尼黑机场拍的，整个段落由八个镜头组成，拍了由一大早开始，八架飞机相继着陆的画

---

[1] 复杂蜃景（fata morgana）一词来自意大利语，直译为仙女摩根之意，她是《亚瑟王》传说里的重要人物。旧时，意大利人以为海市蜃楼乃仙女作法所致，因此冠以此名。相比一般蜃景，复杂蜃景以其快速的变化、层次的丰富而著称。——译者注

面。随着空气温度越来越高,热量散发出的光芒也越来越多,画面的失真程度也越来越厉害。最终,某些异象浮现出来——就像是发烧时胡乱做的梦——而且就么留在了全片之中。落地的飞机数量在增加,不真实的感觉也变得越来越强。我感觉,当第六或第七架飞机降落时,还在坚持看着的观众,应该会一直看到底;开场这个段落就像是个挑战,让你做好准备,迎接后续的东西。看过开头三分钟,观众也能调整一下自己的心态,知道《复杂蜃景》整个基调都非比寻常。它一下子就把观众分成了三种:退场的、呼呼大睡的和聚精会神的。

你在撒哈拉沙漠中完成了拍摄。

沙漠是个神秘的地方。撒哈拉尤其给人一种不真实的感觉,那就像是在做一个永远不会醒来的梦,或是身处别的什么星球。那不仅是一种风景,撒哈拉也是一种生活方式。最大的感受就是孤独,一切都笼罩在寂静中。到了晚上,漫天群星离你如此之近,仿佛伸手便可摘下。虽说我们一路都在开车,但那段旅程秉持着一种徒步的精神,那是只有到沙漠旅行过的人,才能真正理解的感受。而我在那儿度过的时光,也只是我那次漫长远征的一部分而已。

我们共有四人:除我之外还有研究过地球物理学的登山家汉斯·迪特尔·绍尔(Hans Dieter Sauer),他此前已数次横穿过撒哈拉沙漠;负责剧照摄影的根特尔·弗赖斯(Gunther Freyse);影片摄影约格·施密特-赖特怀恩(Jörg Schmidt-Reitwein)。我们从一开始就不太走运。第一天,才刚离开慕尼黑,我在关汽车顶篷时,意外砸伤了施密特-赖特怀恩的手。他有根指骨粉碎性骨折,要用特制的钢丝来固定碎片。我们分两辆车,一路向南开到马赛。因为没钱住宾馆，晚上也都睡在车上。随后我们从马赛去了非洲。一到沙漠，就遇到了真正的技术难题。胶片上的感光剂不太能耐受高温，但那边就连背阴的地方，有时也能达到四十九摄氏度。还有沙尘暴来的时候，摄影机没法完全密封起来，多少总会有些沙子钻进去；结果我们花了好几天来应付这两大难题。在沙漠里，尤其是所谓的盐漠，你察觉不到自己究竟流了多少汗，因为汗水一出来马上就蒸发了，所以每天必须至少喝八升水。弗赖斯渴坏了，甚至开始幻想见到了水井，他说只要再让他找到一口井，自己一定要屁股冲下地跳进去。幸好我在他跳之前查看了一下，那口井六十多米深，而且还是枯井。

动身之前我看了不少相关书籍，所以想去哪里，我大致有个概念。我们去看了杰里德（Chottel Djerid）的盐滩，然后向南去了阿尔及利亚沙漠中的阿哈加尔高原，再之后是尼日尔共和国，我们在那儿迎头赶上一场沙尘暴，花了几天时间才恢复过来。等我们到达南撒哈拉沙漠时，雨季已经开始，暴发的洪水成了最棘手的难题。在撒哈拉，死于水灾的人数，其实要多于脱水而死的人。当时的雷鸣与闪电，我至今记忆犹新。夜空整个都被照亮，那亮度，你大半夜站在室外看报都没问题。我们计划好要在一年中最炎热的时刻来这里，为的是此时拍摄海市蜃楼，效果最好，所以面对这些大自然的严苛挑战与极端困难的生存条件，也只能坦然接受。之后我们还去了科特迪瓦拍摄一个环礁湖，《侏儒流氓》里的宗教游行就是在那里拍的。我原本还想再回到乌干达，去鲁文佐里山上拍一下，那儿有种类似于史前时代的风光，在三千多米的高山上，生长着许多难得一见的神秘植被。但最终因为尼日利亚内战正酣而难以成行。于是我们决定改去刚果，并最终坐船到了喀麦隆，然后再经由陆路向东北方前进。

差不多才刚到喀麦隆，局面就彻底失去控制。几周之前，当地才刚经历一次未遂政变，我们四人被捕的原因，在于倒霉的施密特-赖特怀恩，名字跟当地政府正在缉拿的一个德国雇佣兵相似，那人已被缺席审判，处以死刑。他们以为自己抓到了要犯，结果我们四人都被投入大牢。牢里的空间非常狭小，而且不给水，不给吃的，也没电灯，还得和六十个犯人挤在一块儿。好多人只有站的地方，有的经过严刑拷打，已奄奄一息。尿桶放在角落里，每次有人去用，剩下的犯人都会鼓噪起来，高唱黄腔小调。可我一坐上去，整个牢房顿时陷入死寂。我虔诚祈愿，只希望他们能别那么安静。细节我也不想多说了，总之局面已失控。我和施密特-赖特怀恩双双染上疟疾和血吸虫病。即便如此，也没法联系到德国大使馆。好不容易终于熬到出狱，针对我们四人的通缉令却依然高挂着——要不就是他们有意为之，要不就是那些稀里糊涂的公务员忘了将其撤销——于是我们又被逮捕了一次。即便如此，我们始终坚持拍摄，只是在病得实在不行时，才会暂停一下。抵达中非共和国的班吉后，我们坐飞机回了德国。至此，我们已在沙漠里待了三个月。

总的来说，《复杂蜃景》拍得很艰难，但我也在此过程中学会了如何战胜各种不利条件，完成具有创造性的工作，最终取得一些清晰、透明、纯粹的结果。此行归来仅过了两个月，我又去了加那利群岛中的兰萨罗特岛，着手开拍《侏儒流氓》，并在那儿最终完成了《复杂蜃景》的拍摄工作。

《复杂蜃景》里出现的那些人都是谁？

都是偶然遇上的，包括那个弹钢琴的女人，还有戴着风镜敲鼓的家伙，那真是我平生听过最悲伤的旋律之一了。我把风镜交给他，再在镜片上糊了黑纸，让他什么都看不到。那场戏我们是在兰萨罗特岛上一家妓院里拍的，当时正在拍《侏儒流氓》。那女人是妓院的老鸨，男人则负责拉皮条。妓女都归他管，谁要是没能让客人满意，就会被他狠揍一顿。从某种意义上来说，这电影讲的就是在一些被毁了的地方的被毁了的人，上述这个段落，便流露出可怕的哀伤与绝望情绪。片中还有一个相当奇怪的画面，也是在那岛上拍的，在造型诡异的奇峰怪石间，生长着被用来酿造马尔维萨葡萄酒的果实。我们遇到满满一车西方游客，我请他们下到一个地洞里，尽可能地做出疯癫的样子，摇头晃脑。还有那个护士，我想我们是在尼日尔共和国遇见她的，她和那些孩子一起站在水洼里，教他们说"战争是疯狂的"。我还遇到一个养着宠物大耳狐的男孩，我请他冲着镜头把狐狸举起来，答应给他一笔酬金，如果他能别动，也别眨眼。结果他还真纹丝不动地站了十分钟，然后便自行走开了。

还有那个从口袋里掏出一封信来念的男人，直到现在，我仍觉得那很感人。他是德国人，但生活在阿尔及利亚，日子过得一贫如洗。他曾加入过外籍军团，替法国人打阿尔及利亚革命军，但打着打着，他改换门庭，加入了另一方。村民对他的种种关照，令我欣喜。和这样的人打交道时，穆斯林会拿出极大的尊严来。当初我们见到他时，这男人已经差不多疯了。他随身带着母亲写给他的一封信，但那大概已经是十五年前的信了。看得出来，信纸已破破烂烂；他一直都放在口袋里，带在身边。他自豪地在镜头前为我们读了这封信，但我总觉得，其实他并没在念信上写的内容；他说的都是自己编出来的话。在我看来，他当时已经忘记怎么读、写了。显然，他此生再无归乡的可能；真是非常悲哀。那个戴风镜、养爬行动物的男人，他来自瑞士。他显然已在大太阳底下，晒了太长的时间。拍《侏儒流氓》期间我们住的小旅馆，就是他开的；当时那也是岛上唯一的旅馆。可现在，那地方已被旅游开发祸害了，对比当初，真是恍若隔世。在马里邦贾加拉的悬崖下，我们拍了那个有许多勋章的老人——那或许是法国军队对他的表彰。他站在一个男孩身旁，后者拿着台收音机，朝镜头缓缓走来。他和我们说的是多贡方言，直到今天，我始终不曾想过要找人翻译他说的那些话。

沙丘的推拉长镜头，是从我们那辆大众面包车的车顶上拍的。为拍这个，我们费了不少工夫，拍之前花了数天时间平整地形。有好大一片区域都需要先打扫干净——那是在你难以想象的炎热天气里，由我们亲自动手干的——因为我觉得用一个六分钟的长镜头，会比用一连串短镜头，更有意思。施密特-赖特怀恩拿着机器在车顶上，我负责开车，一只眼睛看路，另一只眼注意着沙丘。镜头得跟着整片景色的节奏与官能享受去移动，这一点非常重要，所以我不断变换车速，时快时慢。你在片中看到的那些奇怪的机械，阳光下闪闪发光的那些荒诞、破旧的人类文明碎片，全都来自一处废弃的阿尔及利亚军用库房。在前不着村后不着店的大沙漠里，扔着各式各样的东西，混凝土搅拌机什么的。是亿万年前的外星人宇航员把它们放在那儿的？他们是否出自人类之手？倘若是的话，又是出于什么目的？这都是我们这个星球上那些让人感到尴尬的风景，类似这样的画面，在我作品中比比皆是，从《复杂蜃景》到《黑暗课程》，再到其他作品。

影片的结构是在后期剪辑时确定下来的。

当初拍的时候，没机会每天看工作样片，杀青之后我自己都不是很确定我们究竟拍了些什么。所以相比之前的作品，《复杂蜃景》的剪辑工作，分量要来得更重。虽然这么说有些奇怪，但从某种意义上来说，整部影片的节奏感，其实还是拍摄过程中就定下的。回家之后，我们把所有素材巨细无遗地梳理了一遍。影片是三段结构："创世""天堂"和"黄金时代"。剪辑时，每个镜头我会看一下，然后说："这个属于第一部分，那个属于最后一部分。"有些画面是我组织的；还有些画面，它们自身就有组织。

审看素材时，我想起有段以前住在墨西哥时碰巧读到过的玛雅文字——那是南美印第安土著基切人心目中的圣书，《波波尔·乌》(*Popol Vuh*)，它是我平生读到过的最美妙的文字之一——和我正看着的那些画面特别匹配。《波波尔·乌》由关于人类最初迁徙过程中各种英雄事迹的大段文字构成。所以我决定将此书一开始的创世神话，加以改编，用来做本片第一部分"创世"的旁白。在这一段里，我们看见一架损毁的飞机、几堆各式各样的机械、空油罐、炼油厂的火焰以及正在腐烂的动物残骸。《波波尔·乌》里说到，地球最初的创世过程，其实非常失败，以至于众神决定重新来过——我记得总共重复了四次——到最后他们索性把原来创造的所有人类，全都消灭了个干净。这些说法我觉得特别有意思；我从小接触到的那些基督教创世概念，说什么最终创造出了一个均衡与美丽的星球，我始终觉得离自己很遥远。相比之下，玛雅人的神话里有些原始、无政府主义的东西，超越了我们的西方思维方式。那让我想起希罗尼穆斯·博斯的三联画《人间乐园》(*The Garden of Earthly Delights*)。画的第一部分里，他为我们展现了天堂中也暗藏着某些黑暗、不祥、近乎同类相食的东西；某些生物嘴里叼着些别的生物，但亚当与夏娃并未察觉。深植在第一部分中的谋杀与灾祸，不可避免地也弥散在另外两部分画作中。按照博斯自己的说法，（位于三联画右侧的）地狱是不可避免的，因为在左侧的创世部分里，上帝犯下了太多错误。影片另外两部分，"天堂"和"黄金时代"，旁白基本都是我自己写的。"天堂"里的画外音宣称，"天堂之门为所有人打开。"影片的这一部分中，有许多受到伤害的人，例如那些浑身上下沾满了熟石灰的穷苦采石工。就在这人迹罕至的沙漠腹地，竟还有一所怪异的工厂正在修建中，尚未完工。谁都不知道它为何而建，由谁所建。

《复杂蜃景》一直让我念念不忘，是因为有两位了不起的人物，从旁协助我完成了这部电影。一位是负责德语旁白的洛特·艾斯纳，关于她的事，我稍后还会详谈。当时，我带着一台 Nagra 录音机，去了她巴黎的寓所，我们只录了一次就成功了。另一位则是历史学家阿莫斯·沃格尔，我翻译的英语旁白，他帮我做了润色。他是个了不起的人，一位真正富有远见的伟大电影学者，一直以来都是我的良师。他小时候生活在维也纳，赶在大屠杀之前和家人一起逃走，最终落脚在了纽约，后来还组织了一家名为"电影16"（Cinema 16）的电影俱乐部。纽约电影节的创建工作，他也居功至伟，好几年里一直由他负责运营。我与他最初相识，那是二十世纪六十年代中期在奥伯豪森电影节上。我有部片子放映后观众反响不佳，可他却站出来力挺我。"喝倒彩也好，发出嘘声也好，你们想怎么样，请自便。"他对台下的观众说，"但这部电影的生命，会长过我们所有人。"他总能给人留下十分深刻的印象，某天，也没什么铺垫，他就冷不丁地对我说，"我觉得你应该生几个孩子。"我的第一个儿子，鲁道夫·阿莫斯·艾哈迈德·赫尔佐格（Rudolph Amos Ahmed Herzog），名字里的阿莫斯就来自他，而艾哈迈德则是当年我爷爷在科斯岛上搞挖掘工作时用到的那些工人里，活得最久的那一位。当年我爷爷雇他时，他才七岁。当他看到十五岁的我，相隔那么多年之后，又步我爷爷后尘，上到科斯岛时，真是大喜过望，兴奋地带着我去看他们当年的工作现场。他把家里所有闲着没用的橱柜和抽屉都打开来，告诉我："这些都是你的，随便用！"他在《生命的标记》里也曾短暂出镜，直到现在，看见他在银幕上的伟岸形象，仍会让我深深触动。岛上的希腊孩子平时会取笑他，因为他身为穆斯林，一天之中要祷告很多次。他甚至想过要让我娶他孙女，结果被我客气地婉拒了，但我向他保证，等我有了孩子，第一个小孩就要以他来命名。就这样，我儿子有了三个名字。

《复杂蜃景》里的音乐始终与画面很合拍。

沙丘的推拉镜头，感觉很像是一种属于女性的风景，配上莫扎特《加冕弥撒》（*Coronation Mass*）的女声合唱，画面会更有力地抓住观众。有些画面就是这样，配上某些特定的音乐，画面本身会变得更清晰易懂。这并不是说画面本身有了什么变化，而是它们的内在性质，会因此被暴露出来，于是我们能以崭新的视角来看这些画面。音乐能让原本潜在的东西显现出来，让人大开眼界，转换视角，发现事物更深层的内容。配上音乐之后，我们察觉到了原本不曾注意到的东西。某个画面，从叙事角度来说，原本可能不合逻辑，但配上音乐之后——即便是这音乐会在一定程度上打断、削弱原本的画面——画面上某些原本未知的属性，有可能也会一下子就变得显而易见起来。反过来也是一样，将某段音乐与某个特定画面并置在一起，音乐也会产生变化，产生全新含义。

看一下《卡斯帕·豪泽之谜》一开始那些有船、塔和洗衣女工的画面，其中有一些，是用远摄镜头拍的，而且我在那镜头上面又加了一个广角镜,营造出某种怪怪的感觉。从故事角度来说,这些画面可能没什么很正式的意义,但配上莫扎特《魔笛》里的一段咏叹调,它们也就有了一种充满活力的内在逻辑性。《生命的标记》里有一个很长的拍风车的镜头,仔细听一下这段画面所配的音轨,其重要性绝不亚于画面本身。我先是去了某个音乐会,把演出结束时将近千人的鼓掌声录下来,然后用电子效果令其扭曲失真,听着就像是许多木头同时发出的噼啪声。然后我再加入一种声音,那是你把耳朵贴在电线杆上,当风从电线间穿过时,你会听到的声音。小时候,我们管这叫"天使之歌"。如此这般制作出的音轨,并未从实体上对那些风车或是那片风景做出任何改变,却改变了我们看它们的方式。这就是我一直尝试在我作品中呈现的东西:一种崭新的视角,相比写实的声音和画面,它带给人的触动要更深层。类似这些东西,已经不是用语言能解释清楚的了;画面与音乐的结合,完全就看你的直觉。关键在于,我的电影里根本就不存在背景音乐这种东西。音乐始终都是作为整体之中不可或缺的一环而存在着的。

音乐在电影中所具有的多种可能性,真正把这件事给弄清楚的导演,其实还真没几位。我一下子能想到的有三人,在运用音乐方面,他们都称得上思路特别清晰:萨蒂亚吉特·雷伊(Satyajit Ray)和塔维亚尼(Taviani)兄弟。我要向他们脱帽致敬。塔维亚尼的《我父我主》(*Padre Padrone*)里,音乐突然就响起,逐步升级,直至整片风景都显露出哀悼的神韵。那片子在戛纳拿到了金棕榈,可参与联合制作的联邦德国电视台却表示,不打算在影院发行放映,只会在电视里播出。我告诉那台里的高管:"我不管你们当初的合同是怎么约定的,你瞧着,这片子一定会在影院上映的。"第二天,我和施隆多夫,再加上其他几个电影人,外加我儿子,用链条把我们锁在慕尼黑一家影院的大门上,以示抗议。那片子说的是个牧羊人,所以我们抗议时还带去了一头羊。媒体报道了我们的夸张行径,引来社会各界的注意,大家都关心一个最基本的问题:我们为什么没法在大银幕上看到《我父我主》?最终,它得以公映,我也为它写了影评[1],登在了报上。直至今日,这都是我最喜欢的电影之一。

但你决定不发行《复杂蜃景》。

我在自己近年来完成的一些作品中,看到了来自《复杂蜃景》的元素,例如《浩渺的蓝色远方》和《在世界尽头相遇》(*Encounters at the End of the World*)。那些罗斯冰架的画面,还有南极地下的通道和冻结的鲟鱼。但当初刚拍完《复杂蜃景》的时候,我内心感觉这片子可能观众会没法理解,我觉得他们会嘲笑它。它似乎很脆弱,就像是一张蛛网,触之即碎。所以我当时的想法就是,它还不够结实,没法拿来公映。有时候这样反而更好,东西拍完之后保密一些,只在朋友之间小范围地传播,不公开发行,经历过数代人之后才公映。《复杂蜃景》拍完之后,我坚持了差不多两年时间,始终不公开放映,最终还是我的两位朋友,法国电影资料馆的创始人亨利·朗格卢瓦(Henri Langlois)和在那儿当策展人的洛特·艾斯纳,瞒过了我。他们借去一份拷贝,

---

[1] 即一九七八年十一月二十四日出版的《时代》(*Die Zeit*)上的《论文盲的终结》("Vom Ende des Analphabetismus")一文,赫尔佐格将塔维亚尼兄弟的这部作品,与当时刚在德国发行不久的两本书做了比较,称它们全都是"这样的案例:不识字的乡巴佬,历尽艰辛,依靠自己的力量,将自己从落后与孤立的处境中解放出来。与此同时,这两本书还阐明了另外一个道理:文盲这一现象,事实上还具有它的另一面,它也是体验和智慧的一种形式,我们既然选择了文明,必定也就会失去这种形式,于是,文盲现象也成了地球上正在消失的一项文化资产"。——原书注

在戛纳做了公映。看到观众反应后,我心知,这下子它也能在其他地方放映了,包括纽约电影节。最终,它和许多观众见了面,有人还将它视作最早的欧洲文艺迷幻电影之一,事实上,它和这类电影完全扯不上关系。四十多年之后的今天,观众仍觉得《复杂蜃景》活力十足,那和他们之前看过的东西都不一样;看完之后,每个人对这片子,都有他自己的理解。相比我的其他作品,《复杂蜃景》可能更具有这种特点:它需要观看它的人来补完它,不管是什么样的感想和诠释,一律欢迎。

为什么想到要用侏儒来拍《侏儒流氓》?

从最早的童话故事到瓦格纳,再到《铁皮鼓》,侏儒形象在德国文化中俯拾皆得。这部电影里的侏儒并非怪胎,他们是比例匀称的美丽小矮人。如果你身高是六十厘米,那只能说明,你周围的世界完全比例失调了:摩托车成了大怪兽,床和门把手也都硕大无比,整个商业社会显得奇形怪状,所谓的教育、餐桌礼仪和宗教教育,全都呈现出可怕的畸形。哪怕是那些花盆,也都有着最奇怪的大小尺寸。所以,如果说这部电影真要传递什么"讯息"的话,那就是:我们和我们为自己——靠着那些制度化、压迫的暴力、制度和规章——所建构的这个社会,那才是怪异的,那些侏儒并不怪异。其实我们内心都有某些类似于侏儒的、不足的、无力的、微不足道的东西存在着,那就像是我们每一个人的精华或者说浓缩后的形态,它嘶吼着想要奔逃而出,它最能代表我们的本质究竟是什么。就像是我们在片尾听到的笑声,那是永远不可能再被超越的笑声。对于某些人来说,发现自己内心深处也是个侏儒,那会是一个非常真实的噩梦。当初拍摄这部电影时,有时我会睡到一半,惊恐万分地醒过来,必须马上摸一摸自己的手脚才行。我没有睡着睡着,人也变小了吧?不同的观众对于《侏儒流氓》的不同反应,似乎全都取决于他们内心的那个侏儒。

从哪儿找的那些演员?

找到第一个小矮人,就能经由他又找到好几个,所以我用了一年的时间,顺藤摸瓜,找齐了所有的演员。能拍这部电影,他们都很高兴。什么东西合适,什么东西不合适,我始终都会先征求他们的意见。他们也终于有了人生第一次的机会,能向外界展现自己的真实个性。如果你觉得这些侏儒演得很好,那是因为他们表现出了最真的人性,并借此证明了自己的尊严。演员和剧组人员打成了一片,开工一周之后,我已全然忘记了他们身材上的矮小。他们确实非常投入。汽车不停绕圈时,站在车顶上的那个侏儒,真是胆色过人。拍摄时他是真的被那辆车压到了,我以为他一定是死了,结果他却一骨碌地站了起来。他为自己感到骄傲,因为他完成了一件通常只会交给特技演员去做的工作。后面烧花盆的那场戏,他们是真用汽油浇上去的,刹那之间,那侏儒身上就烧着了。工作人员就那么呆站着,看着他像棵圣诞树那样烧了起来。我赶忙奔过去,将他压在身下,好让火熄灭。好在他只是一只耳朵烧焦了一点。

类似的事件不断累积,最终引出一件与拍摄并无直接关系的事,但它被几乎每一本关于我的传记都记录在案。正如我之前解释过的,和所有的工作人员、演员同甘共苦,这一点非常关键。把其他人都扔在外头,自己太太平平地守在摄影机后头,我觉得导演不能这么做。所以他被火烧着的那天,我就告诉剧组每一个人,"如果这部电影拍完,你们所有人都能健健康康,不受伤,我自愿跳到那片种了仙人掌的地里去。把你们的八毫米摄影机准备好了,我要当着大伙的面,往那里头跳。"我想的是应该给他们的家庭影集加点料,就像是那些小孩子踩着滑雪板飞向空中,摆出姿势的画面。我戴了风镜,以保护眼睛。我借助斜坡跳了进去,结果计算错误。我的经验之谈就是,想从那里面出来,要比进去困难得多。跳进去,随便哪个老傻冒都能做得到,但之后想要脱身,那就很考验技巧了。那些刺的尺寸大小,就跟我手指头一样。好在现在已经看不到还嵌在我身上了,看样子是我的身体最终把它们给吸收了。

影片的故事背景是哪里?

后来发表的剧本里,把故事设定在墨西哥恰帕斯州圣克里斯托瓦尔附近,那是一个专门关押少年犯的地方。当然我也不敢百分百肯定。

我们拍了五周,在录音这件事上格外仔细,因为我知道这片子的所有对话都必须要现场收音,这一点非常重要。温布雷(Hombre)独特的尖细嗓音,意味着这样的电影,你永远都不可能用外语来给它重新配音。开拍第一天我就发现,他的笑声非常特别,十分尖锐。所以我会忽然袭击,抓住他,挠他痒痒。"你的笑声要比这电影里任何一句台词都更重要。"我告诉他。他的笑声——平时他会偷偷练习这种笑声——让我非常诧异,于是决定就用这笑声,配合上他和骆驼的镜头,来给影片收尾;就让这人物真笑到断气为止。你看影片最后几格画面,他已经像是在叫救命了。这段戏也成为整部影片的一个总结。"把你最好的笑声拿出来,"我对他说,"这是你大放异彩的时刻,只管放声笑。我们只拍一遍,你要把看家本领都拿出来。你就是全片的结尾。"他果真竭尽所能,即便已经笑到咳嗽起来,也没停下。感觉像是如果我不叫停，他能一直这么笑上三个星期。所以到最后连我都觉得受不了了，我心想："真的已经可以了，我们收工回家，杀青吧。"

汽车绕圈开的那场戏——同样的画面你也能在《史楚锡流浪记》结尾看到——灵感来自我自己的真实经历。年轻时我曾干过一份很荒唐的工作：在啤酒节上替人泊车。那里有片超大的草地，用来停车，边上则是摩天轮和别的游乐设施。每晚，我都得和两千多个醉鬼打交道。巴伐利亚警方不管什么用，除非你真的处于半昏迷状态，否则没人会去管你。有些人是真的已经喝到挂了，我只能把他们的车钥匙没收，把人从车里抱出来。他们压根就没法站直，当场就躺倒呼呼大睡了。有时候，我会找辆车，把方向盘固定好，然后下车，让它自己绕着圈开，直至汽油耗尽。

开场那段音乐出自哪里？

我在兰萨罗特岛上找了个小女孩，可能才十一岁吧，让她唱了一首当地民歌。我是在洞穴里做的录音，所以有种很别致的特殊声音效果。"一直唱，唱到你的灵魂脱窍，"我对她说，"唱到你的肺都飞出来。"她的歌声里有种狂野、忘我的东西，与整部电影十分贴合。《侏儒流氓》里还用到了我原本替《复杂蜃景》准备的音乐：在科特迪瓦大拉乌（Grand Lahou）一所教堂里录下的千人大合唱。当初之所以去那里，是因为某个自称是弥赛亚的人，在那儿建了个独立王国，有不少人生活在那里；这人就在那所教堂里布道，为当地人展示神迹。我们是在某个周日去的，遇上一次很不同寻常的宗教游行，录下了他们十分美妙的歌声。你可以仔细看一下《侏儒流氓》，会发现还有些别的东西，也是从《复杂蜃景》里延伸过来的,包括那两个盲眼的侏儒戴的风镜。

这两部电影，以许多种方式交织在了一起。

如果当初在沙漠里的经历没那么痛苦的话，稍后拍出的《侏儒流氓》，是不是也会有些不同？

当初回到兰萨罗特岛时，我还没从拍《复杂蜃景》遇到的疾病和困苦中恢复过来。所以《侏儒流氓》也要比原本设想的更为激进一些。之后回想起来，显然我是想通过拍《侏儒流氓》的过程，将自己从之前那段惨痛记忆中解放出来。两相对比，《侏儒流氓》的拍摄过程，就像是在上幼儿园。不知怎么，我当时就觉得，既然连戈雅和博斯都能有勇气画出他们最阴郁的东西来，我又有什么理由不那么做呢？我当时内心压力很大，所以感觉有必要把那些异象都拍出来，与人分享。在此之前，我的电影都挺低调的，但《侏儒流氓》像是在冲着观众大声吼叫。它最初在影院上映时，我要求各位放映员，将音量升高；我担心如果音量不够大的话，这部影片的冲击力也会受损。听我讲到这里，你可能会觉得这部电影好阴郁，但它的基调其实当真是很顽皮的，事实上，《侏儒流氓》是一部喜剧。对于小矮人来说，那真是难忘的一日，摧毁一切，颠覆所有。你能看见他们脸上写满了快乐。观众散场时也都笑痛了肚子。

但它当初没有大规模上映。

当时，联邦德国有所谓的"自愿的自我控制"（Freiwillige Selbstkontrolle），其实就是一种自愿的电影审查制度。告别纳粹时代，联邦德国宪法拒绝再接受任何形式的审查制度，但电影行业自己给自己设置了一整套规章制度。法律并没有规定，电影拍完后你一定得交给审查机构，而且即使不交，本质上也不会被罚钱，但未经审查的电影，发行商通常都不会碰，绝大多数电影院也不愿放。《侏儒流氓》拍完之后交了上去，结果由头至尾一分钟都没能通过。我提了申诉，告诉他们如果这片子没法在联邦德国上映的话，他们将永远无法洗去那耻辱。然后我在某几座城市租了一些电影院，自行放映了这部影片。最终《侏儒流氓》未做删减正式公映，但我也收到一些死亡威胁。某个来自巴伐利亚的白人至上主义民兵，每周都给我来电话，说我已排在他们那份"格杀令"的第二顺位上。至今，《侏儒流氓》都没在德国电视台放过。

有人谴责这部电影是无政府主义、亵渎上帝，我想他们也没说错。《侏儒流氓》确实打破了不少禁忌，但那些批评我都不在乎，因为时间总能赋予事物正确的意义。猴子被绑在十字架上进行宗教游行的那场戏，捍卫动物权益的人，看了之后暴跳如雷。其实，我们绑它用的都是柔软的毛线。侏儒唱的宗教歌曲也意味着，天主教会也盯着我不放。还有最后一场戏也惹来了麻烦，有传言说为让骆驼保持跪姿那么久，我割断了它的跟腱。很快我就发现，事实真相是没法杀死谣言的，想要杀死谣言，只能再编造一个更匪夷所思的谣言出来。我迅速发表声明，解释说我实际上是用铁钉把骆驼固定在地面上的。于是，所有人都不说话了。其实，那骆驼性格温顺，受过很好的训练，而且主人就在镜头外面半米多的地方站着，对它发出指令。他故意想让骆驼闹不明白，不断用手势给出各种互相矛盾的指令：坐下、起身、立定。结果它不知该如何是好，绝望地屎尿其下，这一幕在银幕上看起来，真是精彩。

和《侏儒流氓》具有相似特质的电影，我唯一能想到的，是托德·布朗宁（Tod Browning）的《畸零人》(Freaks)。它呈现出电影作品中少见的黑暗异象，是我心目中影史最佳作品之一。拍《侏儒流氓》的时候我还没看过《畸零人》，等我终于看过之后，那一刻真是欣喜过望，因为我发现早在四十年前，也有一位电影人拍了类似的东西。虽然布朗宁在呈现《畸零人》里那些怪物时，真的非常温柔，但他似乎仍为拍了这部电影而抱有歉意，而且很可能他从来都不曾意识到，自己创作的这部作品有多么伟大。

你曾说过，你的那些电影是"共同梦想的清晰表达"。

我电影里出现的画面，也是你的画面。不管是以何种方式，它们其实都存在于你的潜意识里，休眠着，潜伏着，就像是正处于沉睡中的友人。我电影里的画面，对应着我们所有人心灵深处的内心风景，直击人的灵魂。偶尔有些时候——可能我活到现在也就出现过十来次——我读完一段文字之后，听过一段旋律之后，看过一部电影或是仔细揣摩了某幅画作之后，内心会感觉到，自己的存在被整个照亮了。哪怕两者之间远隔数个世纪，我也会在一瞬间就感觉到，茫茫宇宙间，其实我并非孤身一人。你看我的电影也是一样，那就像是收到一封远方来信，宣告你还有个失散多年的兄弟，他身上有着和你一样的血和肉，但那些血肉存在的方式，是你以前不曾经历过的。之所以全球各地有那么多人看了我的电影之后，都觉得心有戚戚，这就是原因之一；我的电影代表了我们所有人内心深埋着的一种普遍的愿景。我的电影，从来都不会局限于某股潮流或是历史运动。

我绝对不会想要拿自己跟他相提并论，但为了说清这个观点，请允许我提一下他的大名。某次，我去梵蒂冈看西斯廷教堂里的米开朗琪罗壁画，触动最深的一点，是我感觉到了，在他开始绘画之前，从未有人能如此清晰地表达和描绘人类的悲情（pathos）。悲情早就存在着，一直都有，但米开朗琪罗是将它真正表现出来的第一人。从此之后，我们对于自身的理解，终于能够达到那种深度了。电影人的目的，就在于记录和引路，就和过去几百年里那些编年史作者所做的一样。和许多通过画面或文字来表达自我的人一样，我也一直在试图洞察人性。这事情没什么特别的，绝大多数有一技之长的画家和作家，也都在埋头做这件事。所以说，并非我特别能发明创造，而是我能唤醒你内心某些情感与思绪而已。别人暂时没能看见，暂时没能说清楚的那些画面，在它们即将完全暴露之前，我就能看见。别人看来不怎么惹眼的东西，我能察觉到其中的催眠属性，能将这些共同的梦想清晰明白地发掘和表达出来。

显然你晚上从不做梦。

每天早晨醒来，我总觉得自己又吃亏了。"还是这样！我怎么总不做梦啊？"也许这就是我拍电影的原因之一。也许我是想要在银幕上，把那些晚上总是在我头脑中缺席的画面，给创造出来。也许，我的电影就是填补这种空白的途径。但你别忘了，白日梦我倒是经常做。

你真的从不做梦？

对我来说，这是个位数的事情，可能好几年才会做一次梦。而且我的梦——始终都是单色的——相当无聊，都是类似于我在吃三明治那一类东西。真会有心理医生愿意花时间去分析那东西吗？

第三章

适当的意象

残缺的未来
沉默与黑暗的世界
阿基尔:上帝的愤怒

是否存在什么意识形态上的东西，推动着你，让你不满足于只是简单讲一个故事？

对于电影来说，你所说的"只是简单讲一个故事"，那就已经足够了。斯皮尔伯格的电影，或许充斥着各种特效，但观众之所以欣赏，还是因为其核心处都有一个精雕细琢的好故事。斯皮尔伯格有他现在的地位，那是实至名归。因为他理解的某些东西，是那些只关心华丽视觉烟花效果的人不明白的。叙事电影里的故事，如果它不成功，那整部电影就不会成功。

我那些电影最初出现在我脑海中时，就已非常鲜活，那就像是个梦，无须什么解释，我也从没想过它们会有什么意义。我想要做的，就只是要讲个故事。不管画面有多不合逻辑，我只管敞开怀抱接受它们。一般来说，我先会有个想法，然后过了一段时间——可能是正好在开车或是在走路的时候——原本模糊的想法，自己变得清晰起来。它自己对上了焦点，我能真真切切地在眼前看到这部电影，感觉就像是它正在银幕上放映一样。很快它变得彻底清晰起来，以至于我能坐下来，将它整个记录下来，将我脑海中一张张放出来的画面，全都用文字描述清楚。只有在我脑海中能看到、能听到这整部电影（人物、对白、音乐、外景地）之后，我才会把它的剧本写下来。我从没替别人写过剧本，因为我总是以某种特定的方式来观察我那些故事，我不希望别人触碰它们。在我写剧本的时候，我会坐在电脑前，敲击键盘，从头开始写起。我写得很快，不必要的东西都先不去考虑，始终盯住叙事核心来写。如果少了这样的紧迫性，我反而写不出来。要是哪个剧本过了五天都还没写完，那肯定是哪儿出了问题。我相信像这样写出来的故事，肯定会充满生命力。当初写《侏儒流氓》就是这样，整部戏就像是一场连续不断的噩梦，事先在我眼前过了一遍，然后写的时候我非常非常注意，希望不犯任何错误。我就让它一气呵成地写完，第一时间写成的整个剧本里，拼写错误肯定都不会超过五处。

外人觉得我是个方位感很好的人，总是知道自己打哪儿来，要去哪儿，所以我也能理解，他们也希望能从我作品背后，寻找到某些具有指导性的意识形态来。但就我所知，这样的东西并不存在。能带领你穿越故事的迷雾，参透整部电影的哲学思想，这样的东西从来就不存在。我能说的就是，我以自己的方式来理解这世界，我有能力通过相一致的故事和画面，将我这种理解表达清楚。我不喜欢掉书袋，但不妨试想一下，你觉得康拉德、海明威、卡夫卡、戈雅、卡斯帕·大卫·弗里德里希[1]这些人的作品背后，又都是些什么意识形态呢？说到我的电影，有些观众看完后甚至会觉得很烦恼，因为他们说不出来，我的信条究竟是什么。再伤透脑筋都没用，因为我的信条就是那些电影本身，还有我能把它们给拍出来的这种能力，这就是我的信条。类似这样的问题，始终困扰着那些人，他们一直是透过很有限的视野，就像是麦当劳里拿来的一根吸管，在看我的作品。他们一直在寻找，也难怪会越找越绝望了。

---

[1] 卡斯帕·大卫·弗里德里希（Caspar David Friedrich）：德国浪漫主义风景画家。

但这些拿着吸管喝奶昔的人里，有些也声称，确实从你作品里找到了某些一以贯之的主题。

确实，但问题是，你千万别让我去做这种事。电影其实就是光的投射，只有当它与观众的凝视相交后，才会变成别的什么东西；看电影的人，会把自己看到的东西，与他内心中更深层的某些东西关联在一起。每个人都以不同的方式，对画面和故事做出补充，因为每个人的视角都是独一无二的。所以，让我来解释自己的作品意义何在，不管到了什么时候，那都不是个好主意。大众的观点，不管那与我本人的观点有多大差异，它都是神圣的。所以每次有人问我《史楚锡流浪记》结尾他有没有自杀的时候，我都会告诉他们，结局如何，该由他们自己选定，选他们内心觉得最合适的就行了。如果你希望我能就这类问题做出什么声明的话，那你最好还是现在就把这本书合上吧。有这点工夫，还不如给你自己倒杯葡萄酒喝喝。惠特曼（Walt Whitman）说过，"看哪，我并不发表演说或给些小恩小惠，我给的是我自己。"我没有哪部电影是深刻的哲学沉思后的产物。我表达想法——我们根深蒂固的希望和不安的忧惧——时采用的方式，就是让这些想法直接在银幕上显现出来。

平时专门研究电影、写电影的那群人，他们一般都事先接受过训练，他们训练自己以某种方式来思考问题，来分析某人的全部作品，来调查其中显而易见的关联性，来运用某些僵化、时髦的理论支撑他们所掌握的全部知识，并且加以炫耀。他们在理解我作品的时候，加入了自己的智力构成和对待生活的方式；他们显然是在破译一些在我看来根本就无须破译的东西；他们大量生产着长篇累牍、乏味啰唆的文字，读了之后反而会让人晕头转向，如堕五里雾中。我之所以说这些话，并不是说他们正确，也不是说他们错误。他们有属于他们的世界，我也有属于我的世界。我的想法，是要调动人的本能，这要先于其他任何东西。当我呈现新片给观众时，我期望他们来的时候，只要带着心灵和头脑，外加些许同理心即可，其他什么都不用带。除此以外，我别无他求。电影不是学者的艺术，它是文盲的艺术。电影应当直截了当地去看，不要带任何先入之见。这方面的道理，亨利·朗格卢瓦实在是太明白了。所以他才会在法国电影资料馆放映来自世界各地的电影——说孟加拉语的、汉语的、日语的、葡萄牙语的——全都不带字幕。那意味着观众必须要有一些视觉上的智慧和强度，而这些又都和理性思维没多大关系。那几乎就像是，他让观众又把自己身上文盲的那种感觉，重新开发了出来。那本就是我们与生俱来的东西，但大多数情况下，长期都处在沉睡状态之中。

但你肯定能在你不同的作品之间，看出某些关联来。

旁人都说我是个局外人，但即便所有人都觉得我走偏了，我自己始终清楚，我一直都踩在点子上。我的电影根本就不存在什么走偏了之说，反倒是除电影之外，其他所有的一切，都走偏了。举例来说，我从不觉得卡斯帕·豪泽是个局外人。他或许一直都被逼着靠边站，一直没法跟别人站一块儿，但他其实一直就踩在点子上。他周围那些人，那些灵魂畸变，变形成家猪和资产阶级社会一员的每一个人，他们才是怪胎呢。菲妮·斯特劳宾格和史楚锡，也都符合这种描述。还有沃尔特·斯泰纳、《玻璃精灵》里的海斯、沃伊采克、菲兹卡拉多、《绿蚂蚁做梦的地方》里的土著、《复杂蜃景》里沙漠中的那些人，全都是如此。看看莱因霍尔德·麦斯纳、让-贝德尔·博卡萨、诺斯费拉图甚至是金斯基自己，或是《沉默与黑暗的世界》（*Land of Silence and Darkness*）里那个又聋又瞎的年轻人弗拉迪米尔·科克尔（Vladimir Kokol），他与外界联系，仅通过拿球砸自己的头和将收音机紧紧抱在胸前这两种方式，这一点和自顾自玩木马的卡斯帕·豪泽很像。这些人里面，没有哪个是病理学意义上的疯子，是他们立足的这个社会精神错乱了。侏儒也好，产生幻觉的士兵或是土著也罢，他们都非怪胎。

我始终觉得，我作品里的人物——不管是虚构的还是非虚构的——全都属于同一个大家庭。要我明确指出，是什么将他们联系在了一起，这并非易事。但这大家庭里的某一个人，倘若走下银幕，走到真实生活里，你肯定一下子就能本能地把他给认出来。假设你连着把我所有的电影，一口气给看完了，肯定就能看出它们的互相对照、彼此关系和人物之间的相似性来。他们全都没有影子，他们由黑暗中浮现出来，没有过去，他们都蒙受了误解与羞辱。这样的人，你打开电视机看上个十秒钟，就能认得出来，那是不是我作品里的人物。我的所有电影，我视之为一整个大型故事，那是一件巨大的、彼此关联的作品，我已专注于它五十载。那就像是聚沙成塔，凑在了一起，它们所构成的东西，远大于其各自单独的存在。

调查这些个体，是否也能让我们对其所处的环境有所认识？

一座未知的城市，爬到能俯瞰全城的山顶上，相比仅仅站在中央广场里，肯定能对其建筑、街道和结构有更多认识。由外围向里边看，最终我们就能理解这些人物所处的大环境了。

你觉得你自己和这些人物有多贴近？

我对这些人抱有极大的同情心，以至于约格·施密特-赖特怀恩曾开玩笑说，我电影里每个角色，都该由我自己来演才对。我表演完全没问题，有那么几部电影，倘若当初有那必要的话，让我自己来演主角都可以。没法让我产生移情作用的人物，没法激起我某种程度的欣赏和好奇的人物，你要我拍出关于他的电影来，不管是剧情片还是纪实片，那都是不可能的。事实上，说到《沉默与黑暗的世界》里的菲妮·斯特劳宾格、《卡斯帕·豪泽之谜》里的布鲁诺·S或是迪特·丹格勒，我不光拿他们当我作品的参照物，在生活中也是一样。与他们共度的那些时光里，我受益匪浅。在那些影片中，你能清晰地看见他们身上散发出来的强大自尊。他们身上那些构成元素，有一部分在我身上也能找到。

你平时看电视吗？

公共生活带来的多项伟大成就中，其中之一就是它造就了我们创造叙事的能力，这件事，早在尼安德特人时代我们就已经在做了。要珍惜我们内心共有的这一把火，应该要跪下来，感谢造物主赋予我们讲故事的本领，那是围着篝火的穴居人都能理解和感激的东西。可到了现如今，不说我们曾经可能有过的尊严，哪怕只是与它形似的东西，也已完全被消费文化——仗着电视以及电视里无休无止的广告——给摧毁殆尽了。我们为了商业而牺牲故事，任其变得支离破碎。我们从小就被只有十五秒钟长度的故事包围，早已习惯于高速完成的电影制作。几十年后，当我们的子孙后代回顾今天，肯定会感到错愕，想不通我们怎么会任由讲故事这项人类文化的宝贵成果，就那样遭到轻视，受到污染，最终被商业广告切了个粉碎。那正是我们现在回看自己的祖先，发现他们对奴役、死刑、火烧女巫和宗教审判司空见惯、视若无睹时，内心所体会到的同样的一种错愕之情。到了那时候，后人会谴责我们，谴责我们从不曾朝电视台里扔过手榴弹，也不曾向他们制度化了的怯懦发起过进攻；谴责我们不曾拿起过武器，去占领那些如斯堕落的地方。在那个地方，只崇拜那唯一的、有危害的神：收视率。他们一直拿这当菩萨来拜，但这尊菩萨与我和我的电影完全无关。

我们如今的文化，尤其是电视这东西，让我们变得幼稚。它让人丧失尊严，谋杀了我们的想象力。我可不可以毛遂自荐，说一句本人自创的格言？"阅读的人，拥有世界；看电视的人，失去世界。"相比身处公共空间，相比身处世界上那些共同梦想的中心，独自在家坐在电视荧屏前，那是一种全然不同的体验。电视制造孤独。所以情景喜剧里才加了罐头笑声，那就是为了欺骗你，让你以为自己并非独处。电视是我们所处的世界的一种反映，目的就是要迎合最具群众基础的兴趣和需求。它扼杀了自发的想象力，摧毁了我们自我娱乐的能力，煞费苦心地抹除了我们面对重要细节时的耐心与感性。

而且电视的肮脏与平庸，总能超出我的预期，毫无底线可言。多年之前，出钱投拍《小迪特想要飞》（*Little Dieter Needs to Fly*）的那家电视台有位高管，看完影片后第一件事就是问我厕所在哪里，他说他要去吐。"毋庸置疑，这是我这辈子看过的最糟糕的电影。"他对我说。后来他把这片子从黄金时段抽掉，改在了深夜播出。那时段都没多少人还醒着，更别说看他们电视台的节目了。后来《小迪特想要飞》拿了些奖，口碑也很好，他又对我说，这片子或许也没那么差。我前不久还和电视台打过么一次交道，那是为了《在世界尽头相遇》，它很受观众欢迎，但旁白里有一句话，我说到了南极麦克默多科考站里"令人憎恶的有氧健身房和瑜伽课"，台里的高管坚持要我把这句话删了，他们不想冒犯有可能会看这片子的家庭主妇。再后来，他们干脆以投资成本十分之一的价格，廉价地售出了版权，以撇清干系。之所以会这样，可能还因为片中出现的"进化"那个词的关系——科学家里有人用了这词——台里有人不喜欢这个词。在美国，有一半的人视达尔文进化论如洪水猛兽。所以我跟我那些"无赖电影学院"的参与者反复强调，面对这种态度，你一定要做好准备。

听我说了这么多，似乎都挺消极的，但幸运的是，事情也有积极的一面。电视也有它擅长的东西，那就是半夜里看卫星直播的那些经历。例如阿里和福尔曼的拳赛，或是月球登陆，那总能让我特别兴奋，真是激动得快要发心脏病了。而且过去十年里，电视作品讲故事的水准也在提高，它们往往具有非常智慧的叙事，而且一播就是连续几年，我很乐于看到观众能沉浸其中。这类连续剧，好多都写得、演得、导得很专业，节奏感很棒，时机把握上也能高瞻远瞩。

你曾说过，如今的人类文明，存在着"意象的不适当"，请详细说说。

在寻找新鲜意象这一点上，我们的无能和缺乏欲望，意味着如今只能被各种破旧、平庸、无用、力竭的画面所包围；相比我们在文化上的其他进步，这一点严重拖了后腿。当我看到旅游纪念品商店里的明信片，还有杂志上的画面和广告，或是打开电视，又或是走进旅行社，看到巨幅海报上一成不变的大峡谷乏味画面时，我都会感到危机迫在眉睫。失去记忆的人，想要活在这世上，不是件容易事；而足以反映人类内在状态的画面，如果缺少了，也是一样的结果。

作为人类这一种族,我们内心其实很清楚,身边随时潜伏着各种危险。全球变暖、人口过多,这都是实打实的人类危机。我们已经懂得,对环境的破坏是一种巨大的威胁,资源的浪费已达到惊人速度。但我相信,缺少适当的意象,其危险程度绝不亚于上述这些。这一缺陷的严重性,和失去记忆是同等的。只要我还活着,我就会不断重复这句话:如果不发展适当的意象,我们会像恐龙一样灭绝。必须学会改变我们的视觉语言,让它适合各种无法预料的新情况。倘若我们的创新能力无法完成这个任务,倘若我们没法创造出新鲜的画面来,今后的发展会受阻碍,面对无法预料的挑战时,我们会束手无策。有太多太多的画面,早已陷入停顿状态,并因此而变得毫无意义。看看西方肖像中对于耶稣基督的描绘吧,打十九世纪晚期拿撒勒派绘画那种媚俗风格以来,就没变过。类似这样的表现,足以说明基督教已经驻足不前了。为什么就没人画一个胖嘟嘟的耶稣,画一个露出笑容的耶稣呢?看看十九世纪七十年代的法国,工业革命早已改造全境,但艺术作品描绘的仍是拿破仑时期的东西。印象派画家描绘的并非未来,他们只是对原有的东西做了些更新。语言也是一样,拉美人说的西班牙语,要比正式的西班牙语来得更生动,感觉就像是西班牙人成功征服了新世界,却让自己家里的语言变瘫痪了,那时候造成的某种僵局,至今都未获得解决。当一门语言一成不变,再也无法与时俱进时,创造这一语言的文化本身,也会消失在历史黑洞中。

　　我们需要能与自身的文明和内心深处各种变化相适应的画面。所以只要是寻求新意的电影作品,不管它具体朝什么方向发展,不管它讲的是什么故事,我都欣赏。多年前我看过一部安哲罗普洛斯(Theo Angelopoulo)的电影,四小时的片长让人惊讶,所有人都说那实在太长了，但那些画面唤醒了我头脑中崭新的想法，所以我还嫌它太短。寻找未被处理过的意象，这场战斗永远不会结束，我们有责任像考古学家那样，挖掘、寻找我们被侵犯了的风景。我们现在所处的时代，既有的价值观已不再有效，因为每年都有惊人的新发现，因为每周都在发生规模大到让人难以置信的灾难。在古希腊语中，"混乱"（chaos）这词的意思是"巨大的空虚"或者说"裂开的空间"。所以，面对我们生活中的混乱，最有效的回应就是，创造出崭新形式的文学、音乐、诗歌、艺术和电影。

但那必定会有风险，又有谁甘愿冒这风险呢？

那些画面归属于人类的心灵深处，它们能呈现出我们此前从未目睹或经历过的意料之外的东西，那是些清晰、纯粹、透明的东西；要想获得这样的画面，不管有多艰难，我都毫无怨言。上刀山下火海我都愿意，因为那就是我的个性。想要实现这目标，目前看来在地球上已经差不多没什么可能了。如果能带着摄影机去太阳系的另一颗星球，如果能有这样的机会出现，我一秒钟都不会犹豫。哪怕，那只是一张有去无回的单程票。宇航员从来都不会好好利用他们手头现成的摄影上的可能性，想到这一点，我就好沮丧。阿波罗行动中，有一次他们在月球上留了台摄影机。它缓缓地由左向右，再由右向左地横移着拍摄，一连数日。我是真希望能让我上去，让我亲手操作它。那上面有太多太多的机会，可以去寻找新鲜的画面。所以我始终认为，与其派宇航员上去，还不如送个诗人上去更有意义，我第一个报名。事实上，曾经有段时间，我真的很认真地考虑过这个问题，想要报名申请加入NASA的某项计划。到了现在，这对我来说当然已全无可能了——

想上宇宙飞船，你至少得一口牙都还在吧——但太空旅行永远都是我心里一桩未竟的事业。

总是旅行，你就从没心生倦意过吗？

说心里话，时差的滋味可不好受，从这一站到下一站，不断面对的文化冲击，也很难消化。有可能我今天还在洛杉矶家里，第二天已经到了巴拿马海岸边的某座小岛上。然后又从那儿去了巴黎、泰国的热带丛林、北非的沙漠地带和南美的群山之中，最后再回到柏林的嗖嗖冷风里。过我这种生活，有一点相当重要，那就是你得有个真正的家。夜半醒来，我知道灯的开关在什么地方，这是最基本的需要。我旅行时，一定会随身带本书，而且必须是那种需要注意力高度集中才能看进去的书；它就是我一路上临时的家，我可以随时把自己陷进去。事实就是，旅行这件事持续不断地耗费着我的精力，但我始终不曾厌倦过，因为它同时也不断地在给我补充能量。

为什么《沉默与黑暗的世界》总能引发强烈共鸣？

对比《侏儒流氓》，《沉默与黑暗的世界》要多出不少静谧。这片子尤其贴近我自己的内心，要不是因为它的存在，我的内心肯定会留下一个空洞。菲妮·斯特劳宾格——处于影片核心地位的那个既聋又瞎的五十六岁妇人——帮助我对孤独有了新的认识，那种触动是我此前不曾经历过的。

对于社会和历史来说，她都是个局外人。我问过她，关于"二战"她有什么记忆。她解释说，正因为她听不见又看不到，所以对战争造成的破坏，几乎就没什么印象。她当时唯一感知到的，就只有饥饿，还有为躲避空袭被人带入地窖时那些肢体反应。看她的经历，孤独已达到一种常人无法想象的极限。让我印象很深的一点就是，随便什么人，看了这部影片后都会自问："如果我既聋又瞎的话，我的人生还能剩下什么？我该怎么过活？怎么克服孤独？怎么让人知道我的想法？"那些聋哑、眼盲的剧中人，让我们对人际沟通之难，有了新的认识；在此过程中，关于人类是如何学习概念与语言的问题，也深植在了整部影片中。《沉默与黑暗的世界》说的是一种内心的恐惧——害怕有时候我们无法让别人理解自己，害怕随之而来的被孤立的处境。你跑去菲妮那儿敲门，她不会听见敲门声；你打开电灯，她也看不到灯光。但就在你摁响门铃的那一刻，一台小的风机会自动打开，菲妮会感觉到一股气流，这就知道有人来访了。这意味着，面对外来者到访，面对可能会有人把自己的手放在她肩膀上这么一个事实，她可以预先有所准备。这些实用的办法，让她免受惊吓。有一次我去她那儿，摁了门铃但毫无反应，后来才发现是那风机坏了。但我还是进了屋，发现她毫无察觉地坐在桌旁，于是我自问，该怎么办才好，该用什么方法去靠近她，让她察觉到我的存在。

《沉默与黑暗的世界》一共只有三个人拍摄。

没错，而且耗片比可能只有二比一。影片片长九十分钟，拍摄的素材总长三小时。不仅如此，全片成本也就三万美元。我负责收音，施密特-赖特怀恩掌镜，碧阿特·曼卡-杰林豪斯（Beate Mainka-Jellinghaus）剪辑。我们当初一无所有，但拍出来的这部作品，过了四十年仍有人爱看。这理应给现在的电影人某种启示：如今他们不用花费太多，便能拥有数码器材。你需要的只是一个好故事，以及拍一部电影出来的胆量，再加上非得把它给拍成的决心。现在的导演，只要你体格健全，类似《沉默与黑暗的世界》

这么一部电影所需的少许资金，应该都可以通过打工来挣得。拍这类东西，就别等什么单位给你投钱了。有必要的话，你还可以去抢银行，或是挪用公款。

开拍之前，我们并没有事先想好什么结构；都是顺其自然的事，结果出来的成片，却是我所有作品里最好的之一。想想靠近结尾时福莱希曼先生的那段戏，他本是个聋子，三十三岁时又瞎了眼睛。为了体验一下其他活物的温度，他在牛棚里住了六年。他是我所有作品里最重要的人物之一。他和养老院里的母亲一起生活，因为这是他唯一不会害怕的人。他母亲向我们解释，五年前一场大雪过后，她打开窗户，把他的手拉过去，放在雪里，他说了句，"雪。"那是他说过的最后一个词。还有福莱希曼先生离开人群，向树靠近的画面，他动作轻柔地触摸树枝——近乎像是在拥抱——以感受其形状，那一幕真是让人难忘。一整出人生的戏剧，在短短两分钟里上演。那也是你能在银幕上遇到的最有深度的时刻之一。但如果你把这场戏单拿出来放一遍，不让人从头到尾看到整部影片，他可能会觉得这戏也没多大意思。因为画面其实非常简单，单看这段他肯定会觉得，"不过是一个人正在摸一棵树的镜头。"但这画面就是这样，要想观众充分体会到它的力量，那就离不开之前的画面以及那半小时的时间。如果把它换到本片开头的位置，或是单独拿出来看，都会失却意义。这就和《小迪特想要飞》《史楚锡流浪记》一个道理，到了距离影片结尾一小时的地方，影片本身的内在节奏，已经不由分说地牵着我们朝结尾走去了。所以，一看到福莱希曼先生到了树下，我就知道，这片子的最后一场戏已经有了。这就属于那种偶尔会从天上掉下来的馅饼，每当此时我都会自问，我是不是真配得上它。

我搂住施密特-赖特怀恩，动作轻柔地把他身子转过来，朝向福莱希曼先生。他懂了我的意思，知道自己先前没注意到这一幕，于是转身拍起这个正缓缓走远的孤独身影，并一路追到了树下。你一定能感觉到，《沉默与黑暗的世界》里的运镜，我们处理得都很温柔。我希望剧中人出现在画面中时，都尽可能地直来直去，所以我事先告诉施密特-赖特怀恩，如果他拍的时候用三脚架，那我们得到的画面肯定都是固定不动、缺乏生气的。我希望他能让摄影机跟着他的心跳节奏动起来，甚至还要跟上镜中人的心跳节奏。显然，相比三脚架，摄影机摆在他肩上——哪怕他只是静止不动——拍出来的东西也会截然不同。我还告诉他，尽量别用变焦镜头，我更希望他整个人动起来，主动朝拍摄对象靠过去。

类似这种时候，你会给摄影师多少自由发挥的空间？

我和摄影师合作时，始终会保持与他之间一种共生的、肢体相接触的关系。我跟他亦步亦趋，就像是一对冰上芭蕾组合。我站他身后，一条手臂搂住他胸口，或是一只手放在他腰带上。要是我发现有什么有意思的东西忽然出现了，我会轻轻推他们一把或是耳语几句，提醒他们转过去改拍那个。摄影师看取景器的时候，周边视野受到限制，所以这种时候，我的一项重要工作，就是要做他们的另一双眼睛，引导他们注意某个方向。但这绝非是一个明眼人给盲人指路的过程，摄影师总是会用他剩下的另一只眼睛，不断寻找接下来要拍的东西。

彼得·蔡特林格是我过去几年里一直合作的摄影师，也是唯一一个拍到一半时会放下机器对我说"维尔纳,这场戏没节奏感"的人。他年轻时在斯巴达布拉格队打冰球，所以他拿摄影机的动作，要比别人拿斯坦尼康（Steadicam）都灵活。在南极埃里伯斯火山的斜坡上，蒸汽生成了一连串奇形怪状的冰走廊和冰烟囱，有些甚至达到两层楼的高度。拍摄《在世界尽头相遇》时，我和彼得下到冰山上，沿着一个火山喷气口前进。那是一条长长的隧道，有些地方高度仅五十厘米。片中有个很漂亮的镜头，你看到我先是爬行，像是在探索未知的世界，忽然之间，隧道豁然开朗，眼前出现如梦似幻的一个蓝色岩洞，透过冰层射出强烈光芒。拍摄时，彼得跟在我身后，一面匍匐前进，一面用一只手将摄影机举在身前，其身手之灵活真是叫人叹为观止。他的优点在于，他很清楚摄影这工作对于身体的要求。《在世界尽头相遇》里有一场戏，拍的时候他要一手操作摄影机，一手控制雪地摩托前进。还有《小迪特想要飞》里，被绑的迪特和追捕者穿越丛林的时候，彼得也跑在他们身后，眼睛看着摄影机镜头，还能成功避开那些树木和地上盘根错节的树根。有个地方他还要过河，一段倒地的树干被他当成了过河的小桥。仔细看一下这场戏，你会注意到那段路有三分之一都是一段由泥地里伸出来的树枝。是彼得自己预先把它放那儿的，这样过河的时候他就能平衡好身体，拍到流畅的画面。我一直就不喜欢在美国用的那套系统，把摄影和掌机分得清清楚楚。真正的摄影，都自己操作机器。

你第一次见到菲妮·斯特劳宾格是在哪里？

有人请我拍一部关于药物受害者的电影，那是联邦德国的一种药，情况和沙利度胺[1]一样。这片子叫作《残缺的未来》。相比我其他那些纪录片，它没那么强烈的个人风格，因为和《东非飞

---

1 沙利度胺（Thalidomide）：二十世纪五十年代曾造成全球范围内数千例畸形婴儿的镇静剂。——译者注

行医生》一样，那都是别人提议我拍摄的项目——提议我拍《残缺的未来》的是个年轻人，他的朋友是位坐轮椅的残疾人，最初的想法就是只拍他一个人，但经过一系列调查，我感觉这题材还有更多东西可挖，于是就有了《残缺的未来》，主要目的是想触及联邦德国的身障人士在实际生活中会遇到的一些基本问题。片子拍完之后——这也属于我之前所说的那种"实用"电影——我把它给了几家负责照顾身障人士的机构，他们把它用在了自己的公益事业中，用它来唤醒更多公众关注。

除了最基本的实际问题（例如公共空间缺少斜坡，人行道上轮椅无法通行）之外，更深入的问题还在于，许多残疾人都有一种被社会孤立的感觉。在当时，联邦德国有超过四百万残疾人，其中有将近五十万还是学龄儿童，但他们的待遇还停留在中世纪。调研结果表明，大多数德国人不希望自己生活的地方有残疾人。这种情况下，你又指望社区和政府能为这些人提供哪些有效帮助呢？拍摄过程中，我对一九六八年在慕尼黑建成的社区设施产生了兴趣。靠着它，有史以来第一次，残疾人也能在那些经过特殊布置的公寓房里，与家人共同生活，不再像绝大多数情况下那样，只能被隔离在辅助机构里。那就和助老的生活设施是一个道理，然后还有两所学校、一些医疗设施以及一家健身房，他们可以在那儿做肢体训练，包括你在片中看到的平衡练习。失去手臂的人，对于平衡以及自己身体的感知，都和常人不同。《残缺的未来》可能是我最具有政治意识的作品，因为我当时还想到要探究一下是否能在立法上做些努力，美国在这方面，当时已经起步，为残疾人提供了不少帮助，后来那也慢慢影响到了联邦德国以及其他一些欧洲国家。我专门去了加州大学洛杉矶分校的校园，找到年轻的德国大学生阿道夫·拉兹卡（Adolph Ratzka）参与拍摄；多年之前他因为小儿麻痹症而身体瘫痪。他谈到了德国建筑物中普遍存在的"华而不实的楼梯"，相比之下，加州的公共建筑中，都有强制性的便利设施，方便轮椅通行。

我也不确定现在自己还喜不喜欢这部电影。它并不怎么咄咄逼人，似乎墨守成规得过了头，完全不敢越雷池半步。如果现在让我拍一部类似的作品，针对社会上对于残疾人整体来说都不够接纳这个问题，我肯定会拍得更加尖锐。但尽管如此，这仍是联邦德国范围内最早发出的相关呼声之一，它呼吁人们，必须做出相关变革，结果也确实助了一臂之力，激发了公众对这些问题的认识转变，并最终促成了新的立法。更重要的是，从某种意义上来说，它与《沉默与黑暗的世界》有种承前启后的关系，直接导致我去拍了这后一部作品。《残缺的未来》拍到一半，我和施密特-赖特怀恩去听了联邦德国总统古斯塔夫·海涅曼（Gustav Heinemann）的一场演讲。也正是在那儿，我认识了芬妮。这初次相逢的情景，我们也用镜头记录了下来；它出现在《沉默与黑暗的世界》里大约半截儿的地方：她坐在演讲现场，有位同伴用特别的触觉语言，为她描绘海涅曼在说些什么。本来我们是在拍总统，一回头，我看到这边坐着的一男一女，男的不断用手指敲打她的手。我当即感觉到，这事非同寻常，值得记录下来。所以我轻轻推了下施密特-赖特怀恩，他就缓缓地把镜头转了过来，开始拍这两人。

菲妮一下子就让我着了迷。她九岁时从楼梯上摔下来，脑袋重重砸在地上。因为担心母亲知道后会生气，她闭口不谈此事，结果连着几个月都觉得恶心难受，医生却以为那是因为她在长身体。又过了大概一两年，她的视力逐渐丧失，十九岁时耳朵也听不见了。雪上加霜的是，她还服用吗啡上了瘾——当初医生开给她，是想减轻她持续不断的疼痛——结果整整三十年长期卧床。因为自己听不到自己说话的缘故，菲妮的语速很慢，一字一句说得仔仔细细。对她来说，时间停在了一九二〇年那会儿——因为那么多年里，她周围都是些修道院里虔诚的修女，她们说的是二十世纪遗留下来的已过时了的旧德语。初见菲妮那天，我就决定，要拍一部讲她的电影。

要说服她同意被拍摄，这过程容易吗？

可以说，我一下子就建立起了她对我的信任。那种触觉语言，我学得也相当快，那差不多就跟学打字一样。到后来，我也可以在她的脚趾和脚底心敲打那门语言，如果是敲击在手上的话，我用的是她的左手而非右手，那就像是反序写字一样。跟她说话，我照样直来直去，跟我和其他所有人说话一样。有次我还告诉她，身上那件毛衣和她裙子不配，建议她换件试试。从来没人跟她说过这种事，她当即跑去换衣服了。她同意让我拍这电影，那是因为她明白，《沉默与黑暗的世界》不仅关系到她一个人，还涉及她所在的这一群体，她周围的这些人。不管是快乐还是不快乐，这两者在她生活里，从来都不扮演任何角色。卧床不起那么多年，听不见也看不到，她很清楚彻底被孤立是什么滋味。但在她心里，有比那更重要的事。她清楚，自己的人生也有其意义所在，对于其他那些聋哑人和盲人来说，她的存在是一种支持。我们在她这儿拍拍停停，前后有一年多时间。跟着她去了各种活动，出席会议或是一些特殊场合。

那年她生日时，我安排她坐了一次飞机。她生平第一次飞了起来，随着飞机起落，她也很享受那种颠簸和气流变化的感觉。我还知道她一直都很想去动物园，而她平时打交道的另外一些聋哑人和盲人，也都从没去过那种地方。于是我说服当地动物园的领导，让他们去喂大象、抱猩猩。我们还去了当地一家植物园，那里种着各式各样的仙人掌。在镜头之外，我还和菲妮一起，做了不少别人都不会想到要和她一起做的事，比如请她给我做一顿饭。长时间以来，她从来都没机会调皮捣蛋一下，所以我用摩托车载着她去了郊外偷猎野鸡。因为我并没有捕猎许可，所以她只能把我那把小口径来复枪，偷偷藏在大衣里面。开枪的时候，菲妮高兴坏了。甚至是后来她给野鸡拔毛的时候，都还为我们一起完成的这件调皮捣蛋的事而感到开心，这也让野鸡的味道都加倍好了起来。有时候我会请她过来吃晚饭，她光是靠闻气味，就能知道我的烤肉准备得怎么样了。对她来说，那是一次接一次的直接诉诸感官与内心的体验。我甚至还请她来照看我儿子鲁道夫，那时候他才一岁大；之前从没人这么信任过她，让她承担类似的重任。我母亲也和芬妮渐渐亲近起来，也学会了触觉语言，以便与她交流。对我和我母亲来说，我们和菲妮的接触，已经远远不止是这一部电影的意义了。

你还找了那些一生下来就听不见、看不到的孩子来一起拍摄。

我当时觉得，还得把故事的另一面呈现出来，那也很重要，所以自然而然地就有了这些段落。菲妮是小时候才变聋变瞎的，所以她和外部世界的联系，相比那些孩子又不一样。菲妮知道语言是什么，知道哪些东西是什么样子。像她这样的情况其实很多，有些还是名人，比如美国的海伦·凯勒，她也是小时候变聋变瞎的，但后来写了好几本书。她的生平故事也让外界开始思考，人类与生俱来的情感究竟是怎么样的，这些后天失去听力、视力的孩子，又会如何看待各种抽象的概念。但另一边，那些天生就这样的孩子，他们对自己所处的环境是什么看法，我们很难知晓，因为要想跟他们交流，殊为不易。跟他们接触的时候，你基本就只能停留在那些可感知的本质问题的层面，类似于"这是热的。你要食物吗？"这种。应该说，他们肯定也能和常人一样，感受、理解诸如生气、恐惧等情绪，但面对自己内心未知的恐惧时，他们会怎么做？这些孩子的脑袋都没问题，但对于语言和自己所处的环境，全无概念。丧失了看和听的能力，他们的头脑很难被完全唤醒。出现在我们镜头中的那些孩子，似乎都在经历一些深层的恐惧情绪，但恐惧的源头为何，恐怕只有他们的脑袋里才有答案。

拍摄过程中，我们还发现了另外一些不同寻常的案例。艾泽·费赫（Else Fährer）年约五十岁，也是既聋且盲。她在世上原本只能和她母亲彼此交流，母亲死后，整个德国没有任何一家机构愿意接纳她。于是艾泽被人放在了一家精神病医院，那儿的护士也不知道该拿她怎么办。每天都被这些精神状态很不稳定的人包围着，艾泽心知自己其实并不该待在这里。她具有用盲文阅读的能力，也能说能写，只不过在这家精神病医院待过之后，她又躲进了自己的世界之中，再也无法与任何人做交流。片中有一场戏，菲妮去见艾泽，她想尽各种办法，想要跟她接触，却总以失败告终。这时画面上出现一行字："当你放开我的手，那就像是我们已相隔千里。"

《沉默与黑暗的世界》拍完之后，两年多时间，电视台始终拒绝播出。我甚至威胁那些高管说，再过二十年，等我有钱了，我要买下他们的电视台，把所有人都开除。好不容易，他们同意先试试看，把它放在深夜档播了一次。结果观众反应极佳，于是很快又重播了两次，大获成功。有些评论者——主要是德国这边的——谴责我拍这片子,是在剥削那些人。幸好此时有人站出来为我说话,给了本片它急需的支持。这里头就包括神经学专家、《睡人》(Awakenings)一书的作者奥利弗·萨克斯(Oliver Sacks),他对我这片子喜爱有加。然后不知怎么的,口碑相传,大家都知道这片子值得一看了。

《阿基尔:上帝的愤怒》是你第一部在国际上获得成功的电影,也被视作战后德国电影的伟大成就之一。

如今看来或许是这样,但想当初,它刚开始做小规模上映时,几乎就没什么人愿意看;而且开拍之前,找钱的过程也很艰难。全片预算,一部分来自我之前拍电影赚到的微薄收入,另一些是哥哥蒂尔伯特借我的,剩下的则来自一家名为"海瑟广播"(Hessischer Rundfunk)的德国电视台,他们有权在该片大银幕公映的当晚,同一时间就在电视上播出该片,所以你也可以想见,它根本就不可能票房大卖。当时还不存在"电影/电视合作协议(一九七四)"。该协议规定,公映的影片至少要两年之后,才能在电视里播出。有了这协议之后,跟电视台合作拍片,才真正有了机遇。几年后拍《卡斯帕·豪泽之谜》的时候,我吸取教训,在合同里特别强调了,影院公映和电视台首播之间,必须留出一定时间来。替《阿基尔》寻找买家的过程也不容易,但最终还是有一家规模不大的法国发行商买下了版权。结果它在巴黎某几家影院里,连续放映了两年多时间,那都是些容量在一百张座位左右的影院。最终,法国以外的市场,也注意到了这部影片。

《阿基尔:上帝的愤怒》说的是一个鲜为人知的十六世纪西班牙冒险家,他一心想要找到传说中的"黄金国"。

如今回头再看，从某种角度来说，你可以把它看作是一个冒险故事。在表面上，它具有这一电影类型的全部特征，但在更深的层面，影片还有一些新鲜的、更为复杂的东西。所以你也可以说它自成一种门类。

影片说的并非历史上真正的阿基尔。与几年后那部《卡斯帕·豪泽之谜》一样，我选取的只是历史人物身上最基本的史实部分，然后就自由发挥，添油加醋了。一次偶然的机会，我在朋友家看到一本专门介绍冒险家的青少年读物——亚历山大大帝、罗阿尔·阿蒙森（Roald Amundsen）、哥伦布等。书里也有几行，谈到了为寻找失落的"黄金国"奋不顾身的西班牙冒险家罗佩·德·阿基尔，他自称是"上帝之怒"，在远征队里发动叛乱，自己当了领头。他宣布西班牙国王已被推翻，带着远征队穿越整条亚马孙河。半饥半饱的队伍抵达大西洋后，他又挥师北上，攻击了位于特立尼达的西班牙要塞。他对守卫要塞的兵力做了错误估计，最终被俘受审。那本书里关于他的文字，不过这寥寥几句，却让我产生了莫大的兴趣。我试着寻找更多关于他的资料，但他的一生其实并未留下多少文字，相关文献只有少数几宗。历史大多站在赢家这边，阿基尔显然是历史上最一败涂地的输家之一。不过，我还是找到了几件文学作品——包括小说和回忆录——由传奇的角度出发，对他的生平展开过讨论。电影拍完之后又过了几年，我看到一封阿基尔写给西班牙国王腓力二世的信，但那写得其实相当无聊。

阿基尔之所以让我着迷，是因为他是历史上第一个胆敢挑战西班牙国王并宣布南美洲某国独立的人，但本片——其时间背景设定在了一五六一年的头几周——从头至尾都没有就这些玩弄权术的政治活动做细节描写，它关注的是这些行为背后的疯狂。

我为这个人物设计了一种极端疯狂、目中无人的说话方式。他反抗的，已不仅是政治权力，更有自然本身，他身上始终表现出一种暴怒和绝对狂热的情绪。阿基尔咒骂国王，宣布他已下台，失去所有权力；他自称是"黄金国"和西班牙的新皇帝，并且坚持认为，"我想要树上的鸟儿死掉，它们就会死掉。我是上帝之怒，我走到哪里，那儿的土地都会震颤发抖。"到后来，已经不光光是阿基尔发了疯，整个形势都已狂乱。你能感觉到剧中人物周身散发出巨大的威胁，随着故事深入，观众也能觉察到，剧中那些人正一步步陷入更大的麻烦。正是这个缘故，这部电影里的时间运动，相比我其他任何一部电影，都要来得更重要。我感兴趣的是，这些西班牙冒险家是如何由寻找"黄金国"开始，最终一步步走向了他们的死亡。一开始，那是一支千人大军，到最后只剩下或伤或病的一小撮可怜虫。作为一支军队，他们彻底失去了方向感，最终几乎彻底陷入了静止不动的境地。在片中某个不易察觉的时刻，某种情绪袭来，你能感觉到，所有人都只是徒劳地在原地转圈，他们的故事已不可能有快乐结局。本片之所以要按着故事发生的时间先后顺序来拍摄，这就是原因之一；整部影片的节奏，很大程度上都与故事发生的先后顺序相关联。

最初我并没想过要用旁白，剪辑的过程中，我感到该片需要一种更为精准的节拍，而且通过旁白，我可以指明具体日期，更突出时间的流逝，提醒你注意这些士兵已在丛林里待了多久。这会给你留下一种印象：时间已越拖越久，对他们来说，时间就快要耗尽了。你听到的那些文字，号称是那修道士在旅途中写下的日记，其实纯属我自己的发明创造。不过，历史上倒是确有其人，他是最早抵达亚马孙河的修道士之一，旅途中也写过日记，只不过，那完全就是与之毫无关联的另外一次远征。所以总有历史学家问我,从哪儿找的这些日记。我骗他们说是从哪本哪本书里面找到的,但很可惜,书名我记不住了。另外还有一些角色,也都是我自己想出来的,即便确有其人,历史上也都没参与过这次远征。例如冈萨洛·皮萨罗(Gonzalo Pizarro),他是西班牙冒险家弗朗西斯科·皮萨罗(Francisco Pizarro)的弟弟,其实早在本片故事发生的数年之前,就已去世。我之前说了,关于阿基尔能找到的历史文献并不多,我只是按着我在那些文字里看到的人名,编造出了这些角色。整个剧本完全就是我的发明创造,是我对于历史的诠释,就像是布莱希特的《伽利略传》和莎士比亚的《亨利五世》。

真实的事件,有了不真实的特质。

我绝大多数电影里,都存在一种内部的流动性,光靠手表,你是没法跟上这种流动性的。在《阿基尔》里,各种元素稳稳地向前推进,直至一种神经错乱的状态,产生了幻觉,感觉就像是观众也被直接带到了这些元素的里面。到了阿基尔反抗乌尔苏阿的时候,你肯定已经体会到了这一点。看看古兹曼"加冕"的那场戏,短暂的一瞬间,你会发现一幅活人画。那是一个高度风格化的画面,所有人物直视镜头,感觉就像是一张十九世纪的老照片。这和《复杂蜃景》里爱尔兰医生的那个镜头很相似,还有《诺斯费拉图:夜晚的幽灵》里那个画面,身穿约束服的伦菲尔德,一左一右各站一个看护,他疯狂地上下跳跃着。《生命的标记》里也有个类似的画面,婚礼上,新人和家属摆好姿势拍照时,他们也盯着镜头看。仔细看一下,你会发现彼得·布罗格勒正气喘吁吁。那是因为我事先让他跟我赛跑来着,闷热窒息的大热天里,我们全速跑了五千米。我让所有人各就各位,准备开拍,然后和他拼尽全力地跑了回来。到了之后，我马上扔给彼得一条毛巾，让他把脸上的汗水擦干，和所有人站到了一起。"盯着镜头看，想办法憋住，别大口喘气，别让人看出来你呼吸急促。"我对他说。于是他就那么站着，脸部表情扭曲。

《阿基尔》里有个画面，紧接着开场的段落后出现，那镜头长达一分钟，拍的是乌鲁班巴河汹涌直流的河水，就在马丘比丘下面。水流非常湍急，感觉就像是被点着了的怒火一样，其力量之大，已完全打破平衡，绝非人类所能匹敌。照理说，这样的画面，三秒钟长度就够了，但我拍了一分钟，为的是让观众做好心理准备：一个发生在热带丛林里的发烧时胡乱做的梦，已悄悄逼近。电影人就是这样，小心地播种，然后收获成果。看到了这样的画面，观众心里就能有更好的准备，准备好迎接即将到来的彻底失衡，迎接阿基尔的极端无礼，迎接他靠着三十个饥肠辘辘、装备不良的士兵，就想要征服一整片大陆时所遭遇的大败。

这些凝固的瞬间，相对故事本身来说，并不一定就有什么重要意义；但它们在更深的层面上，与影片的内在叙事相互关联。当故事的多重线索由四面八方延伸过来，在短暂的一瞬间打成一个结时，整部影片也像是屏住了呼吸。类似这样的画面，相比电影本身，其与音乐的关系其实来得更加密切——节奏和拍子上都更像是音乐。那就像是做音乐的时候，你也得知道，音乐厅或是歌剧院里坐着的那些观众，如果听到的是万籁俱寂的作品，他们能忍耐多久，然后才会耐不住性子，坐立不安起来。拍摄《将世界转变成音乐》（*The Transformation of the World into Music*）的时候，我曾和负责在拜罗伊特音乐节上指挥《帕西法尔》（*Parsifal*）的詹姆斯·莱文（James Levine）聊过。电影里你也看到他了，就是那个指挥时，总拿一块毛巾折得整整齐齐，放在自己左肩上的人。序曲头几个小节结束，出现延长记号的时候，他会指示乐师们停止演奏，自己将毛巾从肩头取下，擦擦前额，再放回肩膀上，默默等待着。于是乐队成员面面相觑，不知哪里出了问题。这时候，他才会重新开始指挥。后来詹姆斯告诉我，他的目的就是想让那一刻的寂静持续一会儿，直到底下的观众开始疑惑，指挥是不是忽然死在乐池里了，又或是他家里着了火，所以人都已经跑掉了。

等到阿基尔站在筏子上，盯着猴子看的时候，他的幻想里，已渗透进了超现实的东西和在热带丛林里发烧时胡乱做的梦。所以我们此时在银幕上看到的东西，很可能只是他神经错乱的幻觉。甚至于那些士兵死掉的方式，也都是以歌剧的方式来处理的。乌尔苏阿的妻子一整部电影里穿的都是条蓝裙子，但她走进丛林的时候——应该是再也不会从那里走出来了——忽然穿上了一件漂亮的金色外衣，而且明明她身边的东西一件件都已开始腐烂，这身衣服却显得完美无缺。类似这样的细节，没有逻辑什么事，夸张的风格化效果，已经取而代之。还有树上出现的帆船，观众看到这里，会疑惑那究竟是真实的一幕，抑或只是士兵的幻想。这样的画面对于我们来说，或许显得不真实，但对于筏子上的人来说——他们早已分辨不清什么是真什么是假——这样的画面看着其实也没那么奇怪。拍这场戏的时候，我想追求一种稍有些风格化的感觉，所以为了那种特别凝重的气氛，等了一段时间。雨季的时候，每当出现这种云层，那就预示着大概再过一个小时，大雨就会滂沱而至。树上的那艘船，我们事先分五段分别搭好，再在树的周围建了个巨大的脚手架，把船升了上去。整个工程，二十五名工人花了整整一周才完成。那船是没有底部的，所以放在水里也浮不起来，但桅杆和帆都是真的，船尾还吊着一具独木舟。说不定,到现在它还在那树上搁着呢。

你之前谈到过沙漠特有的"节奏与官能享受",热带丛林里的风景,是不是也具有这些?

绝对的。丛林和沙漠,都属于这星球上最极致的风景,两者都拥有巨大的视觉力量。而且,面对像我这种想要在那儿拍电影的白痴的挑战,丛林和沙漠都会予以反击。

作为巴伐利亚人,我很了解丛林的肥沃,丛林里那些像是发烧时胡乱做的梦,还有那地方的物产丰茂。在我心里,丛林始终代表着一种加强版的现实,尽管实话实说,其实那些也算不上是什么特别艰难的挑战。说穿了,丛林不过就是又一片森林而已。是旅行社塑造了这样的迷思,说它十分危险。你要是问我的话,我真说不出丛林里能有什么危害到你的。蛇的话,它们其实和小鹿一样,大多情况下只会全速溜走。美洲虎也不会排好了队,等着轮流吃你。至于食人鱼,除非你做了什么蠢事,否则它们也懒得理你。我以前用一根钓鱼线,就能把它们抓起来,然后烤了吃掉。而且每次抓好食人鱼,我会马上跃入那片水域,畅游一番。只要记住永远远离死水,那就不会有什么危险。给我留下深刻印象的,还有那些钴蓝色的蝴蝶,是我们晚上喝的甘蔗白兰地吸引了它们。入睡之后,河对岸那些猴子发出的尖叫声,让我惊醒过来。睁眼发现,自己手上停着五只蝴蝶,翅膀缓慢地开合着,那真是无法用语言解释清楚的美妙一刻。人们从早到晚,什么都不干,就那么躺在岸边的吊床上,始终看着流淌的河水,那真是一件美好的事。每个人都能随心所欲,因为根本不存在什么统一的权威来指手画脚。在那里,完全就是无政府主义,那是一个远离都市,远离一切固有秩序的地方。外来者到了那里,要么适应,要么滚蛋,那感觉就像是哪个女孩身穿比基尼出现在了冬天的慕尼黑街头，根本不用费什么时间，她下一秒就会意识到该怎么做。

我的电影从不表现实际的风景，我展示给你看的，是心灵的风景，是灵魂的所在。正如我电影里不存在背景音乐这种东西一样，你也看不到那种好莱坞式的漂亮风景或是风光优美的画面背景，而且，我电影里的风景，那绝不仅仅用来表现物理空间。绝大多数导演，之所以会在作品中用到风景，那都是为了剥削它，用它来点缀前景中正在发生的事。我之所以很喜欢约翰·福特（John Ford）的某些作品，原因之一就在于此。他从来都不会只拿纪念碑谷当背景使用，对他来说，那地方象征着美国之魂，象征着他作品中那些人物的精神。西部片说的本就是关于正义的那些基本概念，当我看到纪念碑谷，不知怎么的，连我都开始相信美式正义了。在我看来，风景也是演员阵容中的活跃成员。例如《复杂蜃景》里的沙漠，还有《黑暗课程》中燃烧的科威特油田。《生命的标记》出片头字幕的时候，镜头少见地长时间停留在克里特岛那个山谷的画面上，于是观众得以慢慢地往下爬，爬进那片风景深处。还有《阿基尔》里的热带丛林，那和电视广告里郁郁葱葱的美丽丛林完全不同，绝非为起装饰作用而存在着。它代表的是我们最强烈、最有力的梦，是我们内心最深处的情感与梦魇。那片丛林中的疯狂与迷乱，令它成为构成人物内心风景的重要一环，风景本身几乎也拥有了人的特质。

我写剧本的时候，常会写到那些我从没见过的风景。刚开始制作《阿基尔》时，其实我并没去过秘鲁，我只是想象那儿的气氛。但说来也怪，那些想象相当精准，当我真的生平头一回踏进那片丛林，发现所有一切都和我原先估计的丝毫不差。感觉就像是那些风景也别无选择，只能按着我的想象来，我想它们该什么样，结果它们就成了什么样。当然，有时候想要找到符合我想象的真实环境，那也得花费不少工夫，但我很擅长对实际的风景进行再塑造，让它们适用于我的电影。而且它们也总能有办法适应我的要求。很多时候，我会在风景中导入某种气氛，利用音乐和视觉，给予它某种明确个性。事实就是，我可以指挥风景，正如我指挥演员，指挥动物那样。

这种本领是从哪里来的？

可能来自我爷爷鲁道夫那儿。我之前说过，他是个自学成才的考古学家，特别大胆，个性鲜明，对于土地有种特别的本能。只要让他看着某片风景，他就能说出地下哪块地方深埋着一座两千年前建造的殿堂。克里特岛上的克诺索斯（Knossos）古城遗址，几百年来始终为人知晓，因为那些廊柱就竖立在地面上，不管是谁都能看得到。但在科斯岛上，情况恰恰相反，根本看不到任何古代废墟的遗迹。历代考古学家在那儿花了多年时间，寻找名为阿斯克勒庇翁（Asclepeion）的神殿，那是以医药之神阿斯克勒庇俄斯（Asklepios）命名的某种古代疗养中心。我爷爷当初教古典文学的时候，从古希腊诗人赫伦达斯（Herondas）的文字里，知道了这地方。随后他马上辞了职，向我（当时才十九岁的）奶奶求婚并且结完了婚，然后就动身去寻找阿斯克勒庇翁神殿了。和考古发掘特洛伊的海因里希·施利曼（Heinrich Schliemann）一样，我爷爷刚开始也是靠着一把铲子，就动手挖了起来。在他之前，早已有别的考古学家在岛上各处都挖掘过了，结果都一无所获。但我爷爷，出于某些只有他自己才知道的理由，决定在某片土地正中央长满了树木和葡萄的地方开挖，很快便找到一处古罗马浴场。

为应对在丛林中的拍摄,你都做了哪些准备工作?

就有些电影而言,能拍成什么程度,取决于其前期准备工作。《阿基尔》的前期筹备,可以用巨细无遗来形容。率领剧组进丛林之前,我自己先去了一次秘鲁,目的是探景。我买了些最原始、最便宜的摄影设备随身带着——体积很小的塑料超八摄影机,外加一些连对焦都很困难的广角镜头。那是我第一次进丛林,为做勘察,我先是借了艘小汽船,后来又找人用轻质木材,打造了一条行动灵活的木筏。我雇了位划手,两人沿乌鲁班巴河、纳奈河以及瓦亚加河的支流,航行数周。晚上就睡在岸边的吊床上,剩余时间几乎就没怎么离开过木筏。从头至尾,将近走了两千四百多千米。我的目的是要逐步培养起自己对水流的感觉,并要寻找一些看着壮观但又不会太过危险的河面。有些地方的河水,对于电影摄制组来说,显然是危险系数太高了。探路过程中,有一次我们的木筏撞上了岩石,断成两截。我们坐的那半截被卷入漩涡之中,幸好之后又来了一股强流,将我们冲到了几千米之外。反过来,如果不事先实地检验,就拉着剧组过去拍摄,结果很可能会酿成一场灾难。开拍之前便与激流亲密接触一下,这一点十分关键。这和我之前拍《生命的标记》时的情况一样,开拍前我先带着演员和剧组去了要塞。一定得和这地方发生一些有形的联系才行,我希望开拍之前每位剧组成员都能先熟悉一下周围环境。"至少先等两天,不急着把设备拿出来。"我告诉他们。我让他们绕着要塞走走,摸摸那些石墙,感受一下其光滑的表面;想当初,我年轻时第一次见到这座要塞时,正是用这方法来体会它的。

拍《阿基尔》的时候,秘鲁正经历军事独裁。不过那是一个左翼独裁政府,许多工商企业已被收归国有,土地政策上也搞了大手笔改革。总统胡安·贝拉斯科·阿尔瓦拉多(Juan

Velasco Alvarado）祖上是印第安土著。虽然同样是军事独裁，但他的施政方式和智利的皮诺切特、巴拉圭的斯特罗斯纳（Alfredo Stroessner）迥然不同。拍摄过程中，秘鲁政府并未给我们提供太多帮助，不过军方还是给了我们一架水陆两栖飞机，还帮我们建了个电台。这意味着，只要电池管用，我们随时都能联络到就近的大城市。拍摄需要先办许可证，否则你去类似马丘比丘这种比较显眼的地方拍戏，便会遇上麻烦。负责跟我们接触的政府代表，对于印第安土著在片中扮演的角色表示了欣赏：拥有古老遗产的他们，是《阿基尔》里最强大的一方，击败了帝国主义侵略者。笑到最后的，是他们，而非那些过来掠夺财富的西班牙冒险家。

拍摄伊始，我们就在乌鲁班巴河边为全组四百五十人建了一处营地，其中包括从山上下来担任群众演员的二百七十位印第安土著。既然营地规模如此之大，我索性决定给它起个名字。"猪湾事件"中，古巴人喊出了"无祖国，毋宁死"（Patria o muerte）的口号，于是我开玩笑地称它为"无电影，毋宁死"营地。其间，我还在附近一间小木屋里住过一阵，屋主是个驼背的侏儒，还有她的九个儿女以及那上百只不断往我身上爬的豚鼠。之后我们转移去了瓦亚加河，群众演员的数量此时已少了许多。毕竟，随着故事情节发展，许多角色已成了炮灰。拍摄一共用了约六周时间，其中还包括被浪费掉的整整一周。那七天我们什么都没干，只是忙着将全组人由一条支流转移到另一条支流，两者之间相距一千六百多千米。到达纳奈河后，我们就住在事先搭好的筏子上。那是专为我们特制的一批木筏，总共不到十条，筏子上搭了茅草屋顶的小木屋，屋内设有吊床。之所以要住在木筏上，那是因为在丛林里，方圆数千米内的低洼平地，此时都已淹在水中。入夜之后，我们会把木筏绑在岸边悬垂的树枝上，所有木筏排成一队，漂在河面上。在它们前方约两千米处，才是我们拍摄用的那条木筏。这样，当我们拍摄河面时，便不会有别的筏子入画了。白天的拍摄工作一结束，我们就把这条木筏绑在岸边，等着后面那些筏子靠过来。那就像是一座漂浮的村庄，其中还有一条木筏专门用来作厨房。

有场戏里，木筏途经了一段激流。

整个过程只有两分钟长度，可能两分钟都不到，我们必须拍一遍就成功。由印第安人建造的那些木筏，真是非常牢固。他们都是专业的建筑工。此外，我们组里有几个出色的划手，也都是当地的印第安人。不过话说回来，有时候他们会喝得醉醺醺的，于是木筏也划到哪儿算哪儿。观众看《阿基尔》的时候会觉得，那些演员遭遇的处境，感觉非常逼真；但实际上他们都很安全，因为如果你仔细看的话就会发现，包括那些印第安人划手在内，所有人身上都绑着固定用的粗绳子。只有两人除外，摄影师托马斯·毛赫和我。我们得能自由行动才行。

有一场戏：那些士兵被卷入漩涡之中，第二天早上一看，他们全都死了。这场戏尤其难拍，因为水流实在是又急又猛。一天的拍摄结束后，我们由岸边的悬崖上放下绳子，让他们系在自己身上，再由我们拉上去。第二天早上一看，那筏子竟然没被激烈的水流冲走，还留在原处。这批群众演员的片酬拿得最多，整场戏拍完，当他们安然无恙地全身而退时——不过因为木筏不断转圈的关系，他们全都吐了——每一个都觉得很自豪。拍这场戏的过程中，有次我站在悬崖上，看着底下的河水。崖上的石头很滑，所以我手里抓着一截树枝来借力。但我发现树枝上全是红火蚁，说来真是愚蠢，我竟挥起砍刀，想把那段树枝砍断。结果它没断，反倒是上面那数百只红火蚁受到强烈震动，兜头盖脸地落在我身上。我浑身上下被咬了无数口，然后发了高烧，在床上躺了两天。

再后来，我们遇到乌鲁班巴河的一处河湾，相比之前，这里的水流要平静许多。我们发现河面上方挂着一根缆绳，绳子下面系着一片很原始的浮动平台。平台上本该有两段长绳——各边一条，这样才能拉动它，载人过河——此时都已不见踪影。于是我和副制片主任沃尔特·萨克瑟（Walter Saxer）决定，我们自己拿着绳子游过去。而且我们也想探索一下河对面的世界，那儿看上去似乎特别漂亮。我先跳了下去，几乎就在我入水的那一刹那，发现河里有个漩涡朝我涌来。它走着弧线，快速地接近我，同时还释放出一种怪异的巨响，就像是谁在吸食什么东西的声音。好不容易，我终于游到了对岸。然后我把带去的绳子咬在嘴里，双手抓牢缆绳，双脚一同使劲，向着河中央的平台前进。我口袋里装着一块漂亮的金表，那是我当时最值钱的财产之一，是我初恋送我的礼物。就在我艰难爬行的过程中，我能感觉得到，它缓缓地滑了出去，但我也只能眼睁睁看着它落入水中。这让我心里很不舒服，但转念一想，这些河里都富含金矿，于是我告诉自己，"就这样吧，尘归尘，土归土，黄金归黄金。"

最后那个段落里出现的那些猴子，拍起来棘手吗？

那场戏和原来剧本里写的不一样，我一开始沿河而下踩点的过程中，和一只小猴子成了朋友。他会乖乖坐在我的肩膀上，成了我的好伙伴。我给他起了个名字：迪斯蒂法诺，那是我最喜欢的两位足球运动员之一，伟大的阿根廷射手。不幸的是，"迪斯蒂法诺"死于我亲手酿成的一个愚蠢错误。当时我必须要上岸处理什么事情，于是把他拴在了一根金属杆上。等我过了三个小时再回来时，发现他已奄奄一息，他自己把牵绳绕在了杆子上，在大太阳底下干晒着，无处可去。当天晚上他就死了，他的死源于我的疏忽大意，所以我决定用片尾那场戏来纪念一下我的这位小友。顺便说一下，我最喜欢的另一位足球运动员，是盘带之王加林查。

我雇了当地的印第安人，让他们替我抓几百只野生的小猴子来——就是挤满了木筏的那些猴子——但我预先只付给他们一半酬金，因为我很清楚，一上来就付清全额费用，负责牵头组织行动的那家伙，肯定会拿着钱跑路。但即便是我预先留了一手，到了说好的时间，猴子一只都没出现。我们立刻开车去了机场，发现他拿了我们的钱，却又把猴子卖给了一位美国商人。它们已被装上了飞机货舱，即将启程运往迈阿密某家商号。"我是兽医！"我冲着管飞机货舱的人高声嚷嚷，在我拍电影的过程中，类似这样的小花招，必不可少。"马上给我全都停下！猴子的检疫证明呢？"他们被我问得措手不及，只能承认自己没办证明。于是我们把猴子从飞机上卸了下来，装上卡车，迅速驶离了机场。真到了拍这场戏时，那些猴子可能是吓坏了，把我浑身上下咬得不轻。但那场戏我们要收同期声，所以我不可以叫出声来。有只猴子跳到摄影师毛赫的肩膀上，狠狠咬他耳朵。毛赫的嘴巴张得老大，但由始至终没有发出任何喊声。他只管坚持拍，那一刻，我真是爱他爱得无法用语言来形容了。

印第安人群演都是哪儿找的？

他们都来自同一个村子，就住在周围的高山里。我去了他们那儿，给他们解释了什么是电影，我需要他们帮我做什么。最终，全村几乎所有人都被我雇了下来。这些人干活认真，面对偶尔会有些棘手的任务，也毫无惧色。和他们平时的收入相比，我付的酬金相当丰厚。有一次，我们在泥浆和沼泽里拍完一组戏，剧组里的欧洲人早已筋疲力尽，希望当天的拍摄就此打住，那些印第安人却问我为什么要停下来。他们告诉我，现在停下来的话，回头想要再接着来，反而难度更大，还不如一鼓作气拍完。我不敢说自己真的懂这些印第安人，但我们彼此都很清楚，有一点我们是共通的：干起活来互相尊重。这些人隶属于拉克拉马卡一个社会主义合作社，对于自身的历史以及当下的政治情势都很了解。而且他们知道，花时间参与这部电影，这不仅对他们本身有利，而且有利于所有印第安人的伟大事业。

片中有位群众演员，我是在库斯科（Cusco）的大广场上遇到他的。他在那儿用铁皮桶表演打鼓，还会吹排箫，有时还能靠卖剪刀赚点钱。我从不知道他的尊姓大名，事实上，我很怀疑连他自己都不知道。反正大家都管他叫温布雷希托（Hombrecito）——西语里的意思是"小个子"。我很喜欢他这人，于是请他和我们一起去拍戏。我说我会付他很多钱，他坐在这里表演，演十年都挣不了那么多。可他一开始没答应我，他说要是他停止在广场演出，这城里的每个人都会死。他身上同时穿着三件羊驼毛做的衣服，哪怕天再热再闷都不肯脱，担心会被人偷走。他说那些衣服能帮他"抵御白人鬼佬嘴里的臭气"。他似乎是把他们民族所遭遇的所有屈辱、压迫和绝望，都背在了自己身上。后来我还是说服了他加入我们。结果，他成了全剧组的吉祥物。电影里你也能看到他吹排箫的样子。那些毛衣后来他终于还是脱了下来，他会小心翼翼地将它们收在塑料袋里，然后藏在丛林中，以免被人偷走。结果，每天晚上我都要发动所有人帮他找衣服，因为他自己早就忘了把它们藏哪儿了。拍摄结束后，他又回到了大广场上。这一次，三件毛衣已经换成了三件夹克，那是他用片酬买的，但还是一件套一件，全都穿在了身上。

服装和道具我们都是从一家西班牙租赁公司借的，丛林中的运输工作，执行起来并不怎么容易，包括所有的摄影器材，甚至还有马匹，都要想办法塞进一架大型水陆两用飞机的机舱里。片中有场戏，士兵上岸袭击村庄，其中有个镜头拍到一具干尸。我弟弟卢奇真还找到了一具，但那干尸在利马，得用飞机运来。它很脆弱，卢奇只能单独给它买了张飞机票，给这看着凶神恶煞的东西系上安全带，一路肩并肩地坐飞机过来。

这剧本是专为克劳斯·金斯基写的吗？

我写剧本的时候，并不需要把自己关在修道院里，或是找个僻静地方躲起来，一连写上几个月。这个剧本大部分都是在我跟着我们足球队，坐巴士由慕尼黑前往意大利的那一路上写的。车开到萨尔茨堡的时候，距离出发不过才几小时，他们都已经喝得酩酊大醉了，边喝还边大声唱黄色歌曲。车上带的啤酒，原本是要拿去给对方球队当礼物的，结果却被我们自己喝得差不多了。我坐在座位上，膝上摆着打字机。事实上，我只能用左手打字，差不多就那么打了一路——因为右手要用来防御我们队的守门员，他就坐在我旁边位置上，一路手舞足蹈的。最终，他还是吐在了打字机上，好几页打好的内容就此报废，我只能把它们扔出窗外。那里头有几场戏写得很好，可我扔掉之后实在是想不起来了，也就只能算了。人在旅途就是这样。到意大利之后，我乘比赛间隙，暴风疾雨地写了三天，完成了整个剧本。整个过程一鼓作气、思如泉涌，所以也没顾得上去考虑让谁来演那角色。但就在我全部写完的那一刻，我立刻便意识到了，这角色就是给金斯基写的。所以，我马上把剧本给他寄去了。几天之后，凌晨三点，我被电话铃声惊醒。拿起听筒，起初我都弄不明白究竟是怎么一回事，只听见电话那头传来语无伦次的嚎叫声。打电话来的是金斯基。又过了大约半小时，我终于从他的叫嚷中理出了头绪：剧本让他陷入了忘我的状态，他想要演阿基尔。

关于这角色，我的第一人选其实是阿尔及利亚总统胡阿里·布迈丁（Houari Boumediene）。你可以看一下阿尔及利亚宣布独立时他拍的那些照片，看了你就知道我为什么会对他产生浓厚兴趣了。他的外形，确实具有强大的存在感。一九六三年的时候，艾哈迈德·本·贝拉（Ahmed Ben Bella）当上了总统，但在幕后大权在握，指挥军队的，其实是布迈丁。后来他发动政变，把贝拉赶下了台，自己当了总统。当然，我也知道他有好多事要去关心，所以根本就没给他寄过剧本。不过，当初要是他被人赶下了台，又能赶得上我们的开拍时间，我肯定会邀他来演阿基尔的。

金斯基进了丛林后表现如何？

他来的时候带着一大堆登山装备（帐篷、睡袋、登山鞋、冰镐），想要亲身体验一下大自然的野性。问题是，他关于丛林的想法，其实相当无趣，他根本就没办法接受蚊子和雨水这两件东西的客观存在。他刚搭好帐篷，第一天晚上就开始天降大雨，他浑身都被淋透了，这让他大光其火。第二天，我们用棕榈叶子在他帐篷上方搭了个屋顶，后来到底还是让他和他妻子住进了马丘比丘仅有的一家宾馆。当我们都在喝河水的时候，金斯基喝的，却一直都是瓶装矿泉水。

来剧组之前，金斯基才刚提前结束那臭名昭著的《救世主耶稣基督》(*Jesus Christus Erlöser*)巡演——演出的部分画面，你可以在《我最亲爱的魔鬼》里看到。他原计划要全球巡演，结果在柏林的第一站，演了才十分钟，就因骚乱而提前告终。他扮演的耶稣，是一个穷凶极恶的革命式人物，拿着鞭子追逐驱赶圣殿里的小贩，而非那个友好、包容、善意的上帝之子。金斯基习惯于过度塑造自身形象，他会将不同人物的身份引为己用。有段时间，他是弗朗索瓦·维庸[1]，因为他录制了维庸的诗歌朗诵；后来又变成了陀思妥耶夫斯基笔下的白痴，到他死前那些年，他把自己描述成了帕格尼尼。所以当他到达秘鲁，准备开始拍摄《阿基尔》时，还深深地陷在这个被人嘲笑、被人误解的耶稣形象中走不出来。有时候，他会用耶稣的身份来回答你的提问，大声嚷嚷一些《圣经》里的段落。拍摄工作本就不容易，我每天都有许多问题要解决，金斯基明明知道这一点，却还是不断地制造丑闻，为了一只蚊子的事，都要大发雷霆。

我本就知道他的坏名声，要说全世界最难相处的演员，可能就是他了。跟金斯基比起来，与马龙·白兰度合作，那一定像是玩儿一样。某一场戏的拍摄过程中，他拿剑打在对面演员的脑袋上，险些要了那人的命。幸好那人戴了头盔，即便如此，他脑门上还是留了个疤，至今都能摸得着。还有一天晚上，一帮子群众演员待在他们的小木屋里，之前他们喝了点酒，发出来的声音让金斯基觉得太吵闹了。于是他咆哮起来，大声嚷嚷，让那些人都别笑了。随后，金斯基操起他的温彻斯特步枪，隔着竹子做的薄墙，开了三枪。小屋里总共挤着四五十人，子弹只打掉了其中一

---

[1] 弗朗索瓦·维庸（François Villon）：中世纪末法国诗人。

人的指尖，没有人丧命，那真是个奇迹。我立即把那枪给没收了，那成了我电影生涯中最重要的纪念品之一。整个拍摄期间，每天他都会用言语侮辱我，有时甚至一骂就是几小时。他曾经看过《侏儒流氓》，所以他骂我是"侏儒导演"。他就那么在所有人面前，用他高八度的嗓音大声嚷嚷。他自称是一位伟大的演员，说我根本不配跟他说话，哪怕我只是动了这个念头，那都是对他的侮辱。他再三强调自己的无所不能，他认为由我来指导他演出，这对他来说，就像是在跟一名家庭主妇合作。他用刺耳的声音咆哮说，想当初大卫·里恩（David Lean）和布莱希特，也都放手让他自己去演，我又凭什么不那么做呢？"布莱希特和里恩？"我回答说，"从没听说过这两个人。"听到这话，他更是火冒三丈。我出于无奈，只能忍受他的各种做法，但他也始终低估了我试图完成这部电影的决心。要说谁能成功将他驯服，没人能比我做得更好。

任何一件事情，我想跟他达成共识，就必定要先经历一番斗争。他这人的脾气，永远都处于歇斯底里的边缘，但我还是想办法控制住了他的脾气，而且还把他这脾气用到了正处。临近杀青前夕，某天他可能是忘了台词，于是又开始找出气筒。毫无征兆的，他发疯一样地冲着录音助理吼起来："你这头猪！你刚才笑什么笑！"他坚持要我当场开除那人，但我回答说："我是不会那么做的，要是我答应了你，全组人都会跟他共进退，要不干大家都不干。"金斯基二话不说，离开了拍摄现场，回去收拾起了行李。他说他要找艘快艇，离开这里。我找到了他，非常礼貌地对他说："金斯基先生，你不会那么做的。电影拍完之前，你是不会离开这片丛林的。我们在这里有工作要做，这远比我们的个人感受或私人生活，都更重要。"就那么说走就走，那将严重违背他对这部电影所负有的责任，所以我心平气和地对他说，他敢走，我就用枪打他。"之前我抽时间，把最困难的情况都想了一遍，"我说，"所以我早就心意已决。我已经深思熟虑了好几个月，我很清楚我对你的容忍，底线在哪里。所以在这件事情上，我根本不需要再多考虑哪怕一秒钟，只要你现在敢离开，就活不到下一秒。"我告诉他我有枪——其实就是他那把温彻斯特步枪——他最多也就走到下一个河湾，然后就会有八颗子弹射进他脑袋里。第九颗子弹，我会留给自己。说这话的时候，枪并不在我手里，但他很清楚，我不是在开玩笑。金斯基像疯子一样大声呼叫起警察来，然而最近的警察局，距离我们也有近五百千米。而且即便警察来了，也什么都做不了。那地方天高皇帝远，丛林的法则决定一切。几瓶威士忌，再加几百美元，足够说服当地警察放弃调查，或者干脆就把这事处理成打猎过程中一次不幸的事故。由这一刻开始，最终的十天拍摄中，金斯基表现非常之好。事后有媒体说，当我站在镜头背后指导他表演时，我手里拿着一把子弹上了膛的枪。画面很美，但纯属虚构。

他以前就有这样的坏名声，电影拍了一半，想走就走，完全不顾什么合同。有次他演歌德的话剧《塔索》（*Torquato Tasso*），台词说了一半，他忽然停了下来，转而冲着观众大飙脏话，还把一只点着的烛台掷向了观众席。然后，他把舞台上铺着的地毯卷在了自己身上，就那么藏着，直到所有观众都被清离后才出来。拍《阿基尔》之前，按照保险公司的要求，他要去做些身体检查。在此之前，我先带着他去见一位大夫。他被问到的，都是一些有关过敏症与家族遗传病的常规问题。之后大夫问他："金斯基先生，平时有没有什么毛病会突然一下子就发作的情况啊？""发作！每天都要发作！"金斯基高声叫了起来，用上了全身的气力。然后把那大夫的办公室砸了个稀烂。拍戏的时候，有次我伸手理了理他的一缕头发,省得它垂下来遮在他脸上。"请原谅,金斯基先生。"我跟他打了招呼,动作也很柔和。他却当场就发作了。"你是不是疯了啊?我的专用理发师,我都不允许他碰我的头发!你这人真够业余的!"但小报记者都喜欢他,而且每次金斯基出来做脱口秀,底下坐的观众都会特别兴奋,就等着看他这次如何出丑,而金斯基也确实从不让他们失望。

但你很欣赏他在《阿基尔》里的表演。

非常欣赏。他是位出色的演员,很清楚该怎么在银幕上做动作。我本想让阿基尔背后长点小小的坏东西,类似于肩膀上长个拳头大小的瘤子什么的。因为我觉得应该把他的身体和其他人的身体,给区隔开来。他的内心扭曲,这一定得在某种程度上,体现在他的外表上。于是金斯基想到了,让阿基尔成个鸡胸,前胸稍稍凸起。他还决定让阿基尔的两条手臂,看上去长短不一,这样他走起来,人就显得是斜的。因为左手实在太短,阿基尔的佩剑已经不在腰线上,而是差不多高到他腋窝里了。所有这些身体上的偏差,他循序叠加,节奏掌握得非常精准。到最后一场戏时,阿基尔的畸形甚至又进了一步。金斯基演得堪称完美,那动作就像是在沙地上行走的一只螃蟹。作为演员的金斯基,在戏服方面也无所不知,看着他仔细检查每个纽扣洞、每处针脚,我也获益良多。他想到要找一柄道具匕首,要求是又细又长,就像是打毛衣用的棒针。"当我刺中某人,那必须是充满恶意的一刺。"他对我说,"不该有血流出来。死在我手上的人,都是内出血而死的。"在剧本中,原本的设计就是让阿基尔用这把匕首杀死他女儿,他不想女儿因为自己的失败而连带着蒙羞。

可话说回来,我还是要说,金斯基就是个不折不扣的毒瘤。

他才不在乎《阿基尔》能不能拍完，能不能上映。他感兴趣的只有他的片酬。所以电影杀青之后，他拒绝再来慕尼黑重新录制部分对白。之前我们在丛林里录音的内容，因为流水声过大的关系，有大约百分之二十没法使用。他当时对我说了一句，"我可以去，但你得再付我一百万美元。"他这话可不是开玩笑，我别无选择，只能另外找了位演员——德国配音演员，专替亨佛瑞·鲍嘉配音——让他把金斯基的所有台词全部另配一遍。那人的配音技巧很棒，多年之后，我得知连金斯基自己都对这个配音版本赞不绝口。之后再次跟金斯基合作时，我会特意在合同里写明，他必须留几天时间给我，好重新录对白，但他还是嘴硬，说哪怕我把他绑架到录音棚里，用手铐铐在麦克风前，他最多也只能把那些台词给唱出来。头几年他还说过，他讨厌《阿基尔》这部电影，但据我所知，最终他还是非常喜欢它的。有段时间，他显然也认识到了我们那些作品的重要意义，他明白我们那么做，是想要抓住一些超越我们个体存在——甚至也超越了我们的共同存在——的东西。他这个人，完全就是一场瘟疫、一场噩梦。对我来说，跟他合作拍戏，你要考虑的就是如何在最坏的情况下，维持好自己的尊严。还有那种说法也是真的：我头上长出来的每一根白头发，我都管它叫"金斯基"。可事到如今，又有谁在意这种事呢？重要的是活儿都干完了，电影都拍成了。

《阿基尔》的预算是多少？

三十七万美元，其中三分之一进了金斯基腰包，靠着剩下的那些，我没法带很多人进丛林，所以整个摄制组也就不到十人，最终拍到的素材，相对来说也只有很小的量。事后，金斯基说我每顿晚餐都吃鱼子酱，但事实是，有时候我不得不卖掉自己的靴子，才能有钱买早饭。凌晨四点驾船顺流而下去采购鸡肉、鸡蛋和丝兰的人，是我；食物短缺时干脆什么都不吃的人，也是我。和几年后的《陆上行舟》一样——那一次，我把之前在迈阿密买的未开封的洗发水和须后水，都拿出来交换大米——《阿基尔》也算得上是一部一穷二白的电影，就像是穷人家的孩子。主要演员和群众演员里，也有些人会觉得，穷未必就是坏事，于是索性把戏服一直穿在了身上，哪怕上面已经因为潮湿而长满了霉菌。所以《阿基尔》里的丛林有一种可信度，那是你凭空创造不出来的，而且，倘若我们当初找个摄影棚来拍，估计只要三天，那点预算就会用光。

《阿基尔》气势壮阔的开场画面，那是剧本里原本就有的，还是你偶然中发现了那座山？

我原本计划的是这样一场戏：五千多米的冰川上，四百只高原反应的猪排成一长列，跟跟跄跄地向镜头走来。观众一路跟随这群动物，过了几分钟之后大家才发现，原来这些猪都是一支西班牙远征军的随队辎重，同行的还有数百个印第安人。筹备过程中，我用了好几种不同的猪做试验，结果发现这些猪都不会有高原反应。随后有位奥地利兽医也做了测试，注射药物之后，猪并未表现得晕头转向，反而变得更有攻击性了。再加上剧组里有些人——而且还都一个个体格相当强壮——上了冰川之后，自己倒是有了高原反应，于是我被迫放弃了原本的剧情设计。显然，把那么多人畜，弄到那么一个高海拔的地方上去，没有太大的可行性。

最终我们在马丘比丘附近一处山麓上拍了这个开场段落，那地方有六百米的垂直落差，但整体海拔相比之前的冰川要低很多。

山上植被茂密，但有一段印加人以前就修好了的狭窄石阶。你在片中看到的那几百人由云雾中现身时，他们走的正是这条小径。我们由半夜两点开始往山上运人——除人之外，还有马、猪、羊驼和大炮——等我自己也上到山顶时，发现现场已经混乱得没法用语言来形容了。大雨正一个劲地下，地上非常湿滑，山间起了浓雾，整个山谷云山雾罩。做群演的那些印第安人，本身就住在海拔四千多米的山上，可就连他们也有不少人都头晕眼花起来，拍摄时必须用绳索保护他们的安全。我花了好多时间，费尽口舌请求他们保持耐心，别急着回家。为指挥大家各司其职，那段石阶我上上下下跑了一定有三四回。我不想用电喇叭来喊，这种事必须要面对面才能交代清楚。总之，我终于说服他们相信，这是一件特别的、非比寻常的工作。几小时之后，忽然就云开雾散了，也没有人擅离职守，这令我如释重负。只见他们排成了一列，一边是雾，另一边是山。这场戏我们只拍了一遍。当摄影机开始转动，我内心感觉仿佛是上帝的恩典正与《阿基尔》和我同在。

金斯基终于意识到，他只不过是这片风景中的一个小点，而非焦点所在，于是他提出想来个特写，拍他表情严肃地统领着整支军队。我向他解释，故事发展到这个阶段时，阿基尔还没当上远征军的指挥呢。到了最后，我干脆整个就把他从这镜头里给排除了，因为我觉察到，这幕戏索性一张人脸都不出现，画面反而会变得有力许多。我俩对于风景的理解相差巨大，金斯基希望这镜头能够拥抱一整个风景如画的马丘比丘，从山峰到废墟，全不放过，但如果那样拍的话，看着就像是明信片或是电视广告。而我想到的是一种完全不同的风景构图，一种令人忘我的风景。

《阿基尔》是针对纳粹的隐喻吗？

对于德国艺术家、作家和电影人来说，人们经常会毫不掩饰地以德国的历史为背景来看待他们的作品，因此可以说误解无处不在，随时都会出现。即便是现在，希特勒的后遗症仍旧令德国人超级敏感。和许多德国人一样，我对自己国家的历史很了解，而且非常敏感，甚至于看到杀虫剂都会浮想联翩。从灭虫到灭族，也就是一步之遥。但我从没想过要用《阿基尔》来隐喻希特勒。

你和摄影师毛赫之前已合作过《生命的标记》和《侏儒流氓》，这次在丛林里作业，你们的具体拍法相比上述两部电影有什么不同吗？

没什么不同。《阿基尔》绝大部分我都想用手持摄影，因为摄影机与演员的直接肢体接触，这是本片的一个重要元素。我从来就不需要向他解释我需要什么效果，他凭直觉就能知道。最后一个镜头——摄影机围着木筏，边打转边迅速靠近——我希望尽可能拍得平顺一些，但雇用直升机航拍对我们来说太过奢侈，于是我俩就登上了一艘快艇，绕着木筏航行了好几圈。我负责操作快艇，就和当初拍《复杂蜃景》时我负责在沙漠里开车一样。问题在于，快艇以六十多千米的时速靠近木筏时，它尾部会激起一阵波浪，我们必须由这浪里穿过去。我事先驾艇排练了几次，尝试了不同的航行速度，整个过程非常讲究操作的精准度。我必须要用我的整个身体去感受周围水流的各种变化。

整部电影我们一直都是单机作业，这意味着拍摄时我们没法太讲究，但那也赋予影片一种真实感和特别的神韵。在《阿基尔》里，你完全看不到好莱坞大制作那种漂亮、精密的多机作业。《阿基尔》之所以能历久弥新，或许也是基于这道理。作为一部电影，它真是基本得不能再基本了，不存在任何多余的东西。我用的那台摄影机，其实还是从慕尼黑电影学院的学长那儿偷来的。

他们手里的器材不少——包括好几个剪辑台，架子上摆着一溜摄影机——但完全就不让年轻人碰。我找到他们，想要借台摄影机，结果却不得不忍受他们傲慢的拒绝。某天，碰巧只有我一个人在那屋，柜子也没上锁。我看见架子上那几台摄影机，正低着头冲我微笑，当即决定要从这些懒惰的机器里解放一台出来，至于什么时候再还回去，那我也说不准。当时它就躺在那儿，直勾勾地盯着我，那是一台基本款的三十五毫米无声阿莱弗莱克斯（Arriflex）摄影机，我用它拍了得有差不多十来部电影。我从不觉得这是盗窃，在我看来，那叫作事有必至。我当时想要拍电影，需要一台摄影机，所以我对这件工具，就有了某种天赋人权。我这叫征用。如果你被锁在一间房间里，你需要呼吸空气，你肯定会刀劈斧凿，把墙推倒。如果你有个好故事想要讲出来，那么，说这是命中注定也好，还是叫它别的什么也罢，总之，你就有权去做这件事。是我帮助了这台摄影机，实现了它命中注定要做的事。

有场戏，阿基尔冲着一匹马发了疯一样地大叫，最后那匹马瘫倒在地。

当初的剧情设计就是，他冲着马大吼，马出于恐惧而昏了过去。我们也找了好些个兽医，试了各式各样的办法，想让马看上去像是因为失去意识而轰然倒下。但不管怎么试，那些马顶多只是摆出一副昏昏欲睡的样子，然后就睡着了，那不是我想要的效果。最后想出来一个办法，直接往它颈动脉里注射。这样的话，只需十二秒，最多十四秒，马就会倒地。实拍时我们给马注射完毕，摄影机开动，金斯基开始念台词，然后转身冲着马大吼，随后马倒地不起；所有这些，全都精确到以秒计算。我一开始想要拍的场景还不是这样的,我想让阿基尔冲着一群猪大叫,然后它们就那么被他活活吓死了。但这戏真要拍起来,又会是制作部门的一场噩梦。数年之后,我们在《诺斯费拉图:夜晚的幽灵》里拍过一场类似的戏,但做后期时被剪掉了。那场戏里,吸血鬼站在草地上,面前有好几匹马。只见他缓缓举起手臂,画面之外响起爆炸声,马匹四散跑开。整个场景看着效果不错,但我觉得那太像是马戏团表演的戏法了,所以最终没剪进去。

我许多电影里都出现过动物,例如水母,就曾不止一次出现。但如果你要问我,这种或那种动物,具体代表了什么意义,我也没法给你一个抽象的概念。我只知道,动物在我作品里,占有较大比重。此外,要说我见过的最好笑的表演,其中有些就来自动物,包括那些疯疯癫癫的电视节目上,观众自己拍摄的家庭录影带里,那些发了疯的猫,或是会弹钢琴的仓鼠什么的。《史楚锡流浪记》结尾跳舞的鸡,常让人津津乐道。同样的一幕,我是在拍这部电影的十五年前亲眼目睹的。那是在北卡罗来纳州一处切罗基族印第安人的保护区。在那之后,这一幕始终留在我脑海中,无法磨灭。我很清楚,终有一天我要回到这地方,把它拍进电影里。我生平第一次接触索尼·特里(Sonny Terry)的口琴音乐,也是在这地方,听过一次之后就再没忘记,所以也就自然而然地把它用在了影片结尾处,甚至几十年后,又在《坏中尉》里用了一次。像这样的好东西,你不循环利用都不行。那些鸡的主人当时正在阿拉巴马避寒,我请他们在电影开拍前几个月,就对那些鸡开始做特训。通常情况下,那些鸡只能坚持跳五秒钟的"谷仓曳步舞",然后就要找食吃了,你得把二十五美分的硬币投入机器,然后会有玉米粒掉出来。但我对这场戏的要求是,它们尽可能一直跳下去,不要停。所以鸡主人对它们做了强化训练,以应对这场重头戏。

那画面看着相当凄凉，让你平生一种悲从中来的感觉。你会觉得，即便你一年之后再回到这个地方，那鸡肯定还没走，还在一直舞舞舞。但是这跳舞的鸡，还有跳在玩具消防车上的疯兔子和敲鼓的鸭子，这就和《沉默与黑暗的世界》里最后那个段落一样，你能感觉到，它出现在这里再合适不过了。拍《史楚锡流浪记》时，我那支小型摄制组才十来人，他们全都觉得鸡跳舞的这场戏，是个非常愚蠢的念头，而且让人觉得尴尬。所有人都在说，我们已经在这部愚蠢的电影上，花费了那么多时间，现在竟然还要拍这种垃圾戏，这不会是真的吧？我告诉毛赫："我请求你，只要把镜头对准了，然后摁下开关，就让它拍，拍到胶片耗尽就行。这一幕其实非常伟大，你光用裸眼看，当然看不出来，但你真的没有意识到吗，其实它蕴含着很重要的意义？"甚至还可能是一个很了不起的隐喻，虽然具体隐喻什么我也说不上来。就像是足球比赛中，那些从理论上的零度角打进去的精彩入球。那都不是我能用语言来解释的。

你对于鸡倒是挺执着的。

某些形式的鸡——例如烤鸡——我非常能够接受，可当它们还活着的时候，光是盯着它们眼睛看，这就让我受不了，那一刻，我见证的是一种真正的、深不见底的愚蠢。鸡是这世界上最让人恐惧，最能勾起你噩梦的生物。拍《侏儒流氓》时，我看到有只鸡只剩下一条腿，它的同类想要把它给生吃了。还有在《生命的标记》和《卡斯帕·豪泽之谜》里，我都让观众见识了如何催眠鸡，那实在是太容易了。你把鸡摁在地上，从它头的位置，在地上用粉笔画上一条直线，之后它们再也不会移动半步。或者，你绕着它画个圈，接下来它就会转圈跑，一直跑到筋疲力尽，倒地不起。

多年之前，有一只名叫"怪胎"的公鸡让我产生了强烈兴趣。它体重超过十三千克，而它后代里有只叫"拉尔夫"的公鸡，体型甚至比它还要大。这些公鸡很有攻击性，主人被迫用喷灯把它们的后爪烧焦了一些。与此同时，我又找到了"弗兰克"，那是一匹矮马，是拿十六世纪的一种西班牙小马特别培育出来的。"弗兰克"四足站立时的身高，还不到六十厘米。我告诉它的主人，我想让那些侏儒里身材最迷你的一位，坐在它背上，再让"拉尔夫"从后面追赶他们。它们绕着一颗世界上最大的红杉树转圈，那一圈有三十米不止。这场戏如果能拍出来的话，效果肯定非比寻常，因为即便是坐在马背上的骑手，也及不上公鸡"拉尔夫"的气势。很可惜，"弗兰克"的主人拒绝了我的请求。"我的马可不会为这种事抛头露面，我不希望他看着像个傻瓜。"

第四章

竞技与美学

木雕家斯泰纳的彻底忘我
没人愿意和我玩
卡斯帕·豪泽之谜
玻璃精灵

在你看来，拍电影是一种竞技，而非美学。

把复杂的事情浓缩成类似这种简简单单的一句格言警句，往往容易造成误会。但既然你都说了，我还是试着解释一下吧。只要你拍电影，你就一定得是个运动员，区别只在于程度高下。电影并非出自抽象的学术思考，电影来自膝盖和大腿，来自时刻准备着要二十四小时连轴转。拍过电影的人都懂这道理。我一直都很看重自身与工具之间那种肉体上的联系。从在现场操作摄影机，一直到把我电影的胶片——每盒胶片可能都要重达二十千克——从车上拿下来，搬进放映间。感受一下这样的重量，这种实打实的感觉，然后再卸下这份重担。只有这样，你才能体会到彻底放松的感觉。搬胶片这活，是电影制作时所有肢体行为的最后一环。身体上的懦夫，往往也会是心灵上的懦夫。只要我胳膊腿儿都还在，我就会继续拍电影。要是明天我被拿掉一条腿，那我只能不再当导演了，哪怕我的脑子和视力都没出任何问题。所以你也可以这么说：我所有的电影，都是在徒步中完成的。

你是不是一直以来都很看重各种和身体有关的事？

我在慕尼黑一支最低级别的足球队里踢了好多年，队友几乎都比我速度更快，技术更好，但我阅读比赛的能力比他们强，所以总能在关键时刻出现在关键位置上，球到人到。所以我总能破门得分。至今我仍是这家俱乐部历史上进球第三多的射手，进球数比有些效力二十年的老队员都多。作为足球运动员，其实我就这点本事：预见到场上下一秒钟会发生什么事，懂得如何利用自己身边的空间。

我看地图的本领也很强，几乎从来没迷路过。你可以把我领到地铁下面，带我穿过各种隧道，然后再蒙着我眼睛让我原地转三圈。我还是能给你指出，哪边是东。很多次，面对重大挑战的时候，我这种强烈的方向感，都起到了决定作用。拍摄室内场景时，我也总是会和布景设计师紧密合作。我会和他们一起挪动那些重家伙——把钢琴移到这边，把书架挪到那里——看看效果如何。想要在这空间里开展作业，身体力行地把屋内的物件重新规划一遍，那是必不可少的功课。做好这门功课，之后你安排演员走位时，就会得心应手了。这可不是浪费时间。要用身体去理解即将拍到的那个环境，最终在镜头中浮现出来的各种美学模式，毫无例外全都来自于此。不管是室内空间还是室外空间，如果事先没有用身体去体验过，我拍起来肯定无法胜任。

《卡斯帕·豪泽之谜》里那场死亡戏，所有角色都被安排在他的病床边，构成了一整台造型，整个空间实现了完美平衡。如果不是因为事先做了功课，哪怕给我两天时间来调度演员，都无法如此高效地将整个空间填满。在此之前还有另一场在花园里拍的戏，那戏篇幅很短，但前期准备时，我们用了半年时间改造那个花园。那地方原本种着土豆，我又亲手种了草莓、豆子和鲜花。这么做有两个好处，一是它的形象更符合时代特征，感觉就像是当年那种带有风景的花园；二是拍摄的时候，我很清楚每株植物、各种作物都在什么位置上。照理说，平时我对种花弄草没什么耐心，但具体到拍电影的时候，这工作非常重要，所以我必须亲自来。

你为什么拍《木雕家斯泰纳的彻底忘我》？

玩跳台滑雪的人，一直都让我觉得很亲近。我从小就会滑雪，和生活在萨赫朗的每个小孩子一样，一直梦想成为伟大的跳台滑雪运动员，当全国冠军。我接受过正规训练，但我有个朋友发生了一次可怕的事故，他以将近百千米每小时的速度，一头撞在山上，头骨骨折，惨不忍睹。我当时就在他身旁，但完全不敢挪动他，生怕我稍动一下，他就会当场死亡。最后，我还是途经一段陡峭的斜坡，把他送回了两三千米外的村里。他昏迷了三周，最终奇迹般地康复了。但我当即决定，彻底放弃做跳台滑雪运动员的理想。时间来到一九七三年，我看到瑞士选手沃尔特·斯泰纳——他那代人里的佼佼者——在巴伐利亚州奥伯斯多夫参加比赛。他跳得非常之远，落地的地方距离平地已经不到十米。那是我的梦想，有人能像鸟那样行动。在那一刻，我终于见到有人将我的梦想化作了现实。那感觉就像是我自己飞到了空中。

跳台滑雪练到斯泰纳那种程度，具有极大危险性。在斜坡上高速前进，意味着哪怕只是很小的一股侧风，或是一丁点有问题的雪块，都会导致落地时的严重事故。如果你在斜坡底端磕磕绊绊，此时就只能祈求上帝帮忙了，因为一旦飞在空中，一切都不再受你控制，那就像是从一辆高速前进的动车上跌落下来。另外一种危险就是飞得过远，落在了赛道之外的平台上，那就像是从帝国大厦上跳下来，直接砸在地面上。我很清楚他每一跳之前都会有哪些心理活动，我会跟他开玩笑说："沃尔特，要是我当初没放弃，现在一定会成为你唯一真正的竞争对手。"除了滑雪，他也是个木雕家，作品做完之后会藏在山上那些树上，许多至今都还没被人找到。

虽说他是个性格内向、寡言少语的人，但和我倒是一见如故，而且他一下子就明白了我的意图。我告诉他,当初他才十七岁时,我就看过他的比赛,虽说他当时的成绩要比其他选手差很多,但我还是跟一起去的朋友说:"这人是未来的世界冠军。"事实证明,我没看走眼。拍摄期间,甚至那家投拍该片的电视台,都反复提醒我,之前几次比赛里,斯泰纳几乎都名落孙山了,他们问我是不是考虑要换个选手来当主角。但我相信自己的眼光,那些人里就数他最棒。《木雕家斯泰纳的彻底忘我》有不少都是在南斯拉夫的普拉尼察(Planica)拍摄的,他在那一站比赛中遥遥领先,甚至不得不把出发点挪到比其他选手更低的地方,否则他又会直接降落在平台上。对于斯泰纳这种技术水平的选手来说,很多坡道都有着致命威胁。在电影里,他也谈到了,山谷下面那上千名观众,都等着看他鲜血淋漓的样子。但说完之后他又后悔了,请我把这段话剪掉。"求求你,别把那句留在片子里,否则我再也没办法来南斯拉夫比赛了。"但我告诉他,把他的真实想法表现出来,这很重要,那些人应该要知道,站在这上面,面对这些非人的挑战,究竟意味着什么。事实上,正是斯泰纳在普拉尼察赛道的经历,推动了该项赛事在坡道设计上的改革。

你也出现在了影片中。

指责我爱自我推销的人,就总拿《木雕家斯泰纳的彻底忘我》说事,但其实我之所以会那么做,也是事出有因。总部位于斯图加特的那家德国电视台,他们有个名为《边检站》(*Grenzstationen*)的系列作品,里头有几部拍得相当出色。我知道这些电影背后,肯定有个总负责人,于是便打电话过去,想找到那人。最终我们见了面,我向他介绍了自己的想法,我觉得那故事拍出来,一定会很适合他们那个系列。聊了半小时,我们达成了协议。但他们台里的节目,也有自己的要求,其中一条就是,电影人要自己出镜。就我而言,我从不觉得这么做,会让我觉得有多自在。但好在跳台滑雪本就是我很熟悉、喜爱的运动,所以我有信心,相信自己当解说员能胜任。拍完这部电影之后,我也明白了一件事,如果再有什么电影需要配旁白的话,那最好还是由我自己来说,因为那样会更可信。我始终觉得,我的存在能给予影片某种真实性,若是换成某个受过良好训练的演员,用他经过千锤百炼后练成的嗓音来说这些旁白,观众反倒不一定能体会到这种真实性。那次经历让我认识到,由我来当事件的记录者,给出我的观点,这么做本身就是一件很有价值的事。我的创作从来就不是什么匿名作品。时至今日,要是不让我自己来说旁白,反而会让我有种跟这部电影疏远了的感觉。包括英语版本的旁白,我都希望由我自己来说,与其让观众看字幕,这么做才更符合我的初衷。我知道,说英语的观众听到我的声音,会觉得那种语音语调还挺有意思的;他们似乎还挺喜欢听我讲话的。德国观众也一样,因为我说的德语带着巴伐利亚人的抑扬顿挫,他们听着同样会觉得很不同寻常。

《木雕家斯泰纳的彻底忘我》,究竟什么是忘我?

这词来自希腊语里的"ekstasis",意思是"脱离自我",就像是中世纪的神秘主义者所做的,以忘我、异象的形式去体验信仰与真相。至于该片所说的忘我,如果你也当过跳台滑雪运动员,那你一定会有体会。当他们张大了嘴,带着非比寻常的表情从镜头前一掠而过时,你可以从他们脸上看见那种忘我。

跳台滑雪不仅仅是体育层面的你争我夺,它也存在于精神层面,关乎如何征服对死亡的恐惧。其他那些选手,他们以为自己仅靠体育层面的手段,便能击败斯泰纳,但那根本就是天方夜谭。

这项运动伴随着极大的孤独感。他们孤身一人，训练十载，目的只是为了在空中的那几秒。在那一刻，他们脱离了我们作为人类的全部自我。那感觉就像是飞向了全世界最深邃、最黑暗的深渊，完全无视地心引力，去追逐人类最古老的一个梦想：不借助机器的外力，就能穿梭于空中。这些跳台滑雪运动员身上最突出的地方，就是他们对于这种死亡恐惧和深度焦虑的克服。这种跳台上很少会看到肌肉型的选手，通常都是一些小脸煞白、脸上还长着好些粉刺、目光游移不定的小年轻。他们梦想着飞翔，梦想因挑战自然法则而彻底忘我。我对万有引力向来不怎么在意，所以我想我好几部电影（《小迪特想要飞》《希望的翅膀》和《白钻石》）都讲到了这样一个主题——梦想要飞的人物，因为这种梦想而受到惩罚，坠毁在地面上——应该也不是什么巧合。我始终觉得，斯泰纳就像是菲兹卡拉多的兄弟，他们都以自己的方式，向万有引力发起挑战。

拍摄时我们一共有五位摄影师，坡道两侧都设置了专业的运动摄影机，能以超高速拍摄，每秒四五百帧。以这种速度拍摄，挑战性极大。因为整卷胶片走完，只需要几秒钟时间，赛璐珞胶片上会承受巨大冲力。极其短暂的加速阶段中，摄影师必须跟住运动员在空中的飞行轨迹，始终保持让他处于画框之中，焦点之上。就这么拍出来的慢镜头里，他们缓缓飘向地面，整个过程似乎永无尽头。这样的画面，看过一次就再也不会忘记了。

斯泰纳说了一个乌鸦的故事。

我在翻看他的家庭影集时，发现他小时候和乌鸦的一张合影。我问他当时是什么情况，他却合上了相册，什么都不肯说。之后我又先后三次尝试让他开口，终于让他答应说出这个故事。从影片中你也能看出来,他在解释这事的时候有多不自然。十二岁的时候,那乌鸦是他唯一的朋友,他用牛奶和面包喂它。斯泰纳和乌鸦都羞于公开这份友情,于是当他放学时,乌鸦会在远离学校的地方等他,只有等其他孩子都走掉之后,它才飞过来,落在他肩膀上,陪他骑车回家。后来这乌鸦开始掉毛,被其他鸟啄得遍体鳞伤。它伤得实在太重,斯泰纳只能亲自下手,结束了它的生命。不得不打死了它。"因为它没法再飞起来了,所以受到同类的侵犯,看到这一幕,对我来说也是种折磨。"他在影片中如此解释。然后镜头切走,连接上他在空中飞行的慢动作画面,他就那么飞了将近一分多钟。然后出现一条字幕,那摘自罗伯特·瓦尔泽的作品:"我应独自一人在这世上,我,斯泰纳,此外再无任何人。没有太阳,没有文化,我,裸身站在高高的岩石上,没有暴风,没有雪,没有街道,没有银行,没有金钱,没有时间也没有呼吸。于是我再也不会害怕。"[1]

  这故事给我留下了很深的印象,所以几年后我在慕尼黑一所问题儿童学校里拍摄短片《没人愿意和我玩》(*No One Will Play with Me*)时,也从这里做了借鉴。没人愿意和马丁一起玩,因为所有同学都在说,马丁臭烘烘的。马丁告诉班上的女同学妮可,他有只会说话的乌鸦,叫作马科斯。马丁让妮可去看了马科斯,妮可也邀请马丁去了她家。妮可的母亲还把马丁脚上的伤给治好了。原来,马丁的爸爸常揍他,马丁平时只能吃爆米花,因为他妈妈卧病在床,癌症就快要夺走她的生命。拍完《没人愿意和我玩》,我得出的结论就是,这世上根本不存在什么问题儿童,有的只是问题家长。和《东非飞行医生》一样,我感兴趣的是人类

---

[1] 这句话由瓦尔泽一九一四年创作的《海尔布林斯故事》(*Helblings Geschichte*)最后一段改编而来。——原书注

感知的相关问题。《没人愿意和我玩》开拍之前，我花了不少时间在那些孩子身上，给他们看了各种各样的绘画。其中有一幅画的是一座城市，画上有城堡，有码头，有鱼市场，还有上百人正从船上卸货，内容相当丰富。我让他们看了大概有十秒钟，然后关上了幻灯机。我问他们："你们刚才都看到些什么？"有四五个孩子异口同声地喊道："一匹马！一匹马！"这下我纳闷了，"哪有马啊？"我重新打开幻灯机，找了起来。"下面下面！"他们都喊了起来，还指给我看。在画的最角落里，孤零零地站着一位骑士，手里拿着长矛，身旁站着匹马。然后我们又看了一部美国电影，看完之后我让他们谈谈都看到了些什么。有好几个孩子说他们最喜欢的是那个斜倚在门口的士兵。我完全不记得看到过这个人物，于是又把那场戏重新放了一遍。这才发现，就在王子和公主离开城堡后，画面里出现了一个站岗的孤独士兵。这样一个微不足道的小角色，成年人绝对不会注意到，但对有些孩子来说，却给他们留下了最深刻的记忆。这背后的意义，我也一直都在思考。

别人对你作品的评价，你会重视吗？

极少。一部电影，不会因为正面评价而变得更好，也不会因为负面评价就变得更差。我从来就对以自我为中心的事没什么兴趣。我尽量躲开我自己。某些更具分量的影评，或许我还会瞥两眼，因为它们对票房收入有影响，但总体来说，任何影评都跟我没什么关系。观众的反应始终要比职业观影人的意见更重要。如果是别人的电影作品，那我就更不相信职业影评人的意见了，我宁可相信其他人的大力推荐。有些影评人——例如约翰·西蒙[1]——

---

1 约翰·西蒙（John Simon）：匈牙利裔美国影评人。——译者注

讨厌我几乎所有的作品。但那没问题。我从不介意西蒙把我的头摁在水里。他能摁多久就摁多久吧。事实上，我还挺喜欢他的敌意和无孔不入的刻薄话的。他要是看不上哪部电影，那就是从头到尾，一分钟都看不上。他可真不是一个态度冷漠的人[1]。

他曾写到过，《卡斯帕·豪泽之谜》有违史实，因为你让四十岁的布鲁诺·S演了一个十六岁的男生。

在这部电影里，年龄不是问题。布鲁诺看着就像是十六岁，而且你看看银幕上的他，那真是好得叫人难以置信。在他身上，你能看见深刻的悲剧，以及最根本的、无瑕疵的人的尊严，那真是前无古人。我所有合作过的演员里，他最优秀。当初我反复强调，他的表演理应拿奥斯卡。我始终相信，他在《卡斯帕·豪泽之谜》里的演出，堪称史上最佳之一，再也没有哪个演员能触动我如此之深了。和《阿基尔》里某些情况相似，《卡斯帕·豪泽之谜》的拍摄过程，每位参与者也都要面对真正的危险。所以当你在大银幕上看到布鲁诺，你看到的可不只是扮演某个角色，假装自己在受苦的一位演员。这电影里有些地方非常风格化，但这并未影响到布鲁诺作为一个人的基本身份。观看这部电影，见证一下什么是真正的磨难。这可不是什么戏剧性的情节剧。再说了，谁会在乎他的年龄啊？我是个电影人，讲故事的人，不是历史的会计师。布鲁诺是四十岁还是十五岁还是七十岁，那都不重要。类似这样的批评，出自观众自身的见识，与影片本身已毫无干系。

---

[1] 例如他曾评价《阿基尔》的摄影，"始终停留在勉强能用的水平上，如果这是资金短缺的结果，那我要向赫尔佐格表达慰问，但如果他是故意要搞什么极简艺术的概念，那我瞧不起他。"参见《申报物品》(Something to Declare)第三百三十四页《德国人与地摊货》("German and Gimcrack")一文。——原书注

有些影评人拿它和特吕弗的《野孩子》(*L'Enfant sauvage*)做比较。它比《卡斯帕·豪泽之谜》早几年上映，说的是负责照料阿韦龙野孩子的那位医生。有人在森林里找到了那孩子，他不能像常人那样说话、行走。《野孩子》说的是一个由狼抚养长大的小孩，被灌输以某种社会系统，哪怕说那其实是野生动物的社会系统。但卡斯帕不同，他身上不存在任何天性，既没有小资社会的天性，也没有狼的天性。他的情况很简单，他就是个人。《野孩子》那种情况，历史上也曾有过其他有文字记载的类似案例，但卡斯帕的故事是独一无二的。真实生活中的卡斯帕，没人能说清他究竟几岁，人们只是貌似合理地推测，当初他作为弃儿被扔到社会上时，应该已经有十六七岁了，当时他甚至连走路都不会。

卡斯帕究竟是什么人？

他是谁，他从哪里来，全都没人能说清。大家只知道，一八二八年他出现在了纽伦堡。当地人试着跟他交流，最终发现他以前那么多年，一直被锁在黑牢里，身上拴着皮带，皮带另一头固定在地面上。和我电影里许多人物一样，卡斯帕从最黑暗的夜里走出来。在那之前，他从未与人有过任何接触，完全不理解人为何物。他吃的东西，是每晚等他睡着之后，再送到他牢里去的。他没法正常走路，不知道什么是房子，不了解任何餐桌礼仪。他腰上缠着的那根皮带，他还以为是他身上与生俱来的一部分。卡斯帕写的东西，有些读起来也很有意思。你会发现，他甚至听到鸟鸣都会害怕。他耳朵里听到的东西，脑子没法协调起来，因为他对这世界没有什么概念。距离他被纽伦堡人接纳后又过了几年，在他学习了语言之后，传说卡斯帕开始写自传了。但不久之后，有人试图要他性命。第二次的时候，卡斯帕终于死在了别人手里。此时距离他最初出现在纽伦堡的广场上,过了差不多有两年半。直至今日都没人知道究竟是谁杀的他。

听到卡斯帕的故事,我们会想到的是文明如何操控、重塑我们,它总是要我们保持一致。卡斯帕的问题就是我们的问题。我们在适应这世界,与别人沟通交流、发生关联时,也都会有这些焦虑与困难。在这个未具名的小镇上,卡斯帕是所有人里最完整无缺的那一个。他身上有着那种真正的智慧,那正是你有时候在文盲身上会发现的那种智慧。但是,他身上所有自然天成的东西,全都被这市侩的社会系统性地消灭了。卡斯帕被推入这个世界时,他是一个从未经历过任何形式的社会的年轻人,所以从他涉足这地方的最初一刻起,他的厄运早已注定。他周围那些人的无聊、刻板的存在,放在俾斯麦时代的历史背景下,展现得尤其生动。那是德国历史上小资味道最浓的时代,各种繁文缛节,没完没了。片中有一场戏,小孩拿镜子对着卡斯帕的脸,那是他生平第一次看到镜中的自己,所以显得既困惑又惊讶。这就是卡斯帕给周围人带来的东西:逼着他们用崭新的目光,去面对各种日常经验。他是一块能让社会摔跤的绊脚石。

还有场戏,他怀里抱上婴儿之后,不由自主地抽泣起来。他说:"我距离所有一切都是如此遥远。"另一场戏里,一位逻辑学教授想要试试他。他告诉卡斯帕,有个村子,村里住的都是只说真话的人,另一个村子,住的都是只说假话的人。现在,有个男人从这两个村子当中走过。教授问卡斯帕,要想知道他究竟是哪个村的人,应该问他什么问题?严格按照逻辑来分析的话,这问题只有一个答案,就是教授后来告诉卡斯帕的那个,但卡斯帕给出的答案——你直接问那人,他是不是一只树蛙——其实也没错。尸体解剖的那场戏,镇上的居民陷入某种集体疯狂,就像是一群正在空中盘旋的秃鹫，试图找出卡斯帕的身体上究竟有何缺陷。发现他的大脑明显带有畸形后，他们如释重负，乐不可支。看到卡斯帕和他们自己在身体上存有区别，这让他们再回忆起当初自己是怎么对待他的时候，心里释怀了不少。类似卡斯帕这种未经开化，不知何为文明的人，不可避免地无法在那种环境中生存下去。所以，即便历史上真正的卡斯帕，当初没有被人害了性命，我都会在影片结尾设置一个他被人杀死的结局。他必须被干掉，这才符合影片叙事的统一。

你做了哪些资料收集工作？

影片上映后，有人问我是不是用了雅各布·瓦瑟曼（Jakob Wassermann）的小说《卡斯帕·豪泽》（*Caspar Hauser*）为故事蓝本，事实却是，这本书我至今都没读过。我倒是读了彼得·汉德克（Peter Handke）的剧本《卡斯帕》（*Kaspar*），它说的是语言的诞生与失真。还有魏尔伦（Verlaine）也写过一首很美的诗，叫作《卡斯帕·豪泽歌唱》（*Gaspard Hauser chante*）。我花了不少时间，看了一些原始文档，包括安瑟尔姆·冯·费尔巴哈[1]那份报告的第一部分，以及卡斯帕自己写的部分诗歌与自传，最后还有他的验尸报告。片中许多内容（例如他的玩具木马，他被人带到山顶上去学走路，他极软极软的双脚，他会出于厌恶将吃的东西吐出来，但喜欢就着白水吃面包），包括骑兵队长念的那些由卡斯帕手里找到的那封信上的文字，还有他那句优美的台词（"好吧，我当初走进这个世界，如今看来真是一次可怕的硬着

---

[1] 安瑟尔姆·冯·费尔巴哈（Anselm von Feuerbach）：德国十八世纪末到十九世纪初的刑法学家。

陆"），全都是我从上述材料中拿来的。卡斯帕·豪泽的档案保存在安斯巴赫（Ansbach），他当初就是在那里被杀的。不过我没去过那儿。关于卡斯帕，相关的书籍和研究文字，真可谓汗牛充栋。所以我当时也问过自己，是不是真有必要陷在这么多无关紧要的学术研究中。它们绝大部分关注的都是杀人案本身，描述事实时用的都是侦探小说或警匪片的框架。另一些则致力于深挖卡斯帕的出身，揣测他究竟是不是拿破仑的私生子。之前还有一版电影[1]，甚至暗示他的血统出自巴登皇室。之后还有家德国杂志社，拿了他被害时所穿血衣上的DNA，和巴登皇室在世成员的DNA做了对比，否定了上述说法。事实上，卡斯帕身上真正有意思的地方，恰恰都在这些事情之外。

和《阿基尔》一样，《卡斯帕·豪泽之谜》本来就没打算要一五一十地重述历史。它试图达到某种更深层的真相，而非日常现实的真相。通过对卡斯帕梦境的视觉呈现，我的上述意图已表达得非常明确。本片故事只包含了一些我们关于他生平所知的最基本的事实元素，剩下的全都是编造的。据我们所知，他从未在马戏团供人展出过，也从没见过逻辑学教授，没谈到过什么撒哈拉沙漠。历史上的卡斯帕，曾在他侥幸脱险后说过，就在那电光火石之间，他认出了想要杀他的人，正是当初把他从地窖里领出来，教他学走路的那个人。所以我才会想到，这两个角色要用同一个演员来演。

---

[1] 一九九六年由彼得·泽尔（Peter Sehr）自编自导的《卡斯帕·豪泽》（*Kasper Hauser*）。——原书注

和《复杂蜃景》一样，《卡斯帕·豪泽之谜》里也有着科幻元素。

如果你抛开整个故事，只看梦的段落，你会觉得那很像是《复杂蜃景》，这和《生命的标记》是一个情况，你把它的故事拿走，只保留风车的镜头，那效果是一样的。我一直都觉得，你差不多可以这么来形容《卡斯帕·豪泽之谜》：一部带有叙事的《复杂蜃景》。卡斯帕的故事，其实也很科幻，和《复杂蜃景》最初的构思——外星人来到地球上——相类似。两者都不曾被人类社会影响过，不管走到哪里都会觉得困惑、吃惊。它们的核心问题，或许都是一个人类学意义上的问题：一个对我们世界全无概念，不曾接受过教育，也不知何为文化的人，就那么落在我们星球上，其结局会怎么样？他会感受到什么？会看到什么？一棵树、一匹马，看在他眼里会是什么样子？他会受到怎样的对待？我感兴趣的是，一个不曾受到社会、外力污染过的人，他身上会有怎样的故事。有一场戏，剑客扑向卡斯帕，他却岿然不动地坐着，因为他根本不知道什么是危险。另一场戏，他因为以前从没见过火，结果被火烧伤了。镇上的人最初见到他时，卡斯帕会说的词没几个，有些短语他虽会说（包括"我想像我父亲那样，做个英勇的骑士"），但显然不明白其实际的含义，只是鹦鹉学舌罢了。

片中某些镜头，持续的时间都出奇地长，例如影片开始不久之后那个风吹麦浪的镜头。我希望观众能移情到卡斯帕身上，希望他们注视某些东西时，能换种崭新的目光，用他那双无瑕的眼睛来看它们。我还用了帕赫贝尔（Pachelbel）的《卡农》来做配乐，象征卡斯帕由沉睡中苏醒过来。出自毕希纳《棱茨》（*Lenz*）的一段文字，更为这一刻添加了力量："你没听见周围这可怕的叫声吗？他们把这叫声称为宁静。"

《卡斯帕·豪泽之谜》是它的英语片名，德语片名直译过来的话，则是《人人为了自己，上帝为难所有人》（Every Man for Himself and God Against All）。

剧本写完的那个晚上，我看了一部巴西电影，若纪姆·佩德罗·德·安德拉德（Joaquim Pedro de Andrade）执导的《马库纳伊玛》（*Macunaíma*）。片中有个角色说了一句，"人人为了自己，上帝为难所有人。"我一下子蹦了起来，给卡斯帕的故事配上这么个标题，堪称完美。有段戏我当初剧本里写了，但最终没拍。卡斯帕逃过一劫后，与牧师有过一次谈话。卡斯帕说："看看周围那些人，我真心觉得，上帝一定是要为难他们。"

选演员的工作你一直都是自己来做吗？

那一直都是我工作的一个重要组成部分。有了好剧本，又有了好演员，导演几乎就是可有可无的了。导演工作的百分之九十内容就是挑选演员，这话绝对没错。哪怕是片中的小角色，我在选演员时都会极其仔细，只要你站到我镜头前面，你就会受到我极度的尊重。把几个演员往那儿一凑，指望电影自己能够成型，那是天方夜谭。演员与演员之间，必须要有互补，而且得有某种化学作用，甚至有时彼此之间还得有些摩擦才好。只要有一个演员不称职，整出戏都会受影响。

有时候，你明知自己的选择是对的，但要说服旁人接受，却会遇到困难。找布鲁诺·S来演《卡斯帕·豪泽之谜》的过程就是一个很好的例子。我最初见到他，是在年轻学生卢兹·艾斯霍尔茨（Lutz Eisholz）关于柏林边缘人（街头艺人、歌手）的电影《黑人布鲁诺》（*Bruno the Black*）里。对我来说，这事真是很碰巧，很走运。当时剧本已经写完，我完全不知道该找谁来演卡斯帕。所以当我在电视里看到布鲁诺时，毫不夸张地说，我一下子就被他吸引了。我立刻从床上爬起来，站在电视前，看得目不转睛。第二天我就找到艾斯霍尔茨，让他帮我牵线。几天后，我们一起去了布鲁诺家。他平时对谁都不信任，来开门的时候，他甚至都不看我的眼睛。一直过了半小时，他终于开始和我有了视线接触，也能吐露一些心里话了。一旦建立起互信的关系，整个拍摄过程中，我们都相处得很融洽。我俩一直聊得都挺深入的，这过程让人心情愉快，有时候我会把他说过的话，直接用在电影里，包括那句"他们不像是人，反倒像狼"。

他能否胜任剧情长片主角一职，所有人都心存疑虑。大家都劝我说，想要指导这样的人演戏，那是痴人说梦。于是我只能想个办法——这件事在此之前我从没做过，此后也没再做过——拉了个摄制组，拿着一台三十五毫米摄影机，去柏林附近某个湖边，拍了一段试镜戏。布鲁诺穿了一身戏服，我还找了个演员来跟他对戏。气氛从一开始就很尴尬，布鲁诺情绪紧张，动作僵硬，我感觉很不妙。但之后我又看了一下拍到的画面，发现布鲁诺并未犯任何错误，反倒是我有些失误。我也由此了解，今后该如何指导他表演。这电影的预算大部分来自 ZDF（德国电视二台），我给他们放了试镜片段。放映过程中，我在自己座位上越陷越深。灯亮的那一刻，放映室的空气里，飘浮着令人不快的寂静。台里管事的人起身告诉我，"我反对让布鲁诺演这角色，还有谁同意我的意见吗？"在场的有三十个人，全都齐刷刷地举起手来。我注意到，就在我身旁，有个人没举手。是约格·施密特-赖特怀恩，我的摄影师。我问他："约格，你支持用布鲁诺吗？"他笑着点了点头。看来是他心里的那把火，不知怎么占据了上风。

我一直不赞成投票表决那种数字上的民主，所以我看了看那些反对布鲁诺的人,然后又转身朝向施密特-赖特怀恩宣布:"投票表决我们已经赢了。"那就像是中世纪的时候,有人提议对修道院里的生活做出某些革新或改革,大部分修道士都出于冷漠,反对提议,只有两人充满热情,因为他们知道,要想推进他们的事业,只有做出这些改变才行。他俩的意愿是如此强烈,于是直接宣布自己就是"多数",赢下了投票表决。意愿更强的人赢得了战斗,而不是看谁人多。"就是布鲁诺了。"我向屋里每个人宣布,同时也希望台里管事的那位,明确表示他究竟是支持还是反对。他先是盯着我看了一会儿,然后说了一句:"我继续留在船上。"这人的名字是威利·赛格勒(Willi Segler),我喜欢他的忠诚。对我来说,那一刻真是太美妙了。如果你遇到这种情况,也得站稳了,寸土不让。在这之后,我们几乎毫无停顿,立刻便投入了影片的制作。

为什么要对布鲁诺的真实身份保密?

是他要求我们那么做的,这件事他做得很对。布鲁诺四岁时,他做妓女的母亲狠狠打了他一顿,以至于他暂时地失语了。母亲以此为借口,把他扔在了专收智障儿童、精神病小孩的疯人院里。他后来跟我讲过,纳粹时期他在一家收容机构里所经历的事。他和我合作的第二部电影,《史楚锡流浪记》里,他也谈到过这些。如果他晚上尿了床,他们会让他站起来,双手伸直,在所有孩子面前拉开床单,直到它变干为止。敢把手放下的话,就会挨打。九岁的时候,他终于从那里逃了出来,但之后二十三年的人生,仍在进进出出各种收容所和监狱中度过。他曾不止一次被少年法庭判决有罪,罪名包括流浪、公然猥亵。

布鲁诺很清楚,我们这部电影讲的不仅是社会如何杀死卡斯帕·豪泽的，它也关乎社会又是如何同样地将他给摧毁的。或许正是基于这个理由，他决定不公开身份。很多年里，我一直称他为"无名的电影战士"。《卡斯帕·豪泽之谜》是为他而立的纪念碑；我甚至想过，要把片名改成《布鲁诺·豪泽的故事》。我当时觉得，不该耽误他太久，不能让他长时间远离他原本的生活环境。我不希望把他暴露在媒体面前，不希望他们把他当电影明星来招待。可是，听说戛纳电影节的消息后，他非常兴奋。他对我说："布鲁诺想要广播他的手风琴，给他们演奏。"他平时称呼自己都用第三人称。而且他从不说"表演"，总是用"广播"（transmit）来表示。其实那就是个人肉市场，所以我抱着谨慎的态度，不太愿意带他去，但最终还是敌不过他的强烈意愿。"我这一辈子一直被人排斥在外，"他说："什么事都没办法参与。终于，我们做了这么一件漂亮事，我希望这次能有我的份。"戛纳的记者可谓无孔不入，好在布鲁诺面对他们时，始终能处变不惊，这真是很了不起。有一次他拿着手风琴，站在全场观众面前，他说，"接下来我要演奏的，是各种各样的红色。"面对所有人的关注，他始终不为所动，面对成群的摄影记者，也能处之泰然。《卡斯帕·豪泽之谜》的新闻发布会上，布鲁诺给所有人留下了深刻印象。他说他这次来戛纳看到了海，那是他生平头一遭，真没想到大海是那么干净。马上就有人告诉他，其实那海并不干净。"等世界上所有人类都被清走之后，"他说，"它会重新变干净的。"他在《史楚锡流浪记》的某几场戏里，说话的声音真是又甜又糯。虽然他过去始终被彻头彻尾地践踏打压，但他可真是一个热心人。

他是怎么适应拍摄现场的？

如果不是我俩之间迅速建立起了相互信任，我根本不可能完成这部影片。和布鲁诺在一起时,我时常跟他保持身体接触。他喜欢我握着他的手腕,不是手,只是手腕,感觉就像是我把手指搭住了他的脉搏。不过有时他也会变得难以控制,不管什么时候,只要他开始谈论这世上的不公,我都会尽量给他空间,由他畅所欲言。某次我生了一位录音师的气,他听布鲁诺叫嚷了几分钟,就受不了了,自顾自地拿了本杂志翻了起来。"付你钱,就是让你来倾听的。"我对录音师说。吵到最后,布鲁诺总会意识到,现场所有人都在看着他。于是他会说:"布鲁诺说太多了,接下来我们好好干活吧。"我反复告诉他,"布鲁诺,你需要说话的时候,需要谈你自己的时候,请放手去做。这并不会打搅我们,相反,这恰恰是我们工作的一部分。并非所有东西都需要被记录在电影里。"

布鲁诺很喜欢卡斯帕这角色,以至于休息的时候,他都不肯脱掉戏服。某天已经过了早饭时间,他还没有起床,于是我去敲他房门。无人回应。我把门推开,门后显然是被什么东西挡住了。布鲁诺睡在那里,就睡在地板上。身上穿得整整齐齐的,身旁还摆着枕头和毯子。他飞快地站起身来,已经完全清醒了过来。"你好,维尔纳,出什么事了?"他问我。看见眼前这一幕,我真是心都碎了。"布鲁诺,你睡过头了。"我说,"你一直都是在地板上睡的吗?""是的,布鲁诺总是睡在出口的边上。"那是能给他安全感的地方,过去每次他从惩教所跑出来,都会找地方躲起来,所以一直处于高度戒备中,随时都担心会被人重新抓走。

拍电影对他来说是件累活。每当筋疲力尽之际,他就会说:"布鲁诺要歇会儿了。"说完就趁拍摄间隙,抽几分钟打个盹。这也是他暂时忘记自己的方式。每个镜头拍完,照理我们都要录一分钟的环境声。不同的内景和外景,都有它自己的氛围,哪怕都是寂静无声，其实也静得各有不同。为了剪辑时能够接戏，每个镜头拍完后继续录一段声音，会大有用处。但因为布鲁诺也在现场，这项工作有时候就会遇到困难。一场戏拍完，我喊停还不到五秒，他已开始鼾声大作。还有些时候，我不得不一场戏才拍一半就喊停，因为他放屁的声音实在是太响亮了。大部分对白都是我在现场临时写的，具体说来，就是剧组布光的时候，因为到这时候，必须要把台词给演员了。临了才把台词交给他们，这显然意味着，他们根本什么都背不下来。我渐渐发现，在跟布鲁诺合作的时候，这一点尤其重要。要拍卡斯帕死掉的那场戏了，提前大约一周时间，我就和他谈了谈卡斯帕被刺死的那一刻，他边听边自己做笔记。几天之后他对我说："维尔纳，我终于知道要广播什么了。"他站在那儿，表情一本正经的。"我要广播死亡的呐喊！"说完这句，他大喊大叫起来，就像蹩脚的话剧演员表演死亡戏那样。最后他拼命挣扎起来，直至倒地不起。既然他想到这场戏要这么演，我索性在开拍前二十分钟，把整场戏重新写了一遍，这可比苦口婆心地去劝说他，要方便多了。所以，电影里你看到卡斯帕跌跌撞撞地走进花园，身上已经被刺中了。从此之后，我会特别留心，一定不让布鲁诺有机会提前琢磨剧本。

另一个问题就是，布鲁诺说的不是纯正的德语，甚至语法都是错误的，那更像是某种柏林郊区方言。但到最后，我们反而把坏事变成了好事。他语速缓慢、小心翼翼念台词的方式，不知怎的就把他的表演提升到了某种风格化的高度。他的嗓音，他的吐字发音，那感觉就像是他生平第一次接触这门语言。他正在发现其中的奥妙。这产生了某种美妙的效果，为他的表演注入了力量。

他是不是也越演越有信心了？

他是个聪明人，有在街头生存的智慧，并非完全不懂得怎么保护自己，这和他扮演的角色不同，面对世人，卡斯帕基本上完全无能力保护自己。开拍之前我就跟他说得很清楚：从最原始的层面上来说，这就是一次劳务交换。"你来演戏，我付你钱。"我解释说，"但它并不仅限于此，因为相比这世上任何人，你能更让人信服地为这角色注入生命。所以你肩负着很大的责任。"面对这样的挑战，他毫不犹豫地接受了。他很快就习惯了我们现场作业的方式，干得非常卖力。他拒绝吃午饭，因为他觉得那会让他分心。卡斯帕学走路的那场戏，也是布鲁诺自己想到了这个点子：在他膝后塞了根棍子，就那么坐了两个小时，直至双腿麻木，完全站不起来。

但有时候他对我们，尤其是我，也会带有强烈的怀疑。他总爱去酒吧买醉，钱也乱花一气，所以我提议说给他开个银行账户，可以让他挥霍起来不再那么随心所欲。他立刻就得出了结论，并且深信不疑：这是个阴谋，我们要偷他的片酬。谁都没办法说服他相信——哪怕是银行经理——我根本不可能拿走他账户里的钱，除非他给我书面授权。他甚至声称，那银行经理是我雇来的演员，我为偷他的钱，雇了一个搭档来扮演银行经理。但我更记得那些他给予我们完全信任的时刻，那对我来说很重要，令我动容。他不断地提到死的事情，还写了一份遗嘱。"我该把遗嘱放哪儿？"他问我，"我哥哥想我死，要是让我见着他，我也想干掉他。家人都没法相信。我那个当妓女的妈已经死了，我当妓女的姐姐也已经死了。"我告诉他，可以把遗嘱放在银行保险箱里，或是交给律师保管。"不行，信不过他们。"两天之后，他亲手把遗嘱交给我，请我负责保管。

为拍卡斯帕死掉的那场戏,我们找了一张纯大理石的老式解剖台。布鲁诺对死亡的事很感兴趣,顺带也迷上了这张解剖台。拍摄刚一结束,他就表达了想把它留下的愿望。"它的名字是公道,"布鲁诺用一种奇怪的声调对我说,"富人和穷人,最后的归宿都是这里。"他想把解剖台拿走,我则向他解释,这是我们从古董店租来的道具。我想我甚至暗示过他,这可能并不是他想象中的那种东西。"不行,布鲁诺必须要得到它!"他说,"当我看见自己睡在这张台子上,我就知道,死因是思乡病。"起初我一直没把他的要求太当真,直到某天,他给我看了一些他画的画,画的都是那张解剖台,还有躺在台上的他的自画像。他嘴旁还有个泡泡,里面写着这样的话:"死因:思乡病。"过了几个月,我问他是不是想要这电影的现场照片或是哪张剧照。"只有一张是我想要的,"他说,"就是解剖那场戏的剧照。那台子就是公道。"我想了想,还是应该让他得到那张台子。于是我跟店家买下了它,给了布鲁诺。

这次合作也给了他一定的自信,还提升了他的人缘。他在柏林住的那片地方,会有人把他拉到蛋糕店里去,请他吃东西。当地理发店还免费给他剃头、刮脸。他当时的本职工作,是在一家钢铁厂开叉车,我始终很注意,别因为拍摄影响了他的饭碗。拍戏用的是他的假期,因为他每年只有三周带薪假,我又特意为他申请了无薪的休假。他原本在厂里被人视作怪胎,影片上映之后,我给他厂里打了电话,说要找布鲁诺。秘书回答说:"抱歉,我们的布鲁诺这会儿不在车间。"之前他们从不会称他为"我们的布鲁诺",如今却真心以他为骄傲。显然,厂里所有人都看了这部电影。大家真拿他当回事了,真让他负责某些工作了。

我很清楚,这些其实都还不够,没法解决那些根本性的问题。

他悲惨的人生，实在是让他吃了很多苦头。拍摄期间，有时他会表现出对于人生和自身遭遇的彻底绝望。我劝慰他的话，也都是些他自己原本就明白的道理：这五星期的合作，根本不可能修复他那么多年被关押、遭大罪所形成的伤害。但我知道，长期来看，拍电影对他还是有帮助的，帮他终于放下了过去的事。对他来说，这是一次独一无二的机遇，可以好好反思一下自己的人生。当然，也有些事他最终还是没想明白。比如，当他邋里邋遢，孑然一身地走在街上时，为什么那些姑娘都不愿理他？他会抓住其中某位，大声嚷嚷："你为什么不吻我！"布鲁诺靠拍电影赚了不少钱，我们也尽量帮助他把钱用在正道上。所以从最原始的经济层面上来说，这段经历还是令他受益的。初见他时，他住的是单间，屋里堆满垃圾。等我们拍《史楚锡流浪记》时，他的住房面积变大了，但他不断从垃圾堆里捡东西回去，慢慢又把它塞满了。

我当时觉得，《卡斯帕·豪泽之谜》是我多年创作后的某种小结，所以安排了以往作品里的一些人物，出现在它的不同场景之中。侏儒温布雷坐在王座上；沃尔特·斯泰纳是那个喝醉的农民；作曲弗洛里安·弗里克是那个弹钢琴的，和他在《生命的标记》里演的是同一个角色；还有《阿基尔》里的温布雷希托，由菲律宾导演吉德拉特·塔西米克（Kidlat Tahimik）饰演，他说的是菲律宾的他加禄语。然后还有位年轻莫扎特，那是从我某个无疾而终的项目里残存下来的人物。那感觉就像是，我将这些人物、这些场景串在一起，画成了一条线，既是对我之前作品的总结，又是对我之后前进方向的展望。我当时就觉得，我正无拘无束地探索着新的方向，之后的《玻璃精灵》，就出现在了这条道路上。

你在《玻璃精灵》里把演员给催眠了。

电影这东西，本身就带有催眠作用。在拍摄现场，我常发现自己几乎像是处在一种无意识的状态中，必须问一下场记才能知道，哪些戏已经拍完，哪些还没拍过。发现这已经是开拍后的第三周了，我真是觉得错愕。"怎么可能呢？"我自问，"时间都去哪儿了？我究竟做成了哪些事？"那种感觉就像是我参加了一场豪饮的盛宴，然后自己都不怎么明白，就已经回了家。第二天一早，三位警察站在我床头，说我昨晚杀了人。

《玻璃精灵》的故事，大致来自于小说《死亡时刻》(*Die Stunde des Todes*)里的一个章节，作者是赫伯特·阿赫特恩布施，也就是在《卡斯帕·豪泽之谜》里催眠鸡的那位演员。那故事取材于一则历史悠久的民间传说，说的是下巴伐利亚一位农民先知，就像诺查丹玛斯[1]一样，他也预言了世界的末日。《玻璃精灵》的故事说的是有一位发明家，研制了某种很特别的宝石红玻璃，他死的时候，也把玻璃的秘密配方带进了棺材。家里上上下下都找不到线索，别的冶炼工人想要破解他的配方，结果也只能是徒劳。于是当地玻璃厂的老板，派人请来了传说中具有预知天赋的牧民海斯，但他也没帮上什么忙。到最后，老板相信了要在玻璃混合物中添加年轻处女鲜血的说法，刺死了家里的女仆。他宣布自己已掌握宝石红玻璃的配方，小镇上的人都乐坏了，开始疯狂庆祝。相比周围的人，海斯看事情更有前瞻性，他看到了世界末日的异象。他在出神的状态中，似乎见到一个全新的世界。他预见到，周围人全都疯了，小镇上的玻璃厂，也毁于一场大火。结果，就像他预言的那样，老板烧毁了自己的工厂。吹制玻璃的工人要找

---

[1] 诺查丹玛斯（Nostradamus）：法国籍犹太裔预言家。

出罪魁祸首，他们错把对邪恶的预言当成邪恶的源头，海斯成了放火的人。

起初我对催眠几乎毫无了解，也完全没想过要把它用在电影里。《玻璃精灵》的故事，这个关于集体疯狂的故事，有人明知大祸临头，却又无动于衷；这种明知是灾难，却还照做不误的行为，非常不幸，在德国历史上并不少见。想到这一点，我开始琢磨，要怎么才能让演员变得风格化，怎么才能让他们像是出了神那样，睁着眼睛四处梦游。我希望表演者带有流动、漂浮感的动态，这意味着有别于常见的行为和姿势。我希望影片有种幻觉的、预言的、集体性谵妄的气氛，越接近影片高潮，这种气氛越浓。被催眠的情况下，演员的身份不受影响，但他们身上多了一种风格化。片名中所说的"玻璃心"，或许就要从这个角度来看，才更易理解。在我看来，它指的就是某种敏感、脆弱的内在状态，具有一种类似于冰川的透明特质。原本我很想知道，人被催眠之后，能不能在不被唤醒的情况下睁开眼睛？被催眠的人，彼此之间能否交流？结果发现这两种情况都是有可能实现的。事实上，满满一屋子人里头，如果有两个被催眠的人，他们彼此之间靠着直觉，就能互相吸引。而且很多种情况下，催眠状态中的人，记忆力更强，学习外语会变得更容易。

有两部电影激励我继续推进这一设想，一是《傻瓜零蛋的悲剧日记》(*The Tragic Diary of Zero the Fool*)[1]。它说的是加拿大一家疯人院里的话剧演出小组。另一部是让·鲁什在加纳拍摄的《通

---

[1] 一九六九年的加拿大电影，导演是莫利·马克森（Morley Markson），他自己形容，该片是"一件实验性的即兴发挥作品。我仍记得，当初我把它送去参加多伦多电影节，结果没能拿到入围资格，因为他们认为，那实在'算不上是电影'。这评语我很喜欢"。参见一九七一年三月的《电影公报月刊》(*Monthly Film Bulletin*)。——原书注

灵仙师》，说的是豪卡部族一年一度的仪式。在致幻剂的强烈作用下，他们进入出神状态，演绎起英国总督及其随从莅临部族的场面。鲁什的大胆，他对人性洞察之深，给我留下了难以磨灭的印象。我觉得《通灵仙师》是影史最伟大的作品之一。毫不夸张地说，第一次看的时候，真的让我心跳都停止了。对我来说，它永远能给我启迪，启发我以绝大多数人不敢尝试的方式，去涉险接近人类灵魂的深渊。

你亲自给他们催眠的吗？

筹备过程中，我在报上登了广告，介绍了我们这个电影项目与催眠有关，公开招募愿意参加的人，结果收到大约六百人的回复。所以《玻璃精灵》的演员挑选工作，花的时间比我其他任何一部电影都要更长，不管是在它之前的电影还是之后的。筛选会每周办一场，前后持续了半年。最终，我们选出了大约四十人，既要考虑故事需要哪些类型的人，更关键的是，还要看他们对于催眠的接受程度。我们非常谨慎，选的都是些情绪稳定，对我们这部电影确实很感兴趣的人。接受催眠，其实并不是任由自己陷入无意识状态那么简单，关键在于要集中精神。在这方面也存在某种倾向性，正如有的人根本不用学，天生就会骑自行车一样，有些人就是很容易被催眠。在这方面，每个人的敏感程度不同。有的会立刻陷入麻木状态，完全失去方向感；他们丧失了大部分肢体控制能力，显然，这样的人我们不会挑选。另有些人即使被催眠后，反应也很正常，看着就和没被催眠的人没多少区别。每个人的情况都不一样。比如一直都在大笑的那位老人，他一旦被催眠之后，就不愿再醒过来，每次我要让他重新恢复清醒，他都非常抗拒。

我们还请了一位催眠师，按照原本设想，他应该当个副导演什么的，结果却发现，这是个信奉新纪元运动[1]的讨厌鬼。他声称催眠是一种宇宙间的光晕，只有他靠特异功能，才能吸引到它，然后发散出去。他的所有做法，都让我觉得恶心。他总爱唠叨催眠如何与超自然现象直接相关。多年之后，我从他的言论里，挑了些最荒诞不经的说法，放在《纳粹制造》里哈努森在舞台上表演的那场戏中。人在清醒状态和睡眠状态的神经系统差异，对比人在睡眠状态和催眠状态的神经系统差异，其实或多或少就是同一回事。平时大家说到催眠，总爱给它罩上神秘光环，但其实那就是个普通事物。只不过科学家暂且还不能给出充分说明，无法解释人被催眠时，究竟发生了哪些生理性变化罢了。虽然庙会上的催眠师，总想说服看客相信，它和玄学或是某种邪恶力量相关，但事实恰恰相反。催眠的过程，其实就是催眠师借助思维与语言的仪式，为自我催眠这一行为注入生命的过程。那完全就是自我暗示。事实就是，只要你天生就有威信，再加上一定强度的暗示，随便是谁都能当上催眠师，所以经过两次排练之后，我就全都自己来了。

有没有人怀疑那不过是个噱头？

当然有，但即便只是噱头，背后的目的其实也非常清晰。通过催眠，演员在异象的、诗意的语言方面的潜能，都被释放了出来。我要从他们身上激发出诗意的语言来，那是他们以前从未接触过的东西。同样道理，噩梦般的《侏儒流氓》、令人忘我的《木雕家斯泰纳的彻底忘我》以及我和布鲁诺·S、菲妮·斯特劳宾

---

1 新纪元运动（New Age）：西方二十世纪七十至八十年代的社会与宗教运动。

格一起拍的那些电影,也都是要尝试在银幕上呈现某些内在状态,让所有人去看,去体验。之所以要和他们排练,目的就是为了整合出一整套的暗示作用,通过这些暗示,才有了你在片中看到的那种风格化的梦游。所以重要的就是你暗示那些演员的具体方式。用不了多久,他们就能感受到那根本不存在的热量了,而且这种感受相当强烈,以至于他们会真的汗如雨下。他们会和假想出来的对象聊天,甚至于两个都被催眠了的演员,可以很连贯地与假想出来的第三人一同聊天。有位女士,我将她催眠后,告诉她说,她再也没法开口说话了。催眠结束,我把她叫醒,但她说话还是很艰难,还跟我要水喝。我只能将她再度催眠,告诉她,"你正慢慢恢复自己说话的天赋,再次醒来时,你会变得像大演说家那样,能言善辩。"果然,她立刻口吐莲花起来。被催眠之后,他们做动作、说话的节奏,常会变得古怪。但结束催眠之后,许多人对自己先前的行为,只剩下很模糊的记忆。一条镜头拍完后,如果距离下一条开拍,需要等待超过两分钟,我都会先让他们结束催眠状态。因为被催眠太长时间,对人体健康不利。经过几周的合作之后,通常我只需十至十五秒,就能重新再让他们进入催眠状态了。

指导他们表演时,与其给出具体要求,更重要的还是,要设法让他们进入正确的情绪。所以我不会要求他们从房间这头走到那头,我会告诉他们,"你走起来,感觉就像是慢动作,因为房间里到处都是水。你的呼吸不成问题,就像是潜水员那样。你正漂着,浮着。"或者我会告诉他们,"你能看见同伴,但就像是看一扇玻璃窗那样,你的视线要穿过他。"还有"你是一位超级天才发明家,正在设计一项疯狂、美妙的新产品。当我把手放你肩头时,请告诉我那是什么产品,有什么作用"。我希望每位演员都能写一首诗,但他们究竟会写出什么来,那完全取决于我会如何暗示,所以我用的并不是直截了当的说法,而是告诉他们,"你是几百年来踏足这片异域小岛的第一人,岛上布满丛林,都是怪鸟。你遇到一处巨型悬崖,细看才发现,那山石其实都是绿宝石。几百年前,有位高僧刀劈斧凿,在石头上刻了首诗。现在你睁开眼睛,你是世上读到这首诗的第一人。请把你看到的诗,大声朗读出来。"有位演员,并未接受过正规教育,平时的正职是替慕尼黑某警队打理马厩。他先是站在那儿向我表示歉意,"我忘戴眼镜了。"我让他再往前站一点,那样就能看清楚了。于是他朝前走了几步,用一种奇怪的嗓音念了起来,"月亮为什么不能喝?喝月亮用的杯盏为什么没有?"后面还有好多句,是一首相当漂亮的诗。当然,也不是所有人都能说出如此非同寻常的东西来。另一位演员,本身是个中途退学的法律专业大学生,我跟他讲了同样的故事,他看了一眼那面墙壁,开始念道:"亲爱的母亲,我很好。一切都好。我现在憧憬未来。吻你抱你,你的儿子。"

片中唯一未被催眠的演员,是扮演海斯的约瑟夫·比尔比希勒(Josef Bierbichler),那是镇上唯一能预见未来的人。还有玻璃厂里的工人,那些都是货真价实的职业玻璃吹制工人,我也没有催眠他们,因为液态的玻璃温度超过一千摄氏度,催眠他们的话那会很危险。而且车间里非常之热,他们本身啤酒就喝得很厉害了。那工作的强度很大,他们也没别的工具,就一根长管子,一把老虎钳。他们这份工作,其中某些工序是靠机械设备永远都没法做到的。片中有个镜头,真是叫人叹为观止。一位玻璃吹制工人凭空做出一件小马的工艺品来。这些工人对物理材料理解之深,是我平生仅见。能够近距离观察真正的艺术家如何创作,没有比这更让人满足的事了。

拍摄酒吧那场戏时,被催眠的演员都围坐在一起,每次我告诉摄影师施密特-赖特怀恩向左再走一步,所有演员也会一起照做。到最后,我只能在拍摄时用起了两种语音语调完全不同的嗓音说话:一种用来指挥技术部门,另一种用来指挥演员表演。多年之后拍摄《纳粹制造》时,我把催眠术教给了演哈努森的蒂姆·罗斯(Tim Roth)。某天拍摄的时候,我抬头一看,发现摄影师彼得·蔡特林格正跟跄跄地向后退。他先前离蒂姆太近了——蒂姆在这部影片里,身上有种奇妙的魔性气质,而且当时拍的正是他直视镜头说话的戏——已经陷入了被半催眠的状态。

你觉得观众需不需要知道演员被催眠了这件事?

我从没想过要在这件事上做什么文章,我的本意是越不为人所知越好;是媒体在挖新闻。他们想出了很多说法,我只能出面回应,然后还有位记者瞒天过海地参加了我们的排练,结果造成很大破坏。媒体暗示,我之所以要催眠演员,是想要彻底控制他们,问题是我要一堆提线木偶有什么用呢。人们常犯这样的错误,以为被催眠之后,人就会受操纵,但实情绝非如此,因为催眠并未触及他们的内心。控制被催眠的人去杀人越货,那只是传说。我要是让哪位被我催眠了的演员拿把刀去杀他母亲,他肯定会拒绝。而且被催眠的人会有说谎的倾向,这更说明我的计划完全与控制欲无关。关于催眠的力量,还有一种误解,以为那可以让人穿越到前世。刚开始挑选演员的时候,那个让人讨厌的催眠师告诉某些已进入出神状态的参与者,他们生活在古埃及。于是有些人开始用奇怪的语言说话,谈论自己几百年前的前世生活。甚至有位女性说她生活在亚历山大，是个舞娘，在高台上舞蹈时还能看到尼罗河。真是一派胡言，当时的亚历山大附近，根本没有任何一条尼罗河支流流经，她说的尽是些含混不清、毫无意义的胡话，和美南浸信会里那些说方言的人没什么两样。

而那些并不知道我对演员做了催眠的观众，会和我谈起《玻璃精灵》"宛如做梦一般的气氛"。开场的瀑布画面，其存在的作用，几乎就像是为了要让观众进入出神的状态一样。紧盯那运动的水流，仔细倾听德语语声中的暗示——如果你只顾着看英语字幕，那就没法真正达到这效果了——你会感觉那瀑布似乎静止不动，反而是你自己在向上漂流。这种体会，就和你站在桥上往下看奔腾不息的河水是一种感觉，看着看着，忽然之间你会感觉，河流似乎已停止不动，你自己开始流动起来。荷尔德林有首诗里有这么一句："人甚至可以向上跌落。"有一次，我把《阿基尔》放给一群被催眠了的观众看。片长一个半小时，为让他们能被催眠那么久，我事先给他们放了一段"波波尔·乌"（Popol Vuh）乐队的音乐——就是出现在《阿基尔》中的那一段。我告诉他们，只要听到这段音乐，他们就会陷入深度催眠状态。事后，我找了几位观众聊了一下。有人很肯定地说，他刚才上了一架直升机，飞机始终绕着阿基尔飞行，以躲避他的目光。还有些人明明在放映时睡着了，但事后坚持认为，自己一点没落地看完了整部电影。于是我让他们给我复述一下剧情，得到的答案五花八门，全都很有想象力。

确实有可能用银幕来实现催眠。拍《玻璃精灵》时，最初我曾想到过，要设置一段开场白，我亲自登场，直接冲着镜头向观众解释，如果他们愿意的话，可以在被催眠的状态下来体验这部电影。"现在，如果你们能跟着我的说话声,看着我手里拿的东西，聚精会神，你们就会被我催眠，你们就能在一个不同的层面上观赏这部电影了。"电影结束之后，我会再次出镜，轻松自然地柔声唤醒他们。至于那些不想被催眠的观众，我原本也会事先提醒他们，在我说话的时候，移开他们的目光。"别听我说话，别照我说的做。"但在那之后，我对催眠有了更多了解，于是放弃了这一设想。换作新闻主播的话，他们完全有可能每晚都令部分观众陷入被催眠的状态。他们所需要做的，只是对他们说话而已，但那显然也会构成潜在的危险。陷入催眠状态的观众，绝不能对他们不管不顾。这种事做起来，就一定要负责任。

《玻璃精灵》用到的那些外景地，都是最典型的赫尔佐格式的地点。

那都是些很难明确定义的风景，于是影片的时代背景，似乎也有了种十八世纪末期的感觉。它的定义其实很宽泛，只知道是在过去，在工业革命之前。我们在巴伐利亚拍摄，离我长大的地方不远，然后还有瑞士和阿拉斯加，靠近冰川湾（Glacier Bay）的地方。所有这些地方，外表都平平无奇，在片中全都被算作在巴伐利亚了。片头的地方，那可算是我生平所创作过的最棒的画面之一：山谷中，云河流淌。这是在巴伐利亚拍的，靠近捷克边境的地方。因为当时手里没什么自动拍摄的设备，所以大家伙就那么在山顶上待了几小时。我们围坐着，唱唱歌，轮流拍，每隔十秒钟就要手动地上去拍一帧画面，还要根据变化的光线调整光圈。

《玻璃精灵》的最后一个段落，有可能是我这辈子拍过的最好的东西。那真是太有力量了，以至于我自己看的时候，都会变得呼吸急促起来。我们是在斯凯利格·迈克尔（Skellig Michael）

令人忘我的自然景观中拍摄的，那是距离爱尔兰西南海岸几千米处的一块巨型岩石。它就像金字塔那样，巍然耸立于大西洋的滔天巨浪中，高达两百多米。八世纪时，一群修道士在它上面修了一所小修道院，以便能更好地一睹即将到来的世界末日的景象。维京海盗在此抢掠多年，有些修道士被他们抛入海中，剩下的则卖给了奴隶贩子。这地方你只有在天气好、风平浪静的时候，才能到得了。其余时候，它附近会卷起三十米高的巨浪。巨浪拍击岩石，泛起无数浪花。因为汹涌的海浪外加瓢泼大雨，当初拍摄那些人划船的镜头，过程相当艰难。每次摄影师毛赫做好了准备，能够拍摄时，演员却都趴在船侧呕吐不止。等他们吐完能开拍了，又轮到毛赫在干呕了。而我则忙于向空中抛碎面包屑，引诱鲣鸟。当地人告诉我们，那么多年来，第一次看到有人能坐着那么小的船，就到了那里。靠着那些修道士以专业水准制作出的六百级石阶，上到岩石的最高处，你仍能走进那距今已有千年历史的修道院，各栋建筑物，全都保存完好。

海斯看见一个异象：有个男人站在那里，他始终相信，地球是个平面，在海洋远处某个地方有个深渊，那里就是地球的尽头。那么多年来，他就那么站着眺望大海，直至另几个人——他们也还不知道我们住在一个圆形的星球之上——也加入了进来。某天他们终于下定决心，去实现一次终极冒险，驾着孱弱的小船，划向大海。这世上有勇气探险的人很少，他们恰恰就是这样的人。对这些人来说，一定得去看看世界的尽头。他们向着灰色的开放水域航行，与风浪搏斗，寻找着真相。影片最后一个镜头里，伴随着马蒂姆·哥达斯（Martim Codax）的旋律，我们看见在厚厚的云层底下，大海的颜色越变越暗。

然后出现了一段话:"那或许是希望的象征,一些鸟儿也跟随着他们,飞向了一望无际的大海。"那是你写的吗?

是我写的。而且说不清是为什么,可能我也想成为你从很远处就能看到的那个男人,他正眺望着地平线,凝视着怒海前方那片未知地带,他决定出发,亲自去发现地球的形状。

第五章

正统性

一只土拨鼠能咽下多少木头
史楚锡流浪记
苏弗雷火山
诺斯费拉图
沃伊采克

你说过，你并不是德国浪漫主义传统的一部分。

多年之前我在巴黎的时候，那儿刚举办过德国浪漫主义画家卡斯帕·大卫·弗里德里希的作品展。我当时遇到的每一位记者，似乎都看了那个展，他们就像是发现了新大陆一样，坚持认为要在这一背景下，重新认识我的电影——尤其是《玻璃精灵》和《卡斯帕·豪泽之谜》。几年后，又有一次类似的德国表现主义画展，所有人又都告诉我，他们在我作品中找到了许许多多表现主义元素。前不久他们还深信不疑地认定，我的电影从头至尾，全都是德国浪漫主义元素；没过多久他们又确信——其肯定程度，甚至比上一次还有过之而无不及——我作品中不可能没有预先就构思好的象征主义概念。浪漫主义、象征主义，法国人听说过的德国艺术运动，就这两种。所以，赫尔佐格一定是受到了其中某一种的影响，不是这种就是那种。到最后，我也实在是无力解释了，只能随他们去了。至于美国人，那么多年来，大体上他们对我电影的态度一直都挺不错的，不管是浪漫主义还是象征主义，他们都所知甚少，所以对他们来说，唯一的问题就是，"这部电影对纳粹主义什么态度，支持还是反对？"或者偶尔还会问一下，"这部电影与布莱希特的理论与原则，是否存在某种关联？"

我和浪漫主义，完全就是背道而驰、观点相逆的。你可以再去听一下我在《梦想的负累》(*Burden of Dreams*)里——就是莱斯·布兰科（Les Blank）跟拍的关于《陆上行舟》的纪录片——针对卑鄙龌龊的自然、缺少和谐的自然、充斥着各种艰难求生的生物的自然，所说过的那些话[1]。只要你能理解这番话的意义，那你肯定能看出来，说这话的人，绝不可能是个浪漫主义者。我关于自然的想法，如果你觉得这很有意思，那不妨抬头看看夜空，想一想，那就是彻底的一团糟，充斥着顽拗的混乱。宇宙最重要、最压倒一切的特性，就是它非常巨大的冷漠与失序。地球就是一个极小的微粒，被无数颗不适合人类居住、充满敌意的致命核辐射星球所包围，我们竟能生活在这样一颗星球上，光从统计学上来说，这完全就是不可能发生的事。从某颗卫星看整个太阳系，你会发现地球完全没有存在感。宇宙根本就不在乎我们怎么样，我希望自己永远都不需要向它求援，因为求了也是白求。那些星球距离我们有几十亿千米，体积也超过地球数万倍，它们又会在乎什么？在《灰熊人》（*Grizzly Man*）里，从那些蒂莫西·特雷德韦尔（Timothy Treadwell）拍摄的素材中，我们见证了面对野性自然时，他的伤春悲秋。在他田园牧歌式的描绘中，灰熊与周围环境和谐共处，臻至完美；但这观点持续地受到挑战。我在旁

---

[1] "这里的树很痛苦，这里的鸟，也都很痛苦。我不觉得它们是在歌唱，那不过是痛苦的尖叫声……这是一片上帝——如果真有上帝的话——带着愤怒情绪创造出来的土地。只有这地方，他创世只创了一半。仔细看看你周围，确实存在某种和谐。那是压倒一切的、集体性的谋杀的和谐。相比这整个丛林所清晰表达出来的卑鄙龌龊和淫秽下流，如果说那是一种清晰无误的巨大声响，那么相比之下，我们自己听着、看着，倒像是愚蠢的乡巴佬小说，那种廉价小说里头，那些发音蹩脚、只写了一半的句子。面对这压倒一切的痛苦，这压倒一切的淫乱，这压倒一切的生长，这压倒一切的失序，我们必须保持谦卑。在这里，即便是天上的星星，看着也像是一团糟。宇宙间就不存在什么和谐。我们必须要认识到这一点：我们所设想的那种真正的和谐，其实根本就不存在。但是，在我说上述这些话时，我内心始终满怀着对于丛林的赞美。我之所以说这些，并不是因为我讨厌它。我爱丛林，非常之爱。我心里明明知道不应该，却还是爱它。"——原书注

白里说了,"在这一点上,我和特雷德韦尔有分歧。"我解释了我在这件事情上的想法,那与他的伪浪漫主义截然相反。

虽说浪漫主义的各种元素几乎都与我无关,但对于卡斯帕·大卫·弗里德里希,我倒是很有亲近感。他的画作《海边僧侣》(*The Monk by the Sea*)和《雾海游子》(*The Wanderer Before the Sea of Fog*)里,都有个独自站立的人,远眺眼前的风景。对比周围环境体量之大,人物本身显得渺小、无关紧要。弗里德里希画的,并非风景本身,他希望展现给我们的,是那些内心的风景,那些只存在于我们梦中的风景。而一直以来,这也正是我试图通过自己的电影去表达的东西。

哪些艺术作品对你影响最大?

我这会儿能想到的有马蒂亚斯·格吕内瓦尔德[1]、希罗尼穆斯·博斯以及彼得·勃鲁盖尔[2],当然还有卡斯帕·大卫·弗里德里希。还有一位也是我觉得很亲近的,一位很不知名的十七世纪荷兰画家,赫丘里斯·塞吉斯(Hercules Segers)。他就属于那种极富远见、不依附于他人的人物,比他生活的时代领先了几百年。关于他的生平,我们所知甚少,而他留传下来的作品,为数也不是很多。他有酒瘾,被周围人视为疯癫;他活着的时候非常贫穷,制作版画时从不讲究材料,能找到什么就印什么——包括桌布和床单。他死之后,许多作品都被人拿来当布头,包黄油面包用掉了。当初能赏识他的人很少,伦勃朗是其中一位,他收藏了至少八件塞吉斯的版画作品。他还买过一张塞吉斯的油画,

---

1 马蒂亚斯·格吕内瓦尔德(Matthias Grünewald):德国文艺复兴时期画家。
2 彼得·勃鲁盖尔(Pieter Brueghel):文艺复兴时期布拉班特公国(曾在十五至十七世纪建国,领土跨越今荷兰西南部、比利时中北部、法国北部一小块)的画家。

入手之后立即便对其"加以改进",在画上添了几朵云彩,还在前景中加了一辆牛车。你不能说他改得欠缺智慧,只是改过之后——那画现存于佛罗伦萨乌菲兹美术馆——它也就和我们常见的那个时代的作品没什么两样了。你再看看塞吉斯的版画作品,那种感觉就像是遥遥领先于他所处的时代,已经脱离历史本身,独立于世了。见到这些画面,感觉就像是有人由时间长河中伸出手来,触碰到了我的肩头。他创作的风景,已经全然不再是风景;那是人的心境,如梦似幻的异象中,充斥着忧惧、荒凉与孤独感。所有这些,都由地底深处发散出来,由那些明明并未出现在画中,却又感觉像是在那儿的岩石中发散了出来。几乎所有东西都不再容易辨认;感觉是如此地超现实,就像是降落在我们星球上的外星人。画上极少出现人形,即便出现,那也只是一些微小的斑点,看着就像是一群梦游者。整个山巅飘浮在大气之中,似乎无须服从地心引力的约束。塞吉斯创造的画面,是灵魂的小道消息。那就像是好多支手电筒,握在了我们迟疑不定的手中,放射出惊恐的光束,在那地方的幽暗深处打开数个缺口,那个我们只了解其中一部分的地方:我们自身。说起来真是让我愤愤不平,我遇到过的那些学艺术的学生里头,知道塞吉斯的一个都没有。

音乐上的影响呢?

我一直受音乐影响很大,甚至有可能是最大的。电影人会受到音乐那么大的影响,说来可能会让人觉得奇怪,但于我而言,那真是很自然的事。我喜欢那些早期作曲家,蒙泰韦尔迪、杰苏阿尔多、海因里希·许茨和奥兰多·迪·拉索。或者还可以再往前点儿,约翰内斯·西科尼亚、行吟诗人马丁·哥达斯、弗朗切斯科·兰迪尼和皮埃尔·阿贝拉尔,最后到巴赫的《音乐的奉献》

(*Musikalisches Opfer*)那儿。

文学呢?

当我在黑暗中穿行时,能有某几位诗人相伴,给了我莫大的安慰。有那么一些德国文学作品,都是让我高山仰止的,例如毕希纳的《沃伊采克》、克莱斯特的短篇小说、荷尔德林的诗歌——荷尔德林对语言的外部界限做了探索。从波尔多到斯图加特徒步旅行过后,他发疯了,人生后三十五年都被关在塔楼里。他对语言的理解,已达到了毁灭自我的程度,而他试图以诗歌来抵御内心崩溃的做法,也深深触动了我。阅读荷尔德林的时候,我感觉自己就像是哈勃望远镜,正在探索宇宙的深处。此外,还有约翰·克里斯蒂安·金特(Johann Christian Günther)、安德雷亚斯·格吕菲乌斯(Andreas Gryphius)、弗里德里希·施皮(Friedrich Spee)和安格鲁斯·席勒休斯(Angelus Silesius)这些巴洛克时代的诗人,对我来说也都意义重大。我还欣赏彼得·汉德克和托马斯·伯恩哈德的作品——虽说他俩都是奥地利人;此外还有瑞士作家罗伯特·瓦尔泽。相比任何一位德国浪漫主义作家的作品,我宁可去读马丁·路德一五四五年翻译的那版《圣经》。还有约瑟夫·康拉德的短篇小说,或是海明威早年写的那四十九个短篇——尤其是《弗朗西斯·麦康伯短暂的快乐生活》(*The Short Happy Life of Francis Macomber*)——又有谁能读完后不觉得刻骨铭心呢?第一位真正的现代英语作家是劳伦斯·斯特恩(Laurence Sterne),尤其是他那本了不起的《多情客游记》(*Sentimental Journey*),但我也要推荐一下《项狄传》(*Tristram Shandy*),那真是一本彻头彻尾现代的小说。其叙事带有各种奇妙的跳跃、矛盾和夸张,在二百五十年后的今天,读来依然觉得新鲜。如果我被困在荒岛上的话,我会毫不迟疑地选择全部二十卷《牛津英语词典》来给我做伴。那是人类智慧不可思议的伟大成就,是人类所缔造的最伟大的文化丰碑之一,汇聚了一百五十年间数千位学者的努力。

电影上的影响呢?

我常会想,倘若电影能早发明几百年,倘若塞吉斯、克莱斯特、荷尔德林与毕希纳都能借由电影来自我表达,如果真那样的话,在全世界范围里,一定会诞生许多了不起的文化上的巨变。电影人里能让我觉得有亲近感的,我这会儿能想到有格里菲斯——尤其是《一个国家的诞生》(*Birth of a Nation*)和《残花泪》(*Broken Blossoms*)——茂瑙、布努埃尔、黑泽明以及爱森斯坦那部并不怎么受他蒙太奇理论约束的《伊万雷帝》(*Ivan the Terrible*)。上述这几位拍的所有作品,都堪称伟大,但只有格里菲斯,一直被我视作电影界的莎士比亚。我还喜欢德莱叶的《圣女贞德蒙难记》(*The Passion of Joan of Arc*)、普多夫金的《亚洲风暴》(*Storm Over Asia*)和杜甫仁科的《大地》(*Earth*)。沟口健二的《雨月物语》饱含美妙的诗意,而萨蒂亚吉特·雷伊(Satyajit Ray)的《音乐室》(*The Music Room*),则是每一位懂得欣赏电影的人,都无法忽视的作品。《音乐室》的开场段落,富有的贵族主人公,站在他破败不堪的宫殿屋顶,审视着自己的土地,这画面让人看了瞠目结舌。整部影片完全不走滥情路线,假设影片开场才四分钟就全片结束,我们也已了解了有关这位主人公的全部。还有一些人,例如塔可夫斯基,他们也拍了不少能打动人的作品,但我总觉得,他从法国知识分子那儿获得的宠爱过多,以至于我很怀疑,他创作的目的,根本就是为了继续赢得那份宠爱。还有讲究美学与政治的古巴电影，我也很喜欢，尤其是温贝托·索拉斯（Humberto Solás）的《露西娅》（*Lucía*）。巴西新电影运动中那些导演，内尔森·佩雷拉·多斯·桑托斯（Nelson Pereira dos Santos）、鲁伊·盖拉（Ruy Guerra）和格劳贝尔·罗恰（Glauber Rocha），我也一直都觉得相当重要。这些人里，我和罗恰稍稍打过些交道，二十世纪七十年代早期有段时间，那几周我俩正巧都在加州，都住在特柳赖德电影节联合创始人汤姆·勒迪（Tom Luddy）家里。罗恰会在半夜三点敲开我的房门，热情地向我介绍他的某些新点子。

还有伊朗导演阿巴斯·基亚罗斯塔米（Abbas Kiarostami）的电影，特别有力量，能与之匹敌的作品实在是不多。他的作品给我留下了很深的印象。《何处是我朋友的家》（*Where Is the Friend's Home?*）里，小男孩错拿了同桌的作业本，他为物归原主，想尽一切办法。因为他知道，同桌已被老师警告过，再不完成作业的话，就会被赶出学校。小男孩自己也有很多家务活要做——例如买面包、照料弟弟，但他决定不顾家规森严，为寻找同学跑出家门，消失在群山之间。这是一部让人动容的电影，故事说穿了其实非常简单，但你一下子就能感受到，阿巴斯的电影植根于波斯诗歌五千年的悠久历史之中。在德黑兰机场坐上一辆计程车，驶向市区，一路上，司机很可能会为你背诵几首海亚姆（Khayyám）、菲尔多西（Firdusi）、哈菲兹（Hafez）的诗歌。在阿巴斯的《特写》（*Close-up*）中——所有关于拍电影的电影里，这是史上最出色的之一——忽然之间叙事停了下来，那几秒钟里，我们看着一管喷漆颜料罐头，由山坡上一路滚落，直至其停下。那真是拍得相当大胆。

此外就是那些必不可少的电影了，诸如功夫片、《疯狂麦克斯》(*Mad Max*)那种追车撞车片、优质的色情片——好的色情片，要比自以为是、附庸风雅的所谓艺术片更耐看——以及鲁斯·迈耶想象力爆棚的作品——他用胶片捕捉了我们共同的梦想中最卑鄙龌龊的那些本能。这些都可以说是"最电影的"电影。弗雷德·阿斯泰尔(Fred Astaire)有可能长了一张最无趣的脸，但他的舞步，却是所有电影里最纯粹的东西。巴斯特·基顿(Buster Keaton)是一位如假包换的杂技演员，也是证明我前述观点的证人之一：影史最出色的电影人里，有些压根就是运动员。整个默片时代，所有人里最能撼动我心灵的，非基顿莫属。上述所有这些电影，它们所要传达的讯息，就在于银幕上那些运动的画面本身。我热爱这类电影，因为相比另外一种电影，那种拼了命也要向观众传递重大讯息的电影，这类电影不搞虚头巴脑的那一套，而且它也不像绝大多数好莱坞出品那样，充斥着虚假的情感。阿斯泰尔的情感，始终都能得到美妙的风格化处理；和一部优秀的功夫片相比，诸如戈达尔之流，那根本就是知识分子层面的假钞。电影是"每秒二十四次的真理"，但凡能说出这种话的人，根本就是个无脑儿。他甚至就不是个法国人[1]，却想要比法国人还法国人。

动画片呢？

在有些电影节上，一连看了五部垃圾电影，观众会有节奏地高唱《啄木鸟伍迪》(*Woody Woodpecker*)的主题曲，期待能放一下这部动画片。碰上这种危难时刻，我有可能会鼓励这种行为，但总体而言我对动画片没太大兴趣。

---

[1] 戈达尔生于巴黎，但父亲是瑞士人。

你是艺术家吗？

从来就不是。我想要做的，只是一个电影的步兵。我的电影也不是艺术。我对"艺术家"这一概念的态度，其实挺矛盾的。怎么样都觉得不太对。埃及国王法鲁克当年遭人流放，极度肥胖的他，仍能狼吞虎咽地吃着一条又一条羊腿，但他有句话说得很漂亮："这世上再也没有国王了，除了最后剩下的这四个王：红桃K、方块K、梅花K、黑桃K。"正如王室的概念如今已失去意义，艺术家这种说法，不知怎么的，也已显得过时了。现在只有一个地方还有艺术家：马戏团。那儿有演空中飞人的艺术家，有玩杂耍的艺术家，甚至还有饥饿艺术家。和艺术家一样让我起疑的，还有"天才"这一概念。所谓"天才"，在现代社会中并无他们的位置，他们属于旧时代，那个在黎明时用手枪决斗的时代，那个公主落难、英雄救美的时代。

既然你的电影不是艺术，那它们是什么？

诗歌。我是个匠人，我内心感觉最有亲切感的，是中世纪晚期那些匿名打造作品的工匠——例如创作了科隆三联画的那位大师；他们从不觉得自己是艺术家。匿名创作意味着，作品本身会有更强的生命力，不过现如今，在这个联系越来越紧密的世界中，要想再隐藏自己的身份，无异于痴人说梦。当年那些工匠，以及他们的学徒，对于自己创作时用到的物理材料，有着一种真正的理解和感情。在米开朗琪罗出现之前，所有的雕塑家都只拿自己当石匠看待，这种情况最晚可能要一直持续到十五世纪晚期，在此之前，他们中间没人觉得自己是艺术家。他们只是手艺熟练的匠人，带着学徒，受教会或市长的委托，完成作业。有一次，佛罗伦萨下了大雪，美第奇家族中某位极其愚蠢的成员，要求米开朗琪罗在他们别墅的院子里,堆个雪人出来。米开朗琪罗二话没说,毫不犹豫地走到室外,完成了这件任务。我喜欢他的这种态度,百无禁忌。

你对电影节抱什么看法?

绝大多数导演拍片时,都要面对很大的经济压力,所以一部电影拍出来,只有公映了,有了观众,它才算是真的诞生了。现如今,很多电影能放映的渠道有限,这有限的渠道里,就包括电影节。但是,你的作品要送去哪个电影节,做决定时你可得三思。决定哪些电影能入围,哪些电影能获奖的标准背后,并不存在什么理性的判断。外界总是很看重电影节,仿佛那是电影质量的判断依据,但《阿基尔》和《诺斯费拉图:夜晚的幽灵》,当初要去戛纳参赛,都被拒之门外了。如今,许多电影人对于这种近亲繁殖的电影节小圈子,已经不再信任。这是好事情。某年我曾做过柏林电影节的评委,那次经历只能让我更坚定原本的想法:给电影评判高下,这事本身就不怎么靠谱。参赛的二十部电影里,有十五部是垃圾。电影节已经变成了谋取私利的实体,其核心太过偏向于小圈子以及——比小圈子更有害的——各种奖项。奖项这东西,虽然有时候获奖就意味着会有一笔奖金,但撇开这一点不谈,它在我心目中从来就不具有任何的重要性。一部电影从来就不会因为它拿没拿某个奖,就变得更好或是更差。奖项这种东西,最好还是留给狗展和农产品展销会上的牲口。我很好奇,会不会有哪家电影节敢斗胆宣布,所有参赛片里没有任何一部,够格获奖。

最近这些年,电影节的整体风气,已经让我觉得很不舒服了;特别是有些时候,一些年轻电影人会强拉住我,非要给我宣传他们以及他们的作品是如何与众不同。某年在圣丹斯电影节上，我正和一位年轻女士在谈话，她把我介绍给她的商业伙伴和经纪人，话才说了一半，她掏出手机，接了个电话。结果我只能落荒而逃。而且近些年来，电影节的增殖速度让人瞠目结舌，而这也意味着，留给那些平庸、俗气、不够资格的作品去表演的舞台，正不断地扩大。今时今日，全世界有四千个电影节，与此形成对比的却是，哪怕是碰上电影大年，真正值得一看的好电影，一年里也就四部。这样的失衡让人震惊，这样的偏差会造成很大危害。千万别相信电影节、经纪人或是影评人，你只能相信自己的判断力。别人有别人的标准，别人越是把它捧上了天，你越是得小心。

其实早在一九六八年我第一次带着作品去柏林电影节时，就已经感受到了它的僵化和令人窒息。在我看来，电影节应该向所有人敞开怀抱，应该在市内更多的影院里放映参赛与参展作品。于是我索性主动出击，拿了一些年轻电影人的作品拷贝，在新克尔恩（Neukölln）包下一家电影院，连续放映了数天。那是柏林郊区一片工人阶级居住区，当时主要居住着外国移民和大学生。所有放映都免费入场，与柏林电影节同步进行，最终取得巨大成功，观众看完影片后还能与电影人展开热烈互动，那真是令人激动的一幕。当时的电影节已经成为一种体制内的放映活动，很有排外性，在我看来这完全没有必要，于是便想到用这种免费放映来做些反抗。我告诉电影节组织者，他们也该设置更多的免费放映场次，向更多人敞开怀抱，这些建议很快便得到了他们的积极响应。虽有这么多不满，但我也不否认，某些电影节——例如威尼斯、戛纳——确实是重要的平台，能让电影人有机会在全世界的舞台上展示自己的作品，在一夜之间便取得原本可能要花上数月才能达到的宣传效果。而且早年间，通过参加电影节，我还交到不少一生的朋友。大多数情况下，能拍出好电影的人，本身也都是些不错的人。

你平时还看话剧吗？

话剧太让我失望了，所以很久以前就不再看了。这些年少数看过的几部，也都是对于人的精神的巨大冒犯。我觉得，舞台上的表演——那些声嘶力竭的叫喊、砸门——完全不可信，根本就和现实世界脱节。那些过于戏剧性的形式，还有演员在舞台上表现出的虚假的情感，全都惨不忍睹。我看电影的时候，一下子就能看出这演员以前是不是演话剧的。一直以来，与其看话剧演出，我宁可把那剧本找来读一遍——尤其是嗜酒如命的爱尔兰作家布伦丹·贝汉（Brendan Behan）写的剧本——因为那样的话，我可以自行脑补一切。我还曾经翻译过剧本，把迈克尔·翁达杰（Michael Ondaatje）的《比利小子文集》（*The Collected Works of Billy the Kid*）翻译成了德语。我妹妹是位话剧导演，想将这出戏搬上德国舞台，然而那剧本几乎就不太可能翻译，因为有不少地方，翁达杰似乎根本就无视语法的存在。他还有本小说也叫这名字，文字部分和那剧本有重复的地方，卡尔·汉泽尔出版社（Carl Hanser Verlag）想要引进这小说，于是邀请我来翻译。好些地方，我只能问翁达杰那到底是什么意思，有时候连他自己都说不知道。所以我只能干脆像他那样，也生编硬造一些新词出来。有次我看了某剧团演出的《万尼亚舅舅》之后，突发奇想，打算执导一出所有演员全程背对观众站着的话剧。干脆这么说吧：话剧的时代已经结束了；它已经自个儿把自个儿给耗尽了。现今的话剧观众，他们思考与行动的方式，也都和我不一样。与其看话剧，我宁可去看职业摔角比赛"摔角狂热"（WrestleMania）。那些观众尽管粗俗，但身处其中，我反倒觉得更自在。"摔角狂热"纵然也是在做戏，但相比传统戏剧，反倒透着更多真诚。

一九九二年，我在柏林黑贝尔剧院（Hebbel-Theater）组织过一系列演出。当时，作曲家毛里齐奥·卡赫尔（Mauricio Kagel）为庆祝自己的生日，计划办个作品演奏会，他亲自指挥乐队，作为配合，舞台上同时演出各种节目。他希望我能配合那些乐曲的韵律与特点，组织一些歌舞杂耍表演——其中包括印度手影戏大师巴布鲁·马利克（Bablu Mallick）的演出。第二年，我在维也纳办了一台名为《特色》（*Specialitäten*）的秀，其中就用到不少上述的歌舞杂耍表演。我请到的是一群现象级的表演家，高手中的高手——其中许多位都有着超乎常人的敏捷身手——例如英国哑剧艺术家莱斯·巴布（Les Bubb），他的招牌表演就是，假装有个气球被卡在了半空中，他再怎么使劲，都没法令其移动分毫。我非常欣赏他的演出，于是几年之后拍摄《纳粹制造》时，也想起了他。《特色》中的演出，还包括俄罗斯喜剧魔术师"布巴与布卡"（Buba and Buka）、口技艺人安德烈·阿斯托尔（André Astor）、年轻的德国杂耍艺人奥利佛·格罗塞尔（Oliver Groszer）、南非空中飞人"阿雅克兄弟"（Ayak Brothers）以及人称"扒手之王"的波拉（Borra），观众入场的时候，他会乔装成引座员，然后，等他在舞台上演到一半时，波拉会出其不意地表示："威尔逊先生，没错，N排二十三座的威尔逊先生，我相信再过三天就是你生日了。我是怎么会知道的？或许你该找找看你的皮夹子了。"威尔逊先生这才发现，早在整场演出开始之前，皮夹就已经不在他身上了。"你想要回皮夹吗？"波拉会问他，于是威尔逊先生走上台去，从波拉手里领回皮夹，但与此同时，他的手表和领带又都不翼而飞了。波拉能当着你的面偷走你的吊袜带、皮鞋甚至是眼镜，你却毫无察觉。我合作过的表演者中，就数他手法最灵巧。

芭蕾和舞蹈呢？

都很陌生。还有古典音乐会，我也同样不感兴趣。那是因为，面对整支交响乐团，我大部分精力都花在观察他们的手势动作上，反而不怎么听演奏。整台演出究竟演奏了些什么，我根本就没法彻底弄清。遇上这类东西，我特别喜欢盯着看，连看一小时不带停都没问题。虽说我非常喜欢听歌剧，但总体说来，却不怎么爱看别人制作的歌剧演出。我每听到一出歌剧，眼前常会浮现起一整台戏来。因此，再让我去看别人构思出来的东西，总是不可避免地会有落差。这么说吧：观看歌剧演出时，我眼中看到的画面，与我脑海中的画面，完全背道而驰了。这种体验，对我来说就是受罪。

博物馆呢？

压力太大，让我觉得不舒服。再说了，藏在玻璃背后只可远观的东西，再怎么样都摆脱不了死气沉沉的印象。博物馆里的东西，有种永恒不变的味道，让人惴惴不安，所以我很少去这种地方。不过有一次我去了大英博物馆，想看看罗塞塔石碑。对于古埃及象形文字的解读，那真是了不起的壮举。从小到大我去过很多次雅典，但直到最近一次去，才终于鼓起勇气，去看了卫城。

我几乎从不看展览，很讨厌开幕酒会那种东西；那伙人的嘴脸真是让我看了想吐。现如今的绝大多数艺术作品，在我看来都太沦为概念了；想想画廊墙壁上贴满的大段文字描述。"艺术"应该是要让观众自己去看的，不该借助文字说明。那类东西绝大多数都是垃圾——说它们是垃圾，有时候指的不仅是抽象意义上的垃圾，因为那不折不扣就是垃圾——例如某件装置作品：角落里扔着几只纸箱、一个空啤酒罐、一个脏睡袋。它要表现的，显然是无家可归者绝望的命运。但现代艺术缺少了人的尊严。它过于偏重概念，不重视手艺。电视福音传道者让宗教掺了水，同样道理，艺术的命运也是一样。尤其是那种投机的艺术市场，尤其让我觉得可疑。他们不断人为制造出一整套价值概念，加以操控，巨量的真金白银不断被投入这个市场，拍卖行、画廊、艺术家、策展人、博物馆甚至还有那些印刷精美的大开本杂志，合谋造就了这巨大的犯罪阴谋。看看现在的艺术界，我能想到的就是当年被爆炒的中世纪古物，人们不惜耗费巨资，只为拥有基督真十字架上的一颗钉子，或是圣人的一根骨头。而且明明是个装模作样的把戏，还非得说成是"以艺术的名义"——这标签本身就很让人反感——那就更让人受不了了。

摄影呢？

我以前有过一台针孔相机，最近在奥地利库尔姆赛道的巨型坡道上，拍摄那些跳台滑雪运动员时，用的则是一台迪尔多夫（Deardorff）——有蛇腹和干版的大画幅桃花心木照相机。对那些运动员来说，那是决定性的一刻。但通常情况下，值得拍下来的东西，我只会自己用脑子去记住它。那些趁着飞机降落拼命摁快门的日本游客，全都不曾真正观察过自己身边的世界。现实生活——例如孩子的降生——不管到了什么时候，都不应该透过镜头来观察。近些年来，因为我妻子的缘故，我倒是和摄影有了更多的接触。她是位职业摄影师，在我们家里设有她的专属暗房。照片诞生过程中的神奇变化，令我惊叹不已，但总体而言，我观察事物不会借助于静照，我看的是连续的场景和运动。

餐厅呢？

身着晚礼服的侍应生会让我感到害怕。接受他们的服务，对我来说就是受罪；毫不夸张地说，我会不知所措。与其去这种时髦餐厅就餐，我宁可坐在路边享受炸土豆片。旅行过程中，我也经常住宾馆，但一直以来，餐厅这部分我是能避开就避开。每次去柏林，我宁可在儿子家里睡地板，也不愿住宾馆。这和花钱没关系，和身体的舒适也没关系。拍《阿基尔》的时候，几星期都住在木筏上，我也没问题。现在年纪越来越大，我也已经渐渐接受了住宾馆这件事。但他们每晚都要在我枕头上放置的巧克力小礼物，依然释放着绝望的气息，那就像是我每次看到奥运会公布吉祥物，或是联合国宣布某位电影明星担任亲善大使时，心头会涌起的那种强烈感受。

动物园呢？

我喜欢和小朋友一起去，否则的话，对我来说，那是个很让人伤感的地方。

业余爱好呢？

我没有业余爱好。

短片《一只土拨鼠能咽下多少木头》(*How Much Wood Would a Woodchuck Chuck*) **拍摄于宾夕法尼亚的畜产拍卖师世界锦标赛上。**

畜产拍卖师让我很着迷，我总觉得，他们快到令人难以置信的语速，那才是资本主义真正的诗意所在。每一种系统都会滋生出它自身的极致语言——例如东正教的礼颂——那些拍卖师说话的时候，就存在着某些终极和绝对意义上的东西。我很好奇他们究竟能说到多快。那几乎就像是某种宗教仪式上念的咒语，既让人害怕，同时却又十分悦耳。听他们说话，你会感觉那真的就是一种音乐，他们有着很好的节奏感。有位拍卖师告诉我，他有一项训练就是反反复复地背诵这句话："如果一只半母鸡需要一天半时间才能下一个半鸡蛋，那么一只骨折了装着木腿的蟑螂需要多久才能在莳萝泡菜上踢出一个洞来？"另一位拍卖师，小时候他是家里唯一负责给奶牛挤奶的人，所以从小就习惯坐在畜舍的奶桶上，大声练习这套说辞。锦标赛的评委看的是，哪位拍卖师的语速能达到最快，但拍卖本身也是真实有效的，所以一边提高语速，拍卖师还需要注意观察所有那些参拍者。这听上去似乎不难，但问题在于，买家互有竞争，谁都不希望别人——拍卖师除外——注意到自己正在出价，因此他们做出的竞价表示相当细微，很可能只是手指轻弹一下，或是眨下眼睛，拍卖师就必须在这三百人里头，瞬间发现这一出价。那是一九七六年的六月，仅仅两到三个小时里，就有价值三百万，超过一千多头牛，完成了交易。那次之后，我一直梦想着要请畜产拍卖师来演一出长度仅限于一刻钟之内的《哈姆雷特》。那次拍卖会是在宾夕法尼亚州名为新荷兰（New Holland）的小镇上举行的，时至今日，那都是美国养牛业的重镇。那是个阿米什人的社区，他们至今仍依照《圣经》中记载的方式从事农业与畜牧业，始终抗拒资本主义与商业竞争，与那些拍卖师恰恰形成了鲜明对比。

对你来说，美国是不是一个充满异国风情的地方？

想想那些专为四岁小女孩举办的选美比赛，你就会意识到，与其说是异国风情,还不如说古怪离奇才更确切。我喜欢美国,喜欢的是它正中间的那一片,即所谓的"空中俯瞰"区[1],比如说威斯康星,那是我们拍《史楚锡流浪记》的地方,也是奥逊·威尔斯的出生地。马龙·白兰度来自内布拉斯加,鲍勃·迪伦来自明尼苏达,海明威来自伊利诺伊,全都是所谓的"下只角",更别说还有南方,那边出过福克纳和弗兰纳里·奥康纳(Flannery O'Connor)。我喜欢美国,喜欢的就是这一类地方。那儿至今都还留有自力更生、互帮互助的伟大精神,至今都还有着热心、爽快、接地气的老百姓。这些做人最基本的美德,在美国其余很多地方都早已被遗忘了。

我喜欢美国,还因为它的进取和开拓精神;那地方有些东西,特别大胆无畏。不管你是什么人,面对成功,机会均等,这一点尤其让我在意。哪怕你只是一个从安第斯山脉里光着脚走出来的印第安人,只要确实是你发明了轮子,华盛顿的专利办,也一定会帮着你获得你应得的权利。某次我去克利夫兰参观一家公司,那儿有两千多名员工,老板却只有二十八岁。这种事情放在德国,想都不敢想。制作《浩渺的蓝色远方》时,我找到一批很棒的外太空影像素材,都是由 NASA 的宇航员拍摄的。我被告知,鉴于这些宇航员都算是政府雇员性质,所以那批素材全都属于"全民财产"。于是我问他们:"那我作为一个巴伐利亚人,算不算也是全民的一分子?"果然,按照美国法律规定,这类影像素材,归地球上所有人拥有。面对全世界的问题时,能有这样的态度,那真是让人既惊又喜,堪称独此一处。自然,美国也有我无法完

---

1 flyover,美国民间对位于东西海岸之间大片地区的戏谑称呼,意指城里人往往只在坐飞机时俯瞰这里,很少会真正光临。——译者注

全接受、保留看法的地方，这和德国的情况一样。我永远都不可能做一个摇旗呐喊的爱国者。但话说回来，我之所以已经在美国生活了那么多年，肯定还是大有原因的。它始终有种自我复兴的能力，能将自己从失败中拉出来，继续放眼未来。它始终都留有空间，能容得下真正的改变。如果一个国家我不爱它，那我是不可能在那儿生活居住的。

《史楚锡流浪记》说的是不是美国梦的衰亡？

拍这片子并没有什么由头。当时我想拍《沃伊采克》，男一号已经答应让布鲁诺·S来演了。他原本并不知道毕希纳的那出话剧，于是我把故事给他讲了一遍，他听了也挺喜欢的。开拍的时间都已经定好了，就在距离那日子只剩两个月时，我猛然意识到，这么做大错特错，男一号必须让金斯基来演才对。于是我毫不犹豫地给布鲁诺打了电话，把这情况和他说了。电话那头是一片寂静，他显然已经震惊得说不出话来了。"我已经都请好假了，年假不够用，还请了无薪的事假。"顿了半晌，他又问我："这下子我该怎么办？"显然，能演这部电影对他来说，意义重大。那一刻我非常惭愧，真想找个地缝钻进去。然后我也不知怎么了，忽然就脱口而出说了一句："我们再拍部别的电影。""什么电影？"他问我。"我暂时还没想好。今天星期几？""星期一。"他回答。"那这样，我保证你星期六就能拿到剧本。片名我可以现在就告诉你，听着和《沃伊采克》(*Woyzeck*)挺像的，就叫《史楚锡流浪记》(*Stroszek*)。"说完这些，我终于觉得少了些歉疚之情。但挂了电话之后，我才真正意识到，此时周一都已经过去一半，我手里只有一个片名，还得在几天内给他写个剧本出来。当然，最终我还是信守承诺，按时交了货。时至今日，我仍觉得那是我写过的最好的剧本之一,拍出来的电影,也属于我的佳作之列。这片名出自《生命的标记》里主人公的名字,而那又来自我多年之前某个点头之交的姓名。当时我已被大学录取,但几乎从不去上课,于是便找了一位同学替我交作业。"我能得到什么好处?"他问我。"史楚锡先生,"我回答说,"我会让你出名的。"

布鲁诺演的那个角色,和他生活中的情况很相近。

《史楚锡流浪记》是为他度身定制的,我对他这个人、他的周围环境、他的情绪和感受的认识,外加我对他的深厚情谊,全都反映在了本片之中。也正因为如此,这剧本写起来相当得心应手,只是片中某些场面,直至今日仍让我不忍卒睹。公寓里那段戏,拉皮条的人把伊娃·马泰斯(Eva Mattes)狠揍一顿,又把布鲁诺扔在钢琴上头,你所看到的,正是真实生活中他遇到相似情况时会做出的反应。在他小的时候,这样的事可谓是家常便饭。"你别担心,"拍这场戏之前他对我说,"我以前伤得可要比这严重多了。"所以他的表演,就是能透出这种大气来。

还有他在柏林拉奏手风琴、唱歌的那些戏,表现的正是他本人每个周末都要做的事。布鲁诺对这城市里的大街小巷,全都了如指掌。片中他演唱的某些歌曲,也是他自己的创作。片中他一出狱就去的那家啤酒窖,也是他平时最常去的那家,人人都认识他。还有他在片中用到的所有道具——包括各种乐器——也都是他本人平时在用的。虽说《史楚锡流浪记》从头到尾都是剧情片,但有些场景是他的即兴发挥,出自他的真实生活经验。例如他把自己小时候受虐待的事讲给伊娃·马泰斯听的那场戏。"开始拍摄之后,"我事先告诉布鲁诺,"你就只管说,把你的感受、你的想法、你的过去,全都告诉伊娃。你想怎么说就怎么说。"

至于伊娃这边，我尽量少给她具体指令，那样她反而演得好。我只需告诉她，"你要让布鲁诺别扯远了。不然他很容易就会把话题岔开，围绕着土耳其外劳还有天晓得什么主题，开始高谈阔论。"这场戏她发挥得非常好，她所需要做的就是耐心倾听，温柔鼓励。很多时候她所要做的，就是引导布鲁诺提及某些话题，触动他给出某些回应。他们两个的表演，其实都不怎么需要我的指导。

当时我根本没想过要借这电影来批判资本主义。布鲁诺之所以会说出那些关于身在美国如何如何的台词，纯粹只是因为我们当时确实就在美国。当然，影片确实反映了我在匹兹堡的种种体验，我目睹了这国家的阴暗面。但即便如此，通过这些台词，我想要传达的，仍是我对这地方的深厚感情。《史楚锡流浪记》并没在批评美国，它几乎就像是写给美国的一曲挽歌。在我看来，这电影说的是那些破碎了的希望，而这显然是一个具有普遍性的主题，你把美国换成法国或是瑞典，结果也是一样。之所以要把后半段故事设在美国，纯粹只是因为我觉得自己对这地方足够了解。针对美国这个国家，这部影片所用到的呈现方式，我很喜欢。相对于同一时期许多别的电影，《史楚锡流浪记》时至今日也毫不过时。片中有一场戏，布鲁诺去了医院，和医生有场对手戏，那是全片最重要的数场戏之一，但与美国本身并无关系；扮演那位医生的，正是我大儿子平时常光顾的那位大夫。不知你知不知道，早产儿有种类似于猿类的抓握反射，而且力气很大，能支撑他们自身的体重。我对此很感兴趣，于是就让片中的医生说出了这一事实，让婴儿挂在他的两根手指上。显然，我们出生不久，便丧失了某些原有的本能，包括这种抓握反射，而早产儿的身上还留有这种能力。怀胎九月便生下来的小孩，能抓住你的手指，那便是这种能力的残余。

布鲁诺觉得美国怎么样？

他很喜欢。对他来说，纽约是给他神启的地方，相信这也是每个人初到纽约时都有过的体验。我们没申请拍摄许可，所以纽约那些段落，全都是一天之内就拍完了的。我们即兴地拍完这一场，将摄影机分拆好，打包走人，奔赴下一个外景地，重新装好摄影机，抓紧拍上几分钟，全程都要留心避开警察。帝国大厦观景台上那组镜头，托马斯·毛赫拍得极快，赶在了保安发现我们之前。在观景台上，我们注意到有艘轮船即将靠岸，于是当即决定加一场戏，让三位剧中人像是典型的早期欧洲移民那样，坐船来到这个国家。我们赶到了码头边，以轮船为背景拍摄了他们三人的镜头，感觉就像是他们才刚下船一样。他们沿新泽西付费公路驾车的那场戏，因为没有第二辆车，所以毛赫和我干脆把自己绑在了引擎盖上，完成了拍摄。第一次被警察拦下来时，我告诉他："我们就是一群发了疯的德国鬼子，在拍学生电影。"他倒也没为难我们。半小时后，还是这位警察，又把我们拦了下来。我一通花言巧语，把他骗了个团团转，躲过了牢狱之灾。

片中那位老人，克莱门斯·沙伊茨（Clemens Scheitz），你是从哪里找来的？

当初拍《卡斯帕·豪泽之谜》的时候，需要找些群众演员。各种经纪人事务所提供的卡片索引，我快速地翻看了许多本，看了两百多人的简历后才找到了他。那家事务所却建议我另请高明，"虽说我们凡事都要为客户多争取，但还是要事先提醒你一下，沙伊茨先生的脑子，有些地方已经不太对劲了。"我告诉他们我无所谓，我只想要他。开拍之后，我十分欣赏沙伊茨先生，总是不断给他加戏，到最后这角色已经从群众演员变成常设人物了。

我甚至还特意改写了影片结局，让他来说全片最后的台词。

虽说他总爱抱怨布鲁诺身上有味，但更多时候，沙伊茨是一位有魅力的老先生，他总是天马行空，一边大口喝着咖啡，一边向你介绍自己正在创作的气势磅礴的宗教主题清唱剧，而且同一时间，他还在搞一项重大的科研发明，但他坚称，研究成功绝不会用文字记录下来，以免被人窃走。他还说他完全不敢坐飞机去柏林——在当时，柏林在地理位置上，处于德意志民主共和国的环抱之中。"克格勃和中情局都想绑架我，用酷刑折磨我，逼我说出秘密。"按照他的说法，他曾造过一种火箭，能精确打击五万千米外的目标；他只需在餐厅桌布上写串数字，便可证明月球登陆是场骗局，爱因斯坦是个笨蛋，哥白尼是个骗子——倒是伽利略，关于宇宙万物还算有些真知灼见。此外，牛顿也是个白痴，因为在他的色谱中，绿色也作为一种颜色被单独列出，但随便找个五岁的小孩，他都会告诉你，绿色是蓝色和黄色混合后的产物。沙伊茨先生有他自己的色谱，但那上头没有"绿色"这名字。于是我问他，他管那种颜色叫什么。"Feilgau。"他回答说。这词不管是在德语还是英语里都毫无意义，根本就是他自己发明出来的。拍《史楚锡流浪记》时，我设法照着他的古怪言行，为他度身定写这个人物。到最后，干脆连《玻璃精灵》和《诺斯费拉图：夜晚的幽灵》也都用到了他。《史楚锡流浪记》里有一场戏，他侃侃而谈动物的磁性，那是我想出来的，但和他自己信奉的某套理论，其实也相去不远。当时我们前不着村后不着店的，忽然有辆车靠边停了下来。那是两位猎人，由密尔沃基一路开过来。我询问他们是否愿意出演我的电影。他俩却一个劲地回答说："可我们又不是演员。"我说你们什么都不用做，只要在那儿听沙伊茨说德语就行，等你们听得不耐烦了，开车走人即可。结果，沙伊茨说的东西，他们连半个字都没明白，但始终配合得很好。整场戏基本就是一遍过，整个过程中只是机位迅速地换了一次，我们从车的这边跑到了另一边。除此之外，你在影片上看到的，就是当时实际发生了的。最后两人开车扬长而去，我不知道他们姓甚名谁，也再没见到过他俩。

拉皮条的是谁演的？

诺贝特·格鲁佩（Norbert Grupe）是个摔跤手，打过重量级拳击，自称是"洪堡王子"。一九六九年，他比赛输给了阿根廷拳手奥斯卡·博纳维纳（Oscar Bonavena），但第二天上德国电视台一档直播的体育节目时，他出了名。主持人请他就这次压倒性的失利谈一谈，格鲁佩一言不发地坐在那里，直播全程，他始终恶狠狠地盯着主持人看。当时的形势相当凶险，谁都看得出来，只要他再敢问个问题，格鲁佩一定会当场要他的命，那是我在电视上看到过的最叫人瞠目结舌的时刻之一。

《史楚锡流浪记》开拍之前，每天晚上他都拉着我到处逛，介绍我认识他那些在柏林各处拉皮条的朋友，让我见识了他生活中最不堪的那一面。监狱他已几进几出，是公认的危险人物，所以其他拉皮条的，每每遇上搞不定的事，都会找他帮忙出头。他在片中说的那些骂人话，好多都是他自个儿想出来的——例如那句"我要把那个发育不全的小矮子，有多深埋多深"。拍摄过程中，组里正好有人要过生日。那人很喜欢体育，我们经常一起踢球，所以我告诉他："等你生日那天，我计划借一个带拳台的场地，我要和洪堡王子打三个回合，作为献给你的生日礼物。我保证，至少第一回合结束时，我一定还能站着。"起初"王子"和我都还拿这约定开玩笑来着，直到临比赛只有两天的时候，他把我拉到一旁，对我说："维尔纳，这主意太蠢了，最多只需要三十秒钟，你就会被击倒在地。你肯定会被送进医院的，这根本就不值得。"所以说，他并非笨蛋，只是有些时候，他那副样子真的很吓人。他们在公寓里殴打布鲁诺的那场戏，我敢肯定，格鲁佩当时一定是真喝醉了。另一个拉皮条的人，扮演者是布克哈德·德里斯特（Burkhard Driest），他是作家、电影导演，也是演员，但最开始时，他是个法律系的大学生。临毕业只剩两周时，他跑去抢了一家银行，还把赃物藏在了女友的公寓里。女友将其告发，德里斯特在监狱里关了三年。在此期间，他开始文学创作，小说《弗朗兹·布鲁姆的堕落》（*Die Verrohung des Franz Blum*）写得相当成功，等他出狱时，早已名满天下。

沙伊茨、布鲁诺还有伊娃到达美国之后，就轮到沙伊茨侄子那个角色出场了，他是个机修工，由克雷顿·沙拉平斯基（Clayton Szlapinski）饰演。克雷顿本身就是个机修工，我是在那一年之前认识他的。当时我正驾车从阿拉斯加去威斯康星见艾罗尔·莫里斯，半路修车时碰上了克雷顿。他的废车处理厂，开在距小镇两千五百米的郊外。我跟他一见如故，他和他那位胖乎乎的印第安人助手，都很讨我喜欢。一年之后，等我回到那儿拍《史楚锡流浪记》时，我径直找去了他们的修理厂，想让他俩全都出现在影片之中。可惜，那位助手不在。我问克雷顿那人去了哪儿，他却完全不知道我说的是谁。我仔细描述了那个年轻人的样子，好不容易才明白，原来一年前我遇上他们时，当天早上克雷顿才雇的那人，到晚上就把人家给开除了。最终，我们还是设法找到了他，邀请他参加了演出。

在我看来，演员没有"职业"和"非职业"之分，演员只有两种：好演员和坏演员。观众看了你的演出，觉得有可信度，那就是好的表演；演员到了银幕上，能拿出好的表演来，那他就是职业的男演员或女演员。对我来说，技术人员也是一样。能干好自己那份工作，那就叫职业。有次我和一家足球队的经理聊天，他说自己只需要六十秒钟，就能看出这球员有没有天赋，对球队有没有帮助。他根本不需要你试训两周。他只需要看三点：首先看这运动员跑起来是什么样子，然后看他怎么接球，再看他怎么出球。我给演员导戏的时候，不光会关注镜头会将他们拍成什么样子，我同样在意他们自己如何看待镜头。"职业"和"非职业"演员之间的互动，有时候确实很有意思，但在我以往的拍摄中，最理想的情况莫过于：你事先以某种方式让"职业"演员对状况有所了解，但要告诉他们，尽可能别去影响"非职业"演员的发挥。同时，对于后者，你只给他们最模糊的指示。

《史楚锡流浪记》片头字幕里，你鸣谢了艾罗尔·莫里斯。

一度，艾罗尔对于身负多宗命案的连环杀手很感兴趣，做了大量调查研究，收集了许多你看了一定会觉得匪夷所思的材料。他原计划写本专著，所以在威斯康星的普兰菲尔德（Plainfield）住了好几个月。那是个规模很小的小镇，附近也没什么知名地标，全镇人口不过五百。但艾罗尔对普兰菲尔德兴趣很大，不时和我提及镇上发生的事。那地方确实挺与众不同的，仅仅五年的时间里，镇上先后冒出来五六个连环杀手，而且根本看不出有什么明显的缘由。小镇有种黑暗、邪门的气氛，甚至就在我们拍摄期间，又有两具尸体被人发现，地点距离我们工作的地方，不过十几千米之遥。在我看来，这世界上有些地方就像是某种焦点，各条线索最终都会汇总到这里，形成一个死结。普兰菲尔德就是这样的一个地方。在美国，类似这样的死结，你还能在诸如拉斯维加斯、迪士尼乐园、华尔街、圣昆汀监狱等地方找到，那都是些梦想与噩梦交织、汇聚的十字路口。在我看来，威斯康星的普兰菲尔德小镇，也算是一个。

艾罗尔之所以对它兴致勃勃，最初还是因为，那正是艾德·盖恩（Ed Gein）——即《精神病患者》（*Psycho*）中诺曼·贝茨（Norman Bates）一角的原型——当初生活过的地方，他那些罪行，也都在此犯下。艾罗尔和那儿的警长、居民甚至是盖恩本人都聊过，光是采访笔录就写了几百页。不过，在此过程中，有个问题一直让他觉得疑惑不解。艾德·盖恩当初不光是杀了好几个人，他还把几个刚落葬的死者，从坟墓里重新挖了出来，用他们身上的皮做了灯罩和椅罩，还拿人的头骨，装饰自己卧室里的床柱。艾罗尔发现，被盖恩挖开的那些坟墓，从位置上来说，恰巧连成一个圆圈，而位于圆圈中央的，正是盖恩母亲的坟。因此艾罗尔很想知道，他是不是真的连自己母亲的尸身，也没放过。"要想知道答案，只有一个办法，你亲自回一次普兰菲尔德，把那坟挖开来看一下。"我对他说，"如果挖出来是空的，那说明艾德比你捷足先登了。"我俩兴奋地商定了，各自带好铲子，在普兰菲尔德碰头。那时候我正在阿拉斯加拍摄《玻璃精灵》里的某些场景，回纽约的路上，我由加拿大过境，特意去了一次普兰菲尔德。我等了他一阵子，但艾罗尔最终还是打了退堂鼓，没有跟我会合。不过我倒是觉得，那样或许反而更好。有些时候，你只要能提出疑问就足够了，这要比勉强拼凑一个答案出来，更有价值。

我很喜欢威斯康星，所以又回了那儿拍摄。《史楚锡流浪记》里，伊娃在廉价公路餐厅工作的那场戏，就是某天中午，在靠近麦迪逊[1]的一家真正的廉价公路餐厅里拍的。我就那么走了进去，询问老板能不能让我们拍电影。"没问题啊。"他回答说，"你们这些德国鬼子，在我们这儿很受欢迎的！"餐厅里正在用餐的卡车司机，我让人嘱咐他们，原来怎么样就还怎么样，而伊娃则跑前跑后的，给客人上咖啡。在这过程中，第二组摄影师艾德·拉赫曼起到了尤其重要的作用，他很清晰地向店里的客人解释了我们的意图，向他们交代了该说些什么。在片中，我们管这小镇叫"平板货车镇"，因为当时我仍觉得，普兰菲尔德像是艾罗尔的某种专属领地。事实上，他也确实责怪我偷了他想要拍的风景。这种事别人或许不在乎，但搁在艾罗尔这里，却是不折不扣的严重犯罪行为。我想要安抚他一下，于是想到这个可怜兮兮的做法：在片头鸣谢他。我相信他现在早就原谅我了。

你的作品里，几乎完全看不到和性相关的内容。

确实，我所有电影加在一起，也就只有几个吻而已。至于性关系，有些都只有含蓄的表示，但画面没有交代，例如《史楚锡流浪记》里的布鲁诺和伊娃。对此，我只能说，想要体验性，还是亲自来比较好。另外，作为一个讲故事的人，我始终对人与人之间的爱这个主题，没有太大的兴趣。还有个相关的问题，也经常有人问到。为什么我的电影里，女性人物那么少？对此，我也只能给出一个模糊的答案：我电影里的人物，基本都是对我自身的反映，所以绝大多数都是男性。关于这个问题，我没有什么可多说的了，如果有必要说明的话，我只想再补充这最后一点：我非常喜爱女性，她们一直在我生命中扮演着重要角色，由一开始

1　麦迪逊（Madison）：威斯康星州州府。——译者注

就是如此。一九九五年，我之所以会搬到美国来生活，只有一个原因：莉娜在美国，那个四年之后成为我妻子的西伯利亚女人。当时我原本生活在维也纳，决定去美国时，我放弃了我所拥有的一切东西，还放弃了我的语言。在旧金山机场的时候，海关的人看到我只有一张单程票，一件行李都没有，感到很奇怪。他满腹狐疑地看着我说："你是不是把行李忘在传送带上忘拿了？"我告诉他说我只带了一把牙刷，结果等来的就是足足两小时的盘问。莉娜和我挤在一间小小的公寓里，头几个月，我们全部的财产就是两个盘子、两套刀叉，外加两只酒杯。有人来做客吃晚饭的话，我们会让他们自带餐具。尽管如此，我俩倒是过得其乐融融。

请允许我趁此机会发泄一下，我对好莱坞主流电影里如今盛行的男性形象，非常不满。那感觉就是一种才刚过了青春期的男性形象，以迪卡普里奥、布拉德·皮特等人为代表。过去那种具有男子气概的真汉子，都去哪儿了？之前最后的一个，是克林特·伊斯特伍德，在他之前则是诸如鲍嘉、白兰度、查尔斯·布朗森（Charles Bronson）、约翰·韦恩、理查德·威德马克（Richard Widmark）和加里·库珀等人。女性的共同梦想，这些年来已发生了天翻地覆的变化，像他们这种英雄形象，似乎已不再吃香。但我实在是对小鲜肉没兴趣，而且我相信三十年河东三十年河西，真汉子肯定还会东山再起。现在几乎没什么人还留胡子了，但我敢预言，不出几年时间，绝大多数男人又会重新蓄起胡须来。

《苏弗雷火山》是在一座加勒比海小岛上拍摄的，当时你正在等待一场"无法避免的大灾难"。

这电影里确实有种自我嘲讽的元素存在。一切看似危险、命中注定必有一劫的事情，弄到最后却总是以极度的平庸来作为收场。事后回头再看，我必须要双膝跪地，感谢上帝，感激当初我们没遇上相反的结果。我们没能等到那场片中本可能会有的强力高潮戏，那是我们运气好。如果电影拍着拍着，我和两位同事真被轰到了半空中，那就可笑了。

当时我正在剪《史楚锡流浪记》，听说有座火山即将爆发，发现原本有着八万人口的瓜德罗普岛，此时已被疏散一空，只剩下一个人拒绝离开，我立刻便有了个念头，我要和他谈谈，了解一下他面对死亡，究竟抱有什么态度。我们之所以会去岛上，会拍这部电影，全是因为他。我可以向你保证，我们去岛上，不是因为我觉得坐在一座要爆炸的火山上，那是件好玩的事。我从事的行业是电影，不是自杀。当时，我给经常合作的那位电视台高管打了电话，包括《木雕家斯泰纳的彻底忘我》在内，我们一起做过不少项目。那时候他正巧在开会，于是我让他助手把他从会议室里拉出来。我不管他人在哪儿，在做什么，在会见多重要的大人物，我只需占用他一分钟时间。"告诉他，赫尔佐格必须要跟他讲话，只要一分钟就够了。"各种准备工作，必须立即开始着手做。如果我们不能在几小时内动身，或许就赶不上了。火山随时会爆发，到晚了也就拍不成这电影了。一分钟不到的时间里，我把整个情况给他解释了一遍。"立刻动身去拍。"他对我说。"那合同怎么办？"我问。"只要你能活着回来，"他说，"合同不是问题。"这种信任，让我很爱这个男人。请允许我报上他的名字：曼弗雷德·康策尔曼（Manfred Konzelmann），一个信念坚定的人。

艾德·拉赫曼由纽约启程，我和约格·施密特-赖特怀恩则从德国出发。我们在瓜德罗普的皮特角（Pointe-à-Pitre）会合。瓜德罗普其实由两座岛屿构成，南北两岛之间，是一条狭窄的地峡。我们到的时候，整个南岛上，所有人都已疏散。照理说，进入丛林后,你会注意到的第一件事,就是各种鸟鸣声。但此时此刻,它们也都已四散逃走。整个岛上,一片死寂。海边都是蛇的尸体,它们由火山上一路下来,爬入海中,被淹死之后又被海浪冲刷回岸边。岛上的交通信号灯仍在工作,由红转绿,再由绿转红,但路上已看不到任何人影。直到我们途经路障,沿山路向火山顶峰前进时,我还不断地反复询问拉赫曼和施密特-赖特怀恩,是否真愿意继续。我把话说得很清楚,每个人都必须为自己负责。我,毫无疑问肯定是要上去的,一直上到山顶。"我必去无疑,但你们得自己想清楚了。"我告诉他俩,"我只需要一台机器,有必要的话,我可以自己掌镜。"施密特-赖特怀恩当即做了肯定的回复,他的态度由始至终一直非常坚定。拉赫曼则一开始有些犹豫,但那本就是常人都会有的反应。他思考了几分钟,然后语气温柔地问我:"如果岛爆炸了,我们会怎么样?"我回答他:"艾德,我们会飞到空中。"这话反而给他打了气,拉赫曼拿起了自己的摄影机。这就是我喜欢的拍摄团队,有足够勇气去做超越规矩的事。我们远远地留下了一台机器,做延时拍摄。这样,即便真发生了不幸,至少还能留下我们被轰上天的画面。

我们原本从背风的一侧上山,没想到风向发生了变化,着实把我们吓得不轻。刹那间,有毒的雾气朝着我们的方向飘过来。最终,我们来到山顶一处深邃的裂缝边,整座火山冒着热气,那道裂缝显然是刚出现不久。第二天,拉赫曼发现他把眼镜忘在了山上,于是我们又回过去拿,结果发现在大量冲击波的作用下,相比一天之前,山顶已被整个撕裂开来,地貌变得完全不同了。拉赫曼的眼镜,此时已被埋在八九米的岩石与泥浆之下。事实上,我和施密特-赖特怀恩对于火山还挺不敬的,我们爬到了火山口,往里面撒了一泡尿。

还是挺冒险的,这你不会否认吧?

这是一个你第二天一早醒来,可能就已不复存在的小岛,飞去那儿拍摄《苏弗雷火山》,我不否认,这是一次盲目的赌博,同时也是对老婆孩子热炕头那种生活的逾矩。如果你家有娇妻,有小孩,那就不应该做这种事。我们当初之所以决定要去,那是因为就在不久之前,在全世界范围内,有一连串强烈地震爆发,力度惊人。危地马拉死了数千人,中国死了二十五万,菲律宾也经历了一次大地震。那些专家信誓旦旦地表示,瓜德罗普岛上,几乎百分百会火山爆发。那座火山本身所释放的信号,也和与之相邻的马提尼克岛培雷火山(Mount Pelée)一九〇二年那次令三万人丧生的大爆发之前,所表现出的特征一模一样。所有人都相信,这一次,苏弗雷火山的爆发,肯定不只是四处喷溅一些岩浆那么简单。它的力度,应该会相当于数颗广岛原子弹那么厉害。因此,要是它当初真爆发了,而我们又处在距其七八千米的半径范围内,那我们肯定只能听天由命了。而对我来说,情况就更复杂了。我当时行动不怎么灵敏,因为数周之前我踢球时受了伤,就在去瓜德罗普不久之前,才刚摘除石膏。影片的完整片名:《苏弗雷火山:等待一场无法避免的大灾难》(*La Soufrière: Waiting for an Unavoidable Catastrophe*),本身就能说明,我们那次拍摄任务,本质上就是荒唐的。

现在我当然可以对此付诸一笑,但当初我们的全部想法就是,一定要把片子拍成。虽说当时完全没想过是为了要逞英雄,但我也知道,如果能活着回来,事后我一定能说笑着,拿这段经历来做谈资。我当时就觉得,自己很像是那个笑话里,第一次世界大战时,战壕里那队意大利士兵的队长。他们被人连续轰炸了数周,日复一日,终于,队长忍不住了,抓起步枪高声喊道:"冲啊,伙计们！进攻！"还没跑出两步，他就被敌军击中，一命呜呼地栽倒在战壕里。那些士兵压根就没响应他的冲锋号令，只是安静地围坐着一起抽烟。此时他们反倒鼓掌喝彩起来："队长，干得漂亮！"幸好，拍《苏弗雷火山》的时候，我们没像他那样，倒在炮火底下。总之，当时我就是内心有种强烈的感觉，一定想要拍成这部电影。但如今回头再看，我不敢说我还那么想。我得承认，拍这部电影，我们确实是在撞大运。我们把最后一卷胶片拍完之后，便立即跳上了汽车，远走高飞。有的时候，只要手里拿着摄影机，就会觉得心里多了些勇气；仿佛那是一面能保护自己的盾牌。我还记得，当时我就有种感觉，觉得那火山并不像是真的，它不过是投射在赛璐珞胶片上的一道光束而已。

但拍完这部电影的数年之后，你曾在接受采访时说过，"我真是不喜欢人寿保险那一套东西；一切都要保证安全，这种做法正一步步摧毁我们的文明。"

我说得没错。现在的人，对于风险的规避，已经到了一种让人难以想象的地步；可到头来却发现，几乎永远都是大惊小怪、庸人自扰。多年前闹疯牛病那阵子，我就看得很清楚，每天在去肉店路上出事故死掉的人，肯定要多于吃了有毒牛肉死掉的人。现如今，六岁的孩子就有五顶不同种类的头盔：轮滑一顶、打棒球一顶、骑自行车一顶、在花园里走路也要一顶，剩下一顶，天知道是派什么用场的。现在的家长，即便孩子是去沙坑玩，也会让他戴上头盔。这真是叫人受不了。如果一个人到了五岁还拥有好几顶头盔，这样的人，我永远都不会信任他。这种全方位的保护带有毁灭性，培养出来的孩子习性不敢冒险，长大后也绝不可能成为有本事突破界限、进入未知领域的科学家。还有，每次我看到消毒洗手液的时候——就是美国现在到处都有的那种装在墙上的塑料瓶——我都想把它给拆下来。那真是让我深恶痛绝。我这一辈子，从没用过抗生素，就连阿司匹林，估计总共也就吃过十片。人类最终都会死在这种东西手里。动辄就吃止痛片的文明，注定难逃灭亡结局，只有经历了一定程度的不适与身体上的挑战，我们才能了解到，什么是真正的人。翻开有些旅游指南书，作者会提醒你在进热带丛林的时候，要记得带好防毒蛇咬的全套装备。看到这里，你可以直接把它当柴火扔篝火堆里了。人有旦夕祸福。人生在世，唯一能确定的事就是：我们终有一死，戴再多头盔，买再多保险，全都没用。现在的人，手指割破了，膝盖擦破了一点皮，都说那是一种人生体验。

接下来，你重拍了茂瑙的《诺斯费拉图》。

虽说我其实也谈不上在类型片领域有过多少实践经验，但我很清楚，拍摄类似于《诺斯费拉图：夜晚的幽灵》这样一部电影，你首先就得理解吸血鬼这一电影类型的各种基本原则，然后在此基础上进行变化、发展。就像是拍《阿基尔》时我针对冒险电影这一类型所做的那样。在我看来，所谓的"类型片"，指的就是一种近似于梦的强烈的银幕风格化。而内容最为丰富，最常被人拍摄的类型片中，就有关于吸血鬼传说的这一种。这类电影的画面中，有着一种我们平时看电影时不太能见到的特质，它蕴含着幻想、幻觉、各种梦和噩梦、各种异象和恐惧。虽说我这部电影确实以茂瑙的《诺斯费拉图》为蓝本，但我从不觉得它是一次重拍。它有它自己的方式，自己的精神，作为一个全新的版本独立存在着。我当初可没想过要重写经典。所以还是洛特·艾斯纳的话深得我心：《诺斯费拉图：夜晚的幽灵》并未重拍茂瑙的电影，而是让它获得了重生。那就像是卡尔·德莱叶和罗伯特·布列松，两人都拍过关于圣女贞德的电影，但彼此都谈不上是重拍。相比茂瑙那部，我的《诺斯费拉图》有着相异的背景，故事也有所不同。

我当时的想法就是，这部电影要和德国真正的文化遗产有所联系，和最好的德国电影，即魏玛时期的那些默片有所联系；和当年的那些电影人，那些因纳粹上台而理想戛然而止的电影人有所联系。想要拍好电影，你就必须和自己的文化有所联系。这种文化上的连续性，至关重要。当初，"二战"打烂了德国的文化认同，但剩下的也并非彻彻底底的一片空白。那是因为，一九四五年之后，有分量的文学作品，也仍在出版，其他的文化表现样式，也从一片废墟中迎头赶上。但只有电影，在整整四分之一个世纪中，始终都是一片荒漠。那一阶段的德国电影，无趣到让人觉得可悲。所以，拍完《诺斯费拉图：夜晚的幽灵》，我记得我当时的感想就是："这下子，我终于联系上了，终于到达了彼岸。"对我来说，它几乎就有某种类似于桥梁的作用。有了它，我感觉自己脚下仿佛有了更牢固的根基。这番话，对于同时代的英国、意大利和法国电影人来说，或许听了很难理解——这几个国家的电影制作，在"二战"过后，相对来说恢复过程来得更轻松一些——但对于二十世纪七十年代那批德国年轻电影人来说，肯定是深有感触。当时我们肩上全都背着一副担子，必须将它卸下来才行。

我们这一代德国人，成长阶段正赶上二十世纪六十年代早期至中期那段时间。环顾四周，想要找个参照者，结果却发现自己的父辈，要不与野蛮的纳粹文化同流合污了，要不早就被逐出祖国了。除了极少数的几人之外——如沃尔夫冈·施陶特（Wolfgang Staudte）和赫尔穆特·考特纳（Helmut Käutner）等电影导演——

可以说，自一九三三年一月三十日希特勒上台那天开始，具有正统性的德国电影，就再也不存在了。作为真正意义上的战后第一代，我们成了没有父辈的孤儿，失去了学习对象；我们也找不到能积极发挥作用的老师或导师，失去了可依袭的榜样。这意味着，父辈的再上一辈，那些爷爷级的人物——弗里茨·朗（Fritz Lang）、茂瑙、帕布斯特（Georg Wilhelm Pabst）等人——成了我们的参照者。当时我的寻根意愿相当强烈，所以明知超越不了茂瑙的原作，还是决定把注意力都放在他这部杰作上。这并非出于怀旧，也不是我故意要模仿某种电影制作的传统。我之所以那么做，只是为了表达我对德国电影英雄辈出的那个时代的钦佩之情。一九二二年的《诺斯费拉图》，正是那一时代的产物。我们那代人，很多人对于茂瑙以及他那一辈电影人，都有着与我类似的看法：他们的电影，是具有正统性的文化。

在你最需要支持时，洛特·艾斯纳雪中送炭。

查理曼大帝没法自己赋予自己权利，他必须要跑到罗马去，请求教皇为他施涂油礼，为他加冕。我们当时的情况也是一样。很幸运，德国电影还有洛特，她能为我们行祝福礼。她正是连接我们与过去的纽带，她是我们共同的良心，她是纳粹时代的逃亡者。很长一段时间里，她是这世上仅剩的历史见证者，她认识从电影诞生起这段历史中的每一个人。毫不夸张地说，她就像是一头长毛猛犸象，堪称历史上最重要的电影史学家之一，与好多电影领域早期的重要人物都有私交：爱森斯坦、格里菲斯、冯·斯登堡（Josef von Sternberg）、卓别林、雷诺阿甚至卢米埃尔兄弟与梅里爱。光凭她一人，便拥有足够的权威、眼光和个性来宣布我们的正统性。她坚持认定，我们那一代德国电影人的所作所为，其重要性并不亚于茂瑙、朗那些魏玛时代电影人几十年前所创立的电影文化。对我们来说，这真是重要的一刻。当初朗曾说过，德国电影再也出不了任何重量级作品了，洛特却告诉他，去看看《生命的标记》。她甚至直接给他送去一本三十五毫米拷贝，"你曾对我说，希特勒之后，德国再也不会有什么电影文化了。"她告诉朗，"但你可以看看这部电影，导演是个名不见经传的年轻人，才二十五岁。"朗看了《生命的标记》，反馈说："不错，我现在看到希望了。"我一直都觉得他的作品，几何感太强烈，但还是很感激他对《生命的标记》做出的评价。

整整有十年，是洛特的肯定与鼓励给了我继续下去的力量。她第一个对我的作品表示认可，并想尽一切办法为我行方便。当初我之所以会认识她，还是因为她说话时的嗓音。那是二十世纪六十年代中期某一届柏林电影节上，洛特受邀演讲，那是她一九三三年离国后第一次重归故土。礼堂的大门半开着，我恰巧经过，听见她的声音，一下子就被吸引住了。那就像是有着强大的磁性，听得我欲罢不能。她本来学的是考古，但对电影、文学一直很感兴趣，而且善于发现好作品。十八岁那年，朋友拿来一本笔记本请她过目，上面记着一份话剧剧本草稿。"这是我新认识的一个年轻人，他说自己是个诗人。"朋友对她说，"你懂诗，所以请你读一下，然后告诉我你怎么想。要是真写得好，说不定我会和他深入交往一下。"洛特看了剧本，第二天，她告诉那位女友，"去交往吧。日后他会成为全德国最伟大的诗人。"那剧本是《巴尔》(*Baal*)，作者是贝托尔特·布莱希特。洛特大胆敢言，又是犹太人，所以一早就上了纳粹的黑名单。狂热的国社党报纸《先锋报》(*Der Stürmer*) 反复强调——那甚至发生在希特勒被选上台之前——如果要有人头落地的话，第一批里，就有洛特。

希特勒就任总理数周之后,她离开德国去了法国,德国电影文化长达三十年的鸿沟,就此裂开。后来,我在巴黎她家中与她会面,聊天时,通常我们说的都是德语,但有时也会改用英语,因为反复听见自己的母语,对她来说已成了一种难以承受的痛。

在柏林电影节初次见到她之后,又过了几年,我得知她已看过《生命的标记》,很希望能有机会和我聊聊。一九六九年时,一位朋友告诉我:"洛特对你评价很高,但她没勇气来找你;而你对她同样评价极高,却也没勇气去找她。所以,干脆由我来牵线搭桥吧。"《卡斯帕·豪泽之谜》拍摄期间,发生过不少令我没齿难忘的事,其中之一就是洛特来了现场探班。她能出现在我的电影拍摄现场,这对我来说真是莫大的荣幸,具有非凡的意义。由头至尾,她没向我提出任何问题,也没怎么和周围人搭话。洛特只是静静地坐在那儿,脸上带着一副高兴的表情。这让我有了更多自信,几年之后,她又来过《诺斯费拉图:夜晚的幽灵》拍摄现场。一度,我对自己的作品态度十分悲观,认定它们压根就没有观众。我去了她在巴黎的公寓,告诉她:"我没法再继续下去了。"她抿着茶,嚼着饼干,甚至都没抬头看我,就那么语气平静地抽空说了一句:"你不会放弃的。电影的历史不会允许你那么做。"说完这句,她又继续先前的话题,聊起她那些吵闹的邻居什么的。这一幕,至今我都记忆犹新、历历在目。面对我的满腹牢骚,她举重若轻的做法,我始终不曾忘记。那是我生命中一大关键时刻。她明确地告诉我,我无权放弃自己的工作,就此给了我莫大的鼓励。

你拍《诺斯费拉图:夜晚的幽灵》时写的剧本,是以茂瑙那部作品为基础的吗?

如果他从没拍过那部作品,我自己也可能会拍一部吸血鬼电影出来,但既然已经有了他那部《诺斯费拉图》——他称那位吸血鬼主角为奥洛克伯爵——我再拍的时候,就想着要向他表示一定的敬意,甚至有一两个地方还想过要直接引用他的版本,镜头拍得跟他一模一样。所以,从这角度而言,我版本中的某些元素,确实是在向茂瑙表达致敬之情。我还去了吕贝克——当初他正是在那儿拍的吸血鬼藏身之处——竟然有幸从历经"二战"后当地仅存的几栋老屋中,找到了他当初拍在镜头里的那几间。它们一直被当成仓库使用,储存食盐。在一九二二年的影片里,还都只是低矮灌木丛的地方,此时已布满参天大树。

当初茂瑙的电影之所以不叫"德古拉"(Dracula),是因为原作者布拉姆·斯托克(Bram Stoker)的后人对于版权费的开价很高。于是茂瑙针对故事做了些细微改动,换了个片名。等我来拍的时候,那本书已过了版权保护期,所以我把片中某些名字又改了回去,包括奥洛克伯爵,也改回了德古拉伯爵。说起原著,虽说书里也不乏某些有趣细节,但总体说来,写得相当乏味。它在一八九七年出版问世,将由浪漫主义时期就开始流行的各种吸血鬼故事,做了一次汇编。真正让我觉得有意思的,反倒是斯托克的远见。不知怎么的,他竟预见到了我们这个时代的大众传播特点。在他那本书信体小说中,涉及不少因十九世纪工业革命而产生的社会巨变,电报和爱迪生发明的滚筒留声机,在小说中扮演了重要角色。伴随着数字时代的到来,通信工具的爆炸性变革,类似的事放在当下也同样适用,社会上同样都弥漫着某种不安情绪。说到底,吸血鬼的故事,其核心内容说的就是孤独。只要遇上躁动的年代,这类故事就会在流行文化中聚沙成塔,此类题材之所以会在近期又再度复苏,或许也是出于这个原因。

金斯基扮演了吸血鬼。

在茂瑙的影片中，那个生物之所以会让人觉得可怕，是因为他一没有灵魂，二看着像是某种昆虫。但是，金斯基演的吸血鬼，身上却有种真正的存在主义的苦恼。我试图赋予他人性，我想要呈现给观众看的吸血鬼，是一个痛苦、悲伤、孤独的生物，他不顾一切地渴望获得爱，但身为吸血鬼，他确实又很可怕。我希望他也能感受到人类的痛苦，他是真的很想要获得爱，除此之外，更重要的一点就是，他还想要得到人类的一项基本能力：死亡。"想死也不能死，这太残忍。"他说。他孑然一身，又无法加入人类的群体，想到自己永远都没法死掉，他发自内心地感到恐惧，所有这些都令他倍受煎熬。这并不是以现实主义手法来呈现吸血鬼，但他确实像是个人。接不接这个角色，金斯基起初有些顾虑，但一旦他同意了——距离开拍只剩两个月——立刻就把头给剃了。拍摄时，他身上还得戴着各种附属物——蜘蛛一样的长指甲、蛇一样的尖牙、十八厘米的高跟鞋以及一对尖耳朵——结果他都应对得相当出色。只要看上两分钟，观众就会发现，在那些附属物的恐怖之外，他身上还体现着更多的东西。喝露西血的那场戏，金斯基展现了他非凡的演技，显露出一种彻底的满足，就像是刚喝完奶的婴儿；而他进入露西房间的那场戏里，则明显有着性的元素。他咬她脖子时，露西脸上立即露出一种新的表情，双手也近乎温柔地拥抱着他。因为有了露西，金斯基饰演的吸血鬼，成了一个带有色情意味的人物。他死的那场戏，金斯基本想用尖叫来处理，但我告诉他："吸气！把死亡和痛苦都吸进去。把那些杀死你的光，吸进去。"注意听一下他将死之际所发出的痛苦喘息声。

露西这个角色，是一个有着两面性的人物，对于吸血鬼，她既感到厌恶，同时却又被其吸引。在茂瑙的版本中，露西把自己交给了德古拉，希望以此换回丈夫。但在我的版本里，露西的自我牺牲徒劳无益。小镇已被瘟疫摧毁，而露西还不知道，此时她丈夫也已变成了吸血鬼。此外，我版本中的吸血鬼，成了某种预言家，他带来了变革，那些受害者就此告别了他们小资的生活与情感。随着瘟疫蔓延，人们集合在市政广场上，空气中弥漫着某种强烈的喜悦。翻阅十四世纪时的历史文献，你会发现瘟疫发展到最后阶段时，明明是一片凄凉、死者无数的小镇，却会经历某种喜庆欢腾的时刻。一种奇怪的自由和喜悦情绪——几乎就像是得到了救赎——取代了一切。大家会在街头起舞，狂饮作乐，视钱财如粪土。老百姓兴高采烈地将自己的家具付之一炬，钱也都扔到了运河里，几乎就像是在庆祝某件盛事。

这次与金斯基合作得如何？

几乎整个拍摄期间他都挺欢乐的。虽说可能隔一天，他还会发次脾气，但这次既没和自己较劲，也没和全世界人较劲。起初他拒绝任何化妆，想就那么演吸血鬼，但最终还是做了让步。每天早上，他都坐在化妆师面前，一坐就是几小时。他听着日本音乐，任她在自己脸上雕琢塑形，一步步地安上耳朵和指甲，套上假牙，剃光脑袋。能见到他有如此耐心，这感觉真是不错。我会走进化妆间，在他边上坐个刻把钟。我们彼此并不说话，只是透过镜子看着对方，点头致意。这一次，他对拍摄工作和他自己的态度都很不错。整部影片全长接近两小时，虽说他的出场时间加在一起可能也就十七分钟，但每一场戏，其实都处于他这个吸血鬼角色的掌控之下。他这次的表演，我能给出的最高评价就是，哪怕他并未出现在银幕上的那些时候，我们仍能感觉到他带来的厄运、恐惧和焦虑气息。全片所有一切，都是为了那十七分钟服务。我们再也不可能见到像他那样的吸血鬼了。

饰演伦菲尔德的，是罗兰·托波尔（Roland Topor）。

那次我去戛纳电影节，听到身后传来一阵疯狂的大笑声，转身看了一下，发现半个人影都没有。原来，是一台闭路电视里，正在播放《原始星球》（*La Planète sauvage*）的新闻发布会现场。身兼导演、演员、插画师和小说家多重身份的罗兰·托波尔，是这片子的导演。只要一开口说话，不管说什么，他都会情难自禁地边说边笑。于是，我记住了这个人。原本，我想让瓦勒丝卡·格特（Valeska Gert）来演伦菲尔德，她是德国人，擅长歌厅秀和异色舞蹈演出。可惜，合同签好才过三天，她就去世了。于是我立刻想到了托波尔。带着一箱德国啤酒，我直接就找上了他在巴黎的公寓，搞定他参演本片。当初，他和家人在法国乡间四处躲藏，好不容易才挨过了"二战"。他之所以说话时老是这么怪笑，或许就是因为这缘故。感觉就像是在嘲笑这世上的一切。上帝造他出来，似乎只是为了让他年纪轻轻就过上东躲西藏的非人生活。上帝的造物，无非只是一场彻头彻尾的闹剧。

拍摄过程中，你放了一万只老鼠在代尔夫特的街头巷尾。

我本想找个德国北方或是波罗的海沿岸的小镇，要求是有运河，有船。我的一位荷兰朋友建议我去看看代尔夫特，那小镇几百年来就没发生过什么变化。看到它的第一眼我就被迷住了。小镇是如此宁静、小资、自信、实在，处处井井有条、干净整齐。它看着就像是一台风格化的电影布景，非常适合用来拍这故事。除金斯基之外——他一直都更偏爱五星级酒店——全体剧组成员一起住进了当地一家废弃的修道院里。在这样的小镇上拍电影，并非易事。他们的日常生活，因为我们的到来而受到一定程度的影响。在广场上拍摄的那两场老鼠戏，都是赶在大清早完成的。从准备工作到实际拍摄，必须要在三小时内完成。我向当地人呼吁，希望他们给予我更多支持，结果也得到了一些热情的响应。代尔夫特的热心影迷专门组织了我的作品回顾展，并且四处奔走，希望能有更多人来支持我。不过，代尔夫特的河道过于狭窄，而且桥梁太多，所以诺斯费拉图坐船来到镇上的那段戏，我们是在数千米外的诗丹（Schiedam）小镇上拍摄的。

  我深知，越是这种与世无争的小镇，吸血鬼带来的恐惧与毁灭作用，越是能获得有效的显现。《诺斯费拉图：夜晚的幽灵》说的就是，某种无名的恐怖侵袭了人们生活的社区；用老鼠来表示这种恐惧，特别能够刺激到观众。我们之所以害怕这种生物，或许是基于这样一个事实：地球上人类和老鼠的数量对比，是一比三。开拍之前，我向代尔夫特的镇委会做了解释，把我的设想一五一十地告诉了他们，结果令许多当地人如临大敌。原来，这地方河道密布，几十年来一直鼠患严重，直到不久之前才刚刚根除。我让他们不必紧张，因为我们有周密的部署，保证一只老鼠都不会逃脱。释放老鼠之前，我们把附近每一处雨水井、小巷和入口，全部封了起来，还沿着河道装了细网，以防老鼠逃入运河。我们甚至还安排人手，坐船等在运河下游，防止会有任何漏网之鼠。在广场拍摄时，摄影机背后有一道可移动的木墙，在街道尽头的小巷里，也有一道木墙。这场戏一拍完，信号发出，两道墙就从之前隐藏的地方推出来，互相靠拢。于是，鼠群就被堵在了越来越狭窄的封闭空间中，方便悉数装笼。结果一只老鼠都没跑掉，戏一拍完，我就把它们转手卖出去了。

镇外不远处有家农庄，老鼠都养在那儿。我们付了主人一笔钱，请他负责照看、喂养它们。但不知怎么的，那笔钱他没收到，所以我们过去提老鼠时，那家伙大发雷霆。我向他解释，钱马上就付，可他却不依不饶，阻止我们靠近粮仓。我知道跟他吵也没用，于是直接撬开了锁，打开了仓库大门。见到此情此景，他更是像发了疯一样，开着挖掘机就冲我们其中一辆卡车驶来。卡车上此时已装上了几千只老鼠。起初我试图躺在挖掘机行进的道路上，但转念一想，发现那么做十分愚蠢，因为那混蛋肯定不会顾我死活的。果然，他用挖掘机的铲斗，砸破了我们卡车的车窗。也就在这一刹那，我抓起一根铁棒，朝他坐的驾驶室挥了过去。我有心没砸中他，但我警告他，"下一记，我可要砸中你了。"我命令他熄火，"把挖掘机钥匙交给我。"这串钥匙，我保留至今，也算是我拍摄这部电影的纪念品了。

老鼠你是从哪里搞来的？

来自匈牙利一间实验室。每道边境都会有海关的人检查医学证明。途中某站，有人还想核对一下具体的货物，于是抽了一箱打开检查，结果当场昏了过去。最初买来的时候，那些老鼠都是雪白雪白的，我决定找人把它们全都染成灰色。德国有间专做洗发香波和染发剂的大厂，做产品测试的时候，他们用的就是老鼠，因为鼠毛的质地和人类的头发很相近。我和海宁·冯·吉尔克（Henning von Gierke）、科尼利厄斯·齐格（Cornelius Siegel）一起去了他们厂。这两位，前者是画家、美术指导，本片的布景设计都由他负责；后者则是电影特效专家，还是不来梅大学的老师。《玻璃精灵》里的工厂大火、《诺斯费拉图：夜晚的幽灵》里巧夺天工的挂钟，都是他的杰作。和厂里的人商量之后，科尼利厄斯设计了一条巨大的传送带。老鼠都装在铁笼里,笼子依次浸入染色剂一秒钟,再用温水冲洗每只老鼠,最后还得用吹风系统把它们弄干,否则就有感染肺炎之虞。直至今日,坊间仍有传闻,说那些老鼠遭受了虐待,运输途中就死了一些,其中甚至还有些是因为饥饿难耐,彼此相食而死去的。但事实是,到影片拍完的时候,相比一开始,老鼠的总数不但没减少,反而多出了大约五百只。还有人控诉说,每只老鼠都被我们浸没在一桶滚烫的灰色染料中。既然如此,那我索性再为大家爆个料,说个更疯狂的真相给你们听听:我们用滚烫的染料,把老鼠煮了好久好久,以至于到了最后,它们自愿由白色变成了灰色。

这片子是用哪种语言拍的?

剧组来自五湖四海,各个国家都有,所以英语是通用语言。但既然是拍电影,我就得做个决定,究竟用哪种语言。这不光是为了确保剧组成员之间的沟通,为了尽可能方便其事,也是为海外发行商考虑。和《阿基尔》《陆上行舟》一样,《诺斯费拉图:夜晚的幽灵》原本也是用英语拍摄的,但经过几场提前试映,我发现片中各种不同的英语口音,为观众看懂影片带来了很大难度。于是我们决定用德语重新配音。在我看来,这才是最具可信度的版本。当然,我不敢说德语版就比英语版"更好",但从文化角度而言,那确实是我心目中更可信的一个版本。前期准备工作花了四五个月,实际拍摄用了大约八周。最终剪辑权在我手里,但二十世纪福克斯的人——他们买下了美国发行权——看过成片后,提出美国放映版里,有几处希望我能做些缩减,然后我自己又做了一些额外的小改动。经过几次试映后,我发现对于有些观众来说,整部影片的长度稍微有些过长了,虽说福克斯并没有说什么，但我还是决定再删掉几分钟内容。

吸血鬼城堡的戏，是在哪里拍摄的？

你看到的所有特兰西瓦尼亚（Transylvania）的地方，都是在以前的捷克和斯洛伐克拍摄的，绝大多数是在摩拉维亚的佩恩施泰因城堡（Pernštejn Castle）以及高塔特拉山里（High Tatra）。我本来是想去罗马尼亚的特兰西瓦尼亚实地拍摄的，但因为齐奥塞斯库政府限制很多而未能成行。从头至尾，当局并未明文拒绝我的申请，是一些罗马尼亚同行给了我建议，让我别再干等着了。只要还是他当权，这事就没戏。在当时的罗马尼亚，德古拉是个敏感话题，有人想为这个历史人物恢复名誉，证明历史上的德古拉伯爵，是他们历史上一位值得尊敬的领袖人物。关于其人的真实经历，后世所知不多，但十五世纪时，他曾是抗击土耳其军队的重要力量。传说中，某次战役之后，他用木桩钉死了两万名俘虏；吸血鬼电影里，你只有用木桩刺穿其心脏，才能杀死他们的主题，或许就来源于此。此前，政府已授予齐奥塞斯库"新弗拉德·德古拉"的称号，意思是说，他和历史上那位罗马尼亚的守护者一样，保护了祖国免受苏联帝国欺压。他当时真是集各种荣誉于一身。我记得他应该是荣誉博士学位的世界纪录保持者——数量多达六七十个——每所学校都将他视为"天堂的伟大缔造者"，顶礼膜拜。事实证明，那些罗马尼亚同行说得没错，对当时的罗马尼亚执政者来说，弗拉德·德古拉根本不可能是吸血鬼。于是我离开了那儿，不过在走之前，我为了探景，有条不紊地走遍了喀尔巴阡山脉的每条登顶路线，过程非常享受。

《诺斯费拉图：夜晚的幽灵》拍完才过了五天，你又带着同

一班剧组，同一位主演，开始了《沃伊采克》的拍摄工作。

如今看来，《沃伊采克》——十七天拍完，五天做后期剪辑——就像是紧随《诺斯费拉图：夜晚的幽灵》之后的一次小的调整。按照我的想法，《诺斯费拉图：夜晚的幽灵》拍完后的第二天，我们就可以开拍《沃伊采克》了。只不过，等待金斯基的头发重新长出来，那需要时间。之所以两部影片沿用了同一个剧组，主要还是为了对付官僚主义。在当时，想要在捷克和斯洛伐克拿到拍摄许可证，那可真是大费周章。《诺斯费拉图：夜晚的幽灵》的后一半，我们是在摩拉维亚以及斯洛伐克东部某些地方拍摄的。所以，我决定接着拍《沃伊采克》，但和对方说起来，就说我们还是在拍《诺斯费拉图：夜晚的幽灵》。其实，我们并没有等待五天。事实上，《诺斯费拉图：夜晚的幽灵》杀青的第二天，就已经开始拍《沃伊采克》了，只不过一开始没拍有金斯基的那部分而已。

对于金斯基来说，演戏从来就不是仅仅扮演一个角色那么简单。《诺斯费拉图：夜晚的幽灵》拍完之后，他仍入戏很深。这一点，从他正式进《沃伊采克》剧组的第一天，你就能明显感觉到。他喜欢扮演沃伊采克这个人物，拍摄过程中，心态也始终调节得很好。但另一方面，此时他整个人已精疲力竭、身心疲惫，而那恰恰正是演好沃伊采克这个角色所需要的状态。所以他这一次的演出很有深度，令人惊艳。他是真的抓住了这个人物的精神，内心郁积着某种爆发力，由全片一开始，便表现得非常敏感脆弱。可以想一下片头字幕过后，他的那个镜头，他直愣愣盯着镜头看的画面。你会注意到，他脸上有些地方不太对劲。情况是这样的：片头那场戏，他在做俯卧撑，教官把他踢翻在地。扮演教官的是沃尔特·萨克瑟，他是我好多电影里的制片主任，如果你看过《我最亲爱的魔鬼》,就会记得在《陆上行舟》现场,被金斯基大吼的那个人,就是萨克瑟。这一次,金斯基对我说:"他做得不对,他得正儿八经地踢我才对,假模假式可不行。"金斯基和萨克瑟向来不太对付,所以既然金斯基主动要求了,萨克瑟这边肯定乐于满足他。萨克瑟下脚很重,金斯基的脸被鹅卵石压得肿了起来。"克劳斯,别动。"我对他说,"朝我这边看过来。"他正在大口喘气,刚才那些俯卧撑把他累得不轻。但他看向镜头的时候,眼神依然很有力量,一下子便奠定了之后整部影片的氛围。

看得出来,你想拍《沃伊采克》一定很久了。

这人物就像是一团火,一直在我心底燃烧。在我看来,毕希纳的《沃伊采克》就是史上最伟大的德语戏剧作品,没有之一。它有着特别厉害的迫切性,就像是一颗尚未被拆除引信的炸弹。我仍记得,第一次读到这剧本时,我感觉自己就像是被闪电击中了。《沃伊采克》全剧其实只是一个残篇。他留下的手稿又都未标明页码,所以长期以来学术圈中始终有争论,那些散乱的情节,究竟该如何排序才正确。在这一点上,我沿袭了大部分剧团的做法,尽可能按故事顺序来安排各个场景。在我看来,这出戏至今为止,都还没有一个能让人完全满意的英语译本。将它搬上银幕,意味着我和我自己所属的文化中最优秀的那一部分,有了一次最直接的联系,这种联系,甚至要比《诺斯费拉图:夜晚的幽灵》有过之而无不及。

整部影片的结构,围绕着一连串时长四分钟的镜头展开,那正是一本三十五毫米胶片的拍摄长度。这意味着,这部电影要想成功,除摄影外,其实更有赖于表演和台词本身。镜头能做到这么节约的电影,估计我以后也拍不出第二部来了。这种拍法令人兴奋，因为这里的电影空间，不再通过画面剪切和镜头运动来营造，它靠的是演员自身在景框范围内的运动，靠的是他们自身的表演魅力。我也通过这办法，向毕希纳的文字表达了敬意。当然，这么拍其实并非易事，拍起来谁都不能犯错。想一下沃伊采克试图摆脱鼓乐队队长的那场戏，他朝着镜头的方向移动，眼看就快要碰到摄影机了，才又被拉了回去。类似这样的画面中，金斯基所创造出的空间，早已不再局限于镜头范围之内。他呈现出的，是镜头的背后、周围与前方，其实都大有空间。你能感觉到，他不顾一切地朝着你的方向爬过来，甚至感觉像是要爬到你身体里面去。我喜欢的是那种愿意冒险的电影人，敢于用长达三四分钟的单一镜头来表现一整个段落。而有些导演却总爱毫无理由地乱动镜头。他们其实也很清楚，自己拍的东西本身的分量不够，光是让机器被动地在那儿拍，撑不起来，于是只能靠花哨的镜头技巧与泛滥的画面剪切来藏拙。只要这类镜头一出来，它就露馅了，因为我一看就知道了，这是一部内容空洞的作品。如果你是真的想要用上风格化强烈的镜头技巧，那千万不要把它们作为噱头硬加上去。反之，应该将它完全融合在叙事之中。

你曾经说过，电影来自"乡间集市与马戏团"，而非"艺术与学院派"。

我们面前的这张桌子上，摆着一大摞关于我电影的学术文章，都是你拿过来让我过目的。过会儿，你前脚走，我后脚就会把它们都扔进垃圾桶里。这尽是些不说人话的无聊玩意儿，不管是谁，最好都别沾染。看到这类东西，我能给出的反应，就是眼神茫然地呆呆望着你，就和我面对绝大多数哲学专著时的反应一样。黑格尔和海德格尔，他们说的都是暗语，我破解不了他们的密码。

说到底，他们提出的概念，其实我并不陌生，只是，同样的感悟，我是由真实生活中汲取来的，而非书本。一听到那些电影理论家和狂热分子说话，我就默默地在心里放下了一道百叶窗。

大学里的人，真正懂得欣赏文学的，反而是凤毛麟角。德国学生从小就要学习如何分析歌德的《伊菲革涅亚》(*Iphigenia*)与《浮士德》，将它们层层解剖，再堆叠上各种难以理解的白痴理论。如今的大学里，竟然仍在继续这一套东西，这就更让人愤怒且悲哀了。这套教学办法影响甚坏，拜它所赐，至今我都没法好好读一遍《浮士德》。读书的那些年里，我对于诗歌原本的热爱，几乎完全都被这套教学办法给消灭了。好在，真是要感谢上帝，我对于世界万物的好奇心，总算得到了保留，未受其影响。文学本应给人心灵震撼，这方面，我能想到的最好例子来自我妻子。她小时候在西伯利亚的时候，拿到了布尔加科夫的《大师与玛格丽特》的手抄本，她自己也亲手抄了一遍，然后偷偷在朋友间传阅。至于电影方面，本应有的激情，到了理论家这里，反倒退居末席。其实，看到电影时我们的内心感受，应该要和看日食或是太阳的特写镜头时一样才对——看着那些比地球大数千倍的日晕抛射物质，上下翻腾。又或者，要有我小时候透过望远镜看到月球上那些火山口时那种痴迷；或是像你听音乐的时候，当某段特别有力的旋律响起时，你会在一瞬间感受到那种与日常经验背道而驰的惊奇。想到那些时刻，现在我都依然心存敬畏。相反，学术界却在扼杀电影的生命，他们就像是缠绕着大树的藤蔓，令它窒息、枯萎至死。应该要建构电影，不要去解构。要创造诗意，不要去破坏诗意。不管何时何地，遇到电影理论家，我一定会弯下身子，拿头顶上去。谢天谢地，电影目前还算健康，他们注射在电影体内的知性，剂量暂且还未达到致死程度。

对于有追求的电影人来说,阅读那些关于电影的书籍和文字,其实没什么用。而对于那些围绕电影进行研究、创作的人来说,其实也一样。与其无休无止地阅读此类书籍,还不如花时间研究一下诸如雅可比常数(历史可追溯到十九世纪,与行星运动相关)或是如何破译亚述人楔形文字等问题。始终不要忘记放开你的视野。我从没看过有关电影的书籍。事实上,我看过洛特·艾斯纳书里某些章节,还有阿莫斯·沃格尔的《作为一种颠覆性艺术的电影》(*Film as a Subversive Art*)刚出版时我也翻过,那里头图片特别多,有好几百张,非常漂亮。但除此以外,就没看过别的电影书了。我始终觉得,如果你真喜欢电影,那最好还是别去理会有关电影的书籍。相比起来,我倒是更喜欢电影杂志,那些花花绿绿的照片、关于明星动态的豆腐干文章以及令人作呕的绯闻专栏。或者干脆就看八卦小报,相比之下,那虽然粗俗,但要比电影书健康得多。

第六章

挑战地心引力

上帝的怒汉
休伊布道
陆上行舟
小兵之歌
发光的山

在莱斯·布兰科的纪录片《维尔纳·赫尔佐格吃鞋》(*Werner Herzog Eats His Shoe*)**里,拍到了你在伯克利公开吃自己鞋子的画面,怎么会这样的?**

二十世纪七十年代,我在伯克利的时候,跟艾罗尔·莫里斯打过交道。他当时在读研究生,我们都是太平洋电影资料馆(Pacific Film Archive)的常客。他属于那种人,见面后,一下子就能给你留下深刻印象。你会发觉他热情似火,想法独特,爱刨根问底,个性特别活跃。他是我一位重要的战友,他用他自己的办法,探索着不同的路径,尽可能地远离"真实电影"和以事实为导向的电影方向。年轻时,他大提琴拉得很有天赋,但忽然迷上了连环杀手,收集了数千页文字记录,放弃了大提琴以及他原本的写作计划。他说他想拍部关于连环杀手的电影,却苦于资金难觅,津贴难寻。我明确告诉他,对于拍电影这件事来说,钱并不重要,自身的意愿和信念有多强,才是决定性因素。"别再抱怨制片人如何如何愚蠢了,从明天开始,从一卷胶片开始,抓紧先拍起来。"我对他说,"哪天你电影拍出来了,能让我看到了,我就把我今天穿的鞋给吃掉。"最终,他拍出一部极优秀的《天堂之门》(*Gates of Heaven*)来。影片说的是加州一处宠物公墓。我是个言出必行的人,所以去秘鲁筹拍《陆上行舟》的路上,我特意在伯克利停留了一下,去了巴尼斯餐厅(Chez Panisse)履行承诺。

我本可以穿轻便的跑鞋过去，但既然我向来都看不起懦夫，所以还是专门找出了当初我向他做那个承诺时所穿的那双鞋，给穿了过去。那是一双"其乐"（Clarks）牌的中帮沙漠靴，那鞋底熔化的时候，就像是比萨上的奶酪。那天巴尼斯餐厅的主菜是鸭子，所以剩下了一大锅鸭油，我估计它的沸点大概是一百四十摄氏度，远高于水，所以决定把鞋子放在那里头煮。我又在里面加了个红洋葱、四头蒜、一把迷迭香。不幸的是，鸭油令皮革收缩，反而变得更难嚼了。在场的友人认真地辩论了一番，想得出一个结果来，究竟应不应该允许我那么做。要想把皮鞋吃掉，别无他法，我只能用一把厨房专用剪刀，把它割成一小片一小片的，然后和着啤酒吞下去。你如果要问我那是什么滋味，我也说不上来，因为当我正式开吃的时候，早就已经喝大了。我能记得的只有，喝完整整半打啤酒后，我走上了伯克利UC剧场的舞台，然后摇摇晃晃地离开了那儿。不必担心，皮革很容易消化，而且汤姆·勒迪也和我一起上了舞台，拿着我吃不完的皮鞋，分给了台下与我并肩作战的观众们一同分享。

我和莱斯·布兰科之间并无白纸黑字的约定，我们只是彼此心照不宣地认定，这些素材必须严格限定在家庭影集的范畴内。或许，这些画面对于我来说，实在是太私人了，以至于我不觉得《维尔纳·赫尔佐格吃鞋》这部纪录片本应拿出来公开放映。但说到底，莱斯是一位非常优秀的电影人，所以不管他做了什么，我都原谅他。如今看来，我很高兴他当初能用镜头记录下这一切。现在也总有人爱谈我吃鞋这件事，但抛开事情发生的背景，这会让人觉得荒唐可笑。就我自己而言，我吃鞋吃得很有道理。对于所有想要拍电影却缺乏勇气的人来说，那都是一种鼓励。再说了，本来我们就应该偶尔换换口味才对。前不久艾罗尔还建议我说，下一次再要吃，就该吃我的脚了。想当年，《天堂之门》在纽约电影节上放映时，有人问了他一个问题，那是他生平第一次在记者见面会上被人问到这样的问题。"莫里斯先生，在我看来，你这部电影如果长度能短一半，效果会好一倍。"艾罗尔毫不迟疑地回答说，"女士，您也是。"

《陆上行舟》筹拍期间，你还在美国拍了两部短片。

拍摄吉恩·斯科特博士（Dr. Gene Scott）那部电影的数年之前，我早已知道其人。只要我人在美国，肯定会收看他的节目，而且一看就看上了瘾。作为公众人物，他或许显得有些疯狂，但真正触动我的是他身上某些令人心碎的地方。他和我永远都不会成为朋友，但不知怎么的，我就是喜欢他这个人。他的电视节目，基本上就是一出独角戏，每天都要在电视里演上八小时。他冲着电视观众大发雷霆的样子，真是非同寻常。他反复强调："主的荣耀已岌岌可危，每晚都是！"他训诫观众，那不过只是"区区六百美元，可你们却都坐着无动于衷，像是屁股上抹了胶水"！他甚至会直接威胁恐吓电视机前的观众："接下来的十分钟里，我会就这么坐着，一言不发。如果十分钟过后，承诺捐献的金额没能达到两万美元，我直接拉闸走人！"我们找他拍摄的过程中，单单是一天时间，观众承诺捐献的金额，就超过了二十五万美元。

他是个有争议的人物，我们去拍电影的时候，他身上就背着七十多桩官司，罪名从挪用公款、敲诈勒索到诽谤中伤、逃税漏税，应有尽有。当局已冻结了他的资产，指控他其实是在经营电视频道，而非办教堂。为示抗议，他把自己锁在摄影棚里，不让任何人进入，整整两天。他具有很大影响力，观众对他的态度也是两极分化，爱的爱死，恨的恨死。他是个聪明人，但我总觉得，他内心其实并不快乐。他身上有种强迫症，整天就是独自站在镜头前面，滔滔不绝地讲，日复一日，周而复始。只有在需要上厕所的时候，他才会暂停一下，让他手下的歌手先上来充一下场面，唱几首瞎编乱造的宗教歌曲。就是这么一件工作，竟然能有人坚持做了那么多年。他是怎么做到的？那部片子拍完之后，我就没再看过他的节目了。但我听说，死前那段时间，他已经彻底疯了。当初说过的好些教义，都被他自己否定了。他甚至会在节目里，坐进一个玻璃做的金字塔，大谈金字塔能量如何如何。在我们的文明中，存在着偏执与疯狂的那一面，斯科特的所作所为，恰好与之相迎合。他对于自己在《上帝的怒汉》（*God's Angry Man*）里表现出的样子，并不满意，还要求我将原来的片名"宗教与金钱"（Creed and Currency）给改掉了。

《休伊布道》（*Huie's Sermon*）则是在纽约布鲁克林拍摄的。我凑巧遇上休伊·罗杰斯（Huie Rogers）主教，问他能不能让我们拍部电影。最终交出来的作品，无须再做讨论。这是一部纯粹的作品，关乎人生的喜悦、信念以及电影制作本身。休伊布道的那些画面中，充满巨大的喜悦。起初他非常平和，渐渐地，他像鞭打羊群那样，将听众推向非同寻常的兴奋状态。他会痛斥社会的堕落、人类的腐败，但我总觉得，他身上那种神奇的忘我热情，要比米克·贾格尔都更像是个摇滚明星。在片中，有几次我将镜头由休伊这边切走，转向周围的街景，那是因为我们必须要换胶片了。

《陆上行舟》开拍时，媒体给予高度关注，这是不是让你感到意外？

让我感到意外的是，影片上映数月之后，某天我走在慕尼黑街头,有个男人发了疯一样地朝我跑来,我眼睁睁地看着他跳起在半空中,然后一脚踢中了我的肚子。随即他又爬起身来,冲着我大喊:"你这头猪,你这是咎由自取!"

《陆上行舟》拍摄期间,我们遇到的许多问题,追根溯源,都和那片区域当时正在发生的一些事情有关,包括秘鲁和厄瓜多尔之间酝酿已久的边境战争在内。但这些事其实与我们剧组毫无关系。

随着拍摄深入,我们所到之处,出现了越来越多的军事力量,气氛日益紧张。每每行进到下一处河湾,就会发现又多了一片秩序混乱的军营,挤满了醉酒的士兵。各家石油公司都忙着在这片区域开发自然资源。他们不顾当地人反对,以暴力手段开路,建起一条横穿印第安人领地与安第斯山脉的输油管线,直通太平洋。我们获得当地印第安人的许可,进入了丛林,来到了预先看好的外景地,但不知怎么的,所有这些长久以来未能获得妥善解决的问题,此时又围绕着我们的出现,重新浮出了水面。当时媒体十分关注我们,因为按照原计划,米克·贾格尔要和克劳迪娅·卡迪娜(Claudia Cardinale)一起出演本片,主人公菲兹卡拉多则将由贾森·罗巴兹(Jason Robards)饰演,我曾看过他的《牛郎血泪美人恩》(*The Ballad of Cable Hogue*)。我对媒体完全没兴趣,从没想过要在他们那种疯狂的马戏团里,当一只会跳舞的小熊。但是,冲着克劳迪娅与贾格尔的奇异组合,再加上疯狂的赫尔佐格、一群印第安土著、一场边境战争以及一个军事独裁政府,想要不被他们关注都难。幸运的是,媒体炮制出来的那些垃圾说法,要想澄清并非难事。原因之一就在于,有家人权组织专门派来个观察组,就在我们剧组。最终他们得出结论,拍摄过程中从未发生过任何侵犯人权的事。我则始终相信,传说的事,说得越是夸张离奇,也就越快烟消云散。事实也确实如此,我被媒体强加的罪名,过了两年也就没人再提起了。

布莱恩·斯威尼·菲兹卡拉多(Brian Sweeney Fitzcarraldo)崇拜卡鲁索,所以他想在丛林深处建造一座歌剧院,好邀请这位全球闻名的男高音歌唱家来做揭幕演出。

距离我想到要拍《陆上行舟》多年之前,当时我正在忙另一部电影。探景过程中,我开车沿法国布列塔尼海岸走,某晚到了一个叫作卡纳克(Carnac)的地方。我发现周围全都是巨大的石柱,牢牢地扎在地里。这些史前遗迹,高达九米,其中有些竟有六百吨之重。石柱共有数千根,平行地排成数行,翻山越岭地向着内陆方向绵延数里。我以为我是在做梦。我去买了本旅游小册子,读过之后才知道,科学家至今都没法解释得清,这些巨大的石块,八千至一万年前的人类,究竟是如何仅依靠原始工具,就把它们运到这地方,竖立起来的。按小册子上的说法,这有可能是外星人宇航员当年所为。看到这里,我禁不住跃跃欲试。如果我是一个原始人,靠着手头有限的工具——最简单的麻绳或是皮带,外加杠杆与斜坡——要怎么做,才能把巨石运到几千米外的地方。我决定了,不想个明白,我就不走了。

我想出一个办法。我需要一组人,在石柱底下挖一组壕沟。然后把结实的橡树树干推入壕沟,挖走边上的泥土,让石柱躺倒在树干上。做完这一步,就能用绳子和杠杆,让石头通过这些"轮子"来移动了。接下来才是有难度的:要建造一条水平的斜坡,长一千五百米,几乎就没什么坡度。这项工作需要两千名训练有素的工人来完成。斜坡那头是一个人造的土墩,高六米,上面再开个凹洞。沿着斜坡将石柱移动上去的过程,反倒不需要那么多人，而且只需要几天时间就能完成。靠着杠杆和由旋杆组成的原始滑轮组，就能把石头立在预先挖好的洞口里了。到了这一步，石柱基本就算是立起来了，最后只需移走泥土、土墩和斜坡就可以了。如果要给《陆上行舟》登记身份证的话，上面标的出生地点，那就是卡纳克了。

几年之后，当初拍《阿基尔》时帮我筹集过资金的秘鲁朋友何塞·柯克林（José Koechlin）来慕尼黑看我，建议我回丛林再拍一部电影。"大伙都盼着你呢。"但我知道，既然要去，那肯定得先找到合适的故事。于是何塞跟我说了卡洛斯·费明·菲兹卡拉多（Carlos Fermín Fitzcarrald）的真人真事。他是生活在十九世纪末期的一位橡胶巨头，富可敌国，还拥有多达四千人的私人军队，最终却在三十五岁时遇上船难，淹死在海里。对于秘鲁的橡胶时代，我没什么兴趣，菲兹卡拉多也算不上是个特别有吸引力的人物。那只不过是历史长河中又一个丑陋的商人罢了，单单只是他的生平故事，拍电影还是显得单薄，但是何塞凑巧又提到一个细节，倒是让我产生了莫大的兴趣：某次，菲兹卡拉多将一艘轮船拆散成几百个零件，花了几个月时间，经由陆路，将它们从乌卡亚利河（Ucayali River）流域运到了玛德雷德迪奥斯河（Madre de Dios River）附近，再重新组装了起来。就这样，他成功避开了好多激流，成功拿下了面积等同于比利时的一大片土地。然后，我又从世纪之交前夕那些在马瑙斯修建亚马孙剧院（Teatro Amazonas）的橡胶巨头身上得到启发，想出了让菲兹卡拉多投资修建属于他自己的歌剧院的情节。当初我写这个剧本的时候，我先在第一页上写下所有剧中角色的名字，排在第一的并非菲兹卡拉多，而是恩里克·卡鲁索（Enrico Caruso）——虽说全片由始至终，你并未看到其人，只是听到他的声音。最终，我将这三组元素——菲兹卡拉多、卡鲁索、由卡纳克巨石蜕变而来的一艘轮船——融合成了一整个故事。剩下的问题就是，这一艘重达三百四十吨的汽船，我又该怎么做，才能在距离最近的城镇几百里地的原始森林里，将它完整地移动一千五百多米，而且还要翻山越岭？

当时我正和二十世纪福克斯合作《诺斯费拉图：夜晚的幽灵》，于是我交了一份十七页的剧情大纲给他们。福克斯的人看过之后，再加上杰克·尼科尔森（Jack Nicholson）说他有兴趣演菲兹卡拉多，他们便提出，希望和我签一份打包合同，包括《沃伊采克》和《陆上行舟》两部影片。但我其实很清楚，在丛林深处拖着汽船翻山越岭，这么匪夷所思的事，好莱坞的电影公司绝对不会想要插一脚。这与他们的习惯性思维，实在相去甚远。福克斯的人甚至建议我采用缩小体积的船只模型，在圣迭戈的植物园里，以假山为背景来拍摄这些内容。但对我来说，这事情压根就没得商量。《陆上行舟》的故事背景虽属虚构，但我很清楚，必须要实打实地真拍才行。我花了好几个月，在洛杉矶会见各路投资人，开着各种难受、冗长的会议。最终，我决定自己出钱，先把前期筹备工作做起来。我的钱虽然不多，但启动项目已经够了。我知道类似这种规模的电影，想要推动起来，那就像是在启动一辆火车。你得先把它从车站里开出来，那样才能让别人对它的尺寸、速度和方向，有个初步了解。一旦火车上了路，自然会有人坐上来。《陆上行舟》最终的成本是六百万美元，其中绝大部分都是影片正式开拍之后才逐步搞定的。

正式开拍之前，你已经在丛林里待了有一阵子了。

前期筹拍花了三年不止。片中有艘锈了的旧船，就是菲兹卡拉多修理的那艘，那是在哥伦比亚觅到的，当时它已在泥地上搁了二十五年，船身有个大窟窿，大到根本修都没法修。我们在船肚子里塞了六百个空油桶，这才让它浮了起来，一路拖到了秘鲁伊基托斯（Iquitos），再以它为原型，依样画葫芦地造了两艘一模一样的汽船出来。两艘船里，有一艘必须要造得特别牢固，哪怕在山上拖行时都不会散架。当它停留在半山坡上时，我们可以先拍激流里的另一艘船。这后一艘，我们倒是要预先有个心理准备，准备好它有可能会沉掉。这么两艘一模一样的汽船，建造起来过程漫长、任务艰巨。找遍全伊基托斯都没有一处合用的船坞，所以我们只能先自己搭个简易码头出来。此外，剧组虽然不大，但群众演员有多达数百人，还得为他们建营地。那段时间，我要不就是在丛林里，要不就是去美国、欧洲寻找各种需要的东西，或是筹集更多资金。所以整个前期筹备过程才会那么久。

好不容易，终于开始拍摄了。我们花了大约六周时间，拍完大约百分之四十的戏份时，贾森·罗巴兹忽然得了阿米巴痢疾。早在开拍之前，他的律师就曾提出过要求，剧组要专为他设门电台，营地还要配备好体外循环机，以及专从美国请来的医生，他飞过来的时候，还得随身带好各种现代医疗设备。此外，营地随时要有飞机备着，以便万一发生状况，能在第一时间将罗巴兹送出去。这些要求全都荒唐至极，要知道，鉴于丛林里的湿度和不可靠的电力供应，即便有了那些设备，也肯定没法正常使用。而且，我们的财务状况也没法承受这些要求。最终，罗巴兹回了美国。为了等他，整个拍摄暂时停止。几周之后，医生下了禁令，坚决不允许他再回丛林。虽说保险公司应允了我们的索赔要求，但他的离去，对我们来说不啻是一场大灾难。已经拍好的那些戏里，场场都有他，如今全都报废了。

与此同时，米克·贾格尔必须要回滚石乐队了，他们原定的巡演计划，就快要启动了。他原本要扮演的是菲兹卡拉多热忱、疯狂的帮手，一个名叫威尔伯的英国演员，动不动就爱冒几句莎士比亚经典独白，包括《理查三世》开篇的那一段。既然他没法演了，我索性就把这人物删了。说到底，贾格尔根本就是无人可以替代的。我非常喜欢他的演出，所以换别人来演，随便是谁，感觉都不合适。我是说真的，他真是一位好演员，只不过很少有人意识到这一点。许多年前，有一场滚石乐队的演唱会，我正好在后台，亲眼看到他跟别人在争论什么事，他提到他特别喜欢的某款威士忌，化妆间里本应备着，结果却没找到。忽然，他话说到一半，喇叭里传来一阵鼓噪，"各位观众，我们欢迎滚石乐队出场！"他立即收起话头，三步并两步地上了舞台，面对数千观众，呈现了我生平所见最为魔性的演出。

而且他在我们剧组时的作业态度，我特别欣赏。开拍第一天，我们就遇上伊基托斯的全市大罢工，所有工作都停滞下来，大家都不敢离开酒店。贾格尔有辆车，是剧组预先替他租好的，供他在拍摄期间使用。这时候，他毫不犹豫地让出了这车，让我们用它来接送各位主演和群众演员去外景地。因为他很清楚开拍的第一天，对所有人来说有多重要。他知道什么是正事，懂得其价值所在，这一点我很欣赏。说到职业精神，他就是最好的例子。他很有冒险精神，珍惜各种挑战。对我来说，失去他纯属无奈，那也是我导演生涯中最大的损失之一。相比金斯基，罗巴兹演出时的情绪没他那么强烈。他演的，更像是一位热心肠的菲兹卡拉多。所以，如果当初他的版本能拍成的话，会和如今的版本完全不同。现在这部《陆上行舟》我固然喜欢，但罗巴兹和贾格尔的那一版，假设当初能拍完，我肯定也会欢喜。

罗巴兹退出之后，你曾考虑过要亲自饰演这个角色。

那只是实在没办法的情况下，最后的一招。如果真让我来演菲兹卡拉多，可信度上绝对没问题，因为他在片中所做的事，几乎就是我作为本片导演所做的那些工作。在这个虚构的人物和我之间，并不存在太大的区别。如果真是让我来演，效果肯定不会太差，但也不可能有金斯基那么好。所以能有后来这个结果，还是要感谢上帝。事实上，是米克·贾格尔建议我别亲自上阵的。离开丛林时，我已精疲力竭。我飞到了纽约，在某家宾馆和金斯基碰头。在秘鲁的各种遭遇，让我身心俱疲。我本以为此时才跑来找金斯基，一定会被他大吼一通。结果他反倒是很体恤我，还特意开了瓶香槟。"我就知道会这样，维尔纳！我早知道了，我会演菲兹卡拉多！我们什么时候开拍？我什么时候能试衣服？我们什么时候飞秘鲁？"其实，我从一开始就考虑过要让他来演菲兹卡拉多，但思前想后，反而得出一个错误的结论。我相信换作别人，很可能也会犯同样的错误，因为光看他以前演的那些电影，你会发现他从来就没显露过一丝一毫的幽默感。此外，我当初之所以没找他，还因为我知道他这个人没什么恒劲。如今回头再看，真不知道如果让别人来演这角色，《陆上行舟》会变成什么样子。

他那天在纽约宾馆里的态度，真的让我很欣赏，可惜等我们到达现场之后，看到要把汽船拖到那么陡的山坡上去，他的心立刻沉了下去。他认定这根本就不可能做到，于是转而成为所有消极力量里面最大的一股。拍摄期间，我们一度赶上了潮汛期，我坐在小木屋里，目不转睛地看着急速奔流的河水、不断抬升的水位。这时，有几个人作为代表，跑来找我。显然，他们是受金斯基委派的。他们让我沉住气，他们会保护我免受自己那些疯狂想法和愚蠢念头的影响，他们建议我放弃这部电影，最低限度，也该把山坡的倾斜程度再铲平一些。此时，原本有六十度的坡度，已经改成了四十度。我告诉他们："我是唯一还能沉得住气的人。"一度，站我这一边的人，一个都没有。他们反复问我同一个问题："为什么就不能改一改剧本，把陆上行舟这部分整个去掉呢？"我的回答只有一个：那么做便意味着，我要说的这个故事的核心象征，也不存在了。

你当时接受过一次访谈，你说像《陆上行舟》这样的电影，要是再让你拍上一部，"拍完我就只剩骨灰了。"

我们有一位摄影问过我，如果赶上空难，拍好的胶片全都没了，我会怎么办。我回答他，第二天我就重新再来过，按部就班，一步步工序再走一遍。

失去罗巴兹和贾格尔之后，拍摄暂时停滞下来。这时候，重新回到轨道上，抓紧重新运转起来，事关重要。我们事先已订好了马瑙斯的歌剧院，好几场重头戏都要在那儿拍。而且旱季即将到来，不抓紧的话，拍摄用到的船只，就都挪不动了。当然，我那时要应对的问题还不止这些。比如，那五百个印第安人，他们已在剧组忙了两个月，我必须让他们放心，这些付出不会白费。此外，我们的营地也因为白蚁侵蚀，状况堪忧。所有这些都需要我去操心。由我们拍摄的地方，顺卡米塞阿河（Río Camisea）向上游再走十天，那里生活着阿玛瓦卡人（Amahuaca）。那是一个游牧部族，从传教士到军队，无论谁想要接触他们，结果都被拒之门外。当时，我们正赶上当地有记录以来最干旱的一季，河水已彻底枯竭。可能是为了寻找能食用的龟蛋，部分阿玛瓦卡人被迫向下游转移，幅度远大于过去。某晚，一片寂静之中，我们剧组有三位来自当地的群众演员,遭到阿玛瓦卡人的袭击。当时他们正负责替营地捕鱼,结果其中一人的脖子和腿上,都被硕大的飞箭射中——看过莱斯·布兰科的纪录片《梦想的负累》的话,对这一幕你应该会有印象。那人的老婆也同时受袭,伤在了腹部。她中了三箭,情况危急。转送别处风险太大,所以我们就在一张餐桌上为他们做了紧急手术,历时八个小时。我一手拿火把,照亮她腹部的伤处,另一只手拿驱虫剂,不断喷洒,驱赶成群结队被鲜血引来的蚊子。其他群众演员也发动了起来,三十名印第安土著离开营地,想找阿玛瓦卡人报仇雪恨,把他们赶回自己部落,结果却徒劳一场,根本没找到对方。我住的小屋位于营地的边角上,最为显眼。印第安人坚持要在我睡觉的地方安排守卫,六个人拿着弓箭,站在了我的吊床边。

想要把汽船弄上山,不可避免地也遇上了各种麻烦。更别提所有的零部件——此外还有从发电机、水槽、冰箱、一整套临时电台、烤炉和厨房设备到制作服装的布料、缝纫机、食物、牲口和一箱箱矿泉水的各种东西——都得从伊基托斯运过来。好不容易终于把船弄到了山顶,但山下另一边的支流此时已干涸,于是汽船在山顶上一停就是半年。我出钱请了一家人住在船上,负责看船,直到我们回来。他家有五个孩子,还养了好几头猪。后来我们又用了几周时间,拍摄了汽船下坡的戏。伊基托斯基础设施严重匮乏,所以我们拍得非常艰难。长途电话就是摆设,每天停电两回,由镇上通往我们办公室的土路,基本上就是一片大沼泽,没什么出租车司机愿意接送我们。即便有愿意的,他们的车也都从里锈到了外,都快散架了。我们只好自己用手抓着车门,不然开着开着,车门就要掉了。还有些车上,压根就没方向盘,司机靠一把扳手来控制车子。

将一艘真的船拖上一座真的山，你那么做，是不是为了追求现实主义？

汽船穿越激流时，颠簸之下，留声机自动打开了，歌剧声忽然响起。所有的现实环境声，都被卡鲁索的歌声压了下去，那种感觉就像是在做梦一样。随着汽船开始沿着山坡向上走，镜头中出现的人物，也变得越来越少，感觉就像是它完全是靠自己的力量，自个儿滑过了山头。如果我们当初把人都给拍出来的话，那才叫现实主义。那会让观众看到，这次努力的尝试，是一件了不起的人力成果。而我们现在这种处理方法，让整件事看上去就像是被转化成了一部歌剧，一部由发烧时胡乱做的梦和纯粹的想象所构成的歌剧。那是一种高度风格化的澎湃幻想，是丛林散发出的水汽的一部分。影片向最基本的自然法则发起了挑战，轮船本就不应该能飞跃山岭。菲兹卡拉多的故事，是失重与幻想面对重量与现实的一次胜利，是这种胜利带给人们的兴奋之情。面对地心引力，他迎头而上。我希望的就是，到影片结束时，观众能觉得自己相比两小时之前，变得更轻松了一点。

但那确实是一项十分艰巨的工程。

有人质疑我们所做的事，针对我个人的指责也是沸沸扬扬，其中之一就是，说我在拍摄《陆上行舟》的过程中，拿人命在冒险。事实却是，事无巨细，我始终非常小心。我专从不来梅大学请了一队工程师来秘鲁，检查土质、坡度和拖动船只所需的拉力。他们做了精密计算，绘制了图纸。可惜，工程师提出的各种方案——包括在汽船下面安放充气气垫——都不具可行性。于是我又请了一位巴西工程师来负责整个拖船上山的工程。就是纪录片《梦想的负累》里，说我们有三成机会能成功的那一位。但他也没坚持到底，才刚进到丛林里，他就表示，从技术上来说，最大的坡度也就是二十度了，否则预先埋在船底，用来分担其自重的固定桩，很可能会被连根拔起，会非常危险。他深信不疑，一场灾难即将发生。在他走后，我索性自己接手，拍摄工作先停两周。我让人挖了更稳定的深坑，固定桩改用超大的树干，埋下去九米深，在地面上仅保留六十厘米高度。计算物体的受力其实并非难事，就像是船底放上去，固定柱需要承受多少力这种。按照我们当时的做法，那船哪怕再重十倍，它都承受得起。此外，我们还用上了更重更牢的滑轮组，总之安全保证绰绰有余。

可惜当时没能用杜比声将这过程给录音下来。汽船上山时发出的噪音，那真是叹为观止。紧绷至极限的钢缆，它们发出的声音让人听着非常痛苦，那种现场声，后期音效是不可能做出来的。压力之下，钢缆温度升高，由内向外变得通红。此时你唯一可做的，就是尽可能释放它的压力，同时尽量离钢缆远些，因为万一它在此时崩断的话，那破坏力，肯定就像是有人拿一根巨型皮鞭抽了你一下，立时毙命。我尤其注意的是，拖船上山的过程中，绝不能让任何人靠它太近，尤其是不能跟在它后面。但当中有个镜头，需要那些印第安人离它稍微近些，他们提出要求，我也得和他们并肩站在一起，他们才肯站过去。我二话没说就照做了。船的后部与整台布景的其余部分之间，我们做了区隔，这样，即便钢缆忽然断开，汽船顺坡滑落，也不会有人受伤。总之，拖船上山的过程中，无人涉险。这指的不光是演员，还包括所有的技术人员和群众演员。

负责推动旋杆的，是七百名印第安人，但拖动船只的力量，不光来自于此。我从得克萨斯运来一台推土机，预先用了几周时间，清出一条上坡的道路。到拍摄时，那些印第安人确实是在用力推动旋杆，但这部分主要还是象征性的，大部分力量还是来自那台推土机。说穿了，所谓陆上行舟，借助的就是最基本的物理原理。倘若我们有个一万倍传动力的滑轮组，从理论上来说，我用一根小手指，就能把船拉上山。所需的力量非常之小，但用力的过程非常长，我的小手指把缆绳拉上八千米，船只会往上挪动十二厘米。我记得是阿基米德说的吧，给他一个支点，地球都能撬动。想当初，历史上那位菲兹卡拉多，他的陆上行舟，那船的分量可要比我们的轻得多，而且他是把船拆散了，再由一条河运到另一条河的，到了之后，再让人把船重新组装起来。所以，我们做的这件事，在人类的技术史上，那都是史无前例。谁都知道，要做成这件事，困难来自倾斜的坡度，还有暴雨造成的山体滑坡。雨水令山上一片泥泞，汽船不断陷入其中。这样的事情，以后也没人会有这需要，去再做一遍。我是个专门挑战无用之事的冒险家。事实上，几年前我拜访过梵蒂冈图书馆的档案室，发现圣彼得广场上那座方尖碑，当年人们把它竖起来时，所采用的方式，与我拖船上山的做法如出一辙。想想看，我自己钻研出那套办法来，已是那么多年前的事了，结果却发现，早在一五八六年，这办法已经被用过了。

但时至今日，还是有人相信，有印第安人在陆上行舟的过程中，送了性命。

片中有个镜头，汽船好不容易沿着山坡向上动了起来，但很快又向下滑去，压倒了几个印第安人。有人以为他们那是真被压死了，这说明我这场戏组织得很好，而且我有足够的勇气，把他们倒在船底、埋在泥里的尸体给拍出来，这都让我觉得自豪。幸好，莱斯·布兰科也拍了这组画面，并且用在了《梦想的负累》里：

那几人又从船底爬了出来,面带笑容,然后他们跳到河里,洗净了自己。所以说,画面拍得太过逼真,有时也会引来匪夷所思的责难。

拍摄期间确实也发生了几起事故,但和实际的拍摄工作,全都没有直接关联。剧组的印第安人,好多都来自山区,不识水性。但有时候他们会拿着剧组的独木舟,划至河心。这样的事,我都亲眼见过好几次。最终,我决定把独木舟全都移到更高的平地上去,甚至还加了链条,全都锁在了一块儿。某天,我坐快艇经过一处河湾,看见岸上围着好多人,人声鼎沸。我当即便意识到,一定是出事了。原来,刚有一艘独木舟在这附近倾覆了。我跃入水中,想把那两个不幸的年轻人找回来。最终,一人安全上岸,另一人却葬身河底。三天之后,征得部落长老的同意,死者十五岁的妻子迅速改嫁了。没过多久,我们有架飞机在丛林跑道起飞时,轮子带起一段树枝,树枝被卡在了尾翼部分,影响了飞行高度的操控。飞机陡直上升,在半空中忽然失速。好在最终有惊无险,所有人都活着回来了,但有几位伤得很厉害。剧组设有医务室,聘请了专擅医治热带疾病的大夫。整个拍摄期间,有超过一千名当地人在这里接受了治疗,结果有一老两小,共三人不幸死于贫血,但所有这些人,都和我们电影没什么关系。

不用说,拍摄过程中发生的某些事,责任确实在我。有那么一场戏,汽船穿越激流。拍的时候,助理摄影赖纳·克劳斯曼(Rainer Klausmann)手拿摄影机,坐在水流中一块突出的礁石上。石上青苔密布,脚边又是流水湍急。光是上到那块石头去,就已很不易了,更别提上去之后,他还得平稳地操控摄影机。结果,需要拍的镜头,我们都成功拍到了。但在此过程中,汽船猛烈碰撞河里的礁石,龙骨坏得非常厉害。船刚驶过激流,便搁浅在了一片沙洲上。大家都急坏了，忙着想把它弄下来。旱季即将来临，到时候水位还会下降，再想把船救回来，就更没可能了。众人一门心思都放在这事情上，好不容易终于搞定，入夜之后才回到营地。第二天一早，吃饭的时候我才发现克劳斯曼人不见了。我问周围人，有谁昨晚见过他吗，结果大家谁都没印象。那只有一种可能，头天拍完，他还在那片礁石上，我们把他给忘了。我跳上小艇，全速前进，赶去那段激流。果然，他还在那儿，冻得浑身发抖，勉强坐在礁石上。他气坏了，但我想换谁都会这样。事实上，这也不是他第一次碰上倒霉事。靠近伊基托斯的地方有一段支流，因为不是活水，按理说很可能会有食人鱼。不过当地的大人小孩都会去那儿游泳，所以我们也没在意，都常去那里。某天下午，大家正在那儿嬉水，忽然传来一声惨叫，只见克劳斯曼慌不择路地朝着岸边游去。他有个脚趾的脚趾尖，被食人鱼一口咬掉了。为此，他拄拐杖拄了好几个星期。

还有一次，我手指上弄出一道挺深的伤口。看过《梦想的负累》的话，你可能会有印象，当时我手指上裹着白色的电工胶布，那就是因为这个伤口。之后没过多久，伤口附近的皮肤底下出现了红色条痕，由手指经过手肘，一路通到腋窝。我去了医务室，大夫说要打针。在那之前，他也只是随口问了一句："你青霉素过敏吗？"我说我也不清楚。"那就先测试一下吧。"他给我做了皮试，几秒钟的工夫，我就浑身起了反应。大如钢镚的红斑布满全身，两只耳朵都变成了紫色，肿得老高。如果他没给我做皮试，直接注射，估计我一定会当场死掉。后来还有一次，某个晴朗的日子里，我正走在船甲板上，眺望着远处的丛林风光。走了几步，我停下来，想要倚在船栏上。没想到，那段栏杆之前才刚修过，结果没有装牢。随着它的脱落，我整个人落入水中，正好跌在这一模一样的两艘汽船中间的水面上；它俩相距约九米。我眼瞅着河里的涡流，把两艘船越推越近，赶忙拼尽全力游离那片水域，否则一准会被它们挤扁。

随着前期筹拍越拖越久，关于你虐待当地人的说法，也开始浮现。

早在我们连摄影机都还没带过去，早在那之前好几个月，就有媒体想把我和当地军事政权联系在一起，把我说成是剥削当地印第安人的一股主要力量。事实却是，沿马拉尼翁河（River Marañón）航行的过程中，因为没去申请官方许可的缘故，有一段时间里，我们曾多次沦为那些士兵的阶下囚。我之所以没去办那些手续，是因为我觉得，与其找远在利马的政府申请许可，我应该直接去找那些就生活在河上的印第安人才对。到达瓦瓦伊姆（Wawaim）之后——那就在我们想要陆上行舟的地方附近——我们和住在那儿的当地人谈了很久，对方非常乐于配合。双方签了合同，他们需要做哪些事，提供什么服务，每个人又能拿到多少钱，都做了详细说明。相比在伐木场干活，他们替我们工作，能多赚两倍工资。

在当时，那一整片区域里，几个相对来说规模较大的印第安人社区，正在经历一场权力斗争，形成了针锋相对的政治派别。我们的出现，被他们拿来当成借口，用以争取更多势力范围。反对我们的一方，是一段距离之外，某个非官方的阿瓜鲁纳人（Aguaruna）部落委员会。他们坚称自己代表的是该区域所有土著人团体，但就在我们安营的地方，许多印第安人压根就不知道存在这么一个委员会；即便知道其存在，也不愿和他们有什么交集。与这委员会的说法不同，他们根本就没法代表阿瓜鲁纳人的真实想法。委员会把输油管和军方的介入,全都归罪在我们剧组头上,目的其实是为自己沽名钓誉。他们散播了不少奇奇怪怪的流言,包括说我们打算在两段河流当中挖条运河出来,将其连通,那样就会有好几片印第安人聚居区,被分割成彼此孤立的小岛;又说我们要把当地土著都运回欧洲去,要强奸当地妇女,拿他们的尸体熬油。媒体也火上浇油,几乎从一开始就报道说我们拍戏是假,走私军火是真,而且拍摄期间毁了好多印第安人种的庄稼。问题是,此时我们根本就才刚开始前期筹备,所谓的拍摄,那是几个月后的事了。

外来者相继介入,试图煽动印第安人造你的反。

一个专事政治宣传的法国人出现了,给当地印第安人看了不少奥斯威辛集中营的照片,累累白骨、尸横遍野。当时有不少政治活动家,一下子都涌进了这块区域,他还只是其中之一。他们浑身上下充满教条主义的狂热,盲目信奉左派意识形态,在一九六八年那场革命结束之后,幻想破灭,离散到了海外各处,但仍憧憬某天能卷土重来。有位印第安人领袖给我看了他们拿到的宣传材料,法国人试图说服他们相信,时至今日,德国人每到一处,仍会犯下这些罪行。

筹备工作已进行了数月,边境线上的军事气氛越来越浓,让人脊背发凉。某天,我们途经下游一处军营,枪声响起,子弹由我们头顶飞过。上岸之后,我们被军方扣押了好几个小时。我这才打心底里开始怀疑,是不是还应该继续留在这片区域。最终,我决定放弃现有的这处外景地,放弃已搭好的营地,另觅他处。这次拍摄,我对于外景地有非常明确的要求,所以再想找到这么一个地方,其实并不容易。亚马孙运河绝大多数的支流,彼此之间都相距十几千米，中间往往会隔着两千五百多米的高山。而我需要的，是两条保持平行的河流，但有些地方又近乎彼此相接。它们当中还得隔着一座山，山不能太大，也不能小。我们看了航拍的画面，也咨询了飞行员和地理学家，最终得出结论：整个秘鲁只有两处地方符合这一要求。一处正是我们刚才撤离的区域，另一处则位于南面一千六百多千米的丛林深处。那地方位于伊基托斯南面约一千三百千米处，在卡米赛阿河与乌鲁班巴河之间，中间有片海拔一百八十多米的高地。事实上，我是先撤离前一处营地后，才找到这第二个外景地的。但这也是形势所逼，当时我已能清楚感觉到，我们的存在日益成为焦点，矛盾一触即发，甚至有可能升级为灾难。别无选择，只能走。

有些人没跟大部队走，还是留在了第一处营地里。于是我在那儿保留了一处医疗所，我觉得只要自己还出得起这个钱，就该在那儿留位大夫。而且我希望这么做能让形势有所缓和。可惜，就在营地几乎全部撤空之后，从部落委员会来了一群根本就不住在附近的阿瓜鲁纳人，将整个营地付诸一炬。而且他们还带来了摄影记者，明显就是媒体在故意制造新闻。大约也就是在这个时候——我记不清究竟是之前还是之后了——边境线上秘鲁与厄瓜多尔的大战，就在距那处营地咫尺之遥的地方打响了。

有人在德国设了个法庭，想要对你做缺席审判，审判你的各种罪行。

罪名是酷刑折磨与非法囚禁印第安土著。真是挺莫名其妙的，所以就连向来喜欢这种新闻的媒体，也不是百分百都对这审判持有兴趣。法庭认为，那是一群从未接触过白人的印第安人，我们就那么占领了他们的地方。可只要你睁大眼睛看看，就会发现真相再明显不过,那根本就谈不上是入侵,他们也不是与外界从无接触的土著。相对来说,阿瓜鲁纳人是秘鲁土著中较为见多识广的一支。从政治角度来说的话,他们更是所有部族中组织最完善的。他们甚至还主动向我表达过某种担忧,生怕这电影上映后,观众会觉得他们印第安土著的生活方式,太落后于时代。我们带去的各种现代科技设备,他们看在眼里,没人大惊小怪。他们平时通讯联系靠短波,看的是功夫片录影带,抽的是"好彩"牌香烟。他们中大多数人服过兵役,坐过直升机,能说西班牙语的也不在少数。《梦想的负累》里就拍到过,一些阿瓜鲁纳人身上穿的都是印有约翰·特拉沃尔塔(John Travolta)《周末夜狂热》的文化衫。

针对我的这些指控,全都不攻自破,剩下唯一一条看似言之凿凿的罪名,说我指使军方逮捕了四名印第安人。于是我决定跑一趟圣玛利亚德涅瓦[1],还自己清白。搞了半天,那四个人确实都在牢里,但和我们剧组连半毛钱关系都没有。其中有一人,之所以被关押了大约一周,是因为他到处喝酒,从来都不付账。于是我请国际特赦组织出面,针对侵犯人权的说法,做个调查,结果他们得出结论,所有这些都与我无关。然而,媒体这时候反倒不怎么关心这事了。《明星周刊》(Der Stern)上的一篇报道就是个典型。他们原本派了一位摄影记者过来,那人在我们剧组拍了少说有上千张照片,结果文章发表时,那些照片一张都没用上。他们反而从自己图库里找了一些亚马孙印第安人赤身裸体、捕鱼捉虾的照片,登在了上面。意思是说,我们打搅了当地土著那一方"未被污染的"净土。但事实是,别说是四人被捕,哪怕只是有

---

[1] 圣玛利亚德涅瓦(Santa María de Nieva):秘鲁城镇,位于该国北部亚马孙大区,是孔多尔坎基省的首府。

一人因为我们的缘故而被捕入狱，我都一定会干脆放弃这部电影的筹备。

你前面说到过，对付流言蜚语最好的办法，就是索性把它说得再夸张、离奇一些。

拍摄期间，意大利媒体忽然爆出猛料，说克劳迪娅·卡迪娜被卡车撞了，伤得很严重。有个记者不知怎么的，从意大利把电话打到了伊基托斯，居然找到了我。当时在伊基托斯，常要花费两天时间，才能成功拨出一通电话。他急坏了，我却平心静气地告诉他，别担心，卡迪娜很好，我才刚和她一起吃过饭。但谣言的制造机器继续运转，她受伤的消息很快传到了世界各地。两天之后，还是这位记者，又从罗马打来了电话。我灵机一动，对他说："这位先生，请你接下来在报道的时候，别再重复你已写过的内容了。因为真相要比你所知的严重得多。克劳迪娅·卡迪娜不仅被卡车撞得严重受伤了，而且那司机是个赤脚的醉汉，眼看受害者失去了知觉，竟然当着许多旁观者的面，对她实施了强奸。"电话那头，一片寂静，过了二十秒，他挂上了电话。从此以后，再没人提及此事。

那我希望通过我们这本书，能帮你粉碎某些不实传闻。

没必要，这本书还有别的用处。靠我的电影本身，就能很好地驳倒那些说法了。菲兹卡拉多曾讲过一个故事，那是一个独自生活在北美边远地区的猎人，他是历史上第一个亲眼见到尼亚加拉大瀑布的白人。在当时，被后人称为"朝圣者"的首批英国移民，也才刚刚登岸。可是，旁人并不相信这人所说的，给他扣上了骗子的帽子。他们问他："你说你看到了瀑布，有什么证明吗？"

这人的回答很简单:"证明就是我看见了。"同样道理,我——以及许多当时也在场的人——就是《陆上行舟》拍摄期间那些事的见证者。什么是真什么是假,我们心里清楚。我早就发现了,媒体炮制的那些故事里,总是存在着另一个维尔纳·赫尔佐格,他和真实的我没有半毛钱关系。那就随它去吧。

近些年来,这种不同于我的另一种赫尔佐格,更是一下子冒出来许多个,时而反应迟钝,时而又变得相当智慧。有个冒牌货扮成了我的样子,给小孩子念绘本,可惜效果非常糟糕;还有人模仿我的样子,念起我写给罗莎莉娜——我家的清洁女工——的一封信。那人扮得同样很假,不过效果还算有趣。问题在于,他读信的那段录音,效果很糟,而且到最后他明明已经亮出了自己的真实身份,可还是有不少人跑来问我,那究竟是不是我。类似这样的滑稽模仿,不管效果有多夸张失实,我向来是从不否认的——靠着互联网,它们现在传播扩散得非常之快。至于清洁女工那一次,我更是会向所有来问我的人解释说,我正在积极地想办法,能早日经由有关部门,将她递解出境,遣送回她尼加拉瓜老家。一边是各种谣言,一边是我,当中隔着一面坚固的盾牌,它由各种假冒的赫尔佐格构成。生活在当下,这给了我一种安全感。他们的拙劣模仿,外界形成的误解,反而给了我庇护,成了我不请自来的保镖。所以面对这些谣言,我不仅不急着粉碎它们,反而还要想尽一切办法,让它们继续流传下去。让它们发芽,让它们壮大,让那些传说像蘑菇一样地迅速生长吧。这样的二重身(doppelgänger),这样的傀儡,多多益善。不管多夸张都没关系,我要的就是他们替我去战斗。他们能顶在前头,我就可以安心继续干我的正事了。

《梦想的负累》里，我们看到汽船穿越激流时，你和金斯基都还站在船甲板上。

有一次，在水流的巨大冲击力下，固定汽船的十四根钢丝绳，齐刷刷都被拉断了。船上当时只有两人，厨子和他怀有身孕的妻子。它在无人掌舵的情况下，就那么顺着激流漂走了。这事来得突然，所以很不走运，没有摄影机能捕捉到这一幕。我们花了几天时间，又把汽船拖回原来的位置。这一次，我们预先安排好三组机位，将它在激流中左摇右晃航行的画面拍了下来。不过这一次，船上空无一人。汽船无人掌舵，接二连三地撞向左右两侧的礁石。我由悬崖上俯瞰这一幕，判断出即便有人站在船上，这段行程的安全性应该也没问题。事实上，最先有这想法的并不是我，而是剧组里其他几位成员，他们强烈建议我再拍一次。金斯基也马上跃跃欲试，什么样的画面拍出来，放在大银幕上效果上佳，他在这方面向来都很懂行。所以他相信，这场戏一定不能缺了他。我其实倒是有些犹豫，所以那一次真的是被他赶鸭子上架了。

上船的共有七人，机器带了三台。莱斯·布兰科也一块儿来了。我们用两根皮带，将豪尔赫·威尼亚迪（Jorge Vignati）连人带摄影机绑在了船舵后的墙壁上。结果船身撞击礁石时，他被皮带重重一拉，断了几根肋骨。第二部摄影机无须手持，而是用螺丝固定在了甲板上，但摄影师彼特·普莱瑟（Beat Presser）的脑袋撞在了摄影机上，出了脑震荡。托马斯·毛赫和我则专门跟着金斯基拍，有一下撞击得特别猛烈，摄影机上的镜头，像子弹那样飞了出去。全程我都一手拉着毛赫，一手牢牢抓住船舱上的门框，结果还是一起重重跌倒了。人飞出去的时候，毛赫双手仍紧抱着摄影机不放，结果他的手直接砸在了甲板上，虎口撕裂。更要命的是，两天前为给那两个被箭射中的印第安人做手术，麻醉剂都用完了。权宜之计就是，剧组早先雇了不少秘鲁工人过来伐木、划船，当地传教士就建议我们，营地要专门配备两名妓女，以免那些男人出去惹是生非，招惹别处的女性。这次，在不使用麻醉剂就给毛赫缝针时，其中一名妓女给了他很大安慰，减轻了他的苦痛。她把毛赫的脑袋埋在自己胸口，温柔地说着各种甜言蜜语。

汽船穿过激流之后，我们立即全体下到岸上。几乎也就是在这一瞬间，船一头扎进了前方的碎石滩，搁浅了。船体被锚刺穿，龙骨也像是被打开的沙丁鱼罐头盖子那样，整个扭成了麻花状。好在这船造得确实很牢，内部加了强化钢衬和起保护作用的多个空气舱，它竟然没沉。我们试着想让它回到水中，但几经努力，不得不面对事实，想要挪动它，只有等半年后的下一个雨季了。发生这种情况，我们也并非全无准备。毕竟，拍摄过程中汽船倾覆沉没的可能性，原本就存在。那条河的河水流速在每小时六十千米以上，而且遍布漩涡。所以，我们的备案就是山坡上的那另一艘汽船，按计划，我们要把它从山坡那头运下去，进入另一条支流。到时候就能接着拍在河里航行的戏了。结果却是祸不单行，当时的水位竟降到了有记录以来的最低值，从十二米一口气降到了六十厘米。这便意味着，山坡上那艘船也没法运下去，运入另一条支流了，因为那条支流里根本就没什么水。就这样，两艘船全都成了摆设，我们只能静待雨季到来。

印第安人为什么要帮助菲兹卡拉多？

他们有一项神秘使命要完成，对此菲兹卡拉多始终有些不明就里。观众也是，影片绝大部分时间里，他们都被蒙在鼓里，不了解这些印第安人的真实动机。他们如此艰难跋涉，费那么大工夫陆上行舟，究竟是出于什么目的，我们始终不太理解。一直要到那艘船冲入激流的时候，我们才恍然大悟。原来，印第安人一直以来都和菲兹卡拉多一样，执迷于自己的某个梦想，只不过，那是两个截然不同的梦。菲兹卡拉多梦想建座歌剧院，而印第安人想的却是，这激流中住着恶灵，要想除掉它们，只有拿这艘船来当祭品。将缆绳松开，让船自生自灭，就能让这片土地摆脱厄运。这是他们自我救赎的机会。"他们知道我们不是神仙，"船上的厨子说，"但他们对这艘船，真的挺印象深刻的。"结果，菲兹卡拉多和印第安人，一输一赢。但他临了还是随机应变，靠着自己强大的想象力与无中生有的劲头，又将这次失败转化成了某种胜利。影片结束时，不可否认，菲兹卡拉多已一文不名，但谁都看得出来，用不了多久，他又会不安分了。这是一个始终坚持自我的人，说不定他又会拾起多年前半途而废的那个穿越亚马孙的铁路项目，将之完成。

那些印第安人替你们干活，有没有从中获得什么长久的利益？

丛林很大，我们只到了那么一块地方，而且停留的时间其实很短。但在一定程度上，也确实给他们带来了帮助。因为剧组的到来，意味着世人开始关注这些生活在秘鲁雨林中的印第安土著。拍摄的时候，我们是有意识地想要替他们多做些事，而不仅仅只是按劳取酬。有些印第安人想当护士，于是我让营地的大夫为他们提供了培训。年轻人梦想着能买本田摩托，那是他们服兵役时培养出来的爱好，但丛林里根本就没合适的道路，即使买了也没用。包括可可粉在内，他们的各种收成，都要靠独木舟送去就近的市场。结果往往被下游商以很低的价格收进，差价都被他们在更下游的地方转手赚进了。所以，剧组的工人、木匠教会了他们如何修建更大型的船只，自己去找寻更大的市场。

但相比之下，最重要的一件事还在于，我们发现不少石油公司和伐木工厂已看上了印第安人的土地，垂涎欲滴。我必须要阻止他们大肆侵占、掠夺的做法，于是先派了一位勘测员，去把土地丈量一下。那片丛林以前从未明确划定过边界，所以我想帮助当地人，保护好他们应有的权益。结果，我们在法律上遇到不少棘手难题。哪怕请了律师出面，哪怕我找了各种门路，塞了红包，结果还是被官僚机构的重重迷宫，弄得不知所措。于是我让印第安人推选了两位代表，我带着他们一起去了首都利马。接待我们的官员不少，连总统费尔南多·贝朗德（Fernando Belaúnde）都去了。他承诺会提供协助，尽其所能，帮助他们成为那片土地的合法拥有者。但他也说了，他不同意印第安人的说法，说他们自古以来就生活在那一区域。总统告诉他们，就法律而言，那并不成立——哪怕是谁都能看得出来，他们的祖父辈就已经住在那儿了。贝朗德说他只看证据，否则全是道听途说。但我告诉他，按照英国习惯法的规定，道听途说也可以算是合法证据。一九一六年时，在现在是加纳的那个地方，就有过先例。某些来丛林生活的白人移民，曾骗印第安人说根本就不存在什么利马，这世界上也没有海洋这东西。于是我带着那两位印第安人代表去了海边。他们看得如痴如醉，新买的牛仔裤和T恤都没顾得上脱，就奔向海边，趟起浪来。他们尝了海水的味道，还用空酒瓶满满盛了一瓶，填上木塞，要带回去做证明。

等到我回那儿拍《我最亲爱的魔鬼》时，那些印第安人已成功收回这片土地的所有权。要知道，就在河的另一边，那片不属于印第安人领地的地方，就有一片石油公司的营地和机场。整个这片区域，地底深埋着全世界数一数二的天然气资源。但时至今日，在印第安人的这一边，从未有人来做过开采。可见，他们是真的把它控制在了手里。这让我觉得，虽说他们本来就手握道义，历史也站在他们这边，但我们还是帮上了一点小忙。

二十年后，你出版了当时写的《陆上行舟》的拍摄日记。

片子拍完十年之后，我第一次重看那些日记，发觉已无力应对。相当长的一段时间里，我都没勇气去研究当初做的这些笔记。那些文字都是用超小号的字体写的，只有我自己认识，但也得用上显微镜。那已经是最小号的字体了，再小都不可能，因为没有那样的钢笔存在。现在想来，我也不知道当初究竟为什么要这么做。按理说，我平时写字都是正常字体。那日记实在写得太难认了，所以相当长的一段时间里，我索性也就不去想这事了。但到最后，我妻子给我买了副有放大功能的眼镜，就是珠宝鉴定师戴的那种。她告诉我，要是我自己不去编辑、出版这些日记，那等我一死，就会有别的人来做这件事。如今有了这副眼镜，我也失去再拖下去的借口了。

过了那么多年之后，第一次翻开那些日记，我这才发现，有好多事，不看当时的记录，我都已经忘记了。最终，我把日记从一千页删到了三百页，出了这本《无用功》。当中有一整年的内容，实在是太不忍回首，所以完全跳过，没收入书中。在这些文字中，有种让人透不过气来的紧迫感。我敢说，它的生命力，一定会超过我所有的电影。虽说是电影拍摄日记，但那其实是最广义上的一种文字记录。它更像是一件文学作品，热情、执着地记录了我当时遇到的各种情况，以及我的各种反应。我的思绪常像是脱缰的野马，幻想出各种发烧时胡乱做的梦。在丛林里拍摄电影，常有灵感迸发，眼前会见到各种画面，我也将它们画在了日记里。压力越大,看见这种异象的频率也就越高。我会虚构出各种诡异的事故与幻想,用文字将它们记录下来。我相信只要我那么做了,说不定它们就不会在真实生活中发生了。那就像是做了不好的梦,说破它,也就没事了。比如说我幻想过,陡坡上的汽船,整个滑落下去,拉都拉不住。它去势如同鱼类,一路向下,撞上了沙滩上汹涌的人潮,深深陷入沙坑,一个冷饮摊也被它撞飞起来,抛向半空。

面对困难的时候,有些人会去音乐和宗教里寻找心理慰藉。相隔多年再读这些日记,我却明显看到,面对当初拍摄时的天下大乱,我是把语言文字当成了心灵的庇护所。对我来说,那一直都是个很有力的精神支柱,我甚至怀疑,相比电影,文字才能更清晰地传达我的真实想法。或许我当作家要比当导演更好。

莱斯·布兰科那部电影为什么要叫《梦想的负累》?

电影给予我们更多勇气,帮助我们超越日常生活的限制,鼓励我们认真对待内心的希冀和向往,实现梦想。情况糟糕的时候,我就先回次德国,想办法稳住各位投资商。他们问我是不是还要坚持下去。我反问他们:"办成这事,需要力量和意志,你们真的有这些吗?怎么可能问出这样的问题来呢?要是我半途而废,那我成什么了?一个没有梦想的人!所以《陆上行舟》我是一定要拍下去的,不成功便成仁。"拍摄过程中,我不允许自己产生一星半点有所怀疑的私人情绪。我不可以放弃希望,要是当初有哪怕一秒钟的工夫,我犹豫了,恐慌了,整个项目肯定立马轰然崩塌。除了米克·贾格尔那角色之外,可以说整部影片最终拍出来的效果,和我一直以来的预期,基本上完全相符。克劳迪娅·卡迪娜也和我说过:"四年前你来罗马,向我介绍你的构思,还有我们必须要克服的各种困难。现在片子拍完了，我也看过了，可以说和你最初的描述一模一样。"

如果说，看完《陆上行舟》，你受到了感染，也鼓起勇气去努力追求自己的梦想，那我这电影就算没白拍。如果有人看完我的某部电影，走出影院时，心里不再感到那么孤独，那我创作的初衷就可以说是全部达成了。文学史上的名诗，你一读就能感受得到，此中有深意。有时候，看电影也能带给你类似的感触，一下子产生顿悟，宛若醍醐灌顶。或许我拍的那些电影里，有些偶尔也达到了这种高度。

《梦想的负累》里倒是还保留了一些有罗巴兹和贾格尔出场的画面。

总有人问我，我拍戏时能不能来探班，能不能把我拍电影的过程也拍下来。我会回复他们，来了也看不到什么特别的事情，肯定都是漫无止境的再平常不过的琐事。我没邀请莱斯来丛林，是他自己非常想要来。他说要来拍部纪录片。说实话，起初我挺犹豫的，不希望有人拿着机器拍我们。我本就很讨厌那种关于电影人的电影。我干活的时候，不喜欢有人拍我。那就像是在家里做饭的时候，要是有个人一直盯着你的手看，你肯定马上会变得手忙脚乱，有失水准。不管是谁，有人盯着你看和没人盯着你看，做出来的事肯定会有所不同。而且通常说来，拍电影的人自己出现在电影里时，往往显得莫名的尴尬，惨不忍睹。我也属于这一类。

是汤姆·勒迪给我看了一些莱斯拍过的电影，我一看就很喜欢，尤其是那部《全花光》(Spend It All)。那里头有场戏，一个男人自己拿把钳子就把牙给拔了。后来拍《史楚锡流浪记》时，我也借用了这桥段。他的电影以最为生动的方式，记录了美国人生活中那些正在消失的边缘人、边缘事。此外，我也喜欢他做的饭，还有他整体上的人生态度。等到真的进了丛林，我又发现，他的存在对我们来说很有裨益。大多数时候，他就像是一只正在孵卵的南方牛蛙，抱着一罐啤酒，毫不起眼地待在那里。但他其实很清楚什么时候该把机器打开，什么时候会有重要的事发生，值得记录下来。其实我最喜欢他的一点还在于，他这人不光是寡言少语，很多时候干脆就是不言不语。但别看他话不多，不知怎么的，总能和大家打成一片。还有一件事，他也成功说服了我：不管我有多自信，一定能完成这片子，但万一它不幸夭折了，有他拍的那些画面，这次冒险任务至少还能有些记录存世。

他不是那种为拍到自己想要的画面，会扮成小丑刻意去讨好拍摄对象的人。他的观察力出奇敏锐，针对拍摄对象，也会深思熟虑后有他自己的主观判断。他对印第安人如何发酵丝兰的兴趣，丝毫不亚于他拍摄《陆上行舟》制作特辑的兴趣。很多时候他干脆就留在营地里，观察土著如何做饭。某天吃早饭时，我告诉他今天有大事情要发生：这是我们几个月来第一次的尝试，真的要准备陆上行舟了。"我之所以来这儿，不是为了拍大事情。"莱斯回答我说。果然，那天他没来拍。到了晚上，他跟我解释说，这一整天，他都忙着在拍一只蚂蚁，看它如何搬动一根鹦鹉的羽毛。我一直很喜欢他这种态度。后来重看我当时写的日记，两相对比，发现他镜头记录下的很多东西，和我同一时间里观察到的事物，完全就是两码事。

我喜欢《梦想的负累》，但那里头拍到的我，有时候形象并不怎么正面，事后甚至还给我造成了不小的麻烦。影片还未彻底剪完，他就在特柳赖德电影节上放了几分钟片段。因为缺少上下文的关系，我说的有些话，听着像是执着过了头，已经到了危险的地步。《梦想的负累》的旁白里说了，整部影片，我原本大可以不在伊基托斯拍摄，那样的话，对所有人来说都会方便许多。但正如我解释过的，我对于这片子的地理环境有明确要求，出了伊基托斯，方圆一千六百千米一马平川，根本就没海拔超过三米的地方。还有，《梦想的负累》里有一处，我说到有人在拍摄期间死掉的事。其实我还具体解释了这事发生的背景，但莱斯选择没把它剪进去。于是，我听着就像是一个只顾完成电影，不管别人死活的混蛋。它带来的恶名，我背负了整整有十年。在我向他指出这些事实出入之后，莱斯当即提出，要重新剪辑一遍。但我告诉他，没必要费这工夫。别人犯的错误，别人对我的误会，我如果得一条条去纠正过来，那其他什么事都不用干了。所以这部《梦想的负累》，从头至尾，决定权始终在他手里，我从未加以任何干涉，哪怕我明知那有可能会给我造成伤害。而且我觉得有必要指出一点，莱斯只过来拍了五周，但《陆上行舟》一共拍了四年。所以《梦想的负累》也仅仅只是管窥蠡测而已。

罗巴兹和贾格尔那些戏，我完全没有备份。莱斯电影里那些，就是硕果仅存的全部了。电影拍完，我不需要的素材就全都当垃圾扔了，他抢在我前头救下了那些东西。单凭这一点，就足以让我庆幸，还好他拍了这部纪录片。在我看来，《梦想的负累》至今都是影史最出色的"制作特辑"电影。但我还是觉得，没必要非得刨根问底，什么事都弄个清楚明白。

《小兵之歌》（*Ballad of the Little Soldier*）说的是尼加拉瓜米斯基托印第安人与桑地诺解放阵线之间的斗争，当初推翻索摩查[1]时,两者本是革命同盟。

先让我纠正一下:《小兵之歌》说的是一群正在参战的儿童。这片子是去尼加拉瓜拍的,对于那些教条主义的左派,直到那个时候,桑地诺主义仍是批评不得的禁区,所以他们坚信,我一定是拿了美国中情局的好处。其实谁都看得出来,这片子并非什么政治文件。但片子拍完之后,我觉得我应该和片中受批评的一方,来个面对面的接触。于是在影片上映数月之后,我受邀去了一次马那瓜,在影片放映结束后跟他们做了长谈。双方意见相左,并未达成什么真正的和解,但总体而言,辩论开展得很文明,很深入,这给我留下了深刻的印象。换作是几年之前的阿根廷,估计辩论完用不了几小时,我就人间蒸发了。

拍《小兵之歌》的初衷,还是因为我的一位朋友,丹尼斯·赖希勒(Denis Reichle)。他当时正在拍摄一部关于娃娃兵的电影,邀我施以援手。赖希勒身兼摄影师、记者、电影人多重身份,曾在缅甸、老挝、泰国金三角地区,拍过关于人称"鸦片王"的缅甸军阀坤沙的电影作品。我立刻便能感觉到,他就是那种能去别人去不了的地方,以严谨态度完成深度报道的人。几十年来,他四海为家,专为受压迫的弱势群体发声。赖希勒两岁时就被送进了孤儿院,十五岁时,包括他在内,全院小孩都被拉了壮丁,在"二战"末期的柏林防御战中,填充进了由老人和儿童组成的"人民冲锋队"里。他受训如何埋地雷,如何使用反坦克武器,随后就被派上了前线。最终能活下来,真是不幸中的万幸。战后,他又成了苏联人的俘虏,但几周之后就逃了出去,辗转回到了故乡阿

---

[1] 索摩查(Somoza):尼加拉瓜总统,索摩查家族最后一任独裁者,一九六五年至一九七九年间统治尼加拉瓜。一九七九年被桑地诺民族解放阵线推翻后流亡国外,次年在巴拉圭首都亚松森居所附近被刺杀。

尔萨斯。在那里，他拿到了法国公民身份，去了印度支那，当了几个月的法军士兵。而以上这一切，都发生在他还不满二十岁时。一九七六年，他作为《巴黎竞赛画报》（*Paris Match*）的摄影记者去了东帝汶，正好赶上大屠杀开始。当时没人敢驾船靠岸，他只能让小渔船送他到离岸八百米的地方，跃入海中，照相机高高举过头顶，一路游了过去。最终他还是被印尼士兵抓住，遣送出境。除此之外，他还被柬埔寨红色高棉政权误以为是苏联间谍而逮捕过，侥幸才告逃脱。在菲律宾的时候，阿布沙耶夫分离主义组织将他作为人质，换来了二十四把AK47冲锋枪。他的各种传奇经历中，我个人最喜欢的一桩，发生在安哥拉。连年战争，让那地方到处都是地雷。某天他开着车，正行驶在乡间小路上，忽然发现远处一片树荫底下，坐着几个男孩。他慢慢朝着那方向驶去，注意到他们都伸出了手指，堵住了自己的耳朵。赖希勒猛地踩下刹车，在距离一颗地雷三米远的地方停了下来，让那些男孩失去了一次幸灾乐祸的机会。

赖希勒是我认识的人里头，最大胆无畏也最心思缜密的一位。他善于观察，能在瞬间做出准确判断，勇敢过人却又不乏谨慎，所以才能一次次逢凶化吉。能让我以性命相托的人，这辈子我都没遇到过几个，但他是其中之一。所以我们决定一起去拍这部米斯基托印第安人的电影。两人由洪都拉斯搭乘一架小飞机，到了大西洋海岸，和训练营里的米斯基托人会和。为进入尼加拉瓜境内——我在那儿待了大概三个月时间——我们在科科河（Rio Coco）非法穿越了国境线。拍摄过程中，有一次我们本打算要去跟拍米斯基托人突袭对方车队的军事行动，但赖希勒提出，等我们撤退时，是不是会有配备了机关枪的行动小组来做掩护？结果发现，他们根本就没这打算。于是他把我叫到一旁，不容分说地命令我不准去。他觉得那些人压根就没什么计划，跟过去也太不安全了。

这部电影的政治背景是什么？

米斯基托印第安人的社会结构，多年以来所遵循的都是一种原始形式的社会主义。原本，他们作为桑地诺解放阵线的盟友，共同对抗索摩查。但这种盟友关系，没过多久便起了变化。在临近洪都拉斯的国境线附近，有一长条土地，本属米斯基托人所有。桑地诺解放阵线针对住在那儿的印第安人，痛下杀手，共计六十五个市镇与村庄，悉数被夷为平地。在尼加拉瓜东海岸的桑迪贝（Sandy Bay），我目睹六名桑地诺解放阵线的士兵，坐船到了村里。他们手持AK47向空中开火，仿佛在炫耀整个国家都已落入他们手中。村里的米斯基托人吓得大喊大叫，悉数逃入林中。那些士兵开枪打死了村民养的牛，剥皮之后把肉都用船运走了。临走，他们也不忘再朝天上乱射一通，宣告自己要走了。

这部电影的关键是人的因素，所以，从政治角度或军事角度入手，都不算谈到点子上。我关心的是娃娃兵的问题，所以如果跑去诸如利比里亚、柬埔寨或伊朗那样的国家，它也能拍得出来。一旦参战的都是些九岁的孩子——才堪堪够力气拿起机关枪和迫击炮——不管战争背后起作用的是何种意识形态，那都不重要了。娃娃兵的存在，本就是极大的悲剧，哪还有必要去探寻这冲突背后的各种细节？开拍之前我就找了一些米斯基托娃娃，长谈了好几个小时。他们每一个都是自愿参军的，每一个都亲身体验过战争带来的巨大创伤。谈话过程中，许多孩子从头至尾一言不发，另一些也都寡言少语，回答时只说一两个词，从不细说。有个孩子已经加入了突击队，但整个人显然还惊魂未定。他父亲，他两岁和六岁的弟弟，都已遇害。母亲更是被人千刀万剐，被活活杀死在他面前。他暂时还在受训，但做梦都想马上就能出去杀敌。我问他能不能再多说几句，他弟弟是怎么被杀死的。"被一把M16。"那就是他全部的回答。等《小兵之歌》上映的时候，片中出现过的孩子里，有几个已经不在人世了。

在《发光的山》（*The Dark Glow of the Mountains*）里，你和意大利登山家莱因霍尔德·麦斯纳谈到，要一直走下去，走到世界末日。

麦斯纳说他想要在喜马拉雅山里，一个山谷接一个山谷地走下去，义无反顾。他说，要不就是他完蛋，要不就是这世界先完蛋。"我完蛋的时候这世界是什么样子，估计这世界完蛋的时候，应该也还是那样子。"我也向往着，能有那么一群背着皮挂包的哈士奇跟着我，就那么消失不见，就那么一路走下去，直到所有一切都被抛在身后。不停地走，走到再无前路可走的地方，或者干脆顺着河流，往下游漂去。这就是我梦想的归宿，要不就是死于敌人的一枪，要不就是这样，总之是二选一。

二十世纪七十年代，包括麦斯纳在内的几位年轻登山家，纷纷用起了全新的登山方式。他决心要像爬阿尔卑斯山那样，来爬喜马拉雅山。结果，地球上全部十四座高度超过八千米的山峰，他都在不依靠大队人马、数百挑夫的情况下，成功登了顶。他是不使用补给站，只靠一个背包便去攀登喜马拉雅山的第一人，也是不背氧气罐——他称之为"公平手段"——就爬上珠穆朗玛峰的第一人，是登山界公认的传奇人物。另外，二十世纪五六十年代有位著名的意大利登山家，切萨雷·马埃斯特里（Cesare Maestri），他爬山的方式，是靠着电动的锤子、钩子和钻头，硬行将自己一厘米一厘米地拖上顶峰。所以他每次登顶都要耗费数周。这做法真是荒唐可笑。给我那套设备，再加上三个月的闲工夫，我也能爬上全世界最高的建筑物。他这种做法，就是对冒险精神的歪曲。他所到之处，也让那些高山，跟着他一块儿蒙羞、受辱。与他形成鲜明对比的是"自由攀登"的登山方式，它最早出现在加州，攀登过程中，绑在身上的绳子仅起保护作用，防止事故发生。尽可能地少用、不用技术设备，这令麦斯纳被尊为现代登山运动之父。他有着了不起的生存手段，不光技术上炉火纯青，而且很懂得审时度势。在评估风险这件事上，我从他那儿学到了不少。道拉吉利峰，他尝试攀登过两次。一次因为雪崩的关系，在距登顶仅一百五十米的地方，原路折返了。另一次他一连几天，只能由望远镜里看着南麓的一连串雪崩，悻悻而归。最终，他在一九八五年才和登山拍档汉斯·卡默兰德尔（Hans Kammerlander）成功登上了顶峰。

《发光的山》的出发点，是我向自己提出的一组问题。那些登山家，尝试去做如此极端的事，他们脑子里究竟是怎么想的？他们追逐巅峰的内心驱动力是什么？麦斯纳曾在南伽峰上失去一位亲兄弟，外加他自己的好几根脚趾。这种情况下，他为什么非得又去爬一次？像这样的人，他的动机究竟是什么？我曾经问过他："永无休止地爬山，你不觉得这么做，稍微有点太疯狂了吗？"他回答得很简单："创造者，必疯狂。"我始终觉得，他身上有着蛇的智慧，静若处子，动若脱兔。他曾告诉我说，要他解释为什么非得爬山，那就像要他解释为什么非得呼吸一样，没办法解释。

拍摄《发光的山》，原本是想为我计划中更重大的一件作品做个铺垫。我想在乔戈里峰拍部剧情长片，那是喜马拉雅山的第二高峰，危险程度甚至超过珠穆朗玛峰。既然要做准备，我就想到,不如先去那儿拍一部规模相对较小的短片,权当试水。照理说,我本可以像平时那样,以最快的速度先写个剧本出来,但这一次,我觉得有必要先去那个环境下,亲身体验一把。我希望可以就此先摸摸情况,了解在这种地方拍摄电影,有可能要面对的物资困难和技术障碍。为剧组这么多人提供补给,其可行性又如何?结果,拍摄《发光的山》时,我们遇到了极端低温,胶片还没来得及塞进摄影机,就已经像干面条那样折断了。在距离我们一千六百米的地方,一场大雪崩击中冰川,威力宛若横着炸开了一枚原子弹,激起的一大团雪花,冲我们袭来,将营帐悉数抹平。我当即做出决定,在这里拍剧情长片的计划,需从长计议。

麦斯纳谈到了他兄弟的死。

麦斯纳善于作秀,深谙媒体之道,上过欧洲各大电视台里各种脱口秀。我很了解,我拍这部电影,肯定会深挖内幕,有可能会谈起他兄弟的死。我告诉他,"涉及某些问题时,我会走得很远,但你可以为自己辩护。"麦斯纳知道,我不会对他心慈手软,因为电影这东西本就不讲究心慈手软。

一开始,想要让他在镜头前内心流露,并不容易。开机后我们拍摄的第一段戏,是在南伽峰山脚下完成的。我们坐着车,连夜赶路,第二天一早醒来时,已能看见前方的南伽峰。当时天空万里无云,那景象真是让人叹为观止。我叫醒了麦斯纳,让他站在了镜头前。他拿出了自己和媒体打交道时常用的那套说辞,我立马喊了停机。"我这部电影可不想这么拍,"我告诉他,"我想要的,是看看你内心深处的东西。"麦斯纳露出惊讶的表情,看着我,陷入了沉默。他能感受到,在这种情况下,我随时都有可能放弃这片子,干脆不拍了。快入夜时,他对我说:"我准备好了,一五一十都跟你说。"他泪洒当场的那段戏,究竟要不要剪进去,起初我也犹豫过。最终我还是告诉他:"你这辈子做过的那些脱口秀,全都没什么人味儿。可这次,你真性情的一面,忽然就露出来了。你不再是过去那个只知道如何完美征服一座座山峰的运动家了。所以我不打算把这场戏剪掉。"等他自己看过样片后,也对我们不流于表面的拍法,感到十分满意。

片中他们攀登的是哪座山?

攀登八千米的山峰,被视为壮举,但世上所有八千米高度的山峰,他已经都爬过了。登山时,上山一条路径,登顶后再从另一边爬下去,被视作特别了不起的成就。而麦斯纳与卡默兰德尔那一次要做的,是一口气翻过两座八千米的高峰:迦舒布鲁姆一号峰和二号峰。在那以前,从没人试过这么走。而且他们那一次,没带氧气也没带挑夫,这种做法着实勇气可嘉,至今为止也再没别人尝试过。他俩是凌晨两点出发的,周围一片漆黑。因为只能带很少给养的关系,两人行动的速度很快。我从一开始就知道,想要跟上他们,而且还得拿着摄影机,那根本就不可能。所以你在片中看到的那些登顶后的画面,都是麦斯纳自己拿着机器拍的。动身之前,他把我拉到一旁,告诉我:"说不定,我们就会死在半路。如果十天内都没有我们的消息,那一定是凶多吉少了。等救援到,估计要二十天,我们根本不可能挨那么久。所以,万一真这样了,你要继续完成这次登山,我的钱都存在了哪里哪里,你替我取出来,把挑夫的账给结了。"之后他再没多说半句,转身就走了。

我最初只走到大约五千米高度的大本营,然后在那儿遇到一队西班牙登山者。他们要继续往上,去清理一些补给站,于是我也获得允许,连上他们的登山绳,一块儿又向上爬了一千五百米。他们选的这段路,沿着冰川向上,一路又险又难,大如办公楼的冰山,缓缓移动,彼此之间隔着深邃的裂缝。西班牙人爬得也很快,到达营地时,没能完全适应高海拔环境的我,已明显有了高反症状:干什么都提不起劲来,浑身发沉,坐倒在地上。这情况不由我不提高警惕,于是决定下山先回大本营。照理说,那些西班牙人本该阻止我才对。总之,我就那么愚蠢地,自己一个人踏上了回程。我选了最笔直的一条路径,也没有跟着插好的旗帜走,那是一片白雪皑皑的冰川,我险些落入一道九百多米深、被积雪覆盖的裂缝。感觉就像是差点坠入无极之中。

你是冒险家吗?

时至今日,还标榜自己是"冒险家"的人,那只能是自取其辱。我从来都没有为了拍电影的缘故,做过任何冒险的事。总有人爱瞎传,说我拍电影时爱故意为难自己。那样的误会,真是大错特错。如果《陆上行舟》在纽约中央公园里就能拍出来,那我高兴都来不及呢,但问题是,中央公园里并没有热带雨林。不然的话,我大可以在第五大道的公寓里待着,由窗口探出头去,就能把这片子给导了,就像是几年之后的《石头的呐喊》(*Scream of Stone*),如果能在慕尼黑拍,那肯定再好也没有了,我大可以每天拍完回家睡觉。登山家或许有他们的动机,偏要去挑战最难走的路线,但我肯定不是这样。要是我也故意给自己找麻烦,那肯定一部电影都拍不成。因为拍电影本身就已经够难的了,而且我这人运气也不好,总被类似菲兹卡拉多那种梦想陆上行舟的人物所吸引。所以说,我从没想过要刻意去冒险。我不是一个不负责任的人。之所以会有这一切,纯粹只是因为我想做好自己这份工作。

　　探奇（exploration）与冒险（adventure）之间，存在差异。我好奇心重，总爱寻找崭新的画面与庄严肃穆的地方。虽说常被人贴上"冒险家"的可鄙标签，我本人对此始终是断然拒绝的。在我看来，只有人类历史早年的男男女女，才配得上这称号，比如说那些向着未知领域进发的中世纪骑士。从那之后，冒险家的概念，就开始变味儿了。到现如今，谁再提这三个字，那根本就只会让人觉得丑陋、可怜、尴尬。像夏尔巴人、巴尔蒂人和瑞士人这种，他们原本就住在大山里，按照传统说法，环绕周围的那些山峰，他们根本就不会去攀登。不想就那样打破大山的庄严肃穆。面对山川的壮丽，他们没想过要去做些什么。而那些无聊的英国绅士，基于某种糟糕的哲学，先是为了爬山而爬山，随后又你争我夺地追求起南极第一人的虚名。其实说穿了，南极并没有什么特别有意思的地方，只不过是水和浮冰而已，能让人想到的只有死鱼——惨白、腐烂、浮肿、肚子朝上地——漂浮在脏水里。再然后，那根本就变成了爱自我推销的人你争我夺的舞台。当代冒险家谈起自己的旅行时，爱用军事术语："我们征服了山峰"或是"由珠穆朗玛峰胜利归来"。我实在是受不了这套说辞。那就像是回到一九一〇年，你刚从非洲回来，忙不迭地在淑女小姐面前炫耀，说你杀了多少头大象，你有多牛！但你试试看，在现在的派对上再说出同样的话来，肯定会有人直接拿香槟酒泼你脸上。

　　我尤其讨厌那种伪冒险主义，爬山的目的变成了探索自我的极限。在这一点上，我和麦斯纳有过争执，因为他出现在媒体面前时，故意按着"伟大的冒险家"的概念来塑造自己的风格。那我也可以去尝试，做第一个赤脚爬上珠穆朗玛峰的登山者，或是第一个倒着跑过撒哈拉沙漠的人，反正《吉尼斯世界纪录》里这种无厘头的东西多着呢。现在你甚至可以在旅行社订到"冒险假日行"，去新几内亚岛上拜访猎头部落与食人族。早已变质的"冒险主义"概念里，现如今所充斥的，正是类似这样的荒唐事，实在是让我觉得很没意思。另外，我喜欢那个驾驶雪铁龙 2CV 老爷车、全程倒挡穿越撒哈拉沙漠的法国人。还有像是"啥都吃先生"（Monsieur Mangetout）这样的人，他连自己骑的自行车都吃了，好像还要吃一架双引擎飞机。真了不起！

这人已经死掉了。
是吗？好吧，但像这样的人，肯定还会再出现的。

第七章

无赖电影学院

学乐器，成年后再学也可以，但它所需的那种直觉，成年人已经不具备了。身体适应乐器有个过程，需要从很小的时候就开始熟悉。但是，拍电影就不适用这一套。想当音乐家，要从娃娃抓起，电影人的话，则什么时候都可以。我是在大约十五岁时，从一本百科全书里看了几页关于摄影镜头、麦克风和洗印工艺的文字。由此，我对光学声带和透视线有了了解，知道了用二十四毫米镜头和五十毫米镜头，拍出来的东西会有什么区别。起步所需的所有常识，我都是从那几页中获得的。关于如何拍电影，别人能教你的，差不多也就是这些了。

我始终觉得，电影学院不适合我。我既未接受过正规训练，也没替什么人当过副导演。我最初拍的那些电影，都发自我内心最深处对自己的承诺。我也是迫不得已，非拍不可。传统电影学院里教的课，它提供给你的器材设备，光只有这两点，你永远都成不了电影人。灵长类动物用一星期就能学会的事，谁又愿意在那上头花四年？真正需要时间积累的，是建立一套属于你个人的看法。光是会打字，不代表你就能当作家；同样道理，光是掌握了某些拍电影的技术窍门，不代表你就是个电影人。

请谈谈你理想中的电影学院。

完全符合我理想的电影学院，根本不可能存在。不过，既然你问了，我先大胆幻想一下也无妨。我理想中的电影学院，想要申请入学，你必须满足一个条件：先要完成一次旅行，一个人，徒步旅行，起点和终点的话，就比方说是从马德里到基辅吧，那样的话，大约是三千二百多千米。一路上，请写下你的各种经历。来报名时，带上那些笔记本，我立刻就能看出，谁是真的一路步行的，谁不是。与其在电影学院里花五年时间，你这一路上学到的关于电影拍摄的东西，只会更多。你那些经历，会和书本上学到的知识截然不同；而学术界所代表的，恰恰是电影的死亡。一个在非洲打过拳击的人，经过训练后成为电影人的机会，反而要优于由全世界那些"最好的"电影学院毕业的人。真实生活才最关键。

在我的电影学院里，你有机会体验一种头脑兴奋的氛围，你会变得精神亢奋，内心充满强烈的兴奋感，宛若熊熊燃烧的火焰。创造电影，说到底靠的就是这些。技术上的东西，不可避免地会有过时的一天，能适应变化才最重要。在我的乌托邦电影学院里，屋角要设一个拳击台。参加者每天都要跟着教练学拳击，此外还得学习如何空翻、杂耍和变魔术。你最终能不能当上电影人，这不好说，但最低限度，你肯定能成为一位自信、无畏的运动员。高强度的体力运动之后，请你坐定，尽可能地多学几门外语。那样的话，到最后你就会像古代的骑士那样，能骑马挥剑，也能弹琴。

你是如何让自己内心的火焰保持不灭的？

对我来说，这从来都不是个问题。一定要我说的话，有一招很简单却管用，那就是尽量避免在摄影棚里作业。摄影棚，顾名思义，那就是一个人造的地方。我想要拍的那种电影，其所需的自发性，一旦到了摄影棚这种缺乏新意、束手束脚的地方，很容易就会被抹得一干二净。说穿了,我就是讨厌那儿的气味,我情愿自己站在齐腰深的沼泽里,那都比摄影棚要舒服。《纳粹制造》的结尾,小男孩在天上飞的绿幕镜头,还有《重见天日》里饰演迪特·丹格勒的克里斯蒂安·贝尔坐在驾驶舱里的绿幕场景,那是我从影至今仅有的两次棚内作业。《坏中尉》的开场戏——整个布景都淹在水里——是在一间专供剧组租用的空仓库里拍摄的。我们入驻之前,前一个剧组将仓库改建成了监狱。他们拍完之后,布景还没来得及全拆光,于是我赶紧跑了过去,问仓库的人,能不能留一些让我们使用。摄影棚的情况就是这样,很少能给人什么惊喜。之所以会这样,其部分原因在于,你能在这种地方遇上的,尽是些出于生计而非出于兴趣才待在那儿的人,很难碰到什么意料之外、很有意思的人。那根本就不是一种真正的环境,只不过是四面墙外加一个屋顶。就我而言,始终是外面的世界,更能让我如鱼得水。剧本里抽象的文字、故事,只有到了那儿,才能与真实的生活水乳交融。

除了摄影棚,还有一件事,同样是我强烈反对的:画分镜图。那是胆小鬼才用的工具,他们对自己的想象力缺乏信仰,对自己的幻想没有信心。你要说是有特效的戏,需要事先画好分镜图,那我还能理解。其余情况下还么做,只会让所有人都变成提线木偶,一举一动完全照着事先想好的设计,按部就班地推进。我生平唯一一次用分镜图,是《重见天日》里的坠机戏。单一的场景,三组机器同时作业,需要周密的事先计划。而且我们没用数码特效,完全就是一大段机身撞在田里,然后是一次小型的爆炸,一位特技演员被炸飞起来。当初拍《石头的呐喊》时,推动整个项目进行的沃尔特·萨克瑟提出,几段比较复杂的登山戏,必须事先画好分镜图,但我始终没同意。山就是山,你不可能把它变成温驯的小宠物。

那你的电影里，有没有什么预先计划好的美学标准？

我不喜欢摄影机背后站着的是一个完美主义者——为拍一个镜头，能准备上数小时的人，所以这些年来，我和摄影师总是冲突不断。某次，我看着一位知名摄影指导花了整整五小时来布光，真把我急坏了。换成是我，那活儿五分钟就能干完。彼得·蔡特林格拍我的电影时，老想着浑水摸鱼，偷偷放几个"美丽的"镜头进去。所以我得一直防着他这一点。不过，我俩的友谊和彼此尊重，也因此与日俱增。拍《重见天日》时，他想到一个激进的调色方案，将丛林几乎拍成黑白两色，直到影片结尾时，迪特获救的幸福时刻到来时，画面才变回五颜六色。这是一个相当极端的例子，更多时候我俩会意见相左，但我们总能在二十秒内就做到求同存异。相对来说，如果拍着拍着，地平线上出现了壮丽的日落景观，那情况就复杂了。他会匆匆忙忙地跑去设好机位，但还没来得及开拍，我就把三脚架转了个一百八十度，背向了太阳。所以，还是在南极拍《在世界尽头相遇》时最和谐，整整数月，一天二十四小时，太阳从来不落。我对摄影师的要求就是，这东西原本什么样，你就那样去看它、感受它，那就可以了。我不需要那种挖空心思要创造出最美丽画面的人。对于画面的构图，我没太多想法。相比之下，我的注意力完全集中在那画面关乎什么、它如何融入故事整体这两个问题上。剩下的事，全都可有可无。和不同的摄影师合作时，针对影片整体的造型，我们会有些泛泛的讨论，但我很少会谈到美学上的细节。我不需要在布光的问题上没完没了地跟他商量，也不需要在美术设计上耗费数千美元，我有自己的办法，无须这些便能用画面说清我想要表达的东西。所以说，一部电影拍摄之前，我不会有意识地去思考美学上的问题。对我来说，这类东西都由故事本身来决定。当然，美学这东西，有时候确实会在你无意识的情况下，偷偷由后门溜进来。不管我们愿不愿意，内心的偏好总会对你的决定产生影响。如果我要写一封意义重大的信，但心里想的都是字体、笔画，最终文字本身反而会失去意义。就好比你要写一封感情真挚的情书，如果注意力都放在书法漂不漂亮上，最终那情书肯定不会写得怎么好。反之，如果你的注意力都放在文字本身和情绪之上，你的个人书写风格——它和你这封书信的本质，其实并无关系——自己个儿也会渗透进去。所谓美学风格，如果那真存在的话，也是电影完成之后再让人发掘的东西。关于这类东西，还是留待哲学家来给我启发吧。

但我还是想请你举几个例子，想想你作品里特别有美学风格的地方。

只能想到少数几例，挺有实验性和风格化的，但都是些孤立的、特定的画面。例如我之前说过的《卡斯帕·豪泽之谜》开始时的塔和洗衣服的女人，或是《儿子，你都干了些什么》(*My Son, My Son, What Have Ye Done*)最后那个镜头里用特效加上去的云，或是《玻璃精灵》里某些段落，我们拍的时候在镜头前放了橘色滤镜，而且故意略微曝光不足，做后期时再过度曝光一下，于是就有了类似伦勃朗油画的那种色彩。拍《玻璃精灵》的时候，我和施密特-赖特怀恩专门研究了十七世纪法国画家乔治·德·拉·图尔(Georges de La Tour)的作品，我想再现他油画里的那种氛围；有些室内场景拍摄时，我们只用了蜡烛光。拍《陆上行舟》时，因为十分靠近赤道的关系，每天只能看到十分钟的落日。所以有时候我们会专门等好久，就等着落日余晖的那一刹那。《侏儒流氓》大部分是用一个二十四毫米较为广角的镜头来拍摄的，因为我希望能把人物放在那些非比寻常的风景中央。

这方面最好的例子或许还是《卡斯帕·豪泽之谜》里灵魂出窍一样的做梦场景，那看着就像是一个刚被发现的陌生世界。其灵感来源之一，是德国实验电影人克劳斯·威伯尼（Klaus Wyborny）的作品。我去西属撒哈拉的时候，他也在，还用十六毫米胶片拍了沙漠中的大篷车商队。说起那些做梦的场景，最棒的一段来自我弟弟卢奇。那是他十九岁时在缅甸旅游时拍的，按他自己的描述，那是一个奇怪的、抖得厉害的摇镜头，广阔的山谷里，全是宏伟的寺庙。我看过之后，发觉那拍得很有神秘感，非常精彩，于是便央得他许可，拿来用在了《卡斯帕·豪泽之谜》里。用的时候，我对画面做了些改变。先是在很近距离，将它投射在一块半透明的银幕上，投影和我手掌差不多大小。再用三十五毫米机器，从银幕那边拍摄，银幕上的布纹，也都清晰地保留在画面里。我故意没让投影机和摄影机同步，于是二次拍摄获得的画面，看着像是明暗闪烁不定。最后，做后期的时候，我还稍稍调整了一下色彩。我之前提到过的《玻璃精灵》一开始的瀑布画面，还有片头字幕后出现的那些风景画面，也都做过这种处理。

明与暗，这在《诺斯费拉图：夜晚的幽灵》里起到了重要作用。

大多数情况下，我都对美学缺乏兴趣，少数的例外中，《诺斯费拉图：夜晚的幽灵》应该算是比较突出的一个案例。我是觉得，面对类型电影——例如这一次的吸血鬼电影——的经典配方，我还是得表现出一些尊重才对。开场的蝙蝠画面，拍摄时用的是每秒几百帧的高速摄影机，而影片最后一幅画面，是由两个镜头合在一起做出来的。一个镜头拍的是荷兰的海滩，强风刮过，黄沙漫天；另一个镜头拍的是云，单次曝光，所以那些云移动的速度看上去快极了。后期制作时，我把云的画面上下颠倒过来，再将它叠加在银幕上半部分，于是那些云看着就像是由阴沉的天空中弥散开来，向画面下半部的整片风景压过去。那带来了一种沉重的宿命感，仿佛邪恶就由这一个点上出现，然后迅速蔓延到了全世界。在画面下方，我们看到此时已变成吸血鬼的乔纳森·哈克，他正朝着地平线那头远去，即将感染周围的所有风景。总之这是一个特别悲观的画面，处理成这种样子，我也不可能再否认，我么么做，就是想要营造一种特定的风格化印象。《诺斯费拉图：夜晚的幽灵》中呈现出的风景，尤其是这一处，要比它们实际的样子，更有神话的味道。这片子结束时没有字幕，那是因为，从某种意义上来说，故事并未结束，它还在我们所有人内心继续。片中用的音乐是古诺（Gounod）的《圣塞西勒庆典弥撒》（*St. Cecilia Mass*），因为它的关系，全片都有了一种近乎宗教般的感觉。片中有不少镜头，都需要我和摄影师施密特-赖特怀恩一起，花时间研究如何布光。主要还是因为，片中的吸血鬼不会在镜中显出映像。所以有不少照明效果，我们都要事先精心设计。例如怪物进入露西阁楼卧室的那场戏，她当时就坐在镜子前头。墙上出现的第一个影子，并不是金斯基的投影，而是我让其他人身披斗篷，戴着尖耳朵和爪子，站在了一旁。此时，金斯基站在摄影机一侧，只有当镜头稍稍向右摇过后，此时我们看见的，才是金斯基本人的影子，然后再看到他本尊。总之，这一幕编排起来挺复杂的，但我们靠的不是技术上的花招。

　　施密特-赖特怀恩跟我合作过《复杂蜃景》《沉默与黑暗的

世界》《卡斯帕·豪泽之谜》和《玻璃精灵》。他对黑暗、明暗对比、寓意不祥的阴影、幽暗气氛这些，都特别有感觉。之所以会这样，我猜一部分原因在于，想当年他自己亲身体验过牢狱之灾，对光线昏暗的地牢记忆犹新。当时柏林墙刚建起来，他因为把女友偷偷带离民主德国而被捕入狱，还单独被关了几个月的禁闭。民主德国政府当时强调，建柏林墙是为了抵御法西斯侵略者，然而两国之间的贸易往来并未彻底中断。有时候，民主德国政府会以各种小事为借口，将联邦德国人扣为人质，一关就是数年，等着将来什么时候可以作为交换的筹码。施密特-赖特怀恩以前在柏林RIAS电视台（美国占领区广播电视台）干过一星期。这家电视台的部分资金来自美国，所以民主德国政府一口咬定，他是个中情局特工。结果他被关了三年才释放，民主德国用他换回满满一车的黄油。我相信，这段经历对他的影响至关重要。遇过这种事情的人，一旦走出樊笼，看世界的方式都变得不一样了。

有段时间在慕尼黑，我俩做过室友，想过要建立一个类似于中世纪末期的同业公会那样的组织，设作坊，招学徒。当时正巧有一家小型的电影冲印厂破产了，我们着实考虑过要不要把它盘下来，因为那样就能自己印拷贝了。托马斯·毛赫拍过《生命的标记》和《陆上行舟》。如果我需要的是有更多肢体性和自发性的东西，具有更多原始活力的画面，摄影师这方面，我就会想到他。不管眼前看到的是什么，他都有种了不起的节奏感。两人都是很优秀的摄影师，有时候一部新片到底要选哪位来掌镜，实在很难选。但我想这些年来，我每次都选对了。倘若当初是让施密特-赖特怀恩去丛林里拍《陆上行舟》，得到的镜头效果可能会更平稳一些，某些场景他会处理得更风格化，布光也更刻意。

你会不会在去现场之前,就把镜头计划好?

有些镜头是提前就构想、规划好的。例如《纳粹制造》里,大力士在医院病床上奄奄一息之际,他耳中听到钢琴声,探起身来。"我的耳朵在响,"他说,"这会儿一定有人在想我。"镜头跟随他的视线,朝向窗口处他的弟弟。弟弟从椅子上起身,将窗帘拉到一旁。透过窗户,我们看到外面是他五岁的妹妹正看着我们。还有《生命的标记》快结束时的一个镜头,摄影机朝着窗户前进,透过窗子,我们看到天空中燃放的烟花。所有这些,全都是精心设计过的。

但通常情况下,还是在一切都未知的情况下,我才发挥得最好。我有这么一种直觉,摄影机该摆哪儿,何时开机,都能感觉得到。除了脑海中的想象之外,通常我不会对电影画面做什么预先计划。每天开工前,也不会提前去多想这一天预定要拍的镜头。我甚至在第一天开拍之前,连剧本都不怎么去碰。剧本写完,要拍之前,我可能会快速翻一遍,为的是确定整部影片需要多少片的景。我相信,剧本老看老看,它的活力也会被掐死的。我宁可让它处于一种休眠状态,那样的话,等我到了现场,这时候再翻开剧本——有些情况下,那距离我最后一次看这剧本,已过去了数个月——一下子就会又有了新鲜感,感觉就像是和现场其他人一样。这样的话,对于故事本身,我又可以有崭新的发现。那就像是被人扔在了荒岛上,大家都是第一次到这里,我和一小群幸存者一起走上岸。一开始,我可能也会有点晕头转向、不知所措,但不用多久,我就会以崭新的目光来探索这岛上的环境,以便决定接下来到底该怎么做。

决定机位的时候,我会和摄影师紧密合作,但这种讨论,通常仅限于在拍摄现场。遇到这种决策,正如我之前说过的,关键在于你得了解你要拍的故事，知道这场戏说的是什么。《纳粹制造》里有一场马戏团里的戏，塞舍向著名大力士发起挑战。负责场记的姑娘老是问我："这场戏我们打算一共拍多少个镜头？"到最后，我只能看着她说："至少是一个。"我告诉她别紧张，只要跟着现场其他人，注意观察就行了。"由着它去，我们只需静观他们演得如何，看他们能不能把悬念和内涵都表现出来。"结果，我们一个镜头拍了四分半钟，效果非常之好，只需后期时再切几个画面进去，理顺一下就行了。拍摄前我给两位演员解释了我需要的效果。他俩本就是朋友，过去参加大力士比赛时便已相识。所以演出过程中，每时每刻都能预判到对手的下一步行动，很有默契。于是我也无须打断他们，由着他们去即可。

　　我导戏的时候，感觉自己就像是一位足球教练，具体用什么战术，我都跟队员交代好了，剩下的那些无法预见的情况，就要靠他们自己随机应变了，这一点相当重要。提前计划太多，只会让事情变得索然无味。踢球的时候，如果你每个动作都要提前就想好，那你的场上作用肯定不会很大。所以我拍电影的方法就是，一上来我对自己想要什么结果，有个大致的感觉，然后就由它自行发展了，无须知道机位一定要摆在哪儿，究竟要拍多少个镜头。如果是因为演员的关系，或是外景地本身出了什么无法预知的变故，导致某场戏拍出来的效果，和我原本的想法不同，但这种差异对剧情不构成重大影响，通常我都会尽量以开放的心态去包容这些意外的东西。作为电影人，你就得在面对机遇时保持开放心态，甚至还要主动促成它们出现。我拍电影讲究互动，如果失去了外部世界的反应，我的电影也就是死蟹一只了。这和我排演歌剧是一回事。当过话剧演员或是歌手的人都知道，每一次演出都有它自身的生命力，必须要给它空间，那样的话，每次演出才会出现不同的特色。否则的话，现场演出的活力也就没了。

《阿基尔》里有一场戏，我本想在激流附近拍摄。结果那天凌晨四点我醒过来时，发现河水即将涨高。不过是几小时的工夫，水位上升了三米多，连我们的筏子都出了问题，整个布景已淹在了水中。原本这地方很适合作外景，可此时却已荡然无存。原本的河岸没有了，它整个消失了。如果《阿基尔》是一部好莱坞制作，那碰到这种事情，肯定会是一场不幸的大灾难。拍摄会陷于停滞，所有人都会把手里的活儿停下来，但每天的开支还是那些，拍摄进度却一拖再拖。但到了我这儿，我决定要找一种更直接的解决办法，让洪水成为影片的一部分，把高涨的河水写进剧本里去。我立刻重写了一场戏：远征队的士兵意识到了，他们此时已失去了退路，结果这又引出了阿基尔与乌尔苏阿之间的争执。在当时的情况下，想要过这一关，别无他法。你只能接受它，设法利用它，甚至正好借这机会来加速影片叙事的推进。

相比其他的创作事业，在拍电影的过程中，不确定因素要多出许多。雕刻家只管抱着一块大石头去凿就行了，而拍电影却牵涉各种复杂的组织架构、金钱、人员和昂贵的设备。从创意到完成，当中隔着好多中间人，有太多太多可能出错的情况。每一步迈出去，都会有麻烦等着你。你专门造了一条船，雇了五千名群众演员，计划好了一个大场面，结果开拍那天早上，一位主演生了病，来不了现场。你好不容易拍到了有生以来最棒的一个镜头，结果洗印厂配错了显影液，或是电脑硬盘崩溃了，那些画面说没就没了。制片人原本信誓旦旦地说，拍这场或那场戏的预算，肯定足够。结果临了，要拍了，才发现缺资金，整个段落都要拿掉。所有这一切都是互相交织、彼此联系着的，一环出了问题，整个项目都有可能受损甚至是全盘崩溃。像是这样的潜在可能性，数量当以百万计,它们会让你遇上各种各样的灾难,甚至是覆灭。爱把这种事放在嘴上叹苦经的人,根本就不适合这个行业。因为这正是电影媒介的属性。你的工作就是要解决这些问题。各种现实问题就像是调皮的小孩,想尽一切办法要恶作剧,不让你顺利完工。那你就要想办法对付它们,要学会先想一步,学会如何应对未曾预见到的状况。一定要懂得如何将不利条件化为己用。其实电影学院里就应该要教一下学生,面对失控的剧组,要怎么做才能挽回局势;面对官僚主义,要怎么协商,才能搞到必需的签字;面对不肯付清钱数的联合制片人或是不能好好做宣传的发行商,又该如何应付。脑子得灵活,这是电影人的生命线。没法随机应变的人,在这行业里一天都干不下去。导演必须成为驯兽师,驯的就是各种无常之事。

你平时拍戏时,会跟演员排练吗?

只有到了现场才排练,绝不会提前几周就在圣莫尼卡某间光线明亮、冷气充足的办公室里彩排。有时候,一部戏里最好的那些对话,都是到了现场才写出来的。那么做,能够契合每一位演员独一无二的行为方式与说话习惯,同时也能顺应拍摄现场的具体情况。彩排之后,我有可能会对台词做些修改,或是某一句话干脆就让演员用他自己的方式来表述。如果相比剧本里写的对白,他的用词起了变化,但整场戏的情绪与内在精神都没变,我会干脆放弃原有的剧本,就按他的来。有些台词,按照剧本的要求说出来,有可能听的人都会觉得尴尬。《重见天日》剧本里,迪特爬出小屋时,杜安有句台词,差不多类似于"迪特,愿上帝与你同在"这种。拍的时候,我看了眼史蒂夫·赞恩,他的脸都气紫了。"史蒂夫,我知道你是怎么想的。"我告诉他,"那你想说什么?"

结果那句台词变成了"迪特,祝你好运"。演员就该有这样的自由,可以将真实生活带到戏里来。我写剧本的时候就很明白这一点,一旦开拍之后,我此刻写下的这些东西,很有可能会被改掉。所以等开拍后,我始终都能保持开放心态,随时恭候可能会出现的意外。

改台词的可能性一直都在那里,但具体做起来,也有个明确的范围。在我看来,即性发挥的决定权不在演员。演员的自发性确实能揭示人物身上更多的东西——例如我和布鲁诺·S合作的时候——但并不是说拍摄时我就只管自己架好机器,然后让演员站过来,告诉他们:"你就即兴发挥一下吧。"有时候,相比其他演员,我会多给金斯基一些自由发挥的空间。另有几次,我觉得干脆就别给他任何说明,直接让他站在镜头前表演,效果会更好。《陆上行舟》里钟楼那场戏,开拍前我只跟他说了一件事:他必须进入彻底的忘我和暴怒的状态,冲着底下整个小镇大喊大叫,说教堂会一直关门,直至他成功建起歌剧院来。金斯基本人也是直到摄影机开始转动的那一刻,才知道他究竟打算要说些什么。另一些时候,他则需要精准的引导和限制才行,所以我会亲自上阵,堵住他的去路,把他限制在我需要的范围之内。当然,要是有人问起他来,他肯定会极力否定我这说法,坚称每个决定都是他自己做出的。

拍《坏中尉》的时候,我知道我必须给尼古拉斯·凯奇(Nicolas Cage)保留一定的自由度,让他自己塑造人物,那样才能赋予影片一些额外的内容。尼古拉斯的感觉十分敏锐,他就像是五人爵士乐组合里的成员,能非常流畅地即兴发挥上一段,但又始终保持在整部作品的旋律和节奏之内。他在酒吧外威胁那两个人的戏,是他想到了朝天放枪这个细节。还有在疗养院里审问那两位女士的戏，绝大多数都是他自己临场编出来的，那两位老太太当时是真被吓着了。当时，我冲尼古拉斯抛出了一句巴伐利亚古话："把猪放开！"然后我就管我自己站在一旁，惊喜交加地看着他如何自行发挥了。其实我们一共拍了两个版本，区别在于他骚扰她们的时候，一次用了枪，一次没用。我极少会同一场戏拍两个不同版本，但当时就是觉得，拿枪的那条，是不是拍得有些太过了。但等到了剪辑时，你一下子就能看出来，还真就是拿枪的这条效果更好。那真是片中非同寻常的一刻，仿佛是在观众与影片之间达成了某种秘密的阴谋。那就像是过去的电影里从来都不让我们有机会看到的好玩的东西，这下子，终于有机会好好乐上一乐了。尼古拉斯和我互相十分信任，他知道我希望他能挑战一些自己过去不曾触及的极限。有时我能感觉到，某场戏他刚开始表演的时候，已经想到了一些主意，但可能直到那些话说出口的一瞬间，他才真正知道自己要说些什么。

你会和演员交代"人物动机"吗？

杰里米·戴维斯（Jeremy Davies）是一位极有天赋、非常敬业的演员，拍《重见天日》的时候，他坚持要在准备阶段就饥一餐饱一餐的。其实他本就很瘦，但还是想再减些体重。整个拍摄期间，他似乎就没怎么吃东西，光是喝水了。如果第二天有他的戏要拍，哪怕只是半句台词，他都会在前一天晚上，拿着一厚沓纸，上宾馆来伏击我，纸上写满了他关于人物动机的想法。"杰里米，"我对他说，"我实在是太累了，没力气看这些，哪怕我有这力气，我也不会看。你就自己看剧本吧，你需要了解的所有东西，都在剧本里了。明天我们拍这场戏的时候，你就照你的想法去演。"他的身心整个投入其中，老想着跟我讨论人物动机，一说起来就没个完。倘若他当初真就那么陷了进去,无法自拔,我们这片子肯定就拍不完了。所以偶尔我会吓吓他,说要临时换一场戏来拍,让他的准备工作全落了空。好在,他并不属于我们常见到的那种舞台剧出身的盲目自大、徒有其表的演员。顺便说一句,李·斯特拉斯伯格(Lee Strasberg)就是个讨厌鬼。马龙·白兰度根本用不着跟他学,也能拿出那些最棒的表演来。说到表演,只要是方法派,不管你具体是哪一类方法派,全都让人看了觉得尴尬。

在跟演员合作拍片这件事上,不存在什么放之四海皆准的法则,每一位都需区别对待。要说我有什么法则的话,那就是我从不给演员做明确的指示,通常也不会用自己演一遍的办法,来让他们知道我想要的效果。偶尔的情况下,如果我真么做了,那通常都是为了帮助他们定个基调。我会看看他们的彩排,偶尔可能会说上一句,"还得再柔软一些,再悠着点。别性急,慢慢来。"拍《阿基尔》的时候,丹尼尔·阿德斯(Daniel Ades)演的是阿基尔手底下的佩鲁乔。不管是开炮炸翻河那边的筏子,还是把乌尔苏阿吊在树上,或是砍掉想做逃兵的人的脑袋时,他都会一边低声哼着歌曲,而且是高低起伏,带有旋律的那种。是我跟他说,别唱,"直接用说的,全都是同一个音高。一定要让人听了觉得危险,时机要把握好。只需要一个调子就够了,就像是电传机那样,反反复复地发着一模一样的单调声音,那样的效果,会更让人不寒而栗。"

我看过你早期的一些剧本,和我们平时常见的电影剧本差别挺大的。

通常我都不会盲目地预先写好大量人物对白。在我早期的剧本里，关键的台词是有，但也仅限于此。我不会一个字一个字地把对白全都事先写好，我只是大致描述一下人物要说什么。我剧本里也有一些——例如《生命的标记》和《绿蚂蚁做梦的地方》——对白部分会比其他剧本多一些，但我最早完成的那些剧本，其实都是以散文形式来创作的，充斥着情节发展的细节描述，有些场景甚至还会起好小标题，例如"下坡进入乌鲁班巴山谷"这种。通常，在剧本里我只写看得到、听得见的事，极少会把人物的内心活动写下来，因为我觉得那是小说里才该有的东西。当然，这些年来我也被迫写过一些常规意义上的电影剧本，因为我也得和各路制片商打交道，不看到那种形式的剧本，他们就不肯在合同上签字。但我又觉得，既然非得把剧本写出来，那最低限度我也该尝试一下，给电影剧本这种文学形式加入一些新意。所以，我一直试图赋予那些剧本独立的生命，不一定非得依附于用它拍成的那部电影。基于这种想法，在我那些出版发行的剧本里，故意不放与文字内容相对应的剧照，我不希望读者拿它们来对照影片本身。一直以来，我都想要创造一种全新的文学类型。翻一下《非洲黑奴》的剧本，开头那几句是这样的："杀气腾腾的光芒，晃眼、灼热；没有小鸟的天空；被热晕了的小狗，全都趴着。金属色的昆虫，因愤怒而失去了理智，猛叮那些发热的石头。"这些都不算是描述画面的文字，它带给观众的主要是一种气氛。它最主要的目的就是，制造一种氛围和节奏，让你读了以后，能在脑海中联想到各种画面。像我剧本里这样的散文，你不可能在别的专业电影剧本里找到。

小型剧组，效果最好。

拍《重见天日》的时候，有时候我会带着贝尔、赞恩、蔡特林格还有录音师，逃离大部队，就靠我们那几个人，抓拍几场戏。我们那个剧组，人员和设备，整整能装十四辆大卡车，丛林里的道路又都非常狭窄。于是，整个装车过程至少需要一小时，卡车掉个头又需要半小时，然后才能驶向下一片外景地。所以有时候我干脆就叫上少数几人，跳上辆小货车，趁大部队还在装车时，先一步出发。这几个人就是剧组的核心所在，凭我们几个，一部电影的全部基本要素，就都能有效照顾到了。等车队到达的时候，该拍的我们已经都拍好了。我向来不怎么喜欢跟大型剧组这种臃肿的组织机构打交道。我受不了拍摄现场人满为患，到处都是人头攒动，想躲都躲不开。所以有时候只能绕过他们，这样才有可能保持动力、迅捷与活力，以便最终达成目标。

哈莫尼·科林的《奇异小子》（Gummo）里有场戏，一张画从墙上拿了下来，后面爬出一大片蟑螂。他事后告诉我，除摄影师之外，剧组所有人都被这一幕恶心坏了，第二天再来现场的时候，大家都全副武装，穿起了密不透风的防护服，以免被脏东西碰到。感觉就像是他们要在核打击过后的废墟上拍电影一样。见状，哈莫尼立即脱了个精光，身上只剩短裤。摄影师让-伊夫·埃斯科菲耶（Jean-Yves Escoffier）也看不惯这一幕，他对导演说："哈莫尼，把所有人都赶出去。只需要我一个，你一个，几位演员，外加他妈一盏灯泡就够了。"对我来说也是这样，拍电影，只需要这些基本要素就够了。我实在是受不了那些大惊小怪的人。千万别做怂货。

一九九〇年时，你为奥地利电视台拍了八部电影，名为《电影课》（*Film Lessons*）**。**

要想知道我办的电影学院会是什么样子，倒是可以从《电影课》里略知一二。我在一九九〇年和一九九一年担任了维也纳电影节的策划,每天固定的一个时间里,我会邀来一位客座嘉宾,其中就有美国魔术师杰夫·谢里登(Jeff Sheridan)。他表演的时候一言不发,光靠魔术和手法就能和观众交流,这让我很有兴趣。有时候我自己也想做魔术师,在街头巷尾与人直接肢体接触,赤手空拳就能完成那些小小的剧目。魔术的诀窍在于转移注意力和故意误导观众,而这恰恰也是电影的奥秘所在。电影导演需要做的就是,按照故事的要求,牵动观众的注意力往各个方向走,需要去哪边就去哪边。要保证每一个人的视线,都能在特定的时间里,聚焦在特定的对象上。早期电影的伟大先驱乔治·梅里爱,他拍电影之前就是位魔术师,这绝非巧合。按照杰夫在他客座节目上的说法,变魔术的目的就是要超越逻辑和理性的限制。另外,电影看似是对现实的反映,但其实它也是一种复杂的幻象。

为拍《电影课》,我录了一段自己和卡迈勒·赛义夫·伊斯兰(Kamal Saiful Islam)的对话。他是来自孟加拉国的宇宙学家,供职于慕尼黑的普朗克研究所。我们那次对谈的主题是"奇异风景与不可思议的曲线与空间的代数化"。我把塞吉斯、格吕内瓦尔德、罗希尔·范德魏登(Rogier van der Weyden)与达·芬奇画作里自然风光的细节放大在银幕上,还有达·芬奇那幅《岩间圣母》,它背景里也有一片能让人看了如痴如醉的理想风景,异想天开、古怪离奇,会让你想到自己曾做过的梦。在阿尔特多费[1]的《亚历山大之战》(*Battle of Alexander*)的背景中,出现了一片虚构出来的心灵风景。在那座岛屿上,有城市、田野、港口和轮船,

---

[1] 阿尔布雷希特·阿尔特多费(Albrecht Altdorfer):文艺复兴时期欧洲神圣罗马帝国德意志画家、建筑师。

全都充满生机。上述这些画家，他们受雇作画时，主顾都有明确指示，要求他们根据某些特定的宗教主题去创作。但我们看到的结果，却都远不止于此。他们画出的风景，尺寸可能也就我手掌那么大，却是通往各个崭新世界的神奇窗口。要是有机会的话，我很愿意为这些令人忘我与出神的微缩世界，专门出一本书。

卡玛尔证明了，我们看似无法想象的空间，通过代数的办法，都能证明其存在。例如只有靠内的一面，却没有靠外的一面的瓶子。我们还讨论了电影未来有可能的发展方向，并且证明了现代人暂时还无法想象的物体与画面，其实都有可能存在。那让我想起哥伦布那时候普通人的想法，他们不敢长途旅行去地球的那一边，担心自己一定会失控落入真空地带。如今，随便哪个小学生都能为你解释，这种担心大可不必。不管你旅行去到哪里，地心引力都会牢牢抓住你。未来某一天，可能会有人创造出某种电影来，那是今时今日我们完全无法想象的东西，正如哥伦布那个时代的人，没法理解最基本的引力物理学，是一个道理。

所以说，当初我俩在维也纳讨论的那些天马行空、异乎寻常的数学话题，虽说底下的观众里头，只有很少一些人听明白了，但那都不成问题。我俩聊得非常兴奋，那都是些让我苦思冥想了好久的问题，例如宇宙中的固定位置。先不说宇宙，只说是三维空间，那样你就容易理解了。假设你在阁楼里上吊了，绳子系在脖子上。人们发现了你的尸体，它吊在那儿晃个不停。请问要怎么做，才能让你完全静止下来？答案就是：拿根绳子，把你脚踝系在一起，再固定在地面上，那样你就不会摇晃了；再拿根绳子，一头系你腰上，一头固定在墙壁上，那样你就不会原地打转了。我知道宇宙是动态的，所有把这问题生搬到宇宙中，并不一定适合。但我们还是可以想象一下，想让自己在宇宙中处于一个完全静止不动的位置上，你需要多少根绳子？

谈到电影和电影制作，有没有什么"规则"存在？

年轻时，我看电影爱琢磨。佐罗为什么要穿一身黑？一般不都是坏人才穿黑颜色衣服吗？西部片里怎么从来就看不到小鸡？最后的对决时，一般好人是由左向右射击，还是由右向左？不久我便意识到了，拍摄电影时存在着一套特定的语法规则，大多数导演都会照着它来。西部片的主人公躺在床上，身上还裹着一条厚鸭绒被，这画面你能想象吗？根本不可能。他一定是露天睡在篝火边上，下面垫的是马鞍，能盖的只有一条粗布毯子。他平时都这么睡，这是规则。唯一的例外是到了酒吧里，他走上楼，进了红伶屋里。在那儿，有一张舒舒服服铺好了的大床，正等着他呢。他直接躺在了床罩上——掀起床罩，躺进被窝，这是西部片男主角绝不可能做出来的事——带着马刺的一对靴子，斜靠在黄铜床架边。西部片里的男主角，他最先出场时，永远都是骑在马背上，突然一下子就冒出来了。而他退场的时候，也都是不留姓名地向着地平线那端，消失在一片风景之中。他打哪来，到哪去，全都交代得模糊不清。所有这些都指向了某些根深蒂固的既有原则，是四处流动的生活与久坐不动的生活之间的对立。

剩下的问题就是：牛仔究竟吃点什么？首先，不管他究竟吃的是什么，他都很少会在室内吃东西。当然，喝东西除外，但那肯定是威士忌，而且还得是沿着吧台滑过来的。不管何时何地，他肯定不会喝橘子汁，那就和让他吃面条一样，根本不可能发生。牛仔站在温暖、舒适的厨房里，做着意大利面，你能想象这一幕吗？完全不可能啊。他只可能吃黄豆加培根，而且是在户外噼啪作响的篝火上用平底锅做成的。让牛仔煎蛋，对于西部片来说，那绝对是触犯天条。还有喝咖啡，绝对不能加奶加糖，必须是清咖，越浓越好，用马口铁杯子大口饮下。我一下子提了这么些问题，听着可能有些滑稽可笑，但其实都还挺耐人寻味的。它们背后有一套隐藏的运作机制，顺藤摸瓜的话，你就能找到适用于西部片以及其他电影类型的无数条既有规则了。

《电影课》里也拍到你自己的讲座，名为"电影中的方向感"。

一家人在餐桌边就位时，大多情况下，都会自动按着一定顺序入座，那是自然形成的。在电影院里也是一样。我只有坐在银幕正中央稍稍偏左的地方，才会觉得舒服。如果我边上也坐人的话，他一定得坐我右手边。这是我内心的方向感，非要让我反着坐的话，肯定会浑身难受。

"电影中的方向感"说的是我自己的需求和兴趣，同时也涉及观众内心潜藏的要求。最明显的一个例子就是两位演员之间，那条隐形的视轴。镜头绝对不能跨越这条轴线，否则的话——画面在两人之间对切时——他们会望着同一个方向，而不再是彼此视线相对了。要是涉及三人之间的话，那就更棘手一些。一位酒保招呼两位客人，这拍起来不难，因为吧台就是那根轴线；但如果不存在吧台呢？《滑铁卢战役》(*Waterloo*)就是一个很好的教学案例，三支军队由三个不同方向，朝着战场进发；谁是谁，哪支军队由哪个方向来，我们始终都看得清清楚楚。《阿基尔》就涉及了不少方向感的问题。那一小队人马，原本目标明确，也很有方向感，但随着剧情推进，他们既没了目标，也没了方向感。到最后，干脆转起了圈。最后一个镜头里，全部方向感尽已丧失，只剩下令人眩晕的动作。镜头环绕着几乎已静止不动的木筏转圈，这画面折射出了主人公本身的遭遇：此时此刻，他已失去希望，无法得到救赎。拍摄《阿基尔》的时候，有个问题急需解决。因为有好几场戏是在木筏上展开的，木筏又会随水流打转，于是，拍摄人物之间的对话时，一不小心，那根隐形的视轴就会被打破，背景中河岸的移动方向，会变得忽而向左，忽而又向右了。为避免这种混乱，不搅乱观众心里的方向感，我们拍摄这种对话时，不再在两人间对切，而是用横摇镜头，画面在两人之间来回平移。

第二次世界大战时，戈培尔曾给前线所有战地摄影师下令："德军士兵永远都从左向右发起进攻。"命令就这一句话，也没多做解释。不信的话，你去看一下以前的新闻片，德军确实总是由画面左侧向右进攻的。但问题在于，向东面的俄国发起进攻时，这还能说得通，那攻打法国的时候呢？看一下德国西进侵犯欧洲各国的新闻片，仍旧还是由画面左侧向右进攻。所以我们就该想想这个问题了：为什么这样的运动方向，就会让那些士兵看上去像是获胜的一方，充满乐观情绪呢？一定是我们内心存在的某些东西，某些隐蔽的法则，起了作用。同样情况也发生在电影中出现的遥远距离上。有可能是我记错了，但我印象里确实这么记得：布努埃尔的《纳萨林》（Nazarín）里有一场戏，主人公徒步穿越墨西哥，背着十字架，走了一千六百千米。布努埃尔仅用了三个镜头——每个镜头的长度都不超过五秒——就让观众感受到了那段距离有多长。他是怎么做到这么精简？明明是为期几周的步行，是怎么压缩在十五秒里的？奥妙就在于，同样的画面构成，他用了三次。最一开始，摄影机几乎放低到地面高度，仰拍天空，那一瞬间，景框内空无一物。然后主人公进入画面，镜头开始扭曲，跟在他后面横移，看着他缓缓走向远方。只需要走五秒钟，就足够了。这个过程，之后又换了别的地方，重复了两次。最后再把三个镜头剪在一起，顿时给观众留下一种印象：纳萨林已经走了一千六百千米了。真是了不起，凭着这么一个古怪、扭曲的镜头运动，压缩了一段遥远的距离。我也说不清这背后究竟是起了什么化学反应，反正同样的技法，我也用在了《玻璃精灵》里，就是影片开始不久海斯从山上下来，走进山谷的那场戏。

说起电影里的方向感，我最喜欢的一个案例，是梅尔维尔的《第二口气》(*Le deuxième souffle*)。里头有这么一场戏，那匪徒被对方的一伙人叫去会面，他预先去了会面的地方，悄悄摸了下情况。他估计了大伙儿可能会怎么坐，想了想如果有人拿枪威胁他，他会被逼退到哪个角落。试验下来，只有靠着橱柜的那个位置合情合理。于是他站到了那里，举起双手，决定把手枪留在橱柜顶上，他高举双臂后触手可及的地方。但他离开大楼时，被对方那伙人其中一个发现了。后者马上也进了这房间，因为他想知道那人刚才都干了些什么。他走进去，试着站在各种方位上，最终找出了那把枪。忽然之间，方向感——外加某个空间内潜在的布局——成了生死攸关的大事。

你在二〇一〇年成立了自己的电影学院。

这么些年来，源源不断地有年轻人，想要来替我当助理，或是跟我学东西什么的。对于他们来说，我似乎成了一个前进的方向。他们给我寄来作品，征求我的意见或是直接向我要工作，人数相当之多，远超那些知名度远胜于我的同行所需应付的人。几年前我在伦敦办过见面会，那地方能坐两千五百人，所有门票几乎瞬间售罄，还有一千多人只能眼巴巴地等在外面。他们显然是渴望能找到另一种拍电影的方式和途径，用有别于好莱坞那种无脑的三幕结构的办法来讲故事。对我来说，那就像是形态不定的大雪崩，冲我扑面而来。为了能给他们一个系统的回应，我决定办这所"无赖电影学院"。而且我一直都有这个认识：能拍电影，那是一件极大的幸事；我这一生，理应将这方面所需的各种知识，一一传递下去。

总有电影学院邀请我上他们那儿去办我的"无赖电影学院"培训班，他们还主动提供场所和设施。但对我来说，与其将自己和某家现成的组织机构联系在一起，我宁可去莫哈韦沙漠里废弃的采石场或是爱尔兰的旷野中办学。在我的电影学院里，不存在什么校委会来审核每一位申请者。递交上来的每一份自述，都由我自己来看；报名时附上的每一部作品，也都由我筛选；所有的邀请函，都由我签发。培训班都由我一人操办，每一期具体何时办，时间并不确定——平均下来可能一年办一次。时长是整个周末，地点则相对偏僻，都是类似于盖特威克（Gatwick）、纽瓦克（Newark）或洛杉矶韩国城附近的宾馆会议室。相比起伦敦、曼哈顿和圣莫尼卡的市中心，这么做对于参加者来说，费用上不会构成什么障碍。而且选择这类地方，才不会人满为患。其实我需要的只是一个房间，一台放映机外加五十张凳子。我的电影学院随便在哪儿都能办得起来。

你教他们什么？

没什么特定内容。我不觉得自己是山顶正在宣读《十诫》的摩西，需要受人景仰。相比之下，我和他们的关系，更像是中世纪晚期那些木匠师傅或石匠师傅和学徒之间的关系。我能告诉他们的有用的东西，只是我那些作品的拍摄经过，此外，有的时候我可能也会推他们一把，帮助他们克服自身的问题。

你这里的"无赖"究竟是个什么意思？

"无赖电影学院"是一种挑衅。它关乎一种生活方式，你得拥有足够胆量，坚韧不拔地抓牢自己的梦想不放，抓住拍电影所需的那种兴致不放，为自己的梦想注入勇气。你需要了解的技术上的事，我这儿没法教你，想学那些，你得就近报名上个电影学院什么的。然后，我这里也不适合胆小怕事的人。我需要的是心里有团火正在燃烧的人。它吸引的是这样的人：你对于诗歌得有感觉，愿意学习怎么开锁，怎么伪造拍摄许可证，你还得会讲故事，能让四岁的小孩都听得目不转睛。有一年的班上，某位参加者说他以前在摔角这一行里干过，他给我们引用了当过摔角选手、做过明尼苏达州州长的杰西·文图拉（Jesse Ventura）说过的一句话。那句话很精彩，用来做"无赖电影学院"的校训再完美不过了："能赢就赢，当败即败，不管何时，都要使诈。"当制度无视你的存在时，当你的所作所为不被制度接纳时——其实绝大部分情况下，它都不会接纳你——那就只能靠自己，只能创建属于你自己的一套制度。肯定常会有孤立无援的时候，你必须有勇气坚持走自己的路。对于电影人来说，随机应变、因地制宜，那是最重要的一项特质。

始终采取主动。为了拍到自己需要的镜头，哪怕得在监狱里过一晚，那也不算什么事。你有多少条狗，全都放出去，说不定哪一条就能带着猎物回来。小心别用陈词滥调。遇到麻烦的事，绝不要过多纠缠。即便产生了绝望的想法，也只能藏在自己心里，而且得抓紧克服这种情绪。学会接受你犯下的错误。学点法律，合同要细看。拓展知识范围，音乐和文学，不管旧的还是新的，都得听得懂，看得明白。睁大双眼。谨记，你手里那卷还没用过的胶片，说不定就是世上最后一卷了，所以千万别浪费，一定要用它拍些令人侧目的东西。电影如果拍得半途而废，不管找什么借口都说不通。到哪儿都得带着切割钳。克服内心由来已久的怯懦。请求别人的谅解，而非他们的批准。自己的命运，要掌握在自己手里。别做对牛弹琴的无用功。学会阅读每一道风景的内在本质。点燃内心的火焰，探索未知的领域。笔直向前，别走弯路。在工作中边干边学。可以耍花招，可以欺骗，但绝不能言而无信。别害怕被人拒绝。建立个人风格。开弓没有回头箭，开拍电影也是一样。要能独立作业，也要会团队合作。珍惜你的时间。电影理论课不及格，那也是一种荣誉的象征。机遇是电影的生命线。游击战最管用。需要的话就去报仇。习惯跟在你背后的那头熊。让"无赖电影学院"的基层组织，在各处偷偷生长。

报仇？

有时候就是有那种讨厌鬼，横亘在你和你的作品之间，对这种人，必要的时候就得以有创意的方式做出回应。当然，不管是在要出版的书里，还是别的什么地方，我都不会鼓励任何人去触犯法律。但还是要承认，一定数量的犯罪能量，关键时刻还是能派上用场的。我选的武器是丁酸，那气味绝对让人受不了。把它喷在敌人的汽车里，他得有两年不会再想开那辆车。可以找一位大胆的化学系学生，管他要点丁酸。

导演还得学习怎么伪造文件？

拍《陆上行舟》时，不时有士兵拦住我们的去路，声称我们没得到许可。于是我去利马买了些质地优良的旧式空白公证书，以专业的伪造水平，小心翼翼地瞎编乱造了一通，制成一份满满四页的批文，用的是古色古香的西班牙语，盖上了一连串漂亮的水印和图章。靠着它，我走遍秘鲁全境，许多原本无法进入的地方，军事设施密布的区域，全都不再是禁区了。那份批文上头，有国务卿甚至是共和国总统兼三军最高统帅贝朗德的签名。为让它看着更加真实可信，我们还需要在上头盖个考究的大印章。结果我找了个很能唬人的德文印章，上头写着类似于这样的文字："想要复制本照片，请联系作者本人。"我知道只要进了丛林，那就没人能看破它究竟什么意思。这份批文虽是伪造而来，但它一没有伤害到任何人，二确实帮我解决了很多实际问题。拍摄时我们经常需要逆流而上，途经好多个军管区域。只要我拿出这份批文，那些长官看到总统本人的签字，全都立即挥手敬礼，让出路来。倘若没它的话，《陆上行舟》根本就拍不成。

所以请你随时做好准备。学一下怎么伪造文件。不管到哪儿，随身都带一枚银币或是奖章什么的。把它压在纸下，用力搓揉，那就是一枚"图章"。在那上头，再来个大胆的签名，一份官方文件就诞生了。拍电影时会遇到各种各样的阻碍，官僚主义是其中最糟糕的一种。面对这种威胁，你得想出应对之道。面对全世界都有的贪污腐败与官僚习气，你要想办法跟他们周旋，智取他们。官僚主义最吃哪一套？不就是各种文件嘛。那就索性让他们不停吃，吃个够，吃到他们彻底安静下来为止。用上些样子足够唬人的好纸头，再奇怪的伪造文书，都能让他们甘之如饴。

那开锁又怎么说呢？

这绝对是一项关键技能。菲利普·珀蒂[1]在《电影课》里露了

---

[1] 菲利普·珀蒂（Philippe Petit）：法国高空走钢丝艺人，因一九七四年在纽约世贸中心双子塔之间表演高空走钢丝而一举成名。

一手怎么开弹子锁、开手铐的本领，正如他所说的，这需要你动作灵敏，还得有耐心。不妨想象一下，你需要拍个街景，却被一辆卡车挡着了视线。我在威斯康星拍《史楚锡流浪记》时，就有一辆大卡车偏巧停在了我们机位前。我问司机能不能请他挪一挪，"没门！"他回答我，然后就自行跑去吃午饭了。于是我偷偷把车开出去几十米，过了一个小时，等我们拍完之后，再把它开回来，丝毫不差地停在了原来的位置上。说不定哪天你就逼不得已，要去撬开自己家里或是办公室的门锁，因为制片主任出差去了外地，钥匙全在他手里。

拍电影需要某种态度。时不时的需要你我行我素一些，偶尔还得无视法律的约束。菲利普·珀蒂是唯一在世贸中心双塔间走过钢丝的人，两楼间距六十米，行走的高度距离地面四百米不止。在维也纳的时候，我们谈到了他为做这件事，花了许多年来策划、筹备。光是运去双塔楼顶的设备，就有一吨重。为完成这项挑战，他也伪造了不少文件和身份证明，假扮过无家可归的流浪汉，或是正在报道世贸中心建设进度的法国新闻记者。他还谈到如何转移人们的注意力，避免被怀疑。必要的时候，还得知道怎么才能牵着管理部门的鼻子走。走钢丝之前，他得在楼顶安装相应设备，那就得想办法躲开保安。眼看他和同伙就要被逮，他猛地推搡起另一人，大声嚷嚷说："你这活儿干得真够呛！脑子有病吧？我跟你说了是星期二，不是星期三！"两人当场吵得不可开交，保安看到这一幕，也就什么都不敢说了。因为没人会去惹一个正怒火中烧的人。而且菲里普还说了，除了吵架之外，换成是大笑，也能起作用。要是你正笑得昏天黑地的，一般也没人会上来打扰你。

有一年的"无赖电影学院"里，某位参加者以前当过谈判专家，这种人拍电影肯定能成功。另一人则和我们说起他在葡萄牙拍的一部关于街头少年的电影。他跟这群小家伙一起，拍了几星期。结果，每个出镜的孩子以及他们的家长，都在授权书上签了字，只有一人例外。电影都剪完了，他花了几个月还是没能找到这孩子。电影公司和电视台都坚持不肯让步，非得有授权书才行。最终，他只好把那孩子的画面全给删了。对此我只能说，如果换成是我，我肯定自己拿起笔来，十秒钟都不需要，就能把这问题给解决了。授权书其实就是一种审查制度，只不过形式更加隐蔽一些而已。政府、电影公司和电视台，用它来规避风险，省得被保险公司找麻烦，或是被人告上法庭。在官僚主义的祭坛上，职业责任保险（Errors and Omissions）就是地位最高的大祭司。当然，话说回来，如果你伪造的签名会牵连到别的人触犯法律、身处险境，那就绝对不允许了。

　　拍《儿子，你都干了些什么？》时，那些闪回段落我原计划去巴基斯坦北部地区拍摄，但考虑再三，一部美国电影跑到那儿去出外景，还是太过危险。于是我们决定改去中国西部城市喀什，那里曾是古丝绸之路上的重要一站。我们去了牲口交易市场拍摄，那是一块占地面积极大的露天空间，成百上千人熙熙攘攘，感觉和一千年前的景象分毫不差。想要获得拍摄许可，可能性近乎为零，于是我和演员迈克尔·香农（Michael Shannon）扮成了游客的样子。那地方当时局势很不稳定，到处都是军队和警察；就在我们离开的几周之后，当地爆发骚乱，数百人罹难。当时，我俩在人群中特别显眼，身高一米九的迈克尔，胸口绑着一根木制摇臂，摇臂头上固定着一架小型摄影机，镜头正对着他的脸。我负责走他前头开道，还特意选了人流最密集的地方。那真是水泄不通，所有人都盯着我们的镜头看。走着走着，前面出现一排二十人的警察，我不确定他们会不会找上我们，于是索性先发制人，朝着他们走了过去。一般来说，遇到这种情况，如果前面只有一个警察，他肯定会上来拦住你；但如果是一群警察，反而会没什么行动，因为每个人都觉得别人会出手的。我有意不跟他们眼神接触，一边自顾自地用德语嘟囔着："你见过哈提吗？"就这样，我们由他们面前径直走了过去。如果是在机场的话，面对海关的人，我又会换种办法：目光瞄着远方某处凝视，大踏步地直走过去，仿佛看到了某位老友正在那边等着我。偶尔这样也能过关，不过成功概率并不高。

《阿基尔》拍到一半时出了件事，我们已拍好的所有东西，似乎在运去墨西哥洗印厂的过程中全都丢了。我们拍好的胶片，全都送去了利马，然后再由那儿转去墨西哥城完成洗印。当初我们只能靠电传机和对方联系，按他们的说法，根本就没收到胶片。很可能是彻底丢了，连挽回的机会都不存在。但这事只有我和弟弟卢奇两人知道，剧组和演员我们谁都没告诉，否则他们肯定会当场疯掉。我们没买保险，这种情况下继续再拍下去实在是荒唐，但又没别的选择，只能振作起来，别把手里的活儿停下。我估摸有可能是洗印厂没留心，错把那些胶片都毁了，但心里又有怀疑，是不是利马的货运公司出了问题。他们反复强调，所有东西已经都发到墨西哥去了。于是我让卢奇亲自去利马的货运公司办公室看一下，有必要的话，可以强行闯入。最终，他找到了利马机场，翻过一堵高墙后，发现所有胶片都被扔在了那里。那是不对外开放的海关区域，我们的胶片四处散落，在烈日下灼烤着。货运代理贿赂了好些机场工作人员，在文件上盖了图章，以"证明"我们的胶片确实已被发出。显然，那家货运公司觉得，与其真的把货发出去，这么做能省好多事。卢奇收起了所有胶片，亲自送去了墨西哥城。所以我要说的就是：该翻墙的时候就得翻墙。如果你觉得那难度太高，那就换铁丝网，只需要一把铁线钳，那很容易破解。但要小心那种带刀片的铁蒺藜网，那可不一样，得找张床垫盖在上头，然后再想办法跳过去。

你在"无赖电影学院"放哪些电影给他们看？

我说过要放电影吗？我跟"无赖"只说一件事：看书，除了看书还是看书。还是那句话，阅读的人，拥有世界；沉迷网络或是看太多电视的人，失去世界。不看书，你永远都成不了电影人。现代社会的人，大规模地放弃了阅读这件事，令人类文明伤得很深。我会给"无赖"一份强制性的书单，全都和电影无关，里头有维吉尔、海明威、《皇家抄本》和拉伯雷的《巨人传》。《巨人传》里有许多不良、疯狂的故事，写得精彩极了。我还向他们推荐《沃伦委员会报告》(*Warren Commission Report*)，那是针对肯尼迪遇刺事件的官方调查结果，讲了一个很特别的犯罪故事，有很强的叙事力量与令人信服的逻辑性，绝对会让你看得欲罢不能。另外还有本书，我也是直到最近才刚拜读：J.A. 贝克（J. A. Baker）的《游隼》(*The Peregrine*)。首次出版是一九六七年，当时游隼因为农药使用的关系，已在英国濒临灭绝。被毒死的不计其数，仅剩下很少的健康隼群尚能繁衍后代。作者的观察力，文字强度和精度都让人击节赞叹，而且非常有文采。由始至终，人类几乎就没怎么出现，笔墨全都用在了鹰隼本身之上，他怀着极大的兴奋，写它们如何气质不凡，如何善于捕猎。游隼由空中俯冲下来的文字描述，比比皆是，字里行间充满忘我之情。作者本人几乎也像是变成了鸟，那就像是某种宗教里的形体变化。他热烈的迷恋，发自肺腑的参与，他对于自然世界的热忱，以及他观察周围事物时的专注——通过各种微小细节,抓住了这么一个单一的简单事件的本质——都让我惊叹不已。对于电影人来说,也该有这样的态度才对,要善于发现并牢牢抓住事物本身的强度。

有些电影是我要求他们在来校之前就看掉的,包括《北非谍影》(*Casablanca*)、《碧血金沙》(*The Treasure of the Sierra Madre*)和《美国,美国》(*America, America*),它们都是好莱坞叙事的出色范例。我还向他们推荐彭蒂科沃(Pontecorvo)的《阿尔及尔之战》(*The Battle of Algiers*),我之所以欣赏它,是因为片中的表演;此外还有卡赞的《萨巴达传》(*Viva Zapata!*)。马龙·白兰度饰演的主人公,他的出场方式是如此强烈有力,综观整个影史,无出其右。在"无赖电影学院",我和他们谈到,故事的结尾与开头同样重要。你得考虑一下,观众在一片黑暗中盯着银幕看了两个小时,影片结束之后,要用哪种方式让他们回到充满阳光、噪音和车流的现实世界之中?要如何创造一些能在他们灵魂中萦绕多时,而非转瞬即逝的东西?想想《史楚锡流浪记》里跳舞的鸡,只要看过就不会忘,哪怕这电影里其他东西他们都不记得了,也不会忘了这个。

所以说,你和他们讨论的,许多都是跟电影本身没关系的话题。

我鼓励他们学习外语,包括拉丁语在内,因为这么做,能有机会了解我们的文化与西方世界的源头。我会给他们念冰岛的《诗体埃达》(*Poetic Edda*)里的《侏儒名单》(*The Catalogue of Dwarfs*)。《诗体埃达》是一本非比寻常的古诺尔斯语诗歌合集,于十四世纪时汇编成册,更早则能追溯到四世纪,可能是靠口耳相传延续了一千年。办这所学校,我不仅要让他们明白画面的意义，同样也得知道文字的重要性。出于并无具体目的的好奇心，我曾研究过名为佐恩引理的数学命题，迷上了那些少有人注意的、由数字构成的定律、悖论与结构；还花了不少工夫思考类似于黎曼假设那样的东西，这是数学领域最大的未解谜题，涉及素数的分布问题。我还和他们谈起过通晓多门外语的英国杰出建筑设计师迈克尔·文屈斯（Michael Ventris），二十世纪五十年代初期，他破译了写在几百块泥版残片上的线形文字 B，其历史可追溯至公元前一四五〇年。他大胆运用其在知识上的独创性、实验性和巧心揣测，确定线形文字 B 一定是古希腊文的某一种，这绝对是一项令人吃惊的成就。他创建了一系列复杂的逻辑表格——类似于战时用来破解敌方密码的那一种——为泥版上发现的八十七个符号，全都指定了不同的音值，明确了这是一种表音文字，而非表意文字。靠当时连三十岁都还没到的文屈斯的贡献，一整段文明与文化，重新向我们敞开了怀抱。不过很可惜，那些泥版上记录的内容，涉及的都是无聊的办公文书与账目记录，完全没出现诗歌、史料或是别的有意思的内容。其中包括有谁欠了谁多少钱的债务清单，也提到了羊毛、牲口、香料、香精和武器，还有奴隶的工作内容以及迈锡尼军队的组织方式，战车如何编队列阵什么的。但即便如此，文屈斯的贡献，仍不失为人类智慧的一项伟大成就。它恰恰属于我一直以来都特别喜欢从事的那类工作：在未知领域上下求索。所以我其实很想知道，当初如果让他去破译安洁玲[1]之谜的话，会有什么结果。三十年前，安洁玲的照片——脸不停地在整，胸不断地变大——贴遍了洛杉矶

---

[1] 安洁玲（Angelyne）：美国演员、模特。一九八四年因其形象突然出现在洛杉矶附近一系列的广告牌上而出名。

各处的广告牌。她究竟是何方神圣，大家所知甚少，因为她根本就没什么专业成就，既不是歌手也不是模特或电影明星什么的，她就是她，安洁玲。绝大多数情况下，要走红，要出名，首先你还是得真办成了一些事才行——不管是大肆屠杀的凶手，还是电视美食节目里的主厨、足球运动员或是政客——但安洁玲之所以出名，纯粹只是因为一夕之间，她的形象出现在了街头巷尾各个地方。对于"无赖电影学院"的参与者来说，估计没有谁会对迈克尔·文屈斯产生浓厚兴趣，会想要再深入了解的。但重点并不在此。我想说的就是，他知道如何阅读符号，而这正是每一位电影人都必须具备的能力。面对类似这样的世间奇妙物语，你得保持敞开的心态，否则绝对成不了电影人。

为他们挑选必读书单时，我只有一个标准：得是我自己也爱读的。最终，每个人都得创建一份他们自己心目中的必读书单，找出能让他们产生求知欲与好奇心，想要深入挖掘的对象——他们自己的线形文字B。地里的牛，我们和它的区别就在于，人生来就有一种欲望，想要弄懂身边的世界。我那么多兴趣里头，有好些并未直接跟我的电影作品发生过任何关系，但我并不觉得这是个问题。它们只是在我心底慢慢酝酿，终有一天会以某种方式，呈现在某个地方。

你之前说到过，你有种迅速与人打成一片的本领。

拍电影就是与人建立纽带，而且还得建得快，建得深。这方面我可以说句格言给你，这话听着还挺有《圣经》味道的：想当电影人，你得懂人心。

在菩提伽耶（Bodhgaya）拍《时间之轮》（*Wheel of Time*）时，我看见有个和尚独自一人坐着，在他周围放着四十万个蒲团。显然，不久之前，有四十万人像他一样，坐在那片区域之中。这画面实在太美，很好地反映出了"无"这一概念。几十万人都已离场，只剩下他仍在祈祷，那股认真的劲头，令我愕然。出于本能，我想尽可能别打扰他。于是我站在几十米外，先是与他对视了一眼，然后又低头看了看我们的摄影机；我用这种无声的方式，征询着他的意见。他点了点头，表示同意。他做动作的幅度非常之小，不细看几乎察觉不到。他身上散发出一片光芒，看见那样的景象，倘若当初他没答应我们拍摄，我是决计不会去打扰他的。结果，镜头并未影响到他的庄重，而他独坐蒲团、潜心礼佛的画面，也成了我毕生所捕捉到的最重要的电影画面之一。

拍《灰熊人》的时候，我找到了阿拉斯加州的首席验尸官弗兰克·法里科（Franc Fallico）医生，当初蒂莫西·特雷德韦尔和艾米·休格纳德（Amie Huguenard）的尸体，就是由他负责尸检的。我能看出，他是个有想法的人，于是便对他说："今天，在镜头前面，你不再是弗兰克·法里科大夫。我们现在并不是在出庭，我希望你可以忘记自己的专业身份。我想了解的，是你当初看到两人的遗骸时，是什么感觉？被发现时，特雷德韦尔只剩下十三千克遗骸，休格纳德只剩十千克，剩余的都在那只熊的胃里。这会儿，我希望你能作为一个普通的人类，来和我聊聊，而不是作为法医。"他看着我说："我懂你的意思。"然后就有了你在片中看到的那段出色、感人的演出。

筹拍《浩渺的蓝色远方》时，我最先着手去做的准备工作里，有一件就是和参加了一九八九年那次航天任务的那些宇航员碰头。地点是休斯顿约翰逊航天中心里一间空闲的大房间，他们肩并肩地坐成半圆，我则坐在他们对面的位置上。一上来我也不知道该说些什么，大伙儿一言不发，气氛非常尴尬。于是我情不自禁地看着迈克尔·麦卡利（Michael McCulley）说了起来："作为一个从小在巴伐利亚山区长大的人，我很早就学过怎么用双手给奶牛挤奶。而且，但凡有过这种经历的人，我一眼就能认出来。"说到这里，我看着他的眼睛，伸出手指，指着他说，"先生，你就是一个！"他一拍大腿，模仿起挤牛奶的动作，大声说道："没错！我从小就在田纳西的农场里长大！"坚冰就这么被打破了。我从十几米外，就能看出这人知不知道怎么给奶牛挤奶。

在南极洲拍《在世界尽头相遇》时，我去找过研究企鹅已有二十个年头的大卫·安利（David Ainley）。当时他已对和人类对话失去了兴趣，问他什么都寡言少语的。我故意非常仔细地做着摄影机和麦克风的准备工作，尽可能拖时间。这人相当慢热，我想在正式拍摄之前，与他建起某种融洽的关系来。我不希望我问他什么问题，得到的只是语焉不详的几声嘟哝，所以就提出了企鹅中间有没有同性恋的疑问。这下子他可打开了话匣子。他说他确实见过企鹅里的三角关系，那是涉及一只雌性企鹅和两只雄性企鹅的卖淫行为。然后我又问他，企鹅会不会发神经病。他回答说，企鹅拿头撞墙的事，他倒是从没见过，顶多有时候它们会失去方向感，跑去与大海背道而驰、相距甚远的地方。他以前可没被人问过像这样的问题。他能感觉得到，此刻坐在他对面的这个人，肯定不缺想象力。去找他之前，我并没看过什么专门讲企鹅的书，但关于这个话题，确实预先也做了一些不同寻常的思考。

几年之后拍摄《凝视深渊》（*Into the Abyss*）的时候，留给我采访理查德·洛佩斯（Richard Lopez）牧师的时间非常有限。他专门负责死刑犯这一块的工作，由开始执行到整个处决的过程中，他都会和犯人待在一起。还没开拍，他就先拍了拍自己的手表，"我四十分钟之后必须要去执行死刑的地方，今天有人要被处决。"

于是我用十秒钟做了自我介绍，然后摆好机器，正式开拍。他一张口，说的全都是类似于电视传道节目里那种虚伪、肤浅的东西，诸如仁慈与宽恕的上帝啊，人人皆可获得救赎啊，天堂大门向所有人敞开啊，上帝创世之美啊。然后他说起自己喜欢早上一个人去打高尔夫，他会关掉手机，潜心倾听大自然的声音。他谈起那些体验，清晨时分被露水打湿的青草啊，松鼠和小鹿瞎蹿啊，一匹马突然出现，大眼睛直盯着他看啊。我察觉到，这对话的发展方向，已出了问题，必须让他停止再说套话。于是我打断了他的话头，提出了一个换作其他地球人，肯定不会想到要问他的话题："请谈一下遇到松鼠的事。"我站在机器背后，用开心的口吻，情不自禁地问着。一瞬间，也就是二十秒的工夫，原本一直端着的他，整个人都崩溃了。他内心受到的震动极大，竟然抽泣起来，边哭边列举那些死刑犯所犯过的错误，做过的坏事。他说自己虽可以在高尔夫车压到小松鼠之前，及时刹车，却无法让法不容情的死刑程序中途停下。为什么会突然问到松鼠的事，其实我自己也不知道；我只知道，我必须在他身上找个缺口。遇到这种情况，导演只能先把专业上的全部东西，暂时放在一旁，转而去调动他内心每一丝的人性。

我作为电影人的工作，就是要去探究灵魂中各种最深邃的隐秘之处。碰到这种事的时候，就要感谢我曾有过的某些本质上的体验了，有了它们，我才能获得电影人应有的那种视野。这些体验包括，坐牢是怎么一回事？挨饿是什么感觉？带孩子呢？一个人被困在沙漠里呢？面对真正的危险呢？步行几千千米呢？拿起一把AK47呢？把一群年轻人逗开心呢？读到让人惊艳的诗歌时呢？作为电影人，我们所做的事，有许多都是无法解释的，但其中涉及的基础工作，都和摄影机以及因摄影机而造成的壁垒无关。

你倒是说说看,还有哪个电影学院会教这种东西?

你会给他们提供一些整体性的建议吗?

历次开班过程中,有些事我曾一次又一次地提及。

首先是拍摄现场的组织工作,很重要的一点在于,时时刻刻都得与剧组保持紧密联系。大多数时候,总会有那么十多个人,在拍摄现场四处晃荡,只管自己打电话,对拍摄的事浑不在意。所以我一直强调,所有非关重要的对话,全都远离摄影机和演员,有多远走多远。在我的拍片现场,方圆几十米内,不出现对讲机;周边近百米内,不许用手机。人就是这样,当他发现自己必须离开焦点区域,走出好远才能打个电话时,肯定也就想通了,其实大部分电话都可打可不打。这就像是做心脏手术的时候,即便是手术台的外围,也不会有人忙着打电话。所有人到了手术现场,都会全神贯注,要做其他事的话,肯定会先跑去一个较远的地方。我的拍片现场就是这样,每时每刻,每一个人,都要求做到绝对注意力集中和保持安静。因为一旦发生什么意料之外的事,你若想准确做出回应,前提就是,你必须对周围每个人正在做什么,全部了然于胸。摄影师做出下一步行动之前,得先听一下自己身边是什么状况;让自己的耳朵适应环境,其重要性绝不亚于能看得见周围正在发生的事。轨道车的运动,很多时候是在演员说了某句台词之后,才开始的。但我就见过相反的情况,轨道车的操作员没注意听演员说话,结果抢先起步了。想要由开拍第一天起,就营造出这种有着绝对职业精神的现场气氛,想让所有人都明确意识到,这就是你对现场的要求,我推荐一个办法:所有人都到齐之后,不管发生什么状况,九十分钟之内一定要开机拍摄。哪怕灯光师还在镜头里,也没关系,你只管开机,他很快就会意识到自己得离开了。你得始终保持这样一种态度:感觉就像是你总共就只有两天时间,四十八小时内必须拍完整部影片。你可以想一想罗杰·科曼[1],他拍一整部剧情长片,也没比两天多多少。

如果拍的是非虚构类纪实片,那要记住,千万别把拍好的素材拿去给出镜人看,因为他们很可能会觉得尴尬,为了自己在片中的形象,而跟你大吐苦水。有人提出要看这类素材时,我给他们的回复向来都很简单。我会告诉他们,这素材我很可能会整个都弃而不用,或者即使要用,也就保留个十分之一的内容。所以没必要现在就去看,否则只会让他们越看越糊涂,越看越失望。"所以你要做的就是,第一别再来打搅我,第二你要感谢上帝,你不用为该拿这些素材怎么办而伤脑筋。那是我的工作。"

每部电影生来就有它独一无二的内在节拍,你必须把它找出来,必须尊重它。这一点很重要,你得明白,这种内在节拍是绝对不可能在剪辑时,在事后才去确立的。你只能在拍摄过程中完成这项工作。剪辑的时候,你或许有可能去改变叙事的推进速度,但绝无可能再改变它的基本节奏。这根本就是必须在拍摄现场就地解决的问题,绝不要把责任推到别人身上,推给后期制作。因为如果非要等到做后期时才去面对这些问题,很多事情都为时已晚了,没法再得到圆满解决。举个最明显的例子:糟糕的表演,你当时不管,事后再怎么修补,也都无济于事。

很多时候,电影里有一个故事,电影之外,在每一位观众的头脑与心灵中,还存在着另一个独立的、平行的故事。换句话说,看电影的时候,观众会共同期待某些事情发生,会跑在电影前头,

---

[1] 罗杰·科曼(Roger Corman):美国电影导演和制片人,从一九五五年到一九七〇年,导演了五十多部电影,一九七〇年之后制片了多部电影,被称为"B级片之王"。

领先于银幕上发生的真实的叙事。看浪漫喜剧的时候，我们出于直觉，就会预先猜测起故事结局，期待有情人能克服各种障碍，终成眷属。对于类似这样的平行故事，你得留心；如果你没法理解它们，没法培养出对它们的感觉来，你就永远无法抓住电影叙事的精髓。那和音乐是一个道理，在和弦之外还有着我们听不见的弦外之音。听不见没关系，但你得懂得去听，否则永远都没法完全理解和弦。

最后一点。如果这次要拍的电影，我预先就知道肯定会有很大阻力的话，那我就会随身带好两本书：路德译本的《圣经》、李维（Livy）对第二次布匿战争的文字记录。《约伯记》能给我安慰，李维则能给我勇气。他那本书写的是迦太基与罗马之战，罗马险些因此覆灭。李维写到了我最喜欢的两位历史人物：汉尼拔（Hannibal）和费边·马克西姆斯（Fabius Maximus）。前者是敢于大胆谋划的非凡统帅，率领一支大军与训练有素的战象，翻越阿尔卑斯山脉。但后者其实同样也是个很有意思的人物，他拒绝与汉尼拔的军队作战，因此被视作犹豫不决的懦夫。可他之所以会那么做，究竟是因为什么呢？他是为了拯救罗马。他深知罗马才刚经历两次前所未有的沉重打击——坎尼会战之败、特拉西梅诺湖战役之败——此时再与汉尼拔在开阔地作战，很可能会为共和国带来灭顶之灾。于是他转而发动了一场消耗战，针对敌军阵中落在后头的掉队者发起进攻，打击了汉尼拔的补给线，诱使他落入了缺少给养的陷阱。书中有那么一段文字，写得非常出色：已在意大利作战多年的汉尼拔，得知弟弟哈斯德鲁巴（Hasdrubal）负责为他提供补给的舰队，在靠近西西里的海上遭遇重创，他心知后路已断，沉默了好长一段时间后，才抛出一句"我知道迦太基的命运"。面对当时的处境，他只给出这样一句回答。他很清楚败局已定，迦太基会被消灭，不可避免地消失在历史的黑洞深处。

虽说当年罗马的史书上，对马克西姆斯百般诋毁、讥讽，说他是懦夫，还给他起了拖延者（Cunctator）的外号，称他是因胆小而犹豫不决的统帅，但事实上，恰恰是马克西姆斯远见卓识的战术，令他跻身同时代最伟大领袖之列。是他击败了汉尼拔，拯救了罗马共和国；他和他那些前任不同——他们在一系列关键性战役中，输得一败涂地——他不靠无脑的匹夫之勇，他走的是另一条路。作为后人，我们因他而获益良多。倘若当初是汉尼拔胜出，那我们现如今肯定要生活在完全不同的另一种文化中；我们身边接触到的肯定都是迦太基文明和北非文明。马克西姆斯是我的偶像之一，他看准了自己的目标，就放手去做，全不在乎别人怎么想；他拒绝服从那些早已存在的传统。拍《陆上行舟》的时候，当我们的船深陷泥潭，不进反退之际，费边·马克西姆斯伸出手来，搭在了我肩头。

电影这份工作，常伴随着巨大的挫败感。我之所以这么说，并非要劝你放弃，而是事实本就如此。想要克服这种挫败感，办法之一就是严于律己。但这说的并非外在的纪律，更主要的还是某种心态。不管受到多大屈辱，遭遇多丢人的失败，都要继续坚持不懈。那就像是跳台滑雪一般，我们向着空气纵身一跃的时候，身子总会下意识地朝后缩。但跳台滑雪的运动员，他们冲出去的时候，人是往前倾的，脑袋冲着前面，面对一片虚空。因为不这样的话，他的身子就会向后打转。速降滑雪的运动员，他想要刹车的时候，或许还能想办法刹住；可跳台滑雪的人，一旦由斜坡开始启动，再也没什么能让他停下的了。拍电影也是一样。要学会克服恐惧，不管发生什么情况，都要牢牢抓住你的拍摄计划，一路向前，直至将它彻底完成。我也是经过了几十年的斗争，由那些关键性的时刻中，学到了这些经验，于是才有了现在的我。尤其是回过头来看看自己最初入行时的样子，就更让我意识到，现在的我，其实就是那一次次失败后的产物。被烫到了，我就学会了什么是热；被人看低了，我就知道了什么是食物链。相比去电影学院念书，对我来说，这就是一个不断去尝试、犯错的进程。而在最一开始的几年里，绝大多数时候我都是在犯错。

作家和电影人，都是注定要孤军奋战的人。通常都不会有人来帮你，所以你还是抓紧自己爬起来，继续上路吧。当你拍完一部电影或是写完一本书，当你把它拿到受众面前，你得准备好面对的或是肚子上被踢一脚，脸上被抽一巴掌，或是干脆就毫无反应，完全漠然。大部分时间里，除了你自个儿，没人会关心你在做些什么。电影人的生存方式，注定不同于列车员或是银行柜员。那是你自己做出的人生选择，所以你就得自己学会如何克服绝望与孤独的感觉。时刻保持专注，别聒噪，有职业精神。迎难而上，别逃避。什么时候都不能优柔寡断，一秒钟都不可以。把自个儿扎在地里，谁来都不让步。只拍那些打心底里让你觉得有股冲动要去拍的电影。停止上网，开始干活。

你近段时间拍电影，找资金还有没有困难？

找钱难，这本就是电影制作的天然构成元素。我由入行至今，这场艰苦卓绝的战斗，始终贯穿其中。外人会以为，如今我要找资金，难度已经小了很多，但问题在于，要想发行我制作的那类电影，那就得面对群众基础日益萎缩的事实。大气候使然，现如今想要找钱，有可能比以往任何时候都更难，如果是为了拍电影找钱，那就更是如此了，而且观众的人数似乎也不断地在减少。

但说到底，这些其实都不重要。五十年前，当我从那些自以为是的制片人的办公室里走出来时，当我建起自己的电影公司时，我就知道，要是继续把时间浪费在这种人身上，那么，哪怕是一格画面我都不可能拍成，永远都不可能。如果你想拍电影，那就去拍。我这辈子，明知钱还不够，就已经开始拍摄的例子，多得数不胜数。我走遍世界各地，到处都能碰到抱怨缺钱的人；这已经成了许多电影人身上根深蒂固的天性。但我想所有人应该都很清楚，何为金钱本色，答案其实一直都很明确：钱是个愚蠢的东西，钱很胆小，动作很慢，缺乏想象力。天上不会掉馅饼，你只能靠自己创造机遇，掌握机遇。而这也正是电影制作的本质所在，是这种日复一日的艰辛工作的一部分。如果你的东西真有料，最终肯定是钱来找你，它会像是路上的野狗，夹着尾巴乖乖地跟在你后头。德国有句谚语："魔鬼专挑最大的粪堆拉屎。"所以你得先拉起来，同时也得保持信念。每次拍电影，你都得做好要下地狱的准备，要跟魔鬼搏斗，从他手底下把电影给抢出来。要小心：三百六十五天，天天都会有人对你偷袭。但与此同时，也得学会务实，知道什么时候该放弃。不管不顾地追逐梦想是一回事，但遇上某些情况，梦想没法实现的时候，也得学会重新考量。拍电影就是这样，有时候你会钻进死胡同，为追逐镜花水月一般不切实际的东西，白白耗费了光阴。所以该放手时得放手。

多年以前，我决定要出版自己写的剧本和散文，我联系了一家很受人尊敬的德国出版社,结果却被拒绝了。我立刻便意识到，再花时间给其他出版社写信，询问同样的问题，那完全就没有意义。我索性自己办了个出版社：斯凯利格。出了《玻璃精灵》等几个剧本。每个品种，我自己印了几千本，每次受邀去电影院跟观众见面时，都会在汽车后备厢里装上几百册，放在票房（Box

Office）那儿卖。一本书的成本差不多是三块钱，售价是四元，所以结果我还小赚了一笔。倘若是由别家出版社来做这些书，放在店里来卖，成本至少要翻八倍。但我不需要打广告，也不依靠庞杂的分销系统，绕过了会导致书价昂贵的那些因素。其实，书本的印刷成本，一直都是所有费用中最小的一块。发现我这些书卖得很成功，慕尼黑的卡尔·汉泽尔出版社也马上有了兴趣，问我能不能交由他们继续出版。我同意了，但要求他们出的时候，封面必须与斯凯利格的那些版本保持一致：简单的设计，黑底橙字，下面摆张单色照片。另有一点就是，书里不放剧照。

你拍的那些电影，究竟有没有替你挣到钱？

我的工作方式和传统意义上的电影制作人不一样。从一开始，我就用长远的观点来看事情，不拘泥于日常的财务细节。一时的生存问题，从来都不是我考虑的事。当初在德国的时候，好多年里，我都以一种近乎与世隔绝的方式在工作，几乎没什么金钱的回报。《阿基尔》在影院公映的同一天，电视台也开始播映，结果两边的情况都很糟，连我都不禁要问自己："我该如何渡过此劫？怎么做，才能继续保持这种工作方式？"类似的疑问，至今我都没有完全放下，但另一方面，我对自己的作品，始终充满信心，相信终有一天它们会被人看到，被人喜欢。这么多年来，让我坚持下来的，就是这种不屈不挠的精神。罗马不是一天建成的。想当电影人，就得有这种心理准备，要面对许多年的艰辛工作。一门心思地埋头苦干，其实对你很有好处，大可以乐在其中。

曾经有许多年，我都过着勉强糊口的生活——有时候干脆就是半贫困状态——但自从第一天开始拍电影，我就觉得自己生活得很富足。这辈子一直都可以做自己真心喜欢做的事，再多的金钱都比不了这一点。曾几何时，朋友们相继大学毕业、进入企业、事业有成、买房买屋，都在社会中站稳了脚跟，我却一直都在拍电影，赚到了钱又全都再投到电影里。钱是没了，但获得的是作品。现在，我靠着四十年前拍过的电影，发行DVD、出售电视版权、办影展，这样就能赚到钱。我很早就意识到了，这一行的关键就在于，你得自己当制片人。由刚入行开始，我就从没想过要替别人当编剧、导演，自己只挣工资。我就在我那间小公寓里干活，主要就跟我弟弟和我老婆合作。钱的方面，我们东拼西凑，用的都是以往作品的收益、政府补贴以及新片预售款。钱筹到以后，也都用在最基本的必需品上：差旅费、胶片、洗印费、演员服装等。那一分一厘花出去，你都能在银幕上看得到。

一开始，我就是这么过来的，勉强糊口。像样的财产我也没几件，主要还都是干活要用到的工具：一架阿莱弗莱克斯摄影机、一辆汽车、一台打字机、一套剪辑平台，还有一台Nagra录音机。我在物质上的需求一直都很有限。只要能有片瓦遮身，能有书读，能不挨饿，那就很好了。我只有一双鞋，一件西装。一本书看完之后，我就传给其他朋友。我其实就是个山里来的人，对于外物没有太强的占有欲。同一辆车，我开了近二十年。到后来，车窗都得用手摇，每扇车门都得分别上锁。几年前，我把慕尼黑那间维尔纳·赫尔佐格电影公司的小办公室给关掉了。差不多也是在那时候，我弟弟卢奇开始系统地收集我以前作品的音轨、胶片、剧本和文案，最早可追溯到二十世纪六十年代的那些东西。然后我们把这些都送去了柏林的德国电影资料馆，打算建个非营利基金会，到时候就连那些作品，我也都不再自己占有。哪怕有一天我真破产了，也没什么东西能拿来抵债。真正让我感到富有的，是我不管走到哪里，几乎都能受到欢迎。只要有这些电影在，所到之处，我都能受到殷勤款待。这种待遇，光靠有钱是没法获得的。你昨天也看见了，那人跟我们素不相识，碰巧遇到我们在吃午饭，就执意要由他来埋单。"谢谢你拍的《沃伊采克》。"他说。想当初，我为获得真正的自由，付出的艰辛是你无法想象的；现如今，这些付出带给我的好处，却也是连大企业老板都不可能享有的。在我们这一行，几乎再没人能像我这般自由了。

一直以来，你是在为观众拍电影，还是更多地在为自己而拍？

就说《阿基尔》吧，虽说最终得到的结果，和我以往任何一部作品一样，同属我个人化的作品，但想当初我的出发点，确实是有心要拍一部商业片，面向广大观众。在我刚起步的那些年，艺术电影那个圈子，确实相当于是我的生命线，但我从不觉得我属于那个圈子。所以从一开始，《阿基尔》就是想为一般观众拍的。倘若开拍之前就有人能跟我保证，这片子肯定不缺观众，那说不定我压根就会换种方式来拍，拍得比现在更粗糙一些，类型片的取向更少一些。现在你看到的这部《阿基尔》，可能要比我之前那些作品更容易看懂一些。动作的段落，拍得不如《生命的标记》里那么微妙。另外，《阿基尔》就像是经典的西部片，好人坏人泾渭分明，方便观众选边站。想当初，这片子为我招来不少业内同行的批评，那种激烈的反对声，仿佛至今犹在耳边。过了四十年回头再看，当初他们竟然说我的《阿基尔》是背叛，是唯利是图，就像是出卖灵魂给了魔鬼，这说法真是够离奇的。我当时已经众叛亲离，"他已经只想着挣钱了。"他们说我。世上各种罪孽里头，数这一条最严重。

我从没想过故意要去拍意义模糊、情节复杂的电影。我拍过的每一部作品，都出自我内心最深处的兴趣与信念。但与此同时，从最小投入的电视台纪录片到找了好莱坞明星出演的《坏中尉》，这每一部作品，全都是为尽可能多的受众而拍摄的。观众究竟想看什么，我也没有太大的发言权，因为我和现代的潮流趋势、文化流行脱节得很厉害，但只要是电视台提出了要求，我总会尽量满足，为他们量身定制，以符合节目播出安排，那是整个过程中必不可少的一部分。有时候，例如拍《小迪特想要飞》的时候，片长必须控制在不多不少，四十四分三十秒。于是我决定同步再制作一个符合电影片长要求的八十多分钟的版本。大多数人当初看的都是那个删减过的版本。我也毫不介意地把电视台播的那一版，片名改成了《逃出老挝》(*Escape from Laos*)，因为那根本就是两部不同的作品。当初拍摄时，我就考虑到了这些，所以拍摄时也同步用了英语和德语两种语言。《木雕家斯泰纳的彻底忘我》原计划的片长是一小时，但电视台的人让我把它剪到四十四分十秒，不能多也不能少；那样才方便安排播出时间。于是我就按要求把它剪到了那个长度，但这么做，我完全不觉得自己是做了什么妥协。拍电影就是一门手艺，所以在我看来，身为手艺人，就是要制作能让别人看到的作品。我的作品拍出来，能被观众看到，这一点对我来说一直非常重要。我并不一定非得听见观众的反应，只要他们看了，有反应，那就可以。电影拍出来却没法公开发行，那就违背了它的初衷。我的那些电影，哪怕没有一上映便征服观众，之后也会慢慢走出上升势头。《阿基尔》上映四十年后，世界各地都有人仍想看到它，谈论它。我现在都会收到观众写来的电子邮件，他们才十七岁，谈的都是我在他们父母都还在包尿布时拍的那些电影。我一直都是主流，秘密的主流。

或许有人会说我是个远离了主流的怪咖，但比较一下就知道，这标签应该贴在除我之外的其他人身上才对。不妨想一下彼得·亚历山大（Peter Alexander），他当初是非常受欢迎的歌星、演员和电视明星。整整三十年里，他一直都是奥地利与德国范围内最走红的明星之一，一个如今让人想起来就觉得恶心的唱将、开心果，和莫里斯·舍瓦利耶（Maurice Chevalier）相类似。他就是那种经常公开谈论往昔好时光的人，明明不久之前德国人还带给世人那么多灾祸，他都一概彻底否认。所以，虽说五十年前他或许确实站在了文化的中心，受到大众追捧。五十年后再看，他的一切所作所为，显然已变得愚蠢可笑。虽说当初每周都有上百万人看他的演出，但如今回头再看，他不过是那种集体疯狂的大师，而且随着时代变化，他只会越来越被人们遗忘。我们现在看到的周围的一切，大多是转瞬即逝的主流，是大批量生产的民粹主义的商品化垃圾，原本就是吃完就拉掉的快餐。你再看看罗伯特·瓦尔泽，一个生活在世间边缘的局外人，人生最后几十年都住在疯人院里，但他文字中传递出的理念，一百年后仍有着惊人的力量与合理性。瓦尔泽有种天赋，能看透身边人内心深处的隐秘苦痛，他的思想会继续代代相传。还有像是卡夫卡那样的人——他在保险公司上了好多年班，有生之年作品并未获得太多人的赏识——也一直都处在各种事情的边缘。作品写出来如此不受欢迎，这令他非常不安，甚至自己跑去布拉格各家书店，反复买了不少自己的书。但现在我们都知道了，卡夫卡才是秘密的主流，恰恰处在他那个时代的中心。

好莱坞很强调故事结构。

类似"故事结构"和"人物性格发展"这类东西，我耳朵都已经听出老茧来了。我知道有些编剧严格遵守这一套，但对我来说这些都很遥远。每年我都能收到好几百个剧本，其中有好些的长度，正好是一百一十六页，大概就是因为某些自我膨胀的"导师"曾经说过，剧本就应该是一百一十六页，多出一行都不行。看了这些剧本你就会知道，他们深受某些食谱的影响。例如，剧本写到第三十页时，主人公必须已经"知晓自己的使命"，于是发生蜕变，获得全新的自我。这种写法完全就是受人误导，这样写出来的东西，根本就是无法勾起食欲的残羹冷炙，但就是有那么一大堆产业编剧，遵循着那些可悲的设定，制造着这类东西。我根本不会理会这类人，他们都还在尿床，每一个都是。

而我则是一个讲故事的人，我写起来速度飞快，根本无暇考虑文字结构什么的。那是一种相当强烈的迫切感，要把故事给说出来。在此过程中，它自身的结构必然会产生。相比之下，好莱坞的剧本，写的时候他们就想好了要在特定时间，摁下特定的按钮，那样拍电影机械又死板。好莱坞不缺扎实的制作系统和发行系统，不缺水平高超的技术人员与能工巧匠，但在那里，现在已很难再找到好故事了。因为他们做事情的方式，已经失去理智了，一个剧本要无休无止地反复改写，编剧换了一个又一个。换作是我，同一个剧本来来回回写了五遍，那根本就是无法想象的事。现如今，有太多的剧本，必须按照董事会的决策来进行创作。但我相信，胜利终究还是会属于那种真正的讲故事方式的，几千年来的历史也证明了这一点。因为那是属于我们共同存在的一部分，属于我们的梦想与噩梦的一部分，根本不可能随随便便就被人轻松打败了。在我看来，电影导演的角色，和马拉喀什繁忙、嘈杂的集市中，被兴奋的人群包围着的民间说书人有一比。他深知，不管到了什么时候，都必须牢牢抓住听众的注意力。等他终于说完之后，如果大伙儿满意，那他肯定也能手捧硬币离去。

第八章

遐想与想象

绿蚂蚁做梦的地方

非洲黑奴

高卢人眼中的法国人

沃达比：太阳的牧民

来自昏暗国度的回声

乌代布尔王公的古怪私人剧场

石头的呐喊

你直到现在还是没手机吗?

在我认识的所有能独立思考问题的人里面,也就我一个没有手机。我不希望随时随地都能被人找到。永不失联,那可不是我的想法;我从来都是一个时不时需要宁静地独处一下的人。有那么一首中国唐诗,诗人描述自己沿黄河坐船旅行,送行的和尚好友仍独自站在山上。他们知道,这一去,或许好些年再也无法相见,就此失去联系。几十年后,这人又回来了,那一刻的质感和隽永,很难用文字来描述。你拿这个和我们现在常见的情况做一下比较:某人在机场排队登机,一边用手机与爱人闲聊着,但后者这一刻其实就在机场停车库里。类似这种浅薄的接触,在我们生活里真是比比皆是。与其打电话,我宁可面对面地接触。我希望交流对象能离我很近,近到我足以将手放在他肩上。至于发短信,那是阅读缺席和我们生下的一个私生子。

随着电子与数码通信技术的爆发,人类可支配的新工具越多,孤独感只会越强,对于这一点,我坚信不疑。科技或许能让我们不再孤立,却改变不了我们已步入孤独时代的事实。当你在南达科他州,车子陷在雪堆里,最近的小镇都在八十千米之外时,只需一部手机,便能化解你孤立无援的难处,但它永远化解不了你的孤独。至于"社交网络",一直以来,料理台就是我的社交网络,我在那里为朋友做饭,他们的人数不会超过四五个。

但你平时会用互联网。

当然用。现在还有谁能置身其外的吗？不过我对这件事始终挺犹豫的。毕竟，它通向一片充斥着鲁莽、傲慢、自恋和自我吹嘘的巨型空间。很少有机会在那里看到谦逊，平庸倒是由四面八方袭来，求关注的人纷纷宣泄着自己最赤裸裸的想法。时至今日，像我这样仍视审慎为美德的人，似乎已是凤毛麟角；当然，在这类事情上我们也必须要小心，因为关于什么是美德，人的想法也一直在变化。今天还是美德，明天就有可能过时——例如贞操。现在的年轻人，再遇上事关荣辱的情况，肯定不会再用手枪决斗的方式来解决了。他们会改而打电话给律师。我记得有一次莱斯·布兰科新剃了个头，但他不怎么满意，于是我建议他，就像任何一个美国人都会做的那样，"给你律师打电话，跟他们打官司。"

一九八四年的某个清晨，你走出萨赫朗，那个你孩提时代生活过的小村庄，开始了一段沿着东西德边境线展开的徒步之旅。这算不算是一次带有政治色彩的行动？

并没有明确的政治目的。在当时，两德统一看着无望，整个国家四分五裂，缺少真正的中心，在它的核心位置上，看不到一个真正的首都，或者说一颗跳动的心脏。事实上的首都是柏林，但整个国家都隔成两半了，它也只是深陷其中的一片分裂的飞地。于是我们只能权且将外省小城波恩，当成中央政府所在地。那就像是让密歇根州的安娜堡（Ann Arbor）来当美国首府的感觉。柏林墙当时还竖在那儿，只要全世界的力量平衡一天不发生具有决定性的变化，这堵人造的高墙就会一直在那儿。那是"二战"留下的一道伤口，伤得很重而且经久不消。这伤口就那么留在了两片政治大陆互相遭遇的那个位置上。德国，明明是在自己的领土上，却已无家可归。但我一直相信，一个国家，除了文化和政治上的宿命之外，也有它地理上的宿命。对于许多被分裂的国家来说，重新统一势在必行，现在我们都等着在看，爱尔兰和朝鲜会有什么变化，这都是永远不可半途而废的求索。也有像是君特·格拉斯（Günter Grass）那样的著名人士，坚持认为两德永远都不该合并。他在书中写道："我们应该知道——正如我们的邻居也知道这一点——这个统一的国家曾带来过多少悲伤，它既带给别人又带给我们自己不幸的遭遇。浓缩在奥斯威辛画面中的种族灭绝罪行，不管从什么角度来看，都不可饶恕，它沉甸甸地压在这个统一国家的良心之上。"但我倒是长久以来一直都很看重统一这件事。我确信那是大势所趋，所以才对诸如维利·勃兰特（Willy Brandt）等政客的相关发言非常不满。作为德国总理，他竟在一则正式声明中宣布，统一之事已没什么可谈的了。在我成年后所知晓的那么些德国政客里，只有勃兰特一人曾让我有过好感，可他关于两德统一的那些公开发言，实在让我觉得太不像话了。就我所知，德国人民想要统一的决心一直都在，而且十分强烈。所以我始终都觉得，这事情非常有得谈。只是当初我没想到过，我还能活着——甚至是我的孩子能活着——看到这一天。

两德分裂对我来说并没什么个人影响，我没亲戚生活在铁幕那边。但对于那些有亲人生活在那边的人来说，这就是一场大灾难。大约是柏林墙建成十年之后，某天我去了民主德国一个火车站。按照民主德国政府之前的规定，西柏林人可以在某些日子穿越边境，去到那边。但是，午夜之前必须离开。那天在火车站，我面前至少有五千人，其中可能有四分之一是要回西柏林去，他们正和父母、兄弟姐妹道别。让人无法忘怀的情景不时上演，我目睹了一桩桩人间悲剧。他们不知道还有没有再见彼此的机会,那一刻,我看着这些人,感觉在自己和勃兰特之间有了一条巨大的裂缝。

我清楚地记得柏林墙拆除时各种的喜悦、欢庆之情。我本希望,突如其来的自由能让每一个民主德国人都从他们的洞穴里爬出来,向全世界展现他们的创造力。结果,也就是一周之后,几乎所有人都陷入了抱怨和自怜的情绪之中。"那些政客为我们做的还不够多。""他们为什么不多创造些就业机会?""为什么我们不能像联邦德国一样富有?"二十世纪九十年代初期,围绕是否该把政府重新搬去柏林,各方面吵得无休无止。他们声称,议员的办公室都还没准备好,怎么可以把议会搬去新的国会大厦里开会?这真是让我觉得太狭隘了。议员真要开会的话,即便是在一片空地上开,那都不是问题。

回到一九八二年的时候,我当时觉得德国真是个被神抛弃了的国家,我想知道,在重新统一的那一天到来之前,有谁能有这个能力,还能维系它的完整。我越来越觉得,同为德国人,彼此之间最牢固的联系,应该是文化、语言上的。如果说政客都早已放弃了这个民族,那剩下的就是诗人了。此时我已清晰地认识到,不能再纠结于政治问题本身了。于是某天清晨,我由家乡萨赫朗出发,沿着边境线一路向西步行。我特别留心,一路都要依顺时针方向走,因为那样的话,德国就一直在我右手边了。我当时的想法就是,这一路的步行轨迹,就像是一根腰带,能将整个国家捆绑在一起。不幸的是,走了将近一千六百千米之后,我病倒了,只能回头。我坐火车回了家里,因为踢球时的旧伤复发,足足住了一周的医院。我的这次旅行,谈不上有什么明确的民族主义元素。对我来说,直至今天,那都是一件未完成的事。只是,现在已经不存在什么必须要去完成它的需要了。后来我在慕尼黑室内剧院办过一次演讲,其间,我朗读了在那次旅途中写下的文字[1]。

对你来说,徒步旅行一直都很重要吗?

四处流徙本就应该是生活的一部分,结果却被我们摒弃了太久太久。人类本就不该坐在电脑前,不该靠坐飞机来旅行。那绝非自然的本意。对我来说,长距离的徒步行走,那从来就算不上什么极端行为,它有助于我回到均衡的状态中。人生之中,关系人之存在的重要事情,我都更愿意徒步去完成。假设你住在英国,女友住在西西里,你想跟她求婚,真正合适的做法,就该是步行去找她。类似这种场合,坐车去或者坐飞机去,都不够恰当。徒步完成这样一段旅程,这和观光旅游完全就是两码事。观光旅游的人,一般不会不带照相机反而带着望远镜、水壶、指南针和折叠小刀吧。事实上,各种在地文化的尊严与身份,现如今已被旅游这件事给彻底剥夺干净了。在这一点上,我自己编了一句警句,很有布鲁斯·查特文的味道:"旅游是种罪恶,徒步旅行则是种美德。"

徒步旅行这件事,与挑战自己的极限或是锻炼身体无关,与背着帐篷远足也无关。你所要做的,是经过一片风景,是开始一段发现的旅程,一路上不去寻求任何庇护。我的徒步旅行,都是漫无目的地走进一个缺少庇护的世界之中。对我来说,一直以来,这些都是活着必须要有的体验。我在德国徒步时,经常一连几小时甚至是一两天,都不会经过水井或是小溪。我会找间农舍,敲门问问主人,能否让我把水壶灌满。农夫会问我:"你打

1　参见下文《关于德国的思考》("Thinking about Germany")。——原书注

哪边来啊？""萨赫朗。"我回答道。"离这儿有多远啊？""大概一千三百千米。""那么远你是怎么过来的？"当我告诉他说，我是徒步走过来的，那一刻，他会立刻停止闲聊，出于本能地热情招待起我来，让我赶快进屋。很多情况下，听说你竟徒步走了那么远的路程，他们会情不自禁地打开话匣子，和你说起自己多年来绝口不提的事。某天晚上在一间山间小屋里，我遇到一位退休教师，他向我说起第二次世界大战打到尾声时发生在荷兰的一件事。加拿大军队的坦克正朝他那边靠近，上级命令他此时深入敌后，将对方一小队士兵扣作俘虏。他说，到最后，他必须要拿枪口对着自己的上级长官，才能侥幸挽救那些战俘，没让他们被就地处决。然后，他又带着这些荷兰战俘去进攻正在靠近的敌军，最终却被加拿大坦克部队拦截下来，自己也成了俘虏。

　　徒步行走时，你身上势必会注入某种热情。虽说我晚上睡觉时从不做梦，但白天行走时会想象各种兴奋的远行，会深深地陷入遐想之中。我整个人会被各种诗歌韵文牢牢抓住，想要不去想，都做不到。在德国徒步行走时，我脑海中不断想起关于巴伐利亚高山的一句话："瓦茨曼山在奔跑，瓦茨曼山在奔跑，我的天，我的木头腿在燃烧。"双脚虽在行走，我的思绪却在各种幻想间沉浮，整个人陷入一则则匪夷所思的故事之中。我穿梭于一整篇一整篇的小说、一整部一整部的电影，还有一场又一场精彩至极的足球比赛之中，比赛对阵双方全都是足坛名宿，做出的都是你想象出来的最精彩的动作，进的都是你能想到的最精彩的进球。一个故事终了，或是当终场哨声响起时，我发现自己距离刚开始时的位置，已是十几千米开外。我究竟是怎么到了那儿的，我自己都不知道。对于徒步旅行的人来说，世间万物主动地就会在你面前铺开。

洛特·艾斯纳生病那阵子，你以特有的方式来阻止她的死亡。

回到一九七四年的时候，我们这些德国电影人，仍只是一个很脆弱的群体。某天朋友由巴黎来电，说洛特遇上一次严重中风，劝我赶紧搭下一班飞机，抓紧赶过去。我立即研究了一下哪班航班的时间最接近，但很快便意识到，这并非应对此事的正确方式。我无法接受她有可能会死去的事实，决定步行从慕尼黑去巴黎，也不顾及当时正值初冬的寒意袭来。我的这次朝圣之旅，就是为反抗她的死亡而迈出的一百万步。

我在帆布包里塞了几件替换衣服，还有一张地图，这就动身上路了。从慕尼黑到巴黎，一路上我尽可能地走直线，晚上就睡在桥底、农场和无主的破屋里。其间，我只绕道去了一个地方：特鲁瓦。那儿的大教堂让我惊叹不已。我沿着毕希纳在《棱茨》里写过的相同路径，在孚日山脉里走了大约三十千米，翻山越岭。我并不是个迷信的人，但当时确实相信，如果我能步行去巴黎见她，她就一定不会死。天主教关于这事有个很棒的词：Heilsgewissheit，救赎确定性。这一路上，我心里充满了朝圣者一般的信仰，坚信等我四周后到达巴黎时，洛特一定会安然无恙。到达巴黎后，我为躲雨，先去了附近一位朋友的办公室。我坐在那里，衣服上冒着水汽，整个人筋疲力尽。之前那八十千米，我一口气走了下来，中途没做任何停留。我把指南针送给了这位朋友，这会儿我已经不再需要它了。然后我就走去了洛特家。她感到非常意外，但也十分开心。多年之后，已卧病在床，几近全盲，没法再看书看电影的洛特，写信给我，问我能不能去探望她。我又去了巴黎她家，她告诉我："维尔纳，你当初施的那个咒，不让我死的咒语，法力还未全消。可我现在连走路都是奢望，我已经活够了。现在对我来说，应该是时候了。"于是我开玩笑地说：

"洛特，我宣布，就此解除那个咒语。"两周之后，她去世了。在她看来，这来得正是时候。

徒步旅行其实无关你走过了多少实际的距离，你所经历的，更像是一片片自己内心的风景。那次步行去见洛特，途中我一直在记日记，那是关于一段徒步旅程的故事，它就像是一部公路电影，但它从不在实际的风景处逗留。如何处理这些日记，一开始我有过犹豫，最终还是决定将它出版成册，仅仅只是删了一些最私人的内容。《冰雪纪行》是一部用我双脚多过用我脑袋完成的文学作品，它在我心里的地位，远胜于我任何一部电影作品。

你和英国小说家、游记作家布鲁斯·查特文是朋友。

布鲁斯和我都深知，徒步旅行是生而为人必不可少的一部分，所以我们一见如故。我俩有个共识：人类的各种问题，始于我们祖先决定放弃流动生活，开始修建永久住所，最终习惯于久坐不动的那一刻。

我与他初识是在一九八四年，当时我在墨尔本拍《绿蚂蚁做梦的地方》，从报上读到他正巧也在澳大利亚。我立即打电话联系他的出版社，想知道怎么才能找到他。对方告诉我，只知道他在澳洲中部某片沙漠里。两天后，出版社又打来电话，让我记下一个阿德莱德的电话号码。"如果你能在二十分钟内打过去的话，就能在他去机场之前联系上了。"我打了过去。"你就是拍电影的那个！"布鲁斯在电话里说。我问他接下来有什么打算，他说马上要飞悉尼，然后再去伦敦。但我们简短地交谈了一会儿，他就改了主意，决定也要来墨尔本。我问他见面时怎么相认，他回答说："你看有谁拿着皮制的大背包，那就是我。"看得出，他看过我的部分作品，还读过《冰雪纪行》。事后他告诉我，他很喜欢这本书，在他总是随身带着的少数几本书里，就有《冰雪纪行》。我们在墨尔本共处了两天，聊个没完。我每跟他讲一个故事，他能还我三个。那两天里，我们都只睡了没几个小时，醒过来就接着聊。

多年之后，病中的布鲁斯让我去找他，把关于沃达比部族（Wodaabe）的电影放给他看。去之前我根本就不知道他已病入膏肓，他当时已精力不济，一次只能勉强看上个十分钟，但即便如此，布鲁斯仍坚持要把电影看完。起初他头脑还算清醒，到后来还是说起了胡话。"我必须要再次上路。"他说。我回答他："没错，那才是你该去的地方。"他想让我陪他一起去，于是我告诉他，等他身体恢复了，我们就出发。"我的大背包很重。"他说。我告诉他："布鲁斯，我会替你背的。"他浑身骨头都痛，躺在床上连挪动一下身子，都要叫我帮忙。他管自己的两条腿叫"男孩们"。有次他问我："你能把左边的男孩移到另一边去吗？"说这话时，他低头看着自己的两条腿，它们完全失去了力量，几乎就像是两根细纺锤。此时，他神志非常清晰地看着我说："我再也没办法走路了。现在我就只剩这一件事要忙的了：死。"他以前一直用一只从塞伦塞斯特[1]的马具店买来的皮制大背包。他背着这只包走过了八千多千米的路，最后把它送给了我。"以后就要由你来背它了。"一直以来，它的意义远不止于放东西那么简单。要是哪天我家着火了，我第一个要救的是我孩子，至于财物方面，我最先想到要从窗口扔出去的，肯定是这只背包。

你是怎么想到要拍讲土著故事的《绿蚂蚁做梦的地方》的？

我第一次去澳大利亚是在一九七三年，受佩斯电影节邀请。

1　塞伦塞斯特（Cirencester）：英格兰格洛斯特郡的城镇。

我在那儿看了迈克尔·艾多斯（Michael Edols）的电影《梦创时代》（*Lalai Dreamtime*），山姆·武拉古嘉（Sam Woolagoodja）演一个像圣人一样蒙受神宠的老年澳大利亚土著。这些个人与集体，为了捍卫自身与部落所代表的古老传统不被毁灭而努力抗争，他们所展现出的尊严与热情，让我产生了很大兴趣。我当即决定，要和山姆合作一部电影，可惜想法还未来得及实现，他就先去世了。但是，要在澳大利亚拍一部电影，把那些我见过的土著都放进去的打算，我一直都没放弃。

我以前在报上看过几篇报道，说的是瑞士铝土矿公司纳巴尔克（Nabalco）在澳大利亚西北部作业时，毁坏了好几个土著部落的圣地，他们都是自古以来便住在那里的原住民[1]。这是澳大利亚土著第一次把矿业公司告上法庭，之所以会败诉，是因为他们没法提供证据证明，那些土地在一七八八年之前就归他们所有。最终宣判时，连法官都承认，那些土著确实已在那片土地上居住了好几千年，并为自己出于盎格鲁撒克逊普通法的规定，不得不做出有利于矿业公司的判决，表达了由衷的遗憾。这次官司虽然输了，但对澳大利亚土著来说，事后却因此迎来了政治上的胜利。大众因此开始关注这些土著的遭遇，这次审判触及了有关身份与历史的一些基本问题，提醒民众思考澳大利亚白人究竟应该如何对待当地土著的传统文化。之后又出现了几桩相类似的官司，结果大多由土著一方获胜。我由此获得灵感，写了这个澳大利亚土著捍卫圣地——即绿蚂蚁做梦的地方——对抗矿业公司推土机的故事。片中的法庭戏，全都基于真实的庭审记录而来。

---

[1] 一九七一年的原住民诉纳巴尔克公司一案，是澳大利亚历史上关于土地权和原住民地权的第一桩诉讼案，结果北领地高等法院裁定土著败诉，但这一判决在一九九二年时被澳大利亚高等法院推翻。——原书注

与当地土著的合作过程，总体来说相当愉快，不过针对影片，他们也提出了某些反对意见。他们部落里有个已去世的成员，名字碰巧和我剧本里的一个角色相同。按照他们的传统，一旦部落里有人死去，他的名字至少有十年不能被人大声提起，只能用"死了的那个人"来代替。于是，我只能对剧本做了些小改动。另一处争议，涉及的是法庭戏里用到的一些圣物。当初北领地高院开庭审判，土著带去了一些已在地下深埋了二百多年的物件。他们要求屏退庭上各色人等，因为圣物只能拿给法官一人过目。那都是些木刻的工艺品，完全超出了这位盎格鲁撒克逊人法官的知识范围，但在那些土著看来，这却是关于他们与这片土地之间特殊关系的不容辩驳的证据。他们希望我在拍摄法庭戏时，千万不要让这些物件有任何呈现。哪怕我说我只用复制品，也照样被他们严词拒绝了。结果呈现在影片之中，反倒有了更大的深度，因为无法眼见为实的观众，只能任由自己的想象力去发挥作用。

片中拍到的那些土著，其实住得离我们的拍摄地很远，在一个叫作伊尔卡拉（Yirrkala）的地方，靠近澳大利亚北部的卡奔塔利亚湾。影片拍摄时，全澳各地土著人的群体里，其社会结构大多早已分崩离析，不少土著还染上了严重的酒瘾。这些人周五一早才拿到社保金，还没到下午，已经都花在了酒铺里。到了晚上，他们一个个全都醉倒在路边，根本没力气自己回去。全世界范围内，但凡是有着类似遭遇的土著部落，都会发生这样的事。猛一下子就要面对另一种文明，而且对方严格说来要比自己领先数千年，许多人根本无法适应，例如阿拉斯加的因纽特人和卡拉哈里沙漠的布希曼人，他们所遇到的，都是一模一样的问题：酗酒、社会关系崩裂、犯罪问题滋生。但话说回来，伊尔卡拉的那些土著，整体上受到的外界影响还不算很大，他们以自己的传统做法来处理现代世界的各种问题。他们中有些头脑清醒、为人体面的长者，能在一定程度上对年轻一辈有所节制。我花了不少时间与这些长者对话，向他们解释我要拍个什么样的故事。

到我们拍《绿蚂蚁做梦的地方》的时候，全澳大利亚已不存在哪个土著部落不曾在过去半世纪中与白人文明有过亲密接触的了。他们都是些好奇心很强的人，会主动去寻找现代世界；他们自身的文化或许看着原始，其实却是高度复杂。时至今日，对他们来说，这世上几乎已没什么新鲜事了。要说我们拍电影是在入侵他们的社会，恐怕言过其实了。

什么是绿蚂蚁？

我很尊重澳大利亚土著为捍卫自身理想而做出的努力，但我对于他们的理解毕竟有限，所以我想到要自创一个神话故事出来，那虽是我想象出来的图腾动物，但这种传奇很贴近他们的思维方式和生活方式。我编造出了绿蚂蚁的故事；我从没想过要当人类学家，从没想过要严格依循事实来拍电影。

片中有个角色，他住在山顶上，因为他相信，全澳大利亚就数这片地方，地球磁场扭曲得最为异常。他认为，所有生物里，只有绿蚂蚁的感觉器官，能主动感应磁场变化，就像是指南针那样。暴风雨接近时，它们会排成一列，全都面向北方，所以才会说它们梦见了世界的种种起源。一天的时间都用不着，它们就能建起近两米高、硬如磐石的蚁巢，里头藏着错综复杂的大型通道洞穴系统。每年到了一定时候，它们会长出翅膀，成群结队地向东飞去，越过重重山岭。事实上，确实有一种蚂蚁长着绿色的尾部，我们搞来了四十万只这样的蚂蚁，想用它们来拍一场戏。我的想法是让它们全都朝着同一方向，就像是士兵列队那样，仿佛真有那么一片磁场存在。结果这些蚂蚁怎么都没法满足我的要求。其中最接近成功的一次，我们把蚂蚁关在一间储藏室里，室内温度调低到接近冰点。它们被冻得动也不动了，但我们才刚把灯光打开，蚂蚁又都活跃了起来，四处乱走乱咬的。才十五秒的工夫，整个储藏室里就爬得到处都是蚂蚁了。我也别无他法，温度已经没法再往下调了，再低半度，它们全都会被冻死，于是我只能中止了这次拍摄。哪怕有读者看完我们这本书后，说自己什么收获都没有，只是了解蚂蚁是没法被驯服的这个事实，我应该也会很满意。

我的理解就是，澳大利亚土著的梦创时代（Dreamtime）故事和神话——在殖民者出现之前，这些对于当时的澳大利亚土著来说，具有特别重要的意义——解释了这个星球上的万物起源。但《绿蚂蚁做梦的地方》拍的并不是他们的"梦创"（dreaming）。我要恭恭敬敬地说一句，那是我自己的梦创，只不过，那与他们的某些神话，其实也来得相当接近了。同样道理，他们的主张，我也绝不可能让那变成我自己的主张。他们部落里就有人曾和我说过："我们其实也不理解你，但看得出来，你有你自己的梦创。"澳大利亚土著身上有些美丽的事物，我相信是不管到了什么时候，我们都没法真正理解的。例如他们用一个由不同的梦组成的网络——他们称之为"歌线"（songline）——来覆盖整个澳大利亚的做法。澳大利亚土著边走边唱，不同的歌词与节奏，代表了不同的风景，他们能通过歌曲来辨认周围这些山脉与岩石。布鲁斯·查特文在他关于澳大利亚的书里写到过，某次他和一些澳大利亚土著同坐一辆汽车。因为坐在车上，移动的速度变快了，于是他们唱歌也像是在高速快进——就像是用十倍的速度在放磁带。对他们来说，歌的节奏必须要跟上风景的移动速度。澳大利亚土著视自己为土地的一部分，于是，当我们摧毁这个星球时，也一并毁了他们。山姆·武拉古嘉跟我说过，"我们不拥有大地，是大地拥有我们。我们只是代表自己的弟兄临时看管这里。你在大地身上动刀子，也会割到我。"在《绿蚂蚁做梦的地方》里，土著坐在正在地里作业的推土机前，但那并非传统意义上的静坐示威，因为他们确实就是那些正被移走的岩石的一部分。法庭戏里，一位部落长者质问法官："如果被推土机和风钻砸掉的，是罗马的圣彼得大教堂或者伦敦的圣保罗大教堂，换成是你，会怎么做？"

谈及这些话题，我必须加倍小心，因为我确实不是什么专家。我非常受不了那些人，那些传教士、人类学家和政客，声称自己能理解澳洲土著的社会和文化。那些都是在石器时代就逐步形成的，直到最近的两三代人之前，他们的生活方式一直深受其历史影响。横亘在我们与他们之间的，是整整两千年的历史。哪怕我们现在已经和他们共处了五十年，学会了他们的语言，但是对于他们的理解，也只能是皮毛而已。双方背景各不相同，我们只可能局限于自身的思维与文化，而他们也是一样。总有些人，不过是利用周末去澳大利亚内陆旅游了几天，回来后就大呼小叫地说它如何如何神奇，号称自己也能与原住民同呼吸共命运了。我却相信，不存在任何外来者——包括澳大利亚白人在内——有可能会真正理解这些事情。

看来你自己对《绿蚂蚁做梦的地方》的态度也有些矛盾。

倒也没那么糟糕，只不过它里头有种气氛，换作现在的话，我是会反对的。在我看来，这故事说的是捍卫澳大利亚土著的精神、传统和神话，虽说确实反映了我对现代社会的种种想法与不安感受，但整体上还是拍得有些太自以为是了。不过，它对于我个人来说，不管到什么时候，都会是一部很重要的作品。因为从某种意义上来说，这是献给我母亲的一首安魂曲。就在我们开拍之前，她去世了，我把这部电影献给了她。当初写剧本的时候，她还在世，但打从一开始，这故事就有种安魂曲的味道在里面。我至今仍很欣赏那架飞机——在一位高唱着"我的宝贝摸来摸去"的机师的驾驶下——有可能坠毁了也有可能没坠毁的处理方式。虽然有报告说找到了那架飞机的断翼，但说不定那些土著真的飞越了巅峰，逃到了他们的桃花源里。还有片头和片尾出现的那些镜头，我至今也还挺喜欢的。那些与故事本身并无直接关联的模糊、古怪的画面，代表着类似于世界毁灭的意味。约格·施密特-赖特怀恩在堪萨斯、俄克拉荷马和得克萨斯的气象实验室待了好几周，找到了一些专门研究风暴、追逐龙卷风的科学家。因为在我的想象中，地球的毁灭就该是以这种方式实现的：一场龙卷风扫尽一切，全都吸入云中。多年之后我亲眼见证了强热带气旋"翠西"造成的破坏，它席卷了澳大利亚西北部的达尔文市，风过之后，我在一座水塔的塔身上看到一片巨大的长方形伤痕。一只大冰箱被吹到了半空中，飞了几千米，砸在离地三十多米高的水塔上。

《非洲黑奴》根据查特文的小说《威达的总督》（*The Viceroy of Ouidah*）改编，你和金斯基再度携手。

那次拍摄堪称我最糟糕的经历之一，拍完我就知道，我肯定再也不会跟金斯基合作了。我记得当时问过我自己："天知道有谁能来帮帮我，替我把它给拍完？实在是忍无可忍了。"跟金斯基合作《非洲黑奴》的过程，就像是要追踪一头野兽。如果想用镜头捕捉它，就得一连几天都藏匿在灌木丛里。野兽会忽然出现，找片水洼喝上几口，可你才刚开动摄影机，它又重新消失在夜色中。金斯基动不动就大发雷霆，心情好的时候少之又少。根本不可能找他彩排或是预演走位，我们所能做的就是尽可能快地开机抓拍。

此外，金斯基在影片中的存在，有时候让人觉得就像是弥漫其间的某种异质恶臭，《非洲黑奴》总体上也受到了这种影响。在某些场景中，出现了一种金斯基强加于影片的风格化，依稀会让人想起那种糟糕的通心粉西部片来。拍摄期间，为了让他别胡来，我真没少头痛。就在那不久之前，他才刚娶了某位意大利选美皇后，于是只要是能找到电话的地方，他都会煲上几小时的电话粥。打从开拍第一天起，我就努力想要控制他的疯狂、怒气、有如恶魔一般的激烈情绪。他就像是一匹血统不纯的赛马，跑上个一千六百米，便倒地不起了，于是接下来的八千米，只能由我背着它跑。当时，他全身心地投入在另一个项目中，那是他自己之前就写好的一个剧本，写得混乱不堪，事后也成了他这辈子所执导过的唯一电影。那是一部帕格尼尼传记片，由他自己主演。想当初他反复恳求我，希望我肯执导，但始终被我拒绝。因为我很清楚，这工作只能由他自己来做。我恳请诸位去看一下他演的帕格尼尼，不为别的，只因为多年以来，他一直宣称我是个愚蠢的草包，我们一起拍过的那些电影，其实都是他在执导。看过之后你就会知道，像那么糟糕的电影，真是百年一遇。你自己看了就知道了。

拍《非洲黑奴》的时候，我每天都在思考一个问题：这片子我们究竟还能不能拍完？由一开始，金斯基就特别针对摄影师托马斯·毛赫，把他吓得不轻，以至于开拍才第一周，我就无奈地将毛赫给换走了。毛赫原本还想留下，可惜他实在是不走运，一上来就撞在了金斯基枪口上。我选了捷克人维克托·鲁契卡（Viktor Ruzicka）来接替毛赫，因为我听说这人体格非常强壮，力气不输农夫，而且特别有耐心。要是换了别人，可能干不了两小时就要辞职。不过事实上，毛赫的离去并没能真正改变什么，反倒是被迫做出这样一个决定，成了我心里永远无法抹去的一丝苦涩。背弃我对他的忠诚友情，那是我今生所做过的最艰难的决定之一。

在非洲拍电影感觉如何？

气温有时候会高到连走到户外都不可能。寻找能正常接通的电话，成了一件苦差事，剧组的车辆也没有汽油可用，整个剧组的食宿、交通都成问题。我们在加纳北部靠近塔马里（Tamale）的地方，雇了二百人连轴干，花了十星期，建起一座泥制的宫殿，外加几千个石膏做的头骨。刚开始的时候，我们找遍全加纳都没发现有任何石膏可用。邻国科特迪瓦的总统费利克斯·乌弗埃-博瓦尼（Félix Houphouët-Boigny）是个有野心的人，他想造出全世界最大的教堂来，而且后来还真在他家乡亚穆苏克鲁实现了理想。我想到他们工地上肯定不缺石膏，于是花钱买通了一些建筑工人，运了几货车的石膏，穿越国境，回到我们的拍摄现场，用来做头骨。杀青之后大概过了才一星期，那座宫殿就在狂风暴雨的打击下，轰然倒塌了。拍摄用到的所有服装和道具，都必须在很短时间内赶制出来。但是，在非洲你不管做什么事，花的时间本来就要比别处更多。于是，让我们头痛的事也就源源不绝地一件接着一件来了。那根本就不是钱的问题，哪怕我有两千五百万美元的预算，各种麻烦也不会少一星半点。它逼着你背离平时习惯的做事方式，尽全力地去理解非洲大陆的特有节奏。碰上这种情况，如果你是个作风严谨的普鲁士军人，只需几天时间就能让你崩溃。就是在这样的情况下，我们还得应付金斯基。怒气冲冲的他，可以仅仅为了自己的纽扣有些松了，就让整个拍摄都停顿下来。

我们花了几周时间培训近千名亚马孙女战士。她们被集中在首都阿克拉一座足球场里。负责训练她们使用刀剑盾牌的，是曾在塞尔吉奥·莱昂内电影里干过的意大利动作指导贝尼托·斯蒂法内利（Benito Stefanelli）。那真是一群性格强烈、能言善辩、骄傲自强的女性，气势非常吓人。发薪的那天，她们被要求排成一列，站在城堡的内院里。入口的地方，我们只开了一扇小门，想让她们一个接一个走出来领钱。结果，这八百人同时发力，由内向外撼动大门，排在最前列的差点被当场挤死，好些个已经昏厥了过去。我也险些被人潮冲走，好不容易才躲过。我赶紧拉来附近一个警察，朝天鸣枪三声，这才让人群平静下来，避免了有可能发生的悲剧。

你第一次读那本小说是在什么时候？

差不多是在拍《陆上行舟》那阵子，我读了他的《巴塔哥尼亚高原上》（*In Patagonia*）。那就是一个关于长途步行的故事，给我留下了很深的印象，促使我马上又找来《在黑山上》（*On the Black Hill*）和《威达的总督》，也都读了一遍。后者说的是，十九世纪有位名叫弗朗西斯科·马诺埃尔·达·席尔瓦（Francisco Manoel da Silva）的土匪，他采金矿时的工资被人骗走，之后又从发了旱灾的巴西，跑到了非洲的达荷美王国，当上了总督、奴隶贩子。书中各色人等，全都写得神采奕奕。故事围绕奴隶贸易展开，显示出作者对于非洲大陆的深情厚谊。于是我马上想到，这书如果能拍成电影，那一定会很棒。我非常崇拜约瑟夫·康拉德（Joseph Conrad）——尤其是《"水仙号"的黑水手》（*The Nigger of the "Narcissus"*）、《台风》（*Typhoon*）和《黑暗之心》（*Heart of Darkness*）；而布鲁斯在我心目中，感觉和康拉德差不多是一个级别的。他作品中有一种你很少能在文学作品里看到的味道。我向他表示，我对翻拍《威达的总督》很有兴趣，但又补充说明，才刚拍完《陆上行舟》，不可能马上就又进行这么一个大项目。我得休养生息一阵子，先拍一下类似于《绿蚂蚁做梦的地方》这样的作品，搞几出歌剧，几部小规模的电影作品。我让布鲁斯替我留心，万一哪天有人提出想要买这本书的电影拍摄版权，千万记得先告诉我。过了几年，他联系我说，大卫·鲍伊（David Bowie）的经纪人表示有兴趣。显然，他是想要自己来当主演，而非亲自来执导这部影片。所以我告诉布鲁斯，只要鲍伊能答应让我来执导，不妨就把版权卖给他们。对于这本书，我真是念念不忘，感觉就像是已经到了小狗嘴边的骨头，怎么都不舍得放开。最终，我还是自己买下了《威达的总督》的电影版权，因为我始终觉得，让鲍伊来演弗朗西斯科·马诺埃尔，并不适合。他缺少这人物身上的神秘感和狠劲，而且他身上没有一种真正的深度。鲍伊就像是一盏霓虹灯泡。

我当时的想法就是，整个好莱坞都找不出哪位演员——不管是活着的还是已经去世了的——能演好这角色的。没办法，我能想到的就只有金斯基了——其实从一开始，我脑子里冒出来的就是他的形象，但我努力想要把他撇除出去。《非洲黑奴》的剧本后来出版了，如果你读过的话就会注意到，除弗朗西斯科·马诺埃尔之外，其余每个人物的身体特征，在剧本里都有很详尽的描写。之所以会这样，就是因为我当初写剧本的时候，不希望把马诺埃尔写成金斯基的样子。我不想让他有机会穿透我的思绪，乱入影片之中。但没办法，在那漫长的一周里，在我伏案打字的过程中，他还是一步步地出现在字里行间。那剧本就像是一艘漏船，每一道裂隙中，都有一个金斯基溜了进来。等到剧本全部写完，我已别无选择。事已至此，不管你想不想，都得面对，于是我马上给他打了电话。其实让他来演这个角色，年龄实在是太大了，但我还是对他说："如果你不来演，这电影我就算了，不拍了。"

原著小说的叙事方式，并不是线性的。

《威达的总督》本身并不具有电影那种结构，它更注重于捕捉人物的内心世界。同时，关于非洲，关于奴隶贸易，也都很有见地。确定要拍之后，我做的第一件事就是要向布鲁斯解释，他这本书本身并不具有适合拍成电影的叙事方式，所以改编过程中肯定会遇到某些技术问题。在小说里，他运用的叙事脉络，就像是一串同心圆。但拍成电影，必须处理得更线性一些才行。所以我告诉布鲁斯，有些地方我打算做些改动，还有些东西我要自己凭空发挥一下。我希望故事能按照它自己的速度，顺着情节发展推进，最终变成一则寓言、一首民谣——盲人小提琴手的开场戏，一上来便指明了这一点。由始至终，布鲁斯从没想过要插手剧本改编工作，也没打算要参与这次电影制作。他只是来现场待了几天[1]，还有就是在我动笔写剧本之前，他给我推荐了一本鲜为人知

---

[1] 参见《我在这里做什么》（*What Am I Doing Here?*）一书（该书简体中文版由南京大学出版社二〇一四年出版）中的《维尔纳·赫尔佐格在加纳》一文。——原书注

的古书：一八七四年的《达荷美实录》(Dahomey as It Is)。《威达的总督》里有不少细节便来自该书。这书的作者是英国生物学家 J. A. 斯哥切利（J. A. Skertchly），想当初他在达荷美——也就是现在的贝宁——沿海地区研究甲虫时，受邀去国王寝宫逗留数日，指导御林军如何使用新购入的来复枪。结果，国王跟他相谈甚欢，强留他在身边作陪了八个月。在书中，斯哥切利像是在写科学报告那样，详尽描述了他在宫中的各种经历——他实际上等于是遭遇了八个月的软禁——为后人留下一份独一无二的文字记录。

布鲁斯成功地用文字营造出浓郁的非洲氛围，拍摄影片时，我也力求能复制这一点。我跑了巴西、马里、加纳和科特迪瓦不少地方，最终确定哥伦比亚和加纳是《非洲黑奴》最理想的拍摄地点。加纳是最早独立的非洲国家之一，而且从文化角度来说，它很可能也是非洲国家里最讲究的一个。加纳人民有着极强的自信心。几百年来，英国、葡萄牙、荷兰与法国殖民者，一直试图消灭这片土地上为数众多的小型王国，但赢得独立之后，各届中央政府都选择保留它们。因为那些当政者都懂得历史悠久的本地文化传统，有着何等的重要性与益处。

你是不是对这本书里有关奴隶制度的内容特别感兴趣？

小说原著也好，我的电影也好，都不是以最直接的方式去说奴隶制度。我不觉得《非洲黑奴》是一部历史片，正如我从不觉得《阿基尔》和《卡斯帕·豪泽之谜》是在对某些事件如实呈现一样。《非洲黑奴》说的是人的各种幻想和人类精神的种种愚蠢，而不是殖民主义。我感兴趣的是弗朗西斯科·马诺埃尔和权力的关系，我没想过要专门去解释这个谜一般的人物是如何成为匪徒的，也没想过要特意去描述他由南美到非洲的心路历程。为摆脱贫穷，他不惜做任何事。就像是他自己所说的，哪怕为此丧命也在所不惜。他无意中听到了那些巴西土地主要取他性命的计划——过去十年间，外国人只要敢踏足达荷美的，都被国王下令处死了——之后才在非洲当上了奴隶贩子。弗朗西斯科·马诺埃尔不甘心束手待毙，决定迎接挑战，毫不犹豫地接下了那份活。相比他的敌人，他的计划更加宏大。既然在劫难逃，那就索性做好准备，迎难而上。到达西非之后，马诺埃尔大胆地提出要求，长久以来一直被弃置不用、受尽洗掠的奴隶城堡，要交给他来管理，奴隶交易也要重新开始。

和美国与加勒比海诸国不同，在非洲许多国家，奴隶制造成的伤口至今依然很深，大家都不去公开谈论。这一话题之所以仍属禁忌，我怀疑是因为，当初那些非洲王国自身也都和奴隶贸易脱不了干系，程度几乎并不亚于白人奴隶贩子。不光在阿拉伯世界和黑非洲之间存在大量的奴隶贸易，甚至同为非洲国家，互相还买卖奴隶。把《非洲黑奴》的故事设在奴隶贸易江河日下之时，这意味着无须再拘泥于针对某一历史现象的简单陈述。正如弗朗西斯科·马诺埃尔所说的："奴隶制并不是什么误会，那绝对是弥天大罪。奴隶制是人心的一部分。"换句话说，再怎么立法，都无法真正将它根除。

这片子真正的明星不是金斯基，而是非洲。

拍摄各种风景，捕捉这片大陆内在的精神，在这方面，《非洲黑奴》是我最成功的一次。片中有些镜头很好地说明了奴隶制带给这一整片大陆的痛楚；例如那个跛腿的男孩拖着一条腿，由画面正中走开，到了台阶前又停了下来，他不可能爬得上去。他几乎就像是某种化身,代表着弗朗西斯科·马诺埃尔的罪责。这一幕也让我想到《绿蚂蚁做梦的地方》结尾的那一段落:女孩坐在采矿区,手里牢牢抓着一块石头,收音机里正在播足球比赛,阿根廷队的进球让播音员高声尖叫起来。两处画面都蕴含着巨大的感染力与悲伤情绪,可以被视为针对两部电影各自核心内容的某种概括。

《非洲黑奴》中那些关于南美洲的段落,总让我觉得分量挺沉重的;相比之下,在非洲发生的故事就要有意思多了。观众能看到有别于以往的新鲜东西,宫廷礼仪啊,岸边的旗语啊,还有一大群人闹哄哄的无政府主义场景,也都显得生机勃勃。绝大部分以非洲为背景的电影,不外两种情况:或是将它表现成一个到处都是野蛮人的危险、原始、衰败的地方,或是呈现出一种《走出非洲》(*Out of Africa*)式的怀旧情怀。但《非洲黑奴》不属于上述任何一种。我从一开始就想到,要展现那些以往被人忽视的东西,例如非洲大陆上也有各种精细复杂的社会结构,我要呈现那儿的王国、部落和等级体系。我甚至还找到了恩赛王国(Nsein)国王本人,真正的纳纳·阿耶非·奎姆二世陛下(Nana Agyefi Kwame □)来扮演达荷美国王一角。他是个很不错的人,庄重威严。来现场的时候,他从宫里带来三百名随从。剧本里原本并没有那些人的戏,但这些随从看着都特别上镜,于是我把他们也拍了进去。由国王来演国王,他身边带着的所有物品和每一个人,那些弄臣、王子、公主、大臣、优伶、乐师以及他们随身携带的东西,都会显得真实可信、如假包换。林林总总这么些人物,靠虚构是根本不可能写得出来的。奎姆二世的庄重威严慑服了所有人——甚至是金斯基。扮演国王,不可能有哪个演员比他更让人信服的了。拍摄过程中,金斯基攻击了一位剧组成员,还侮辱了那数以百计、专为拍我们这部戏而赶过来的当地非洲人。事后金斯基开始打点行装，准备一走了之。而那些群众演员也都愤愤不平地打算走人了。这时候，奎姆二世告诉金斯基，拍摄必须继续。他解释说，关于奴隶制度、关于非洲、关于这片大陆的历史，有太多太多以往从不被人注意的重要事情，都在这部电影里第一次被触及，所以任谁都无权中止这次拍摄。在此之后，金斯基面对那些非洲人时，再也没有粗声粗气过。毫不夸张地说，是国王挽救了这部电影。

你有部短片我从没看过，《高卢人眼中的法国人》（*Les Français vus par...Les Gauloises*）。

那是一部杂锦片里的一段，另外三段由大卫·林奇、戈达尔和瓦伊达执导。为拍我那段，我买了瓶价值一千美元的葡萄酒，把克劳德·乔斯（Claude Josse）和让·克莱门特（Jean Clemente）这两位当世最伟大的品酒师凑在了一块儿。我把他们从开瓶到滔滔不绝、诗兴大发地评酒的全过程，都给拍了下来。作为对比，我还想拍摄一些真正的凯尔特人。在我看来，最能代表这一群体的，是图卢兹橄榄球队的队员。某天开赛之前，我获准进了他们的更衣室。那几个小时里，他们实打实地互相威胁，各种挑衅，目的是要进入一种彻底疯狂的情绪中，然后就能上场迎击对手了。

你有没有哪部作品，可以被归为民族志或者说人类学的电影？

非要那么说的话，也只有当我意在用电影去探索、记录人的境况与心境的时候，才成立。我拍的电影，不是只需要白云和绿树的画面就够了；我拍的是各种各样的人，因为我对他们在各自不同文化群体中的行事方式很感兴趣。要是这样我就算是人类学家了，那我也没什么可多说的。但我需要指出，紧扣民族志为出发点，抱着研究土著及其社群的明确目的，漂洋过海登上某个遥远小岛，这样的事我从没干过。

你之所以会问这个问题，想要说明什么，其实我很清楚。但事实就是，类似《沃达比：太阳的牧民》(*Wodaabe: Herdsmen of the Sun*)这种电影，你不可能正儿八经地拿它当民族志电影来看。因为我对它做出的风格化处理，已经达到了一定的程度，以至于观众被带入了忘我的状态。当然，我不否认你看了这部电影，也能了解到一些关于沃达比部族的事，但那从来就不是我的首要意图。这片子没配旁白，开头的一段简短文字，交代的也只是一些他们的最基本情况，例如他们由石器时代起便生活在这地方，但这个部落的人总被周围人鄙视、取笑。任何有可能被视为人类学电影的拍法，我都故意与之保持距离。一开始那场怪异的男性选美比赛里，那些土著转动着眼球，赞美自己洁白的牙齿，做出忘我的表情。明明我正在给他们拍电影，但他们丝毫不受影响，全身心投入在自我展示之中。这些年轻男子本就有着非常夸张的风格化，我又有什么理由不那么做呢？此时我们听到的音乐，是一九〇一年时用爱迪生发明的圆筒留声机录下的古诺作曲的《万福玛丽亚》，演唱者是梵蒂冈最后一位阉伶歌手。它带出一种奇怪的、近乎忘我的情绪，并且在音乐和画面之间制造出强烈的对位关系。传统的民族志电影人，绝对没勇气这么拍电影。靠着这曲旋律，观众就被带离了我所说的会计师的真相的领域，其受触动之深，换了别的做法都实现不了。而这也意味着，它根本就不是一部关于某个非洲部落的纪录片，相比之下，那更像是一个有关美和欲望的故事。我之所以会在《陆上行舟》里用到布隆迪鼓乐——那和亚马孙丛林本身并无任何关系——也是基于同样想法。还有《小迪特想要飞》结尾处出现的马达加斯加语歌曲（来自一九三一年在马达加斯加录制的唱片），也都是同样情况。但就是会有许许多多的人来问我这里为什么不用老挝或是越南歌曲。

沃达比是生活在撒哈拉沙漠南部地区的游牧部族，他们身上哪里吸引到了你？

周围人看不起他们，嘲笑他们是"波罗罗"（Bororo），那是一个骂人的词，差不多就是"衣衫褴褛的牧羊人"的意思。他们自称为沃达比，这词的意思则相当于"那些属于纯净的禁忌之列的人"。他们总数不过二十万人左右，游牧的路线由大西洋一侧的塞内加尔开始，穿越沙漠里的萨赫勒地带，几乎直抵尼罗河流域，主要涉及马里和尼日尔两国。他们自古以来就生活在撒哈拉沙漠中，他们在牛身上做的记号，和艾尔山脉里那些有着六千年历史的石刻上的记号，完全一致。对于现代社会所定义的国界，他们毫无概念。因为撒哈拉沙漠急剧向南扩张，他们的生活空间大为缩水，整个部族未来很有可能会彻底消失。沃达比人并不知道自己最初来自何方，流传下来的神话里，也只是模糊地提及，他们的祖先在东方横渡过了一大片的海。他们的语言和非洲其他地方的语言全都扯不上关系，而且他们肤色相对更白，脸型瘦削，五官更为立体，所以有观点认为，他们一定是来自美索不达米亚，在史前穿越了红海，最终到了这里。

沃达比人觉得自己是地球上最美的人。男人负责参加选美比赛，女人负责当评判。她们会推选出一位年轻女子，由她挑选出最帅的参赛男子。随后两人双双消失在树丛间，一去就是几夜。这些女子大多已经成婚，所以完事之后，她就会把自己得来的这件战利品，归还于他家人。当然，少数情况下，也会有人把他一直留在身边，跟他一起，重又踏上游牧的旅程。为选美比赛做准备时，那群年轻男子在营地里有说有笑的，把自己打扮得越美越好；他们穿上漂亮衣服，将纯天然的染料研磨成粉，当成化妆品抹在自己脸上。光是这些准备工作，有的参赛者就要花上一整天时间。选美比赛就是一个盛大的节日，由黎明时分开始，持续五天。在他们的想法里，尽可能多展露牙齿，多展露眼白部分，那都是特别美，可以加分的点。于是有些参赛者会拼命向上翻动眼球，仿佛陷入了一种出神忘我的状态。他们还得完成一连串复杂的舞蹈动作，外加一组仪式，参赛者排成一直线，阔步前行，脸上扮出各种忘我状态的怪相。完成这些之后，他们撤到一旁，静待宣布谁是胜者的一刻。我片中拍到的一位女子就开玩笑说，这些男人里头没有哪个是出挑的——其实她根本就是觉得他们都很丑——而她之前那晚选了的那个男人，根本就是个空心萝卜。她决意要重新找个好一点的。

《来自昏暗国度的回声》（*Echoes from a Sombre Empire*）拍的是博卡萨。

那是拍《复杂蜃景》的时候，我从喀麦隆监狱出来之后，第一次来到了中非共和国这块土地上。关于这段经历，简单来说就是：如果你正开着一辆路虎在路上，忽然之间，车前车后围上了一群大声尖叫的人，这时候最明智的做法只有一种，踩下油门，有多远开多远。博卡萨在一九六六年靠政变上台，一九七七年又自封为皇帝。他身上真是有些很古怪的东西，这个令人难以置信的人物，还有他周身散发出的邪恶，都让我深深着迷。博卡萨和列奥波尔德·塞达·桑戈尔（Léopold Sédar Senghor）是完全不同的两种人，后者在当上塞内加尔首任总统之前，专门学习过西方哲学思想。博卡萨更像是伊迪·阿明（Idi Amin），这两人都是最非洲的非洲领导人。人的身上，最难被弄懂的各种真相，都可以在电影里得到呈现。在电影里，能看到我们的各种幻想与梦想，而在这部《来自昏暗国度的回声》里，我们看到了自己的噩梦。博卡萨所代表的，是你在尼禄或者卡利古拉身上也能找到的那种人性的黑暗。通过这部影片，我试图探索埋藏在人心底下的那个黑暗深渊。不出我所料，有些影评文章提出，这部电影本该将焦点更多地放在法国外交政策与地缘历史上，但这类东西由不得我来置喙，还是留给记者去讨论吧。

关于博卡萨和他的政权，各种各样的说法，真可谓洋洋大观，而且绝大多数时至今日都已被证明确有其事。他曾因为小孩子没穿校服，就下过格杀令；他把全国财政三分之一的预算，拿来用在自己的加冕典礼上。法律系统只是摆设，其实全由他一人说了算；只要他认定有罪，无须再做判别，直接扔进鳄鱼池。他一生共生有五十四个孩子。当时对他的个人崇拜，真是到了让人瞠目结舌的地步。他自己授予自己一大堆勋章，公开露面时全都别在身上。他声称自己刀枪不入，还具有看透别人心思的本领。他下令抓到的小偷耳朵都要割掉，还曾亲手用象牙柄的手杖，将囚犯活活打死。越是深入挖掘，越来越多的悲剧浮出水面，全都值得大书特书。例如那两位玛蒂娜的故事，无须再做加工，本身就是一部电影。想当初博卡萨在印度支那当兵时，曾和当地人生下过一个孩子，起名玛蒂娜。一朝权在手，他想到了这个女儿，决定找到她，让她也来非洲。经过一番寻找，被带回来的那个女孩其实并非真正的玛蒂娜。后来他又找到一位玛蒂娜，这次确实是他骨肉，至于那位假玛蒂娜，博卡萨也允许她继续留下。还安排她俩在同一天出嫁，举行了盛大的婚礼。不久之后，两人的老公都被他下令处决，原因是其中一人卷入了谋杀另一位才刚降生的小孩的阴谋之中。随后，博卡萨下令把"假的"玛蒂娜送回越南，她上了飞机，但那架飞机半小时后便已返航。显然，她在半空中就被推出了机舱。迅速破败的博卡萨宫殿，也代表了他的悲情人生。在那种气候条件下，如此一栋建筑物，迅速地变得腐朽不堪。对比一下苏格兰十七世纪时建的那些城堡，如今虽被青藤与苔藓覆盖，却都屹立不倒、古韵悠长。

王位被废后，博卡萨逃去了法国。国内法庭缺席审判，处他死刑。但几年之后，他又嫌弃法国的冬天实在太难熬，于是乎，受尽寒冷与思乡病双重折磨的博卡萨，坐上民航飞机回了祖国。他一心以为，自己可以像流亡归来的拿破仑那样，受到热烈欢迎，国人又会臣服于他面前。结果，一下飞机他就被逮捕，经过审判后，再次被判死刑。后来，死刑改成了无期，之后又改成十二年有期徒刑，最后变成了软禁在家。当初是中非共和国总统科林巴（Kolingba）批准我们可以去拍摄博卡萨的，博卡萨本人也很期待能和我们见面。可到了最后关头，我们却被下令驱除出境了。下令的是当时的内务部部长，他在博卡萨时代也有段黑历史，所以当然不希望我们来问三问四的。

博卡萨真吃人肉吗？

德国驻中非共和国大使告诉我，某次面向媒体和外交使团开放的公开死刑执行过后，行刑队第一时间冲上前去，摘下尸身上的肝脏，当场吃了起来。我曾找了许多人了解情况，听他们讲述自己所知道的博卡萨故事。在此过程中，我迅速地意识到，针对某一个人或是某一件事的传闻，当它积累到一定数量时——有那么多不同的故事来源，说出来的故事却是同一个——原本只是将信将疑的事，终将凝聚成为某种事实。我们别无选择，只能相信这种说法。更深层的真相究竟如何，我们力所不逮，无法知晓，能够掌握的只有各种事实。博卡萨曾经就是个食人者，这一点，他回国接受审判时——审判全程都做了录影——包括他的一位厨子在内，多位证人出庭，做了明确表述。当初推翻他的政权时，法国伞兵部队也从旁协助，他们进入博卡萨的寝宫，在巨型的冰箱里找到某位大臣被冻得死硬的半边身子。另一半已经在之前的宴会上被吃掉了。

在很多人类社会中，都曾有过人食人的现象。但我们拍摄这部电影的过程中，所接触的当地官员，哪怕当初曾激烈反抗过博卡萨政权，此时却都矢口否认他曾吃过人肉。显然，吃人的行为犯了太多忌讳，如果承认下来，会给整个非洲大陆脸上抹黑。这和墨西哥的情况一样，至今仍有人因为觉得丢人，便硬是否认阿兹特克人曾以活人献祭和有过食人行径。他们干脆声称，这些说法都是西班牙人为了污蔑阿兹特克人的生活方式而凭空捏造出来的。

负责介绍我们了解博卡萨政权的，是迈克尔·戈德史密斯(Michael Goldsmith)。

他当时是美联社非洲分部的头儿，我先是读了一些他写的报道，然后才见到了他本人。初次见面具体是在哪里，我现在已经不记得了。但和曾经穿越过撒哈拉大沙漠的人一样，在博卡萨时代在中非共和国待过的人，或是经历过刚果之乱的人，不知怎么的，总能在人群中发现彼此。我也解释不了这里头的化学反应，总之我们这种人就是能互相认得出来。迈克尔·戈德史密斯和我在非洲遇到的大多数记者都不一样——他们里头，许多年轻的只顾着一个劲往上爬，年纪大的则变成了犬儒的醉鬼——他身上有着某种达观的生活态度。迈克尔已在世界各地跑新闻跑了几十载，我很欣赏他的人生观。一见面我就知道，想要说好博卡萨的故事，他就是关键所在。也正因为如此，我一直觉得《来自昏暗国度的回声》与其说是纪录片，其实更像是他带我们又经历了一遍自己曾做过的噩梦。二十世纪七十年代，博卡萨指控他是外国间谍，判处死刑。博卡萨亲自拿象征王权的手杖打他，几乎把他打死。后来他被关在老鼠成灾的大牢里，双手铐在墙上。多亏他妻子从中调停，才留下一条性命。所以，当博卡萨终于被赶下台后，他马上想到要重回中非去看看。

他虽然外表看着像是个与世无争的图书馆职员，其实却着实勇气过人，习惯于出入险境，对于非洲也很有一些真知灼见。我们这片子拍完没过多久，他又去了利比里亚，成了一帮武装叛乱分子的阶下囚。那些人大多都是些娃娃兵。穿得破破烂烂的八岁小孩，气势汹汹地挥舞着 AK47 和 M16，不放过任何活物。听迈克尔说，那些孩子大部分时间里不是喝得醉醺醺的，就是吸毒吸得人昏沉沉的。有一次他们袭击了一家婚庆店，为的是自己也能打扮成新郎和新娘的样子。"新娘"是个八岁的男孩，头戴婚纱，身披礼服，脚下踩着不合脚的高跟鞋，还不忘疯狂地朝天射击。"新郎"则浑身上下光着，套了一件燕尾服，下摆都拖到了地上。想想真是很奇怪的画面。迈克尔被关在一栋楼里，先前娃娃兵从楼上开枪射击，打死了一个过路人。于是他就一天天看着那具尸体慢慢腐败。到最后，剩下的残骸也被野狗叼走了，地上只剩下了一个黑点。最终他活着回来了,还在威尼斯电影节上看了《来自昏暗国度的回声》。又过了三星期,迈克尔去世了。

《乌代布尔王公的古怪私人剧场》(*The Eccentric Private Theatre of the Maharaja of Udaipur*),这是不是又是一部"实用"电影?

大概是吧。我是受邀去拍的,邀请我的是奥地利导演安德烈·海勒(André Heller),他也是个行动策划,曾游历过印度各地,也出现在这部电影的一开头。他讲到印度这国家的无与伦比之处,它了不起的文化多样性和数以百计的不同语言,还有印度的各种艺术如何具有他所说的"维持生命"的力量。安德烈曾经策划过一次烟花秀,很可能是欧洲范围内最大规模的一次。这次他又要在皮丘拉湖畔的乌代布尔宫殿,办个超大型的烟花表演,所以问我是不是有兴趣去拍摄。他直接受命于乌代布尔的王公,后者希望能赶在"麦当劳化"席卷印度之前,记录一下自己国家的丰富文化遗产。安德烈把各色印度艺人都聚集到了一起。他获得王公大人许可,策划了你们在该片中看到的那些演出。安德烈·海勒派人去印度各地寻找魔术师、歌手、舞者、耍蛇艺人和吞火艺人,最终弄来了差不多两千位表演者,光他们说的语言,就有截然不同的二十三种。我常收到别人送来的各种剧本,希望由我来拍,但类似这样的拍摄邀请,倒是不太收到。而且安德烈的想法都很别出心裁,所以我同意了。那些演出都是在一天之内完成的,但我还花了几天时间,拍了他们彩排的素材。我为一位朋友拍了这部电影,初次拜访印度的旅程也让我很享受。能将原本可能会转瞬即逝的东西用胶片记录下来,那是件好事。为给影片再加点味道,我受萨蒂亚吉特·雷伊的《音乐室》启发,也给它虚构了一个背景故事,虚构了一位富可敌国的印度王公,自己住的宫殿却变得岌岌可危。

《石头的呐喊》让人联想到战前的德国"高山电影"[1]。

二十世纪二十年代,路易斯·特伦克(Luis Trenker)和阿诺德·范克(Arnold Fanck)等德国导演,拍了不少"高山电影"。不幸的是,这一电影类型到后来和纳粹的意识形态变得步调一致起来,而这或许也是它现如今乏人问津、不被注意的原因所在。我当时有个想法,想要创造一种崭新的、现代式样的"高山电影",就像是彼得·弗莱希曼袭用"故乡电影"的元素和规则,拍了《巴伐利亚打猎即景》,为这一电影类型注入全新深度,是一个道理。但我绝不会特别去强调说,《石头的呐喊》和那些二十世纪二十年代的情节剧式"高山电影"——其实我都谈不上真正看过那些电影——之间存在什么关联,包括由莱妮·里芬施塔尔(Leni Riefenstahl)参与的那些。《石头的呐喊》的诞生过程并不顺利。莱因霍尔德·麦斯纳——之前我和他合作过《发光的山》——有个想法,那来自一则真实故事,说的是巴塔哥尼亚高原上的托雷峰(Cerro Torre),有史以来第一次被人成功登顶。依靠风钻来爬山的意大利登山家切萨雷·马埃斯特里,声称自己已完成登顶,但鉴于他那次攀登作业的搭档,始终活不见人、死不见尸,立刻就有人质疑马埃斯特里的说法,不相信他真的登上了托雷峰。我的制片主任沃尔特·萨克瑟看上了这则故事,找同事一起写好了剧本。他想要突破德国电影通常的界限,也是一开始推动这个项

---

[1] 高山电影(mountain film):魏玛共和国时期德国特有的电影类型,关注登山运动并且着重体现人与自然的搏斗,代表导演有阿诺德·范克、莱妮·里芬施塔尔等。

目的主要力量。他们的构想我一看就很喜欢，故事里有很讲究身体的一面，让我非常有兴趣；但那个剧本也有不少弱点，尤其是对话方面，需要好好下一番工夫才行。所以接不接这项目，我起初也很犹豫，因为刚一上来，我都不知道这剧本要怎么改才合适。好不容易，我们终于达成协议，由我正式接手。然而，我立即便发现，想对剧本做出任何实质性的改动，都难似登天。萨克瑟不管什么事都特别固执，所以我甚至没法认为《石头的呐喊》真是我的电影。不过，片中还是有那么一些段落，拍得相当不俗。例如斯蒂芬·格洛瓦茨（Stefan Glowacz）在不系安全绳的情况下，直上直下地爬上一段崖壁，又横向移动了一段，然后再向上攀爬。整个过程我们一镜到底，在他身后是惊心动魄的大好风光，脚下则是万丈深渊，这些也都被一并记录在影片中。这绝对是你有可能在大银幕上看到的最非同寻常的景象，远胜任何好莱坞大片。格洛瓦茨在当时人称"岩石大师"，是自由攀岩的世界冠军。上面说到的这条路线，我们一共拍了三条，他也爬了三次。三遍爬下来，他只是平静地说了句："维尔纳，到此为止吧。我的手臂已经烫得受不了了。"由布拉德·杜里夫（Brad Dourif）饰演的那个绰号"没指头"（Fingerless）的角色，其实他才是真正完成托雷峰登顶任务的少数几人之一。作为证明，他还留了一张梅·韦斯特（Mae West）的照片在峰顶。萨克瑟的原始剧本里，仅有这个角色，是他允许我去做改动的。"没指头"给梅·韦斯特写了整整一百六十封信，这才收到她的一句回复："登山者，从你的山里回来之后，有时间来看看我。我这儿有好大一座山在等着你呢。"我们本打算还找麦斯纳来演这部电影。我跟他合作过《发光的山》，知道他能应付得来。但等我见到意大利演员维托里奥·梅佐吉奥诺（Vittorio Mezzogiorno）之后，当即便决定应该由他来担任主演。我估计,要是真由麦斯纳来演,结果应该也不会差,但我们最终没选中他,相信他也一定大大松了一口气。

之前和麦斯纳合作过《发光的山》,这段经历是不是对你拍摄《石头的呐喊》有帮助?

某种程度上来说是这样。但托雷峰是地球上最难攀爬,危险程度最大,最叫人心驰神往的一座高峰。它就像是一根玄武岩构成的长针,拔地而起,直冲云霄,高达一千二百多米。它的意义早已超越了一座山本身,进而成为某种代表着死亡恐惧的符号。很长一段时间里,想要登上托雷锋,都被认为是不可能完成的任务;直到二十世纪七十年代中期,才有了第一次可考证的登顶。成功登上珠穆朗玛峰的人,要比能登顶托雷峰的人都多。要想真正理解登山者为什么如此畏惧托雷峰,你只有自己去它底下见识一下。它可能不是地球上最高的山,但各种悬崖峭壁外加这里的天气条件,令攀登托雷峰的过程,变得特别危机四伏。绝大部分时间里,风暴一个接着一个地来,山顶是什么样子,根本就看不清楚。叫是叫风暴,其实我们的字典里根本就没有这么一个词,能用来形容那种自然现象的。山上的风速,随随便便就能达到每小时一百六十千米以上。我们拍摄用的三脚架,已经用水泥固定在了地面上,但即便如此,仍需要五个人一起用劲,才能让它保持稳定。碎冰,还有和我拳头一般大小的石块,都被狂风刮起,向着我们飞来,宛若枪林弹雨。某次,拍到一半忽然来了一阵风暴,我们有两位登山者此时正爬在半山腰上,只见他俩迅速扔下背包,全速回到营地。那两只背包竟然并不直线下坠,而是横着飘了出去,消失在视线之外。在靠近托雷峰的另一座山上,我见到了今生难忘的一幕,狂风吹过,连瀑布都被掀飞起来,不再奔流直下，而是反往上飘，消散化作一片水汽。

那你自己有没有登顶托雷峰？

一共两次，都是坐直升机上去的，全程仅需五分钟。第二次的时候，我们飞到山顶，我和梅佐吉奥诺一起踏出直升机。我回头一看，发现他已整个人趴在了地上，手指甲死劲地抠在冰面里。我问他出什么事了。他有气无力地回答说："我也想站起来，但身体使不上劲。你再给我点时间。"汉斯·卡莫兰德尔（Hans Kammerlander）也是位登山家，曾经出现在《发光的山》中，在《石头的呐喊》中也演了个小角色。我和他说起了托雷峰之巅事先已建好的冰穴，那里面存放着够用八天的给养，以防万一。到了山顶之后，他看到我走向那个冰穴，双手并未抓着登山绳。卡莫兰德尔一把将我抓住，对我说："一旦你脚底打滑，谁都帮不了你。你会越滑越快，随后飞到空中，一直飞上一千多米。"说到这儿，卡莫兰德尔全神贯注地紧盯着我双眼。"要是真那样的话，答应我一件事：好好享受空中的景色。"

有一次，格洛瓦茨、摄影师还有我，坐直升机去了距离托雷峰之巅不算很远的一段山脊，为接下来要拍的一场戏做准备。通常情况下，我们会先让登山队上去，做些周详的准备工作，包括搭建一处紧急掩体，并且先把补给、设备都运送上去。然后我们才让包括演员在内的大部队跟着上去。但那一次，之前十来天一直风暴肆虐，到了那一晚，天气忽然转好，没有风也没有云。第二天早上也继续是好天气，这才让我们做了错误的判断，没派出先遣队，便自行上了山脊。直升机把我们放下，三个人朝着外景地走去。忽然之间，我用眼角余光瞥到了绝对惊人的一幕，我相信这样的画面我这辈子再也不可能见到第二次了。在我们脚下，远至目力所及的范围内，全都是云。它们看着就像是一团团一动不动的棉花球。转瞬之间，棉花球变成了巨型的原子弹，齐齐炸开。我赶紧拿对讲机呼叫直升机，它才飞走没多久，还在我们视线范围内。直升机在空中打了个弯，向我们飞来。距离我们只剩四十多米时，终于还是风暴比它先来到了。狂风如子弹般高速袭来，我们被云层四面包围，风速每小时一百六十千米都不止，气温也急跌了三十摄氏度。仅仅二十秒的工夫，我的胡子已冻成了一团冰块。毫不夸张地说，直升飞机完全就被弹飞出去，只剩下孤立无援的我们三人。没有睡袋，没有帐篷，没有食物，也没有登山绳。仅仅只有两把冰镐。我们必须争分夺秒，抓紧在雪地里挖个洞，把自己藏进去，否则的话，用不了几小时就会全部冻死。

最终我们在雪窠里待了正好两天两夜的时间。能吃的只有在我衣服口袋里找到的一小片巧克力。完全不吃东西，人类可以挨过五十小时；但没法喝水就是另一回事了。在这种情况下，每天至少要喝一加仑（三点七八升）水，不然手指脚趾就会彻底冻坏。各种手指脚趾坏死的案例里，有百分之九十五的情况是由于脱水。我有几个脚趾，也在被困二十小时后，开始发黑。我们的摄影师，本是响当当的一条硬汉，此时却状况一塌糊涂。发了烧，身体还在痉挛。为节省对讲机的电池，我们每隔两小时才把它打开，用几秒钟时间，告诉山下的人，再等一夜还没法得救的话，摄影师必定有性命之虞。这则残酷的信息，令我们留在谷底的团队变得惊慌起来，他们派出两支队伍，每队四位登山家，来寻找我们。结果走了一半，他们之中最强壮的那位，自己倒先失去了理智。他在风雪中摘掉手套，打起响指来。他一遍又一遍地重复说着，要叫服务生过来，他要把那杯卡布奇诺的账单给付了。同伴只能放弃寻找我们，先行将他送回冰川上的营地。结果半路又赶上一场雪崩，他们被冲到六十米开外的地方，别无选择，只好也挖了雪窠，躲进去先避一避。此时，他们之中又有一人弄丢了墨镜，出现了雪盲症的迹象。被困五十个小时之后，云层终于暂时散开，风暴停止了十分钟。利用这段时间，直升机成功救出了我们。飞机驾驶员当时非常紧张，等不及三人中最后的一个——也就是我——爬进机舱，便要起飞。于是我只能蜷缩身体，躺在机舱外挂的一个大篮子里，双手紧紧抱住机身下头的金属杆。等我们安全降落时，我的手都已牢牢冻在了金属杆上。靠着一位阿根廷登山家在上面撒了泡尿，才解了冻。

请谈谈你的剪辑手法。

剪辑方面我最重要的体会就是，这并非一个工艺流程。它出自某些更深层的东西，需要你理解画面背后的想法，你得知道自己需要讲的，是一个什么样的故事。不具备这些条件的话，你的作品会被一时心血来潮的想法和各种不成熟的摸索所统治。数字非线性编辑系统的危险性就在于，它带来了一种可能性，可以为你的作品创造出二十种并行的版本来。但是，那些其实根本就毫无意义。能做出这种事情来的人，根本就是迷失在了素材的海洋中，无可挽回。

一直以来，我都对自己究竟要拍什么，有很明确的想法。我从不会无休无止拍个没完。每一秒钟的胶片，那都得花钱，所以我用传统胶片拍电影时，想的就是如何尽可能少用胶片。即便是现在转用数字技术了，我也绝不会积累大量素材。一直拍一直拍，结果你只会发现，手头有的只是三百小时的平庸之作。有些电影人以大量积累素材为荣，但在我看来，想要面面俱到，那根本就是一种被误导了的想法，只有会计师才会坚持那么做。那些会去拍下如此之多的素材的电影人，绝大多数可能根本就不知道自己在做些什么；要是有哪个导演告诉我说，他们花了好几年才剪辑完一部电影，我肯定会觉得他就是个败家子。

我的具体工作方式就是，先把全部素材都快速浏览一遍——非常快速，几天内就看完——边看边做记录。过去十年里，我拍的每部电影，都有这样一本日志在。我在上面简单地写下了每一个镜头的细节以及台词所涉及的内容。这样，我一下子就能知道，第八盘带子的四分十三秒，有一段特别棒的内容，因为我在相应的这段笔记后面，画了个感叹号。所以现在我和剪辑乔·比尼（Joe Bini）剪片子的时候，完全就是从一个感叹号剪到下一个感叹号；当中没做记号的部分，几乎就全都跳过了。至于那些画了三个感叹号的地方，根本就是无价之宝。我会告诉乔·比尼："要是最后完成的作品里看不到这些内容，那我就算是白活了。"靠着现在的数字技术，任何无关痛痒的或是离题千里的东西，不费吹灰之力，就都除掉。剩余下来的材料，就是大浪淘沙后剩下的绝对至关重要的内容。我剪辑的速度，可以追得上我思考的速度，因为哪怕是五十小时的素材，其中的细节我也都能充分掌握。这或许跟我最初是拍胶片的有点关系，到处堆的都是赛璐珞胶片，哪一帧出现在什么地方，你必须一清二楚才行。不过我对这些素材的记忆向来都不持久，剪辑全部完成后，才过了两天，我就印象模糊了。

我能以最快的速度辨认出哪些是最强有力的素材，而且一旦做出决定，就很少再思前想后。通常情况下，用不上两周时间，我们就能把最终成品的初始样子，给大致拼凑出来。前一天剪完的片子，第二天我们从来都不会再去复核一遍，总是由前晚结束的地方开始，继续往后剪。等到整部影片全都剪完，我们再倒着来一遍。这么做可以确保素材的新鲜程度，保证只留下最高水准的内容。外人可能会觉得，我这种剪辑的态度，有点马马虎虎，但其实不是；我只是一旦做了决定，便义无反顾。我对自己的方向感有信心，同一段落，从来都不需要尝试二十种不同排列组合。少有的几次，剪辑师说服我倒回去再看看某些原本已被我否定了的东西，或是换种方式来剪辑某一段落，到最后却几乎总是证明我原本的做法毫无问题，原本大可不必再这么折腾一次。当然，偶尔的情况下，这么做也会有些意外收获。最近的一个明显例子就是《坏中尉》里的一段戏：汽车在行进过程中，车上的尼古拉斯·凯奇拔枪在手，威胁说要杀死车上所有人。毒贩试图让他平息下来，给了他一包白粉。这段戏我们拍了好几条，其中有一次，尼古拉斯脱离剧本做了即兴发挥，他挥舞手枪，面露笑容地说道："我要把你们全都杀光，一直杀到天亮！"原本我觉得这并不怎么合适，但乔·比尼不那么看，他让我再考虑一下，将它放在这个人物整个演变过程的大背景中来考虑。等他剪完影片最后三十分钟，我再一看，终于意识到凯奇的那次自由发挥，非常契合整个故事，乔和凯奇都做出了正确的决定。

我还想谈一下后期制作过程中严重浪费时间和金钱的问题；尤其是纪录片的后期制作。我经常发现，有人会把之前拍摄时录下来的人物对话，全都一字不落地誊抄一遍，然后在这基础上，先做个影片的"文字剪辑"版本出来。我始终看不出有什么必要这么做。如果注意力只放在这些誊抄的文字上，放着真正的画面不去看，放着真实的对话不去听，你会错过画面中的各种细微之处，会错过人物说话的节奏感以及肢体语言。那样，你就理解不了人物最基本的精神面貌了，结果也就理解不了那些对话本身。按着誊抄的文字来剪辑电影，结果很有可能会误导你。某段台词，你光看誊抄的文字，以为可以干净利落地整个拿掉，但事实上，那个人的这段话说得很快，还没来得及换口气，就已经接入下一段台词了，根本没法剥离开来。更严重的后果还在于，那么做，你会错过某些沉默的时刻；有的时候，明明鸦雀无声，但雷霆万钧。所以我拍电影是断然禁止做这种誊抄工作的，只有等影片全部完成之后，如果出于法律上的要求，或是存档的需要，才会考虑。

你有没有过这样的经历，已经要开始剪辑了，才发现手头的素材一团糟，根本理不出头绪来？

从没有过。只要你当初拍的素材确实有真材实料，那它们肯定就能互相联系起来，能剪到一起去。《纳粹制造》的初剪版本长度太长，我索性把它放在一旁，一个半月都没去管它，尽量把它忘记。我需要在作品和我之间保持一点距离。六周过后，我用了一天时间，将它浓缩、收紧，缩短了四十分钟片长。另一种情况就是，某一场戏你原本计划得很好，但到了剪辑的时候才发现，情况和预期的并不一样。例如《卡斯帕·豪泽之谜》，我原本拍了一段七分钟长度，情节冲突很厉害的戏，除了卡斯帕，里头还出现了一位穷苦农民，他出于绝望，把自己养的最后一头牛都给杀了。我原本设想，把这场戏放在影片大约三分之二处，那很符合整个故事的大背景，却影响了叙事的流畅，让影片焦点由卡斯帕身上转走了。它会让观众分心分得太厉害，等它告一段落之后，又得再耽误好几分钟，才能再兜回到故事主线上。说实话，这么棒的段落，我从影那么多年，也就拍过两段或是三段。但我还是决定弃之不用。

拍《史楚锡流浪记》的时候，剪辑师碧阿特·曼卡-杰林豪

斯也来了现场。

后期制作时，我不怎么愿意独自面对那些素材，我更希望能找一位专职的剪辑师来，与其紧密合作。我有可能会错过的电影品质与要素，靠着这多添加的一双眼睛，能做到拾遗补阙，始终大有裨益。而且我也喜欢跟人合作——那些有自己想法的人——只是那么多年来，我用过的这些剪辑师里，并没有哪一位能完全抛开我，百分百自由发挥的。每一部作品的后期剪辑，整个过程中我都会在场。碧阿特·曼卡-杰林豪斯一开始为亚历山大·克鲁格剪过片子，然后参与了我的几部早期作品，包括《阿基尔》和《沉默与黑暗的世界》等。她面对电影素材的时候，有种与生俱来的天赋，一下子就能分辨出其品质高下，能不能用得上。

我们第一次合作就是《生命的标记》，也是由此开始，她就一直抱怨我的电影如何如何糟糕。在她看来，它们已经差劲到了让她觉得尴尬的程度，所以各种首映式她从来都不去，只有《侏儒流氓》是个例外。当初我们一起在剪辑台上查看《生命的标记》的第一本胶片，足足六百多米长的一大卷。因为之前卷胶片的时候方向绕反了，她只能把胶片放在机器上倒着放，播放的速度要比正常看的时候快五倍。就这样，她还是抓起整本胶片，使劲扔到了垃圾桶里。"拍得实在太糟糕了，你千万别让我再见到这些东西。"她这话一下子就把我给惊住了，但过了几周之后，我把那本胶片拿出来，放在整个故事的大背景中重新看了一遍，这才意识到她所言非虚。遇到拍得好的素材，碧阿特也能一眼就认出来。有些人在音乐上有着绝对音感，她则对电影素材有着很强的鉴赏力，而且恰恰与我气味相投。她总爱抱怨说，我给她送过去的尽是些糟糕的素材，但这对我来说，反倒成了某种挑战，推动我全力以赴。我很乐于让她来负责那些素材，因为她是真心觉得那东西没什么价值可言，于是反而会比其他剪辑师更加倍努力，但凡那里头还有多少能挽救的东西，她都不会放过。

一直以来我都在跟她解释，她坐在剪辑室里抱怨的那些东西，有许多时候那是因为拍摄时的实际条件所限，我在现场永远都有需要克服的客观障碍，每拍一个镜头，势必涉及某种妥协。"如果你不相信，"我对她说，"何不等我拍下一部电影时，到现场来看一看？"于是拍《史楚锡流浪记》的时候，她作为场记，也跟组在德国和美国参与了拍摄工作，这才发现相比剪辑工作，现场拍摄更让她无法忍受，度日如年。整个经历，还有《史楚锡流浪记》的故事本身，都让她觉得十足恶心。有时候，她甚至会向摄影师做出手势，要求立即停机，别再拍了。有一次发生这种情况的时候，正在拍那场布鲁诺和伊娃·马泰斯的戏，明明看在我的眼里，就是一次妙不可言的演出。但这就是生活，你必须要接纳这种个性强硬的合作伙伴。我不需要应声虫，不需要一个唯唯诺诺的拍摄组。我想要的就是像碧阿特这样的人，自带强烈的独立精神和做事态度。

话虽如此，但恰恰因为这一次碧阿特也在现场，结果后期做剪辑的时候，反而加大了难度。所以拍完《史楚锡流浪记》之后，我意识到还是有必要让剪辑师尽可能地远离拍摄作业。保持一点距离，这有助于维持剪辑时的纯洁性。剪辑师观察素材的时候，必须得尽量做到清晰、客观。要是剪辑师亲眼见到了某场戏拍摄过程中所碰上的各种困难，我们付出的种种努力，万一剪辑时我极不情愿拿掉这场戏，结果很可能连他也决定要将其保留下来——仅仅只是因为他觉得这场戏实在来之不易，不忍剪去。但是，明明是不起作用的戏，却又不忍心剔除，这做法不管到了什么时候都是毫无益处的。每部电影剪辑的时候，势必都要经历这样一个时而痛苦、时而欢欣的过程，拿走某些不需要的东西，扔到垃圾桶里去。后期制作时，如果导演只顾按着自己预留的想法，削足适履地选用素材，这部作品的命运很可能也就不妙了。所以，剪辑素材的时候，一定要忘了最初写好的剧本，还有拍摄时用的剧本；不要有先入之见，如果真有什么预想好的要如何剪贴素材的构思的话，那也得在你走进剪辑室时，暂且先放到一旁。如果导演是为了适应预设的剪辑模式而对画面胡砍滥切，因而扭曲了作品最基本的本性的话，其实观众一下子就能感觉到它的拼凑、权宜。所以剪辑的时候，其实只要做好一件事就够了，那就是仔仔细细地看一下手头究竟有着什么样的素材。让材料做主。这样的话，就只剩下一个问题了：这些素材所体现出的究竟是什么？不管到了哪个阶段，关键都在于，要让材料本身有它自己的生命。这跟培养孩子一样，你可能也希望他们身上能有某些特定的品质，但到最后，要说完全符合你期望的品质，恐怕一条都不会有。每一部电影，也都需要有这么一个机会，能有它自己的生命力，发展它自己的个性。至于结果让你如何意外，那都不是问题。抑制它的这种自由，那是错误的。剪辑时，如果发现材料有些品质是你原本没想到的，别放弃，继续挖掘，去寻找它底下埋藏的珍宝。

你有没有什么作品想过要出"导演剪辑版本"？

我大部分作品都是自己当制片，我的电影每一部都是导演剪辑版。至于说那种可以重新翻出来给人看的删除片段，我一条都没有。这种东西保存起来代价不菲——一本又一本的胶片，数不胜数——电影发行后，所有没用上的素材，我就全都处理了。这包括所有没被放进最终版本的东西，包括负片和洗印出来之后才决定要拿掉的胶片。木匠不会坐在自己刨下来的刨花上头。我在纽约拍完《陆上行舟》之后，把所有素材都细细查看了一遍，确定哪些东西有用哪些没用，然后就把我不打算运回德国的东西，全都就地处理了。这样，我在运费和报关费上，也大大节约了一笔。

但最终版本的负片，我一直都会保留着。只是它们的情况这些年来每况愈下，有的已经开始褪色了，而我也始终没钱及时做个副本出来。其实刚开始时，我对这件事另有一种看法，那和我根深蒂固的一种想法有关系，我始终相信相比文学，电影的有效期就是会更短暂，赛璐珞胶片无可避免的蜕化变质过程，那本就是一种自然现象。毕竟，电影初创时的那些作品，绝大多数早已湮灭，或许过不了多久，在不远的将来，人们得通过书本才能了解，在这个世纪之交都出过哪些电影。后人能看到的只是单纯的一张图片，边上配些简单的剧情梗概和几句导演简介。但是，就在过去几年里，我对电影保护的态度有了转变，其中有可能是掺杂了更多的感情色彩。现在，我更好地认清了电影保护、抢救的价值所在，尤其是某些二十世纪二十年代拍摄的德国老电影，现在我们还能看得到；格里菲斯、梅里爱和卢米埃尔兄弟的许多作品，时隔多年依然状况良好，能让当代观众有缘一睹，这都让我特别高兴。可以这么说，自电影诞生以来，我们的世界就通过它获得呈现。想象一下，五百年后的人类，要想理解我们这代人的文明，一部"人猿泰山"电影能教会他的，或许要胜过总统先生的一篇国情咨文。潮流和风气瞬息万变，今天上映时还在被人讥讽、唾弃，视作三流B级片的电影，未来某一日说不定会被奉为大师杰作。于是这便意味着，即便是烂片，我们也有责任将它保护好。

我四十年前拍的作品，时至今日仍有它们能吸引人的地方，但我其实很清醒：我在这个星球上的存在，只是短短一瞬。所以我作品的生命周期，或许也该如此才对。不管到了什么时候，我都不敢说再过一百年，还会有人看这些电影。不管怎么样，我完全都活在当下，千秋万代的事我压根就不关心。我只管自己向前。

第九章

事实与真相

黑暗课程
来自深处的钟声
将世界转变成音乐
五种死亡的声音
小迪特想要飞
希望的翅膀

《明尼苏达宣言》的起因是什么？

一九九九年写的《明尼苏达宣言》可以说是开玩笑，是有意要挑衅，但其中谈到的那些观点，确实都是我认真考虑经年的想法，从我最初拍纪录片那时候起，就一直在思考这些问题。我当时拍过的每一部电影，都在针对这些问题想办法，而到了《来自深处的钟声》(*Bells from the Deep*)、《五种死亡的声音》(*Death for Five Voices*)和《小迪特想要飞》这三部作品，其相关程度就更趋明显了。我的观点就是，"纪录片"这个词，用起来应该更小心才对。它看似有个明确的定义，但真要追究起来，之所以管它们叫"纪录片"，还是因为那一整类的电影，缺少一个更合适的概念来与之对应，不幸的是，我们偏偏又那么需要凡事都分门别类。上述这三部作品，虽说通常都被归入此类，但真要叫它们纪录片，在我看来是种误导。我不过是拿那个标签当幌子来着。

这则以"纪录片制作的真相与事实"为副标题的宣言，其诞生背景并不复杂。我在很短的一段时间里，由欧洲到旧金山飞了个来回，最终落在西西里岛，准备排演一出歌剧。因为时差的关系，我睡不着，只能半夜零点开了电视看。那是一部超级无聊的自然风光片，拍摄对象是塞伦盖蒂（Serengeti）某个地方的野生动物，一个个都毛茸茸的，非常好玩。到了半夜两点，又是一部差不多的东西，同样让我难以下咽。等到四点多，开始放一部硬色情片。我从床上坐了起来,"我的上帝,"我对自己说,"终于有个单刀直入的了,这才是实打实的东西。"尽管那纯粹停留在身体层面上,但确实是赤裸裸的真相。我一直以来都想要写个东西,类似于某种宣言,我要冲着"真实电影"吼上几句,袒露一下心声,谈谈究竟什么是电影制作的事实与真相。我想要挖掘一下我所说的那种"令人忘我的真相",哪怕这说法其实也并没什么特别深邃的意义。我只想提醒大家都去好好想想这些问题。于是,也就在那个晚上,我又起身坐了二十分钟,写下了那十二条意见,这背后最根本的想法就是,我们永远都无法知道什么是真相,顶多只能做到接近真相。

罗马的山上天主圣三教堂(Santissima Trinità dei Monti),其回廊的一面墙壁上,画着圣方济各保拉的像。从远处看,你看到的是圣人正凝望天际,一副心驰神往的样子。但越是走近,换了角度之后,越会发现画像变得失真,变得难以言喻起来。等你径直站到它跟前,此时画像已彻底换了模样,圣人消失不见,取而代之的是一幅风景:墨西拿海峡。采用歪像(anamorphosis)手法的画作并非仅此一例,但我一直都觉得这一幅的效果最为有趣。有时候,你明明觉得自己看懂了什么,明明觉得自己已抓住了这画面的真相,结果它反而变得愈发的不可知——不管你离它多近,看得多用力,全都无济于事。对于真相的刻画或描述,永远都不存在一锤定音的情况,但对于答案的求索,让我们的存在有了意义。

就在我经历了那个西西里岛旅馆不眠之夜后没过几天,我出席了明尼苏达沃克艺术中心为我办的一个作品回顾展。我以平静、低调的口吻,大声念出了我那夜在旅馆房间里写下的文字,并将打印好的版本分发给了现场观众。"我给你们带来了一份宣言,"

我对他们说，"我想称之为《明尼苏达宣言》。不知你们赞同我这叫法吗？如果谁反对的话，不妨说出来。"现场沸腾了，这是我人生第一次获得所有人全票支持。那十二条意见，以浓缩的形式，涵盖了这么些年来让我生气、给我触动的所有一切。希望大家看了之后，也能感受到其中的幽默，不会觉得我那是自命不凡[1]。

关于"真实电影"，你的观点就是，它所反映的各种情景，其更深层的真相，它都没法揭示出来。

正如我们之前谈到"忘我"时我所说的，某些神秘主义者面对自己的信念和灵性时，仿佛进入了一种忘我状态，于是相比纯粹的理性，他们能更深入地洞悉事物本质。他们以忘我的形式体验真相,不顾他们生而为人这种根本上的限制。古希腊语中的"真相"一词，写作"aletheia"，它衍生自一个动词，解释为"把什么什么隐藏起来"。"真相"就是对此的否定，将被隐藏起来的东西重新翻出来，让大家都能看见。这个过程其实也很符合电影的概念，因为当你拍完某个画面之后，留在胶片上的只是潜在的影像，只有等你把胶片洗印出来，画面才会浮现，观众才能看见。我的电影工作，追求的也是这个目标：让原本潜在的东西，变得谁都能看得见。

只要跨过"真实电影"所谓的"真相"，电影人就会发现，自己面前出现了一大片肥沃的土地，可以大干一番。"真实电影"以事实为目标，那仅能用原始阶段来形容。那是属于会计师的真相，浅尝辄止，根本无法触及电影中更深层形式的真相，在理解

---

[1] 参见本书附录中的《明尼苏达宣言》。——原书注

力的层次上,也只停留在最平庸的阶段上。那是因为,各种各样的事实,本身是没有任何价值的,也没法真正启发我们,事实无法代替真相存在;不然的话,把世界上所有的书搁在一块儿,结果还不如一本曼哈顿地区的电话黄页。黄页里面有着几百万条毋庸置疑、可被证实的事实,但那既无意义,也没法给人启示。看完一整本黄页,最重要的那些真相,你还是一无所知。黄页上写到的那些人,他们平时都有什么梦想?选票会投给谁?约翰·史密斯先生晚上睡觉时,为什么会哭湿枕巾?有太多太多的纪录片导演,始终没法成功地将自己从新闻报道的世界里,清清楚楚地给剥离出来。我真心希望自己能成为永久埋葬"真实电影"的那个人。

没有哪个人的生活里,纯粹只有逻辑和秩序。同样道理,在最理想的状态下,电影具有某种奇怪、神秘、虚幻的品质。它不适合被用来刻画现实主义与日常生活。由其诞生开始,电影便拥有这样一种能力:能穿越到人类理解力的形式系统之外。它点亮我们的幻想——和诗歌、文学、音乐一样——还能以我们永远都无法真正掌握的形式,给予我们启示。它能带领观众走进某些崭新的世界,让你有机会更深刻地观察真相。我每拍一部电影,都是想要跨越各种事实本身,以令人忘我的真相来启迪观众。事实或许确实具有规范的力量,但事实并不构成真相。事实没法给人启迪。这一点,只有真相才能做到。通过明确区分"事实"与"真相",我进入了一个更深刻的层次,一个对于绝大多数电影来说,根本就不知道其存在的层次。想要发掘电影内在的真相,只有一个办法:把官僚体制层面的正确性,政治层面的正确性,还有数学层面的正确性,全都抛在脑后。换句话说,我们所知的事实,到了我这儿,是被玩弄的对象。通过想象与编造,我反而比那些官僚更接近真相。我一直教育年轻人说，电影说穿了就是控制、杜撰和虚构，但他们有时候还是会犹豫，不太敢接触我这样的电影。

这么说来，你拍的剧情片和非剧情片之间，还有没有区别？

对我来说，剧情片和纪录片之间不存在那么一条分割线。我拍的纪录片，常常都是伪装好的剧情片。我的所有作品，每一部都由事实、人物与故事构成，且以同样方式加以玩弄。我视《陆上行舟》为我最好的纪录片，《小迪特想要飞》为我最好的剧情片。两者同样具有高度风格化，想象力横溢。

从这角度来说的话，《沉默与黑暗的世界》就是一部很重要的作品了。

是的，尽管在当时，我的这些观点还都没那么成熟。我甚至怀疑自己当时是不是有意识地那么拍的，这可能更像是一种基于本能的做法。片尾引用的那句台词："如果现在真要打世界大战，我都不会注意到它。"这话其实菲妮从没说过，是我写的，因为我觉得，像她这样一个人，她对于这世界可能会有的某种体验，完全可以用这句话来概括。还有片头她那些话，说她小时候常看到那些跳台滑雪运动员，看到他们忘我的面部表情，那也出自我的手笔。全都纯属我的虚构，菲妮过去从没见过跳台滑雪运动员，是我让她把那些话背下来的。因为我感觉到，他们飞跃长空时的独处状态和忘我状态，那是一个具有强有力象征意义的画面，能代表她的独处状态和心境。当然，所有这些东西拍摄的时候，都符合她的意愿。她很乐于说我替她预先写好的那些话，还紧紧握了握我的手，以示理解。但如果涉及的这个人已不在世上了，那我拍起来就要恪守不一样的规则了。就像是《我最亲爱的魔鬼》里的金斯基，还有《灰熊人》里的蒂莫西·特雷德韦尔，两人都已没法站出来替自己说话了，于是我在处理这种材料，讲述这种故事的时候，会特别小心。

至于我如何将这些想法运用在剧情片里的例子，不妨看看《纳粹制造》。那位二十世纪二十年代的波兰铁匠塞舍·布雷特巴特，我对他这一生中绝大部分的事实，都不怎么感兴趣，于是我重新创造了这个人物，将他放到三十年代早期，纳粹刚开始掌权的那个时代。德国人和犹太人彼此关系中所有让人着迷的那些地方，都是在这一时期急速变化的，并继而酿成了种种兽行与悲剧。通过纳粹德国的镜头来看塞舍的故事，他人生的"真相"也就得到了更清晰的聚焦。

但你也并不是每一部纪录片都会使用这种处理方法。

我纪录片里的风格化处理，通常情况下，手法都比较细微，除非很仔细地看，否则可能不会注意到。当然，哪怕是像《小兵之歌》这样的电影里，其实也有蛛丝马迹可循。照理，我本可以针对尼加拉瓜的局势做一次直截了当的探究，片名就叫《反抗桑地诺解放阵线的儿童战争》(*The Children's War Against the Sandinistas*)。但我给它起了《小兵之歌》这么个片名，那是因为全片最有意思的地方，就包括我拍到的那些村民和年轻战士唱歌的镜头。米斯基托印第安人有着悠久的音乐传统，我听他们唱歌，觉得那是展现他们内心最深处各种信仰的有力方式。我要说的是那些战死沙场的孩子的故事，他们唱歌的画面，提供了一种观察他们内心世界的途径，那要比拍摄他们手持步枪的画面，来得有力量得多。在《忘梦洞》里，你们看到在嗅觉方面天赋异禀的莫里斯·莫兰（Maurice Maurin）在这片风景中游来走去，幻想着三万年前的气味。他运用最原始的办法，追踪气流变化，在山脚下这儿闻闻那儿闻闻。但是这些全都是我虚构出来的，尽管想当年莫兰先生确实曾担任过法国香水协会的会长。

再看一下《白钻石》里我和格雷厄姆·多林顿的争执，他觉得我不应该坐那艘还只是设计原型的飞艇上去，强调出于安全考虑，应该由他一人执行首航。而我却认为，如果说它就只能飞这一次，我就更应该拿着摄影机坐上去了。我要告诉你的真相就是，这些对话确实发生在我俩之间，但你在影片中看到的那些，全都是演出来的，而且那场戏拍了好几遍。《白钻石》里还有一处让人过目难忘的画面，由我们其中一位摄影师，一位平时专拍野生动物的摄影师拍到。那是用特写镜头放到极大比例下的一滴水，经过它折射出一条上下颠倒着的瀑布。我当时就想到了，只要把它放在合适的上下文里，只要够别出心裁，观众便不会觉得它俗气。于是就有了马克·安东尼·雅普寻觅草药的那场戏，他在山脊边停下，看到了瀑布，在镜头前指出了那粒水滴。他在这里说的所有的话，全都是预先计划好的，也包括我问他的那个问题——我所能想到的最寡淡无味的"新纪元运动"话题——"你能从这一滴水中，看见整个宇宙吗？"换作真实生活中，我绝对不会问出那么愚蠢的话来。然后，马克·安东尼缓缓转过身来，脸上带着轻易无法察觉的笑意，说道："你声如雷鸣，我都听不见你说什么了。"这话原本出自《非洲黑奴》，都是剧本里预先就写好的，我们拍了好几次，才达到我想要的效果。那一滴，甚至都不是真正的水，而是甘油。它透明度比水更高，视觉效果更好。我亲手把它放在了叶子上，十分小心。

《来自昏暗国度的回声》一开始，我也出现在镜头前。我坐在位于慕尼黑的办公室里，念着迈克尔·戈德史密斯写来的一封信。他在信中谈到自己在中非共和国所经历的博卡萨政权，那至今都让他念念不忘，还说他前不久梦见了螃蟹侵占了整个地球。它们长得又红又大，从海里爬出来，到处都是，最终整个地球都被螃蟹覆盖了，而且盖了一层又一层。事实上，他那封信确实存在，不过信里从没提到过什么螃蟹。那纯粹是我自己想出来的，至于片中螃蟹爬过铁路的画面，则是我从旧素材里翻找出来的。它并不存在什么象征意义，我也没法完全解释清楚这些画面，只是我自己知道，它们就该属于这部电影。顺便说一句，我任何一部电影里，都不存在具有明确象征意义的东西。因为这根本就不是我思考问题的方式，对我来说，一把椅子就是一把椅子。电影或是绘画里的象征，即便你把它推到我眼皮底下，我也认不出来。多年以后，我去了澳大利亚西面位于印度洋中的圣诞岛，为制作《纳粹制造》而拍摄了那些螃蟹。那正是《来自昏暗国度的回声》里曾经出现过的同一种螃蟹，我用了几天时间，静静等待数以百万计的它们，由密林中爬出来，爬向大海，交配，产卵。

《来自昏暗国度的回声》最后一场戏，发生在一所破旧的动物园里，我们在那儿寻找曾被博卡萨养在宫里的那些狮子。当初倘是有人被判了死刑，常会扔给那些狮子或是鳄鱼吃掉。但当我们找到那所动物园时，几乎所有动物都已活活饿死了，我们只找到一头豹子和一条鬣狗，外加我所见过的最悲惨的一幕：一头染上了烟瘾的黑猩猩，是那些醉酒的士兵教会了它吸烟。在影片中，我们看到迈克尔·戈德史密斯望着黑猩猩，说了一句类似于这样的话："我实在看不下去了。"然后，他让我关掉摄影机。但我回答他说："迈克尔，我觉得这应该是那种我必须要拍到的镜头。"于是他又说："那除非你答应我，这会是全片最后一个镜头。"事实上，这只有尼古丁瘾的动物，确有其事，但我们的对话，还有我对这只黑猩猩的使用，都是我的文字虚构。这场戏我们拍了六遍，前前后后都经过仔细的计划。在这只黑猩猩身上，体现出了某种事关重大的、神秘的东西，经过我那种拍摄，整部影片得到了升华，揭露了更深层次的真相。这样的电影，再管它叫纪录片，那就等于是把安迪·沃霍尔的《金汤宝罐头》，看作是有关番茄汤的一份如实记录一样地没道理。

《黑暗课程》一开始引用了一句话，说是出自帕斯卡之口："恒星宇宙的崩溃，也会像创世一样，无比光辉灿烂。"确实，这话听着挺像是帕斯卡说的，但其实纯属我的创造。甚至是有些学者，都没能看穿这一点。但是，与其让观众问我，这些话是从哪本书里找来的，我更希望看到的是，他们能自己去读一下帕斯卡，好好找一找。所以不管是谁问我，我都回答说那句话出自他某篇鲜为人知的散文，发表于当时一份期刊上，但从未被帕斯卡全集收入过。这样，就能让他们不停地去翻找了，对我来说，何乐而不为呢？类似这样的虚构，能让我获得快乐。这句假装是引用帕斯卡的话，能让观众尚未看到影片第一幅画面，便已被提升到一个更高的、近乎崇高的层面上。我们一下子就进入了诗歌的王国。相比单纯的新闻报道，这份诗意必定能引发更深层的共鸣。观众被提升到这样一个层面上，预先在心里有了准备，知道即将面对某些事关重大的东西，一下子便沉浸在了浩瀚宇宙之中。即便真让帕斯卡来说，都不可能说得比这更好了。莎士比亚也有过同样的想法："最真实的诗是最虚妄的。"但我的目的从来就不是要欺骗或误导。米开朗琪罗的《哀悼基督》是上帝的广阔土地上最美的雕塑之一，你能说他是在欺骗我们吗？耶稣的年龄表现得很准确，一个三十三岁的男人。但他母亲呢？雕像里的她活脱脱像是个十七岁的少女。这么想的话,我虚构帕斯卡的话,也就不失其合理性了。紧接那句话之后,《黑暗课程》出现一段旁白:"我们太阳系中一颗有着广袤山岭的星球,笼罩于薄雾之中。"但我实际上拍摄的,是卡车驶过沙漠时扬起的一小股尘土。他说的那些山岭,不过三十厘米高度。这和我电影里许多东西都是一个道理,它并非谎言,它只是一种形式上得到强化的真相。

海湾战争刚结束还没多久,你就去拍了《黑暗课程》。

在当时,全世界日日夜夜都充斥着那些科威特油井熊熊燃烧的画面,但那是透过电视新闻的过滤后,再呈现在我们眼前的。我记得我当时看着那些电视报道,意识到自己正在见证某个事关重大的事件。为了人类的记忆,它必须被记录下来,但记录的方式,必须是独一无二的。电视台的拍摄方法都是错误的,那种小报式样的新闻报道,那些时长八秒的片段,很快就会让观众习惯了那些恐惧,用不了多久,再也不会有人记得那些被平静、漆黑的石油满满覆盖的土地上,正熊熊燃烧大火的壮观景象了。而我要寻找的,是另一种类型的画面,它与电视新闻大相径庭,能够更长久地留在人们记忆之中。我希望这些画面能以长镜头的形式,近乎无休无止地延长下去。只有这样,它们真正的力量才能显现出来。

《黑暗课程》里的恐怖带着风格化,这意味着它的画面能进入更深的层面,远超我们通常所看到的电视新闻画面。而这也让德国观众看了之后觉得很不舒服。影片在柏林电影节上放映之后,容纳了将近两千人的剧场里,齐刷刷地发出愤怒的吼声。他们指责我"美化"了恐怖,有人非常讨厌这部电影,以至于放映结束后,我由过道走出剧院时,竟被他们吐了唾沫。我被告知,《黑暗课程》

具有危险的专制主义倾向,但这些敌意加在一起,反让我觉得精神相当振奋。于是我决定了,索性继续专制下去,尽我所能地专制。我告诉那些观众:"但丁先生在《炼狱》中也这么做过,还有戈雅先生,也在他的绘画中做过同样的事。勃鲁盖尔和希罗尼穆斯·博斯也一样。你们这些蠢货全都错了。"台下顿时响起雷鸣般的抗议声,那种程度你根本无法想象。德国媒体觉得,这电影针对每一个人的正直内心,做出了危险的攻击。然而影片到了海外,却都赢得了高度肯定。说到底,我肯定算不上第一个吃螃蟹的人,类似这样的电影风格化,也出现在库布里克的《奇爱博士》(*Dr. Strangelove*)里。他将核爆拍出了鲜花美丽绽放的效果,却是我所看过的最能让人感受到痛苦的电影之一。一转眼,距离《黑暗课程》首映已有二十个年头,我有个大胆的假设:如果换作是今年的柏林电影节,如今的观众看到《黑暗课程》,一定会很喜欢的。

有人批评你这部电影都没指名道姓地说出这是科威特。

我始终不觉得有这个需要。不需要指出萨达姆的名字,还有被他攻击的国家的名字。要是再过三百年,再有人看《黑暗课程》的话,我依然不觉得有必要让他们知道这电影背后的各种史实。对我来说,除了它的荒谬和疯狂之外,战争本身再无吸引我的地方。所以《黑暗课程》有意识地超越了当下的话题和特定对象。这可以发生在任何一个国家,可以是任何一场战争。它要说的是人类可以有多邪恶。只有这样处理,它才会永不过时。恰恰正是因为我没有点出伊拉克和科威特的名字,不管到了什么时候,观众看到这些画面,听到这些声音,都会有所回应。

片中拍到的那些人,我是通过多家机构才联系上的,那些组织专门帮助被酷刑折磨的受害者。而且我是有心要找经过酷刑折磨之后失去了语言能力的那种人。这部影片存在一种失衡的关系，我希望尽可能多地跟这些受害者对话，但科威特政府始终对我的行动严加提防，最终还把我赶走了。他们由一开始就希望我要拍的这部电影，能展现自己国家积极奋进、乐观向上的重建工作，希望我能去拍一下油井的清理，还有他们从头再来的英雄气概。他们希望我这部电影呈现的，希望能让全世界看到的，只是英勇的消防员和救援队，而非伤痕累累的受害者。我想要触及的，是战争在某些人身上留下的最为深刻的伤痕，但当权者反对我这种做法。于是某天下午，我收到了广电部让人送来的一封信，他们毫不掩饰地表示，祝愿我们第二天一大早离开科威特的航班一切顺利。这显然就是一纸驱逐令，这种情况下如果我还坚持要继续拍摄的话，他们肯定会没收我拍好的素材。所以，我迅速打包离开了。

片中既有远处的风景画面，也有地面上的消防队员。

《黑暗课程》既是我的作品，同样也是属于英国摄影师、联合制片人保罗·贝里夫（Paul Berriff）的一部作品。照理说，两个和尚，反而有可能没水喝，但保罗是个能力很强的人，所以我们合作得相当顺利。可以说，我之所以能拍成这部电影，全要归功于他。看过CNN的报道之后，我就知道自己一定要去一次科威特。第一步就是要找人，随便是谁都可以，只需要他有当地的拍摄许可证。就这样，我找到了保罗。油田里的大火灭得很快，速度超过想象，所以我必须争分夺秒。初次见面，我和保罗约在了维也纳一家宾馆。聊过之后才知道，虽说相关手续他都已经办齐，但究竟要去拍些什么，他其实并没有完全想好。谈了二十来分钟，我就问他："你有没有勇气从本片导演的位置上退下来，仅仅只担任摄影一职？"保罗站起身来，鞠了一躬。"那将是我的荣幸。"他说。他是个很有勇气的人，凡事身体力行，不屈不挠。在此之前，他自己也拍过几部很大胆的作品，主题都是诸如海上救援队这类人物，他们坐着直升机飞到北海上空，靠着一根缆绳把自己吊下去，搭救落水的人。二十世纪七十年代，他还替BBC拍了几部有关北爱尔兰政局动荡的电影。他曾甘愿冒生命危险，救人于水火之中，还因为这些英勇事迹拿过不少奖状。

寻找一位技术过硬的直升机驾驶员，也是当务之急。幸好保罗早已联系到了杰瑞·格雷森（Jerry Grayson），那是一位飞行专家，拍过不少好莱坞电影。对于科威特的地形，还有正燃烧的油井周围的气流变化，他都很有心得。怎么样的飞行模式，有利于完成一段航拍镜头，他也能事先都考虑好。特别幸运的还在于，他具有一种真正的电影叙事上的智慧，凭直觉就能知道，下一步往哪儿移动，可以更顺利地讲好故事。这一次，从头至尾我都没上飞机，在我抵达科威特的两天之前，那些素材就已经都拍好了。负责航拍的西蒙·韦里（Simon Werry）是这领域的专家，他知道我需要能反映这片风景的连续不断的航拍镜头，数量越多越好。即便换我亲自上阵，那些镜头也不可能每一个都拍到。而且当时那片油田附近的气温一千摄氏度都不止，倘若直升飞机经过的空域，热量骤升的话，很有可能机毁人亡。所以飞经油田上空时，杰瑞出于安全考虑，只能自己来拿主意。他做得很棒，让西蒙可以尽可能长时间地持续拍摄一个镜头。

起初有人建议我围绕雷德·阿代尔（Red Adair）来拍摄，拍他如何指导救火。但他采用的方法，需要用到各种你所能想象得到的最重量级的器械，还要按规矩做好各种预防措施。他在这方面极其一板一眼，过于官僚主义，已经到了胆小怕事的程度。他要求摆放到位的，都是些最昂贵、最先进的设备，光是这项工作就需要几个月才能完成，而灭火本身，他更是预计需要用上四五年时间。当地人几乎都不支持他的这种做法，最终，那场大火在半年之内就被扑灭了；只是那些现场工作人员，都为救火冒了很大的风险。片中拍到的那些人，我想应该是美国或者加拿大的消防人员。当时还有来自伊朗、匈牙利和全球各个地方的消防队。伊朗人最厉害，他们设备不多，所以可以说是，几乎就靠着赤手空拳在灭火。凡是跟他们打过交道的人，提起他们来，都佩服得五体投地。

之所以能和保罗成功合作，原因之一便在于，我们能互相理解。在救火现场拍摄时，我们决定不使用可变焦镜头，光从这一点，便能明显看出这份默契。出现有意思的画面时，我们会自己靠过去，尽可能和消防队员并肩站在一起。绝大多数拍摄都由保罗完成。全程我们都使用胶片作业，有时候这也会带来一些麻烦，因为还没用过的电影胶片，必须要适应新的气候环境，没法直接拿出来就用。摄影机上的片匣必须用铝箔保护起来，一卷胶片拍完，一定要尽快远离热源。只要有可能，我们都会在背风的地方拍摄，因为这样的话，前方的热浪能被吹散一些。我们用的是常规的摄影机，身上穿着防护用的诺梅克斯（Nomex）衣裤，就是一级方程式赛车手穿的那种。即使身陷火海，靠着它，也能多坚持半分钟时间。我们还在防火手套上开了洞，好让手指能伸出来操作机器。每隔四十五秒，消防队员会用水把我们从头到脚浇一遍。此外，走路也要小心，不然鞋底有可能会熔化。有一次，保罗从我们躲避热浪的障碍物后头冲了出去，想要更靠近火场去拍些镜头。结果，他脸上没被摄影机覆盖到的那半边，立刻就红了起来。我赶忙跟上去，把手盖在他脸上，挡一挡热量。也就十秒钟的工夫，我那副皮手套就烧着了。我们用来收音的麦克风，也有一支被烧熔了。事实上，整部片子给人留下最深印象的，恰恰就是火在烧的声音。但你一定得找家有杜比环绕声的影院，才能真正体会到这一点。火焰间歇式地爆发，火柱射向天空，高度可达九十多米。它破空的巨大压迫力，产生的声音像是四架大型喷气式客机同时起飞升空。这时候你哪怕是喊破了嗓子，都没人能听到。这一次的经历，带有某种身处浩瀚宇宙的感觉，远超地球之上国与国之间关系的狭隘范畴，感觉真的很像是在另一颗星球上拍摄。

你曾经说过，和《复杂蜃景》一样，《黑暗课程》也像是一部科幻片。

之所以称其为科幻片，是因为我想要说明这么一点：虽说大家都知道，《黑暗课程》这部电影一定是在我们星球上拍摄的，但全片从头至尾，能让人辨认出是我们星球的画面，一帧都没有。通过画外音，我将这部影片——还有我们的观众——放在了我们太阳系中某颗昏暗漆黑的星球上。

之前谈到《复杂蜃景》的时候，我说那些都是让人觉得尴尬难堪的风景。但出现在《黑暗课程》里的风景，就已经不光光是尴尬难堪了，那完全就是被伤害到残缺不全的风景。我想要记录的，不仅仅是针对人类所犯下的种种罪行，更是针对创世本身所犯下的罪。似乎整个世界都在燃烧殆尽，再加上使用的音乐的关系，我索性称这部影片为"写给一颗不适合居住的星球的安魂曲"。和试图记录一场天灾的《苏弗雷火山》不同，《黑暗课程》展现的是被人祸严重伤害了的风景。它带给我们的感觉，就像是有外星人降落在了一颗不知名的星球上，他们正在观察周围的一切。片中有一处，某位消防队员做了一个手势，此时，我在画外音里说道："我们遇到的第一个生物，试图向我们传达什么信息。"当他点燃那一股喷涌而出的石油时，这种想法也就变得更清晰直白了。我通过画外音想要说明的就是，这些人的头脑已被疯狂所占据，他们之所以重新点燃火焰，是因为他们无法想象没有了火的生活。火焰重燃，又能去灭火了，这让他们重又获得了快乐。事实上，那股喷涌而出的石油，已汇聚成一片小湖，它面积越来越大，正逼近其他地方的明火。要是真一块儿点着了，那麻烦可就大了。所以，抢先就把那一小股石油给点着，是有实际原因的。我提前跟那些消防队员打了招呼，他们什么时候准备采取行动，务必预先通知我们，好让我们拿好机器过去拍摄。

你是怎么挑选音乐的？

这是非常水到渠成的事。剪辑过程中，我一边看素材，一边播放一段音乐。仅需十五秒钟，我就能知道它合不合适。每个段落的配乐，我最多只需要试个两三次，就能完成。《黑暗课程》这个片名，出自弗朗索瓦·库普兰（François Couperin）作曲的《熄灯礼拜》(*Leçons de ténèbres*)，那也是我最早接触的音乐作品之一。在《复杂蜃景》里，我用到一段很美妙的《熄灯礼拜》早期录音版本，演唱者是瑞士男高音于格·居艾诺（Hugues Cuénod）。等到拍《黑暗课程》的时候，我一下子就想到了它，觉得应该以此来作片名。

《来自深处的钟声：俄罗斯的信仰与迷信》(*Bells from the Deep: Faith and Superstition in Russia*)**里，出现了一批来自西伯**

利亚的人物。

我找了一些俄国人，请他们替我到处搜索一下，找出能给他们留下最深刻印象的，自称是耶稣基督再世的人。在当时，全西伯利亚大概有一百个这样的人，彼此之间还有竞争。最终推荐给我的是维沙利翁（Vissarion），他以前当过警察，某天忽然发现自己其实是耶稣。他住在西伯利亚克拉斯诺亚尔斯克一间小公寓里，过着苦行僧一样的生活，但他在莫斯科还有位经纪人。不过，这并不让我觉得有什么，因为我更相信自己的感觉，相信他确实不简单。这部电影里的信仰治疗师，阿兰·丘马克（Alan Chumack），过去也算是俄罗斯电视荧屏上家喻户晓的明星，搞过外星人绑架事件情景再现的节目。在意识到自己拥有超高人气之后，某天他忽然宣布，他还拥有通灵的超能力。

全片我最喜欢的人物，当属尤里·尤雷维奇·尤里耶夫（Yuri Yurevitch Yurieff），他从小就是孤儿，后来当过电影放映员，最终做了教堂里的敲钟人。拍完他敲钟的画面之后，第二天我就坐飞机离开了。又过了几个月，在我已开始剪辑时，摄影师约格·施密特－赖特怀恩和我提到，"你走之后，我们和尤里一起吃了顿饭，他说起了自己的人生经历。尤里是个孤儿，曾经花了不少工夫寻找失散的家人。"我赶忙又杀了回去，把教堂钟楼顶上的积雪扫干净，让尤里换上跟上次一样的衣服，拍摄时还特别注意取景，以免严冬的景色进入画面穿了帮。我请尤里再说一下他的人生故事，他谈到了寻找双亲的过程。这样的人生故事，折射出了整个俄罗斯民族的悲剧。经历了希特勒的入侵以及斯大林的肃反，死亡或是失踪的人，不计其数。他小时候被人找到，人家问他叫什么名字——自己的名字、中间的父名，还有最后的家族姓氏——但他只知道一个劲儿地说着"尤里"。在我看来，他是一位真正的音乐家。他在钟楼里牵动那些绳子的方式，真叫人觉得匪夷所思，而他敲出来的钟声，也确实很有深度。我原本的计划就是，影片一上来先拍一所修道院，一位修士，只身敲响了一座钟。然后再拍到俄罗斯各地，敲钟的场面变得越来越大。原本去拍尤里时，只打算让他出现在这些敲钟场面靠近中段的某个地方。此外，我还花了不少时间，想要找位隐士拍一下。照理说，登广告可能并不是想要寻找此类人的最佳途径，可我还真就这么找到了一位。其实他也不能算是标准的隐士，他是个杀人犯，被关在圣彼得堡附近一所监狱里。在靠近监狱足球场的地方，他自己建了一所小小的修道院，像修士那样生活着。为找到一位真正意义上的隐士，我做了不少努力，还请了好多有路子的人帮忙一起找。就这样还是没能找到，我想俄罗斯应该已经不存在隐士了。即便真还有，一定也是凤毛麟角，而且肯定隐藏得好极了。

你会说俄语吗？

会一些单词，听人对话的时候，多少能知道他们在聊些什么。《来自深处的钟声》的关键人物是维克托·达尼洛夫（Viktor Danilov），他是位口译员，是我在彼得·弗莱希曼（Peter Fleischmann）的《上帝难为》（*Hard to Be a God*）剧组认识的，我在那部片子里演了个小角色。拍摄《来自深处的钟声》时，尤其是拍摄我们那些对话时，维克托帮了大忙，而且他始终很清楚我的想法，知道我希望整部戏往哪个方向走。有时候，我感觉拍摄对象谈的内容，似乎已经偏离了主题，但他会看着我，用表情做出提醒，像是在说："别打断他！"要不是有他在，这片子我肯定拍不成。

《来自深处的钟声》里，有什么东西是你虚构的吗？

那取决于你对"虚构"的定义。山顶上站着一个女人，她解释说，当地人称之为"耶路撒冷第七山"。她说那座山曾经裂开过一个口子，远道而来的朝圣者看到里面站着一队唱诗班，正在歌唱。那里面还有一座大教堂，用来献给被伯利恒的希律王杀死的一万四千个小孩。然后她跪倒在地，向前爬行。她爬到一段树桩前头，触摸它。那是一棵松树，被人砍成现在这样，那人砍完树之后，当场就瞎了双眼，送了性命。"在圣山之上，谁都不可以砍树，不管怎么伤害它们，都不允许。"她解释说。按照她的说法，这树桩具有神奇的力量，能治病救人。说完这些，她回头望着我，想知道她是不是还应该再继续爬上几圈。站在机器背后的我，冲她点了点头。片中还有一位老年女性，就是手上裹着绷带的那位。她说自己的猪从猪圈里逃走了，它抽了疯，竟然攻击起牛来。于是她抓起棍子，冲它大声吆喝，就是在那时候，猪转身奔向她，咬伤了她的手。所有这些，和"信仰与迷信"又有什么关系呢？这就像是我读书的时候，老师要求我们写文章，谈谈德国文学，结果我总会离题万里。"你本该写一下荷尔德林才对，"老师会对我说，"可你写的这些，完全就不着调啊。"时至今日，我早就离开学校了，大可以随心所欲地把这疯猪的故事放在我的作品里，而它显然是和信仰与迷信有关系的。总之，我就那么拍了。

我拍《来自深处的钟声》，并非要像民族志电影或民族志书籍那样，记录关于俄罗斯的诸般事实。倘若那样的话，那就像是非要把一首荷尔德林关于阿尔卑斯山的诗作，当作是出自一八〇二年的一则天气预报一个道理。这部电影的精华部分，全都是我编造出来的。它由蒙古西北方向的图瓦加盟共和国开始，一位老人正用喉音歌唱着山川之美。之后还会出现两个男孩——

一个十二岁,另一个十四岁——唱着一首情歌。但这些又和信仰有什么关系呢?可它确实就符合这样的一部电影;只要是在表白心迹,那就是一首宗教赞美诗。后面我们又看到一群人专注祈祷的样子。拍摄这一幕的经过是这样的:我们正驱车前往某外景地,我注意到在远处有一片冻住了的湖泊,冰面上站了十来个人。过去一看,发现他们在冰上钻了洞,此刻正静静地坐着,潜心钓鱼。户外天寒地冻,他们一个个都弓着身子,背向寒风,面朝同一个方向。于是,这些人看着就像是全神贯注陷入冥想之中,所以我在影片中说他们是一群正在祈祷的朝圣者。

最后还出现了两位速度滑冰的运动员。当时我从远处注意到了他俩,冲他们吹了口哨,把他们叫了过来。我解释说,我希望能把他俩放在片中。他们只需在冰上滑来滑去,穿过途经的行人,由画面之中进进出出即可。两人答应了,但实际开拍之后,却急于炫耀自己的冰上功夫,越滑越快,感觉像是发了疯一样。他们中间有一位,过去是苏联国家队选手,所以很想在镜头前露一手。拍这段戏的时候,我已经想好了要用哪段配乐,所以画面必须要符合那段旋律的节奏。我告诉他俩,速度要慢下来,举手投足要带一些庄重感和华丽感,沉着地飘入画面之中。我们一连拍了几遍之后,他们终于明白了我想要的效果。你可以去看一下这场戏,注意一下他们做动作时的精准程度。

消失的城市季特日(Kitezh),那传说是不是真的?

我说过,经由虚构、编造和搬演,我们能获得一种更为深入的真相,《来自深处的钟声》便是最能代表这种情况的案例之一。我取了一个事实——在很多人看来,这个湖就是那座消失了的城市的最终归宿——针对它所反映的情况,去探求真相,以获得一种更具有诗意的理解。我在当地听人说起这则传说，他们对此深信不疑。按照他们和我说的版本，据说那座城市几百年间不断遭受入侵的鞑靼人和匈奴有计划的抢掠与破坏。城里的老百姓向上帝呼救，求神能救赎他们。于是上帝派来一位大天使，他将整座城市投入一片无底的湖泊，让他们过上了幸福快乐的生活，终日唱唱圣歌，敲敲大钟。每年夏天，都会有朝圣者来到湖边，手足并用地绕湖爬行，一边做着祷告。初冬的时候我也去了一次，想要拍一下朝圣者站在冰面上往湖底看，试图一睹那座消失了的城市的画面。不幸的是，我什么人都没见到。于是我索性从附近镇上雇了两名醉汉，让他们来扮演朝圣者。其中一人脸冲下趴在了冰面上，看着就像是已深深地陷入了冥想状态。但用会计师的真相来说：其实他很快就睡着了。

几年之后的《在世界尽头相遇》里，有组画面与之非常相似。音效设计道格拉斯·奎因（Douglas Quin）给我听了一组录音，那是海豹在水底下发出的叫声，非常奇特——片中有位专攻南极洲的生理学家，称之为"无机物的声响"——于是我请那些科学家跪在冰面上，做出他们想要透过冰层，听见水底下传来的那些声响的样子，它听上去就像是早期的电子乐。所有这些内容，完完全全就是安排好了的，因为我希望这个镜头拍出来，能具有一种完美的平衡感。毋庸讳言，在真实生活中，这些科学家是肯定不会做出此类举动的。这个镜头我们反复拍了好几遍，他们也只好按我的要求重复这些动作，以至于其中有位女科学家的耳朵，都冻在了冰面上，我只好拼命向她道歉。拍摄《在世界尽头相遇》的时候，我注意到那些潜入罗斯冰架——位于南极洲的一处海湾，面积相当于得克萨斯那么大——底下的潜水员，平时都寡言少语的。于是我脑海中浮现出这样一番景象：他们就像是一群神父，正在筹备弥撒仪式。潜到冰下之后，这些潜水员所要面对的，是一种被分离出去的现实，空间与时间都有了一种怪异的崭新维度。负责水底拍摄的亨利·凯瑟（Henry Kaiser）——他拍摄的素材出现在了《浩渺的蓝色远方》里——告诉我，在罗斯冰架的潜水经历，改变了他的观念。我在片中说到，有过这种经历的人，常会把潜入冰底的海洋之中，说成是"下到教堂去"。这句话其实是我自己编出来的，但下到冰层底下的感觉，确实近乎某种宗教体验，就像是只身面对上帝创世过程的精髓部分。

我们在《来自深处的钟声》中的所见所闻，能否代表今日俄罗斯人的总体态度和情绪？

对于信仰和迷信这回事，许多俄罗斯人——也包括我妻子——持一种达观的态度。俄罗斯人的灵魂，有着独一无二的深度。信仰和迷信之间的分界线，对于他们来说，常会有些模棱两可。我要解决的问题就是：怎么能在六十分钟之内，描绘出一整个民族的灵魂来？从某种程度上来说，那些寻找消失之城的醉汉，就代表着俄罗斯，整个国家其实暗中都在寻找那座消失了的季特日城。看过《来自深处的钟声》的俄国观众，都觉得这场戏是全片精华所在。那些人目不转睛、高度专注地往下看着水底的深处，他们身上散发出的虔诚激情与宗教热忱，俄国观众都看懂了。

你有些电影的配乐是弗洛里安·弗里克写的。

初见他大约是在一九六七年，在一位实业家家里——正是那人的妻子带我去了非洲，拍了《东非飞行医生》。弗洛里安有栋大宅，我们会在他家草坪上踢足球。他受过古典音乐训练，钢琴弹得很好，曾在弗莱堡大学专修钢琴，但因为受伤的关系，没能坚持到底，转而当起了作曲家。这几十年间，他始终是我信赖的合作伙伴，包括《木雕家斯泰纳的彻底忘我》《陆上行舟》《诺斯费拉图：夜晚的幽灵》和《玻璃精灵》等影片，全都由他负责配乐。他还在《生命的标记》和《卡斯帕·豪泽之谜》中扮演了钢琴家的角色。我们的合作亲密无间，很多时候，剧本还没写好，我就先把构想好的故事说给他听了。但我们不谈配乐本身，我们谈的都是故事的内在戏剧性，或是我某些特定的想法。在我看来，他首先是一位诗人，其次才是音乐家。对于一则电影故事的内在叙事，他的感觉从来都是很准的。他始终能做到这一点：他创作的配乐是一个切入点，换作其他方式无法进入的维度，通过他的配乐，就能切入了。举个例子，我之前就说到过《复杂蜃景》的配乐。他的配乐为影片增加了多个维度，对于我们来说，原本完全就不知道还存在这样的维度，因为它们的存在，我们改变了原本的认知。没有了这些维度，我影片中那些神秘的东西，还有深埋在我们灵魂中的那些东西，只能继续保持神秘，永远隐藏着。是他的配乐带来了这些维度，令其不再隐身。电影中的一幅画面，配上他写的音乐后，虽说仍是同样的一束光线投射在银幕之上，但意义已不再相同。想一下《发光的山》里的悬崖峭壁，伴随着他的一人乐队"波波尔·乌"的旋律，那些画面也有了一个神圣的光环，释放出奇怪的魔咒。

我把自己的要求说给他听——要求充满人类的感伤情绪，还要有超现实味道——结果他交给我的，并非真正的人声演唱，但也不完全是人造的声响；它恰好位于两者之间，两边都不靠着。我原本想要的，是听上去不像是来自这个世界的人声合唱。但他用上了一种古怪的乐器，它名为合唱风琴，与电子琴有些相似，包含三个磁带组,每组十二盘磁带,并行播放,循环往复。每盘磁带是一个人声,从头至尾一个音调。组合在一起,它就像是一支合唱团,但音质有别于人声,带有某种异样的人造感。这就是他,类似这样的点子层出不穷。不过到了最后,我们还是分道扬镳。他投入了"新纪元运动"那种伪文化的怀抱,音乐风格全都变了。想当初我常跟他开玩笑说:"你可一定不能变老,你必须得英年早逝才行,那样就永远年轻,永远美丽了。"真是言犹在耳。二〇〇一年他去世之后,我问他妻子,手里是不是有他什么作品是我从没听过的。她给了我一些,我把它用在了《时间之轮》里。这段旋律不仅有助于联系各个画面,同时也是我向着我这位好朋友,深深鞠下的一躬。

对你的电影来说,音效设计始终具有很重要地位吗?

事实上,我就是在拍摄自己第一部电影时认识到了这一点:许多电影,拍出来结果如何,其实都取决于电影里的声音。一部电影的肌理和细微差异,常来自它的音轨。我遇到过许多年轻导演,好不容易拍成了第一部作品——克服了资金、人员组织以及各个方面的问题——但因为忽视了声音,而以失败收场。我的电影几乎全都是现场收音,相比几个月之后再进录音棚,相比在一个可控的环境中重新录音,现场收音所需的时间与精力,肯定都要更多。有时候,为收音所做的准备工作,要比找机位和布光都更耗时。说到后期的声音制作,在《浩渺的蓝色远方》的音轨上,我用到了当初拍摄《白钻石》时在圭亚那录制的吼猴叫声,我将它小心翼翼地加在了亨利·凯瑟拍摄的水下素材上。你在《阿基尔》中听到每一声鸟叫声,都是有意为之。拍摄过程中,我们尽可能多地录下各种鸟鸣,然后小心翼翼地混音,制成该片音轨,令丛林变得鲜活起来，有种危机四伏的感觉。而音轨中万籁俱寂的地方，更是都经过特别仔细的设计，每当周围一片宁静，那就一定是有印第安人靠近了，而这便意味着死亡。

我电影中的寂静时刻，每一处都很重要。拍《忘梦洞》的时候，我请其中一位科学家，让·克罗特（Jean Clottes），谈到洞穴内是如何的深度寂静，以至于你能听到自己的心跳声。我还在音轨上添加了微弱的心跳声，再加上洞穴内极其细微的水滴声，在这种背景中，浮现出恩斯特·雷塞格（Ernst Reijseger）的大提琴演奏声。这让我想到了塔维亚尼（Taviani）兄弟执导的《我父我主》（*Padre Padrone*）里有个地方，父亲对儿子说："闭上你的眼睛，好好听着。"那一刻，我们听到的，全都是树叶轻柔的沙沙声。撒哈拉大沙漠里的万籁俱寂给我留下极深刻的印象，永世难忘。还有年轻时，我坐在克里特岛渔民小小的渔船上，随他们一同消失在茫茫夜色之中时，强劲的矿灯光芒，吸引着鱼群靠近，它们在水面上纵横交错，像是一股股穿梭的银线，水面上还倒映出满天的繁星。那一刻，无人说话，只剩死寂。我的电影里明显不太看得到城市生活，而这并非巧合。我极少会在大都市里拍摄。我很欣赏布列松的电影，他的作品里就有很多寂静时刻，而且那是各种各样的寂静，彼此之间还都不同。可以拿这种精妙细微的东西，和类似于《现代启示录》那样的电影做一番比较，后者充斥着扑面而来的巨大声浪，那种感觉就像是在观看一部早期的彩色电影，各种毫无道理的鲜亮艳丽的画面，全都张牙舞爪地袭来。

你识谱吗？

小时候，妈妈花了好几年时间，拼命想要让我对长笛产生兴趣，结果哪怕是最基本的旋律，也都没能教会我。但即便是这样，即便我还是极少数不识谱的歌剧导演之一，其实我心里很清楚，自己是一个很爱音乐的人。之所以会和音乐无缘，我相信是因为童年时我所经历的一场悲剧。那是我十三岁那年，学校音乐老师让每位学生依序站起来，演唱一首歌曲。这种做法的背后，是当时盛行的一种意识形态，认为不管你能不能开口唱歌，人人都有与生俱来的音乐天赋。轮到我的时候，老师让我站起来。"我是不会唱的。"我告诉他。气氛迅速变僵。那时候的我，正值天不怕地不怕的年纪。"先生，哪怕你能来个前空翻，再接一个后空翻；哪怕你能踩着墙壁，飞到天花板上去。我——是——不——会——唱——歌——的。"我对老师说。他气坏了，找来了校长。我就那么站着，面对全体同学，听他俩讨论着是不是要把我赶出学校。这事情闹大了，但我不管，我就是那么犟。于是，这两个杂种拿全班同学来要挟我。"赫尔佐格不唱，谁都不能走。"大伙儿开始对我施压，"唱吧，你别担心，我们根本就不听你唱。我们只是不想课间休息都没法出去。"校长坚持不肯放过我，不让同学们下课。我照样不肯退缩，但坚持了四十分钟，还是为了同学们考虑，开口唱了一曲。一边唱，我心里就想好了，这辈子再也不会唱第二次歌。我默默告诉自己："我再也不会屈服于任何人。"

那段时间里，我杜绝自己接触任何音乐，那真是一个痛苦的决定，在我内心造成了严重的空虚。现在想想，要是能让我毫不费力地就能拉好大提琴，就像是呼吸那样与生俱来、轻松自如，我宁可折寿十年去交换这种本领。最上乘的音乐，有着能抚慰人心的作用，可能只有宗教，或者是和小小孩在一起的时候，才会有类似效果；除此之外，再也没有什么替代品了。那件事之后，学校的音乐课上，我变得越来越自我封闭，就像是去了另一颗星球上。我捂上了耳朵，从十三岁到十八岁，我的生活中不存在音乐。走出校园之后，我在这方面感觉到一种巨大的空虚，于是又带着极大的热忱，重新投入音乐的世界。我并未获得任何人的指导，我由海因里希·许茨听起，然后再到巴赫、奥兰多·迪·拉索、卡里希米（Carissimi），再是贝多芬以及当代的作曲家。后来我又接触了杰苏阿尔多的《牧歌第六部》(Sixth Book of Madrigals)，真的是醍醐灌顶。我实在是太激动了，半夜三点就忙不迭给弗洛里安·弗里克打去了电话。他耐心听我胡言乱语了半个小时，只是回答了我一句："懂音乐的有谁不知道杰苏阿尔多的，你却搞得像是发现了新的行星一样。"但对我来说，那确实就是我那一刻的感受，像是在我们的太阳系中又有了一件了不起的新发现。"你有心理准备了吗，接受这样的侮辱：这次的歌剧导演，压根不识谱？"执导歌剧时，我总会和交响乐团的指挥说这样的话，"不过，在听的方面，我是一把好手。"

《将世界转变成音乐》是在拜罗伊特瓦格纳音乐节上拍的。

瓦格纳的音乐，我相对来说接触得较晚，但一接触到，就彻底迷上了。现在你要问我如何评价他的作品，那就是：绝对属于史上最伟大的音乐作品之列。我第一次听《帕西法尔》，是在拜罗伊特音乐节上。那是一次排练，观众席里没什么人。那次的演出，起初二十来分钟，孔德丽始终躺在地上，看着就像是岩石的一部分，不露声色。然后，忽然一下子，她站起身来，开始大喊大叫。这一幕对我震撼之大，令我身子猛地弹起，将前排座位整个顶开不算，连我自己坐的这排位子，也在我剧烈动作之下，整个被扯翻，座位底下的固定物都被拉散架了。随着椅子翻到，我也跌了个人仰马翻，还连累了一旁坐着的瓦格纳的孙子：沃尔夫冈·瓦格纳。他爬起身来，赶紧过来看我要不要紧。我本以为这下子要被他炒鱿鱼了。可他却俯下身子，拉着我的手说。"终于有观众知道究竟应该怎么听这音乐了。"我很清楚，瓦格纳算不上是一个特别讨人喜欢的人，还有他的反犹思想，我也十分了解。不过，要是仅仅因为希特勒喜欢，就批评瓦格纳，那和因为斯大林的关系而批评马克思一样毫无道理。

沃尔夫冈·瓦格纳给我拍了份电报，邀请我为拜罗伊特音乐节执导《罗恩格林》（*Lohengrin*）。我马上给了他回复，回答得十分简单，就一个字："否。"但他拒绝接受我这样的答复，不依不饶地像条小狗那样追在我后头，我每拒绝一次，他就再找我一次。经过几周的拉锯战，他终于起了疑心，想到要问我是不是根本就没听说过这部歌剧。我告诉他，确实如此。于是他表示："那你可不可以先听一下？我这就把我最喜欢的那个录音版本寄过去。如果听过之后你的答案依然是否，我就不会再缠着你了。"第一次听《罗恩格林》的序曲部分，我就完全被震住了，那感觉就像是被闪电击中一样。如此气势恢宏、旋律曼妙的作品，我再也没理由拒绝瓦格纳的邀请。"我们不妨先来一遍序曲，大幕先关着，别拉开。"我对他说，"等观众迫不及待想要听这部歌剧的时候，我们再开幕，再演一遍序曲部分。"我觉得，打那一刻开始，他就喜欢上我了。想当初，我写《陆上行舟》剧本的时候，原本决定要让主人公菲兹卡拉多在丛林里听瓦格纳的音乐，但真的到了秘鲁，我自己听了一下歌剧《齐格弗里德》（*Siegfried*），这才意识到他的音乐和这片风景以及我想要讲述的故事之间，明显存有隔膜。它的日耳曼风格太强烈了，不相信的话，你可以自己去热带丛林里听听看，就会知道是不是相衬了。最终我用了贝利尼（Bellini）的《清教徒》（*I Puritani*），配上丛林的背景，那是唯一可行的办法。

一九八七年，我执导的《罗恩格林》在拜罗伊特音乐节上首演，之后一连演了七年，直至一九九四年。也正是在那一年，我拍了电影《将世界转变成音乐》。这部电影，必须放在这个大背景中来看。之所以要拍，有着明确的目的性，为其服务，也属于我那一类"实用"电影。在那之前的几年里，在拜罗伊特音乐节上演出的歌剧全都做了录影，希望能放在横跨法德两国的电视频道 Arte 上播出。他们计划把瓦格纳的所有歌剧——加在一起大约要四十个小时——整个播出一遍，预计需要一个月的时间。于是这就需要拍一部介绍这个音乐节的先导片了。Arte 方面提出，这部影片要拍出"拜罗伊特神话"的感觉来，但我觉得那挺不靠谱的。我告诉他们，我会把焦点放在音乐节更实际的层面上，我无意掺和瓦格纳原教旨主义者那套东西，也不想把拜罗伊特音乐节拍得神乎其神的。至于多明戈在片中谈到这音乐节是许多人心中的朝圣之所，这儿的演出都是神圣的仪式，那都并非出于我的本意。我感兴趣的是在拜罗伊特，你能感受到有别于其他任何一个歌剧音乐节的风气与氛围，那是真正在欣赏音乐。这一点，看一下来参加音乐节的女性全都不戴首饰（不像是她们去米兰和萨尔茨堡音乐节的时候），觉得那样做会显得与拜罗伊特的气氛格格不入，就能略知一二了。参与音乐节的那些工匠，让我深深着迷。他们每年此时都会耗费数月时间，为制作歌剧演出而准备。我最后一次在这里执导《罗恩格林》的同时，靠着轻易就能接触到各路同事、乐师、歌手的便利条件，拍了这部《将世界转变成音乐》。那一年的音乐节上，包括海纳·穆勒[1]执导的《特里斯坦与

1　海纳·穆勒（Heiner Müller）：德国诗人、剧作家，被誉为"贝克特之后最伟大的剧场诗人"。代表作有《哈姆雷特机器》(*Hamletmachine*)等。

伊索尔德》(*Tristan und Isolde*)在内,来了不少新剧目、重要剧目。所以在影片中,我自己的《罗恩格林》只占了很小一块。重要的是要记住,当初瓦格纳本人对于这个音乐节的定位就是,它是一个工场间。在这里,最重要的是工艺和实验,而非个人崇拜。我执导《罗恩格林》的头几年里,每年都会对演出做些优化和改进。于我而言,这段经历也是一次重要的学习过程。

在影片中,我本人关于拜罗伊特音乐节这个非比寻常、独一无二的地方的现实状况的沉思,也以风格化的形式,呈现在我的防空洞之行中。原本我大可以打开整个照明系统,但恰恰相反,我只拿着一个小火把,在看门人的引领下,走进了这个昏暗、神圣的地下室,此举令我的防空洞之行有了更多神秘色彩。在那里,收藏着瓦格纳的手稿和乐谱,两者结合在一起,绝对堪称德国文化的一座丰碑。

为什么会在二十世纪八十年代产生想要执导歌剧的愿望?

并不是我自己有这种强烈愿望,我是实打实地被别人硬拉进来的。当初拍摄《陆上行舟》,开头那段歌剧演出的剧目——威尔第的《埃尔纳尼》(*Ernani*)——虽然是我自己挑选的,实际的演出导演却是维尔纳·施勒特尔(Werner Schroeter),而不是我。拍摄《陆上行舟》之前,我从没进过歌剧院。几年之后,曾被我拒绝过好几次的博洛尼亚歌剧院的女院长,不知怎么的,竟成功说服了我,先去她们那儿看看。一踏进剧场,我立即被那地方的物流系统和机械设备所吸引了。等我往舞台上那么一站,须臾之间,周围就聚拢过来四十多位舞台布景、电工什么的。他们的动作并不激烈,但围成的这个圆圈,却给人固若金汤的感觉。很快,这些人肩并肩地紧贴在一起,把圈子越缩越小,将我堵在了中央。

"他们选我做发言人，"有人对我说，"我们通过了一项集体决议，除非你在合同上签字，答应在我们这儿执导一部歌剧，否则我们不会放你走。我们希望你能加入我们。"我环顾四周，这一个个意大利人，不约而同地点着头，脸上露出毅然决然的表情。我问他们："合同在哪儿？"大伙儿簇拥着我去了办公室，俨然已是一个整体。我在合同上签了字。我喜欢这些意大利人，他们天生就有种热情，而且能将它转化成行动。而我在音乐方面不受某些观念影响，不随波逐流的特点，也深受他们喜爱。我不会被某种特定的歌剧演出方式所左右，所以不管要执导的是哪部作品，必定会找到不一样的切入点。签完合同没过多久，我在博洛尼亚看了一出歌剧，对于整个演出空间和技术上的变数，都有了初步认识。

一九八六年，我第一次执导歌剧，那是布索尼（Busoni）的《浮士德博士》（*Doktor Faust*）。布索尼生于托斯卡纳，但他母亲是的里雅斯特（Trieste）人。他一生大多数时间都在德国以及那几个德语国家度过，结果就是，意大利人从不拿他当老乡，德国人也不认为他是同胞。他创作《浮士德博士》的时候，是世界音乐史上一个颇为奇特的时期。十二音体系即将普及，但在此之前，各种创作似乎都暂时停止了下来。《浮士德博士》是一部未完成的作品，到处都是空白以及前后不一致的地方，但我是甫一接触便觉得很有信心，感觉如鱼得水。相比之下，虽说我很快便发现了，哪怕是最棘手、最混乱的故事，哪怕是类似于威尔第的《圣女贞德》（*Giovanna d'Arco*）这样的东西——原本写的是牧羊女爱上国王的故事，但就在临开演之前几天，被改成了圣女贞德的故事，就连意大利人自己都觉得，那些台词根本就没法演——我也都对付得了，但还是有些作曲家的作品，会让我觉得不得其门而入；比如勋伯格的《摩西与亚伦》（*Moses und Aron*）或是贝尔格（Berg）的《伍采克》（Wozzeck）。我执导的歌剧作品，第一时间便能获得其他人的认可，这是我拍电影时极少有机会能体会到的。歌剧带给我快乐，还有内心的平衡，但我还是得坦白，刚开始的时候，我根本就不知道歌剧演出看上去应该是什么样的，也不知道将它搬上舞台时，应该怎么做才对。

在这方面，我从没做过任何准备工作，也没看过瓦格纳写的书或是文章。执导《罗恩格林》之前，助理拿给我一大摞文学理论和歌剧理论的书籍，结果我一本都没看。我只研究了两样东西——而且是非常仔细地研究——歌剧的台词部分和音乐部分。说实话，除了我自己执导的那几部歌剧之外，我至今为止看过的歌剧演出，一共也就四五次。但歌剧的唱片我倒是听过不少。关于不同的歌剧执导风格，或是歌剧发展的趋势与流行，我都所知甚少。我只管一边聆听，一边想象自己眼前所见，然后牢牢记住这一幕幕影像，将它呈现在舞台上。我一边听，一边就能在脑海中构建出整部歌剧的结构、背景和动作。几乎没人敢相信，我第一次现场看歌剧，竟然是拍完《陆上行舟》两年之后才在米兰斯卡拉大剧院里看的。我执导歌剧的关键，在于我对音乐的爱恋。

《将世界转变成音乐》，这片名究竟是什么意思？

这就是歌剧的真义。原本我始终觉得，执导歌剧这件事和我八竿子打不着。直到我认识到，其实我由最初开始拍电影起，一直试图去做的，就是将每一个动作、每一段文字，都转变成画面。于是我不禁自忖："为什么我就不能一生至少尝试一次呢，试着将音乐也转变成画面？"

歌剧自成一体。在舞台上，一出歌剧，就代表着一个完整的世界，代表着被转变成音乐的一个小宇宙。我喜欢歌剧中风格化的表演，还有演绎得气势恢宏的各种人类情感：爱也好，恨也好，嫉妒也好，愧疚也好。歌剧中张扬的情绪，就像是人类情感的原型，它再怎么夸张变形，观众都能轻松辨识出来。我们在歌剧中看到的各种奇妙的情景，几乎就像是数学里的各种公理：它们经过提炼和集中，无须诉诸现实主义或是心理学，直接面向观众。哪怕有许多的歌剧，故事会让人很难相信，歌词也写得欠缺文采，但那都没关系。许多歌剧里的具体情节，甚至都不符合最基本的概率；各种巧合，感觉就像是连续赢了五次六合彩。但是，一旦乐声扬起，再也不需要任何的解释。刹那间，我们内心便激荡起各种最原始的情绪。就这样，故事也变得合理了，观众被震撼了。各种强而有力的内在真相，压倒了一切。剧中的事实究竟是否可信，都已经不再重要。万般皆有可能。处在这些人工制造出来的世界之中，没有了现实的存在，再加上舞台上发生的一切，也始终都由音乐来支配。在这种情况下，我的工作与其说是"执导"（directing），还不如说是"排演"（staging）才对。歌剧的排演，一定不能过于复杂或是极端，以免妨碍了音乐本身的效果。很长一段时间里，在德国歌剧界占据统治地位的，一直是所谓的导演剧场（Regietheater）制度。于是《罗恩格林》被设在了奥斯威辛，《弄臣》主角登场的时候，骑着哈雷摩托车，而《费德里奥》的主人公，则成了SM派对上手执马丁尼酒的常客。

我拍电影不喜欢过多彩排，同样道理，做歌剧的时候我也不愿排练太多遍。因为那样的话会失去新鲜感。所有工作加在一起，一个月怎么都足够了。再拖下去，大家都会开始心生厌倦。所以我每次排歌剧，都尽可能想要快进快出，只是歌剧行业的实际情况，意味着我并非每次都能如愿以偿。有时候，整个过程会变得相当支离破碎、前后脱节。优秀的歌剧演员，提前几年档期就都已排满了。所以有的时候，明明一场戏需要六位演员来彩排，结果却只来了一位，剩余五位都没时间。过了两星期，那五人都能来了，之前这位却又要缺席。彩排过程中，绝大部分时间里，都不可能有整支交响乐团到场。能来的，只有一位钢琴师，而合唱队想要凑齐也不容易，往往得专门约日子。这就意味着，好不容易到了这一天，哪怕主要演员都在别处演出，一个都没法来，我们也得假装他们都在，先抓紧机会跟合唱队彩排，而且往往连替身都不会用。整个过程就像是彩色印刷，先把红颜色都印上去，然后是绿色，再是蓝色，直到这个时候，各部分各就各位，才会诞生最终的画面。但是，拜罗伊特音乐节有所不同，演出开始之前一个多月，所有人都已到位。一周时间都不需要，我已经和主要演员都排练过了，整部歌剧的流程都走了一遍，关键的地方和急需解决的难题，也都摸清楚了。

广大受众面对音乐和电影的时候，放弃抵抗，被其慑服的方式，可谓异曲同工。这意味着，相比文学或是戏剧，电影始终都和音乐更为接近。这些年来，有那么多电影人受到歌剧吸引，相继跨界，便是明证。排演歌剧的时候，我会忘记一切，包括我电影人的身份，也一并抛在了脑后。电影和歌剧之间的关系，就像是猫和狗，永远都不可能真正在一起。首先，两者在叙事上的概念，就完全大相径庭。歌剧中的人物，回答一个再简单不过的问题，都能花个五分钟，同样一句话，可以反反复复唱上三遍。这种做法，放在电影里肯定行不通。一场歌剧演出，可以同时存在两千种不同的视角；但在电影里，一台摄影机就意味着同一时间里，只会存在一种机位。歌剧演出时，由观众席任何一个角度看过去，由最后一排包厢的角落看过去，舞台会呈现出什么样子，这些都是导演必须要知道的事。演出过程中，如果哪位演员踩过了界，站得太靠右边，可能就会有整整半边的观众没法看到他的表演。刚开始接触歌剧的时候，我会走到观众席里，四处都坐一下，看看效果如何。但到了现在，即便我人站在舞台上，背对观众席，也能精确地判断他们什么看得见，什么看不见了。

跟歌剧演员合作感觉如何？

歌剧演员是一份不存在怜悯的职业。电影演员同一场戏可以反反复复地拍，错上十几二十次都没问题；话剧演员即便是忘记了台词，也可以即兴发挥，再想办法圆回来。而对歌剧演员来说，这些办法都不可行。他们会让我联想到过去的角斗士，被人扔在竞技场中央，周围坐满了嗜血的观众。过来看歌剧的观众，个个都是行家，只需一微秒的时间，就能听出你唱得走没走音。再加上他们人数又是如此之众，所以走上舞台，站到他们面前，那真是一件很需要魄力的事。一场演出结束，演员鞠躬谢幕，大幕彻底落下，那真是你不容错过的景象。这一刻，演员全都轻了几斤，一场演出真的能让他们的体重都发生变化。演出过程中，我站在舞台侧面，观众看不到的地方。灯光打在舞台上，我看着他们的侧影。透过他们口中喷洒出的唾沫星子，我都能看出他们唱得有多用劲。毫不夸张地说，真的是把自己整个儿都献给了观众。歌剧演员令人敬畏，对于这些艺术家，我绝对充满敬意。我还要向提词员致敬，他们总能比音乐更领先一步，那真是我以前从未见识过的精确度和高度集中的注意力。

坐在歌剧院里，我很少会有真正轻松惬意的时候。如果坐在前排，眼前看到的一切——从乐池直至舞台后面最黑暗的那些角落——都让我欣赏，但我身后的一切，会给我留下一种格格不入的感觉。许多歌剧院为获得足够的活力，都要仰仗天灾带来的威胁感和刻意营造出来的神秘气氛。有次我在华盛顿执导多明戈领衔的歌剧《瓜拉尼》(*Il Guarany*)，排练现场的气氛有些平淡，为了制造一些小火花，我有意无意地跟助手说了一句：首演之夜，多明戈不会到场。只用了二十分钟，歌剧院上上下下一片沸腾，就连厨房里的师傅也都在讨论这件事。一下子，每个人都进入了状态，不再浑浑噩噩。像歌剧院这种地方，有时候把它的房顶给点着了，反倒是件有益处的好事。歌剧真正让我喜欢的地方，在于我真的可以将自己置身于音乐中间。《罗恩格林》里有段婚礼进行曲，我跟着合唱队（那是全世界最优秀的合唱队之一）并肩前行，在放声歌唱的那一百二十个人的包围下——他们中间绝大多数，都足够有水平去别家歌剧院当独唱——那种感觉绝对令人咋舌，让我感受到莫大的荣幸。

有关卡洛·杰苏阿尔多的电影《五种死亡的声音》里，有很多场戏都做了不太明显的风格化处理。

不太明显的风格化处理？不对噢，片子里有些地方，完全就是我编造出来的。《五种死亡的声音》如同一匹脱缰的野马，完全不受束缚。片中说到的那些故事，大多数都是我自己创造出来的，但从中你能看到关于杰苏阿尔多的各种最深层的真相。这些真知灼见，是以往那些关于他的书籍或电影都不具备的。

杰苏阿尔多生活在十六世纪，在音乐上却有远见卓识，可以说是所有作曲家里最让我惊艳的一位。不过，我之所以想为他拍部电影，主要还是因为他的人生故事也和他的音乐作品一样精彩纷呈。经济上，他始终能做到自力更生，所以在探索音乐的未知空间时，不必仰人鼻息。他最初的一些作品，多少也算是符合他所处的时代，但到了《牧歌第六部》，杰苏阿尔多似乎一下子就跨出了一大步，领先自己的时代有四百年。那里头的音乐，前无古人，后面的来者，也仅有斯特拉文斯基这一位。所以，斯特拉文斯基曾去那不勒斯附近的杰苏阿尔多城堡朝圣过两次，还写了一部名为《纪念杰苏阿尔多》(Monumentum pro Gesualdo)的管弦乐作品，这肯定都非巧合。在《五种死亡的声音》里，有好几处，我们可以听到牧歌的五种歌声。单独听，每一种声音都很普通，可一旦组合在一起，非常神奇，它一下子就超越了时代，甚至相比我们如今这个时代，都要更为领先。我向来就很欣赏富有远见的人。杰苏阿尔多、透纳（印象派的前辈）、埃及法老阿肯那顿（Akhenaten）、赫丘里斯·塞吉斯：这四位一直以来就是我的最爱。阿肯那顿是公元前十四世纪的埃及统治者，是史上最早的一神论者，比他同时代的人领先了整整一千年。他放弃了多神论，立阿顿（Aten）为全埃及唯一的真神，禁止再崇拜其他神祇。他死之后，他让人修建的都城被废弃。各种纪念碑上，他的名字都被人悉数抹除。他创造的艺术风格，也就此消失在历史长河之中。阿肯那顿还是个遵从一夫一妻制的法老，在那个法老都有三妻四妾、后宫百人的时代里，他却始终忠于妻子纳芙蒂蒂（Nefertiti）一人。

说到《五种死亡的声音》中的风格化处理，我想说的是这样一段戏：小男孩打算学骑马，这时候我们见到了韦诺萨（Venosa）一家精神病医院的院长，他说有些东西我们不可以去拍摄，因为他必须要保护病人的隐私。其中就包括了这样两位病人，他们都笃信自己就是杰苏阿尔多，所以院长表示，一定不能让他们俩遇着对方。上述这些，纯属虚构。扮演院长的是我的歌剧经纪人。还有韦诺萨城堡里的博物馆中的那场戏，我们看到一件玻璃展示柜，里头放着的黏土泥盘上，画着一排神秘的字形符号和象形文字。第一次见到它，我就被吸引住了，当即决定，要把它放到影片之中。我写了一段相关的独白,让博物馆的馆长站在玻璃橱边上,把它讲了出来。他拿出了一封杰苏阿尔多写给炼金术士的信,杰苏阿尔多想请他帮忙破译盘子上的神秘符号。"王子彻夜不睡,苦思冥想着这些神秘符号背后的奥秘,"院长说道,"在此过程中,他迷失在了猜测与假设的迷宫之中,几乎因此丧失了理智。"他拿着的那封信,确实是杰苏阿尔多的亲笔手迹,不过信里的内容,写的不过是邀请宾客来城堡赴宴的事。院长念的那些内容,纯属虚构。院长也是假的,是由米兰法学院的院长饰演的。这场戏反映的倒是一个事实:杰苏阿尔多在世的最后几年里,彻底精神错乱了。他相信城堡周围的森林正对它步步紧逼,于是靠着一己之力,把那些树砍得一株不剩。他还花钱雇了年轻汉子,负责每天鞭挞他的身体,结果令他伤口化脓,为此丢了性命。片中还有这么一场戏,有个女人绕着杰苏阿尔多荒废了的城堡跑前跑后,她唱着他写的歌,坚称自己是杰苏阿尔多亡妻的灵魂。通过这个角色,我着重指出了几百年来,杰苏阿尔多的音乐留给世人的深远影响。我们请了著名的意大利女演员兼歌手米尔娃(Milva),来扮演这个角色。

那么杰苏阿尔多杀死他小孩的故事呢?

杰苏阿尔多有理由怀疑,他两岁半的儿子究竟是不是自己亲生的,于是他将儿子摆在了秋千上,然后让几位仆人交替着推动秋千,连续推了两天两夜,直到那孩子一命呜呼。这些情节,全都是我编造出来的。现存的某些历史档案,暗指他有可能杀死了自己尚处幼年的孩子,但未能提出绝对的证据。片中,秋千上的那个小孩,在他身边两侧各站着一支合唱队,他们歌唱着死亡之美。这情节也是虚构的,但杰苏阿尔多的音乐创作中,确实有一段唱词，说的正是这类主题。历史档案明确指出，当初他妻子和人偷情，被他抓了现行，全都丢了性命。

影片最后一场戏，是在阿雷佐（Arezzo）一次模仿中世纪骑士比武的大会上拍摄的。我本想让指挥谈一下音乐中的勇气和冒险，就在跟他说话的时候，我瞥见边上一位年轻人，他扮演的是某位骑士的跟班。他给自己母亲打手机的那场戏，是我故意编排出来的。其实他是在和我弟弟通电话，后者就站在距离他三米多的地方，按我预想的要求，在特定的时间，拨通了那年轻人的手机。我告诉那位演员，就当是他母亲打来的电话，催他回家吃午饭。我预先已经想好了，这就是全片最后一场戏。"别担心，"他对母亲说，"我很快就会回来。杰苏阿尔多这部电影，差不多就快拍完了。"说完这一句，我要求他注视镜头，表情一定要非常严肃认真、一本正经。拍的时候，我就站在摄影机边上，和人说说笑笑的。于是乎，他脸上浮现出奇怪的神情，完全不知道究竟是该跟着一起笑，还是毅然决然地继续盯着镜头看。就这样，影片画上了句号。

《小迪特想要飞》中，迪特·丹格勒有力地讲述了一个动人的故事。

有家德国电视台邀请我，参与他们制作的一个电视系列作品：《地狱之旅》（Voyages to Hell）。我立刻意识到，这正是最合乎我口味的那类东西。电视台的人本想让我拍一下关于我自己的事，例如我在非洲被关押的经历，还有拍摄《陆上行舟》时遇到的各种问题。"那些确实都很不容易，"我告诉他们，"但还不能算是地狱之旅。"我想到了迪特。我曾看过关于他的文章——但此时此刻他已差不多完全被人遗忘了。我设法找到了他。他说英语的时候，带着淡淡的斯瓦比亚口音，但语速非常之快，堪称我所见过的最棒的饶舌歌手了。前些年他因为肌萎缩侧索硬化症去世了，这种病率先夺走的，恰恰就是病人的语言能力。想到他弥留之际，竟连说话都成了奢望，真是叫人悲从中来。想当初跟他打交道的过程，始终充满各种欢乐。迪特是一个特别能享受生活的人，这一点也体现在《小迪特想要飞》里。即便是他失去语言能力之后，我们仍想方设法，换了其他方式，继续长时间地交流。他完全不用开口，光靠表情和手势，照样也能说黄段子。让我记忆犹新的是他那双脚，看到它们，我绝对相信他曾经赤着脚，在丛林里连续跑了好几个星期，到最后脚上都生了蛆。迪特的人生故事非比寻常。他出生在德国，生下来没过多久，便赶上了第二次世界大战。所以他人生最初的记忆，就是盟军的飞机从天而降，轰炸了他和家人所生活的位于黑森林中的维德伯格（Wildberg）小村庄。空袭过程中，某架轰炸机贴着他家窗户飞过——而且边飞边开火——距离是如此之近，以至于正站在窗边的小迪特，竟在电光火石的一瞬间，与轰炸机里的飞行员四目相交。发生了这样的事，他并不觉得害怕，反倒被这些有如天神下凡的大家伙给深深迷住了。从那一刻起，小迪特想要飞。长大之后，他先后在铁匠铺和钟表店当过学徒。十八岁时，迪特移居美国。在纽约的时候，他靠着吃别人吃剩下来的比萨饼，艰难度日。最终，迪特参军入伍，但他先是削土豆削了两年多，然后又负责换轮胎换了两年。又经过在军校的三年学习，迪特终于当上了飞行员。能去越南，这让他非常兴奋，他早就盼望着能去西贡跟舞女厮混了。一九六六年，越战尚处初期阶段，迪特第一次出任务，才飞了四十分钟，就在老挝上空被击落。那一刻，他的战机被敌军炮火击中，发动机的碎片从他头顶掠过，他本已开始弹射逃生的准备工作，但正巧来了一股向上的气流,飞机向上爬升,经过了一段覆盖着茂密丛林的山脊。他决定放弃弹射逃生的计划。迪特后来告诉我说,之所以那么做,是因为自己有生以来的第一架飞机,怎么都不愿意就这么弃而不顾了。落地之后,迪特立即把机上的应急电台埋了起来,否则越南民主共和国军队很可能会用它来"钓鱼",让前来救援的美军直升机中伏。在当时,他飞行服的下面,还穿着一身便装,口袋里还放着本德国护照,甚至还有当年在钟表店的学徒证明。为的就是万一碰上这种情况,可以冒充德国记者蒙混过关。巴特寮游击队很快就找到了他,两天之后,他成功逃脱,却又因为口渴难耐而再次被俘。随后他被逼徒步穿越丛林,走了整整三周,最终被送入了越南民主共和国的战俘营,和另外两位美国人以及三名泰国人,关押在了一起。

那些人已被俘将近三年,看见了他们当时的状况,迪特立即就开始了越狱的准备。战俘营戒备森严,但迪特发现,守卫每次去餐厅吃饭时,都会暂时放下武器,这给了他逃跑的机会。终于,他实施了自己的计划。枪战过程中,有五名守卫丧命。战俘分成两队,光着脚奔向丛林。结果,只有迪特一人幸存下来。在难友杜安被杀之后,迪特孤注一掷地点燃了附近一处无人的村庄,希望能让美国空军注意到。经过一连串令人难以置信的巧合之后,终于有飞机发现了他,一架直升机将他救起。但机组人员不敢确定他是不是自己人,担心他是乔装打扮过的越南民主共和国士兵,有可能要执行自杀式任务。一位膀大腰圆的海军陆战队士兵,一股脑儿地将他扑倒,险些把迪特活活压死。搜身的时候,士兵从迪特衬衫底下拉出一条被吃了一半的蛇,把那人吓得不轻,差点由直升机上掉出去。此时,距离他的飞机被击落,已过去了五个月。他的体重降到了七十七斤,当时的身体状况,也就比死人多一口气。所有被越南民主共和国和老挝俘获的美军士兵中，只有迪特一人是自己逃出来的，他也成了美国历史上获得嘉奖次数最多的战士之一。

迪特还在医院里恢复的时候，他母亲就从德国坐飞机过来了。那是她生平第一次坐飞机。她随身带着一箱苹果，还分给飞机上其他乘客吃。到了空姐发晚饭的时候，她却一再推辞。她以为那得另外掏钱买，而她身上并没带什么钱。落地之后，海军上将在机场迎接她。得知飞机上发生的误会后，他赶紧找人就近从餐厅拿了点吃的过来。她被允许住在上将家里，可第二天一大早才五点钟，屋外的报警器警铃大作，原来是她看见窗户脏了，于是身上绑了根绳子，爬到了屋外，想擦一下玻璃。她在用自己的方式表达感激之情。第三天早上，另一处的警铃又被触发。原来她跑到了屋后的花园里，拿着浇花的胶管在冲凉。她想替将军家节约点水。

有过被俘的经历，迪特重返正常生活后，是否还能适应？

相比以前，他在自我保护方面，多了一些防备，但心智始终能保持健康，没受什么影响。越战老兵常会遇上的那类问题——人回来了，内心却一片疮痍——都没发生在迪特身上。他不是个一般人，有着超乎常人的生存本能，外加一身正气和强烈的自尊心，所以虽然经历了这一切，却并未如我们常见的那样，就此一蹶不振。当初他也受尽了折磨，指甲里扎过竹片，一条手臂还因为紧缚的关系，半年后才恢复正常功能。但即便如此，迪特却拒绝像其他战俘那样，在越南民主共和国用于宣传斗争的谴责美国军事行动的公报上签字。"我爱美国，"他总爱说，"是美国给了我翅膀。"想当年，全村所有人都投票给了希特勒，只有迪特的爷爷除外，结果还被暴怒的同胞拖去游街，骂他是卖国贼。所以迪特说过，既然爷爷能忍受那样的待遇，换成是他，肯定也没问题。虽说他被人关押，受尽了折磨，但对于抓到自己的那些人，他始终没什么成见，相反还很尊重他们。这一点一直让我非常佩服。

被俘的经历，显然对迪特后来的发展，具有决定性的影响，但他本身就是在战后德国的一片废墟之上，度过了自己不堪回首的童年时代，所以面对丛林中的各种磨难，他并非毫无准备。美国之所以如此了不起，其背后的各种品质，我们也都能在迪特身上找到：自力更生、无所畏惧、乐于冒险、开拓精神。他小时候生活在穷乡僻壤，打小就见过各种不讲道理的事情。那时候的德国，已被转变成类似于超现实主义的某种梦境，也就是我们在影片中所看到的，每座城市都呈现出被炸烂了的画面，绵延不绝的废墟。和我一样，迪特也是从很小的时候开始，便要自己照顾自己。我俩之所以心心相印，正是因为童年时代我们都经历了儿童本不应该经历的事，例如长期挨饿。但是，相比迪特，我们家的情况真的还算是好的。迪特——他父亲很早便死在了斯大林格勒——会从被炸烂的房子里，揭下墙纸带回去，再由母亲将其煮过后，给全家人吃——因为墙纸上剩余的胶水里头，含有少许营养物质。自始至终，迪特都拒绝视自己为英雄。他会说，"只有死人才是英雄。"某次他谈起被俘后所受到的酷刑折磨，说了不少细节。听到这里，我妻子忍不住问他："那到了晚上，你是怎么入睡的？会做噩梦吗？"他却满不在乎地回答说："亲爱的，你要知道，在当时，做噩梦可是我的一大乐子。"《小迪特想要飞》在特柳赖德电影节上放映时，他自己开着单引擎的塞斯纳飞机就过来了，第一天晚上还睡在了驾驶舱里。某天晚上，我从八点起跟他待在一起，一直待到凌晨两点。六小时内，他连着向八位女性求婚——我向上帝发誓这事千真万确——而且始终热情洋溢。虽说她们都对此断然拒绝，但不得不承认，迪特的个人魅力和乐观精神，确实打动了所有人。每次被拒时，他都不失风度。与我分手之后，他自己又出去喝了个酩酊大醉，回宾馆后发现忘带了钥匙，但又不想吵醒我们，于是索性在门外睡了一夜。

我喜欢美国，喜欢它能向迪特这样的人伸出热情的双手。他是一个最典型的移民，千里迢迢到了美国，不仅是为了生计，同时也是为了追逐自己大大的梦想。结果，他实现了梦想，还为之付出了代价，但最终又得到了补偿。片中那场航母上拍的戏，当初拍摄时，我让迪特先在码头上站着，我想把机位设在舰桥上，居高临下拍他第一次登上航母的画面。我到了船上，向舰长做了自我介绍，说明我们正在拍什么电影。"你是说迪特·丹格勒吗？"他问我，"没问题，你们可以在舰桥上拍。但请先给我五分钟时间。"等迪特登上航母的那一刻，舰上所有军官整整齐齐地排成了一行，行礼致意。此时距离他逃离丛林，已过去了三十多年。《小迪特想要飞》公映后又过了几年，他因肌萎缩侧索硬化症离世。死前，他与病魔也展开了英勇的斗争。我在阿灵顿公墓拍摄了他的葬礼，发行影片DVD时也把这段当作片花放了进去。斯人已逝，但我常想起他身上最了不起的一点，经历了这一切之后，你丝毫看不到他会流露出什么愤恨之情，他总是能够以强烈的乐观精神来承受各种苦难。面对人生，他始终保持愉快，这一点着实让人佩服。他可以把自己的经历抛诸脑后，做个了断，从不自怨自艾。他成了我的榜样，即便时至今日，每当遇上棘手的事，我都会自问一句："换成迪特，他会怎么做？"

《小迪特想要飞》中，哪些地方做了风格化的处理？

基本要素都是真实的。他家地板下面，确实摆着九百千克大米、九百千克面粉、二百七十千克的蜂蜜，还有三千七百多升饮用水，它们全都装在塑料桶里，真空密封。有了这些东西，他才能睡得更踏实。回家多年之后，他还经常会有开家餐馆的念头，觉得那样就能保证他想吃什么就能吃到什么了。还有一件事也是真的，当初他在丛林中只剩下半条命的时候，那头已经一连跟着他好几日的熊，也越靠越近，以至于他都能闻见它嘴里呼出的浊气。在银幕上表现迪特的真实故事时，我始终小心处理，但也确实跟他说过，希望他变成一名演员，在片中扮演他自己。片中关于迪特的一切，全都真实可信，但为了加强效果，有些故事的拍摄，我们还是预先进行了创作、彩排和仔细的调度。把他的想法翻译、编辑成某种更具有深度、更符合电影的东西，那是我作为导演的职责所在。这意味着，所有不适合影片的地方，哪怕本身再有意思，也都必须除去。拍摄过程中也遇到过这样的情况，他的注意力都放在了一些小细节上，一叶障目，不见泰山。于是我只好提醒他，让他把原本能东拉西扯上将近一个小时的故事，浓缩在几分钟内。"迪特，求求你，"我会对他说，"你必须更遵守规矩一些，只讲必不可少的那些，不重要的东西全都拿掉。"所以片中有好几场戏，至少都拍了五遍，才得到了让人满意的结果。

影片一开始，拍的是迪特拜访旧金山一家文身店，他看到这样一幅文身图样：死神驱策着一群奔马，穿越死亡之火，由地狱而来。迪特告诉文身师，这幅图案他绝不可能选来刺在自己身上。因为对他来说，这图案的意思不对。"我看到的和你们看到的不太一样，"他说，"赶马的那些应该是天使才对，死神可没想要带走我。"确实，他在丛林里差点死掉的时候，确实产生过幻想，但迪特这辈子从没想过要刺文身。这些都是我编出来的。然后画面切到他正开车回家，那是位于旧金山以北塔莫帕伊斯山上，由他自己一手一脚造起来的一栋房子。下车的时候，我们看到迪特反复开关车门，然后他走向屋门，也是反复地开了又关，关了又开。这些也是我编出来的，因为他以前随口跟我提到过，丛林中的经历令他意识到，不管是哪一扇门，想打开的时候就能打开，那便是一桩幸事。他家墙上挂着许多画，也都是这个主题：开着的门。这让我产生了很大的兴趣，那些画确实都是他自己买的。"都是些便宜货，"他告诉我，"十块钱一幅。"我告诉他，必须要设计一场戏，把这个真相直观地呈现出来。"进屋的时候，前门连续开开关关上好几次。"我对他说，"然后你谈一下门的意义，那是自由的象征。"他犹豫了，"这让我那些好哥们看到了，肯定会觉得我有些奇怪。"于是我跟他解释说，女性观众见到这一幕，肯定会觉得他很有魅力，这才说服了他照我说的去做。就这样，影片一上来没多久，观众便铁定地站在了他这一边，对他感同身受。我和他交谈时，每次迪特跟我说起他做过的梦，我脑海中总会浮现出水母的画面——一只水母像是用慢动作翩翩起舞，一举一动都是透明的——于是我们去了水族馆，拍了那场戏：他描述了在他眼里，死亡看着是什么样子的。这些缥缈的、感觉已近乎不太真实的生物，完美地表现出他的梦境。但这些也都是我编出来的。

《小迪特想要飞》的结尾，堪称我所有作品中，风格化处理的最佳范例之一。那场戏拍摄于亚利桑那州图森市附近的戴维斯-蒙森空军基地，那是一片旧飞机的墓地，成千上万的退役战机，一排排停在那里，一眼看不到头，真像是飞机的海洋。迪特说起了他刚获救时做过的噩梦，朋友们会把他从床上拉起来，塞到飞机驾驶舱里去，只有在那地方，他才能睡得安稳。所有这些，都是真实发生过的事。但之所以选了这处空军基地，我看中的是那惊人的视觉效果。迪特以前从没去过戴维斯-蒙森空军基地，他说的那句"这里就是飞行员的天堂"，也是我给他写的。

你把迪特双手反绑在背后，让他那样子又在丛林里走了一遍。这么做是不是有点太过分了？

迪特喜欢亚洲，喜欢那里的人，战争结束后自己也去了那片热带丛林好几次。《小迪特想要飞》拍完后没过多久，他甚至回了靠近当初飞机坠落地点的一个村庄。村民把他飞机上的发动机，当成某种战利品，摆出来公开展示。他那次任务失败了，但对村民来说，那却是值得纪念的事。

我们在当地拍摄，老挝政府并不怎么乐意。显然，迪特逃跑过程中打死五名老挝卫兵的事，时隔多年仍让他们耿耿于怀。所以后来我们改去了泰国边境线那头的丛林，还有湄公河泰国流域，这才完成了拍摄。我们拍这部电影的时候，当初从他飞机上取下来的金属板，许多早就被当地村民改制成了锅碗瓢盆，但也有一部分机身，当时还留在最初的坠毁点上。我们记住了它的位置，迪特坚持要从湄公河游过去，偷偷地在那儿拍几场戏。我也打算带着小巧的视频录影机，一块儿跟着去。临了，组里几位行事审慎的伙伴，说服我们打消了这个念头。而且，本身我也不太确定，拍到这些残存的机身画面，放在影片之中，就能让观众产生有深度的见解吗？德国电视台方面，希望我能以情景再现的方式，找些演员，把迪特的经历拍出来。但我知道，只有让他自己再做一遍，效果才会明显。而且他一直就是个头脑非常清醒的人，所以将他双手反绑后，让他跟在那群由最近的一个村子里雇来的当地人，再次穿越丛林，这对迪特来说，完全不是问题。那句台词"这真有点触及痛处了"是预先编好的。让他来演这么一场戏，可以既安全又高效地从他身上提炼出某些特别的东西来。而且他自己也坚持要这么做。我们一声令下，他就冲向了茂密的林中。在他周围，围着那些持枪的群众演员，摄影师和我则跟在他们身后，拼命奔跑追赶。或许，这就是他的方式，以此来驱走那些恶魔。

拍摄这部电影时，我有意不选取任何过于暴力的场景。后来再拍《重见天日》（由克里斯蒂安·贝尔饰迪特的角色）时，有些场景虽然我们拍了，但拍完我就决定，这些戏都不能留在最终的成片里。我想要说的就是，有那么一些画面，是我没法欣赏的：写实风格的暴力画面，赤裸裸地呈现在银幕上，完全照着现实生活中的暴力来拍，尤其是针对手无寸铁的人施暴的画面。真要拍这类东西的话，换成类似于漫画那种经过风格化处理后的形式，应该会更容易下咽一些。之所以这么说，并非因为我觉得银幕上的暴力，对于下一代的成长和人类的文明，构成了什么特别不一般的危险。并非如此。原因只是，那是我的"阿喀琉斯之踵"，让我在电影里看这些，实在是接受不了。我献血的时候就有些晕血，还有一次看《圣女贞德蒙难记》（*The Passion of Joan of Arc*），看到狱卒从她手上抽血的时候，我晕了过去。至于电影审查制度，我是坚决反对的，但如果我电影里的某些东西，会深深触犯某国绝大多数人民的宗教情感，那我也可以删节。只要是在印度放映的版本，那我肯定不会把屠牛的画面放进去；但也绝不会仅仅因为某些戏伤害了英国爱猫人士的情感，就将它统统剪掉。

《希望的翅膀》说的也是发生在丛林中的恐怖故事，是《小迪特想要飞》的姐妹篇。

这个故事在我心中埋藏多时，主人公是十七岁的德国少女尤利亚妮·克普克。一九七一年圣诞夜发生在秘鲁丛林中的空难事件,她是整架飞机唯一的生还者。死者共九十五人[1],包括与她同行的母亲。飞机由利马飞往普卡尔帕(Pucallpa),在丛林上空解体——有可能是因为被雷电击中的缘故。此时距离起飞才一小时都不到。尤利亚妮由空中坠落地面,整个人还被安全带绑在一排座椅上,感觉就像是她并未离开飞机,反而是飞机离开了她。她从将近四千八百米的高空坠落,怎么能做到有缓冲,怎么能保住性命,关于这件事,外界有过好几种解释。遇到特别严重的风暴时,空中会产生强有力的上升气流,其中有一股或许正好托住了那排座椅,将它向上推起。而且那排座椅下落时,也有可能旋转得相当厉害,就像是纸飞机那样。尤利亚妮正巧又坐在座椅的一头,于是下落的速度大大减缓。此外,丛林中那些缠绕在大树上的茂密藤蔓,可能也救了她一命。更让人吃惊的还有,搜索幸存者的工作,持续十天后便告结束,到了第十二天,尤利亚妮自己从林子里走了出来;她靠着一袋糖果,侥幸不曾饿死。那一刻,她的双眼布满血丝,通红通红,以至于附近的村民还以为见到了林中女鬼,吓得四散而逃。

尤利亚妮从天而降却没死掉,这是个奇迹,但她成功走出丛林,却不是奇迹。那完全靠的是专业素质。他父母曾在密林深处建过一个生态站,尤利亚妮在那儿生活过,所以对这里的环境很熟悉。另外,她一定也继承了她父亲的顽强毅力。尤利亚妮的父亲是位生物学家,一心想在丛林里开展研究工作。战后,身无分文而且连护照都没有的他,想出了偷渡的办法,坐上一艘运盐的货轮,成功到了南美。上岸之后,他又步行穿越了整个南美大陆,

---

[1] 此处原书有误,死者应为九十一人。——译者注

最终到了秘鲁——尤利亚妮便在这里长大。坠机后，大多数人会留在原地，等待救援，但她选择了自救，看哪里有活水，就跟着水流走。因为她知道，小溪的后头，肯定会连着一条更宽的溪流，最终，那会将她引向河流。有河的地方，就会有人。即便一下子找不到水源，只要能跟着麝雉的叫声走，一定会找到有大量活水的地方。一路上，她涉水而行，即便有鳄鱼猛地从沙洲里窜出来，随即又消失在她附近的水域中，尤利亚妮也不曾惊慌失措。父母亲早就教过她该如何面对这样的情形，所以她很清楚，这些动物在陆地上都是看见人就跑，它们习惯躲藏在水里，而非丛林之中。她这一路上，每一个举动全都做出了正确的选择。换作别人的话，包括我在内，肯定会慌不择路地跑进丛林深处，结果不可避免地一命呜呼。但是，《希望的翅膀》要说的可不仅仅是尤利亚妮所经历的苦难，影片要表达的，还有更深层的东西，它有效地触及了我们人类与大自然的关系这一主题，讲的是面对自然世界，我们要怎么做才能活下来。

我之所以会对这个故事如此感兴趣，还有另一个原因。坠机的那一年，一九七一年，我正巧也在秘鲁拍《阿基尔》，而且原本就要搭乘那班飞机。当时，饰演阿基尔女儿的，是我从利马找来的一位年仅十五岁的女学生。我们替她找好了监护人，全程陪伴，但就在临开拍前几天，她父母突然改了主意，不同意她过来拍戏。我只好从库斯科飞去利马，说服了他们还是照原计划来。这件事办完之后，我和妻子，以及部分剧组人员和演员，都集中在了利马。圣诞节将临，我们已提前买好了回山里的机票。但到了要走的那天，因为机械故障，航班推迟了一天半的时间。机场积压的旅客越来越多，我甚至不得不给航空公司的人塞红包，才换到了登机牌。但到头来，那班飞机还是被取消了。这家航空公司之前发生过一连串事故，跌了好几架飞机，此时仅仅只剩下一架客机还能正常飞行，每天要连着飞好几条国内航线。那一天，等飞机修好之后，时间已晚，航空公司决定这次只飞普卡尔帕一地。我至今都还记得当时的景象，我站在出发大厅里，周围全是成功谋得那架飞机上一个座位的旅客。气氛非常欢快，因为他们都知道，这下子可以在家里过圣诞了。那架飞机我之前曾坐过许多次，靠着它在丛林和都市之间来回穿梭。所以坠机殒命的那些机组人员，我全都认识。每次搭乘，我都会和空姐聊聊天，而且一直都坐靠窗的位置，因为那样可以俯瞰安第斯山脉以及丛林的起始段。这家航空公司因其各种坠机事故而臭名昭著，就在发生这次空难的前几个月，他们有两位飞行员——两位根本连正式的飞行执照都没有的飞行员——在降落库斯科机场时，错过了跑道，把飞机撞在了山上。事后从飞机残骸中找出一百零六具尸体，而那架飞机的最大载客数量，只有九十六人。航空公司有人另外多卖出去十张过道里的站票，私吞了这笔票款。后来甚至还曝出，他们公司的飞机修理工，以前只修过摩托车。我也是到了后来才意识到，当初尤利亚妮正在拼命求生的时候，我们剧组就在距离她几条河之隔的地方拍摄《阿基尔》。

我知道终有一天我会把《希望的翅膀》给拍出来，但为了找到尤利亚妮——她后来成了研究亚马孙流域蝙蝠的专家——耽误了不少时间。想当初，她获救之后回到德国，一下子引发了媒体史无前例的疯狂报道，甚至有记者乔装打扮成牧师和清洁工，潜入她的病房，偷拍照片。不堪其扰的她，后来嫁了人，改了名字，彻底销声匿迹。我那次先是想办法找到了她父亲，但他直接就把我给骂了回去，说他永远都不会透露女儿的姓名、住址给任何人。我怀疑尤利亚妮是不是会在秘鲁，毕竟，那里是她从小生活的地方。我知道她对丛林有很深的感情,所以分析她可能已经成了生物学家,在那儿某个生态站里工作。功夫不负有心人,通过几张旧报纸,我查到了她母亲死后葬在巴伐利亚某个小镇。镇上的牧师告诉我,尤利亚妮有个阿姨,就住在附近的村子里。我立即登门拜访,对方却三缄其口。于是我留下自己的电话号码,请她向尤利亚妮转达。没过多久,尤利亚妮来电了。搞了半天,她就住在慕尼黑,而非秘鲁。我告诉她,我只求能谈个三十分钟,多一分钟都不需要;而且我们先谈五分钟,到时候我会主动暂停,由她决定是不是还继续。见面之后,我将手表放在了桌上。不多不少,正好谈到五分钟时,我站起身来,拿好手表,向她一鞠躬。"我们有言在先的,"我对她说到,"除非是你愿意,那我们可以再继续剩余的二十五分钟。"她拉着我的手臂说,"坐下别走,我们还没说完呢。"

之前她看过我某些作品,还都挺有好感的,这时候都起到了作用。不过,历经那么多年,媒体当初的所作所为,在她内心深处留下了难以愈合的创伤——这一点,我在《希望的翅膀》里也有所触及,提到了那部拿她不幸经历来说事的垃圾电影的名字[1],导演是朱塞佩·玛丽亚·斯科泰斯(Giuseppe Maria Scotese)——所以她花了整整一年时间,才终于下定决心,同意跟我合作。但她说有些个人的事情,她不愿意谈及。她也很了解我,知道我一定会尊重她的意愿。即便如此,一旦她下定了决心,同意拍这部电影,尤利亚妮便全身心地投入进去。我们由利马飞去丛林的飞机上,她也应我要求,坐在了十九排靠窗的 F 座上,那

---

[1] 一九七四年的《尤利亚妮·克普克的故事》(*The Story of Juliane Koepcke*),又名《奇迹仍在》(*Miracles Still Happen*)。

正是当初坠机时她坐的位置。

《希望的翅膀》里有没有哪些地方是经过风格化处理的？

影片的开头和结尾，那些模特儿碎裂破相的脸，还有我说的那些旁白，说尤利亚妮想要把那架飞机重新组装起来，让它恢复使用，然后幻想着自己坐在那架飞机上，绑好安全带，与它一同穿越黑暗的深渊。这些都是诗。但我并未在本片中植入太多的风格化元素，之所以这么决定，可能是因为尤利亚妮为人相当坦率，有一说一，而且头脑相当清醒。面对绝境，她之所以能活下来，只有一个原因，那就是不管遇到多大的危机，她都能有条不紊地应对。我希望能通过这部影片，让观众发现她身上的这些品质。正如你在片中看到的，当她丈夫被蚊子搞得不胜其扰的时候，尤利亚妮却像没事人一样。《希望的翅膀》不缺少叫人看了痛心的地方，但我在处理这些材料的时候，尽量做到柔和、审慎。对于她当初所经历的痛苦，影片并未花费太多笔墨，这也意味着她的人生故事会让观众更难以忘怀。和大多数时候一样，电视台方面也希望我能以情景再现的方式，找演员来演一下她当年的经历，他们根本就没想到，我会带着尤利亚妮本人重回丛林。但我的做法——正如我把迪特·丹格勒绑起来，让他重走一遍三十年前险些要了他性命的那条路线——触及了更深层的现实。电视台的人看了我拍回来的素材，二话没说就是一通抱怨，"你怎么就没拍到她看见飞机残骸后痛哭流涕的画面呢？"有些人就是不明白，审慎也是一种美德。

近些年来，你曾多次谈到过：什么是现实，对于这一概念，我们的认知已经发生了很大的变化。

近些年来，新媒体来势汹汹。各种工具与手段，严重挑战着我们对现实的感知。回想一下中世纪的骑士,由古代开始,几百年来,他们都是骑马作战,用的是剑与盾。忽然之间,他们发现自己要对抗的,变成了火药与枪炮。一夜之间,关于战争最基本的概念,全都发生了不可逆转的改变。骑士那套东西,整个就被淘汰了,有着几百年历史的旧规则,消失不见了。就在这种激变的过程中,某些价值观,某些美德,全都灾难性地分崩离析了。在十七世纪的日本,有一群武士显然不愿就范,他们拒绝使用枪炮,继续只用刀剑,但结果可想而知。在欧洲,仅仅几年的时间,瘟疫便令总人口减少三分之一。历史产生了断档,一个崭新的世界渐渐浮出水面。人们跨越地平线,开拓未知的疆域。革新的创造发明,占据了优势地位。当时的欧洲,风雨飘摇。那是一个毫无安全感可言的时代,越接近原本一无所知的领域,原有的道德规范越是会受到挑战,需要整体做出重新评价。但这段历史最让我感兴趣的,是应运而生的类似于菲利普·德·科米纳[1]那样的一批作家。他关于中世纪晚期法国社会的几本回忆录,称得上是无价之宝。当时的正统史学,仍延续着以往的做法,还在为早就烟消云散了的骑士精神歌功颂德。只有科米纳一人看穿一切,坚持以不妥协、不留情面的方式,审时度势。

看得出来,我们所处的时代,也充斥着各种不安全感和急剧的变化,程度并不亚于上述的中世纪时期。我们需要面对的,既有极大的残酷与暴行,也有巨大的转变和惊人的成就。今日社会各种强大势力中,其中之一便是前所未有的工具大爆炸。借助它们,我们可以改变现实,创造出某种伪现实。这些工具包括数码

---

[1] 菲利普·德·科米纳(Philippe de Commynes):文艺复兴时期欧洲弗兰德尔历史学家。他所著的法国君主时代的编年史以《回忆录》(*Mémoires*)为名出版。此书被翻译为若干语言,有助于欧洲人对早期文艺复兴时期的法国的了解。

特效——相比二十世纪五六十年代电影作品中用模型动画做出来的恐龙，数码特效做出来的恐龙，可信度大大提高——虚拟现实、电子游戏和互联网。因为 Photoshop 的存在，我们再也无法相信照片了。想要修改、作伪一帧画面，实在是易如反掌。而且这些新技术来似一股风，几乎一下子就全都冒出来了。什么是真实的世界，我们的感知如今已受到严重挑战；这方面，我说的还包括真人秀节目、隆胸手术和精心设计好的"摔角狂热"比赛里的虚假剧情，那里头尽是些远比真实生活夸张的人物，浑身长着不太符合大自然规律的肌肉，而且乐于向观众炫耀自己是如何的邪恶，绝对超乎你们想象。摔角比赛会不断地被插入的广告打断，但有一种情况不会，那就是当制作这档节目的老板出现在拳台上时。他会一手挽着一个身着泳装、体态丰满的金发女郎登场，另一些时候，他那位长期患病的妻子——据称是截瘫外加双目失明——也会坐着轮椅被人推上台。然后他儿子也会冲上来，跟他对质。儿子生气的原因，并非父亲没能善待母亲，而是自己从节目里分到的钱，还不够多。我喜欢的是像杰斯·文图拉（Jesse Ventura）那样的人，当初他玩摔角的时候，负责扮演的是真正意义上的大坏蛋。他留一头金色长发，戴着墨镜，浑身晒成古铜色，像是加利福尼亚来的冲浪高手。他会翻进拳台，冲着观众大喊："你们这些蠢蛋，每天忙死忙活，就挣那么几个子儿！"有个小男孩怯生生地走上前去，想请他签个名。杰斯抓过本子，撕得粉碎，扔在地上，还要再狠狠踩上一脚。场内上万名观众再也看不下去了，齐刷刷地喝起倒彩来。摔角是一种全新形式的演出、神话和故事叙述，它就像是最原生态的古希腊戏剧，那些比索福克勒斯、埃斯库罗斯和欧里庇得斯更早的作品。那就像是变成天鹅之前的丑小鸭。像这种原始形态的东西，能看看它是如何在当代的文化环境中运作的，着实是件有意思的事情。

这些社会整体构造上发生的变化，也要求我们在大银幕上呈现现实时，做出相应的骤变。电影人采用的技术上的把戏，数量越多，观众也会越来越响亮地提出关于真实性的问题。我们需要有一种崭新的电影，用它来帮助自己再次适应，那样才能重新相信我们眼睛所见到的东西。对于电影人来说，这担子很沉重，但有一点我们可以百分百肯定：二十世纪六十年代，电影人曾用"真实电影"来回应这种需要，但时至今日，在所有东西都极易人为操控的当下，它已失去意义。电影必须要找到一个新的切入点，去解决这些问题。我想把观众带回电影最初的那些日子，当卢米埃尔兄弟放映火车进站的画面时，观众夺路而逃，以为自己会被撞到。关于此说，我也没法证实，有可能只是传说。但我喜欢这个故事。放映《陆上行舟》的时候，在汽船真被拉起的那一刻，我听见观众席中传来重重的喘息声。意识到那并非什么银幕特效，而是货真价实的轮船和山坡，他们禁不住伸手指向银幕。如果我当初改用作假的办法，用模型在摄影棚内拍摄这场戏，那放到现在再来看，不管是到了哪里，哪怕是六岁的小孩都能一眼就看出来，那是电影特效。我曾在墨西哥一间小小的露天电影院里，见到有观众冲着银幕上的反派回嘴的，甚至还有人拔出枪来，射向银幕。

当初《灰熊人》上映时，有些小观众——他们长期沉溺于被人为控制的数码画面之中，时时刻刻都被其包围着——怎么都不相信蒂莫西·特雷德韦尔拍摄的素材是真实的。他们平时看过很多科幻片，所以都知道银幕上那些画面，都是通过数码特效在摄影棚中人为创作出来的。这些已经适应了周遭各种新变化的年轻人，无法相信这男人真走到了一头九百多斤的灰熊面前，而且还伸出手来抚摸它。他们坚持认为这种类型的画面，肯定是数码花招的产物。这样的认识只能让人看出，他们已经和真实世界失去了联系。莉娜几年前替我拍过一些照片，照片中的我在犹他州乡间，站在一头熊的边上；其中有张照片，后来就用在了《灰熊人》宣传上，外人看到这张照片，不假思索地认定，这一定是用Photoshop拼贴出来的。我说我是真站在那灰熊边上，但没人相信。

某年有个电影节上，我目睹了一场电影人的"自我推介会"。那是一种参赛者要争个你死我活的可怕竞赛，组织者是一些品质极其恶劣的人。众目睽睽之下，一群纪录片导演排列成行，努力想要为自己的项目筹措资金。整件事十分可憎，就是令人恶心的一通瞎胡闹。组织者中有一个大胖子，走路都要大喘气。他穿着一件斗篷，手持拐棍，摇摇晃晃地走上了舞台。他在台上蹦来走去，头戴的礼帽底下，不时有豆大的汗珠自前额滴落。此情此景，真是让我作呕。我当时参加了一场小组讨论会，一群电影人讨论着何为"现实"，如何在电影中捕捉到它，为什么说"真实电影"是唯一可行的道路，而操控与搬演则是非虚构电影的禁区。坐我旁边的一位年轻女性，一个劲地讲她自个儿特有的个人风格，说她拍电影时尽量会做到不引人注意，就像是墙壁上停着的苍蝇。我之所以会对"真实电影"抱有如此彻底的怀疑态度，恰恰就是因为此类单薄、琐碎的意识形态作祟。哪怕说，确实有一些由监控镜头拍到的素材，是真实的画面，让我看了之后内心极其不安——例如一九九三年时发生在英国一家大商场里的幼童诱拐事件，监控画面显示，两名绑架者自己也只是小孩——但我对这种漫无目的地长时间记录的做法，毫无兴趣。绝大部分时间里，它什么都没拍到，只是在等待每隔十年才会现身一次的银行劫匪罢了。

以下这番话，我是说给"真实电影"的拥趸听的：我不是簿记员；我的使命是创造诗意。我想要介入。我想要塑形和雕刻，想要编排、干扰和虚构。我想要当一名电影导演。那次小组讨论会上，只有我一个人在和那些白痴针锋相对。讨论的话题已经被他们绕进了死胡同，我实在是再也没法忍受，只能抢过麦克风，大声说道："我可不是墙壁上的苍蝇，我是会蜇人的黄蜂。"此言一出，会场顿时大乱，全是抗议的声浪。话已至此，我也没什么好再多说的了，遂大喊了一句："新年快乐，你们这些失败者。"当时的情况就是这样。

第十章
热情与悲伤

我最亲爱的魔鬼
上帝和负荷
朝圣
纳粹制造
一万年年华老去
时间之轮
白钻石

这些年来你也演了不少电影。

我喜欢和扎克·佩恩共事,《重见天日》的剧本,他也曾出过力。他自编自导的《尼斯湖事件》是一部特别有智慧的电影;整个就是建立在骗局基础之上的骗局的基础之上,然后还有更大的骗局,影片本身的企划宣传,又是一层骗局。最初媒体宣传的是我要拍一部关于尼斯湖怪的电影,与此同时,摄影师约翰·拜利又围绕着我的拍摄工作,在拍一部名为《赫尔佐格漫游奇境》(*Herzog in Wonderland*)的纪录片。两种说法都是在转移视线,我们其实都在拍同一部电影,那是一个精心策划的诡计,将数码特效与一群参与者——绝大多数也都是在自己扮演自己——的即兴发挥,天衣无缝地糅合在了一起。最终得到的结果,是一部聪明且有趣的电影,用外人不易察觉的办法,把长期以来关于我的那些最最离奇和愚蠢的故事与谣言,全都结合在了一起。我扮演的那个角色,也涉及不少自黑的元素——例如让观众看见我在超市里买剃须刀片,然后整理行囊,准备动身去苏格兰的那段——我很喜欢这一点。我当时感觉到,来上那么一点自嘲,对我来说不是坏事。甚至于《尼斯湖事件》DVD 里扎克和我录的那条评论音轨,也是故意在制造笑料。录到一半的时候,我勃然大怒,一甩手就走了。

《尼斯湖事件》里,处处都隐藏着针对我作品以及我本人的各种彩蛋,仔细看的话,你会发现那真是遍及各处。区别只在于,有些容易辨认,有些则更隐晦一些。举个例子,生活中我从没为客人烹饪过丝兰——那里头含有一些毒素,需要特别小心地剥离才行——而且你们看到的"我"家,那其实是扎克当时住的地方。但是,当我拒绝拍摄那条泡沫塑料做的尼斯湖怪在水里上上下下的画面时,扎克拿起一把并没上膛的信号枪,指向了我。那一刻,你应该能看得出来,指涉的是《阿基尔》拍摄过程中,发生在我和金斯基之间的那些故事。另外还有些有趣的东西,最终都没能剪进去,比如扎克的助理以为我信奉素食主义的那场戏。我可以向你保证,再怎么样我都不会变成素食主义者。因为是喜剧的缘故,观众看后可能并没注意到剧情背后的深意。那样的话真是太遗憾了,其实,《尼斯湖事件》提出了好几个问题,在我看来,它们都很重要,而且十分严肃。如果失去了潜伏于暗处的怪兽,大海会变成什么样?那就像是睡觉时再也不做梦了。为什么会有三百万美国人声称自己遇到过外星人?为什么会有三十万美国妇女,坚称自己曾经被外星来客轮奸过?为什么这三十万名女性,几乎全都体重超过三百斤?为什么我们几乎从没听到过这样的事会发生在埃塞俄比亚?

几年后,扎克又执导了一部《大赌局》(*The Grand*),我在里边扮演"德国人"一角,他总嫌宾馆房间提供的护手霜不够多,他相信咖啡是属于胆小鬼的饮料,他必须每天都杀点什么,那样才能有活着的感觉。不一定非得是大家伙,踩死一只蚂蚁也行。他到宾馆的时候,随身带的行李车上,装满了关在铁笼里的各种动物,接待员告诉他,动物是不能进房间的。"别担心,"他却回答说,"它们不会待太久的。"

再说说哈莫尼·科林吧。

他拍《驴孩朱利安》的时候，想让我来演父亲一角。本来他想自己演我儿子，但转念一想，既当导演又要出镜，他觉得有些难办，所以才换了别人来演。说实话，他就是胆怯了。他之所以找我来演这个角色，并不仅仅是因为我的年龄、外貌都符合；对他来说，那背后有着更为重要的意义。他拍电影那么些年来，一直受到我的影响，所以才会希望我这位"电影意义上的父亲"也能参演该片。《驴孩朱利安》没有现成的剧本，好多内容都是即兴发挥的，例如我引用《肮脏的哈里》（*Dirty Harry*）的那几句台词。当时，我坐在餐桌边，围绕着我的这群人里，有疯疯癫癫的奶奶，我想做摔角手但失败了的儿子，我那个被她自己哥哥朱利安弄大了肚子的女儿，再加上刚犯下杀人罪的朱利安。导演只告诉我，接下来朱利安会念一首诗，我要做的就是对他百般羞辱。眼看摄影机上的红灯开始闪烁，我转身问哈莫尼，"这就在拍了吗？"他点了点头，什么话都没说。我问他台词是什么，"快说话！"他回答我。迫于非得说些什么的压力，我临时起意地说了那些话。我扮演的那个角色，完全就是个不称职的家长，对谁都充满敌意。我想我也只能接受这样的现实：作为演员，我的戏路很窄。当然，我确实也挺喜欢扮演这种人渣角色的。所以一有这种人物，他们第一个就会想到要找我来演。《驴孩朱利安》在法国上映后，我妻子的朋友给她打了电话，"那怪物真是你丈夫？需要的话，你可以马上到我们家来避一避。"

我还在哈莫尼的《孤独先生》里演了个传教士，原本我会演个更重要的角色，但因为当时正在剪辑《重见天日》，没那么多空余时间。《孤独先生》是在靠近巴拿马的一座小岛上拍摄的，那里有座机场。闲逛的时候，我遇到一个男人，他不停地喃喃自语，手中还捧着一束已近枯萎的花。我开始跟他聊天，从他前言不搭后语的叙述中，猜出了他正在等飞机降落。三年前，他的妻子和三个孩子离他而去，他一直期盼着她会回来找他。所以才会来机场里，耐心地等待着。我当时身上正穿着神父的戏服，我告诉哈莫尼，我们应该趁此机会即兴加一场戏，我能让这男人在镜头前忏悔。"我能看见你的内心！"我出其不意地对那男人说，"我知道你妻子为什么走的，那是因为你跟别的女人私通了！悔过吧！"他却坚持否认。于是我紧盯着他双眼，对他说："我知道发生了些什么！而且不仅仅是一个女人，至少有五个！你这个罪人！跪下来，马上悔过！"

至于我在汤姆·克鲁斯主演的动作大片《侠探杰克》里的角色，当时对我提出的要求，就是要演得尽可能吓人。作为反派势力的首席理论家，我恫吓别人的绝招就是逼着对手咬断他们自己的拇指。之所以找我来演，不光光是因为我那古怪的说话口音；他们会想到要找我，显然是选角遇上了麻烦，找不到人来演这种绝顶的大坏蛋。有些演员演坏人，只有掏出手枪或是冲你大喊大叫的时候，你才会感到这人很危险；另一些，即便他还没开口，你早已不寒而栗。显然，后一类演员，他们当时能想到的，只有赫尔佐格。对我来说，这样的事情也不是第一次了。在机场过海关的时候，我常被人拦下来。许多许多年以前，我还在埃德加·莱兹的《垃圾小孩的故事》（*Geschichten vom Kübelkind*）里演过神经错乱的杀人凶手。

动画片《辛普森一家》里有一集，还找了你去配音。

他们邀请我去给某个角色配音，我回答说："什么意思？找我配音？《辛普森一家》不是在报纸上连载的漫画故事吗？"他们以为我是在开玩笑,但我确实不知道那是个电视动画片。我配音的角色,是一个德国药企老板,名叫沃尔特·霍腾霍夫。他发明了一种类似于 LSD 的药片,能让人吃了之后都开开心心的,尤其是坏脾气的辛普森爷爷。这成了我在美国流行文化领域的巅峰之作。

你现在还踢足球吗?

搬去加州之后,踢球的次数就没以前那么多了。以前在慕尼黑的时候,我一直跟着一家名为"黑与黄"(Schwarz/Gelb München)的球队。那是一家毫无希望的足球俱乐部,但能跟他们一起踢球,那就是很大的乐趣。我也想借此机会向已故的泽普·莫斯迈耶(Sepp Mosemeier)致敬,他是"黑与黄"的创始人、主席;人长得胖乎乎的莫斯迈耶先生,正职是蛋糕师傅。如果有来世的话,他可能会做歌剧演员或是诗人。不管是什么事,他都很有一番见解。这家俱乐部的成员来自社会各个阶层,那么多年能始终如一地维系着,都要归功于莫斯迈耶先生。

刚一开始,我是当守门员的。关于这事,说来也挺奇怪的。人生有时候就是这样,你明明想的是这样,可行动起来却完全背道而驰,但结果又发现,这么做才是正道;这种玄妙的地方,一直都挺让我感兴趣的。当时,我们要和一家水平远高过我们许多的球队比赛——那是由慕尼黑屠宰行业学徒工组成的一支队伍。比赛踢得很不错,我们一直保持着一比一的比分。对方有位前锋,为人不讲道理,而且体壮如牛,脚头也很硬。就在临比赛结束前,我方被判点球。虽然我一个劲地祈祷,"老天保佑,千万别让那人来罚。"可偏偏就是他跑向了点球点,而且摆出了一副胸有成竹的样子。面对这种力道极大的对手,面对这种能把足球变成炮弹的怪物,守门员别无选择,只能预先想好要扑哪一边,希望自己能猜对。问题是,即便我捉对了路,真要想把球扑出来,依旧希望寥寥。我看着他把球固定住,感觉有那么一瞬间,他似乎瞟了一眼球门右下角。我告诉自己,"扑右边,扑右边。"他开始助跑,触球前的一刹那,我还能听见自己内心在狂叫:"右边!右边!"但不知怎么的,下一秒我就扑向了左边,而他也确实将球踢向了这边。球击中我的拳头,经过地面反弹,飞向空中,偏离了球门方向。那真是一次奇异的经历,和彼得·汉德克在小说《守门员面对罚点球时的焦虑》里描写的,倒是非常相像,只不过他笔下的守门员最终是因为太过惊慌,而僵在了立柱中间,球门正中央的位置上。

又过了几年,戛纳电影节期间的一场球赛,为我的守门员生涯画上了句号。那是他们的传统项目,导演队踢演员队。虽说导演队里有些选手,体型近乎肥胖,完全就不适合踢球,但整体而言,比赛还是非常激烈的。演员队的思路是诱敌深入,然后将球大脚开到前场,三四个人同时加速,冲我而来。上半场,我成功扑出他们所有射门,但下半场开始才没多久,球就飞向了靠近我这边的无人区域。我立即冲出禁区,想要断球,只见马克西米连·谢尔[1]像是一头愤怒的野牛,朝我狂奔而来。我确信自己能先到位,抢在前头把球开出去,结果我也确实做到了,但球刚踢走,谢尔就撞了我一个满怀,把我手肘撞脱臼了;过了一年都没痊愈。从此以后,我不再担任守门员,转而踢中锋位置,并且有了"神风敢死队"的美誉。我从来就不是球场上速度最快的那一个,却是

---

[1] 马克西米连·谢尔(Maximilian Schell):瑞士籍奥地利电影演员、导演,因出演电影《纽伦堡的审判》而获得奥斯卡最佳男主角奖。

最危险的那一个。当然,这也就是在我们那个级别里,那和职业足球完全没得比。

在秘鲁筹备《阿基尔》期间,我见到了传奇人物鲁迪·古滕多夫(Rudi Gutendorf)。过去几十年里,他在德国带过六支德甲球队,更在海外将近四十个国家有过执教经历,带过的队伍,数都数不清。当时他是利马冠军队伍的主教练,某天受他邀请,我也去参加了他们的体能训练课。之后会有一场队内比赛,A队踢B队。B队有人赛前伤了脚踝,于是鲁迪让我替补登场。开踢之前,他特意问我:"你打算找谁做对手?"我说:"要踢就找全世界最优秀的来踢,我选加利亚多。"阿尔贝托·加利亚多(Alberto Gallardo)成名于一九七〇年世界杯,踢球风格神出鬼没,而且跑动速度在当时的足坛,堪称第一,根本没人能追得上。我很自信,觉得至少能骚扰一下他什么的。事实证明,我想多了;打从第一秒开始,我就一点希望都没有。我根本就没这样的心理准备,没想到这比赛会踢得那么激烈,双方争夺球权可以争得那么凶。明明是我先跑了十米,转眼加利亚多就又超过了六七米。踢了才十分钟,我已经彻底晕了,连我们队是在往哪个方向进攻都分辨不出了。甚至于当时你要问我,我们队穿的球衣是什么颜色的,估计我也说不上来。又踢了五分钟,我胃痉挛得厉害,相当悲惨地手脚并用着爬出了球场,去了旁边的小树林里呕吐。鲁迪真是个好人,还假装他什么都没看到。

你是不是从小就爱看球赛?

我会和弟弟去看慕尼黑一八六〇的比赛,一直看到我十五岁的时候。相比拜仁慕尼黑,那更像是一支工人阶级的球队,没踢几年就降级了。父亲一直反对我们踢球,在他看来,这运动太原始、太无产阶级了。他不喜欢见到我们回家时,膝盖和短裤上都是烂泥。父亲更希望我们搞些更高级一点的运动,例如击剑什么的。

加缪应该说过,关于道德,他所知的绝大部分,都是从足球场上学来的。你有同感吗?

没有。对我来说,足球就只是足球。

《我最亲爱的魔鬼》说的是你和金斯基的关系。

金斯基是最伟大的银幕演员之一,或许也是影坛最后一位有着表现主义风格的表演家。年轻时我就看过他演的反战片《孩子、母亲和将军》(Kinder, Mütter und ein General)。他饰演一位陆军中尉,带领孩子们上了前线。有场戏,那些孩子的母亲,还有他手下的士兵,全都睡着了。黎明时分,金斯基饰演的角色醒了过来,他苏醒时的那种样子,从桌上抬起头来的方式,我这辈子永远都不会忘记。我在《我最亲爱的魔鬼》里,将这段画面反复插播了好几次。我相信大多数观众,并不会觉得他这些举动有什么特别的地方,但这一刻确实给我留下了极深的印象,之后甚至成为我职业生涯中一个具有决定性的因素。记忆的事就是这么奇怪,再细微的事,都有可能被成倍放大。今天让我再看这部电影,我应该会觉得他下令将马克西米连·谢尔处死的那场戏,更能让我受触动。

跟金斯基合作,无疑就是在和世上最厉害的瘟疫打交道,但话说回来,我们一起拍了那么些电影,每一部他确实都能交出令人击节赞叹的演出来,而且这些表演在细微之处,还真都做到了各有千秋。我俩就像是两种处于临界点的物质,彼此一接触便会爆炸。所幸,我能将这种高度可燃的混合物,转化为富有成效的银幕合力。他隔三差五地就会大发雷霆、制造丑闻、撕毁合同、恐吓剧组同仁。设法驯服这头野兽，将他身上疯狂的能量转化成银幕上的生产力，这成了我每天都必须要完成的功课。在这方面，我相信有一点我做得很成功：成功驯服了他，却又无须剪除他的羽翼；否则，影片中出现的金斯基，虽然会变得人畜无害，但也失去了他身上的闪光点。我能完全把他看透，始终知晓他身上歇斯底里的能量究竟有多强烈，知道如何在镜头前面调动、表现他的这种能量。外人以为，我俩之间的关系可以用一句爱恨交织来形容。但事实是，我对他，既没有爱也没有恨。有一阵子，我确实很认真地计划过，要拿燃烧弹去他家里炸他。我还准备好了滴水不漏的不在场证明，整个计划看似天衣无缝，结果却因为他家那条警惕心十足的阿尔萨斯牧羊犬而功亏一篑，现在想起来都还觉得尴尬。当然，这其实纯属闹剧，就像是二十世纪五十年代的那些意大利喜剧片里，银行劫匪打洞时钻错了墙壁，直接进了警察局那样。后来金斯基也跟我说过，差不多就在同一阶段，他也计划过要干掉我。这事让我们大笑了一场，还为此干了好几杯。

金斯基和我之间有种奇怪的互补作用。确实，我欠他不少，但公平地讲，他也欠我的，只不过他从来都不承认这一点罢了。对我们俩来说，这都堪称幸运：我的幸运在于，他决定出演《阿基尔》；他的幸运则在于，我正儿八经地拿他当演员看待。对于自己的事业发展，他完全就不在乎。看一下他的整个作品履历，你就明白我什么意思了。好多片子他也就出场个两分钟，那意味着他们只需要他过来拍个一两天。时间再长，就没人能受得了他了。拍《阿基尔》的时候，他和他的越南妻子——之前我从没见过她——到了现场，金斯基和我先是互相拥抱，然后我伸出手去，想和他妻子握握手。金斯基立即将我一把推开，满怀敌意地凑到我跟前，两人间距只有五厘米。至少有那么一分钟的时间里，他只是紧盯着我双眼，大口喘气，身体颤抖，但一个字都不说。对于他生命中的那些女人，对于他的女儿宝拉，金斯基种种骇人听闻的做法，我都不想再说了；这本书不是用来谈这些的。我只想说，当初宝拉出版回忆录之前来找了我。关于她在书里的那些说法有没有证据支持，德国国内向来都有两种观点，但我心里很清楚，她一字一句讲的都是事实。非要让我选一边的话，我支持的肯定是她。了解这一切之后，再去看我电影里的金斯基，观众可能会换一种角度。但从长远来看，以后的观众，肯定还是会因为阿基尔这个角色而对他有所认识。那就像是卡拉瓦乔，几百年后，他是个杀人凶手的事实，已无碍于人们对他画作的欣赏。

你从金斯基那儿学到过什么吗？

金斯基有一点很厉害，那就是他对于电影的认识，包括如何打光，包括舞美，包括人体在镜头前的动作编排。拍《阿基尔》的时候，有场戏我本已拍完，但过了两天之后，又觉得那种拍法不对，应该用更广角的镜头重新拍一遍。于是金斯基重新穿好戏服，走入镜头之中，他的一举一动，他的整个节奏，相比两天之前，可谓分毫不差、完全一致。当时并没有什么样片可以供他参考的，他完全就是靠自己的瞬时记忆。还有一点就是"金斯基螺旋"了，我在《我最亲爱的魔鬼》里和摄影师彼特·普莱瑟一同展示了这一点。通常，演员从景框侧面入画时，不会制造出什么戏剧张力。所以，只要是能找到合理动机的情况下，金斯基都会选择由镜头背后直接登场。如果他想要由左侧转入画面，他就会先站定在摄影机旁边，左脚放在三脚架边。然后他会用右腿跨过三脚架，向内旋转右脚。于是他整个身体都会在镜头前面展开，整个人平滑地旋转进入画面，制造出某种神秘的紧张感来。除了"金斯基螺旋"，还有一种叫作"金斯基双螺旋"的动作，也就是在"金斯基螺旋"的基础上，马上再连接一个反转。但那动作太复杂了，光用文字肯定没法说清楚。拍《卡斯帕·豪泽之谜》时，我将"金斯基螺旋"稍加变化，用在了卡斯帕出席斯坦厄普伯爵的宴会的镜头里。还有《尼斯湖事件》，仔细找一下，你会发现我自己也完成了一个"金斯基螺旋"。

拍摄《我最亲爱的魔鬼》有什么特别的原因吗？

刚听说他的死讯时，我只是一个耳朵进一个耳朵出，我只是记住了有这么一回事。直到几个月之后，当我站在他前妻和儿子身边，当我手捧他的骨灰，将之撒入太平洋的时候，这才打心底里意识到他已离去。我一直都觉得，我们合作的五部电影，应该有什么东西来总结一下，将它们串联在一起。我打算拍一部关于我们俩的电影——我们的斗争、我们的合作——但距他去世已有数年，我仍觉得那实在太过沉重，我应付不来。时间将一切冲淡，让这副担子变得不再那么沉重。等到我可以用温暖、幽默的口吻来谈论金斯基时，我意识到，是时候了。如果当初他刚一死，我就拍这部电影，那得到的结果，肯定会比现在这部《我最亲爱的魔鬼》要黑暗很多。如今，对于我俩之间的恩恩怨怨，我已能微笑面对；回望过去，我心如止水，过往种种，我想到的只是它们古怪离奇的那一面。事实上，拍完《我最亲爱的魔鬼》，让我觉得彻底轻松了。

这片子拍起来很容易，几乎不费什么劲。拍摄之前，我只是静静坐着，脑海里便已将它完整过了一遍。剧本也没写，我只知道我想要重新回到哪些地方——那些我们曾一起拍过电影的地方——面对镜头说上几句。我始终觉得,《我最亲爱的魔鬼》说的不仅仅是我如何看待我与一位演员的工作关系,它还关乎创作过程本身,并不一定非得是关于我们两人,真要换成另外两位主人公,也同样能够成立。它涉及的主题,绝不仅限于金斯基和我两人。说到片中出现的那些对话——这里主要指的是伊娃·马泰斯和克劳迪娅·卡迪娜——也都是我精挑细选的结果。有的人,你让他谈谈金斯基,他说出来的,肯定都是糟糕至极的坏话,说他是人渣中的人渣;这样的人,我真要去找的话,肯定多得数都数不过来。但我想要展现的,却是金斯基的另一面,在他自传里都不一定能呈现出来的那一面。其实有的时候,他也可以是一个很有幽默感的人,一个慷慨大方的人。某次我称赞他穿的那件高定夹克非常漂亮,他二话没说就脱了下来,一定要我收下。拍摄《沃伊采克》的时候,每当进展不如我预想的时候,金斯基都会抓着我的手臂,对我说:"维尔纳,我们现在正在做的这件事,非常重要。别担心,只要努力去争取,我相信一定可以水到渠成的。"很多时候演戏,他只是把台词记个大概,但那一次他非常用心地钻研了毕希纳的剧本。跟他合作的那几天,真是让我觉得快乐无比,即便现在回想起来,仍觉得心底有股暖流。能将我俩在特柳赖德影节上拥抱的画面放在《我最亲爱的魔鬼》里,我很高兴。事实上,能存在这么一段画面,我真是觉得高兴。不然的话,没人会相信我和金斯基竟然也可以是如此甜甜蜜蜜的。金斯基以前经常会抱怨哪些哪些电影给的片酬太低,为此他拒绝过黑泽明、维斯康蒂、费里尼和帕索里尼的邀约,声称那几位导演都是心理变态的混蛋,想请人却又不肯开足工资。但我拍的那些电影,相对来说预算都不大,给他的片酬也没法和那几位导演比,所以他的说法就有了互相矛盾的地方。只能说,我俩之间有种特殊的关系，金钱已不再那么重要。公开场合，他总说讨厌我的电影和我这个人，但私底下聊起来的时候，显然恰恰相反，他也为我们合作过的那些电影而感到骄傲。

他在自传里也写到了对你的矛盾情绪。

他那本书就是一大串胡言乱语，带有高度的虚构性和娱乐性。针对我，书中可谓是各种恶语相向，只有你想不到的，没有他说不出口的。甚至写到某一次，他将我推入食人鱼遍布的水域，眼睁睁看着它们将我撕碎咬烂。他用了大量笔墨，反反复复地写我[1]，就像是得了什么强迫症一样。当然，这些极端恶毒的骂人话，真要追究起来，其实也有我的一份。他事先就跟我说过："如果我不把你写得糟糕一点，根本就不会有人看这本书。我要是写我们俩相处的其实很融洽，那根本就没人会相信。人渣看这本书，关心的只是能读到多少丑事。千万别让那些害虫知道，其实这事是我俩合计好了的。"我给他带去一本字典，我们一起找出了那里面最最难听的骂人话。金斯基当时很缺钱，他知道，写本半色情文学性质的自传，把生活中所有人、所有事挨个骂一遍，肯定能拉来一定的关注度。他小时候其实成长在一个条件还算不错的中产阶级家庭，父亲是做药剂师的。但到了这本书里，他说自己童年时代非常贫穷，甚至要跟老鼠争夺最后一点点的面包屑，还

---

[1] "我实在是恨死那个刽子手了。我当着他的面尖叫，说我希望看到他快快咽气的样子，就像是当初被他处死的那头羊驼那样。就该有人把他扔鳄鱼池里，让它们给生吞活剥了！就该让巨蟒慢慢憋憋死他！就该让毒蜘蛛咬他一下，让他肺部麻痹！就该让这世上最最毒的毒蛇，咬他一口，让他脑子整个爆炸！我不希望他的喉咙被豹子撕开，因为那样实在是太便宜他了！太便宜他了！就该让巨型的红蚂蚁，在他那对撒谎的眼睛里撒尿，吃掉他的蛋蛋，吃光他五脏六腑！就该让他染上瘟疫！梅毒！疟疾！黄热病！麻风病！"——原书注

得去停尸房打工，专门负责清洗尸体。更有甚者，他还在书里说自己和母亲有过乱伦的事，把他几个亲兄弟气得不轻。这书最有意思的地方在于，从某种程度上来说，它所描述的那些事，正是金斯基希望自己能经历过的。虽说确实是我帮着他一块儿找了那些新奇有趣的骂人话，但我也不能否认，当他真把那些字眼用在我身上时，多少还是反映了他的某些真实想法的。而这一点，还让我觉得挺难受的。

你年轻时就跟他有过一段时间的共同生活。

那真是赶巧了。当时我母亲要独自抚养三个儿子，相当辛苦。她在慕尼黑施瓦宾（Schwabing）附近找到一间寄宿公寓，能住我们四人。地方不大，浴室也是公用的，每天早上都有十几号人你挤我，我挤你。房东名叫克拉拉·里特（Klara Rieth），是位六十五岁的老太太。她的头发很夸张地染成了橘色，老太太特别心疼挨饿受冻的艺术家，因为她自己当年也经历过类似的事。金斯基原本住在附近一间阁楼里。别人屋里摆的是家具，他却在家里堆了及膝高的枯树叶，有时候还会一丝不挂地下楼来收挂号信。克拉拉邀请金斯基来她这边住，于是，当时才十三四岁的我，就那么第一次见到了他。那一幕我至今记忆犹新。那是一条长长的走廊，他从那头跑过来，后头追着一位年轻的女佣，手里拿着个大大的木托盘，拼命打他。显然，他刚才想要占她便宜来着。我们也曾在同一张餐桌上吃饭，他会把刀叉勺全都扔在地上，就用手拿着吃，还强调说，"吃饭本就是野兽的行为，就该用手拿着吃。"

从他住进来的那一刻起，金斯基就让所有人都感受到了恐惧。某次，他把自己锁在浴室里，发了疯一样地将所有东西都弄得粉碎，前后整整四十八小时。从浴缸到毛巾，浴室里所有东西，都被他弄成了小碎粒，能用网球拍筛过去。我原本真没想到过，这世上竟有人能连续不断地闹腾那么久的。另一次，他在走廊上一通助跑，用尽全力砸开了克拉拉的房门；木门上的两条铰链，整个都震断了。他就站在门口，歇斯底里地胡乱挥舞手臂，口吐白沫。他手里扔下几件衬衣，它们就像是落叶，缓缓飘落在地。他扯足了嗓子大叫："克拉拉！你这头猪！"那声音连上三个高八度，真是让人难以置信地刺耳，肯定能把玻璃杯都震碎。事情的起因仅仅是因为，这个免费供他吃住，免费给他打扫，免费给他洗衣服的可怜老妇人，这次洗完他的衬衫之后，熨烫的时候，没能把衬衣领子烫得笔挺。平时，金斯基总爱摆出一副天才的样子来，仿佛他天生就有着神赐的本领。但事实上，他是个非常努力的人，练得十分刻苦。他会在他那间小房间里，无休止地做着发声练习，一练就是十个小时。

某天，有位话剧评论家过来做客吃饭。他也只是间接提到自己看过的某部话剧中，金斯基演了个小配角，但表演得非常出色、优秀。话音刚落，金斯基抓了两个还在冒热气的土豆，扔在那人脸上。随后，金斯基跳起身来，大喊道："我一点都不出色！我一点都不优秀！我那叫作不朽！我是划时代的！"大家都吓得说不出话来，可能只有我一个人并不觉得害怕；我只是感到吃惊。就在我十三岁那年，金斯基像一枚鱼雷那样，闯入了我的生活。三个月后，他又像鱼雷那样，离开了我的视线。多年之后，当我做出决定，这世上只有他一人能演阿基尔时，我很清楚会有什么事在等着我。

对你来说，他算不算是某种"他我"（alter ego）？

我们在很多方面有相似之处，可以说，他是我在银幕上的"他我"，但之所以会这样，那也仅仅只是因为我所有作品中的主人公，本来就都很贴近我的内心。事实上，金斯基一直希望他自己也能当导演，他很羡慕我，他也想把压在心里的那些东西表达出来，但始终没办法完全做到这一点。

虽说我们时常保持一定距离，但只要时机一到，我们必定会互相靠近，而且经常会有心领神会的默契，都不用张口，几乎就像是动物那样，或者说是一对孪生兄弟。拍摄的时候，只要他一行动起来，我都会在第一时间打开机器，而且常能捕捉到某些独一无二的好东西。有时候我甚至会故意惹他，让他先大叫大嚷上一小时，等到他筋疲力尽的时候，那恰恰就是我需要的情绪：沉默、安静但又危险。《阿基尔》里他自称是"上帝的愤怒"的那场戏，我就用了这办法。原本，他坚持要用怒从中来的方式，高声叫嚷着把这场戏给演出来。但我希望他能换种方式，几乎就像是在窃窃私语。所以我故意惹恼了他，他恶狠狠地爆发了一通，然后彻底累坏了，毫不夸张地说，真是口吐白沫了。这时候我打开了摄影机，他开始演这场戏，一遍就过了。他总以为，什么都是他自己的功劳，事实却是，我知道怎么调动他拿出最佳的状态来。拍摄《陆上行舟》时，有些镜头我们本就拍得很完美了。摄影和收音都无懈可击，演的也堪称完美。但我会对他说："克劳斯，我觉得还可以再来点儿。"我也说不清楚为什么，总之他马上就明白我意思了。于是我重新开机，他又会再演一遍，这次全都换了新的演法。还有些时候，明明这场戏已经拍完了，但我会让机器继续拍下去，因为我能看得出来，金斯基一定是想到了什么好主意，他这场戏还没演完。他身上尚有余力可挖掘的时候，我能感觉得到。而且这些事，通常都无须语言交流，就能完成。他会用眼角瞟我一下，瞬间就能感觉到，我会让机器继续拍下去，于是他也振作起来，拿出某些新鲜、原创的表演来了。

拍《阿基尔》和《陆上行舟》的时候，印第安人看到金斯基的所作所为，有何反应？

他的那些疯话，让我们和当地人的关系变得紧张起来。他们看到他都挺胆战心惊的，再加上印第安人处理问题的办法，和我们完全不同，于是金斯基造成的问题就更加棘手了。每次他一耍性子，他们就会聚拢在一起，窃窃私语。在他们的文化中，不管什么事都该轻声细语，从来就没听到他们大声嚷嚷过一个字。《陆上行舟》快拍完的时候，有位部落首领找到了我。"你可能也看出来了，我们都挺害怕的。"他说，"不过从头至尾，我们害怕的都不是那个大嗓门的疯子。他喊破了头，我们都不会怕。"原来，他们害怕的其实是我，因为我自始至终实在是太安静了。

金斯基之所以会有这些行为，部分的原因，可以用他自我中心的性格来解释。自我中心这个词或许还不确切，应该说他是个彻彻底底的自大狂才对。拍摄期间，只要出了什么严重事故，那就真是麻烦了，因为在那一刻，金斯基不再是大伙儿关注的焦点了。当地人在附近一片树林里劳作时，通常都不会穿鞋子，因为那样很可能会陷在淤泥地里。虽说那些伐木工人全都赤脚干活，但很少听说有人被蛇咬到的，因为听到电锯的噪音，闻到汽油的味道，蛇都避之唯恐不及。可能每三年，才会发生一起蛇伤人的事故吧。不幸的是，偏偏我们剧组请的一位工人，被巨蝮蛇咬了两口；那是地球上毒性最强的蛇之一。这种情况下，只需几分钟，伤者便会心脏骤停，于是那人也没多想，就拿电锯割断了被咬到的那条腿。同事也马上用藤条给他做了简易的止血带绑上。解毒的血清都摆在我们营地里,当时他们赶回来需要二十分钟,只有这么做才能挽救他的性命。但我知道,一旦让金斯基知道这事,他肯定会马上抓着什么小事,大发一通脾气;不论何时何地,他都不想自己成为边缘人物。就像是我之前说过的那起空难,坠机后,新闻里的报道起初有些混乱,我们急于想弄清楚,是不是需要组织救援队,去附近的丛林里搜寻生还者。金斯基发现这时候大家都在忙别的,没人再追着他了,便大发雷霆起来,抱怨那天早上喝到的咖啡不够烫,而发给他的矿泉水又不够冰。他就那么冲着我嚷嚷了几个小时,几乎就快要脸贴脸了,而我只能向他解释,大家正忙于救人,事态非常危急。和平时遇着类似情况时一样,我就那么站着,一语不发,就像是一堵石墙,任由他往上撞。到最后,我走向自己的小屋,找出我最后的一块巧克力——我已成功地把它藏了几个月,没计那些蚂蚁发现。在当时的丛林里,那可是大家为了尝上一口,可以拼个你死我活的好东西。我走到他跟前,剥掉包装纸,当着他的面,把那块小小的巧克力吃了下去。他一下子安静下来了;他完全没想到我会这么做。拍摄快结束时,印第安人提出,愿意替我杀了金斯基。"天哪,千万别!"我告诉他们,"我还需要他拍戏呢。把他交给我吧。"他们说这话时,完全就是很认真的,只要我点点头,用不着怀疑,他们肯定会那么做。所以后来有些时候,偶尔我也会心生悔意,怎么当初就没点头同意呢。

　　金斯基还是胆小和勇敢的奇特混合体。一只黄蜂就能让他大惊小怪,喊着要蚊帐和大夫。但拍《陆上行舟》里汽船顺流而下的那场戏时,他又一直给我鼓劲。"你要是沉下去,"他说,"我也会跟着一起去。"虽说他总爱标榜自己热爱大自然,其实却从未真正喜欢过那片丛林。关于自然,他说过的每一句话,都是在耍心机地故作姿态。他对外宣称,丛林中的一切都很有情色的味道,但其实从没走出过我们的营地,而且一直随身带着各种解药,你能想象得到的各种蛇毒,他都有药可治。要是哪天他往丛林深处多走了几米,找到一株躺倒在地的枯树,他一定会找位摄影师跟着一块儿去,将他温柔抚摸树干、与之缠绵不休的情景拍成照片,而且一拍就是几百张。《我最亲爱的魔鬼》里那些他和蝴蝶在一起的镜头,是剪《梦想的负累》剩下来的废片。蝴蝶之所以会离他那么近,只是因为要舔他的汗。他俩之间,不存在任何神秘的、类似于动物与动物之间的内在关联。《梦想的负累》拍到过,当金斯基、托马斯·毛赫和我共乘一舟,靠近岸边的时候,是金斯基跃入水中,将我们拉上了岸。但事实是,他只是在做戏,就这么简单。他也乐于做些要花力气的事,但前提是做的时候,得有人在记录。包括他拿着砍刀作势要砍我脖子的那张照片,也就是后来《我最亲爱的魔鬼》拿来做海报的那一张,其实也是同样的道理。他看见彼特·普莱瑟拿着照相机站在一旁,所以才会冲我来。你甚至都不用特别仔细看,应该就能发现,照片上的我正在笑着。我还清楚地记得,拍《非洲黑奴》的时候,金斯基热情拥抱了一个无家可归的流浪儿,还给了他一张百元大钞,而那一切,仅仅只是因为一旁有两位记者正看着。不是这种情况,他绝不可能做出这种事情来。造型和装备,这些才是他真正关心的。对他来说,相比山峰本身,登山装备更加重要;任何一片丛林,都远远及不上他那些由伊夫·圣罗兰度身定制的迷彩服。在这方面,我只能说他可真是够白痴的。

那你想念他吗？

有时候或许会想起，虽然距离他去世还有几年的时候，我俩便早已友尽。拍《非洲黑奴》时发生的一些事，我这辈子都不会忘记。最后一场戏，金斯基用力将渔船拖向大海——通常这工作都需要十几个大汉才能做成——那也是我俩共事的最后一天。拍这场戏的时候并未经过彩排，整个镜头的长度不超过一分钟。但我感觉到似乎有什么事要发生，所以拍完之后也没关机。金斯基也知道我不会在这时候喊停，于是，当他筋疲力尽地跌倒在水里时，那真是变成了让人感觉彻底绝望的一场戏。我真以为他要沉下去了，条件反射地冲了出去，想拉他一把。剧组的人只能牢牢抱着我，不让我冲进海浪中。那一刻，我心知我们只能走到这里了，也把自己的想法向他和盘托出了。我们已经一起拍了五部电影，对我来说那已经够了。再拍下去，肯定也只是在重复。他也有同感。一九九一年，金斯基在他位于旧金山北边的家中去世。他耗尽了自己，就像是一颗彗星。我没什么可后悔的，现如今，你再要让我评价克劳斯，我只针对他在镜头前的工作，给出我的意见。他和蝴蝶的那些镜头，那是我希望自己能牢牢记住的画面，哪怕它与我许多其他的记忆有冲突。可能，有时候我确实会想念他，想念那头猪。

《上帝和负荷》（*The Lord and the Laden*）和《朝圣》（*Pilgrimage*）这两部影片，说的都是信仰和宗教崇拜。

这两部都是帮电视台拍的，那是一套系列节目，说的是基督教的两千年历史。他们希望我也能参与一下，于是我告诉他们，我想拍一下拉丁美洲的教堂，但肯定不会是科教片那种，因为我只打算去某几个特定的地方。《上帝和负荷》的开场镜头是在危地马拉安提瓜拍摄的。最主要的篇章也都是在危地马拉拍的,那是圣安德烈斯伊察帕的一处圣坛。他们的宗教仪式纯属自发,地点就是在一栋私宅的院子里,负责的都是平头百姓,参加也不需要付钱什么的。很显然,这地方的异教和天主教混合在了一起。他们崇拜的对象,是一个放在玻璃柜子里的假人。那就是麦西蒙(Maximón),古代玛雅人心目中的神。他的造型就像是一位富有的西班牙农场主,以此来彰显他的力量。为了表示对于这位异教神的顶礼膜拜,信徒会做出各种各样的事来,包括用雪茄的烟雾来熏他,将香烟塞进他嘴里。所以整个环境中,抽烟的人不在少数。此外,信徒还会把酒喷洒和啤吐在他身上,而且信徒与信徒之间,也都会这么做;那就像是在神的见证下,某种清洁与净化的仪式的一部分。当地的天主教会也不知道该拿这种现象怎么办,于是多多少少也算是接纳了这位麦西蒙。他们也想在类似这样的地方插上一脚,于是把一位名叫圣西蒙的天主教圣徒,也给塞进了那地方——尽管圣坛里那些信徒,都对他视而不见。那地方从来就看不到天主教神父的身影,整个环境就是一片混乱,既没有等级差异,也不存在什么宗教信条。

我去了巴黎的法国国家图书馆,在那儿把《泰利耶-兰斯抄本》(*Codex Telleriano-Remensis*)给拍了一遍。那是关于阿兹特克人历史的极少数能留存下来的原始档案的一部分。之后,我还获准进入佛罗伦萨的劳伦佐图书馆,拍摄了《佛罗伦萨抄本》。在我看来,《佛罗伦萨抄本》堪称人类最伟大、最可敬的成就之一,绝对是一件丰功伟绩。当阿兹特克文化被西班牙入侵者摧毁殆尽之际,有这么一个人站了出来:贝尔纳迪诺·德·萨阿贡(Bernardino de Sahagún)。他率领其他修士,用了几十年的时间,井然有序地收集关于阿兹特克人的各种记录,了解他们的历史、语言、文化和经济制度。最终，他写成这么一本关于阿兹特克人生活的书籍，由宗教仪式到植物学的知识，再到他们的教育系统，包罗万象。就在西班牙入侵者大肆屠杀的过程中，这位富有远见的修士，竭尽全力地将阿兹特克人的世界保护了下来。他甚至在翻译阿兹特克语的过程中，故意错译了某些关于宗教和活人献祭的内容，以免其被天主教宗教裁判所当作异端邪说付之一炬。这书后来有了英文译本，其意义之大，堪与钦定本《圣经》媲美。为此，犹他大学两位学者，付出了整整四分之一个世纪的努力。那些文字，真可谓力道千钧，所以我怀着朝圣的心情，专程去了一次盐湖城，拜访了两位译者中尚在人世的查尔斯·迪勃（Charles Dibble）。这位荣休教授当时已年逾八十，为人十分低调。发现竟有电影导演会对他的作品如此感兴趣，他觉得十分意外，很受触动。

《朝圣》是和约翰·塔维纳（John Tavener）合作的。

拍这部电影的时候，塔维纳在我心目中，是当时仍在世的最伟大的作曲家之一。但我一开始也吃不准这次合作能不能成，因为他经常拒绝替电影作曲的机会。不过，我们那次合作，既不能算是他替电影作曲，也不是我专为配合他的音乐而拍了一部电影。我们的出发点就是，两方面的元素，要找到一个共同点；在这里，音乐和画面有着同等的价值。我主动联系了塔维纳，真是没想到，他说他很喜欢我的电影，非常乐意跟我见一面。前前后后，我们始终合作得很愉快。能做大事的人，真要打起交道来，往往很容易。反倒是那些平庸之辈，最能生事。

我们合作的这部影片，具有宗教背景。塔维纳年轻时改变信仰，皈依了希腊东正教，这对他的音乐影响很大；而我也因为年少时有过的那些短暂但激烈的宗教体验，很能理解宗教带给人的内心冲动。于是乎，我俩在做这部电影时，有着同样的视角，而且都觉得显然就应该从这个视角来切入。关于这次合作，我向他提出，应该讲讲祈祷，还有朝圣者的期盼。"我们不应该谈及一起拍电影这件事。"我对他说，"我们应该一起去朝一次圣。"第一次见面，我俩立即便有种心心相印的感觉，根本就没去讨论什么音乐或是电影上的细节。他一下子就知道我要的是什么。听他在钢琴上弹奏了大概那么二十来秒，我打断了他，"约翰，可以了。你把它写出来吧。"

最终完成的影片，只有十八分钟长度，既没对话也没旁白。只有各种风景、身体和面孔的画面——全都是我原本为了其他作品拍摄的素材——但在我看来，那是一部关于人类最基本的情感和做法的重要作品。片中出现的某些朝圣者，是我当初拍《来自深处的钟声》时，在俄罗斯时遇到的。海浪拍岸的画面则出自印度洋上的圣诞岛，当初就是在那儿拍了《纳粹制造》里那些螃蟹。片头引用的那句话出自中世纪的神秘主义者汤玛士·阿·坎皮斯（Thomas à Kempis）："不管我们的星球是沦为雪国还是焦土，只有那些正在这尘世旅途中艰苦跋涉的朝圣者不会迷失方向：引导他们的，是同样的祈祷，同样的苦难，同样的热情，同样的悲伤。"读到这里，如果你已看过本书前面几章的话，应该会有些感觉了。没错，那其实是我自己编的。原本关于这部电影，我还另外有些想法，但塔维纳给我写了封充满激情、很有分量的信，顿时我就知道，他的想法更好，他有权利推翻我的意见。这其实讲的就是公平。遇到这种情况，当合作者带着这样的热情和信念，向我提出不同意见的时候，我向来都会尽可能去尊重他们的意愿。除非是塔维纳提出的建议，跟我内心最深处的电影知识起了冲突，否则我肯定都会接受。

《朝圣》大多拍摄于墨西哥城郊外泰佩亚克的瓜达卢佩圣母大教堂，那里光线非常昏暗，所以根本没法用胶片，只能全都用磁带来拍。朝圣者来自全国各地，有些人真的就是一直跪着，精疲力竭、双目垂泪、痛苦万分，体能已达到了极限。不管他们是在去圣地亚哥·德·孔波斯特拉的路上，或是在瓜达卢佩圣母的圣殿里，这些处于行动之中的朝圣者，本身就是人类生活的某种隐喻。拍摄过程中，我们几乎就没什么可以操作的空间，因为每小时都有数以千计的信徒不断涌入。他们跟随着教堂里的一条机械传送带，缓缓流动，从不停止。为确保安全，这是唯一的途径，否则肯定会产生严重的挤压踩踏。在影片中，那些画面看着就像是他们一个个由镜头前飘过，每个人都带着惊叹的表情，抬头仰望。我原本想把事先在大教堂里采集到的各种声响，也都放入影片之中。但听到约翰写的配乐之后，我立即意识到，那么做只会将影片拉低到某种伪现实主义的层次上。此时，这些朝圣者究竟是谁，他们顶礼膜拜的对象究竟是什么人，他属于哪种信仰，这些已都不重要了，根本无须呈现。某个男人，手里捏着一张女人的照片，朝着瓜达卢佩圣母喃喃自语。我们对他是什么人全无了解，但通过这简简单单、触动心灵的画面，我们对于他的遭遇，似乎已了然于胸。

要是当时就有相应的技术，你拍摄诸如《阿基尔》和《陆上行舟》这样的电影时，会不会就不用胶片而改用数字摄影了？

虽然我并不属于那类人——沉浸在对胶片的怀旧情绪中难以自拔的那类人——但针对你提出的假设，我的回答就是，无论何种情况下，我都不会那么做。胶片的深度和力量，没有什么东西能与之相提并论。虽说经过这么些年，数字图像也改进了许多，而且今后还会继续完善，但我还是决定，继续使用胶片，能用多久是多久。数字摄影有个问题，某些高科技的数字摄影器材，负责设计和生产的，都是些对电影缺乏足够认识的电脑工程师，对于电影具有上百年历史的高精密度的运作机制，他们没法完全理解。拍摄《儿子，你都干了些什么》时，我们用到一种在当时具有革新意义的摄影机，它看着就像是一台巨型电脑，光是开机拍摄，就花了我四分钟都不止。在一切都转瞬即逝的拍摄现场，要我等上这点时间，那就像是让我等待天荒地老一样。所以说，设备的技术越是进步，伴之而来的，反倒是越来越多的潜在问题。

虽说相比胶片，磁带的成本更为低廉，能让电影人更少借助外来资金，但它也会带来一种不健康的、具有误导性的伪安全感。因为，刚刚捕捉到的画面，你可以马上就在设备上反复重播。而这恰恰就是我喜欢胶片的地方，不管拍到的是什么，绝对都没办法立即知晓。只要我内心感觉到，我们这次已经拍得尽善尽美了，那我便就此打住。我不希望自己能做到随时随地地摁下一个按钮，当即便能了解我们干得怎么样。所以我的剧组是不会配备用于视频辅助功能的监视器的。针对传统胶片拍摄中，每天都要洗工作样片这件事，我也持同样观点。我一直都觉得这么做带有很危险的误导性，容易让人泄气。如果你只是想要确认一下某些技术上的东西，那看工作样片还是有用处的，但脱离具体背景地单独去看某个画面——不光是脱离了整场戏的背景，这么做也脱离了整个故事的背景——绝不可能看出它究竟是好是坏。用胶片拍摄，自然而然地就会逼着你一定要和拍摄对象保持更为紧密的关系。你一定要深思熟虑，因为一本胶片能拍的长度是很有限的。相比之下，磁带拍摄随随便便就能拍上个数小时的内容，但绝大多数很可能都质量一般，想要靠着这种东西获得出类拔萃的好电影，那真是痴人说梦。

《纳粹制造》里有多少内容基于史实而来？

这部影片，整体上受真实故事启发而来。人称"塞舍"的西格蒙德·布赖特巴特（Siegmund "Zishe" Breitbart）是位年轻的犹太铁匠。二十世纪二十年代初期，他成了综艺演出圈中赫赫有名的大力士，足迹遍布维也纳、柏林甚至是百老汇等地。听闻被誉为全世界最强者的，竟是一位犹太人，而非某位名叫齐格弗里德的雅利安人，当时正逐步发迹的纳粹党，感到非常错愕。塞舍本人对自己的犹太血统非常自豪，甚至称自己为"新参孙"。后来他死于一次毫无道理的小事故，起因是一枚生了锈的铁钉，划破了他的膝盖。

他后人中有一位名叫加利·巴特（Gary Bart）的，手里掌握了数千件与塞舍相关的照片、信件、旧报纸乃至各类文档。我还见到了一段时长半分钟的新闻片，主角也是塞舍。当时已经存在一个获得加利授权的现成剧本，但那说的都是塞舍在演出中的种种神奇事迹。读完那个剧本，我给加利打了电话，告诉他我的想法。在我看来，塞舍的故事中蕴藏着某些意义宏大的东西，某些被大家忽视了的东西。我记得那天电话打着打着，我家屋顶上忽然失火了，我只能撂下电话，拿着水桶上去救火。之后我问加利是不是有勇气从头来过，让我亲自写个剧本出来。正如我之前提到过的，我将整个故事往后推了十年，让它更接近于纳粹当政的年代。最终，《纳粹制造》的故事以一九三三年一月二十八日为限，停在了距离希特勒掌权只剩两天的时候。它说出了犹太人的坚强与自信。我还在原本的故事中加了不少内容，类似于塞舍九岁的弟弟本雅明这样的人物。这段兄弟情非常重要，我以它为示例，展现了家庭生活的强大力量。塞舍和本雅明这兄弟俩，让我想到了摩西和亚伦：塞舍是个先知式的大力士，但拙于表达，只能由弟弟代他发言。真正令我触动的那一个点，就在于像塞舍这么一个铮铮铁汉，竟也有着如此脆弱的一面。

塞舍让我想起泰森；我与他也曾数度谋面。表面看来，泰森是一个十足暴力、十足疯狂的人物，一个出自社会边缘地带的近乎原始人的家伙。但他身上其实还有另外一面。他在狱中看了不少书，他有着莫扎特那样的灵魂，而且既有高度智慧，也不欠缺温柔。你肯定没法想象泰森会知道马基雅维利、罗马共和国、克洛维一世、矮子丕平和查理·马特等法兰克王国早期统治者，但他确实和我谈到过这些。他真是一个很有意思的人。

关于塞舍这个角色的扮演者，你有没有想过，或许也可以不找真正的大力士？

从没这么想过。那些长着一身腱子肉的男演员，我总觉得他们那身材看上去完全就不可信，那都是用类固醇催出来的。真正的大力士，你一看就知道，跟他们完全两样。所以我相信，除非我能找到一位真正的大力士来扮演这角色，否则影片在可信度上会大打折扣。要是影片最初那些马戏团里的戏，观众看到塞舍出场后，根本没法对他的神力彻底信服，如果是那样的话，这影片当场就败局已定。拍摄本片的时候，饰演此角的约克·亚奥拉（Jouko Ahola）——他本行是干木匠的——正是当时受官方认可的全球第一大力士。他绝对就是个巨人，能拖动一辆消防车。你看到他在片中举起四百千克的重量时，那都是如假包换的实拍，真的是他本人举起了那个分量。事实上，应该要比四百千克稍稍轻那么一丁点，因为他也担心万一受伤了，那就得停工好几个月。相比其他大力士，约克始终都是最脱颖而出的那一位。之所以如此，关键还在于他的赤子之心。这一点，他在银幕上甫一登场，你便能明显感觉到。我最欣赏他的一点还在于，别看他说话轻声细语的，其实却有着很强大的人格魅力。谁都会希望自己能有这么一位哥哥，有备无患。我还发现，女性观众特别善于发现他为人心善的那一面，而这也是我决定用他的原因之一。约克起初还有点犹豫，但我告诉他，"我是导演，我了解我的工作，我知道如何将你变成一位优质演员。"

力求可信，关注细节，我始终觉得这两点非常重要，而且这不仅限于选角工作，确定外景地的时候也是如此。当时我正巧在替另一部电影收尾，同时还得执导一部歌剧，所以我让美术指导乌尔里希·博格菲尔德（Ulrich Bergfelder）先行去了波兰东部地区。他走了不少城镇河川，带回来一堆照片。看过之后，我发现那并不是适合本片拍摄的外景地，因为已有太多东西毁于第二次世界大战，许多原本很漂亮的木构建筑，早已被碍眼的混凝土大楼取代了。我当即做出决定，要换个地方拍，施隆多夫建议我可以去拉脱维亚和立陶宛看一下。最终，我接受了他的提议，没用太久便拍板决定了。集市那些段落，我们是在维尔纽斯拍的。拍摄之前还花了好大一番工夫，尽可能符合历史原貌地再现了整个地方。某天一场戏拍了一半，已经临时封闭外加交通管制的集市中，忽然走来一位老妇人，手里还提着好大的一只黄色购物袋。好说歹说，她都不相信我们这是在拍电影，坚持要继续购物。那一刻我就知道了，我们干得很不错。为了能在当地犹太教堂拍摄，我们花了几周时间与维尔纽斯的犹太人社区磋商。该市本有一百多所这样的教堂，但经历"二战"生灵涂炭之后，仅剩这唯一一处。一开始那些犹太人并不答应。一个德国导演，真能在影片中体面地展现犹太人的生活和仪式？最终，我们还是获得了拍摄许可。片中许多群众演员，用的也都是那所犹太教堂的信众。

扮演本雅明一角的是雅各布·怀恩（Jacob Wein），他父亲给了我一本讲述犹太人传奇故事的书，我在那里头读到了"未知者"的故事。传说，每一代犹太人中，都会有三十六人，生来就被上帝选中，要替所有世人承担苦难。以死殉道，是上帝赋予他们的荣耀使命。这些人究竟是谁，肉眼凡胎是看不出来的，他们自个儿，很多时候也不知道自己就在三十六人之列。我意识到，这故事体现出的，恰恰就是我这部电影的灵魂所在：有着非凡天赋的凡人，鼓起勇气，直面自己的天命，并加以实现。我心知一定要将这故事放进影片之中，就由艾德尔曼拉比这个人物口中道出。剧本写完之后，我马上让副导演赫布·戈尔德把它给加利·巴特念了一遍。听他这么一念，我马上意识到，这角色就得由赫布自己来演。其实我们也费了好大工夫，想找一位真正的犹太拉比来演这个角色——特拉维夫和伦敦都找遍了——但眼看开拍的日子越来越近，我发现还是副导演赫布演这角色，最有说服力。于是我告诉他，就这么定了，让他把胡子留起来，那几周绝对不能刮。

哈努森这个人物，在整个故事中非常突出。

塞舍用他的身体和力量来影响他人，哈努森则仰仗想象的力量操控观众。这两者的碰撞，带来了强烈的戏剧矛盾冲突。哈努森这个人物，相比塞舍，其实更符合他历史上的真实状况。关于他的生平，我们了解甚多，因为他不光平时自己出报纸，还写了一本名为《读心和传心》（*Mind Reading and Telepathy*）的书，外加一本自传。哈努森是个催眠专家,同时又是魔术师,还声称自己是如假包换的灵媒。后来他又摇身一变,有了未卜先知的本领,这主要还是因为二十世纪三十年代初期的大环境使然。当时欧洲政局混乱不堪、银行倒闭、失业率飙升、政变频发。在这样的背景下,社会需要有预言家出现,老百姓期盼能有人为自己指点迷津。于是他改头换面,把自己包装成了丹麦贵族,还起了个埃里克·扬·哈努森的艺名。事实上,他本名赫曼·斯泰因施耐德(Hermann Steinschneider),是个捷克犹太人。哈努森说他预言了一九三三年国会失火和之前一年的希特勒成功当选。在片中,他谈到了"代表光明的那个人已出现在我们之中"。但事实上,他用的就是所有骗子都会的那一套:给每匹马都下了注。不光是希特勒,他也预测了冯·施莱歇尔[1]、布吕宁[2]和冯·帕彭[3]的当选。只不过结果出来之后,他只提醒大家注意他写到希特勒——他和希特勒还互相认识——的那段文字。影片中塞舍和哈努森之间的法庭戏,已经超越了打官司的层面,因为哈努森的真实身份在此过程中暴露了出来。受他牵连的纳粹高官数量极多,似乎也正是出于这个原因,他后来被人绑走,结果死在了柏林郊外的森林里,尸体被发现时,上面布满了弹孔,还被野猪吃掉了一半。

本片配乐是汉斯·季默(Hans Zimmer)写的。

我喜欢季默,因为他有才,完全自学成才,真正能够理解电影,而且他还不识谱。后来我才发现,他竟然是在看过《陆上行

---

[1] 冯·施莱歇尔(Kurt Von Schleicher):魏玛共和国最后一任总理。
[2] 布吕宁(Brüning):德国政治家。在魏玛共和国末期的一九三〇年到一九三二年间担任总理。
[3] 冯·帕彭(Von Papen):德国政治家和外交家,曾在一九三二年担任德国总理。

舟》之后，获得启发，才立志要做电影配乐的。他当即退出了自己所属的乐队，搬进洛杉矶一家廉价小旅馆，开始了全新的事业。我联系到他，问他是否愿意为《纳粹制造》写点东西，但我丑话说在前头，我们预算有限，肯定给不了别人开给他的片酬。结果他主动提出要免费效劳，还自掏腰包付了合唱团和交响乐团的钱。他的律师团队指出，这么做有可能会产生税务上的问题，于是我们达成协议，象征性地支付了他一元钱的片酬。音乐版权的转让，原本设定的是永久有效，但我觉得这样不太好，于是把它改成了"比永久少一天"。汉斯看见之后，坚持他也要减掉一天，于是我们签订的那份合同上，写着"有效期比永久少两天"。

你也参与了拼盘电影《十分钟年华老去》（Ten Minutes Older）。

我受邀拍部短片，片长恰好就要十分钟，主题是关于时间。这是种挑战，叙事上要合规，就像是写日本的俳句。所有，不是绝对必需的东西，全都排除掉。我讲的那段故事，说的是由石器时代开始便生活在巴西亚马孙雨林深处的印第安人部落"乌鲁乌"。他们是最晚与外部人类世界、科技文明产生接触的那批原始人部落中，最重要的之一——但在印度洋的安达曼群岛上，还有亚马孙流域和新几内亚，可能还剩几个部落，至今都尚未与外界有过接触。外人只要敢靠近他们，"乌鲁乌"就会以弓箭应对。所以1981年时，巴西政府决定在可控范围内主动与他们接触。毕竟，这一步是迟早都要迈出的，尤其是因为各种经营金矿、木材和石油的企业，正在该区域大肆蚕食土地。两种文化之间的接触，只用了十分钟的时间，但也就是在这短短十分钟里，"乌鲁乌"的社会被拖入了现代，猛地向前冲刺了一万年的光阴，由新石器时代进入了二十世纪。不过几天的工夫，有些部落成员已坐飞机到了大城市里。他们乘着汽车，上了电视，还接触到了妓女。"乌鲁乌"的故事是一则意义深远的悲剧，他们不曾接种过天花疫苗，对于普通感冒之类，其他人早已适应的疾病，也都完全没有免疫力。不到一年的时间，其部落人口锐减四分之三。我找到了当时唯一既能说葡语又能说他们部落语言的人，再加上一九八一年时曾用镜头记录过那第一次接触的巴西摄影师，一起去拍摄了该部落硕果仅存的少数几位成员。我那部分就叫作：《一万年年华老去》(*Ten Thousand Years Older*)。

《白钻石》里的格雷厄姆·多林顿在圭亚那丛林中，试飞了那艘尚处于设计原型阶段的飞艇。

推荐我这个项目的，是我儿子鲁道夫，他觉得我应该做这个，因为它有着关于在空中飞行、翱翔的主题，故事情节上也和我本人对飞行的情感息息相关。它说的是航空工程师格雷厄姆·多林顿的事迹，他曾踩着自己的飞艇，由南安普顿一路飞到了将近一百六十千米开外的怀特岛。拍摄这部影片的时候，他即将展开圭亚那之旅，挑战位于该国腹地的凯厄图尔瀑布——它落差极大，高度是尼亚加拉大瀑布的四倍——希望能成功驾着他那艘充满了氦气的飞艇，飞跃瀑布上方的丛林地带。他此行的目的，正是为了研究那些生活在茂密林冠中的野生动物。由于地理位置的关系，那部分生物圈长久以来几乎都没怎么被了解过；人类对于海底深处的生物多样性，认识得都要比那地方更全面。如果是坐直升机上去的话，势必会造成巨大的噪音和旋风，飞艇就不一样了，风吹到哪里，它就飘到哪里。想要实现这类探险，最好的方案就是这种可操控的飞艇，而那也恰恰就是我朝思暮想的那种低调、内敛的飞行方式。

但这种飞法，势必伴随着很大的风险。一九九三年时一次类似的航行过程中，德国摄影师迪特·普拉格（Dieter Plage）驾驶单人飞艇，在苏门答腊岛上机毁人亡，便是前车之鉴。那艘飞艇的设计者和制造者，也正是多林顿，而且那也是它的首航，结果就不幸酿成惨祸。那次，它由六十米高空坠落地面，正砸在多林顿跟前。在《白钻石》的旧档素材中，普拉格的身影稍纵即逝，但不知怎么的，感觉却像是给整部影片蒙上了一层阴影。多林顿的故事让我想起希腊悲剧中那个做梦都想要飞起来的人。直至今日，都不能说多林顿已完全获得了救赎，毕竟，朋友的死会一直牵绊着他，直至他自己的生命尽头。拍摄过程中，连续有好几周，一谈到普拉格的事，多林顿始终选择回避。但我不断给他施压，某天终于把他逼得再也无路可退。"是时候了，"我对他说，"现在不讲，以后再也不会讲了。"他半推半就地答应了，他也很清楚，那将会成为影片中的关键所在。我告诉他，现场只留三个人：摄影、负责录音的我，还有我十四岁的儿子。我当时有种感觉，能否让他敞开心扉，关键就是要让他面对一个少年，而非面对镜头或是一群剧组里的成年人，来谈这件事。

瀑布后头有个巨大的洞穴。

里面有一百五十万只筑巢的雨燕。它们会先垂直向下飞，时速超过一百六十千米，比小型飞机还快。然后再从这道水幕的边上——有些甚至直接穿透瀑布——飞出来。当我站在悬崖的边上，它们就从我眼前扫过，快得跟子弹一样，但完全没有撞到过我；即便飞行速度如此之快，它们还是能做到避开一切障碍物。我问了一位部落头领，那暗无天日的洞穴里头，究竟有些什么。他回答说，古人相信，那里面藏着财宝，还有负责看守的各种巨怪和体型庞大的毒蛇。我们让一位剧组成员——他是攀岩专家——背着摄影机，身上系好绳子，下到洞穴口，拍摄一下那瀑布后头究竟有些什么。结果，还是那位部落头领，恳求我千万别让那些画面被人看见，谁都不行。于是，我最终并未将它放在影片之中。

《白钻石》让我喜欢的地方在于，影片放到一半，在你不知不觉的情况下，其核心内容起了变化，先是由多林顿转到了马克·安东尼·雅普——一位当地的拉斯塔法里教徒——的身上，继而又再转到了雅普十分心爱的那只非常厉害的公鸡"红人"的身上。类似这样的焦点转移，并非出自我原本的计划，而是当我在拍摄过程中，注意到周围这些剧中人物的具体情况后，故事线索与关注焦点也就自然而然地发生了这样的偏移。影片将近结束时，我们的焦点已全放在了"红人"身上，它成了《白钻石》的新主角。克莱斯特在小说《米夏埃尔·科尔哈斯》(*Michael Kohlhaas*)里，曾有过类似的写法。故事讲了一半，焦点由主人公科尔哈斯转向了马丁·路德，最终又落在了一位吉卜赛妇人身上。

时隔多年之后，你会不会又想起当初打过交道的那些拍摄对象？

当然啦。那就像是作为一家之主，你绝不会说那是一种职业，对我来说拍电影也是一样，那并不是一种职业；那就是我的人生。我拍过的那些电影，还有电影里的那些人，他们并不只是剧中角色，而是我身上至关重要的组成部分。他们之中有许多人，都是我内心的家庭一员；哪怕说，他们对我而言的意义，可能已今非昔比了，与当初拍摄那些电影时不尽相同了。

《沉默与黑暗的世界》拍完几年之后，菲妮就去世了，至于斯泰纳，我也有好几十年没和他联系过了。最后一次接触，当时他还在科罗拉多，替美国高台滑雪队当教练。布鲁诺·S是二〇一〇年去世的，至于他的全名全姓广为外界所知，那又是数年后的事情了。所以，不妨让我借此机会郑重地报上他的尊姓大名，以表纪念：布鲁诺·施莱因斯坦（Bruno Schleinstein）。他真是很善于发明创造，而且很为自己能完全靠着自学就成了钢琴家而感到自豪。我们一起看《卡斯帕·豪泽之谜》时，他会捏我的手指尖。听到音乐声响起，他会说："这勾起了布鲁诺心里强烈的感觉。"最终，我在《史楚锡流浪记》里特意为他写了些弹钢琴的戏。他平时还会画画，但要我来说的话，那只能算是"个性天真的"艺术作品。某天，他给我看了个大发现，说那绝对有必要送去德国科学院。他家里塞满了各种他由全市各处垃圾桶里翻拣出来的东西。他会搜集残旧的风扇，有些还能转，他就把上头的叶片分别刷上黄色、蓝色和红色。他发现，当风扇高速转动后，叶片上的颜色会忽然消失不见，取而代之的是一团白色。布鲁诺坚信，发现这一点的，他是史上第一人。晚年他还出版了一本警语录，办了自己的艺术展，发行了唱片。在许多人看来，我会用像他这么个人来拍戏，实在是太反常。几年前有人拍了一部讲他的电影，片子拍得很弱，而且抛出一个观点，说我利用了这个不谙世事、毫无城府的人。拍摄时虐待他，拍完后抛弃他。那片子的导演，就是个不值一提的傻瓜，对此我没有什么好做回应的。我只想说一句：本人问心无愧。而且让那种人做我的对手，他压根就不配；我宁可对手更强一些，难对付一些。那些年里，我和布鲁诺见面机会不多，但我一直都远远地留心着他的情况，如果真发现他遇到了什么麻烦，我肯定会第一时间出手相助。

  拍电影就是一种短期的投入，所以注定难有太多深层次的人际接触。如果我能按部就班地每隔五年拍部新片，那肯定会更易于维护这种人际关系。但事实上，我拍电影从来就不是这种节奏。我自己的生活状态本就相当漂泊不定，一年里走遍十几个国家，那是常事。我就像是中世纪晚期的佣兵，仗打完了，便转身奔赴下一片战场。几十年里我拍摄过那么多对象，没法一一保持联络，我并不觉得有什么好愧疚的。不管当初有多火热，合作拍电影时一起度过的那段时光，注定只能是稍纵即逝的一次牵手。类似这样的人际关系，时候到了，总会无疾而终。一旦合作关系结束，双方便很少再会继续有不断的接触。大家都有新工作要忙，相隔千里是常有的事。不过我觉得自己还是挺幸运的，因为我交情最久、最深的那些朋友，恰恰是我入行之初，拍摄那些早期作品时遇上的。曾有一度，那也是我与人接触的唯一途径。幸运的是，这几十年来，每次拍新片，我总能召集到同一批合作伙伴中的绝大多数人，我一直信任他们。这里面也包括我妻子，她是位照片摄影师，四处游历的幅度与强度并不亚于我。有时候，她会在我剧组负责拍剧照，于是我们就能携手同行于世界各地了。

长期以来，在我的合作伙伴中，有许多人并不一定非得是电影圈中人，但他们全都以各种极其相异的方式，为这些影片的制作贡献良多。这群个性顽强的男男女女，全都有着特立独行、天马行空、专注投入的特点，值得我去信赖。他们都心怀伟大的信念，全都和我一样，有着一颗驿动的心。乌尔里希·博格菲尔德是我好几部电影里的布景设计，同时，他也是一位研究普罗旺斯古代语言和游吟诗人文学的专家学者。还有几年前去世的克劳德·基亚里尼（Claude Chiarini），他是位医生，在巴黎精神病院担任神经学专家，过去还加入过法国外籍军团，原先又做过牙医。拍《玻璃精灵》时我们请了他来，以防备万一有哪位演员被催眠后，怎么都醒不过来的情况。此外，他也为我们拍了不少剧照。然后还有科尼利厄斯·齐格，他既是数学家，又是大师级的木匠，心灵手巧，就没他造不出来的东西。如果是在丛林深处拍摄，遇到电池故障的情况，他搞些树皮、树脂，就能妙手回春。赫布·戈尔德是我好几部电影里的副导演，他是波士顿大学的古典文学教授，又会武术。我始终觉得，拍摄电影时有一点很重要，要让每位工作人员都意识到，自己并非仅仅只是一名雇员。他们更应是团队中极其宝贵的构成元素。凡事竭尽所能，尽可能把电影拍到最好，这对他们每一个人来说，都是利益相关的事。拍《陆上行舟》的时候，负责洗印胶片的一位技术人员，事先就仔细读了剧本，看片子的时候也拿出了电影导演的劲头，甚至还会专门留言问我："特写镜头都在哪里？"

你曾经留小胡子留了好多年。还有你身上的刺青，现在还有吗？

那胡子长得可真不错，它就像是某种防御屏障，我可以躲在它后面。但经历了生活中的各种磨难，后来我把它剃了。事实上，那是因为我跟人打赌输了。反正，生活也待我不薄，可能我就是不再需要这屏障了。至于那个文身，你不提的话，现在我一般都不会想到它。它仍在那儿，在我手臂上。那是死神的图案，他身穿燕尾服，系着领结，对着一支老式的德国电视二台的麦克风歌唱。我已经好多年没去特别注意过它了。当初我才三十六岁，那是在旧金山文的，陪我朋友保罗·格蒂（Paul Getty）一起去的。保罗打算文身，我在边上看着。很快，文身师就让我看着迷了。既然是要等，索性自己也文了一个。

你曾在纽约公共图书馆做过名为"二十世纪是否是个错误?"的讲座。

我曾和波兰作家雷沙德·卡普钦斯基（Ryszard Kapuscinski）合作过一个有关科幻小说的项目。他是二十世纪六十年代初期刚果东部那场骚乱为数不多的亲历者与幸存者。一年半的时间里，他光是被捕就有四十多次，还曾四度被判死刑。我问他，那段时间里最糟糕的经历是什么。他用自己一贯的轻柔嗓音回答说，是他住的小牢房里，忽然被扔进来几十条毒蛇的时候。"五天的工夫，我的头发全变白了。"他这人个性特别坚强，处变不惊，而且看事情一针见血。我们那次合作的想法其实也很简单：人类依赖科技，最终也会成为科技的第一位受害者。在我俩看来，科幻小说写的并不是未来的科学技术还能带给我们多大的可能性，而是因为科技的存在，我们未来将会失去的诸种可能。终有一天，我们会失去对科技的掌握，而且再也无法将它重新抓回手里。

类似这样的事，我们俩实在是见得太多了。机场里的电脑，键盘里长出了热带丛林的杂草，你只要看一眼就知道，哪儿都飞不成了。我们也常面对彻底失能的电梯，走楼梯成了唯一的途径。我们还遇到过这样的事，城市的供水被士兵切断，一周之后他们又开着巨型的送水车，面对口渴的老百姓，待价而沽。我们还住过这样的旅店，行李员带着你进了房间，然后从口袋里掏出一枚灯泡来。只要你不在房间里，哪怕只是出去一小时，他们都会把灯泡拧下来取走。自行车坏了的话，修起来很容易，利用最基本的工具即可。汽车的话，少了汽油就是废铁一堆。如果哪天全世界范围内断电两星期，由此造成的混乱和痛苦，绝对难以想象。是否掌握一些最基本的技能——不靠火柴就能生起火来，懂得如何建造最基本的掩体，知道哪些浆果能吃哪些有毒——届时会成为生死攸关的关键所在。而这些，便是我俩心目中的科幻小说。

人类的狂妄自大总是让我深深着迷。人类总是试图在自然的环境中大兴土木，这种野心已经到了精神错乱的地步。看看那些建筑的样式，那些大而无当的东西，便都是最好的证明。它们已经危险地触及了禁忌。在意大利北部，阿尔卑斯山脉中的多罗麦特山上，耸立着让人觉得匪夷所思的瓦伊昂大坝，其高度差不多有一百五十多米，当初落成的时候，是全欧洲最大的水坝。由它构成的湖区，四面八方都是陡坡，所以想当初就有少数一些持不同观点的地质学家，预言那会造成一场大灾难。一九六三年，那里发生了自新石器时代以来最大规模的滑坡。灾变的那一刻，一块体积将近两千八百万立方米的岩石，以惊人的速度冲入湖中，制造出的浪高几乎达到二百四十多米。这种类似于海啸的冲击，令周围数个村庄惨遭蹂躏，近两千人丧生。大坝本身倒是安然无恙，它底部的墙体厚达二十七米，用的都是最优质的钢材和混凝土，估计再过五十万年也还是岿然不动。人类自己造的孽，结果反而寿命比人类自己都要长久，瓦伊昂大坝便属此类愚蠢行径之一。

至于那些环保主义者，他们的基本分析并没问题，可一旦那些喜欢抱树的环保狂也参与进来，整件事就朝着负面发展了。他们只知道盲目地关注树蛙、熊猫和色拉菜叶的福祉，却不知道就在我们坐而论道的这会儿，很可能就有一门人类的语言渐渐消亡了。对于人类文化来说，这是不可逆转的损失，而且正以惊人的速度在发生着，绝对不容忽视。语言的消亡让人不胜唏嘘。想象一下当最后一个说意大利语的人消失之时，但丁和维吉尔也都随他而逝了。或是如果俄语再也不存在了，我们也就彻底失去了托尔斯泰与帕斯捷尔纳克。人类现在所说的语言中,百年之内,可能有百分之九十会逐渐消亡。在道德层面和文化层面上,这都是迫在眉睫、亟待解决的新问题,不幸的是,人类至今都尚未能将其纳入共同的考量之中。在澳大利亚,两百年之前,还存在着六百种不同的语言,如今剩下的还不到十分之一。拍《绿蚂蚁做梦的地方》时,我遇到一位上了年纪的澳大利亚土著,他住在南部奥古斯塔港的养老院里。他那门语言,会说的已经只剩下他这最后一人了。周围人管他叫"哑巴",可他之所以不开口说话,其实只有一个原因:能与他语言交流的人,在这世上已不复存在了。我看着他在走廊里来回踱步,遗世而独立。他把零钱投入一台报废的饮料贩卖机,再将耳朵凑上去,就为听一下硬币落袋时的噼啪响声。这件事,他可以反反复复做上一下午。到了晚上,等他睡着之后,养老院的工作人员会把硬币从机器里取出来,放回到他口袋之中。随着他的死去,人类共有的知识中,也有那么一部分就此失传了。

事实上,我们可以将彼特拉克(Petrarch)登山的那一刻,看作是事情最初开始出错的那一刻。那时候,他成了历史上为登山而登山的第一人,犯下了一宗"罪行"。在他用拉丁文写的信里,彼特拉克谈到他内心体验到的某种战栗;那可能是一种不祥的预感,预感到随之兴起的大众旅游,无须多久就会把山峦的庄严肃穆悉数剥离。在他之前,在我们没法具体界定确切时间的史前时代,人类也曾犯下过一桩重罪:饲养人类历史上第一头猪。回到旧石器时代,只有依靠狩猎和采集来生活的原始人。随后开始有人养狗,那有助于维持他们的生活方式,对于漂泊不定的猎人来说,狗可以作为旅伴。养马也是同样道理,它是运输的工具。但是,新石器时代出现的人类饲养的第一头猪,那却是不折不扣的原罪一桩。正是农业的出现，带来了定居的生活方式，并且最终导致城市的出现，令人类变得久坐不动。我们所有的问题，追根溯源，全都在这上头。如今再想让时光倒流，为时已晚。

请勿抱有幻想。尝试制服这个星球的同时，也请自担风险。人类是不可持续的。三叶虫和菊石都在存在数亿年之后，从这星球上消失了。再往后，恐龙也难逃灭绝的命运。宇宙并未对人类网开一面，我们最终也都会彻底消失；但我从不觉得这有什么问题。相比我们，螃蟹、海胆和海绵的生存概率更高；它们都已在地球上存在了几百万年，未来或许还有几百万年的生命。作为陆地生物，我们要比蟑螂更脆弱。一直以来，大自然都对人类的存在拥有控制权。我们最终会毁灭在微生物手里。曾有人问马丁·路德，如果今天就是世界末日，他会怎么做。路德给出的答案，泰然自若得叫人惊叹。"我会种一棵苹果树。"他说。而我呢，我会拍一部电影。

第十一章
烧保险丝

灰熊人
浩渺的蓝色远方
重见天日
在世界尽头相遇
坏中尉

几年前某次采访时，有人朝你开枪，但你当着镜头告诉全世界："那不是一颗有意义的子弹。"

丘吉尔说过，被人不成功地射上一枪，那会是你一生中无比振奋的一刻。当时我在好莱坞山的山顶上，距离我家不远。采访正在录制中，我听见砰的一声。本以为是摄像机爆炸了，因为感觉腹部像是被一块发光的金属物击中了。但再一看，摄像机安然无恙。在稍远的地方，我注意到有个男人手里拿着枪，正匿身于阳台上。此前我们就听到他口不择言地嚷嚷着，抱怨怎么又有什么电影明星大庭广众地受人采访了。如此说来，那也就是类似于路怒症那样的事。子弹是小口径的，可能是二十二毫米，也可能是高压气枪。弹头穿透了我的皮夹克，又穿过了一叠折起来的目录册，但并没有击穿我的腹部，也算是万幸了。既然如此，这件事其实就没什么好多说的了。我原本还想继续拍来着，但那位摄像师早就卧倒在地了。那群可悲、胆小的 BBC 摄制组工作人员，全都吓坏了，纷纷说要叫警察，但我根本不想浪费五小时让警方来问讯。在美国，如果因为入室盗窃而拨打 911，他们要花上几小时才会跑来看你情况如何。但如果是因为枪击案报警，五分钟内必有直升机在你头顶盘旋，很快还会有特警队赶过来。我遇袭的这整件事，其实很像是所谓的美国民间传说，但整个过程都被镜头记录了下来，这一点我还是很欣慰的。不然的话，说给谁听，谁都不会相信。

你现在居住在洛杉矶，阳光之都、冲浪之都、维生素之都。

你说的这些东西——还包括健身房、在大庭广众锻炼身体，还有美黑沙龙，所有这些现代都市生活的愚蠢行为——我全都留给加利福尼亚人自己了。作为肌肉男聚集地的加州威尼斯海滩，我至今也没去过几次，而且都是带朋友去的，以满足他们的好奇心。在我看来，洛杉矶的好处就是不论男男女女，所有人都能想怎么过就怎么过。你驾车行驶在山里，不时会发现各式各样的建筑风格。一栋摩尔人风格的城堡，边上就是一栋瑞士小木屋，再过去又是一间外形类似 UFO 的房子。洛杉矶其实还有不少创造力并未体现在它的电影产业之中。佛罗伦萨和威尼斯也很美，但那是流于表面的美，作为两座城市，它们给人的感觉就像是两处博物馆。相比之下，我觉得洛杉矶堪称是全美国最有内容的城市——尽管它有点粗，不够细腻，有时甚至还有点古怪。在我看来，洛杉矶处处都极有深度，它的那种乱糟糟，深得我心。纽约虽然也乱，但纽约排在第一位的还是经济。纽约不会创造文化，它只会消费文化；你在那儿找到的东西，绝大多数都来自别的地方。洛杉矶就不一样；在洛杉矶，实打实能创造出东西来。你要把眼光放远一些，越过好莱坞的浮华与魅力，便会感受到各种强烈的梦想以及伴随它们而来的狂野兴奋。在洛杉矶大开眼界的机会，远高于其他任何一处。它其实还有不少工业存在，不缺少真正的工人阶级。还有富有活力的墨西哥人，他们的存在也让我很感欣慰。过去半世纪里，每一股具有重要意义的文化、科技潮流，其实全都出自加州，这包括了言论自由运动；对同性恋的接纳，视其为一个有尊严的社会不可分割的一部分；电脑和互联网；还有——感谢好莱坞——全世界的共同梦想。洛杉矶存在着各种各样的东西，其密度之高，胜过世界上任何一个地方。要说当代还有哪种群众运动不是在洛杉矶而是在别的地方诞生的，我想可能也只有穆斯林原教旨主义了。我之所以能在洛杉矶过得如此优哉游哉，原因之一还在于我和好莱坞之间，彼此都没什么需要。我极少掺和那些行业内的仪式、惯例，极少出现在红地毯上。

话说回来，在人类历史长河中，最匪夷所思的那些愚蠢行径中，有一部分也起源于加州。例如嬉皮士运动、新纪元运动、加长版房车、金字塔能、儿童瑜伽课、整形手术、维生素药丸以及吸食大麻。每当有人说要把"好感应"[1]传递给我时，我一定会就近找台电梯，快快离开。洛杉矶就是有不少这样的人，明明受过很好的教育，做出来的却都是极其愚蠢的事。比如我有位邻居，某天随口和我提到了他养的猫，说它得了某种狂躁症。于是他打电话给专门的猫灵媒，让猫把耳朵贴在电话听筒上，就这样，花了两百美元，治好了它的病。对我来说，我宁可从金门大桥上跳下去，也不愿去看精神科大夫。自己研究自己，这是我的一大禁忌。非逼着我停下手头各种事，让我自己分析一番自己，结果你肯定会发现，我吊死在了附近一棵大树上。心理分析并不比古埃及中期那些法老让人做的开颅手术更科学。将人类心灵最深处的秘密暴露出来，等于是否认和摧毁了我们灵魂中最伟大的秘密。在人类最黑暗的灵魂中，如果将最后一个角落也全部照亮，这样的人类，周围人谁都受不了。这和你住的房间是一个道理，要是角角落落全都光线充足，反而不适合居住。在人类历史长河中，西班牙的宗教裁判所就犯过类似的错误，逼着别人吐露出自己宗教信

---

[1] good vibe，新纪元运动术语。——译者注

仰中最内在的本性，结果害人害己。

不过，光是抱怨文化的堕落，用处不大。诗人就得一直睁大眼睛仔细观察才对。看到过去几百年里发生的各种文化变迁，看看它在女性美这一点上的变化，你就会发现，类似于安娜·妮可·史密斯（Anna Nicole Smith）这种粗线条的女性，也有她的迷人之处。历史上，对于女性最早的表现，可追溯至四万年前的那些小型雕塑上，例如《维纶多尔夫的维纳斯》(*Venus of Willendorf*)，根本就不存在脸部，却有着巨大的腹部和胸部，显然是繁殖力量的理想化身。至于希腊文物中的维纳斯，那就更是鼎鼎大名了。到了中世纪晚期，绘画作品中常见体态娇柔的圣母像，肤若凝脂，胸部也以小为美。相比之下，鲁本斯的《三美神》(*Three Graces*)，那真可以用大肥猪来形容了。在安娜·妮可·史密斯身上，理想的女性气质被转型为漫画人物一样的身材比例。当隆胸、肉毒杆菌和唇部注射全都集中于一人身上，她就成了一件行走的艺术装置。不管她看上去有多庸俗，这并不妨碍她身上有种极其巨大、伟岸的东西存在。真遗憾，没能找她合作拍部电影。

《灰熊人》说的是爱熊人士蒂莫西·特雷德韦尔，结果他反被那些毛茸茸的朋友给吃了。

他是个名人，因为他每年夏天都和熊一起生活在阿拉斯加荒野之中，共有十三个年头。二〇〇三年，他被那些熊杀死并吃掉了。在此之前，他用一台摄像机拍下了自己与熊同处的最后几年时光。《灰熊人》就用了他自己拍的这些素材——有他和熊在一起的画面，还有阿拉斯加的壮丽风景——再加上我在他去世几个月之后拍到的一些素材，剪在了一起。

他的人生故事黑暗且复杂。他所从事的这项事业，虽然高尚，却有欠考虑。他只是觉得自己一定要完成这项使命,在此过程中,他可以奋力地去寻找他早已失去的那段人生的意义所在。就像他自己所说的,"过去的我没有人生。现在的我有了人生。"虽说他是为了保护那些熊,不让偷猎者以及各种他所想象的危险威胁到它们。但是,公平地讲,与其说是熊需要它,不如说更多的还是他需要熊。对他来说,那就像是某种救赎。他是一个有心魔的人,甚至有可能一直就是想要求死。他也始终都在跟自己内心的魔鬼作斗争,想要克服包括严重毒瘾和酒瘾在内的各种问题。身处荒野,他既能体会到令人目眩的喜悦,也有过彻底情绪低落的时刻。看看他自己拍的那些素材,前一分钟他还满心欢喜,充满自豪感,转瞬之间却又抽泣起来,被各种胡思乱想的念头彻底击倒,变得无精打采、垂头丧气。但这部电影的关键在于,你同不同情他,这都无关紧要,因为这本就是一份关于人类与荒野彼此关系的独一无二的记录;通过它,我们有机会一瞥人类灵魂的最幽深处。在我看来,这故事说的是人的境况,还有长期困扰我们内心的时而觉得不幸,时而又觉得欢欣的这两种对立情绪。虽说影片很多地方都用到了特雷德韦尔自己拍的素材,但《灰熊人》绝对是一部属于我私人的作品。对于他这个人,我们理应更多一份崇敬之情,不光是因为他的勇气,还因为他的专注;相反,他那些基本的假设究竟错得有多离谱;他对于大自然,做了多少不切实际的浪漫想象;这些都不重要了。如果不是内心深处有着坚定的信念,没人可以和灰熊一同生活十三个夏天。至于这种信念究竟是对还是错,这都不重要了。在他的故事里,有些东西远比那个要重大得多。

要想批评他很容易,他确实是在玩火,他的妄想症也确实偶尔会有发作,甚至还有他摆出的那副环保勇士的姿态。但是,一边是他作为一个个体，偶尔会有的那些充满妄想的行为；另一边是他拍到的那些充满力量的画面，我们必须将这两件事给区分开。我想，每一个对电影具有本能反应的人都得承认，特雷德韦尔拍的素材里面，确实有着一些非同凡响、极具深度的东西存在。他可能是在自己都不知晓的情况下，创造出了这些独一无二的画面。它们具有非凡的美感和重要的意义，那是好莱坞绝对无法复制出来的，哪怕给他们全世界的财富，也没法办到这一点。

你是怎么找到那些素材的？

我去拜访一位制片人朋友，他领我去了他办公室看看。我们坐在他的办公桌边，桌上盖满了纸张、画稿、DVD和空的快递盒子。等我打算告辞的时候，一起身，发现车钥匙没拿。我看了看他的桌子，回想着钥匙摆在了哪个位置。可他见我那种眼神，还以为我一定是注意到了什么感兴趣的东西。于是他主动递给我几页纸，上面有着关于特雷德韦尔的第一篇公开发表的文章。"你读一下，"他说，"我们现在正在拍关于他的电影。"我拿着纸离开了，一路上都在目不转睛地读这篇文章，到了停车场之后，也只是站定在我的车前，继续将它看完。过了十分钟，我又回到他办公室，问他："这项目现在进展到什么程度了？是谁在导？"他回答说："嗯，算是我自己在导吧。"听到他漫不经心的这句"算是"，我紧紧盯住了他的双眼，斩钉截铁地告诉他："不行，我要做这部电影的导演！"我当时就感觉到了，这是个很重大的故事，但在当时，我还完全不知道有特雷德韦尔自己拍的素材存在。所以说，这种人物、这种故事，从来都不是我主动去寻找的。我只是碰巧撞上了他们，或是他们碰巧撞上了我。

特雷德韦尔留下了将近一百个小时的素材，但其中很多都只是些俗气的自然风光，还有毛茸茸的小熊崽。通过他那些未经剪辑的素材，我们能看到他当初是如何安排画面的。他一条接一条地拍，再把自己不喜欢的那些给抹掉。看得出来，某些镜头，他前后拍摄了不下十五遍，因为最终保留下来的，会标记着第二条、第七条和第十五条。他非常有选择性，有他自己的想法。只有那些能让他看起来像是荒野中的无畏王子，正在保护那些熊免受邪恶偷猎者威胁的画面，才会保留下来。我觉得他作为电影人还挺不赖的；他可不是业余爱好者，那些素材拍得有模有样，看着就像是在为某个大制作做准备工作，而他自己就是那里面的大明星。他以前当过演员，但没能成功。按他自己的说法，《干杯酒吧》（*Cheers*）里的酒保一角，差点就让他来演了。所以我也想通过《灰熊人》，给他创造一个机会，让他也当一回真正的主角。我甚至还尽可能地给他配上了最曼妙的电影原声，那是由理查德·汤普森（Richard Thompson）创作和弹奏的。

从开拍——拍摄地点包括阿拉斯加、佛罗里达和洛杉矶——到影片完成交货，共花了二十九天。开拍之前，我已知晓特雷德韦尔拍了长达一百小时的素材，但那里面的内容，我在去阿拉斯加之前，完全就没先看一遍。拍摄完成之后，我先是确定了影片的基本结构，花了九天时间就把旁白部分都录好了。可以说，所有东西都是水到渠成，脉络十分清晰，似乎看都不用看，就很有把握。需要我做的，仅仅只是认准了一个方向，然后就可以一路走下去了，感觉就像是有一颗星星在为我指路。等我开始看他拍的那些素材时，哪些是影片需要的，哪些不需要，可以说是一目了然。如果让我一个人把那一百小时的素材全看一遍，估计至少得要十天。但我找了四位助手，由他们来做这工作，将其浓缩成总长约十二小时的内容。我想要的是哪种东西，事先都给了他们明确指示，但即便如此，有时我也会把已经被他们放弃了的那些内容，重新拿过来细阅一下，结果也确实起死回生了一些不俗的片段。狐狸用爪子挠帐篷的那些镜头，因为晃得太厉害，原本已经都弃用了，但我又看了一下，觉得这画面真是很美。我估计即便是特雷德韦尔自己也很可能会错过这些。另有些地方，他会模仿起《警界双雄》（*Starsky and Hutch*）的样子，挥舞着头巾，由高处跳到镜头前，嘴里说着些什么。然后，他会从镜头前消失十二秒钟，然后再由高处跳下来一次。他就是这样一条接一条地反复拍。但是，每条镜头中间看似无用的画面，那些苇草随风飘舞的画面，你想不注意都难。虽说这些画面里并没有特雷德韦尔，虽说这些空镜头显然没什么实际作用，但画面中蕴含的力量，实在是非常强大。特雷德韦尔那一百小时的素材，时至今日，我也才看了大约百分之十五。

《灰熊人》中有这么一个关键点，那就是当你听到特雷德韦尔死时那段录音的时候。

在熊向他和他女友发起进攻的时候，摄像机被打开了。虽然镜头盖没有摘下来，但麦克风还是记录到了六分半钟的声音。就我所知，只有验尸官以及当初发现摄像机的那几位护林员听过这段录音。我做了件蠢事，我告诉朱厄尔·帕洛伐克（Jewel Palovak）说（她是特雷德韦尔德的密友兼合作伙伴，也是他研究档案的继承者），她应该把那录音销毁掉。好在她是个聪明人，并没有那么做，而是将其锁在了保险箱里。但时至今日，她自己都没听过那段录音。

所有人都知道有这么一盘磁带存在，所以我也面对了不小的压力。但我一直相信，有条界线是你不应该跨越的，如果我公开播放了那段录音，那等于是悍然侵犯了那两人的权利——享有尊严地死去的权利。我发现自己又一次不得不面对这个关于拍电影界限何在的问题，那也是我打入行起，便一直小心应付的一个问题。在偷窥和拍电影之间，存在着差异。偷窥者心理上有疾病，换作他们，绝对想都不想就会把那段录音放进影片。但我不一样。这可不是什么以真实的杀人片段为卖点的虐杀电影（snuff movie）。我当时就说了，要是制作方有谁非要我把这段录音放进去的话，那我干脆就撂挑子不干了。《灰熊人》的制片人和发行人让我拍一段自己正在聆听那段录音的画面，但我还是觉得，拍摄对象换成朱厄尔会更有效果，拍她正看着我，试图从我表情中看出些什么来。她担心录音里的尖叫声会透过我头戴的耳机传出来，被麦克风录到。但我向她做了保证，哪怕是一丝一毫的喊声，只要我发现了，一定会想办法把它抹掉。摄影机在我身后，那一刻，观众的注意力都放在了她身上。她有如万箭穿心，正想象着我耳中所听到的那些恐怖难以言喻的声音。媒介的每一次进步，其背后的驱动力往往都是某种越轨的行为。每一代人的价值观都在发生改变。说不定，我的孙辈会觉得我决定不把录音放进去的做法，毫无道理。但我对此表示怀疑。

关于特雷德韦尔的女友，影片着墨不多。

我能说的就是，她非常勇敢。她选择留下来，拿着一把平底锅去对抗体重九百斤的熊；而那锅子，就出现在她遗体旁边。她面对的，可是跑起来速度不输赛马，能将巨大的驼鹿强行拉上斜坡，爪子挥一下就能让人掉脑袋，嘎吱咬一口便能要人性命的动物。在那段录音里，可以听到响亮的金属敲击声。最终，她连尸体都没剩下多少。关于她，颇有意思的一点还在于，虽说之前三个夏天她都和特雷德韦尔在一起,但在日记中,她描述特雷德韦尔已经"铁了心奔向毁灭",她说得很清楚,自己很快就会彻底地离开他,她准备回加利福尼亚去。另一边,特雷德韦尔却似乎有意要隐匿她的存在;他那长达一百小时的录像素材里,她出现的画面加在一起也不到一分钟。他一直把自己塑造成孤胆勇士的样子,如果让人看见其实女友也在阿拉斯加陪伴着他,那就不符合这种形象了。我其实很希望能跟认识她的人聊聊,她姐姐本来已经说好了要过来,但家里不同意。她身上有种浓郁的英雄气概和悲剧性,她始终都是《灰熊人》中最大的未知数。

你之前提到过,并不认同特雷德韦尔对于自然的看法,这体现在了贯穿全片的旁白之中。

他觉得大自然有种美妙的和谐,但在我看来,这世界充满了人类难以匹敌的混乱、敌意和杀机,绝不是某个类似于迪士尼乐园的地方,真没必要伤春悲秋的。特雷德韦尔踩过界了;这有可能是因为他小时候的成长环境一直都很远离荒野,所以他对大自然缺乏认识。小熊崽,谁都觉得可爱,但问题是,但凡有熊崽的地方,它妈妈肯定也在附近。为保护幼崽,它们可什么都做得出来;这是熊的本能。我看到特雷德韦尔拍的那些素材,感觉他有种奇怪的想法,觉得自己享有某种特权,时不时地就要超越界限。他为了尽可能地接近熊,自己也真的装出一副熊的样子来,手脚并用地爬行着,模仿野兽的样子。对他来说,抛开自己人的一面,进入这种忘我的状态,那几乎就像是某种宗教行为。但话说回来,特雷德韦尔其实也有许多面,我也不能一下子就彻底否定他。他虽然做了些蠢事,但对于生活,他也有着强烈的热爱,而且为人真的很热情。还有他在教育方面带来的影响力,这也让我十分敬佩。数年间，他给数以万计的小学生做过演讲。所以也就是说，虽然我和他观点不同，但那就像是和我自己的兄弟在一起；再怎么意见相左，那也是我热爱且尊敬的人。

但有一点我觉得挺可笑的，那就是所有人都觉得特雷德韦尔勇气过人。我心想："拜托，冲着一头熊走过去，这样的事情随便哪个傻子都能做到。"冬眠结束之后，有好几个月的时间里，熊会跑到四处吃草，就像是牛那样。等到夏天结束时，当鲑鱼开始洄游，它们才会大量地聚集在河岸边。我们在阿拉斯加拍摄时，那儿有一条小河，正是特雷德韦尔当初曾经生活过的地方。我在那附近看到一头正在睡觉的熊，便朝着它走了过去。它体型相当巨大，而且我们能认得出来，那正是特雷德韦尔当初拍摄过的灰熊之一。我慢慢靠近它，走到只剩八九米时，停了下来。我开始用巴伐利亚语说话，熊听到了我的声音，醒了过来，盯着我看。但是，它压根就没打算要起身。基本上，灰熊对人类没什么兴趣，不会把人当成捕猎对象。美国每年死于黄蜂叮咬的人，远多于死在熊嘴下的。各种熊里头，真正危险的是北极熊，它会径直冲着你过来，因为它平时捕食的哺乳动物，体格都和人类差不多，所以已经养成了习惯。过了两天，我和一位阿留申人——当地的原住民——说起这件事；他是科迪亚克岛上博物馆的馆长。他明确地表示，特雷德韦尔的做法欠考虑，而我也认识到了自己有多愚蠢,逞强好胜都用错了地方。"熊需要被尊重，"他解释说，"而想要尊重它，首先你就必须站得远远的。一定要弄清楚哪里是它们活动的界限。"国家公园管理局有他们的一套规矩，其中之一便是，无论何时，无论哪种熊，至少要和它保持九十米距离，如果是带着熊崽的母熊，那更要保持至少一百四十米的距离。我的那种做法，完全越轨，很不讲究，而且特别愚蠢。并不是说这么做危险，而是因为这种做法十分无礼。不要爱熊，要尊重熊。

拍《玻璃精灵》时你去过阿拉斯加，拍《灰熊人》又去了阿拉斯加。在这中间，还有没有去过？

大概二十年前，我和我儿子在那儿过了一个夏天，就在他即将告别儿童时代的时候。过了阿拉斯加山脉有一片湖，我们就待在那里，人们还留了些工具和一大张油布给我们，但没有帐篷。所以第一件事就是动手搭临时住处。我们有一些最基本的食物，米面和盐什么的。我不是猎人，但我会找食物。我们弄到不少浆果和蘑菇，还钓了鲑鱼。父子俩就以此为生，过了六周，白天还会离开营地，去周围走走。那感觉真是太好了，所以第二年夏天我们又故地重游了一次。我爱阿拉斯加的幽静和辽阔。很少再有这种具有真正意义上的原始美的地方了。阿拉斯加有许多东西，是有人类历史以来就没怎么变过的。

时隔多年故地重游，这么做可以让人清醒。当初我拍过的那些沙漠和丛林，那些神奇的外景地，故地重游一次，便能打破你对它们惯有的想象。二十年后，为拍《我最亲爱的魔鬼》，我又回到当初拍摄《陆上行舟》的那片丛林，我心里就在问自己，为什么想当年这地方看着会显得如此气势雄伟。一切都早已被草木盖过，完全找不到我们曾来过这里的痕迹。哪怕你真知道我们具体是在哪些位置上拍摄的，再看到它们，也完全认不出来了。那段山坡，我们当初开出了一条三十米宽的路，由这边的河道通往那边的另一段水流。二十年后，它看着，完全就是一副当初我们动工开路之前的样子。现实就是这样，让人不得不低下头来。完全什么都没留下，一颗钉子一段绳子都没留下；想到地球上还有那么多史前人类留下的痕迹，再对比一下我们的情况，真是叫人觉得古怪。想当初，影片一拍完，当地人就要求我们将某些东西留给他们。哪怕只是些边角料，只要能找到，对他们来说就都有用。结果呢，只有马丘比丘古城依然如故，但要想进去，也得和那蜂拥而至的游客一样，排队买票。最让人清醒的还是拍《侏儒流氓》时去过的兰萨罗特岛。想当初，那地方只有熔岩地带，黑白两色，几乎完全看不到植被。但现如今，岛上宾馆林立。而《生命的标记》中那上万台风车，多年前也已被电泵取而代之了。

《浩渺的蓝色远方》中包括了一大批素材，有些是旧档中现成的，有些是你另拍的。

这片子的拍摄动机，最初来自我对那台问题丛生的"伽利略"宇宙探测器的着迷。在宇宙中漂流了十四年之后，它预计将会撞上木星的某颗卫星，但那颗卫星上已知有冰，而且还有微生物存在的迹象，于是"伽利略"的撞击反倒成了问题。为避免它造成污染，科学家决定让它靠自己身上最后一点燃料，脱离那颗卫星的引力场，自我了断。那是一次自杀式的任务：有预谋地让它进入木星的大气层，沦为一个过热的等离子体，最终化为乌有。"伽利略"直至最后关头，还一直在往回发送讯息；那最后的五十二分钟里——那正是无线电信号到达地球所需的时间——它其实已不在人世，却继续着与NASA科学家的交流。那些科学家，有的已打开了香槟，忘乎所以地庆祝；另一些则垂头丧气的，为这项任务的终结而不舍。当我发现负责策划这一切的，正是位于帕萨迪纳的航天地面指挥中心，距离我家不过半小时车程时，我知道我应该赶过去将这一幕拍下来。原本，我已经做好了翻墙和伪造身份潜入的打算，结果却十分走运，正赶上NASA有个在华盛顿的人，以前看过我的电影，替我搞到了通行证。

再往后，还是在帕萨迪纳，我从一间满是灰尘的仓库中，找到一批 NASA 旧档案，包括有宇航员拍摄的各种照片、视频和电影素材，还有大量文档。这批惊人的材料，代表着我们探索宇宙的历史。那就像是塞维利亚的西印度群岛综合档案馆，那里记载着新大陆被发现、被征服的过程，从哥伦布的日记到科尔特斯写给西班牙国王的信件，应有尽有。长久以来，这个 NASA 档案库一直缺钱又少人。我的到访，也让在那里工作的档案学家感到意外。他们中有人带着我在周围转了一圈。他抽出一只盒子，里头装满了十六毫米胶片，都是一九八九年时由负责发射"伽利略"的"亚特兰蒂斯号"航天飞机上的宇航员拍摄的。这些胶片都是由洗印工厂直接送来这里的，一直都未启封，根本没人看过里面的内容。他们拍摄到的画面有种非凡的美；那很可能是太空拍摄时最后一次用到胶片。电视台不会用它们，因为那些镜头拍得很长很长，中间没有停顿，一下子就是将近三分钟，三分钟，那对电视台来说，就是永无休止的代名词，完全无法接受。但是，恰恰就是因为它们这种无休无止的状态——由指挥舱里的货舱部分，一路拍下去，随意地移动，目睹各种怪异、奇妙的物体——才体现出这些画面真正的美。

拍摄这部电影的另外一个出发点，是我看了亨利·凯瑟——他也制作了《灰熊人》的配乐——在南极洲罗斯冰架底下拍摄的一些超凡脱俗的画面。整个夏天，始终有阳光穿透冰层，照亮一切，于是这就像是冰冻着的云朵出现在了它的上方。当时我正和理查德·汤普森一起制作《灰熊人》的录音，透过隔音玻璃，我用眼角的余光瞥到十米开外的中控室里，亨利·凯瑟和我的剪辑师乔·比尼，正聚精会神地紧盯着一台笔记本电脑看。于是我也将目光锁定在了那电脑的屏幕上，大概也就看了两秒钟，我便意识到那画面非常不一般。"手里的活先停一停!"我告诉众人,然后马上冲到了中控室。亨利坚持说那不过是他这个业余爱好者拿卡片照相机拍着玩的东西,没多大意思。但在我看来,那绝对是我平生所见的东西中,美得最深刻的画面之一。那些水下镜头中出现的气泡,朝着顶上的冰层涌动,还有那源源不断的冰晶,向着镜头漂来,这些画面让人感觉就像是有一位诗人深入地球表层之下,然后在那里见到的各种景象。画面中出现的那些潜水员,他们在水下探寻、检索着各种单细胞生物,但脱离具体背景,单独将这些画面抽离出来再看,它们更是显得非常特别。在我看来,那就像是飘浮在浩渺太空中的宇航员,我立即便想到,应该要把他们放到一部意义更重大的电影中去。那是完全没有科技噱头的纯科幻,感觉就像是在另一个星球上拍摄的。那东西不属于地球,那种风景如梦似幻,通常我们都只在睡梦中才有可能见到。但到了这里,一下子就都变成了真东西。"爱信不信,那些画面真的都是在仙女座星云上拍到的。"被问到那些画面的拍摄地点时,我如此作答。它们让我想起中世纪晚期的画家阿尔布雷希特·丢勒(Albrecht Dürer),他梦见过从天而降、倾泻如雨的火柱。我请亨利准许我使用这些素材,还让他再去一次南极洲,再多拍些画面回来,因为我还需要一系列具有连续性的长镜头。

在我看来,《浩渺的蓝色远方》是科幻与纪录现实的诗意混合。

这也就意味着,它和《复杂蜃景》《黑暗课程》关系密切。在《浩渺的蓝色远方》中,我前所未有地无视各种电影"规则"。也就是在这部电影里,我烧断了所有的保险丝。

我希望能探索一下某些长期以来一直让我非常着迷的想法。

例如：事实上，根本就不存在可以供我们去殖民的友好的、适合人类居住的外星球；退一步说，即便真有这样的星球存在，我们也根本不可能到得了。木星是气态的，所以想都不用想。剩下的其他星球，要不太热，要不引力太强。不管是我们的月亮还是火星的卫星，都缺乏合适的土壤。至于木星的某些卫星，虽说上面发现了冰冻状态的水，但去了那种地方，人类又能坚持多久呢？有人提出，我们是不是可以脱离太阳系，去寻找银河系中其他星球？结果，马上也会遇到一大堆无法逾越的难题。例如，我们能飞行的最高速度，即便真能达到接近一半光速的程度，想要抵达目的地，也需要数千年的光阴；光是临降落之前的减速过程，便需要几百年来完成。这是我们无法回避的现实：假设两万年前就有宇航员开始这次太空之旅，他们乘坐的是目前已知的最高速的火箭，目的地是太阳系之外最接近我们的一颗星球，那样的话，飞到现在，他们也才刚完成整个路程的百分之十五。还有一点就是，光是为了达到光速十分之一的飞行速度，火箭上需要搭载的燃料，其质量不仅相当于全世界所有能找到的汽油，也相当于我们整个宇宙里所有东西——包括太阳，包括每一个星系中的每一颗星星——加在一起的质量。纯属理论层面的奇谈怪论，就不要再提了——例如进入黑洞，到达另一种维度的现实世界。因为光是抵达距离我们最近的黑洞，那就要花上几百万年。再说了，真进了黑洞，能不能活下来都是问题。黑洞的力量之大，说出来你根本无法相信。一整个银河系，都能被它挤压到一个橘子的大小。再有就是，空间狭窄的宇宙飞船，在那上面生活可不容易。长期处于太空环境，人体的骨头会产生骨质疏松的问题。还有，暴露在宇宙辐射中，我们最终都会罹患白血病或是其他形式的癌症。此外，如果真有一支这样的太空舰队，满载着人类由地球出发，那你还得时刻提防各种叛乱、政变和暴动，外加近亲繁殖的问题，以及各种普遍的不满情绪。而且，那可不光是一代人的问题，而是世世代代，几百代人，一直都要小心这类问题。由此可见，这种太空舰队的想法，纯属天方夜谭。想想光是每天晚上都要躺在壁式睡袋里睡觉，那就够困难的了。

在《浩渺的蓝色远方》中，我把我能找到的各种素材，不管是什么来源，只要它看着够怪，或者像是来自外太空，都放了进去。其中包括我在休斯顿约翰逊航天中心拍摄的，两名宇航员由水箱中爬出来的镜头。我设法将它穿插在了外星人降临地球的故事中。还有从国家档案馆找到的一些关于早期飞行员的惊人画面，以及我在NASA档案馆里找到的科学家、工程师拼装"伽利略"探测器的素材，都让我如获至宝。我有意忽略了实际拼装工作的镜头，只用了那些他们停顿下来的画面——他们研究着复杂的机械，表现出一头雾水的样子，甚至还有些惊恐。我将所有这些稀奇古怪的画面串联在了一起，融入致命微生物污染地球，一组宇航员被派去寻找适合人类居住的星球的故事里。我还找了几位NASA科学家，拍摄了我们长篇访谈的画面，但最终绝大多数都没用上，因为我觉得那样会让影片过于接近传统意义上的纪录片。不过，泰德·斯维瑟（Ted Sweetser）和他同事罗杰·迪尔（Roger Diehl）的画面，我最终都放了进去。罗杰在NASA的喷气推进实验室工作，是航天飞船飞向外星球时弹射轨道设计方面的专家。想当初，"伽利略"探测器原本计划要直接推送到木星上，但就在执行之前没多久，发生了"挑战者"号的灾难性事件，"伽利略"项目也被搁置了数年。按照设计，探测器会用航天飞机送到木星轨道上去，但这里有个问题，如何才能提供足够的动能，将它一路送上木星。罗杰想到一个点子，按照地球围绕太阳运动的反方向来发射"伽利略",这样它就会朝着太阳的方向去,超越金星。这就为"伽利略"提供了助推引力,重新让它向着地球方向飞行,既而超越地球。此时,"伽利略"又获得另一股助推引力,将它推入一个直径更大的日心轨道。两年之后,它会第二次由地球获得助推引力,最终将其推入一个足以抵达木星的直径更大的日心轨道。我欣赏那些数学家和他们的想象力。

《浩渺的蓝色远方》的电影配乐,重要性不亚于画面本身。

配乐由恩斯特·雷塞格(Ernst Reijseger)创作,这是一位具有惊人才华的荷兰大提琴家,过去我们还合作过《白钻石》。录音的时候,我总是请他赤着脚;因为我觉得不穿鞋的时候,他拉得更棒。我给他放一些他之前从未见过的画面,或是给他念一篇他过去从未读过的文字,他总能配合着拉奏出美丽的旋律,总能用令人惊艳的音乐,牢牢抓住准确的气氛——哪怕在此过程中,我俩对于影片的整体走向,都暂且还没有一个确切的想法。那是在二〇一二年,我们俩在柏林人民剧院办了一个名为"无用功"的演出,连演两场。我负责阅读拍《陆上行舟》时写的日志,他负责拉大提琴。舞台上还拉了张吊床,每当音乐部分唱主角时,我就退到一旁,当着全场观众的面,安躺其中。

拍摄《白钻石》时,在我们动身去圭亚那之前,我让摄影师海宁·布吕默(Henning Brümmer)先把配乐听了一遍。同样,我也提前几个月就把《浩渺的蓝色远方》的配乐录好了,以此来做整部影片的根基。正式开拍之前,我把配乐放给所有参与者听。这意味着,确实是配乐决定了影片的节奏感和叙事的流动性。在恩斯特的安排下,《浩渺的蓝色远方》的录音组合特别出人意料。一边是来自撒丁岛山里的组合,他们演唱的牧羊人的民歌,有着史前社会的韵味；另一边则是塞内加尔歌手莫拉·塞拉（Mola Sylla），他用母语沃洛夫语来演唱。我们花了两天时间，完成了他们的合录，那些音乐真是非同凡响，怪异却又动听。他们以前并没这么合作过，每首曲子都不经排练，只录一遍。我们最终一共录了两个半小时的配乐。那段时间里，我也一直在录音棚内。有时我还会伸展双臂，做出柔和的飘浮动作，模拟着我脑海中的宇航员画面，好让这些音乐人了解我需要什么样的节奏。这也类似于我当初和理查德·汤普森的合作。就在他录制《灰熊人》刚开始那段旋律时，我请他先停下来。"听着缺乏该有的那种力度，"我说，"必须要以很强的气势作为开始。站定了！在这片土地上，由你的音乐说了算。"

《浩渺的蓝色远方》里的外星人很无能。

他们那颗位于仙女座星系最外围的星球，行将就木，所以那些人只能逃离。他们派出一支阵容庞大的无敌宇宙舰队，最终抵达了地球。对于他们来说，那是一次漫长且乏味的旅行。虽说这些人的祖辈也都是伟大的思想家和科学家，但最终抵达地球的这批人，却已是一代不如一代了，剩下的尽是些思乡心切、神经过敏的二流子。他们好高骛远，想要和华盛顿特区一较高下，也建过一座都城，结果却搞得一塌糊涂，根本吸引不到人流，不管是来定居的还是去"仙女座星系纪念堂"参观的人，一概全无。那些占地广袤的大商场，同样无人问津，堆满了没卖出去的各式商品。那些外星人或许也曾想过，抽上那么两分钟时间，就能将纽约夷为平地——正如那些来自其他星球的手握先进技术的超级生物经常所做的那样。但在这部电影里，这些外星人一点本事都没有。能找到布拉德·杜里夫来演这角色，我很满意。如果换别人来演这个外星人，我相信肯定没他那么可信。尤其有那么两场戏，他演得格外精彩。一是他解释为什么从他们星球来的每个人都那么废物的那场戏，二是他抱怨中央情报局不肯采纳他爆料的那场戏——当初在罗斯维尔附近坠毁的UFO，其实就是他们星球在派遣宇宙舰队之前，先行发射的一枚探测器。

拍摄《浩渺的蓝色远方》我并没有去找什么资金，就是用拍《灰熊人》赚到的钱来制作的。以片养片，这是我的一贯做法。布拉德·杜里夫那个角色，准备阶段不超过一天，拍摄就只用了几小时。我临时给他写了些台词，那是一段相当长的独白。他本着精益求精的态度，认真背诵，一个标点都不想弄错。但我告诉他，"我更感兴趣的是你自己的想法，所以哪怕忘了几个词，那都没关系，重要的是这段话的背景，你得抓住了。"商场那些段落是在加利福尼亚尼兰德镇（Niland）上拍摄的，那儿距离"石板市"（Slab City）很近，那可是个挺古怪的地方，属于美国人所说的那种"非建制社区"。虽说也受联邦法律管辖，但既没有市长，也没有税务局什么的，而且从污水处理到供水再到供电，这些市政设施一概全无。它就像是一个无政府主义的小角落，一只脚踩在了法外之地。"石板市"是离经叛道、不愿受社会束缚的人的聚集地；就是嘴上永远说着要武装起来，开赴华盛顿推翻政府的那种人。就在我们拍摄时，有个戴墨镜、留虬髯、大腹便便、模样可怕的家伙，威胁我们，冲我们比了个"暂停"手势，警告我们立即停止拍摄，收拾好行装，有多远滚多远。

《重见天日》是迪特·丹格勒逃离战俘营经历的戏说版本。

我其实一直都想得很清楚，迪特的故事如果要拍，那就应该拍成剧情片。但出于各种现实考虑——特别是找资金和找演员都花了好多时间——我还是先于《重见天日》拍摄了《小迪特想要飞》。另一点就是，当初拍摄《小迪特想要飞》时，有些事他还不太愿意谈及。例如被俘期间，他和另外几位战俘之间，其实彼此敌意很深。倘若不是因为大家都双手交叉铐着手铐，外加被铁链锁着，他们早就互相掐脖子了。其实，他们被中世纪式样的脚铐锁了整整两年，再加上那么潮湿的环境，以及腹泻带给所有人的痛苦，有那些情绪，完全可以理解。当迪特告诉狱友自己打算逃跑时，所有人竟都回答他说："那我们一定会大吵大闹起来，一定会让看守注意到你的。我们得留在这儿，反正再过几周，这场战争就要结束了。"除此以外，谈到他小时候做学徒时被那位铁匠师傅打得好惨的事，迪特也显得有些不好意思。他会告诉我说："那老人还健在呢。"《小迪特想要飞》所承载的这个故事版本，是我在当时出于某些实际原因，非拍不可的。可是拍完之后，我第一次陪迪特一起看这电影的时候，灯才一亮，他就转过身来，毫不迟疑地对我说："维尔纳，到这儿还不算完。"迪特和杜安之间的故事，我一直都想用剧情片的方式来讲述。那是一个关于友情和生存的故事。虽说《重见天日》时间上晚于《小迪特想要飞》，但从精神上来说，它其实才是第一部。反倒是《小迪特想要飞》，可以说，它是从一部当时尚不存在的剧情片那儿，受到了强烈的影响。

《重见天日》是以迪特那本自传为基础的吗？

其实也不算是。当然，他那段故事的核心所在，我们没去改动。片中出现的主要人物，也都是他在丛林里遇到过的那些。他公开出版的那本自传，《逃出老挝》（*Escape from Laos*），是由一家军队出版社负责发行的，而且经过了他们的改写，文字上做了简化，许多有意思的细节都被拿掉了，只保留了关于那些战俘最基本的一些内容。迪特的原稿其实写得相当散漫，有好多能给人启迪的东西，结果无一幸免，全都只留了一个大概。最终的成书毫无想象力可言。迪特从没好好学过英语，读和写都不行。所以他写起书来，基本上就是靠拼音。各种拼写错误和词语创造，真可谓五花八门。"machete"（砍刀），他按照自己理解的拼法，写成了"muchetty"。我一直爱拿迪特的文字与乔伊斯的《芬尼根守灵夜》(*Finnegans Wake*) 做比较。我并不怎么喜欢《芬尼根守灵夜》，觉得它把英语文学带进了一条死胡同，直到现在都没法完全兜出来。乔伊斯是博学的诗人，他试图将语言推向某种极限，为此采用了一整套方案，可以说是经过了相当缜密的计划。但由此得出的这本《芬尼根守灵夜》，却显得过于匠气、理性。它是语言的实验，偏离了真正的讲故事。迪特也用同样的方式驾驭语言，但他那是出自一腔纯真，他是真以为英语就是那么写的。好吧，我说了这么亵渎神明的话，已经能预感到那些乔伊斯学者的当头棒喝了。但我确实就是这么想的：迪特处处洋溢着生命力的那份手稿，那才是货真价实的《芬尼根守灵夜》。

《重见天日》拍得很艰难。

整整四年半，没人愿意投资。然后，突如其来地，同一时间就有两位制片人找到了我，都愿投钱拍这部影片。第一位的体重严重超标，他的梦想是成为桌上足球的世界冠军，而且他这个人生目标已经实现了。多年之前，他靠投资卡车运输，赚到了第一桶金。之后他又搞过夜总会生意，并由此入门干起了电影。很不幸，我忘了先去查一下他的背景。后来才知道，这人过去的案底，可谓罄竹难书。第二位是个篮球明星，全无电影制作经验。从某种意义上来说，这倒是件好事。正因为没经验，他可以说是没怎么干涉过我们。不过拍摄过程中，资金问题始终不断，最需要用钱的时候，偏偏没钱可使。运输组都没钱加汽油。某天，剧组里三十多位泰国工人因为一直没领到薪水，索性不干了。甚至他们开给我的支票也都是空头支票。真是一场灾难，我使尽浑身解数，寻找各种对策，结果倒还比预先的计划提前了两天完成了拍摄。剧组中的技术人员，大多数以前我并没打过交道，他们分别来自好莱坞、欧洲和泰国三地。这些人也需要时间来适应整个处境，外加彼此熟悉。最终，他们顺利做到了这一点，但是刚开拍那阵子，想要把这些电影制作文化背景各不相同的人，顺利捏合成一个整体，绝非易事。美国来的那些电影人一直都很紧张，总是对我说，我拍得还不够保险。我把助手叫到一旁问他："他们说的保险是什么意思？我开的车上了保险，但我不懂拍电影要什么保险？"原来，他们希望我能把各种过渡镜头、特写镜头和反打镜头，全都拍一整组，这样才有备无患。可是，我向来只拍电影里真正用得上的镜头，绝不多拍。明明做的是心脏手术，你非要去找阑尾在哪里，或者关心脚指甲怎么样，这又是何必呢？做心脏手术的时候，只需要关心那颗正在跳动着的心脏就可以了。

杀青之后，因为没钱做后期，我们不得不干等了半年，这才开始剪辑工作。这片子另外还有好几位制片人，后来全都锒铛入狱。影片上映几年之后，我也在经过曼谷机场时被他们扣了下来。他们用手铐把我铐在椅子上。原来，当地政府以为我也是那伙制片人中的一个。那些人逃离泰国时，留下一大堆拖欠未付的账单。我费了一番口舌才让他们相信我只是导演而已。但是，正如我说过的，这些都属于无足轻重的小事。类似这样的曲折，我几乎每拍一部电影都会遇到不少。干这一行就是这样，我前面之所以提到那两位制片人,也完全不是出于抱怨。我只是实话实说。毕竟,当初也只有他们愿意接受挑战,投拍《重见天日》。至于他们以前是干吗的,是开夜总会的,这些对我来说都不是问题。别忘了,山姆·高德文(Sam Goldwyn)当初靠卖手套起家,约翰·皮特斯(John Peters)原本还是个理发匠。对我来说,真正的问题在于是不是有人会逼着我做出妥协。遇上这样的事,我只有一种态度,那就是断然拒绝。《重见天日》的成果之一便是,最终拍出来的这部影片,与我原本所计划的如出一辙。尤其是那片丛林看上去的样子,它带给人的感觉,都和我预想的一模一样。

《在世界尽头相遇》是在南极拍摄的。

看过亨利·凯瑟在罗斯冰架下拍摄的那些画面——就是出现在《浩渺的蓝色远方》里的那些——我立即被那地方给迷上了。我告诉他,我也要去南极潜水。他则一个劲跟我解释,那儿十分危险。水温低于冰点,指南针也不管用——因为距离磁极实在太近,所以指南针永远指着上面或是下面。潜到冰架底下,头上是六米厚的冰层,水里则有乱流,人随时有可能会被卷走。但他们潜下去的时候,照样不系安全绳,因为那样才能行动更自如,作业起来不会束手束脚。但这也意味着,上浮时想要寻找出口,也失去了可借助的外力。如果不能迅速找准方向,那就性命攸关了。他们只是一群业余爱好者,万一不幸被困在冰下,也不会有人耗费宝贵资源来救他们。显而易见,我是不可能有机会自己潜到那底下去了。

他还说到了美国国家科学基金会的南极艺术家与科学家计划(Antarctic Artists and Writers Program),任何人都能提出申请。这真是太好了;毕竟,我既不是飞行员,也不是科学家、机修工或是大厨，我去了南极，应该没法给大伙儿带来什么贡献。很快，我向他们递交了一份奇怪、疯狂的申请书。我解释说，虽然我对哺乳动物精神失常的情况很感兴趣，尤其是企鹅这种动物的精神错乱问题，但是我去南极洲，并不是要拍关于动物的电影。我还在申请书里提到了自己对蚂蚁的兴趣，某些种类的蚂蚁，会将蚜虫当作奴隶，从它们身上挤小滴的葡萄糖出来食用。我觉得这很有意思，我想知道为什么大脑更复杂的动物，例如黑猩猩，反倒不会去利用比自己低等的动物；为什么黑猩猩就不会想到要跨坐在山羊身上，迎着日落一骑绝尘。真没想到，国家科学基金会接受了我的申请。要知道，想去南极的大有人在，好多诺贝尔奖得主都还在排队呢。我怎么都想不明白，为什么我一申请就成功了。《在世界尽头相遇》刚一拍完，还没进行任何放映，国家科学基金会的人就联系了我，希望这片子能发挥一些教育上的作用。我告诉他们，放在诗歌课上，或许还有可能，如果是科学课，那估计就不适合了。后来我还知道，詹姆斯·卡梅隆（James Cameron）也向他们提了申请，他也想去南极拍电影。但他究竟打算怎么拍这部电影，可能我们永远都无法知晓了，因为基金会否决了他的申请。如果让他过去拍的话，光是剧组工作人员，估计最少也得有三十来人。

在南极，一个人的日常生活供给，每天约需花费一万美元。所有设备都得从新西兰空运过来，飞行时间需要八小时。喝的水，每一滴都需经过海水淡化处理才能获得；单是喝一小杯水，其处理过程中所需消耗的汽油，就也得是同样体积的一杯。然后还有运输、取暖、食物、后勤与供电，全都不是易事。有鉴于此，我决定将剧组精简到最低限度：仅有两人，摄影彼得·蔡特林格和负责录音的我。我们的基地选在麦克默多科考站，它既是科研中心也是后勤枢纽，备有各种固定的科研设备。麦克默多科考站位于罗斯海的一个岛上，而那片海湾的面积，大小相当于法国。科考站内生活着数以千计的男男女女，全都是掌握尖端科学的追梦人。我和彼得以此为基地，又去了周边不同的分属营地，其中就包括潜水员所在的那一处。他们搜集到不少生物做研究，光是在我们逗留期间，至少就发现了三种全新物种。

去南极之前，你有没有做过什么计划？

完全没有。根本就不存在试水的可能；我只知道，把我们放在那里之后，要再过六个星期才会有人来接我们，到时候我得带回去一部电影。完全就是两眼一抹黑，既不知道会在那里遇见谁，也没想好到底要拍什么样的电影。动身之前，我看了一些南极的照片，稍微读了一些相关文字；但我十分清楚，真要到了那儿，必须马上就把眼睛睁得大大的，反应要快，而且还得跟着感觉走。

飞机降落在冰雪覆盖的跑道上，我们才刚走出机舱，彼得便问了我一个问题："我的天，我们究竟要怎么做，才能向那些没来过南极的观众解释这一整片大陆？"我突然产生了一个想法。小时候，我被逼着学了九年拉丁文，外加六年古希腊文。当初学的时候，也都是不情不愿，但时至今日，我却一直对古代文学情有独钟。荷马的那些史诗，我早已烂熟于胸，甚至可以按着他那种六音部诗行来说德语。古代文学作品中，维吉尔的《农事诗》（*Georgics*）向来都是我最心仪的经典之一。他小时候在意大利北部务农，《农事诗》里写到了农业、田园生活和种地的事。那就像是一组组神秘的咒语，咏诵着蜂巢的华丽与羊圈里恐怖的瘟疫。他还写到了树木修剪与地里的牲口；他说出了云卷云舒的荣耀与公牛呻吟着各自的名字。所以，针对彼得甫一落地就提出的那个疑问,我也立即做出了回答:"我们就照搬维吉尔在《农事诗》里的做法,他什么都没去解释,他只是说出了大地之荣耀的命名;我们也这么做。"

《在世界尽头相遇》是用长达六十小时的素材剪出来的,它是一次向神祷告,祈祷地球上所有美好的东西;它传达了南极风光带给我的内心震撼与惊奇,也是我为这片大陆谱写的一曲颂歌。在南极的时候,维吉尔给了我巨大的慰藉,所以影片快结束时,我用了俄罗斯东正教教堂唱诗班的音乐,那是所谓的深沉男低音,比一般的男低音还要低一个八度。我让他们用那美到难以想象的嗓音,一个接一个地唱出圣人的名字来——只有名字——以此来确立他们的荣耀。埃里伯斯火山是我的拍摄对象之一,它海拔超过三千六百米,因为透过火山口直接就能看到地球内部的关系,在科研领域极具重要性。全世界像是这样的火山,一共也只有三座。它那炽热的岩浆,连续向外喷吐出熔岩的火球,其中某些火球的体积,竟相当于一辆小轿车那么大。或许是因为它们喷发起来足以消灭一切,所以我们人类对于火山的威力,向来都有种很难说明白的好奇心。

这片子拍得难不难?

跟其他片子差不多,也没有特别难。外界似乎还留在过去的老观念里,以为南极还是像当初阿蒙森、斯科特(Robert Falcon Scott)和沙克尔顿(Ernest Shackleton)去的时候那样,各种艰难困苦。但事实上,麦克默多科考站就是个丑陋的采矿小镇,充斥着喧闹的建设工地、挖地三尺的机械设备与温度适宜的房屋设施。这里有温暖的床铺,有自助餐厅和酒吧,有 ATM 机,甚至还有有氧健身操工作室和瑜伽课。当然,室外条件肯定要更艰苦一些。我们是夏天去的，十一月和十二月。如果你选在冬天去，那就要面对整整五个月的极夜。在此期间，撤离是不可能的，所以凡是去那儿的人，智齿和盲肠都要事先拿掉，以防万一——哪怕它们明明都很健康，也必须这么做。另外，长达数周的极昼，真要想适应起来也不容易。一定要做好严格防护，否则太阳一照，几个小时里就有可能患上雪盲症。

我们自己的靴子和防风大衣，都没让带过去。所有人都是到了那里之后，统一发放此类装备。因为一般的雪地靴，零下二十五摄氏度时或许脚趾还不会出问题，但温度再往下走，肯定就要冻伤了。我们带去的摄影机和录音机，也都事先在洛杉矶找了室温零下二十摄氏度的地方，专门做了测试。我一共带去两台录音机，但几乎是一到麦克默多，就只能把其中相对更精致的那台给弃用了。它上面有很多细小的按钮，戴着手套根本无法操控。到达科考站后，一上来有将近一周的时间，全都被浪费了。按规定，我们接连参加了三堂强制性的培训课程。第一课教你如何野外生存——包括如何挖地洞，如何用冰块搭建小屋；第二课是无线电通信，第三课是驾驶雪地摩托。我觉得当地管理部门太过关心我的个人安危了，把那么多时间浪费在这些事情上，这令我特别愤愤不平。对我来说，这稍有些爱护过头了。不过话说回来，抵达后第三天，我就在一处陡坡出了事故，七百多斤的雪地摩托从我身上碾了过去。之后好几个星期，我一直浑身发痛，弯腰系个鞋带都很难做到。

本片之所以能拍成，很大程度上受益于一九六一年生效的《南极条约》的基本精神。在我看来，那称得上是文明世界有过的最好的文件之一。它禁止在这片大陆上实施任何军事行动，明确规定南极只供科学研究，必须妥善保护，一切行动必须遵循和平与知识的原则。条约还明文禁止在这里进行核试验或是倾倒核废料。这是现代史上国与国之间文明交往的最强有力的宣言之一。我还记得，曾几何时，至少有十几个国家，都宣称南极大陆有一部分属于自己的领土范围，但真到了南极，你会发现这里并不存在什么政府，它不属于任何人。拍摄期间，我目睹了各种非常了不起的国际合作关系。在片中出现的那条神秘、超现实的冷冻鲟鱼，它位于数学意义上真正的南极极点之下，存放的地方就像是某种圣坛，周围摆着爆米花做的花环，位于一条终年零下七十摄氏度的隧道之中。东方号科考站位置偏远，一般情况下很难抵达。那儿的俄罗斯科学家出现了食物短缺的情况，只好跑来阿蒙森-斯科特科考站求援。他们带来了鱼和鱼子酱当礼物，用以交换自己急需的面条。

如果说南极洲代表了什么的话，那便是赤裸裸的现实主义。山姆·鲍瑟（Sam Bowser）是位科学家、潜水员，在科考站下属的营地内工作。他爱看科幻题材的 B 级片。他放给同事看的那些电影里，尽是些怪兽、外星人什么的。其中就包括有《X 放射线》（*Them!*），那说的是因为沙漠里做的核弹试验而变异产生的巨型蚂蚁。但是，比起南极冰层底下的真实世界——黏滑的团状物上，长着诱敌深入的触须，凶残的腭骨能将猎物一撕两半——电影里的一切不过都是儿戏。难怪史前的哺乳动物纷纷撤离海洋，都转到了相对安全的陆地上，在那儿继续进化历程。

片中拍到了很奇妙的一群人。

广袤无际的南极，风光独一无二，但本片的重点所在，与其说是别的东西，其实还是那些生活居住在南极的人。那儿正在进行的科研项目，全都意义重大，因此吸引到某一类型的相关人员，都聚集到了这里。在麦克默多科考站,每一扇门背后,都是一个非同凡响的人物。这里不存在原住居民,所以生活其中的所有人,虽然各自不同,却又有着一个共同点:他们都被地球上这片广阔、未受破坏、未被染指的土地所吸引。有人跟我说过,世界上所有未被束缚的人,全都向下直落,一直落到了地球的这个底端。

片中出现的那些人物,有些是我才刚认识只有几分钟的,又或者,我们之间的对话,其实就只有你在片中看到的那么些,想要再多都没有了。例如美国冰川学家道格·麦卡伊尔(Doug MacAyeal),我遇到他的时候,距离他飞往新西兰的航班起飞,只剩下三十分钟了。但我觉得他说的东西十分有意思,所以还是坚持要他陪我们拍上三十分钟。当时室内非常暖和,但我还是请他把那件超厚的红色防风大衣给穿上了。毕竟,谈论关于浮冰的话题时,身上只穿一件汗衫,那也太可笑了。我们开始拍摄,边上有一群大声说话的意大利人影响到了我们。意大利男足刚赢下某场比赛,他们正在喝酒庆祝。好不容易让他们消停下来,距离那航班起飞,只剩下十二分钟了。我看着他的眼睛,对他说:"我不想听科学家说话,我想听诗人说话。"他点了点头,开始讲述自己最初是怎么会来南极的。原本,他只是为了研究一座冰山,但到了之后马上便发现,其尺寸可不仅仅是比撞沉泰坦尼克号的那座冰山更大,事实上,它甚至大过制造了泰坦尼克号的那个国家的面积。这片大陆,真是大到令人心生敬畏,以往的相关认知,都需要重新调整。

还有一位多面手机修工,当初是从铁幕那边逃出来的,时至今日内心仍有伤痕,无法触及自己的经历。他背包里装着睡袋、帐篷、衣物和炊具,随时不离左右,时刻准备好要逃离麦克默多,去探索新的疆域。然后还有保加利亚来的哲学家斯特凡·帕绍夫

(Stefan Pashov），他在科考站的工作是操作重型机械。打从五岁起，祖母就会给他念《伊利亚特》《奥德赛》和《阿尔戈英雄纪》(*The Argonautica*）。这些文学作品激起他内心中某些强烈的情感。"正是从那时起，我爱上了这个世界。"他解释说。他的故事真的挺能让我产生共鸣的，在离家万里的地方，还能遇上这么一个气味相投的人，那种感觉真是太棒了。而在他看来，我俩能在南极相逢，这其实特别符合逻辑。因为这地方本就是所有职业梦想家的归宿。我还在那儿遇到一位年轻的语言学家，在这片不存在本地语言的大陆上，在这种连博士都得自己洗碗的环境中，他倒是过得如鱼得水。

你曾在访谈中说过，对于阿贝尔·费拉拉（Abel Ferrara）以及他那部原版的《坏中尉》，你一无所知。

直至今日，我都没看过他那部《坏中尉》，他的其他作品，我也一部都没看过。我拍的《坏中尉》上映之后又过了几年，我才第一次有机会见到费拉拉本人。那是在某个电影节上，虽然我们坐下来聊了一会儿，但首先，我们并不是边喝边聊的，因为他显然是从不接触酒精；其次，我也无意于做任何挑衅。其实，能坐下来聊聊，那就真的已经很棒了。毕竟，早在我尚未正式开拍之际，他就大发雷霆地表示过，如果我要翻拍他的作品，他就诅咒我烂死在地狱里。我觉得拿这种咆哮作为背景音乐，其实也挺好的。那就像是棒球队的教练，在比赛中途冲到裁判员身边，几乎脸贴脸地大声吼叫，一边还气得直跺脚。观众看比赛，不就是为了看这个嘛。那一次，我与费拉拉相谈甚欢，以至于我都不怎么记得具体谈了些什么。

之所以会答应去拍《坏中尉》，纯粹是因为编剧威廉·芬克尔斯坦（William Finkelstein）又赌咒又发誓，说他的剧本绝非翻抄旧作。两部电影要说有什么关联，其实只有一处，那就是我这部《坏中尉》其中一位制片人，手里握有《坏中尉》这个片名的使用权。他想以此开创一个电影系列。所以从头至尾，根本就不存在所谓不同"版本"的问题。两部影片毫无关系，那个片名则纯属误导，而且还是强加于我的。我一早就告诉过那几位制片人，它只会像是一股恶臭那样，一直缠着我们，挥之不去。说我这部《坏中尉》是翻拍片，那就像是说梅尔·吉布森（Mel Gibson）的《耶稣受难记》（*Passion of the Christ*）是在翻拍帕索里尼的《马太福音》（*The Gospel According to St Matthew*）一样的没道理。当然，所谓的"电影研究"工作者，肯定能在我这部电影里找到一两处地方，与费拉拉那部《坏中尉》有所呼应。这些发现肯定能让他们开心得忘乎所以。没关系，这正合我意。我就希望那些迂腐的电影理论家去穷追不舍这类东西。上吧，你们这些废物。

几位制片人把《坏中尉》的剧本寄给了我的经纪人，但涉及具体合同的商谈，我还是宁可亲力亲为，面对面地跟那些人以及他们的手下谈谈。第一次会面，他们电影公司来了五个人。我提的第一个问题就是，"你们之中有谁是这部电影的法律顾问吗？"有个人介绍说他就是。于是我请他留下听我们讨论，但是不必参与。然后我告诉他们，"下面这些话，都是我必须要说的，但这并非那种电影经纪人为显出自己的重要性而胡编乱造出来的东西，而是我全权代表我本人要说的。如果想要跟我合作，那有几条先决条件必须要满足，这没得商量。摄影、剪辑和配乐，人选都由我决定。"他们立即便答应了，然后又问我，我的费率是多少。"什么意思？什么是费率？"我说。"你执导一部电影，能拿多少钱？"他们答到，"你是什么价？"面对这么一个荒唐可笑的问题，我也给出了最相符的回答："我是无价的。"我是真不知道类似这样的问题还能怎么作答。有些电影，例如《浩渺的蓝色远方》那种，我其实等于是一分钱片酬都不拿，而且反过来，绝大多数的成本还都是我自掏腰包的。但类似《坏中尉》这种，我给他们报了一个很高的价格，但紧接着又补充了一句，"我可以向你们保证，影片的实际支出肯定会低于预算，所以实际上你们还是省钱了。"几位制片人里最有发言权的那一位，当场就想敲定合同，但被我拒绝了。我更喜欢隔一夜的做法。我告诉他们，"如果明天早上八点，你们的合同能出现在我手里，那我们就算是成了。"我对于好莱坞的普遍认识就是，一笔生意如果两天还没谈下来，那就算是再过两年，也谈不成。第二天一早，快递就带着已签好字的合同，来了我家。我用了几分钟时间，仔细地读了一遍，便签了字，让快递员再送返制片人那边了，都没想到要打电话给律师咨询一下。

我懂得金钱的价值，也知道要如何压缩成本。因为那么多年来，我一直都是自己做自己的制片人。如果花的是你自己的钱，那肯定会特别上心。我要求剧组人数多寡由我决定，剧组的现金流虽由制片人掌管着，但我也得拥有日常支配权。因为我需要知道，拍摄这个镜头时，我是不是还有钱再多加六辆警车，或是那一场戏里，我还有没有经费去多请二十个群演。常有人拍摄时遇到了问题，就靠花钱来解决；但我始终更偏爱未雨绸缪、预先留一手的做法。有可能会产生问题的情况，事先就做好疏解。有些他们习以为常的做法，全都被我叫停了。例如那些才只有几句台词的演员，就无须一模一样的戏服准备好几身了。还有我作为导演本应享有的诸项特权：休息时用的房车、私人助理、（作为导演身份象征的令人讨厌的）导演椅，也都一概放弃不要了。我告诉那些制片人，"光这一件，我就给你们省下了六十五美元。"有一次，电影完片担保的承保人过来探班，我告诉他，"你收了几十万美元，来担保本片会顺利完成，但那根本就是在浪费钱。因为只有我才能保证这电影能按时、按预算地交付。"

和伊娃·门德斯（Eva Mendes）见面是在纽约一家宾馆，我拿她不会带着自己小狗的专属心理医生来剧组的事跟她开玩笑，谈笑之间便敲定了她的加盟。后来，她来我们组的时候，确实只带着两位随行：一位负责化妆的女士，一位负责开车兼保镖的司机。尼古拉斯·凯奇也没几个跟班。《坏中尉》的整个筹备工作，时间相当紧。我们用三周时间，看了四十多片外景地，为三十五个有台词的角色找好了演员，凑齐了整个剧组和后台人员，完成了全部的美术设计。我花出去的每一分钱，你都能在银幕上看到。我知道自己要的是什么，所以只拍我需要的东西。绝大部分时候，我们下午三四点就能收工。每场戏我只拍几遍，然后就换下一场。剧组里的人，以前都没见过这种拍摄方式。开拍之初，他们也曾建议我多拍些镜头，这样的话，剪辑时也能多些选项。但我告诉他们，我不需要那些。尼古拉斯说过，"终于有个明白人了。"我们比原计划提早了两天杀青，预算也省下了二百六十万美元。这可是好莱坞闻所未闻的事，也让我多赚到一笔奖金。又过了两周，成片交付。制片人喜出望外，立马又拿来半打别的项目，说要继续跟我合作。

影片是在新奥尔良拍摄的。

剧本原本写的是纽约，后来制片人给我来电话，相当尴尬地解释说纽约物价太贵了，他很抱歉，我们不能在那儿拍。然后他又给我列举了在新奥尔良拍摄的种种好处，飓风"卡特丽娜"过后，当地出台了不少减税措施，吸引电影投资。对此我举双手赞成，因为打从一开始，我就觉得这电影应该放在一个真正处于危机与过渡之中的城市里拍摄。当时的新奥尔良仍在灾后重建，感觉就像是美国社会的各种问题，全都集中在了这里，尤其是政府公信力遭遇危机的问题。所以在我看来，《坏中尉》的故事放在新奥尔良拍，再合适不过了。当时我并不知道，尼古拉斯·凯奇也希望能在新奥尔良拍，因为他特别欣赏那儿的独特文化，尤其是新奥尔良的音乐。我建议干脆放弃《坏中尉》这个片名，就叫它"新奥尔良停靠港"（Port of Call New Orleans），可惜到头了，我还是做了一次糟糕的妥协。

新奥尔良是一个特别有精神头的地方，即便是飓风也没法令其熄灭。警察局看了我们的剧本，很出乎意料地向我们提供了协助。对于本片来说，这座城市不仅仅是故事的背景板，从很大程度上来说，它几乎就像是影片中的一位主人公。当然，在我这部作品中，你看不到常见的那些明信片式的风光画面，没有法国区、狂欢节和午夜时分烟雾缭绕的爵士乐酒吧。这里的每一个街角，都潜伏着危险。被冲垮的，可不仅仅是四处的堤防，还有人与人之间的和睦关系。飓风过后，明显能看得出来，各种遵守秩序的好市民行为典范，都已分崩瓦解。抢劫暴行肆虐全城，警员队伍中也有一些人未能按时归队。崭新的凯迪拉克轿车，被人从废弃的车行里一辆辆地偷走，消失在临近州域干燥的道路上。我们选了某个街角作为外景地，就在拍摄的前一夜，有两人在此处被射杀。我们试图将这种动荡不安的情绪，也融入故事之中。此时的新奥尔良，非常适于创造一种全新形式的黑色电影；想当初，黑色电影的突然爆发，正适逢历史上那些民众失去安全感的时期。有时候就是这样，文化史和经济史，会有彼此相对应的地方。例如雷蒙德·钱德勒（Raymond Chandler）和达希尔·哈米特（Dashiell Hammett）的那些作品，本都是大萧条时代的产物，结果又反过来催生出最杰作的一批黑色电影来——属于亨佛瑞·鲍嘉和爱德华·G. 罗宾逊（Edward G. Robinson）的电影。

回头再看，《坏中尉》竟然抓住了时代的温度，预见到了那场接踵而至的金融危机。最初，我是在影片开拍之前的那几个月里，第一次感觉到有哪儿出了问题，经济崩溃已迫在眉睫。当时我要替妻子租一辆汽车，结果却破天荒地发现，自己完全没有什么信用评分，所以他们管我要的月租金，会比一般情况下高出许多。这让我满腹狐疑，按理说，我的各种账单一直都按时付清，也从没欠过任何人债务。但问题在于，这恰恰就是我缺乏信用的原因所在。我从没借过钱，几乎就没怎么用过信用卡，我的银行户头也一直都是正数。这就是他们的系统，持家有道反而会遭惩罚。它鼓励我们消费自己并不拥有的金钱。发生这件事之后，我的第一反应就是把所有储蓄都从雷曼兄弟公司提了出来，而他们的银行经理，此时仍在疯狂劝说我追加资金，将更多钱存入他们银行。几个月后，雷曼兄弟宣布破产，随后便是一场金融崩溃。

我们差不多快拍完的时候，飓风"古斯塔夫"开始接近新奥尔良，全城居民已被疏散一空。尼古拉斯·凯奇、摄影彼得·蔡特林格和我，决定留下不走，想着等飓风袭来时，设法冲出去再拍些真实的飓风镜头。但最终我们提前完成了拍摄计划，还没等飓风来，就已经离开了新奥尔良。结果，"古斯塔夫"也仅仅只是轻轻擦过，正所谓雷声大雨点小。

你有没有为《坏中尉》的剧本做什么贡献？

那剧本是芬克尔斯坦的，但和往常一样，它不断地发生着变化，仿佛自己具有某种生命力。我也为它加了几场全新的戏，其中有不少所谓的"赫尔佐格时刻"。原本的开场戏，拍的是一个男人跳进纽约地铁自杀，中尉及时出手，将他救起。但是新奥尔良没有地铁，而我又希望故事的开场戏里，主人公手段越恶劣越好，结果就想出了这个新的开场段落：面对即将淹死的犯人，两位侦探打着赌，看他还能挺多久。那场戏的对白还是由芬克尔斯坦来写的，拍摄时我们原本打算使用净水，但那样的话，看上去显得太干净了，于是布景师在水里加了染料，但那样留有的毒性太强，也没法拍。有人想了个点子，将速溶咖啡投进去，可真要那么做的话，对于演员来说也很危险。咖啡因是可以通过皮肤渗入的，数量一大，很可能会诱发心脏骤停。最终，我们在水里放了一千多千克脱咖啡因的咖啡粉。

另外还有些地方也是我补充进去的，例如"灵魂还在跳舞"那段，还有马路上被压死了的短吻鳄，它腿上其实绑着一根渔线，我在镜头之外拉扯渔线，于是看上去它像是还在抽搐着。还有主人公吸毒后产生幻觉，见到的大蜥蜴，也出自我的构想。让尼古拉斯·凯奇和一条蜥蜴出现在同一个镜头中，再也没有什么比这更令人惊叹的了。当时我正走在新奥尔良街头，发现了一条大蜥蜴，它正坐在树梢上。我告诉我们的一位制片人，"这东西我需要两条。"蜥蜴的镜头是由我亲自拍的，用的也是一种特别疯狂的拍摄方法：在光纤线的末梢，加了个体积极小的镜头。拍摄时所有人都在问我，这镜头意义何在。"现在我也不知道，"我回答说，"但它最终肯定会有很重大的意义。"我还被这些小怪物咬住了大拇指，它们的嘴巴就像是老虎钳，我拼命想要挣脱，周围人看着都乐坏了。

此外，原剧本中，尼古拉斯·凯奇和伊娃·门德斯各自的角色，两人之间的关系，纯粹建立在性和毒品之上。但我希望他们之间能有一个具有一定深度的爱情故事，于是便想出了银汤匙那段戏。凯奇说他小时候以为海盗会由密西西比河一路北上，把财宝埋在离他家不远的一棵大树底下。影片快结束时，他找到了这把汤匙——其实只是一个生了锈的小玩意儿——交给了她，仿佛是把自己童年时代的梦想，一并交给了她。立刻，两人之间的关系变深了。他俩之间本有不少吸毒的戏，但被我拿掉了不少。我和毒品文化完全没有关系。我并不是要说什么大道理，我只是说出一个事实。在这方面，我顶了天也就是喝两口加强版的特浓咖啡了。我从没接触过毒品，意外接触倒是有过一次：弗洛里安·弗里克请我吃了一个薄饼，里头裹着自制的果酱，吃起来味道好极了，但没想到果酱里还掺了大麻。那天晚上，我开车回家时，绕着我住的那个街区，反反复复兜圈兜了半个小时，怎么都找不到我住的大楼。拍《坏中尉》时，有位道具师负责制作这种无害的白色粉末，每次尼古拉斯·凯奇吸了之后，立刻便摇身一变，换了一种状态。一度，我还真以为那是货真价实的毒品来着。

凯奇演得好极了。

我第一次见到凯奇的时候，他还是个少年。那是在他叔叔科波拉位于纳帕谷的酒庄里；我当时正在拍摄《陆上行舟》。在他拿到奥斯卡金像奖后没过多久，我们曾谈过合作的事，我当时正计划拍摄一部讲西班牙征服者的电影，想让他来演科尔特斯。真等到合作《坏中尉》的时候，我们俩已经互相关注对方作品有几十年了，想到那么长的时间里，大家总是阴差阳错地无缘合作，真是感慨万分。我给他看了剧本，告诉他说，这故事我们拍的时候，可以走一条彻底疯狂、欢闹的路线。由这一刻开始，双方便都明白了，这一次我们是非得合作不可了。他由澳大利亚打来电话，无须寒暄，我们直接切入正题。签约时我们也都想好了，大家共进退，你签字我才签字。因此，影片由一开始，便有着扎实的根基。

《坏中尉》不属于那种处处弥漫着压抑气氛的黑色电影；相反，它充斥着一种让人心生寒意的幽默气氛。影片由头至尾都有种轻巧的笔触，主人公明明邪恶得一塌糊涂，内心却无一丝一毫的愧疚。开拍第二天，尼古拉斯找到我，怯怯地问道："我也不想说什么'人物动机'，但还是想问一下，这家伙究竟为什么那么坏？是因为毒品的关系吗？还是因为城市遭到的破坏？或是警察的腐败？还是因为飓风？"我的回答很简单："这世上就是有这样的人，因邪恶而极度快乐。"他很喜欢我在动作特征上向他提出的要求：全片由头至尾始终保持斜肩，脑袋稍稍往前伸出。"肩线应该要微微倾斜，跟着你视线的方向。"我告诉他。他知道我有个习惯，有时候一场戏拍完，我不会马上就关机，因为我能感觉到，它其实还没完。《坏中尉》结尾时，坏事做尽的主人公躲进了一家廉价宾馆的客房，和片头那场戏里因他搭救才未淹死的那个犯人，意外地相遇了。那个年轻人看出了情况不妙，主动提出愿意送他离开这里。此时，两位演员各自的台词都已说完，但我让机器继续拍摄。经过整整六十秒钟的鸦雀无声之后，尼古拉斯终于忍不住开口了，"我还应该要加点什么吗？"我毫不迟疑地回答说，"鱼会做梦吗？"于是我们加上了这句台词，重新拍了一遍这场戏。然后我又加上了全片最后一个镜头：他俩倚在水族馆的玻璃上，看着里面的鲨鱼和其他鱼类。它们游动的样子，就像是正在做梦，梦见了一个遥远的、不可思议的世界。我喜欢最后一刻中尉神秘的轻笑声。笑声究竟由何而来，又有谁能说得清呢？

这让我想到了伦勃朗和戈雅末期的那些自画像，牙都没了的老头，也不知道是冲着什么，露出了笑容。

你觉得自己是一个热心政治的人吗？

我肯定不是一个不关心政治的人。对于控制世界的各种力量，我向来有着敏锐的意识，而且在这方面，可能我要比大多数人更了解内情。虽说我从没参加过任何政党，但我对有组织的政治运动并不反感。只是相比起来，我更愿意形成自己独立的想法，而这也意味着，大众普遍接受的观点，我倒常会有相反的看法。举个例子，我欣赏布鲁图斯（Brutus）。当初他捍卫了罗马共和国，但留在后人记忆中的，主要是一个恺撒的卑鄙刺杀者的形象。恺撒入侵了不列颠，但对于罗马来说，这却造成了过度扩张的问题，削弱了共和国的基础。布鲁图斯谋杀恺撒，理由足够充分、正当，我欣赏他的远见。他不希望祖国被笼罩在对于帝王的狂热崇拜之中，而这恰恰是恺撒之后发生在尼禄、卡利古拉等人身上的事。

当初拍摄《侏儒流氓》，正值学生运动的顶点。但左派各自内讧，毛派托派水火不容。他们攻击对方时的热情，远甚于他们对建制本身的批评。说到成功的造反，时机、耐心和定义清晰的目标，都是必不可少的重要条件。但影片里那些侏儒，是一群不专业的革命家，上述条件一个都不具备。他们没能造成任何实质破坏；他们所表现出的，更多的只是各种挑衅、反叛的姿态。那是为革命而革命，其行动的背后，缺乏必不可少的驱动力。这样的革命，只会让人觉得可怜。有时候你必须耐心等待五十年，才能迎来合适的一刻。结果，那些头脑简单的人，反而指责我在嘲笑全世界的反抗运动，批评我没有热情拥抱它们。没错，如果说他们有哪件事说对了，可能就是这一点了。他们渴望改变世界，坚持认为只要是关于革命的电影，导演就一定得拍出一场成功的革命来。在那段时间里，几乎所有影评人评价影片时，运用的都是那一套疯狂的革命术语，还在电影人的头上强加了各种可笑的政治要求。他们就属于那一类人，总觉得电影只具有一种功能：为政治运动服务，为那些要用社会主义取代民主秩序的斗争做贡献。

我告诉那些活跃分子，他们被一腔热血蒙住了双眼。再过四十年，等他们回头再看《侏儒流氓》时，可能会发现相比绝大多数电影，它对于一九六八年发生的那些事的呈现，才更诚实可信。实话实说，嬉皮士运动确实具有一定的魅力，但说穿了，它不过是当年席卷全球的各种粗鄙愚蠢行径的一部分。光靠在枪管里插一朵花，你什么都阻止不了——更别说是战争了。噩梦和美梦，遵循的都不是政治正确的法则。像这种风靡一时却又无法长久的潮流，我这辈子所见过的，真是多到数都数不过来。我之所以不接受一九六八年那套激进意识形态，其原因在于，和当时大多数人恰恰相反，我那时候早已走出去，见识过外面的世界了。他们通过分析得出结论，联邦德国是一个压迫正义的法西斯主义警察国家，必须通过一场社会主义乌托邦革命，将它推翻，把那些掌权者彻底镇压。但我从来就不觉得这说法有什么道理。那些家境富裕的年轻男女，坚持认为我们要代表工人阶级拿起武器，把第三世界被剥削的穷苦民众，由帝国主义的枷锁中解放出来。但我问他们有谁去过非洲吗？有谁在工厂里干过吗？结果一个都没有。而我却去过非洲，也在工厂里做过。可就是这样，那些年轻人照样对我深恶痛绝。

与《侏儒流氓》相距十年，我又拍了我那一版的《诺斯费拉图：夜晚的幽灵》。看茂瑙当初的版本，他似乎感觉到了几年之后即将在德国发生的事。这真是一位具有远见的艺术家,他感觉到了,一种真正的恐惧已经入侵——尽管他没法具体地把它给说清楚。影片就像是某种不祥的预感,用鼠疫来预示即将席卷全德的那场纳粹瘟疫。越是面对外来威胁的时候,吸血鬼的传说越是方兴未艾,所以也难怪,这种电影类型从来就不曾远离过我们的视线。不过,我这部《诺斯费拉图:夜晚的幽灵》,虽说可能也反映了当时的社会情绪与政治温度,但将它过度简化,纯粹归结在社会学层面上,肯定也不确切。毕竟,当时的联邦德国并未遇到什么迫在眉睫的政治危机。相反,它当时主要的问题在于社会停滞不前;整个国家那时候正缓慢且固化地朝着无聊和肥胖的状态前进着。

与《诺斯费拉图:夜晚的幽灵》相距二十年,我又拍了《小迪特想要飞》。外界批评我没在片中谴责美国入侵越南的行为,他们揪着我不放,问我为什么影片没有针对战争做出任何政治声明。但是,不管是《小迪特想要飞》还是《重见天日》,我从不觉得它们是有关越南的电影;在这两个故事里,战争都不是主角。这两个故事,走的都是康拉德那条路线,说的是对于人类的测试与考验,还有忠诚、生存和友情。对于迪特来说,参战从来就不是他的人生目标;他只是想要飞。而身为德国人,想要做到这一点,唯一的途径就是去美国生活。在他遇袭落地之后——那时候,越战尚未发展到全面升级、彻底恐怖的那一阶段,尚未有汽油弹直接落在平民头上——忽然之间,越南不再是地图上的抽象概念。于是迪特的态度也发生了转变。他终于开始理解,在这片他所知甚少的土地上,正在上演各种人间惨剧。他的故事超越了所有的意识形态框框,带领观众进入了一个更深的层次,不再仅仅是谈谈政治或喊喊口号。在当时,我在同一周内,先是接到了美国海军军官学校的来电,希望我能允许他们放映《小迪特想要飞》给学员观摩;之后又收到了德黑兰晨礼国际电影节(Fajr International Film Festival)发来的传真,希望我能让他们放映这部"享有殊荣的国际性电影"。我想这一定是经过了高层的批准,否则按照伊朗的审查制度,是不会让它过关的。

政治性的电影,真具有改变世界的力量吗?

电影能改变我们对事物的认知与理解,还能调动我们的各种幻想。不过,虽说电影和政治偶尔确实也能相遇,但电影终究不是适合政治行动的土壤。想要改变世界,拿起麦克风或是枪来,肯定要比拿镜头会更有效。当然,也不可否认,电影史上还是出现过一些具有坚固政治内核的杰作,例如《阿尔及尔之战》《奇爱博士》和《社会中坚》(*Salt of the Earth*)等。但我身上并不背负任何使命,不然我干脆就去做传教士好了。

约书亚·奥本海默(Joshua Oppenheimer)关于一九六五年开始的印度尼西亚种族屠杀的《杀戮演绎》(*The Act of Killing*),我才看了八分钟未经剪辑的素材,便已知道,这部超乎现实的电影,绝不仅仅只是一次政治鼓动。像它这样的作品,真是前所未见。他做剪辑的时候,我一直给他打气,劝他千万别做懦夫,千万别做删减。现在你们看到的这最后一场戏,原本他已考虑是不是要缩短一些,或是干脆整个都拿掉。但我告诉他,"拿掉这个结尾,你的人生将会一文不值。"在印度尼西亚之外的地方,影片产生了重要的催化作用。各种相关的历史、法律、哲学命题,又都被人重新提起,在全球范围内做了深入探讨。而在印度尼西亚本土,影片——在片中,好多当事人愉快地承认自己在当年的酷刑折磨、强奸杀人罪行中所扮演的角色——也带来了某种巨大冲击。相关文章时隔多年之后，终于见诸报端，对这个制造腐败与恐惧的政权，做了细致描绘。追根溯源，这个政权的诞生，正是基于那场种族屠杀。由此，几代印度尼西亚年轻民众，终于破天荒头一遭地得以了解个中真相。不过，五十年前那些罪行的始作俑者，许多如今依然位高权重——而且确实有许多印度尼西亚人，视他们为英雄——《杀戮演绎》本可能带来的深远改变，目前来说仍未完全达成。我们可以将它和马塞尔·奥菲尔斯（Marcel Ophüls）的《悲哀和怜悯》(*The Sorrow and the Pity*) 做个比较。该片振聋发聩，唤醒法国社会，影响力波及全国各地，促使国民正视那段历史：并非所有人都参与了抵抗纳粹的活动，通敌行为并不稀见。回到你提的问题上，艺术能不能改变世界？在我看来，不是不能，而是时候未到；时候一到，自然知道。

一九七八年的拼盘电影《德国之秋》(*Germany in Autumn*)，你原本也计划要参与的。

我当时也和那组人搞在了一起，包括有亚历山大·克鲁格、埃德加·莱兹和施隆多夫等人。他们当时正打算拍一部自发性的作品，想法很有意思，而且事实上，法斯宾德在他慕尼黑公寓里拍《德国之秋》时，有一阵子我也在边上。他们计划各拍一部短片，凑在一起，组成一部剧情长片。主题是同一个，针对红军派（Red Army Faction）那些年里的各种行动，做出评论。一九七七年发生了两件事，一是他们绑架并谋杀了德国商界巨擘汉斯-马丁·施莱耶（Hanns-Martin Schleyer），二是劫持了汉莎航空的班机，要求当局释放多位被囚的红军派成员。我不同情红军派，因为我很清楚，他们对于当时政治格局的分析是错误的；而且我不赞成杀人，所以很明显，不管是他们的手段还是目的，绝不会有一星半点能让我认同的。我本来想找罗尔夫·波勒（Rolf Pohle）拍我那段《德国之秋》。我当初在学校里交到的朋友很少，但他是其中一个。波勒年轻时就在政治上很活跃，当过慕尼黑大学学生会的头头。后来他加入了巴德-迈因霍夫小组（Baader-Meinhof Group），被判入狱六年。再后来，他和另一些红军派的成员一起被释放出狱，以此来交换一名被绑架的政客。随后他飞去了南也门，然后又辗转去了希腊，藏了起来，但最终仍没逃过被捕的命运，被引渡回了德国，关在全巴伐利亚条件最差的施特劳宾（Straubing）监狱服刑。

我去监狱里看了他，他情况很糟。之前有一年半的时间，他都被关了禁闭，访客也不能见。我给他带去一件礼物，那种弹性特别好的橡皮小球，一扔出去就会四处乱蹦，弹速极快。想要抓住它，你得像守门员那样，迅速做出反应。我了解波勒，他一直都喜欢这种小玩具，应该能靠它来分散一下注意力。结果，小球一拿出来就被看守拿走了；号称是出于安全考虑。那次会面，最叫人不安的地方还在于，前二十分钟里，波勒的说话声一直很大很大。我们身边有两名看守，负责监听我们的谈话内容。我和波勒面对面坐着，相距不过咫尺，可他说话时的声音，感觉就像是在和一个几十米外的人对话。太久太久没有和别人有过互动，他已忘了人和人之间的私密关系应该是什么样的了。刑满出狱之后，他又去了希腊，几年之后死在了那里。

是不是差不多也是在这时候，你想过要在危地马拉建立一个乌托邦国家？

不是，那要早得多，可能是一九六四年那会儿。但你都说了，一个乌托邦国家，可想而知那主意有多愚蠢。我当时想要去贝登（Petén）地区，助当地人一臂之力，因为在我看来，独立建国是他们本就该享有的自然权利。他们有自己的语言、文化和历史，他们居住的那片特殊区域，单独划出来建国，再合适不过了。我甚至还写好了一部宪法。我想的是要帮他们建立一个主权国家，独立的共和国，而不是什么临时性的社区。总之，整件事都是我天马行空的胡思乱想，如今再要我去回忆细节，那也太尴尬了。我不享有归属权，对于他们来说，我是个外来者。如果你根本不具有这种历史、文化上的归属权，建国根本无从谈起。单靠那么抽象的概念，根本就不可能建立一个实际的国家。我甚至都没能去成危地马拉，因为那儿当时是军政府掌权，我根本就没拿到签证。我只到了危地马拉和墨西哥的边境线，发现想要入境，只能横渡界河。我抱着一个足球，向着危地马拉那一边游去。忽然，我发现对面有好几双眼睛正看着我。那是危地马拉的士兵，手里都捏着突击步枪。显然，面对这种状况，他们一时半会儿也不知道该怎么做。我小心翼翼地冲他们挥了挥手，然后缓缓地回转身，无助地游回了墨西哥那一头。就这样，还没到地方，我的乌托邦理想便失败了——但事后想来，这样的结果才算是正常的。

　　回到墨西哥后，我到过一个名为西楚（Xichú）的小村庄。当时，眼看脚下的路越走越窄，最后干脆就彻底消失了。我循山石而下，最终遇上了这个遥远的群落。有个老头坐在一把大椅子上，感觉就像是坐在王位上，周围簇拥着一大群人。有人向我解释，老头生了一百十一个孩子，围绕我们的这些年轻男女，不是他的后代，就是他的妻妾。作为一家之主，他创建了属于自己的文明。有人想要生十一个孩子，自己能组成一支足球队，那已经够疯狂的了，可这个男人，他创造的可远不止是一支球队；组个联赛都够了。

第十二章

生命之歌

儿子，你都干了些什么
忘梦洞
快乐的人
人类黎明颂
凝视深渊
死囚
须臾之间

你有没有怀疑过自己的能力？

从没有过。或许也正是因为这一点，我这辈子也算是做成了一些事。我知道自己有着近乎荒谬的强烈自信，但是，拍过的作品都摆在那里，我又有什么理由怀疑我的能力呢？还在很小的时候，我就已经清楚知道自己的命运是什么。打那以后，便一直背负着它前进。所以我这辈子要做什么，这对我来说，从来就不是一个问题。但这一切完全没什么可吹嘘的。命中注定的事，顺势而为，这并不需要多大勇气，至少不比抚养孩子长大所需要的勇气更大。所谓"命运"，不管它究竟指的是什么意思，总之就是个很矫情的词。

大多数电影制作公司都不得善终，通常也就只能开个六七年光景。但我的公司，至今已开了五十年了。我坚持了下来，我从各种斗争、失败和羞辱中吸取了教训。童年时挨过的饿，帮助我认清了自己。正如母亲留给我的那些印象，那种为养活我们几个而不顾一切的劲头，也帮助我认清了自己一样。曾发生过一件极其可怕的事，那是我这辈子都不会忘记的。某天我在学校打篮球，跟人撞在了一起，撞得相当猛烈。过了一小时，我先是眼前开始出现黑斑，然后彻底看不见了，这种状况持续了将近一个小时。生活中遇到各种艰辛、障碍，那都是再正常不过了；从来不去尝试，那才是大错特错。想想拍摄《阿基尔》之前我的亚马孙河之行，我一路途经好几条支流，完全不知道下一个转角会遇到什么。那就像是我人生的某种隐喻；我这一生，就像是行走在一条悬空的钢丝绳上，或者你甚至可以说，我是在完成一次障碍滑雪比赛。我没有偏离赛道，也不曾在高速行进中一头撞在砖墙上，这究竟仰仗的是什么，我也说不清楚。我觉得我够幸运，始终能避开雪道上那些旗门。

不管做什么事，我都不会依循别人的意愿，也从不觉得有必要向别人证明什么。我不像有些人，一个项目完成之后，就会翻开《纽约时报》，检索最新的畅销书榜单，寻思接下来要翻拍哪部作品。我也不会干等着经纪人把剧本送上门来。在这方面，我从不依靠任何人。对我来说，获得灵感从来都不是什么问题，反而是如何遏制灵感的入侵，这才是我需要考虑的。各种各样的好点子，它们就像是不速之客，从来都不敲门，就像毛贼那样，大半夜翻窗而入，把我的冰箱搜刮一空，把厨房弄得天翻地覆。遇到这种情况，我不会干坐着思忖究竟要先找谁下手。我只看它们中间有谁最来势汹汹，那就第一个先把他撂倒在地。这些年来，我早已有了一整套办法，能以最快的速度和最有效的方法来应付这些入侵者。只是，那些"毛贼"还是不间断地一批又一批地找上门来。你邀请了几位朋友来家吃饭，吃到一半，大门忽然被挤破了，一下子冲进百十来号人。好不容易把他们都赶走了，可一转身，又有五十个迎了上来。

就我们说话这会儿，我家里就有半打项目正等着我去对付呢。要是我拍电影的速度能赶上我思考这些电影的速度，那就好了；要是我能掌握无限的资金，那我就可以每两年完成五部电影了。其实，接下来拍什么，很大程度上，这一直都不由我决定。我只看谁给我的压力最大，那我就优先处理它。到了这时候，我的眼界会变得很狭窄，着手进行某个项目时，基本就心无旁骛了。在这方面，我从十四岁开始便是这样。时至今日，完成一部电影，对我来说就像是卸下了千斤重担。那一刻，我感觉到的并不一定是幸福，但肯定是一种解脱。

但是，跟这些"毛贼"打交道的过程，你确实也很享受。

每拍完一部电影，或是写完一本书，赶走一批"毛贼"，我都会觉得很高兴。我说过，它们是不速之客，但这并不代表它们不受欢迎。我就像是个士兵，其他人早就放弃的岗哨，我依然坚守着。一直以来，我始终接受各种挑战，并为最糟糕的情况预先做好准备。请放心，我永远都不会怯懦地撤退，只要还有一口气在，我就会继续坚守。

你从来就没有哪部电影拍了一半烂尾的，而且我总觉得，写好的剧本你肯定不会任其睡在办公桌抽屉里，基本都会拍成电影。

其实也有一些剧本，是我写完之后至今都没能拍出来的，但我从来不会因为这事而失眠。忙着思考各种新点子，我都忙不过来，哪还有时间自怜自艾。还没拍成的剧本里，有一个讲的是远征墨西哥的故事，从科尔特斯抵达韦拉克鲁斯（Veracruz）一路讲到特诺奇提特兰（Tenochtitlan）的陷落。故事透过阿兹特克人的视角来讲述；对于他们来说，那感觉一定像是有外星人落在了他们的海岸上。纵观整个人类历史，也就只有三四段叙事，能具有与之相同的深度、质量、深远影响力和悲剧性了。圣女贞德、成吉思汗、阿肯那顿和耶稣基督，是这里面最明显的几例。当初构思这个项目时，我的想法是要重建一座特诺奇提特兰城，真要是那么做的话，整个布景的体量，预计会比《埃及艳后》大上五倍。即便能用上电脑特效，但那些金字塔和宫殿的内景，还有两万名群众演员的开销，也都不是个小数目。游戏规则其实很简单：如果我能拍出一部票房大卖的电影，盈利至少达到了两亿五千万美元，那么这个阿兹特克项目，或许就能有钱开拍了。资料搜集的过程中，我看了不少第一手的材料，包括远征之后科尔特斯所卷入的那些官司。我希望能用西班牙语和阿兹特克语来拍这部电影，甚至自己都开始学习起阿兹特克语了。在当时，类似这样的电影，用除英语之外的其他语言来拍，根本就是不可想象的事。

你是不是从来没给自己放过假？

从来就没有过要放假的念头。或许我也应该消失一阵子，但目前来说，我并不觉得有什么压力。我一步一个脚印地做我自己的事，有条不紊，精力集中。但我工作起来，从来就不会急吼吼的；我可不是工作狂。对于工作起来日复一日、一成不变的人来说，放假是必需品。而对我来说，工作所涉及的一切，永远都是新鲜、崭新的。我热爱这些工作；我感觉自己的人生，本就是一次悠长的假期。

想在这一行里生存，并非易事。入行头十年，要说具有影响力的作品，我也拍了一些，但影响范围都不大。到了第十年，我感觉自己已筋疲力尽。也正是在这时候，洛特·艾斯纳给了我帮助，让我知道自己肩负着哪些责任，为我注入了勇气，帮我度过了下一个十年。不久之前，我又看了一遍《卡斯帕·豪泽之谜》；上一次看已是很多年之前的事了。睹物思人，这让我回想起了当初的岁月。我想到了《侏儒流氓》里的温布雷，还有布鲁诺和沃尔特·斯泰纳。我还回忆起当初拍《卡斯帕·豪泽之谜》的时候，我非常确信，那会是我人生最后一部电影。倒不是因为我拍电影拍灰心了，也不是因为我觉得自己无力再继续了，而是因为我当时认定了：我不可能活过三十二岁。我觉得我会被一颗具有象征意义的流弹击中，我这辈子注定要短命。我至今都还记得，自己二十四岁那年，抱定了这一想法，深信不疑。于是我便觉得，拍摄的每一部电影，都将是我人生最后一部。所以我必须小心翼翼地支配自己的时间，一秒钟都不能白白浪费，不管遇到什么事、什么人，都不能畏首畏尾。就这样，我再也不知道何为恐惧了。能把我吓退的人，还没生出来呢。

你真的什么都不怕？

数年前，我坐的航班遇上了要紧急迫降的情况。空乘要求大家弯下身子，把头埋在双膝间。对此，我断然拒绝。飞机副驾驶找到了我，命令我一定要摆出这个有失尊严的姿势。我告诉他，"如果真的在劫难逃，那我倒想看看，我最终会遇上什么事；倘若能逢凶化吉，那我也想亲眼看一下这经过。我只管我坐直了，反正这又不会给别人造成危险。"最终，起落架正常打开，飞机安全着陆。那家航空公司则将我加入了终身禁飞的黑名单，但让我觉得开心的是，他们没过多久就倒闭了。人皆有一死；遇到事情会不会害怕，这取决于你对于死亡的态度。一旦学会坦然接受，那死亡也就不成问题了。拍摄《陆上行舟》时，我就像是一名船长，随时准备好了，人在船在，人亡船亡。死亡，那对我来说，从来就不算是什么事。

说来也怪，我连死都不怕，但每开拍一部新片，一上来这第一个小时，却总让我忧心忡忡的；这情况已经持续多年了。每一次的经过都是一样：我到了现场，环顾四周，看到一群相当能干的人簇拥着我，我拼命许愿，期望他们中间有哪个人会挺身而出，发号施令。我会问自己，究竟会由谁来拍摄这部电影，转念之间便意识到，我责无旁贷。拍这电影，舍我其谁。那种感觉，就像是上课迟到的小学生，明知道会被老师训斥，还是得硬着头皮走进教室。那么多年来，我为了对付这种情绪，只好一直采用某种原始的仪式。我会让副摄影在我前胸、后背各贴上一片明黄色的电工胶布。它既像是某种保护，又像是一种标示，仿佛这下子就确定了是由我来负责，想逃都逃不了。胶布就像是一面护盾，帮助我定下心来，熬过这最初的一小时。

痛的时候你会有感觉吗？

这问题太荒唐了。我当然也知道痛。只不过我从来不因此大惊小怪。

你之后一个项目是一部四分钟片长的短片，故事建立在普契尼歌剧里的一段二重唱之上。

英国国家歌剧院委托我拍三部电影，这是其中之一。这是他们新演出季的一部分，目的在于推广英语歌剧。因为时间紧的关系，他们要求我两周内必须交货，而且片长务必要和《波西米亚人》里那曲《可爱的少女》（*O soave fanciulla*）相对应，不长不短、正正好好。我告诉他们，我要去非洲最偏远的角落实景拍摄。我立即动身去了埃塞俄比亚，在它靠近苏丹的南方边境上，有一片局势动荡不安的区域。在这里生活的是摩尔西（Mursi）部落，哪怕是六岁的小娃娃，也都人手一把AK47。安德烈·辛格（André Singer）是我这部短片的制片人，他以前学的就是人类学，二十五年前正是在埃塞俄比亚写的博士论文。短片的结构很简单：一男一女，共四对，我让他们站在镜头前面，先是看着我们，然后转身彼此相视。最后,四对男女各朝一个方向离去。每对之间,我会切一个武装分子的镜头进去,由此构成一系列风格化的画面,每幅画面中,都有一个男人和一个女人。这是一种原型情境:男孩遇上女孩。看过之后,你只需要产生这种感觉就行了:这每一对男女,此去便再也不会相遇。

《儿子,你都干了些什么》,你是和赫布·戈尔德一起写的。

赫布偶然了解到发生在圣地亚哥的一桩真实案件。那是一个名叫马克·雅沃尔斯基(Mark Yavorsky)的年轻人,他是诗人,出过诗集;此外还是演员,拿过奖项。同时,他运动方面也很厉害,是篮球高手,智商接近天才。他曾在话剧《俄瑞斯忒亚》(Oresteia)里演过弑母的俄瑞斯忒斯(Orestes)一角。后来,雅沃尔斯基改信了伊斯兰教,并去了巴基斯坦旅行。他被当成疯子,关进了当地监狱。获释回家之后,他行为处事愈加古怪无常,最终用一把道具剑杀死了自己的母亲。他被关押在高度戒备的精神病犯监狱,九年后方才获释。赫布对这个弑母的案件入了迷,陷进去几乎无法自拔。他搜集了数千页的庭审记录、调查报告。我听他说过之后,立即便感觉到,这故事应该很有看头。只是赫布一直没能把剧本写出来。于是,我提议他跟我一起去奥地利乡下住一阵子,暂时抛开一切。"剧本没写好,你就不准走。"我告诉他,"而且你至多只有一周时间。"

《儿子,你都干了些什么》的硬核部分,基于案件真实情况。片中有些对话,乍一听相当古怪,但确实都出自雅沃尔斯基的真实声明,一字未改。还有一些则源自他的精神状况评估、警方的法医报告,还有接受过的各种访谈,全都有根有据。只有绑架火烈鸟做人质和相信上帝是一盒燕麦片这两处情节,是我编出来的。

剧场里那些彩排戏，出自赫布之手。他由索福克勒斯、欧里庇得斯作品中精挑细选出不少对白，再加上出自《俄瑞斯忒亚》的多个合唱部分，拼凑出了好几场戏，其中不乏意蕴悠长的古希腊话剧经典原句；只不过，其中绝大部分，后来还是被我们忍痛割爱了。因为在我看来，这一类抽象的概念，如果放在纸面上，读者倒可以停下来，不慌不忙地回味那些文字的意义。但放在电影里，观众有可能会一下子来不及消化，结果反而会喧宾夺主。

雅沃尔斯基相信，通过牺牲自己的母亲，他能拯救地球。

他有一个顽固的想法，希望能在全国性电视台上，直播自己被钉死在十字架上的画面。当初审判他的时候，庭审了也就十来分钟，检方辩方外加法官，全都一致认定雅沃尔斯基精神失常，根本就不适合受审。于是他被直接关了起来，但鉴于他所犯下的罪行只针对他母亲一人，并未危及他人。最终，法庭推断他对社会无害，将他释放了。研究案情的过程中，赫布跟他熟络了起来，还把我也介绍给他认识。我是在加利福尼亚里弗赛德（Riverside）附近一个破烂不堪的拖车公园里见到他的，他当时在那儿居住。他住的屋子里，满是奇奇怪怪的小纪念品；墙上贴满了各种宗教名言和色情画片。在这中间，一张《阿基尔》的电影海报立即引起了我的注意。它贴在房间一角，旁边还摆了一圈点燃的蜡烛。那就像是某种临时凑合的祭坛，烛光烘托出金斯基疯狂的面部表情。目睹此情此景，我当时就想拔腿走人。决定与他会面，那真是大错特错；有些时候，还是跟故事原型保持一定距离才好。那时候，剧本其实已经写好，所以说，我之所以会跑去见他，主要还是好奇心作祟。说来你肯定也不会觉得意外，这次见面之后，我便有意不再跟雅沃尔斯基有接触了。

在当时，有能力演好他这角色的男演员，选择范围其实并不很大。我看了迈克尔·香农之前演的一部电影。虽说有他出场的画面，我只看了才不到六十秒，但那就够了，他当即成为我心目中的第一人选。等真见面了，光凭第一眼印象，他便赢得了我的信任。迈克尔想要听一下我们给雅沃尔斯基做的那些录音，他甚至还模仿起了对方的嗓音，还有他那种一聊起来便漫无边际的说话方式。但我告诉迈克尔，我并不鼓励他那么做。当初拍摄《重见天日》的时候，我也给克里斯蒂安·贝尔建议过，千万别只顾着模仿迪特·丹格勒；我希望迪特的精神，能从克里斯蒂安自己的说话、行动方式中透出来。结果，他的表演极有力量，甚至迪特本人的两个儿子来泰国探班时，也都一个劲管克里斯蒂安喊"爸爸"。对于迈克尔·香农，我也给出了同样的建议，希望他能独立地创作、塑造这个角色。一般说来，如果编剧只顾着参考故事原型和人物原型，那就够糟糕的了，如果连演员也都亦步亦趋，那就更成问题了。在我看来，拍摄真人真事电影时，只有在一种情况下，演员预先研究这个真实人物，才显得合情合理。那种情况便是：他要演的那个人，是拳王阿里。那样的话，你必须要学习他怎么移动，怎么出拳。

制片方面，大卫·林奇（David Lynch）也参与了。

我和大卫走得很近，我们发自内心地互相尊重。我欣赏他的作品，虽说我们拍的电影很不相同，但有些时候，它们也会有交集。第一次见到他时，我正在跟二十世纪福克斯合作《诺斯费拉图：夜晚的幽灵》。某天我在好莱坞意外遇上了梅尔·布鲁克斯（Mel Brooks），那时候我才刚看了《橡皮头》(*Eraserhead*)，觉得真是非同凡响。我坐在梅尔的办公室里，大谈特谈这位我甚至都叫不上名字的新导演，如何如何才华横溢。梅尔只管听着，脸上始终挂着笑容。等我终于说累了，停下来了，梅尔才问我，"那你想不想跟他见一面？"我们往下走了三个楼面，大卫·林奇正在那儿忙着拍摄《象人》(The Elephant Man)。

因为完全找不到投资的缘故，《儿子，你都干了些什么》被搁置了好几年。某天我去见一位制片人，巧的是，他曾与大卫合作多年，制作过他的不少作品。谈到一半，大卫本人走了进来。我们聊起了整个电影行业的大环境，步步高升的制作和宣发费用。随随便便哪部好莱坞电影，都得花上数千万美元才能拍成。我跟他们说："我们应该拍些这样的电影，成本最多不超过二百万美元，真人真事改编，用最好的演员，不要用超级明星。"于是大卫问我，是不是有什么现成的故事构想，如果要拍，什么时候可以开拍。"明天就可以。"我回答说。听我这么一说，他一下子就表现出极大的热情来。不过，真要说是他制作了《儿子，你都干了些什么》，其实也不尽然。因为拍摄过程中，他完全放手随我们去；而且他要等到影片全部完成之后，才看了影片。可以说，虽然他确实参与了这部影片，但他真正带给我们的，其实还是扔在火药桶上的那根火柴；我们最需要的那一点火花，是他给的。

《儿子，你都干了些什么》是我拍过的所有电影里，过程最简明扼要的之一。从头至尾，故事的讲述始终言必有方，一场戏接一场戏，无缝衔接。整个叙事中，有相当一部分用的都是闪回，但从过去到现在再回到过去，其间的过渡始终保持浑然一体，以至于观众都不一定会注意到闪回的出现。这涉及一种高精度的电影制作方式，恰恰是我通常都会尽力避免的那种拍法。它的故事发生在这样一个地方，表面看来，这是一处秩序井然、静谧安详的美国郊区，有美丽的大海、干净的沙滩、安静的公园，棕榈树随风轻拂；但是，就在这么个地方，某些让人觉得畏惧与恐怖的东西，正缓缓逼近。我们是在圣地亚哥拍摄的。片中的所有一切，都谈不上表里如一，也都没获得充分的解释。我们始终没看到雅沃尔斯基真正动手杀死母亲的那一幕；看到的只是弑母行为的后果。他拿着剑，摆出一个奇怪的舞台姿势。这种罪行的终极恐惧，仅存在于观众的想象里。这故事让我喜欢的地方就在于，它是个恐怖片，但并没有那些飞来飞去的电锯和斧子。那是一种不具名的威胁，不知不觉地正朝你逼近；观众永远都没法知道，它究竟会从哪个方向过来。有时候就是这样，越是说不清道不明的东西，越是可怕。主人公是个极端危险的人物，而且他身上有着某种存在主义的恐怖，只不过，透露这一特质的那些信号，全都分散在影片各处，而且很难察觉。他在公园里发现一只篮球，将它摆在了树杈上，说是要留给未来的篮球运动员。你能感觉到，他要不就是想自杀，要不就是想杀人。很难说清楚，究竟是什么原因让他那么吓人。

你为什么要拍摄《忘梦洞》？

这片子说的是法国南部的肖维岩洞，一九九四年，人们在那里发现了已知最早的洞穴艺术，距今有三万两千年的历史。在我的人生中，第一次不受家人、朋友影响，独立形成的知性觉醒，第一次真正意义上对某种文化产生强烈兴趣，那是在我十二岁那年，地点是在慕尼黑一家书店里。书店的橱窗里摆着这么一本书，封面是拉斯科岩洞里的史前绘画，画的是一匹马。那一刻，我心灵受到了强烈震动，整个人再也无法平静。那种兴奋劲，没法用文字来描述，而且至今都还记忆犹新。我告诉自己，必须把这书弄到手。此后，每周经过这家书店时，我都会心跳加速，担心它会不会已经被别人买走了。估计那时候我天真地以为，这书全世界就这么一本。我在网球俱乐部当了半年多的球童，终于存够了钱，把它买了回去。第一次翻开它时，那种敬畏的感情，让我整个人颤抖起来；此情此景，至今历历在目。人就是这样，小时候迷恋上的东西，会一路跟随我们。那本书我一直都留着，后来才发现，其实里面那些东西写得相当肤浅。

距离影片开拍还有一段时间，我第一次获准进入了肖维岩洞。洞里的一切，感觉都像是刚留下的。那种新鲜程度，令我大吃一惊。洞熊这种动物，早在两千年前便已灭绝，但肖维岩洞的地面上，留有明显的熊迹。某处壁凹的地方，留有小男孩的脚印，再往边上一点，还有一串狼的足印。是不是有一头饿狼在追赶这孩子？又或者他们是朋友，一起进了这岩洞？还是说这两处足印，根本就是相隔几千年，分别留下的？洞里有驯鹿的画像，但那人显然没有画完，之后又换了个人，才告完成。叫人吃惊的还在于，同位素测定表示，这前后两次绘制，中间竟相隔五千年。透过这深不可测的时间深渊，我们这些后来者还有没有可能理解那些史前艺术家究竟在想些什么？岩洞附近就是阿尔代什河流经的山峡，河上是六十米高的天然石桥——拱桥（Pont d'Arc）。岩洞周边的风景同样叫人叹为观止，看到的人，肯定都会想起瓦格纳和卡斯帕·大卫·弗里德里希的作品来。于是，三万年前生活在这岩洞中的艺术家，似乎也被拉近到了我们眼前。这里的风景不仅仅属于浪漫时期的艺术家，石器时代的人或许也同样感受到了它的力量。于是我们也就理解了，为什么在肖维岩洞的周围，还有着那么多个旧石器时代的岩洞。我和一位参与这个研究项目的科学家聊了一下，在他看来，对于三万年前住在这里的那些人来说，拱桥不仅是一处实际的地标，很可能也是他们神话故事中充满遐想的一个组成部分。

他们画这些画，具体是出于什么目的？

不同的岩洞中，都有蹲伏在地的野牛形象。所以，有可能是四处旅行的艺术家，从一个岩洞画到下一个岩洞。但是，我们甚至都没法确定，对于画画的人来说，那些画究竟是不是代表着艺术？或许，他们只是用它来练习打猎也说不定。肖维岩洞的诸种秘密，可能永远都无法参透了。我们只能参照那些不久之前还过着石器时代式样生活的人——例如澳大利亚的土著，或是卡拉哈里沙漠的布希曼人——对照他们的文化，来做些有理有据的猜测。利用同位素测定，我们可以知道，两万八千年前，有人拿了一个火把，贴着岩壁划擦，想要重新燃起火焰。但是，同样是在这洞穴里，我们看到一块祭坛式的岩石，还有它上头小心翼翼放置着的熊头骨；没人能解释清楚它的确切意义。所有线索都指向了某种宗教仪式，但也说不定，那熊头骨只不过是哪个孩子的玩具。而岩壁不同位置上的那些手掌印，很明显能看得出来，那人的小手指有畸形，继而我们可以假定，那都是同一个人的手印。

关于岩洞的情况，之所以能了解到现在这种程度，主要靠的是现代的考古设备。岩洞地面上的每一粒沙子，都经过了激光测量。但即便如此，关于岩洞壁画的问题，仍旧缺少完整、明确的答案。我们只能更多地依靠自己的智慧与遐想。我敬佩在肖维岩洞里工作的那些科学家；他们在宣布各种新发现时小心谨慎，从不把精力浪费在用那些心灵层面、"新纪元运动"来诠释这一切的事情上。同时，我还尤其欣赏像朱利安·摩尼（Julien Monney）这样的人。在影片中，他告诉我们，这些科学家正通过科学的方法，提出对于岩洞的全新认识；但他也不忘补充，他们的主要目的——或者说，至少是他自己的主要目的——是要构想出关于那些岩洞的故事，几千年前在这地方，究竟都发生了些什么。和我一样，他也是既看重实证科学，同时也非常尊重人的想象力。有幸跟他对话，从一开始就让我深深着迷。尤其是因为，他在干考古之前，还在马戏团里演出过，是个多面手。

肖维岩洞里的都不是什么简陋的涂鸦，绝不是那种小小孩刚学会拿笔之后胡乱画出来的东西。距今几万年前出现的，已是具有充分完成度的艺术作品。古希腊、古罗马、文艺复兴和现代艺术，相对于它来说，其实并无质的飞跃。那些岩洞画就是艺术的真正起源，甚至可以说是现代人类灵魂的真正源头。而且，那些画还都表现出了一种奇妙的自信态度。想象一下，在当时的欧洲，绝大多数地方都被冰川与冰块覆盖着，海平面相比现在要低九十多米，但是在法国的一个洞穴岩壁上，却以比喻、象征的手法，呈现出了当时的整个世界。最妙的还是其中某几幅画作，竟有着能穿越时空的文化回响之声，那些人类与生俱来的视觉习惯，也由肖维岩洞，一路延伸至千万年后的今日。岩洞中出现的人类形象只有一处，画的是一头野牛正拥抱着一位裸女的下半身。我们理应自问，为什么毕加索那一组关于半牛半人的弥诺陶洛斯和女人的画作中，也用到了同样的主题——他画这些的时候，并不知道有肖维岩洞的存在。另一个跨越历史长河获得延续的视觉习惯，便是岩壁上画的那些奔牛。在北欧神话里，奥丁骑的那匹名为"斯雷普尼尔"的马，长有八条腿，所以跑起来风驰电掣。注意看肖维岩洞里的那些野牛，同样也是八条腿。

你在片中谈到了岩洞画里的"原电影"元素。

有证据表明，岩洞的地面上，曾经有人生过火，但是这处岩洞，从来就没人在里面居住过。在洞里找到的四千块骨头中，并没有人类的。也就是说，之所以会有人在洞里生火，可能是为了照明，而非烹饪。在岩洞因为那次严重滑坡而彻底封闭了上万年之前，或许也曾有光线能直接照进洞内幽深之处。但是岩壁上的那些画，位置都离洞口有一些距离。这意味着，作画的人一定是预先在地上生起火，然后站在摇曳不定的火光中，创作完成了这些岩壁画。他们会站在火堆之前，欣赏岩壁上的画面；在此过程中，他们自己的影子，也会成为那些画面的一部分。因为火光跃动的关系，画里的动物，看着一定像是都活了起来，蠢蠢欲动。此情此景，让我想到了《摇摆乐时代》(*Swing Time*) 里弗雷德·阿斯泰尔 (Fred Astaire) 和他自己影子一起跳舞的那场戏，而那也是我看过的所有电影里，最喜欢的段落之一。在他身后是一堵白墙，三个巨大的黑影投在墙上，它们淘气地自顾自跳起舞来，不再像是他的投影。弗雷德也只能追着它们跑，最终重新拿回了自己的影子。你不妨想象一下，这段戏是怎么拍的；想明白了这一点，会更觉得它真是了不起。他们一定是先拍了弗雷德跳舞的画面，以此制成影子的画面，将其投射在墙壁上，然后再让他配合影子一起跳，动作和节拍都要配合得天衣无缝。换作现在，这样的戏肯定会用电脑来做了。

让一个巴伐利亚人在肖维岩洞里拍电影，法国人作何感想？

我当初确实也挺吃不准的，怎么才能获准做这件事。毕竟，一旦涉及文化遗产，法国人还是相当有地域概念的。只是在我看来，那岩洞确实属于法国人没错，但同时也属于全人类。我始终有种感觉，就应该由我，而非其他任何人，来拍摄这部电影。结果我很幸运，第一次和法国文化部部长会面谈这件事时，他一上来就坚持要我先听他说。结果他花了十分钟跟我介绍，我的电影对他如何如何影响深远。原来，几十年前，当他还是个年轻记者的时候，甚至还替法国电视台采访过我；当然，我是完全不记得这事了。但是，光他批准还不够，我们还需获得岩洞所在地各级地方政府的许可，同时还需得到相关的法国科学委员会的批准。我相信，最终我能获得所有这些人的认可，可能还是因为他们看到了我胸中熊熊燃烧的那一团火。

许可证一到手，我就向他们提出要求，能否在正式开拍前就让我先进去看看。一些技术上的问题，我需要在现场解决。结果，距离开拍还剩两个月时，我获准走进肖维岩洞，在那里待了一个小时。我想到了童话故事里赤贫的小女孩，繁星满天的凄冷夜晚，她独自徘徊在街头，忽然，天上下起一阵金币雨，小女孩赶紧扯起围裙；获准拍摄《忘梦洞》的那一刻，我感觉自己就像是那个小女孩。在肖维岩洞的历史上，我很可能是第一个获准进入的非科学家。我是作为诗人进去的，我希望能调动起观众的想象。倘若这部影片从头至尾只有各种科学事实，我相信观众看过之后马上就会把它遗忘。而我的想法从一开始就很明确，我自己要靠边站，让艺术本身来说话。在我拍过的所有电影里，或许就数这部《忘梦洞》，最接近大家口中通常意义上所说的那种纪录片。我觉得自己有责任尽可能清晰地将三万两千年前那些人留下的作品，给记录下来。

你这片子是用 3D 拍摄的。

当初看到岩洞的照片，我感觉洞壁是平的，顶多就是稍稍有些小起伏。幸好正式拍摄前我能获准入洞，这才发现，洞壁上其实有着许多剧烈的凹陷，而那些古代艺术家作画时，巧妙地因地制宜，将那些凹凸融在了画作之中，相当具有表现力——举个例子，洞壁上一块凸起的岩石，被画成了野牛的脖子。所以我立即就想明白了，这片子必须拍成3D才行。而且我很清楚，在我们之前没有，之后也不会再有别的摄制组能获准进去拍电影了。于是，这更坚定了我拍3D的决心。本身我对3D电影谈不上有什么兴趣，在此之前从没拍过3D，今后也不打算再用。但是在这岩洞中，就必须要用3D来拍，这已经不光是出于合理性的考虑了，更是我势在必行、责无旁贷的选择。"这次进行3D拍摄，一定不能表现得太刻意，"我对彼得·蔡特林格说，"不能让观众觉得，我们是有意要他们注意3D的特殊拍摄范围。"因为3D画面的关系，那些画作效果凸显，呼之欲出。影片结束时，观众之间所谈论的，不会是自己才刚看了一部电影。相反，他们说的都是，跟着镜头，刚才他们是真的进了那个岩洞。

要知道，当初肖维岩洞刚被发现时，法国政府第一时间便认识到了这颗时间胶囊的重要意义，于是尽其所能，对它做了全面保护。目前阶段，除少数科学家之外，它不对任何人开放；而且即便是那些获准进入的科学家，具体操作时也格外小心谨慎。法国政府采取的所有这些保护措施，绝非一时心血来潮。多尔多涅省的拉斯科岩洞和西班牙的阿尔塔米拉岩洞，都因为游客呼气制造出的霉菌，蒙受了不可逆转的破坏。批给我们的拍摄时间，一共只有六天，每天只允许进去拍四小时，一次只能进去三个人。所以对我们来说，那真是分秒必争。只要进到里面，不管发生什么事，都得坚持拍。带进去的设备也有规定，只能靠自己硬拿，不可借助别的工具。那也就是说，分量重的机器，全都没法使用。还有灯具，也只能带不会散发热量的照明设备进去。洞里铺了一条六十厘米宽的金属步道，我们必须始终都站在那上面，脚不能沾地。所以拍摄某些画面时，我得抓紧了彼得的皮带，好让他尽可能地前倾身子，再将摄影机整个探出去，拍摄那些黑暗的角落。岩洞里一直都有毒气积聚——既有二氧化碳也有氡气——而且浓度不低。所以我们每次进去，都会有一位工作人员陪同进入，随时测量空气成分。这些都还不算，我们还得想法子应付3D摄影机，它不光是体积大，而且操作起来很碍事，上面满是各种对精度要求极高的机械装置，拍摄不同的镜头时——例如特写画面——还需专门重新装配一遍。我们别无选择，只能就着昏暗的光线，在这狭窄的金属步道上，完全靠自己——外面的人没法给我们任何技术支持，因为每次我们一进洞，身后的大门就关上了，只有这样才能维持洞内的空气状态不变——把它重新拼装好。在那里面，甚至连打喷嚏都是被禁止的。有一次，才刚进洞，我们的数字式记录器就停止了工作。于是我们只能从别的地方拆东墙补西墙，花了十五分钟，当场给它做了块电池。

进过洞的科学家里，有人告诉我说，在洞里听到心跳声时，实在是不敢确定，那是否来自他们本人。另一些时候，感觉就像是有一双双眼睛正看着自己，就像是在那些最黑暗的幽深之处，正有人在观察着他们。有人问过我，进入肖维岩洞，是不是感觉像是一次宗教体验。答案是否。干正事都还来不及呢。但有过那么一次，其他人已经都出去了，我独自在那黑暗中站了几秒钟。那种感觉，真是妙不可言。

谈谈那些鳄鱼吧。

影片结尾处的补白里，我解释了自己是偶然发现那些变种白化鳄鱼的。我用旁白的方式告诉大家，它们生活在距离肖维岩洞几千米之外的一些大型温室中。那是一片巨大的模仿热带环境的生物圈，热量取自附近一家核电厂的冷却水，那是全法国规模最大的核电厂之一。我并没有明说，它们之所以发生了变异，是因为核辐射的关系；但我相信，观众自己能得出结论。我想要大胆揣测一下，假使这些动物能逃出温室，进到肖维岩洞里头，看到周围的一切，看到墙上的绘画，它们又会作何感想。鳄鱼和影片剩余部分其实毫无关系，但这段尾声放在这里，也并非毫无来由的凭空创造。我想要表达的还是一个关于认知的问题，我们的子子孙孙，未来会如何看待我们现在的文明。因为，对比在岩洞里创作了那些绘画的人，我们显然已经有了不同的文化背景。让我好奇的是，时隔三万多年之后，我们现在会如何认知这些绘画；然后，再往后一百代人，他们到时候又会怎么看。说不定，到时候我们就成了他们眼中的白化鳄鱼。那些动物出现在影片之中，我觉得真是恰到好处，但如果我要向一家好莱坞公司建议，在一部关于旧石器时代岩洞壁画的电影里，加入一些白化鳄鱼的画面，他们肯定会让保安把我轰走的。我当时的想法很简单，就是想要拍些鳄鱼，但事后证明，我还是弄错了。几个月后才有人告诉我，那些根本就不是鳄鱼。它们其实是短吻鳄。

你拿了一些关于西伯利亚猎人的现成素材，经过重新剪辑，放在了《快乐的人：在北方针叶林的一年》(*Happy People: A Year in the Taiga*) 里。

某天我正开车行驶在洛杉矶，忽然意识到有位朋友就住在附近。通常，他家附近根本就没空余的停车位，但那天正巧有个空位，于是我就停好车，登门造访。进屋的时候，他关上了刚才还在看的电视机。但就在那一瞬间，我还是注意到了，巨大的等离子屏幕上，那些画面挺有意思的。聊过之后才知道，那是由俄罗斯年轻导演德米特里·瓦修科夫（Dmitry Vasyukov）拍摄的一套电影，它由四部分组成，各长一小时。影片说的是西伯利亚北方针叶林里的猎户。他用了一整年拍摄这套作品，四段影片各自代表一个季节。那些画面拍得相当不俗，将那些猎人拍出了一种近乎史前人类的感觉。可惜，整套影片加在一起，长度过长，配乐也做得很糟糕。于是我也就是顺口一说，建议这电影要重新剪个海外发行版，配乐重新做，再加个旁白，片长也要控制在九十分钟内。知道这件事后，德米特里乐坏了。最终，我用了几周时间，重新剪辑了影片，编撰并录制了旁白部分，还找来克劳斯·巴代特（Klaus Badelt）重新做了配乐。因为这片子并不是我拍摄的，太多的东西我也说不出来，我只知道，我热爱这些俄罗斯人还有他们的狗，我热爱他们在这前不着村、后不着店的地方，就靠着这几间小木屋和脚下这片土地生存下来的方式。他们是真正意义上自由、快乐的人，不受制于规矩、税收、政府、法律、官僚、电话和广播。不管是制作一整套滑雪板，还是拿一整棵树挖成独木舟，他们依靠的只是自己专业的生存技能，还有他们自己的一套价值观、行为标准和行事规矩。他们尊重自然，鄙视那些侵入他们领地、滥捕滥渔的商业化猎人。片中拍到的那些猎户里，有一位后来托人给我传来消息，说他很担心观众看过影片之后，会觉得他们这些人生活得很可怜。但我觉得，他们显然都是些很有自豪感的人，我对他们只有尊敬和羡慕。那也是我的理想，能在西伯利亚的孤独地带，能在这片面积相当于美国一点五倍的土地上，过上个一年。

然后你又在为《忘梦洞》录制配乐的过程中，拍摄了短片《人类黎明颂》（*Ode to the Dawn of Man*）。

当时我在距离阿姆斯特丹数千米的哈勒姆（Haarlem），恩斯特·雷塞格和荷兰国立合唱团正在一座十七世纪的路德宗教堂里，为《忘梦洞》录制配乐。忽然，我意识到，这个录制过程，本身就也得拍下来。我本打算自己出去买台摄影机，但有人递给我一台功能相当简单的单芯片机器，于是我就用它拍了起来。整个短片没有什么叙事，也没有评论部分；只有音乐，再加上恩斯特讲述他新制的那把大提琴的部分。后来，我又从《人类黎明颂》里拿了一个恩斯特的七分钟长镜头出来，用在我那个名为《灵魂传闻》(*Hearsay of the Soul*) 的十四分钟长度的多屏幕装置作品中。《灵魂传闻》第一次与观众见面，是在二〇一二年的纽约惠特尼博物馆双年展上，作品中还用到了赫丘里斯·塞吉斯的画作。参加现代艺术展，我原本还有些犹豫，但慢慢地，发现自己有些东西，光靠平时那些常规作业，单靠电影或是文字，仍没法获得传达。

电影《凝视深渊》和八集系列作品《死囚》(*On Death Row*) 拍的都是被判死刑的男女囚犯。怎么会想到要拍这个的？

《凝视深渊》这个片名，用在我另外一些电影上，也都很合适。沃尔特·斯泰纳，菲妮·斯特劳宾格、莱因霍尔德·麦斯纳、蒂莫西·特雷德韦尔还有那些死刑犯，从某种角度来说，他们都是一家人。他们理应是同类。不管到了哪里，我所凝视的，似乎都是一个令人眩晕的黑暗深渊；区别只在于，有时候，那个深渊是人的境况，另一些时候，就像是《忘梦洞》那样，深渊是人类的史前时代。通过凝视深渊，我尝试着在某些短暂的闪光瞬间，为观众提供一些启示，好让我们在自己究竟是谁这件事情上，获得某种认识。在《死囚》里，当詹姆斯·巴恩斯告诉我们，他会梦见自己拼命想把自己身上的脏东西洗干净，白天则多数时间都在祈愿能得到那些他没法拥有的东西时——例如三伏天里能去海里游泳，或是能感受到雨滴打在脸上是什么滋味——我们从中了解到的，不光是他一个人，也是所有人类身上所共有的某些东西。还有汉克·斯金纳（Hank Skinner），他说洗衣机能让他进入忘我的状态，因为过去的十七年来，他都是在水槽里洗衣服的，这让他两只手的小手指，全都永久性地扭曲变形了；还有布莱恩·米兰（Blaine Milam），他自己在牢房里发酵梅子，以为那样就能做出葡萄酒来，结果却被狱卒发现了。看他们描述这些经历，作为观众的我们，也对自身有了一些新的认识。

在《凝视深渊》中，你详细描述了他们犯下的一些罪行。为什么会对此特别有兴趣？

杀人犯杰森·伯凯特（Jason Burkett）样子可能看着有些吓人，但面对他的时候，我从没感到害怕过。不过，拍摄《凝视深渊》的过程中，我确实碰上过危险的境遇，遇到过危险的人物。伯凯特的同案犯，迈克尔·佩里（Michael Perry），虽说他外表看着像是一个和气、友善的年轻人，甚至会让人想到迷途的小孩，但我的本能告诉我，所有这些人里，最心狠手辣的就数他了。暗夜陋巷，狭路相逢，我最不希望遇上的，就是他这种人。当初，佩里和伯凯特去一位朋友的母亲家找他，原本只想偷了她的汽车就溜之大吉。门敲开之后，才发现她是孤身一人，正忙着烘饼干。佩里下意识地认定，直接杀了她，再把车开走，那样更加省事。杀人之后，他们把尸体扔在了池塘里，随后才意识到，这是个私宅小区，他们没有大门口的钥匙，车子根本开不出去。于是两人只好等她儿子回来，再将他和他友人骗到附近的小树林里，要了两人的性命，然后再拿上小区的电子门禁，驾车逃走。只是，千辛万苦弄来的车，他们也只开了七十二小时。他俩最终都被判了死刑，但这已无关宏旨了，因为即便是侥幸被判无期徒刑，他俩犯下的罪行，照样会让我产生莫大的兴趣。

《凝视深渊》讲的这些故事，非常耐人寻味，我觉得一小时长度的电视节目装不下它，得拍成长片才行。这三起凶杀案，暴露出行凶者内心彻底的虚无主义，造成的后果，带给别人的空白和伤痛，都足以叫世人大为震惊，也引起了我的强烈兴趣。银行抢劫犯为求财杀死柜员，这样的事，尚在我们认知范围之内，但《凝视深渊》里的这些案子，就让人觉得匪夷所思了。而且在我看来，通过这些案子，还能引出一整部史诗性的电影来。这一群人——包括施害者与受害者——的故事，触及我们内心深处某些最幽暗、隐秘的地方。那就像是一场地震，杀人只是震中，由此还会引出多次余震，给这一群体中许多人带来严重的伤害。相比《凝视深渊》，《死囚》这套节目有所不同；前者关注的是一宗复杂的罪行，牵涉两名犯罪者、三位受害者和四处犯罪现场，而后者聚焦的是一个个犯罪者个体。拍《凝视深渊》的时候，我的兴趣渐渐还拓展到了牧师、处决时负责捆绑犯人的行刑队的队长，以及受害者的家人。我很快便意识到，可以围绕着这些毫无道理的谋杀行径，编织出一整幅全景来。犯罪者和幸存者，他们究竟都是什么样的人？受害者呢，他们又都是谁？警方和律师，各自有什么样的反应？杀人现场是什么样子的？他们的家人又有何反应？随着我的调查开始，原本处于故事外围的各色人等，纷纷走向台前。我们可以清晰地看出，这是一个大型的美国哥特故事。

《死囚》拍到的那八名罪犯，是怎么筛选出来的？

这八集的每一集，都涉及一个遴选的过程，和我拍摄剧情片时挑选演员的过程，没什么本质上的区别。德州司法部的官网上，每个死刑犯的基本信息都有，包括他们所犯的罪行，也都有概述。我从中选出自己最感兴趣的一些人。首先，类似抢银行这种，还有其他那些相对来说比较容易理解的犯罪类型，我都不会考虑。我要找的是一组案件，而不希望是，打个比方，八个人里有四个是强奸犯。最终，这八桩罪行性质各有不同，包括一个杀了小孩的人、一个杀妻犯、一个绑架犯，还有一个因为心情不爽就随机夺走两条人命的杀人犯。《死囚》第一季里，还有一名犯人是女性。

不可避免的，这八个人又会牵出更多的人，从家庭成员到执法部门的代表，还有法医和律师等。在我决定每集故事究竟要拍哪些相关人士的过程中，某些问题也会浮出水面。检方陈述案情时，能有多少说服力？犯罪者的母亲说起话来有没有条理？结果，受害者和犯罪者的家人，往往都拒绝受访；偶尔还会发生另一种情况，明明是我想要拍摄的对象，但拍出来感觉又不够有表现力。比如《凝视深渊》里，我原本还找了佩里的一位前女友，拍摄了我和她的谈话，结果还是没用在影片中，因为她谈的那些内容相当无聊；整个作品，我们拍到的其他人，全都出现在了影片中，仅她一人例外。拍《死囚》的时候，每一位我要拍摄的犯罪者，我都联系到了他们的辩护律师。其中有一位要求我别和他客户见面，因为他担心那会影响到下一次听证会的结果。"他这人爱说蠢话，"那位律师对我说，"拍这片子，对他来说有百弊而无一利。"于是我立即取消了那次拍摄——原本说好第二天就要见面了。同样重要的还有警方手里的视频和录音，能不能把它们用在电影里，有时候要看正在进行中的上诉程序对此有没有规定。即便允许我使用，那些材料本身是不是适合拿出来公之于众，也是个问题。《死囚》第二季里，拍到布莱恩·米兰的时候，我完全不想看到那个被他残酷折磨并杀害的小孩子的照片,但没想到,照片还是意外地投影在了我面前的墙壁上。那一刻,我的反应就和当初在法医办公室里看到特雷德韦尔和休格纳德的遗骸照片时一样。哪怕是我最大的敌人,我都不希望他们会看到那样的一幕。

类似这种访谈,拍摄的时候有什么特别的技巧吗?

这不是访谈,这是对话。面对这种情景,你必须要抱一种开放的态度,谁都不知道究竟会发生些什么事,所以你得随机应对。我不会像记者那样,带着一组准备好的问题过去。我跟他们对话的目的,也从来不是为了公开谴责任何人;我想要拍出他们的最好状态来。当然,如果对话的另一方明显是在撒谎,那不妨再给他一些温柔的鼓励,鼓励他撒谎撒得再离谱一些、疯狂一些。那样,更便于观众一眼就看出他言语中的虚假来。

拍摄这类对话时,最重要的是注意力要始终高度集中。不管对方说的是什么,都要学会仔细倾听,然后还要琢磨一下你说话时的语气,它会直接影响到对方给出的回答。语气柔和地提问,常会让对方在做回答时,也给出与你相同的抑扬顿挫与着重表示。还有一点很关键,遇到鸦雀无声的时候,你得学会耐住性子;对方一语不发,那是正在扪心自问呢,你也得有多久忍多久。对话的发展方向,其实全在我的掌控之中。我会轻轻推动话头,一直推到某些关键的地方,然后我会停下来,面对自己邀请过来的拍摄对象,我会忽然一言不发,这一点需要勇气。但是,对话过程中,类似这样鸦雀无声的时刻,肯定会存在,你必须学会如何面对。你坐在摄影机的背后,继续与对方四目相交。通过这样的凝视,我其实是给了他们一些鼓动。你不说话我也不开口,那绝不是为了斗气。我看似一言不发,但通过肢体语言,通过我目光中的关切——甚至是我怎么坐，头抬多高——传达出了我的同理心和对他们的理解。这种持续一言不发的情景，常会有无声胜有声的效果，相比言语本身，更有分量和情感，更让人觉得恐惧。在我的电影里，类似这种寂静时刻，我差不多都会能保留多久就保留多久，只要控制在观众尚能泰然处之的程度内即可。

布莱恩·米兰杀害那名小女孩时，像是在执行某种疯狂的驱魔仪式。女孩的身体受到严重破坏，完全超乎常人想象，甚至连片中那位有着三十五年执法经验的老资格刑警，都完全无法用语言来描述整个案情。和他一起出现场的五位同事，入行的年头，加在一起已超过一百年，但谁都没见过像这样的情景。镜头拍到那位刑警讲述案情时，他一下子说不出话来了，仿佛像是失去了语言能力。镜头就那么对着他，静止不动，时间缓缓流逝，感觉无比漫长。那段时间里，画面就像是定格了，但过了一会儿，我们看到他有根手指颤了一下。

《凝视深渊》的拍摄，因为监狱方面的各种限制，并非一气呵成，历经数月告完成。相对来说，剪辑过程倒是没花多少时间。部分原因在于，将近两小时的成片，我当初拍摄的素材，总共也才不到十小时长度。我觉得那就够了，即便再多给我些时间，我也不会去积累更多素材了。和剪辑乔·比尼一起处理所有这些内容的工作，那真是超级紧张，远胜过拍摄本身。因为跟他们面对面坐着的那五十分钟里，我根本无暇深思他们所说的话。不管他们说的是什么，基本上都不会在第一时间里就触动我的心灵；因为我整个人完全都沉浸在对话之中了。只有等到剪辑的时候，等我能坐定下来，看看停停，倒回去再看过，只有到了这个时候，才会被那些话语击中，才会慢慢消化吸收他们所说的东西。我俩当时的感觉，那就像是出了一次车祸，被大卡车碾上了。对我来说，这次经历很重要，它让我意识到，我在拍摄一件事的时候，并不一定非得当场就充分认识到它的意义和影响力。遇到类似这样的情况，我完全有理由后知后觉。原本，乔·比尼和我都早就戒烟了，但剪这片子的过程中，每隔几小时我们都得休息一下，跑到一个亮堂的地方，拼命抽几口烟。以往剪片子，我们一天能干八九小时，但做《凝视深渊》的时候，顶多只能撑五个钟头。这样的事对我来说也是破天荒头一遭。而且那种感觉，从剪辑室里出来之后，还会一路跟着你，一直跟到家里。所以那些个晚上，我一直在看弗雷德·阿斯泰尔的电影。

进到那些监狱里面拍摄，那是什么感觉？

整个得克萨斯州，当时有大概三百来个等待处决的死刑犯。但在这件事情上，相关方面都对媒体格外友好，因为那些政客非常确信，死刑才是正道。尽管如此，典狱长才是说了算的那个人，他可以拒绝我们进去拍摄，而且不需要给出任何解释。拍摄之前监狱方面就对我们约法三章，要求相当严格。这包括针对拍摄设备的安全检查，工作人员数目不能超过二到三人，而且必须隔着五厘米厚的防弹玻璃拍摄。还算好，狱警特意为我们在囚犯身上装了小麦克风，不然的话，我们就要通过电话的听筒来收音了。原本我被告知，规定的五十分钟拍摄时间一到，狱警就会拔掉我们的电源，多一秒钟都不可能。但绝大多数情况下，他们并没有那么做，还是多给了我们几分钟。每次，距离约定的结束时间还剩下一百二十秒时，我都会感觉到有一只手搭在了我肩膀上。那是一次预警，不用开口，就能通知我们，时间快到了。

跟那些囚犯打交道，拍摄强度之大，绝不亚于我整个电影生涯中所经历过的最大挑战。我事先已经做过功课，每个人的档案都仔细看过——有些情况下，那意味着数百页的警方记录、证人口供、现场照片和庭审记录——对他们所犯的罪行，已相当熟悉；但是在此之前，我并没见过罪犯本人。

影片中你所看到的那些，就是我第一次见到他们的情景。每一次对话，都是一段未知的旅程。当他们在镜头前坐下，我也必须马上进入状态，立即开始接触对方。每次拍摄的时间就这么一点，我必须马上找到合适的语气；我得开口讲话。整个拍摄过程中，只有一人是个例外。杰森·伯凯特怀有身孕的妻子梅丽莎·伯凯特（Melyssa Burkett），对于我们的拍摄她有所保留，所以我提前去见了她。在狱中拍摄时，我始终身着正装；人之将死，还是需要给予他们一定的尊重。对于这些死囚来说，不光是平时的生活完全按照各种规章制度来进行，而且他们明确地知道自己将在什么时间、什么地点死去。晚上准六点，会有人带他们去行刑室，把他们绑好。六点零三分，他们会被注射一针致命毒剂。不到十分钟之后，他们就会被宣布死亡。就是这样一个再过八天就会被国家处死的人，对他来说，你想要问他的那些问题，绝大部分都已毫无意义。

展开这些对话的时候，平衡感和语气是两大关键。我用的是一种颇为冒险的方式，一上来就开门见山，说得很直接。如果运气不好的话，有可能对话还没展开，便已宣告结束了。对于死囚来说，假模假式的人，他隔着几百米就能一眼识破。所以，和迈克尔·佩里会面的时候，我一上来便盯着他的眼睛，对他说："命运对你不算眷顾，但这不是你为自己开脱的理由，也不表示我就必须要善待你。"这话显然让他有些猝不及防，但到了最后，他反而很喜欢我的直言不讳。事实上，《凝视深渊》和《死囚》里拍到的每一名犯人，似乎都还挺喜欢我的，全都给我写了信，说很乐意再和我见面。我一开始就给他们写过信，解释过拍摄目的，所以他们事先就都知道，我的电影对于他们自证清白，完全不会有任何帮助。也就是说，相比艾罗尔·莫里斯的《细细的蓝线》，我这两部作品从根上来说，态度就有所不同；他是为了要帮主人公恢复清白，才拍的那部片。但另一方面，我也不是要通过这些作品，去重申他们的罪恶。佩里坚持认为，他与杀人案并无关系，凶手另有其人，他只是不走运，跟真凶牵扯在了一起。那些能证明他就是两名凶手之一，就是他射杀了那位母亲的确切证据，我故意一条都没放在电影里。佩里的女友亲眼见到他把那两个男孩子骗到小森林里杀死了，她还出庭做了证人，因此被免予起诉；但这些，我也故意完全没在片中提及。我甚至还给了佩里一个面对镜头扯谎的机会，由着他坚称自己并未杀人。他似乎也很相信自己所说的这些。这或许是因为，过去的十年里，他一直在给自己灌输这番说辞。他似乎已经脱离了现实。重申自己的清白，成了他人生的一个信条。《死囚》里有些人，面对镜头时，欣然承认了自己所犯的罪行，甚至于，詹姆斯·巴恩斯还多坦白出来两桩杀人案，而我也马上就把这份录影证据，备份后交给了相关法律部门。

整个拍摄过程中，我既没有任何新闻报道式的虚假热情，也没有装出来的伤感之情或是怜悯同情。更没有社会活动家的那种热心。在我这边，表现出来的首先是一种理解，理解他们和我一样，也都是人。其次，那是一种真正的并肩作战的感觉，关注他们的上诉，希望经由司法途径，延迟死刑执行时间或是改判无期徒刑。这些人犯下的罪行，禽兽不如，但我之所以拍摄这些作品，并不是想要审判他们，也不是要拍出他们身上人性的一面。因为，他们本就是人，不管发生了什么，都不会改变这一点。

但对于死刑，你显然有自己的想法。

德州大多数人都支持死刑，立法层面也反映出了这一点。但这不代表我就得赞同这种做法。我在这个问题上的态度是很明确，很公开的。我特别不同意那种观点，就是我在德州乡下遇到的那人所说的，"还费劲审判他们干啥？直接吊死得了。"绝不应该允许国家有权杀死任何人，任何条件下都不行。在最坏的情况下，不允许假释的终身无期徒刑，那也要比死刑好。哪怕是我自己的孩子被人杀害了，我也不会要求判罪犯死刑。正义是一头奇怪的野兽，它试图化解人类彼此交流之中产生的痛苦、苦难和各种复杂问题。在这方面，法律程序是人类文明最宝贵的成就之一。死刑出自古老的报复理念，在地球上几乎每一种文明的历史中都存在过。就此而言，美国也非例外。目前，世界上人口最稠密的几个国家，都还保留着死刑：中国、印度、巴基斯坦、日本、印度尼西亚、埃及。只有俄罗斯例外，不久之前已废除了死刑。数据已充分说明，死刑从来就不能阻止任何人犯下罪行；想要靠这工具来压制人类生活中的混乱状态，其效甚微。但是，死刑未来如何发展，只能看社会上总体认识如何变化，光靠电影是不足以改变这件事的。

至于我自己在这问题上的坚定信念，我也不想从理性层面再说什么，我只希望大家别忘了这样一桩旧事，纳粹德国的野蛮历史。第三帝国时期，系统性的安乐死工程，史无前例的种族灭绝，用工业化的手段，外加数以千计的死刑判决，消灭了六百万犹太人。只不过是说了个关于希特勒的笑话，就有可能被判死刑。在我看来，因为曾有被冤枉了的死刑犯遭到处决，所以才提出要求废除死刑，这种观点都已经是退而求其次了。当然，作为德国人，怎么都轮不到我来告诉美国人刑事司法制度要怎么弄；我一没投票权,二只是这里的过客。但正如我在《凝视深渊》里所说的,如果要让我这个外国人来评论美国在这件事情上的做法,我的态度就是:恕难苟同。人类公开执行死刑的历史,已有数千年,但我绝对不会去这种场合。假设,你说要给我一百万美元,让我在处决死囚的现场拍摄,我会把那一百万扔还给你。《凝视深渊》里的牧师建议我去看一次死刑执行过程,还说希望他们处决时一切顺利。这话说的,真是让我不寒而栗。对于美国的基督徒——尤其是信奉原教旨主义的那些,我们完全有理由问这样一个问题:被公开处决、钉死在十字架上的耶稣本人,如果要让他来说,他会不会提倡死刑制度?母亲和兄弟双双被害的丽莎·斯托特勒-巴劳恩(Lisa Stotler-Balloun)在《凝视深渊》里说了一些很有分量的话。对此,我无法否认,因为我没有遇到过她所经历的事。她说的是,目睹迈克尔·佩里被处决死刑,她觉得自己肩膀上的一副重担,终于卸了下来。我问她,倘若佩里被判无期徒刑,而且永远不得假释,她会不会觉得满意。她回答说,那应该会是一个可以接受的选项,但又补充说,有些人就是不配活着。我欣赏她的坦诚。

就在《死囚》第一季开播的前几天,拍摄对象之一的乔治·里瓦斯(George Rivas)被执行了死刑。他在被判极刑之前已受过一次审判,被判了十八次无期徒刑,罪名是抢劫了多家商店,关押了商店里的雇员。里瓦斯是个绅士型的劫匪,他会打扮成安保人员的样子,大摇大摆走进店堂,将所有人叫到一起,解释说他是总公司派来的。店员到齐之后,里瓦斯就拔出枪来,郑重其事地表示歉意,说自己只为求财,然后将所有人都关押在店面后边的库房里。某次,有位店员说自己反正也过得不怎么如意,索性只求一死,反倒是里瓦斯费了一番口舌,劝他别做傻事。最终,每关押一名店员，就是一个无期，所以他一共有了十八个无期徒刑要服。既然根本无望恢复自由，他索性想了个天衣无缝的妙计，自己从监狱里逃了出去。他，再加上另外六名囚犯，成功制服了十三名狱警和监狱维修工人，利用他们的制服和身份证明，从那个戒备森严的地方逃了出去。几周之后，正逢平安夜，他们这伙人打劫了一家体育用品商店，抢了钱和武器，里瓦斯还打死了一名警察。再次被捕之后，他因这桩谋杀案被判死刑，再加上之前越狱时关押的狱警和工人，又是有多少算多少，再叠加上之前的判决，除死刑之外，里瓦斯共被判了三十一个无期徒刑。这还不算，他因盗用监狱维修工人的皮卡车，还被法庭追加了九十九年的有期徒刑——尽管那辆车，他才盗用了半小时都不到。谋杀警职人员的做法，要多恶劣就有多恶劣，不管到什么时候，我都不会谅解。但是，对于里瓦斯的判决，实在是有些大而无当了，有违我对正义的理解。里瓦斯也在影片中说到过，被那些人称作死刑的东西，在他口中，叫作自由。

《凝视深渊》的完整片名，是《凝视深渊：关于死的故事，关于生的故事》（*Into the Abyss: A Tale of Death, A Tale of Life*）。

在我们拍到的那些素材里，那些死囚一次又一次地表达着想要活下去的迫切心情。我原本也没想到，《凝视深渊》竟会是一部具有积极人生观的作品。不知怎么的，拍摄过程中我并未意识到这一点，直到剪辑的时候，它才自己表露了出来。

距离汉克·斯金纳的死刑执行还剩二十三分钟时，他被改判了缓刑。之前，他的临终圣礼都已经行过，最后一餐也已吃完。死囚被关在得克萨斯利文斯顿的波兰斯基监狱（Polunsky Unit），但那儿没有行刑室，所以犯人要送到七十千米之外的亨茨维尔监狱（Huntsville Unit）处决。斯金纳已经有十七年没见过监狱外的世界了，忽然之间，他被上了手铐脚镣，装进囚车里，被一群全副武装的警卫包围着。他被告知，"要是有人打算救你，我们会奉命行事，当场将你击毙。"一路上，他透过车窗，看到了外面的世界。"那真是壮观，真是辉煌。"事后他告诉我说，"窗外的世界，看着就像是圣地。"他的话让我心生好奇，于是我也去把那段路走了一遍。就在那片荒凉、单调的德州土地上，忽然之间，我看到了各种壮丽、喜悦和美丽的东西。那是属于我们这个世界的荣耀，每一个转角，都有着令人惊叹的发现，不管是被废弃的加油站，还是挂着"鱼饵专卖快乐小店"的破烂小木屋。那确实是一片圣地。

丽莎·斯托特勒-巴劳恩谈到了她时日无多的父亲，还有她的两个叔叔，一个是上吊死的，另一个因为生癌开枪自尽了；再加上她母亲和兄弟又都死于非命。但即便如此，我们仍明显感觉到了她对于生命的感恩态度。还有，明明丈夫被关在戒备森严的监狱里，做妻子的怎么可能会怀上身孕？伯凯特的妻子是位律师助理，负责他这个案件的时候，坠入了爱河，这不禁让我想到各种关于爱情与宿命的话题。两人是在电话里完成结婚程序的，中间隔着厚厚的防弹玻璃，婚后，她才可以跟他同坐一张桌边，但全程也都有狱警监督。按理说，只允许他俩有手部接触，那她又是怎么会怀孕的呢？显然，肯定是有违禁品被带进了监狱，但是不是也有违禁品被带出了监狱呢？我们和她见面之后没过多久，她生下了一个健康的男婴。

全片最重要的一幕，或许出现在影片临近结尾时。弗雷德·艾伦（Fred Allen）是执行死刑时负责捆绑犯人的那些狱警的领队，他已参与过一百二十五次处决死囚的行动，但某次执行之前，毫无来由地整个人剧烈颤抖起来，泪水喷涌。长期以来，他一直是死刑制度的坚决拥护者。作为那些人弥留之际的最后见证者，相比其他人，他对这个死亡过程，肯定有更深刻的见解——尽管这过程中的细节，他也无法完全解释得清。真的就是在一夜之间，这个铮铮铁汉放弃了自己的职业，哪怕因此失去养老金也在所不惜。他在片中说到了"过好你的破折号"，那是你墓碑上的破折号，从你出生那一刻到你死亡之时，这破折号代表了中间的所有一切。在我看来，他就代表着美国这片土地上最伟大的东西。他的故事有力地反驳了死刑制度。看看他的为人正直和他的特殊经历，他就是这个国家的财富，绝对值得信赖。他说他静静地坐在那里，看着周围的大自然。"我有大把时间去看那些鸭子和小鸟，"他说，"我看着那些蜂鸟。这里为什么会有那么多蜂鸟？"不管是我哪部电影，让我自己去想，根本就不可能想出那么好的结局来。他那句话一说出口，我差点当场晕过去。我第一时间就告诉他，这部影片的结尾，就是他了。真是上天眷顾，让弗雷德想到要问出这么一个气氛神秘、意义深邃的问题来。能赶上这么一个影片结尾，夫复何求？

《凝视深渊》或许也可以是一个关于上帝的故事，片中出现的几乎每一个人，都在向他祈愿。但真正的问题在于：无辜受害者该得到保护的时候，他怎么都不在呢？本笃十六世二〇〇六年去奥斯威辛的时候，也问过这样的问题。"上帝当时在哪里？他那时候为什么沉默不语？"

你的第一个电影项目，拍的是监狱里的人，而你最近期的一部电影，也是拍这题目。

二十世纪六十年代初的联邦德国，围绕刑罚制度产生了很多讨论，当时的观点是，惩罚本身不是目的，重心应偏向帮助犯人回归正常状态，重新回归社会。这只是一个不切实际的梦想，但我时至今日依然认为，这种尝试，非常值得。而这也是我某个早期项目的拍摄主题——那甚至要早于一九六二年的《大力士》。这项目最终没拍成，想想也真是万幸。那一年我才十七岁，特意去了一次施特劳宾监狱，也会见了一些被判无期徒刑的囚犯。最终，我放弃了这个项目。它的出发点其实很不错，但不够成熟。所以，它没能拍成，我反而觉得很高兴。倒是那位监狱长，那段时间里我还一直保持有联系。显然，我对于这种高度戒备的地方——它们关押的都是犯人之中最暴力的那些，人类文明的所有踪迹，在这些地方，似乎都变得荡然无存——始终有着强烈的兴趣；这一点，至今都未改变。

《凝视深渊》指出了今日社会中，家庭凝聚力的缺失与崩坏。由此可见，该片的基本主题，已经超越了刑事案件本身。杰森·伯凯特的父亲德尔波特，自己也在监狱里，而且估计也很难活着从那里走出来了。另外，他也知道了儿子会步他后尘。他的发言很有力量，他谈到了我们应该如何抚养孩子长大，谈到了那些他没法参与的棒球比赛和生日会，谈到了他本该鼓励自己的几个孩子念完高中——儿童的健康成长，离不开上述这些——还谈到了自己犯过的错。审判杰森的时候，德尔波特也出庭作证了，他为儿子辩护，说他这四个孩子生来就很不幸，有他这样的父亲，只能由母亲一人独力带大，所以要怪不能怪杰森，全都是他这当父亲的错。他甚至表示，如果可以的话，杰森的刑期，他愿意由他来承担。还有迈克尔·佩里，听他谈到自己生命中那些更美好的时光时——十三岁那年在佛罗里达大沼泽地里的泛舟之旅，看到好多短吻鳄和猴子——你会发现，他似乎已全然忘却了，他如今的身份是个死囚。会谈快结束时他对我说："有十年了，从没觉得像这么自由过。刚才我们说话的那段时间里，我都忘了自己是被关在监狱里了。"他跟我说到了以前有过的快乐时光，说到了自己究竟错在了哪里，原本他也有机会过上好日子。距离我和他见面十三天之前，他父亲去世了。见面后又过了八天，他也被处决了。我还想再多了解一下他的家庭和他的成长过程。但他母亲拒绝出现在镜头前。

德尔波特·伯凯特是一个真正的悲剧人物，通过他的出场，我或许是在提醒观众，也请审视一下你们自己，思考一下你们的人生过得如何。多年以来，我一向很看不起影视作品中常见的那种"家庭价值观念"。原因非常简单，在好莱坞式的合家欢结局中，这种一成不变、令人厌恶的价值观，总能大获全胜。在我看来，那实在是太小资产阶级了。但时至今日，作为父亲，我自己的三个孩子也都长大成人，有了自己的生活，自从跟德尔波特聊过之后，我再看这些事情，也有了新的想法。但我觉得之所以会有这种变化，并不一定是因为年龄上去了的关系，更多的还是由于一种积极的态度，我乐于反复琢磨这类问题，继而有了深入的看法。德尔波特提醒我注意，对于家庭的忠诚，那是一件无价之宝。不管发生什么事情，家长永远都不该放弃自己的孩子。身为家长，首要的一项职责，就是在孩子面对不公时，为他挺身而出。德尔波特的真知灼见来得太迟了，但他毕竟还是成熟了起来，勇于承认了自己为人父母的缺失。

贾里德·塔尔伯特说他在狱中学会了认字。

拍《凝视深渊》的时候，我去见了一位女士，她以前在切与射[1]一间酒吧里干过，那里距离发生凶案的康罗市（Conroe）很近，而她确实也认识佩里和伯凯特。我们去拍她的时候，发现她身边还跟着一个年轻小伙。她告诉我："这位是贾里德·塔尔伯特，你或许有兴趣也跟他聊聊，他也认识那两个杀人犯。"拍摄那位女士的时候，我请贾里德先站过一旁，过了一会儿，我将机器转过九十度——甚至都没去移动脚架——把镜头对准了他，开始拍他讲话。之前我和他握手的时候，摸到了他手心的老茧，立即便知道他也是个体力劳动者；我年轻时做过焊工，手上也有同样的茧子。这立刻便拉近了我们之间的距离，所以当我把镜头对准他之后，我告诉他，"现在轮到你说了，焊工和焊工之间的对话。"他说起一段往事，他曾被一柄近四十厘米的螺丝刀戳中胸口，朋友扔了把刀给他，让他自卫。但想到晚上还要去见自己的孩子，他没有拾起那把刀；他选择不报复。事情发生半小时后，他已经回去工作了，给屋子焊接顶棚。他说到了自己的技术活，非常自豪，还谈到了他在当地汽修厂里的工作，以及他前不久才刚学会认字。

在我看来，贾里德是真正的英雄，佼佼者中的佼佼者。有些文盲其实口才很好，这一点一直都让我很着迷；生平最让我享受的那些对谈过程，其中有几次的谈话对象，就都是大字不识一个的文盲。

不认识路牌，如何在城市里找对方向？没有通信录，如何完成最基本的日常事务？对于他们来说，记忆成了重中之重。我和贾里德只聊了十五分钟，拍摄结束之后，他想搭我的车回家一次，好拿些工具去上班。于是我们就上路了。车上的那十分钟里，我

---

[1] Cut and Shoot，德州中部小城。

们默默无语,但我能感觉到,他有话要对我说,而我也有一些话想要对他说。他下车的时候,我扭头看着他说:"贾里德,稍等。"我下了车,走到他面前。"我想告诉你一些事情。"我说到,"总有人问我,跟死囚打交道的过程,是不是一次足以改变我人生的体验。我一直回答他们,那不是,这并没有改变我的人生。或许,它改变了我对问题的看法,但并没有改变我的人生轨迹。认识你也是一样,这并没有改变我的人生轨迹,但是,认识了你,让我的人生变得更美好了。"他顿了一秒钟,然后匆匆地拥抱了我一下,那几乎就是尴尬的一抱——动作生硬,稍纵即逝——然后就转头走掉了。之后我再也没有见到过他。

拍摄《在世界尽头相遇》期间,我在麦克默多科考站的自助餐厅里,遇到一位名叫大卫·帕切科(David Pacheco)的资深管道工兼焊工。想跟这样的人打交道并非易事,于是,在他起身离开时,我并未像通常那样握手道别,而是转过身来,轻轻给了他一肘子。他还挺受用的,也回了我一肘子。我们以肘击肘,就那么一下子,便成事了;那是一种即时的、无须借助语言的交流形式。在那几年之前,我在看某部泰国电影的时候,注意到背景之中有个男人,那样子看着很有力度,让人不寒而栗。我当时就做了个决定,要找他来演《重见天日》里的哑巴。他名叫肖恩·索利达(Chorn Solyda),后来我们发现,这人只会说某种柬埔寨方言,剧组里根本没人听得懂,于是我们便开玩笑,管他叫"对讲机"。虽说谁都没法跟他言语沟通,但我还是靠着肢体语言,把我要的东西形容了出来。不靠语言,也能给他导戏。再往前推几十年,拍摄《木雕家斯泰纳的彻底忘我》时,我也遇见过一件有意思的事。想让斯泰纳在镜头前敞开心扉并不容易,他不愿成为关注的焦点,觉得尴尬。某天晚上,我们抓住了他,硬把他扛在了肩膀上，大街小巷乱跑了一通。也就是在那时候，也就是由于这种跟他直接接触的肢体感觉，我对这部影片的想法，忽然就变清晰了。到了这时候，我才知道该如何回应先前拍好了的那些斯泰纳飞在空中的镜头，才真正明白了该如何正确使用这些镜头。与此同时，斯泰纳面对镜头说话时，也变得更自如了，感觉就像是先前那次肢体接触，也让他有了变化。想要让他吐露心声，仍非易事，但那件事情之后，我觉得我们之间，有了一种新的联系。

上面所说的这些，我和贾里德、大卫、肖恩和沃尔特的相识相遇，这些肢体接触的体验，都是关于我人生的故事，都是关于我见过的所有人、去过的所有地方的故事，都是关于我对于生活的热爱的故事，也都是关于我走遍地球的故事。像这样的肢体接触，最让我觉得舒服自在，这包括能亲手处理一卷卷拍好了的胶片，或是能在肩膀上架稳一台摄影机；能脚踏实地地见证那些风景，或是奋力地登上一座山，爬上丛林里的那些大树和藤蔓；能在沙漠中驾车穿越一座座的沙丘，或是于汹涌的激流中行舟。我一眼就能注意到这些想法、这些地方和这些人，然后毫不犹豫地全情投入进去。拍摄时，在布置灯光和演练走位的过程中，我会尽可能自己来当演员的临时替身。还有电影的场记板，我也总是自己来打；我希望自己是演员和工作人员之间的这最后一人。这能让我更靠近现场，了解各部门是不是都已准备停当。有的时候，我会停下来，假装要处理某些技术问题，其实是我感觉到，有某位演员还没完全准备好，我们得再等他几分钟。导戏的时候我从不用高音喇叭，与其隔着老远大喊，我宁可自己多走两步，当面跟人家说。而且，一个成年男人，理应知道怎么吹好口哨；到了拍摄现场，那可是最职业的打信号方式了。我的口哨，吹起来可厉害呢。

你会考虑执导电视广告片吗？

我宁可去开出租。这个问题，我也不想上升到道德层面，所以多说无益，你只要回想一下之前我谈到过的，包括我对电视的看法，还有这个消费主义的世界是如何粉碎了我们讲故事的天赋。这么多年来，我拒绝过许许多多拍摄电视广告的邀约，不过，后来我确实替美国电话电报公司（AT&T）拍过一部《须臾之间》，那是他们名为《别着急》(*It Can Wait*)的一套公益片的其中一集，说的是开车的时候不要玩手机、发短信。他们告诉我，之所以会想到要找我，是因为我那些关于死囚的电影，还因为他们想要找个能单刀直入、不加修饰地审视情感深度的导演。他们的邀约一经提出，便得到了我的热情回应。从一开始我就想好了，拍摄这部电影，不应该用直接展示车毁人亡惨烈画面的办法。我想要呈现的，反而是车祸造成的内心影响，而且，这种经久难以磨灭的深深伤痛，不光是受害的一方要承受，肇事的一方也难幸免。

AT&T原本希望我能拍出四段小短片来，每段长三十秒钟。但我深知，涉及这一主题，肯定要具体描写那些痛彻心扉的时刻，还有那些无言以对的时刻，这两点至关重要。要想把故事讲好，那点时间肯定不够。你必须要让观众了解到这些故事所牵扯到的人，那是一些有血有肉的大活人，三十秒根本就不可能够用。于是我向AT&T做了解释，与其拍四部小短片，我打算干脆拍一部时间更长一些的电影，他们不必增加预算，也不必额外给我更多拍摄时间。对此建议，他们并不怎么欢迎，但我还是决定自己采取主动。《须臾之间》仍由四个独立的小故事组成，说的都是一场车祸毁灭一个家庭的故事。短短一秒之间，他们或是丧失性命，或是遭受了不可逆转的打击。与此同时，那些车祸的肇事者，也将永远背负深深的自责。从今往后，他们的每一个举动，每一个梦境，都会受到这种内疚感的全面影响。《须臾之间》与其说是商业广告，更像是公共服务性质的一则广而告之，与消费主义完全扯不上边。AT&T通过宣传这些内容，其实等于是在劝说众人不要过度使用某种商品，而不是在向大众推销什么东西。这部旨在提高公众意识的作品，上线三天就有了两百多万的点击量，再加上全美国数千所学校和几百家安全组织和政府机构里的播放，很短的时间里，它就有了几百万观众。

很快就有了热烈反响，许多小观众和他们的父母亲，纷纷发来电邮。有个女孩告诉我，她要求自己母亲坐下来好好看一下《须臾之间》，并且告诉她说，"你平时开车送我上学的时候，总爱发短信，从今往后，再也不许这样了。"在当时，因为边开车边用手机而造成的车祸，数量激增，其势头之迅猛，叫人震惊：每年都能有一百万起与之相关的交通事故，而仅仅是在几年之前，类似这样的事，几乎从没有过。我听过一些极其匪夷所思的案子，例如有个年轻男人，因为边开车边给女友发短信的缘故，撞死了过路的小孩子，而他那位女友，其实当时就在他车上，就坐在副驾驶的位子上。这种现象代表了我们的文明已有了深刻的转变。我很欣赏片尾那位牛仔说的话，"他们干吗就不能用嘴直接说呢？"拍摄过程中，有一件事让我特别吃惊：相关的立法，几乎就是一片空白，许多州根本就不存在这方面的法律。如果你因为发短信而撞了人，你需要担心的只是一张罚单。想象一下，就跟乱停车一样，只是一张罚单！

你说这话确实像是个当爷爷的人了。

《须臾之间》的拍摄目的很简单：希望大家知道自己的行为后果。所以这片子有没有效果，最好的证据就是看交通事故的数量，有没有在此之后出现明显下落。许多人告诉我说，这片子有很大好处，能帮着拯救无辜的生命，但我也没去查过交通事故的数据。我只是觉得，假使有人因为看了这部电影而避免了事故发生，哪怕只是一桩事故，那我付出的努力就是值得的。这就涉及了一个有趣的哲学问题。有些事情是你可以量化的，包括每年交通事故的数量和因此死掉了多少人，但是，没有发生的事，你怎么去量化？怎么能知道有多少人没有边驾驶边发短信？那就像是你生命中没能遇上的理想伴侣，她离开了广场，十五秒后你才到了那儿，所以没能相遇，但这样的人究竟有过多少个，怎么可能量化呢？

二〇〇九年《时代》杂志公布的全球最具影响力的百人名单，你也在列。

我从来就不是个野心勃勃的人，不管哪方面都不是，事业上也好，社会地位也好，或者是财富、名誉，也都一样；我对这些全都没什么特别的兴趣。事实上，野心这个东西，我可以说是特别陌生。不管是我的思想还是行动中，显然都没有它存在的位置。我从不会用具有影响力这样的词语来形容自己。所以，当他们告诉我说，我在那份名单之列的时候，我是真的大吃一惊。我马上动笔给他们回了信，说我并不属于那一类人，说我宁可做温泉关那无名无姓的斯巴达三百勇士中的一个，那些与莱昂尼达斯并肩作战，抵御波斯人直至生命最后一刻的步兵中的一个。但说到这里，请允许我补充一点。之前谈到"无赖电影学院"的时候，我也说过，这些年来，年轻人明显从我身上看到了有别于既有电影制作方式的另一种选择。我还说过，我发展出了一整套的工具，每个拍电影的人，拍摄过程中遇上的各种阻碍，都能用这套工具来应付。还有，我已成了某种远方的灯塔，能为他人指明方向。他们认识到，虽说这一路上困难重重，但我还是想办法一部电影接一部电影地成功拍了出来，没有被业内常见的各种限制所束缚住。我似乎成了年轻人心目中希望的象征。每次推介我的作品时，总能遇到一群人想要跟我交流；不管我到哪里，都是这样的情况，至今已持续了将近四十年。总会有年轻的男男女女告诉我，他们看过我某部电影之后，放弃了原本的工作，或是退了学，开始从事电影创作。从这个角度来说，我被《时代》列入那份名单，也并非完全古怪突兀的事。

那些仰慕者之所以会这么仰视你，我们这本书可能也做了一些贡献。

我也说不清。

关于这本书，读者反响最强烈的地方，似乎并不一定是针对具体某部电影的阐释，反而是你的各种处世方法，还有在这过去半个世纪里，你制作那些电影的经历。

有可能是这样。

想想十年都不止了，我从没听你谈起过，究竟我们这本书对你来说，到底有没有重要性？随便从哪个角度来说。

你和我一样，都是这个创作计划的囚徒。

没错。干这工作没什么尊严。我记得你甚至跟我说过，当初答应跟我合作这本书，这决定真是让你恨透了。

没错。

但我们还是合作把它写了出来，你觉得高兴吗？

我的生活态度就是，尽可能不去想已经发生了的事。但我知道，针对我作品的评论，称得上合格的书籍，真要有的话，也就是这一本了；而且目前来说也确实就这一本。从这角度来说，我乐见其成。

如果这本书没能完成，你也不会担心到睡不着觉吧？

不会。

假设过去几十年里，我们俩能够固定地经常见面，讨论一下你的电影制作之道，你觉得这本书又会变成什么样？

一些基本的东西都没变，我对这世界根本的看法没变。即使是四十年前的录音，你现在放给我听，仍会有似曾相识的地方。有人跟我说过，任凭岁月如何流逝，我总能对自己实行成功的"再造"。此言有误。这话还是留给像麦当娜那样的人吧。她其实没有多少自己的东西，所以入行那么多年里，相继扮演过许多不同的角色。而我呢，虽说兴趣变化了，看世界的方式也变了，但基本上还是十四岁时的那个我——尽管相比年轻时，我现在也接受了各种新的想法，放弃了过去的某些态度。我试着活在当下，但如果回到旧石器时代，我也可以肯定，我会是个手拿弓、箭、投枪器的称职猎人。我曾经想过，如果生活在那个时代，我会追着哪种动物去捕猎。马这个答案，脱颖而出。理由是它们逃跑时的行为模式，相当容易猜透。事先挖好洞，盖上树叶和断枝，然后就能把它们引向陷阱了。鹿不行，鹿会"Z"字形地往前跑，很可能就逃走了。野牛更不行，因为它不会选择逃跑，它会攻击你。但后来我才发现，其实我的想法也不完全对。拍摄《忘梦洞》的时候，我跟好几位科学家聊过，原来，他们梳理分析旧石器时代留下来的大量遗迹之后发现，当时的人类，主要的肉食来源不是马，而是驯鹿。不管怎么说，我如果做个尼安德特人，肯定也不会有问题。平时需要生个火什么的，对我来说从来就是小事一桩。

　　回答你的问题，我们没能像你假设的那样，固定地经常见面，对这一点我觉得很满意。我们各退一步，互不相见，有时甚至几年才见上一面，这其实是件好事。那段时间里，你忙你的，我忙我的，静待着下一次的碰撞。要是我们真的常常见面，那只会成为关于这世界的所有迂腐的事的胜利。真要是那样的话，我会公开否认那样的胜利。如果我说我从来就不怎么喜欢谈论自己，相信刚看完这好几百页访谈的读者，肯定都不买账。但事实确实如此，不管是跟你也好，跟别人也好，我其实都不愿意谈我自己。拼搏了那么些年，作品就是对我的奖励；相比此时此刻坐在你面前的这个人，不管到了什么时候，都是作品更为重要。注意力应该放在作品上，别放我身上。我宁可保持低调，这里面有一部分原因在于，明明是我避之唯恐不及的某些人，有些时候，反而会特别被我吸引。我说的并不是那种跟踪狂，并不是那种想要睡你睡过的床，带走你的枕头当纪念品的人。多年之前，有个自称芭芭拉的女人，短短一小时内，往我住的地方打了三十个电话，真是疯了一样。我以为她是《陆上行舟》某位剧组成员的前女友，于是告诉她，"要不你过来谈吧，看看我能帮上你什么。"见到她之后，我才发现我弄错了人。她当时的情况非常糟糕，脑子根本就是乱的。她坚持认为，存在一个全球性的大阴谋，目的是摧毁她，让她彻底灰飞烟灭。而我，正是这个阴谋的核心人物。"先生，希望你能明白，我只剩一条出路了，那就是赶紧先把你杀了。"说到这儿，她伸手要去包里拿什么东西。我向来待人友善，但事已至此，我也别无选择，只能冲过去，一把夺过她手里的包。我在包里找到一把已经上膛的手枪。现如今，我在外面吃饭时，都喜欢选背靠墙的位子坐。

我之所以会参加新片发布会，那纯粹只是因为，有必要修建一条通往观众的桥梁，而且你这么做了，反过来它也可能会让你下一部电影的制作更便利一些。跟记者交谈，这是我工作的一部分。有时候，一天的时间里，你不得不同样的问题回答上二十多遍。这种时候，为了不让自己疯掉，我的办法就是切换到自动飞行模式。嘴巴上我可能在谈一部去年拍摄的作品，脑海中其实却是在酝酿明年要拍的一部电影。但我面对媒体时，总是尽量表现得谦和有礼，从来不像有些导演那样，大惊小怪地说什么，"我极其讨厌被采访，可那又怎么办呢，请提问吧。"在我看来，坐在你们面前的这个"我"，不管他究竟是谁，那都不重要。有谁会在乎？唯一作数的只有作品本身，只有观众在银幕上看到的东西。到头来，只有电影会留下来。它们就是我这个过客在沙地里留下的唯一痕迹。剩下的一切，全都消散无踪了。

你入行以来，有什么特别失望的事情吗？

谈不上。老天待我不薄。在西伯利亚，早上开车之前，必须先要热车。一旦发动机热起来之后，运行就很顺畅了。经过那么多年，我早已学会如何应付各种灾难和斗争，整个人已经非常之热了。不管遇到什么事，我都不可能驻足不前，不可能只顾着舔舐伤口。

有些人，明明针对自己感兴趣的主题写好了剧本，但回过头来，又会觉得这剧本和自己渐行渐远了，那种感觉就像是经过写作这个行为，他已经把自己从那故事里给解放出来了。类似这样的事，绝不会发生在我身上。因为对我来说，这两个步骤——产生兴趣，将兴趣转化成电影——是同步进行、密不可分的。当然，我拍了那么多电影，可能其中也有几部，相比起来没那么个人化，但不管怎么样，这些电影我全都喜欢——可能只有最早拍摄的那两部是例外。如果有哪位导演说他最近完成的作品，自己其实并不喜欢，那根本就是大错特错。我要抓着他的衣领，好好问问他，"那你当初干吗还要拍呢？既然已经意识到它有悖于你的初衷，为什么就不能悬崖勒马呢？"我爱我的电影，就像是爱我的孩子。我就像是一个非洲部落里的人，随随便便瞥上一眼，就知道自己养的五十头牛，有没有少了的。或是像那些生了六个孩子的母亲，一进屋，她就能知道孩子们是不是都在，根本就不需要一个个人头点过来。

入行才没多久，我就发现了电影制作的一个关键；这一点，我相信每一位导演都应该要有所认识才好，而且越早认识到越好。那就是，根本不存在完美的电影。一场戏，或是一个画面，你再怎么修修补补，结果整部电影拿出来一看，可能还是会有缺漏，但你也只能接受。身为导演，你必须学会适应这一点，哪怕这些瑕疵上了银幕，面对观众时会被放大一千倍，那你也只能接受。这其实和为人父母是一个道理，你必须学会接受自己的孩子。一部新片，那就像是刚学着走路的小孩，需要你的扶持。从来就没有完美无缺的孩子；有的可能走路跛脚，有的可能说话结巴。每一个都有自身的弱点，但也有他的长处。说实话，对于我那些缺陷最多的电影，我反而还要更偏爱一些，因为它们更需要我的不断支持。世事艰难，我必须保护它们不受伤害。我的每一部作品，即使各有各的缺陷，但那根本就不重要；真正重要的是，它们全都能活着。电影和小孩一样，也有一个成长过程。终有一天，它会靠自己站立起来的，会有属于它自己的一片天空。到了一定的时候，你必须要把小船放开，轻轻地推它一把，让它自己滑向湖的中央。到最后，我的每一部电影都培养出了它各自的忠实观众，区别只在于这种情感的培养，有的很容易，还有那么一两部电影，就需要付出登山一样的气力了。可是，一旦攀上顶峰，我们就能享受到那和煦的阳光了，就能一睹常人难见的风景，沉醉于这种快乐之中了。

可能你也感觉到了，我对自己从事的这种职业，始终有所怀疑。没错，电影或许真的有助于我们了解自己的生活，或许真能改变我们对事物的看法，但它身上也存在着许多荒诞不经的地方。从某个角度来说，所谓电影，不过是光线在银幕上的投射，不过是个假象。它根本就不是实质性的东西。而且拍电影的人，一不小心就会沦为小丑。历史上有许多导演的职业生涯，都以悲剧收场，甚至是某些曾经最位高权重的同行，也都无法幸免。任你曾经如何威风八面，最终都难逃屈膝下跪的命运，即便是那些远见卓识的导演，即便是那些从不畏惧离经叛道的人，下场也都一样。想想奥逊·威尔斯和巴斯特·基顿的遭遇。都曾气壮如牛，但也都渐渐消失在了我们的视线之外，难逃轰然倒地的结局。这些都足够让人警醒的了。只有约翰·休斯顿是个例外——他年轻时做业余拳击手做得很成功——他最终死在了电影拍摄现场，活了八十多岁。

电影这个行业会伤害人，会让人理想幻灭。这一点，我们再怎么警惕都没有用。没什么导演能按着自己的意愿来急流勇退的，但我早就想过了，等哪天我自己都觉得不好意思了，我就走人。我可不想变成那种眼看年纪越来越大，早该退役却还在比赛的运动员。说到职业生涯，布努埃尔是个很有意思的榜样。他在法国拍过超现实主义电影，之后去了西班牙和美国，然后又去了墨西哥，拍了《被遗忘的人们》(*Los Olvidados*)，而且拍得好极了。再然后，他又回了法国，拍了一些完全不同于自己以往任何作品的长片。他的电影五花八门，但每一部都带着他的印记。他始终抱定开放的心态，不断接受各种新的经验和想法。这一点让我对他充满了敬意。他始终能做到高瞻远瞩，把他的作品从头至尾看上一遍，你会看见生命的进化过程。

电影人如果只会拍电影，没有别的本事，那他轻易就会被击倒。一个人如果知道怎么给奶牛挤奶，他身上就有过硬的地方。一个种土豆或是养羊的农民，怎么都不会显得可笑；牧场养牛的工人或是能做一大桌子菜的厨师，也都是如此。我第一次执导的歌剧在博洛尼亚演出前，那位从他果园里拿了瓶葡萄酒给我的八十岁的老人，不管到什么时候，都不会让人觉得难堪。而抓住一切机会走红毯，奖杯始终擦得锃亮的电影制片人，不管到什么时候，都是个蠢货。我见过九十岁的大提琴演奏家和照片摄影师，到了这个年纪，仍显得端庄大方；但这样子的电影人，我可从没见过。所以，面对这种不可避免的事，我的对策就是，只要一有可能，就把工作先放下。我徒步旅行，我排演歌剧，我抚养孩子，我做饭，我写字。我把注意力放在那些能让我独立于电影世界之外的事情上。

做饭？

我擅长做荤菜——牛排和鹿肉，汤和甜点做不好。我觉得一个男人得花工夫准备一顿像样的饭菜，一周至少得有一次吧。我确信做饭是拍电影之余唯一真正的调剂。曾经有人问我，是不是拍电影的时候觉得自己最有活力。"不是，"我毫不犹豫地回答，

"是在我吃牛排的时候。"

上了年纪之后，保持自律是不是会越来越难？

其实我一直就挺懒惰的。就说昨天吧，我坐下来改写了一个剧本。那件工作我已经做了有一阵子了，本该几天之前就弄完的，结果只顾着在客厅里看电视转播的足球赛了。而且，之所以我昨天想到要改那个剧本，仅仅只是因为，那片子的制片人说好了，吃好午饭就要来我家。所以十一点的时候，我心不甘情不愿地关上电视，放下了手头正在瞎忙活的事，坐定在电脑前；已经不能再拖了。越是有压力，越是泥足深陷，我反倒越是干得出色。这能让我更集中精神。事实上，我从来就不是那种纪律性特别强的人，我知道有些人是这样的，每天五点起床，跑上一小时的步。我还有别的事要优先考虑。为跟朋友们大吃一顿，我宁可把这一天里的原定计划，全都调整一遍。

最后还有什么想说的吗？

我曾看过一部关于凯瑟琳·赫本的电影，说的是她这一生如何伟大。作为演员的赫本，我很喜欢。那电影像是某种致敬，但不幸的是，看到最后你会发现，她流露出那种像是刚吃了香草冰淇淋的表情来。影片最后，她坐在海边的礁石上，镜头之外，有人问她，"赫本女士，你有什么话想要留给年轻人的？"她强忍着，泪水已夺眶而出。她一直没说话，像是苦思冥想了很久。然后她望着镜头，一本正经地说到，"听一下生命之歌。"我当时就整个人都不好了，至今只要想到这一幕，我都会觉得心口一阵刺痛。真的没有比这更糟糕的了。听到她这句话，我真是深受打击，以至于我特意把它写进了《明尼苏达宣言》的第十条里。此时此刻,我想为你再重复一遍这第十条。我望着你的眼睛,告诉你,"千万别去听生命之歌。"

诗十首*

* 最初发表于一九七八年六月号《口音:文学杂志》(*Akzente: Zeitschrift für Literatur*),收入此书原版时为德英对照版。

(无题)

每个明亮的夜,躺下的男人和女人缠斗着,
而在屋顶之上,猫都吹着月光,
疯狂地练习着交配。
树都越过了
屋顶,而在树和山的上头,在
山的上头,星星都跟在了
夜的后面。

于是国王说道:孩子们,
请有耐心。我们要再等待几十万年,
直到石头会在地里漫步的时候
或许会有人哭泣,哪怕只是一次。

来自磨坊的小弗朗兹

在那边,在池塘的前面,
住着来自磨坊的小弗朗兹。
目光敏锐的青蛙,坐在了
苍蝇的对面。

有时候小弗朗兹唯一的朋友就是
暴风刮来的赛普。
他全部的一生
只是在贡献熊的殷勤[1]
害怕开口说话,小弗朗兹只好
用手捂住了自己的嘴巴。
就这样,那么多年以来,
他也诸事顺遂。

在那些不带字母 R 的月份里
每一个夜晚
都会有节日的气氛,立即
出现在池塘边。

---

1 Bärendienste,熊的殷勤,德语俗语,典出《拉封丹寓言》中《园林老人的熊朋友》一则,说的是熊为赶走老人脸上的苍蝇,错手杀死老人的故事。

(无题)

椅子都空着
油漆从墙壁上剥落
又到了雪融化的时候
椅子仍旧是椅子的样子
房间也还是一个房间。

没有什么像狐狸那样红色
没有什么像乌鸦那样黑色
没有什么像两条蛇那样互斗。
而苍鹭,听人说过,它们总是先攻击
对手的眼睛。

我担心光线会变得很亮很亮,我担心
那些门和窗都会打开,
几百个客人会走进来,
都是不速之客。

(无题)

一个完全陌生的女孩给我写信
说她总是看见鳄鱼
它们嘴里都有一块斜过来的煤砖。
她写道：在外面，在那
和天一样高的神圣的土地上，
有着各种树木的影子
和各种人的影子。
并非没来由的，
一只乌鸦呱呱叫了起来。
大地制造出尸体
尸体躺着，没有热度。
她坐在窗边思考着，
她觉得，自己认得这片土地。

(无题)

你不能指望
没有人什么都没看到;
一头会逃跑的羊
难道不是一件糟糕的交换物吗?
地里有的,除了石头还是石头。
连要饭的都没有钱。
每当他们之中有人活活饿死,
其实,那往往都是一个贫穷的标记。

(无题)

一头被射死的母猪,
六只喝奶的猪仔。
经过集体决定,
孩子们停止一切游戏。
捉迷藏和跳麻袋
从此开始只在书里才有。
有人爬到塔上
长久地望着南方。
这都是很久以前的事了,
自此以后什么都未改变。
在被绞死的人的屋子里
他们只说绳子的事。

(无题)

透过下雨后被打湿的树篱
雨下下来,山壁
也在需要的时候下下来。

那些男人在雾里爬山
彼此大声叫喊。
房子周围吹起了冷冷的烟。
树上的苹果都冻住了。

夜幕降临之时,
那张脸死去了。
雨从来都不会往上下。

(无题)

所以，以这种方式，窗户的用处自己显现了出来：啊，
　这一边的
屋顶上长着一棵小树，还有这一边的
二十层楼上有一排灌木！

他们在森林的前面把所有的话
又都说了一遍。
他们检查了所有的脸，
翻开了每一块石头，就连黄颜色
都不信任了。

最好别再到处张望！
那里只有绕成一圈的人脸。
这边，在一条粉笔线的前面
珍稀动物都停住了脚步。
对于我们锅子里的鸡
我们也了解得很少。

雨-打-脸-上

七十二岁那年,吃过酸奶之后
我爷爷把勺子放过一旁
然后失去了理智。
他在花园里为甲虫唱歌
管自己叫狗熊鲁道夫。
他学会了甜美的狗熊歌曲。

他以前穿西装拿拐棍
常是法律与秩序的捍卫者。
他那时候的同事名叫
纳基尔、伊勒曼、穆尔。

那时候我最心爱的印第安人
已不在人世。
他的名字叫作雨-打-脸-上
他死在了小大角河[1]。
他父亲名叫踢腿熊[2]
他母亲是白牛见[3]。

---

1 原文为"Little Big Horn"。
2 原文为"Kicking Bear"。
3 原文为"White Cow Sees"。

(无题)

昨夜,忽然之间,
一下子变得十分安静。

在最黑暗的
静止的天空中,那些
树一动不动地站立着。
只有我们的狗安静地啃咬
地毯磨了毛的边缘。

第二天早上
大地盖了一层白霜。

附 录

关于德国的思考

萨赫朗，一九八二年六月十五日

由橄榄山小教堂出发，经海关检查站，穿过美丽、高大、潮湿的森林，那就是通往萨赫朗的道路了。我经由米特莱腾（Mitterleiten）一路向上，萨赫朗也迅速地消失在了视线之外。一台重型机器正在碾磨厚重的碎石，在它边上，是那栋只有外壳，永远都不可能建完的砖房。抵达米特莱腾时，一个骑摩托的农夫超了我前头。我认得他，和他打了招呼，但他没能认出我来。这一路上，起初我走得犹犹豫豫、步履艰难。直到我走到这里，这个森林中的建筑垃圾倾倒点时；直到我看到那些卡车穿过树林后常常驶过的铺满了碎屋瓦的林地时；直到我见到那些原本用石头压住，但一经潮湿的山风刮过，几乎要被整个吹走的、像是一具具被洗劫过的尸体的塑料防水布时；直到我看到一群胆小的鸭子由那片永远都不会完工的建筑工地跑过来，由我面前逃过的时候，直到这个时候——之前很长的一段时间里，我的脑海里不断回想着过去的事——我终于辞别了我深爱的萨赫朗，那个我经历了自己童年时代的地方。伴着冷雨，我终于踩着湿漉漉的青草和薯草，无比仓促地沿着山坡向上走去。周围有着刚除过草后的气味。越过山谷，我瞥了一眼远方的盖格尔施泰因（Geigelstein）。等我这次漫长的徒步旅行结束之后，我会经由那儿回来。这一刻，我浑身上下充满了勇气，极目四眺，不管是哪一条边境线或是地平线，我都相信自己必能到达。我往斯皮兹施泰因山（Spitzstein）顶上的小木屋爬去，越往上，脚下那片乡村越有一种孤寂的感觉。它非常轻柔地往下一沉，落在了这片土地上，感觉就像是一只强大的动物往地上那么一坐。我沿着山坡往上爬了近一个小时，小木屋的掌柜也用一只大大的望远镜，一动不动地盯着我，盯了近一个小时；他望着我向他那边爬去。

*

通往巴伐利亚阿尔卑斯山（Bavarian Alps）的下山路非常之陡。毫不起眼的盆地里，有几栋丑陋的高山小屋。这是通往克罗伊特温泉乡（Wildbad Kreuth）的林间路的起点。下山的时候，开始下雨了。又过了一阵子，黑暗猛的一下子就降临了，感觉就像是在宣告《圣经》中的某一幕即将来临。出于安全考虑，我找到了一栋小木屋，坐在它檐下的长凳上，暂且先避一避。没过多久便是一阵狂风暴雨，它由狭窄的山谷中呼啸而来，在不堪重负的树木间，卷起了一片片白色与灰色的雨雾。情况越来越糟，就在我以为暴雨强度已达到最顶点的那一刻，忽又发生了一件事，令此前那一切都显得相形见绌起来。那一瞬间，天地间处处都是泛着泡沫的白色瀑布，它们由陡峭的山壁上倾泻而下，化作疯狂的白色云雾，将一切事物笼罩其中。少顷，云雾散开，树冠重又露了出来。最后，这些云雾一列列地沿着山坡惊慌四散，那就像是一道大幕，随着大幕拉开，整个布景露了出来，其中就包括有激荡着白色泡沫的大瀑布和原先根本就不存在的一条条的小溪流。雨打在我的身上，就像是上天在惩罚作恶的人。我等了很久，终于等到雨势渐小。凝望着这奇异的天地之怒，我不禁想到，此情此景，除我之外，竟也再无第二个目击者了。不知为何，我也跟着变得情绪低落起来，一时竟难以自拔。想到这会儿就要穿越国境，下山去寻找谷底某个有人居住的地方，我实在是觉得难以承受。遂决定先行向西，然后再大致往朝南的方向，循陡坡而上，进入群山之间。这时候，雨虽未全部停下，但至少已不再拼着命下了。上山的路很陡，我先是沿着一条水势凶猛的瀑布往上爬。原本的石径早已成了涨水的小溪，而且越往上走，情况越糟。很快，我周围就是一片云蒸雾罩了。一直要上到"野人关"，视线才又忽然变得开阔起来，整个地平线都展现在我眼前了。雨中的这一切，泛着一种黄橙色的光芒。进入群山腹地后，有那么一瞬间，我看到了山巅、山谷和森林，它们全都闪亮着灿烂的光芒。那就像是一个前途大有希望的象征，照亮了一整个殷殷期盼着的国家。与此同时，我身后出现了一片滚滚翻腾的雨雾，它就像是由无底深渊往上飞起的一块幕布，我刚一离开，它便在我身后合上了，就像是在舞台上那样。走着走着，我发现一栋饱经风霜的高山小屋，在它边上有两个闪闪发光的簇新标志，分别代表着巴伐利亚自由邦和德意志联邦共和国。而奥地利那一边的标志，显然是被人狠狠砸扁过，上面写的也很简单："注意，国界。"

住在小屋的那一晚，我彻夜未眠，一直在和那位二十世纪五十年代的德国皮划艇和急流划艇冠军聊天。他谈起了战后自己作为运动员的生活，说他经常挨饿，饿得实在不行的时候，甚至都哭过。第二天早上，我抵达克罗伊特温泉乡。我忍不住想要去一次弗朗茨·约瑟夫·施特劳斯（F. J. Strauss）的家，邀请自己吃个三明治，这样才能有力气继续上路。但转念一想，我还是没有坐他边上吃东西的勇气；德国的核心，已被野蛮的荒诞行为撕得粉碎了。有个着胶靴的农民，把一条跛脚的公牛拴在了拖拉机后头，强拽着它走在大路上。牛走得不情不愿的，鼻子里发出沉重的呼吸声。我抬头望向远方，我很清晰地看见，那些山峰都在向他鞠躬。

山谷中传来庄严的教堂钟声。森林里的打斗、扼杀和谋杀行为，也都带着无声的庄严。一位退休的老人坐在长椅上，午后的阳光已让他进入了梦乡。"好，好。"他说着梦话。少顷他又说到，"是啊，好。"长椅边有个标志，指着国界的方向。那上头的字是用软头笔写的，几乎已被风雨磨尽。上面写着："德国比联邦共和国更大。"林中的小鸟已开始诅咒起这片森林。在科里纳科夫勒山顶小木屋里，我和一位明斯特来的退休教师聊了很久。针对我的询问，他讲述了"二战"对他来说是如何结束的。那是在荷兰，加拿大坦克部队正在靠近，只剩下最后的几百米了。此前，他按照指令深入敌后，在某处农场里抓了些敌军俘虏。但他不愿将他们就地处决，甚至为此将枪口对准了自己的上司。之后，他带着那些荷兰俘虏，再加上已被他扣押的上司，被迫跟随着敌军的步伐移动。加拿大人的坦克沿着一条地势抬高的大路前进，而他们就在这路边上，靠着仅有的一些灌木丛来做掩护，齐头并进着。他想抄在他们前头，抢先回到己方阵地，结果却和那些俘虏一起，悉数被俘。

小木屋的掌柜用胶合板做了个岩羚羊的剪影，安在了岩壁上。夕阳西下，在卡尔文德尔山脉重重峭壁的衬托下，那只岩羚羊散发着光芒。掌柜告诉我说,好些游客都把它当成了真家伙。木屋边是片围场,养着一头已驯服了的雄鹿。仅仅三十米外,在为那些一日游的观光客所设的咖啡馆里,有位游客正在享用他的下午茶和咖啡、蛋糕。他从望远镜取景器里注意到了鹿的身影,冲着一旁的妻子大喊道:"孩他妈,孩他妈,快看,是只小鹿!"妻子从他手里接过望远镜,仔细端详了一阵子,否定了丈夫的说法。"艾贡,那不是小鹿,那是一头公鹿。"护林员的儿子是个弱智,住在附近另一栋木屋里。这时候他走了过来,怪模怪样地由喉咙深处发出各种奇怪的声音来。他先是用手拉我,然后又转头去拉扯一条外表看着相当聪明的猎狗。我和狗都很耐心地任他折腾着。后来,他又跟着我去了登山俱乐部的小木屋,见我正在整理行囊,他自说自话地把我最后一片巧克力占为己有了。我故意未加阻止,因为看他那副样子,好像不光是看上了巧克力,还想把我的望远镜和笔记本也一并顺走。就这样,我未做任何抵抗,贡献出了自己全部家当中的这一小部分。而他看上去显然也很满意,没再接着明抢暗偷,仅仅只是把身子一横,整个人压在了那些他其实一定也都很想拥有的东西上头。

快到米滕瓦尔德(Mittenwald)的时候,我见到有个女人,坐在自然教育径旁边的长凳上,正在伤心流泪。我有些不知所措,想不出该怎么由她跟前经过。她听见我小心翼翼的招呼声,也透过泪水,向我投来了一瞥。那女人一边回应着我的问候,一边丝毫不受影响地继续哭泣。继续往前走,我碰上了阿尔卑斯军营一眼望不到头的铁丝网,还有那些提醒你这儿有射击训练,敬请留意的警示牌。米滕瓦尔德这个地方,我真是一刻都不想多待。从没见过哪个乡下地方,有像这样大肆商业开发的。路边都是温泉小镇的大型公园里才会有的那种沙坑,还有数不尽的自然教育径。

走在那种路上，人人都会觉得自己还是个小孩子，永远都长不大。暗淡无光的夜色中，瓦茨曼山巍然耸立着。本就没什么温度的岩石，也因为这种灰白的色调而愈发渗出了寒意。瓦茨曼山的脾气很倔。山上的树林看着十分宁静，一丝风都没有。池塘边的沼泽地里，两只野鸭子正在游着，游得全无声息，一切都像是一场远古时代的梦。再往上看，倔强的瓦茨曼山就那么矗立着。在那些连森林都到不了的地方，山的斜坡和那些岩石的缝隙，全都处在一种浩大的、相当透明的静止状态之中。绕过一大排围猎用的栅栏，我面前出现了一个规模近似于工厂的大型饲养场，饲养人们用来围猎的动物。这儿有处理干草用的钉耙，有盐沼地，有观察哨，当然也少不了那种千篇一律的小木屋。通往森林的野地里，一头母鹿正带着两头小鹿在吃草。它们见我出现，先是仔细观察了一会儿，似乎想用鼻子嗅出这来客究竟是谁。"我的名字是赫尔佐格。"我静静地说着，像是在和它们窃窃私语。然后它们就动作优雅地蹦跳着一路小跑而去了，最终消失在了密林深处。

昨天我输了一场选举。当初报名参选的时候，我就没想过会有希望胜出。选举的地点是汉堡，最终的赢家是莱斯勒·基普[1]，这还挺让我意外的。失利的诸位候选人里，只有我不是党员。我们被邀请走到室外的阳台上。那儿居高临下，正好能俯瞰易北河的河港。阳台上结了厚厚的一层冰，却被视作一个理想的电视转播背景。从这里望出去，能看到由易北河一路延伸至斯匹茨卑尔根岛的冰峰的北极冰原的壮丽风景。大伙儿开始向当选者道贺，作为唯一的党外候选人，我被排在最后一位，只能干等着，眼看着那一台台摄像机都已经要准备关机了。我必须抓紧时间，不然

---

[1] 莱斯勒·基普（Leisler Kiep）：德国基民盟成员，曾任联邦德国财长。

连当选者也都要撤了。忙中出错,我脚下一个趔趄,由阳台护栏下方的空隙中整个人滑了出去,先是落在了阳台外的冰层上,然后又跟着冰块一同跌落直下。等待我的,是那下面张着大口的易北河。我心头一凉,心知这必定就是我的末日了。好在危急关头我还算镇定,人还在半空,双臂便已打开。那就像是玩空中跳伞的人,为了与同伴组成编队,也会在空中沿着对角线的方向飘浮。就这样,我控制住了自身下落的角度,勉强躲开了浮冰的锋利边缘,落在了下游方向几十米外的冰冷河水中。那时候的易北河,含汞比含水还多,但这反倒减弱了我落水时的冲击力。我在冰封的河岸上躺了很久,想来应该已失去了意识。那之后的事,我只能有个大概的印象。我还记得看到一艘大型的邮轮,在它放弃了对我的搜索后,我能看到它掉头驶离时,船尾搅动翻腾的冰冷波浪中,那海水的颜色;那就像是一条宽阔的丝带,消失在了斯匹茨卑尔根列岛的深处。远方的闪电带来了些许安慰。有一条雨带坚决地停留在了德国的上空。被废弃的电梯井里,只剩下难以衡量的绝望情绪。而在地面上,在被雨水打湿的荨麻中,在破瓦的碎屑间,一种对于德国的新的信仰,开始生根发芽。我把别人之前给我的那只小小的口琴掏了出来,它才拇指指甲的大小,只能吹四个音,都还不够吹国歌。

*

巴尔德施旺(Balderschwang)的人,为了能从最好的角度欣赏草坪,特意给花园里的秋千椅调好了高度。那些夏日的假期里,他们坐在那里,望着牛群。我向着右手边爬,一路爬到了山上越来越高的地方。时候已不早了,雨开始下了起来。有两头母牛一直跟着我，跟了好久，似乎是想从我这里打听一些消息。"你们不是母牛，"我对它们说，"你们是公主。"但这也没能阻止它们继续跟着我。我穿过了一片被雨水打湿后污迹斑斑的雪地，直到此时，它们这才停下脚步，留在了后头。抵达山顶，在缆车站的旁边，德国呈现在了我眼前。辽阔的大地，一望无际。在模模糊糊、染着一层橙色光线的地平线尽头，我能看见那些山谷与山峦。越往远处，山势越缓，地面越平，中间星星点点地分布着一些农场与小村庄。在西面，康斯坦茨湖沐浴在一片银光之中，少顷，它又变成了金红色。盘旋在这整个景色上空的，是那裏挟着暴风雨的苍白色的云层。再更往西边的地方，那就像是早期绘画大师作品里所画的那样，落日西斜，橙红色的光线穿破了雨幕。一道柔和的光线笔直地投了下来，均匀地洒在黑暗的森林与明亮的土地上，将它们全都染上了一层银色。这毫无阴影的光泽，让德国看上去就像是整个沉到了水底下。那是一个驯服的国家。我坐了下来。在这山顶之上，燕子正混乱地飞来飞去，飞向茫茫的夜色。我脚下的德国，就像是被人麻痹了一样，不知所措地躺在那里。这种不知所措、鸦雀无声的瞬间，让我想起在音乐厅里的时候，每当观众听到一首近乎完全陌生的交响乐作品时，因为没人知道它究竟是不是已经演奏结束了，于是，整个座无虚席的大厅里，每个人都在等待。终于，掌声响了起来，所有人都得到了释放。如今的德国，陷入的正是这样一种境地——也是这样一个恐惧、可怕的时刻，一个希望被冻结了的时刻；只不过，这时刻不再只有一秒钟的长度，它被大大地拉长了，已持续了几十年——无从逃脱。它就躺在那里，这一片不是土地的土地，它就像是那些不走运的、不被人爱的东西一样存在着。然后，这一片不是领土的领土，用它的断肢紧紧抓住德国这个名字。它就那么躺在我的面前,一眼就能望得到边。

从高大的树上落下来一截粗枝,砸在了地上。我的祖国,就那么躺在欧洲的中央。曾经位于那片野蛮的核心地带的所有那些国家里,如今只剩它还在。这是一个被渴望填充的国家,结果却在各种无法辨认的目标的包围下,迷失了自我。它无法获得救赎,它不得不承认,它早已在自己的那片领土上,变得流离失所。吃饱喝足之后,大家都上了床。康斯坦茨湖上,一只天鹅正由此岸游向彼岸。两次世界大战,德国已泄露了它所有的秘密。

*

到处都是干草的气息。在野外,到处都是樱桃。到了莱茵河畔施泰因(Stein am Rhein),我看到一群老妇人坐着大巴过来,正从城外的停车场上走过来。她们穿过城门,向着市政厅的方向前进。"向后转,向后转。"头戴着一顶颜色鲜亮的方格小帽子的导游,扯开嗓门叫喊着。但原本排成一列的那些老妇人,此时早已散得很开。所以导游的指令在往下传递时,过程并不怎么顺利。不过,指令最终还是传递到了所有人那里,就连已走在队伍最前头的那些妇人,也都转过身来。她们站在城里,朝着那扇砖木结构的城门拍着照片。出城之后,我看到了莱茵河的激流、河上的天鹅、木质的小艇。呈现在我眼前的这些,全都来自另一个世纪。我把双臂深深插入河水,俯下身来喝了一口。莱茵河的河水是可以喝的,我还就着它吃了些面包。周围道路的标志上,要不就写着一些针对行人的唐突命令,如"非请勿入!致命危险!"和"不得进入,自动射击装置!",要不就是一些愚蠢至极的韵文,连最基本的拼写都有问题。再也没见到除这两种之外其他类型的语言了。在弗赖瓦尔德小教堂的边上，是一片野生动物保护区的起点。其实，标志牌上光是写上这些，那就已经够了，但偏偏在它下面还有一块牌匾，上面写着："行路人，请牢记，你正由大自然中经过，这里生活着许多可怜的小动物。所以要请求你们，始终要走在标好的路线上，不要走在它外头。因为，那些可爱的动物需要不受打扰的生活环境。请尽你的一份力，保护好这里的野生动物和森林。请勿走到路外边。"

走着走着，我看到前面有条狐狸尾巴，它在步行道转弯的地方消失了。但是，那条尾巴消失的方式让我觉得，它并不是要躲我。我加快了步子，却又走得非常小声。过了转角，我忽然发现，它就在我面前站着，背朝着我。狐狸把身子转了半圈，那一刻，我觉得它得有一条德国牧羊犬那么大。它紧紧盯着我看，看得出来，它也非常吃惊，以至于都没能立即拔腿便走，动作才只做出一半，就那么定住了，一动不动。它似乎是在倾听，听它自个儿已停下的心跳声，有没有再重新响起来。随后，一个敏捷的转身，它又动了。狐狸穿过树林，沿着陡峭的下坡路跑掉了。一直过了好一阵子，我还能听见山坡底下传来的噼啪响声。那是它因为害怕而踩断了的小树枝的断裂声。再过了一会儿，德国又重新找回了大自然的和平。但是，基本上这只是一种表面上的和平，说穿了，那不过就是赤裸裸的冷漠罢了。

我在山谷里遇到的第一个人，是一个骑自行车的小女孩，那是一辆塑料做的自行车，都已经没法走直线了。女孩给所有东西都起了新名字。例如晚上做的梦，她管它们叫"枕头里的电影"。

之前不管是在山上，还是在那些幅员辽阔的农场里，或是在底下的山谷间，我都有一种越来越强烈的印象：这地方已经没活人了。没有狗，没有家畜，没有家禽，没有人；所有一切全都是死气沉沉的。但这会儿,树林里有几只小鸟正在歌唱,唱得还挺有试探性的。很幸运,目前为止白天我还都在树下行走。否则,太阳会要了我的命。真希望我能加入一群修道士的中间去,做他们不信神的客人。林子里有块指示牌,用友善的态度告诉过路人,这森林里出生的一切,都曾面对面地见到过伟大的上帝。所以如果大家都能恭恭敬敬地继续保持安静,一定也可以获得上帝的祝福。光冲着这个指示牌,我就希望第一颗原子弹能落在这片黑森林里!

*

奥芬堡火车站里满是剃了短发的法国新兵。显然,这个周末他们放了假,可以回家去过。于是所有人情绪都非常高昂。一个身穿白色紧身长裤的女孩从他们面前经过,两个士兵忽然一个转身,给她来了个敬礼。从早到晚,天上到处都是燕子飞个不停。有没有谁能做些什么,能保护我不被这片黑森林侵害?我刚发现,自己竟有了一项很了不起的成就——能够自己发现这一点,其实也是无巧不成书。百来个女人聚在一起,那样的一件事,我竟然能用如此细小的字体把它给记录了下来。那字小到你只有靠显微镜才能认得出那些像是串珠一样布满了一整页纸的潦草文字,究竟都写了些什么。后来我又发现,通过这种微缩字体,我不仅是以文字的形式描写了那些妇女聚在一起的情况,而且这些细线和圈圈,本身就还构成了一幅草图,将那些妇女一排排坐在长凳上、聚精会神地望向纸头外边的样子,都给画了出来。甚至于,因为我那支绘图笔的下笔力度变化,她们眼睛周围的阴影和稍纵即逝的面部特征,也全都能在纸上分辨出来。但是,这显然也不仅仅只是一幅画,那些确实都是手写出来的文字。我带着一台小巧的显微镜去了咖啡馆,爱因斯坦也在那儿。他正和同事们在露天位子里坐着,吃着蛋糕。那时候的他,和大家在相片里看到的他的样子还不太一样,相比之下要更年轻一些,而他的大名此时也尚未家喻户晓。我给他看了我写的东西,他惊呆了。我们还谈了关于信息存储的事,说着说着,他一块蛋糕没咽下去,堵住了喉咙。我使劲拍他后背上两块肩胛骨当中的地方。终于,他脸色又恢复了正常。

在斯特拉斯堡,我的行程给耽误了。既然走不了,我只能住下来。那房间位于底楼,房门正对一个窄窄的、像是公园一样的小花园。之所以走不了,我想是因为我病了。那些个漫长的午后,我最喜欢拿个靠垫,躺在靠花园那边的门槛上上,凝望那株树干高大、树冠开阔的大树。任凭酷热难耐,又闷又湿,它只管自己固执地坚守着那个位置。一股闷热的微风吹来,它的树叶全都颤动起来——就像是那种长得无边无际的颤杨一样——反射出耀眼的微光。这数以百万计的叶片,每一片的动作,我都能清清楚楚地看见,同时我也能看到它们合在一起的动作。那就像是看着一片巨大的湖,原本光滑的湖面,被风拂过之后,泛起无数波澜。就在这一霎之间,湖变旧了,它历史上的早期阶段,来了又走。建在木桩上的那些房子,出现过,又都消失了;安静、平和的史前爬行动物,在岸边的沼泽地里消磨时光;到最后,湖又变平了,森林里那些树木的轻轻拂动,与湖边芦苇害羞的拂动,融为了一体。就在一切行将结束之际,翼手龙盘旋在芦苇上空,它们起起落落的飞行轨迹,与鸟类大相径庭,倒是和那些强有力的蝙蝠的飞行线路很相近。曾几何时,翼手龙的数量,就像是你有时候能在海上看到的海鸥那么多。等我再将视线收回来,同一时间能看到每一片树叶闪烁发光时,正病恹恹地躺在门槛上的我,整个人都微微地颤抖了起来。一个北非男人,带着夸张的气势,昂首阔步走了过去。然后是一个矮壮的丑女人,牵着一头体型快赶上小牛的大丹犬,也走了过去。我能感觉到身体下面垫着的橡木台阶,日晒雨淋,它早已变成了白色,表面都是细槽。那些细槽里长出了一层干海藻,就像是烂牙上生成的牙垢。两个男人从农场走了出来,悄无声息,神情严肃。到处都是早晨的味道,还没完全睡醒,那就像是星期天的早上。头天晚上,他俩帮人接生了一匹小马驹,所以其中一人的头发里,还留着一缕稻草。

*

在斯特拉斯堡的时候,我坐在一张长椅上。过了一会儿,有个阿尔及利亚人走了过来,礼貌地坐在了我旁边。没过多久,又来了一个阿尔及利亚人,手里拿着一只白色塑料袋。他和坐在我身旁的他的朋友,握了握手。然后,他也握了握我的手,仿佛那是一件再自然不过的事。这让我深受触动。此时我已换到了国境线那边的法国继续行走。德国正处于莱茵河的彼岸,感觉这就像是某种想象出来的虚构的事一样。而我正在徒步行走的这一事实,也完全像是一件虚构的事。只不过,那是一个糟糕的虚构,因为某些可怕的事也正亦步亦趋地跟随着我的脚步。不少人正过桥走向德国那边,他们走得很慢,举手投足都像是在做慢动作。在他们的下方,是以更缓慢的速度流淌着的莱茵河,那就像是行走困难的残疾人。透过河面,我能看到下边的水草。它们在上涨的水流中,以极其缓慢的速度摇曳着。所有这一切,看着都像是马上就要彻底停顿下来一样。斯特拉斯堡主教座堂沉默无言，那些骑摩托车的人，也都鸦雀无声地由这里走过，只有他们身穿的紧身皮衣，发出了细微的嘎吱声。这些人胳膊底下夹着摩托车头盔，样子就像是中世纪的骑士。到了晚上，在我睡觉的旷野上，一旁的母牛在睡梦中发出了呻吟。到了早上，时间还很早的时候，我醒了过来，感受到一阵前所未有的恐惧。我整个人都麻了。德国不见了，一切都不见了。那种感觉就像是，明明头天晚上托付给我，让我小心守护的某件东西，忽然一下子就不见了。或者再换一种说法，那就像是某人本该负责在晚上替一整支军队放哨，结果却发生了神秘的状况，他忽然就失明了，于是那些士兵也都失去了保护。一切都已无影无踪，空留下我一人，孑然一身，没有痛苦，没有喜悦，没有渴望，没有爱，没有温暖，没有友谊，没有愤怒，也没有仇恨。什么都没有，什么都没剩下。我就像是一套盔甲，空的，盔甲里头并没有骑士。渐渐的，至少我开始有了一些感觉，比如恐惧感。一直要到充满仇恨的太阳直射在我脸上的时候，我才彻底地醒了过来。我看到了黑天鹅。死一般沉寂的森林里，沉重的树枝掉落下来。每五条鱼，都有八十位垂钓者等候着。即便是星期天，都有人在炼钢。倒霉的萨尔河已被耗尽。矿渣场附近，四个工人正追赶一个受伤的农民。为了我的梦，我正在收集麦田。到了晚上，山谷和村庄全都变得空空荡荡。毫无遮蔽的夜空下，我找了一片山坡躺下。肩膀痛得厉害，我只能保持着一动不动的姿势；周围万籁俱寂。还是那天夜里，一边是山谷里的光，一边是头顶上的星星，我被夹在这中间，痛苦不堪。躺了几小时，我终于忍不住坐了起来。我生病了。快到早上的时候，我终于睡了一会儿，但这时候天已蒙蒙亮了，不久之后，太阳便升了起来。我听见头顶的树枝上，有只小鸟先是全身抖动了一遍,理了理它的羽毛。等到这些事全都做完之后,它唱起了歌来。

当德国大势已去的时候,当人类不再继续存在的时候,蚂蚁和蟑螂已接管地球,再往后,一切都归海洋里那些已沸腾的藻类所有。此时地球已不复存在,宇宙变得暗黑无光,崩塌归零,但即便是这时候,某些抽象的东西仍有可能会留下,那或许是某些类似于快乐的状态的东西。但我内心深处有种恐惧,我担心那片黑暗和已不复存在的空间,会被某种形式的愚蠢所填补。它根本不需要一个特定的位置,它可以遍及各处。相比起来,快乐至少还需要一块开放的空间。

在瓦尔德基希(Waldkirch)的时候,我走到了一条交通非常繁忙的公路上。为避开车流,我又改走森林里一条与它平行的小路。不过,那条路很突然地就消失了,取而代之的是一条竖着各种标牌的林间自然小径,同时,它又是一条健身步道,设有各种锻炼场地和高低杠。旁边的牌子上还写着它们的使用指南。有个肌肉发达、非常年轻的男人,正抓着一根单杠。他穿了一条白色的空手道裤子,疯狂地摇摆双腿,朝着四面八方凌空飞踢。过了一会儿,他忽然又做起了引体向上。我一找到机会便离开了这条可怕的小路。瓦尔德基希给我留下了这样的印象,感觉整个小镇就是一条大型的健身步道,所以我非常坚决地放弃了对它的关注,几乎看都没看一眼,就离开了。我在一片甜菜地里躺了下来,我的耳朵里长出了巨大的绿色叶片,那成了我最好的伪装。然后,我胳膊的地方长出了输电塔,我就拿这两把大钢钳当手,把低空飞行的飞机给抓了下来,经常都是一次就能抓下两架。过了一会儿,一条黑狗沿着孤单的柏油路,疾速飞奔而来。它是从希罗尼穆斯·博斯的一幅画里蹦出来的,其实就是直接从地狱里来。有个男人想要赶走自己养的德国牧羊犬，它脱毛脱得实在太厉害了，弄的地毯上全都是。男人出差时把狗也带上了，在高速公路的服务站里，他松开了牵狗的绳子。几周后，那只动物又出现在了他家门口，皮包骨头，却高兴地不断呜咽着。它靠着本能和忠诚，愣是从相距几百千米的地方回了家。于是主人决定一了百了，在给这条饥肠辘辘的狗准备的第一餐饭里，就拌上了老鼠药。

低沉的云，温柔的风，田野都长上了翅膀，向着天空靠近。这里的人看着像是自绝于世的白化病人，无菌、无痛、无罪、无恶、无喜。叶子在风中颤抖，我知道，它们正说着悄悄话，于是我就仔细地听了起来。我能听懂的只有一丁点，但有些地方我还是听明白了：在许尔特根瓦尔德（Hürtgenwald），一切都已经乱套了。但是，农村里的一切，依然如故，依然无聊。正在缓缓成熟的玉米地正无聊着，四处躺着的母牛也正无聊着。在我头顶，低飞的喷气式战斗机，互相追逐。难以想象它们那么飞来飞去是为了什么，哪怕是有什么邪恶或愚蠢的目的，我也完全想不出来。好几天了，我作的一行诗，一直在我脑袋里敲击着，力道大得让我寝食难安。我每走一步，它都嗡嗡作响，想不听见都没办法。那句诗就是："瓦茨曼山在奔跑，瓦茨曼山在奔跑，我的天，我的木头腿在燃烧。"怎么都没办法把它甩掉。顺便说一句，直到此时此刻，它仍缠着我不放。只要是走路的时候，这句话就会跳出来，无法摆脱。"瓦茨曼山在奔跑，瓦茨曼山在奔跑，我的天，我的木头腿在燃烧。"愿上帝保佑你，保佑你不会受到这诗的影响！与此同时，老鹰都把自己的名字写入了永恒。

*

一对住在乡下的爱人，他们保持四目相对的样子，已不知有多久了，但一句话都没说过。他们之前放进老虎机里的那些钱，在那里面留了有多久，他们就四目相对了多久。一度，有几个硬币咔嗒咔嗒地掉了出来，落在了碟子里，可他们连看都没看一眼。公园里褪了色的塑料长椅，带着一副凶恶的神情，蹲在那里，像是随时都会蹦起来。它们正等着我的到来。我挑了一张坐下，头上面是垂柳正在滴水的枝条。我看见了机械般的石楠花，按着军队的方式，在花盆里一溜地排开。我还看到了机械般的母鸡，一只鸡跑出去追食菜籽，剩下的也都跑了起来。

今天是灰色、寒冷、潮湿、没有动静的一天。之前在一片悲惨的田边，我看到一辆废弃的消防车，它被荨麻和草丛团团包围了。事后再想到它的时候，我怎么都摆脱不了这样一个念头：一定是有个消防员，在这辆被弃的车子里，结束了自己的生命。我看见路边有不少蟾蜍躺着，那样子就像是被人钉死在了十字架上，它们带有斑点的光亮的肚子，都冲着上面。没能成功地穿过马路，它们就那么四肢摊开地躺在了那里，乍看好像也没什么异常，只是这些蟾蜍的内脏都早已由它们嘴巴里露了出来。

当我一头雾水地穿行在林间，有很长的一段时间里，我这个孑然一身的漫步者，都听到身后有一只秃鹰在叫我。或许，它要比我更孑然一身。于是，我发现自己正以急促的小碎步，走上了埃菲尔山（Eifel）。全无准备的我，忽然发现面前是个美军空军基地。它外面围着一圈铁丝网，样子非常奇怪。基地里有固定在混凝土底座上的卡车，车上装着不断转圈的雷达。铁丝网后面还有各种警告标示、大型的发电机组、一片棒球场和报废了的美国车。潮湿的雾气中，那些雷达正在伪装好的卡车上，无休无止地旋转着。我一路沿着铁丝网走着，一边仔细端详着基地里的情况。营房有些窗户敞开着，但一眼望去，半个人影都没。想来，原本驻扎在这里的美国人，一定早都逃走了。雨开始下大了，我不再继续往前走，转而进了旁边的林子里。那儿有片空地，我猜想或许会有一个高出地面的隐蔽所建在那里。果然，没走多久我就找到了它。隐蔽所甚至还带有屋顶，正好能让我避雨。想要上去，得爬梯子。梯子边有块金属牌，上面写着根据某某规定，这些林业设施一概禁止进入。在它的斜对面，空地的另一端，还有一个同样的隐蔽所，自然也少不了同样的一块标志牌。这一路，我见到的隐蔽所比见到的人还多。相比这种隐蔽所，人类现在更愿意躲进矿井、石缝和地球的内部，因为那些地方更温暖；我们的宇宙彻骨寒冷，可地球的核心却仍在散发出些许的温度。隐蔽所上还开了射击孔，空空荡荡的，像是正在两两对视。如今，只剩下那些叼着烟斗的护林员，仍坐在隐蔽所里，像是传说中的大祭司那样，君临这片土地。在我一路向上，往雷沙伊德（Rescheid）前进的时候，雨终于停了。路边长着一些野玫瑰。出了林子，我发现漫山遍野都是麦鸡。我走近了一些，它们也只是冷淡地扑腾了几下，稍稍飞远一些而已。往西看，比利时的薄雾令视野变得不佳。那里有着宽阔的山峦，山上排列着深色的树篱，还有长满树木的小丘；一些小村庄零星散布其间，暗淡无光。再往右看，一路都是山势陡峭，还能看见谷底升起的水汽，此外再无他物。德国就在那边。我究竟在这里做什么，在这一片人神共弃的区域里？我自己都觉得诧异，于是在一个车站边暂停了脚步。那是"又送信又载客的邮政机动巴士"停靠的站点，不过，等到发大水的时候，巴士就被机动的小船代替了。哦，上帝啊，并不是你，带我到了这最不像国家的国家,而你们这些人类——既然那样子的话能让我更舒服一些——请把我放在最不像样的村子里吧!

*

大家最一开始会对那农夫生疑,是因为他一天之内卖光了所有母鸡,转而养起了孔雀。每周日,去过教堂之后,他都会拿着啤酒,蹲在酒吧一角的地上,不管见到谁都认不出来。他做了预约,要在自己分到的那间小木屋里安装一部电话,目的是从那里给上帝打电话,却又担心拨错了电话号码。

一路沿莱茵河往下,我发现河水是灰褐色的。天空阴沉沉的,乌云密布。喷气式战斗机飞过,拉出的烟将本就单调的风景压缩得越来越厉害,越来越压抑,把风景压成了细条。地图标示出的渡口已不复存在,其余东西却都还在,包括两岸的栈桥、轮渡客栈、一面联邦德国国旗、红色和白色的塑料凳子。栈桥上站着一个男人,手里牵着一条狗,狗绳机械般地自己松了开来。他身边是个生了唐氏综合征的小姑娘,一只眼睛几乎完全闭着。她长了一口烂牙。"船,船。"她看着我说。这个词的重音,她发得很奇怪。我冲她点了点头,因为河里确实有不少船。其中一艘是游船,正向莱茵河上游驶去。船驶过的时候,距离我们很近,它就像是一个重音发得很奇怪的词语那样,靠近了我们。船上的人坐在帆布躺椅里,戴着太阳眼镜,有种不真实的感觉,感觉就像是毫无意义的句子。有序的思考,本身也不是没有它丑陋的一面,它都躲在了几何的领域,只有在那些地方才有可能找到。到了晚上,博霍尔特(Bocholt)很快就变得一片死寂。什么都不剩,真的是什么都没有。所以当我发现有几个无助的男学生,正无助地抚摸着几个无助的女学生时——在此过程中还得注意自己的摩托车别倒了——我的心跳了起来,那种感觉,真可以用松了一口气来形容。终于遇到活物了。本来是围绕一个国家,围绕着德国走一圈,但随着时间推进,这件事越变越像是向着我自己在绕圈走。很多时候我完全不会注意到自己正在行走,然后我会大吃一惊,因为别人是绕着一座山行走,而我发现自己似乎一直都围绕着我自己在行走。

绝大多数时间里,我都沿着两侧长满了高大落叶树的林荫道行走,那都是些非常平整的黑色沥青路面。鸟儿歌唱;开阔的乡间地带,中午的天空中飞着和平的飞机;高大的山毛榉上满是常春藤。我偶遇过一头羊,它脖子里套着三角形的木轭。梦见的那些鲜红色的东西,驻留在了我心里。我已经不记得自己曾从弗雷德(Wrede)经过了,但我知道,我曾经过。我找到一只扁扁的可乐罐,它一定是被压扁之后扔在那里有两个冬天了,因为罐子上的红色早已褪尽,变成了乳黄色。之后,那些人全都消失了。看不出具体的发生过程,只知道一下子他们就都不在了。超市里一个人都没有;货架是满的,摆着新鲜的水果和标着新日期的牛奶,但没有人在购买,收银的姑娘也都不在。屋子都是空的,门敞开着。

是不是广播里宣布了有什么大事已经发生?是不是爆发了战争,大家都出逃了?是不是只有我一个人,因为一直在走路,又没有电视机,所以全不知情?随后我突然想到,所有的地方都拉着厚厚的窗帘,在室内,在那些屋子里,所有的家具上——桌子、椅子、沙发——都被人盖上了床单,以防御灰尘、光线和风雨侵袭。但我随后又意识到另一些事,在那些床单底下一动不动摆着的,那些完全看不到有可能会改变或是得到解放的东西,其实根本不是家具，而是那些人他们自己。

还剩下一件事没做，一群耄耋之年的老妇人，决心要一起去学习屠夫这门生意。为示诚意，他们在最近的客栈外，放火烧了一辆摩托车。学生从我面前经过，窃窃私语，像是这里发生了什么事，只有我一个人毫无所知。一个女孩小心翼翼地捧着一只塑料杯，里面盛着一块马德拉岛蛋糕。松树干瘪的树皮上插着一枚鱼钩，上面还整整齐齐地绕着一团鱼线，可这地方，方圆几里地，根本就没有能钓鱼的水域。学生之中有一位，正用他的专业技术，把脚底踩着的大甲虫碾得粉碎。有人正在试着一把电锯，还有人在收音机上找频道。一个人在吸烟，一个在睡觉，还有一个在磨镰刀。风从树上吹落大把的松针。我即便是到了后来也没想明白，为什么在两个对角的大树上，要那么紧地拉上一根绳子。小鸟忽然不再歌唱的时候，我被那深刻的寂静击中，犹如挨了一记重拳。这个国家，它就那么万籁俱寂地在那里。德国屏住了呼吸，屏了好久好久。一只黑鸟在树梢间拍打着翅膀，那声音听上去，让人想起电影里糟糕的拟音效果，实在是很不真实，但那恰恰是因为这里的沉默，实在是太深不见底了。就在这最可怕的沉默中，整个宇宙早已轻柔地、致命地降落在了德国之上。站在我所处的国境线上，我望着自己的右边，翻越重山，那边就是德国，它似乎正在承受着沉默的痛苦煎熬，就像是忽然抽了筋，痛苦地抽搐着。在我左边，我倾听国境线另一边的声音。我发自内心地渴望，希望至少能听到入侵者的鼻息声，或是一大群异教徒的狂怒声。我无法继续走下去了；我被钉在了国境线的这一点上。没错，有好多东西值得记录下来：沉默的恐怖、广阔的松林中夏日的炎热、树脂的味道、干枯的松针。到了晚上，星星多得数不胜数。你还可以想到这样的词："极乐""蛋黄"、无人之境、一命呜呼、九十一。如今，难民不过只是一张待付的账单。一个手腕上用圆珠笔画了手表的小学生，让我从恍惚状态中回过神来。就这样，我的德国又开始动起来了。

*

之后我几乎抵达北海，但在那里病倒了，于是便踏上了归途。所以这是最后的一则日记了。夜晚的时候，月亮本应升起，但它没再出现。晚上的地球变大了，相对它平时的尺寸，可以用庞大来形容。出于恐惧，我靠着打火机的亮光，在手表表带的内侧写上了自己的名字。迎着黎明的曙光，雾缓缓消散，德国就在我的面前，像是隔着一层轻烟，又像是一部不成文的小说。篱笆旁边放着一袋被撕开的水泥，也没人管，就那么扔在雨里，泡了好久，早已变成了一堆灰色的带有裂纹的石头。一头猪站在那里，在那堆水泥边困惑地闻了好久，寸步不移。我抬高视线。我知道，我要面对现实，我已经没法再继续了，我之前病倒过，现在必须要回家了。但是，家在哪边？想要回去，我就得离开国境线，穿过这国家的腹地，朝对角线的方向走。望着南方，我看到德国就躺在那里，像是个高个子女人躺着的样子，姿势优美、安详。她的右腿伸出去，左腿在膝盖处稍稍弯曲，她的头和身体浸在一池鲜红的血液中，脸朝上，看着天空，睁大了双眼。她双臂伸开，掌心向上，感觉就像是期待着整个宇宙像一阵温柔的细雨那样，洒落在她身上。那天余下的时间里，德国就那么躺在那儿，好似浑身的血早已被抽干了。我没有回家，我为它站岗。于是它——那个国家，德国——就那么整齐有序地躺在那儿，它脸上的表情镇定自若，一片宁静。它内心的风暴，已经自行地都炸飞了。

对于德国来说，宇宙中充斥着的所有那些肮脏、可恶的东西，所有那些碎屑和可怕的恐惧，如今都已成为过去。它就那么躺在我的面前，它的土地被撕开着，它凝望着头顶的宇宙，只是试探性地期冀着它的重生。一切都已溶解，产生了我们所能想象到的最无意义的事物状态：对称地冻结着的一片虚空。向着那掌心向上翻起，双双伸展开来的一对手臂，向着那些草地和农田，向着耗尽了力气的自然，向着那一双睁开的眼睛，现在落下了一阵小雨。然后我又看见，雨水由草叶上滴下的时候，那些草叶都振作着立了起来。不知不觉的，什么东西硬是钻进了我心里。小心翼翼地，我用手指抚摸着它。感觉像是一线希望。

最初发表于《法兰克福评论报》(*Frankfurter Rundschau*)
一九八四年十二月二十二日

明尼苏达宣言
纪录片电影的真相与事实

黑暗课程

一、我宣布,所谓的"真实电影"缺少真实。它仅能触及浅层的真相,会计师的真相。

二、"真实电影"有位知名的代表人物,曾公开宣称,只要拿起摄影机,想办法如实记录,就能不费吹灰之力找到事情的真相。他就像是高等法院的夜间值班,愤恨怎么有那么多的法条和法律程序。他说:"在我看来,法律只要么一条就够了——坏人都要进监狱。"不幸的是,很多时候,大多数人都会觉得他这话挺有几分道理的。

三、"真实电影"混淆了事实与真相,所以它从地里挖出来的只有石头。然而,有时候事实会有一种古怪离奇的力量,能让这些事实内在的真相,看上去并不太能让人相信。

四、事实创造出的是标准,真相却能给人启迪。

五、电影中存在着更深层的真相,还有诗意的、让人忘我的真相。这种真相是神秘的、难以捉摸的。想要找到它，只有一个途径，那便是经由编造、想象和风格化处理。

六、"真实电影"的拍摄者就像是一群游客，只会对着事实的古代废墟拍拍照片。

七、观光游是一种罪，徒步行才是美德。

八、每年春天，明尼苏达各地的湖泊上，都有好多人驾着雪橇，落入已开始渐渐融化的冰面，溺水而亡。是否要为此通过一条保护性法案，围绕这个问题，新任州长肩上的压力与日俱增。也只有他，这位以前当过职业摔角手和私人保镖的新州长，能给出这么一个睿智的回答："法律管不了愚行。"

九、我在此发出挑战。

十、月亮没什么意思。大自然母亲没在叫你，虽说冰川最终是会放屁，但大自然并没在跟你说话。所以你也别去听什么生命之歌。

十一、宇宙它并不知道什么是笑，对此我们应该心存感激才对。

十二、在海里过日子，那一定跟在地狱里一样。那就是一个浩瀚无边、残忍无情的地狱，时时刻刻有危险，在你身边就有危险。于是才会有某些物种——包括人类——在进化过程中由那儿爬了上来，逃到了一些坚硬的陆地上，在那里继续着黑暗课程。

沃克艺术中心
明尼苏达州明尼阿波利斯
一九九九年四月三十日

亡命天涯拍电影

一、最后的游牧民族

我第一次跟维尔纳·赫尔佐格合作，是拍他的短片《高卢人眼中的法国人》，那片子说的是法国的冠军橄榄球队。我们一路驱车，由拜罗伊特驶往法兰克福。维尔纳想去全德田径锦标赛上，把链球运动员的喊声给录下来，用于那部短片的音效。原本在橄榄球赛场上录到的橄榄球运动员的叫喊声，他觉得不太满意。在他看来，虽说比赛进行得十分激烈，但运动员的咆哮声未能表现出那种你争我夺真正的内在力量，没法感受到他们真实的内在生命。相比起那些咕哝、呻吟、喘息的声音来，他想要的是一些更深层的东西，那更像是公牛发出的怒吼声，那正是艰苦的田径比赛中，运动员发出的深呼吸的声音。它就像是一种标志，标志着对于生命的真实考验。每每谈起那些橄榄球运动员，他都会越说越来劲，称他们是荷马笔下的大英雄。他们非常自豪，完全不是为了金钱而比赛。能够参加比赛，他们都以此为傲。通过赛前那些狂热的仪式，他们为比赛做好准备。他们热身，进餐，一起大口喝酒，宛如一群大战来临之前摩拳擦掌的勇士。

所以维尔纳想要寻找这么一种声音，它必须能匹配他对于那些橄榄球运动员的理解。那种声音是他以前就听到过的，曾给他留下过很深的印象，始终难以磨灭。那就是链球运动员的喊声，就是体壮如狮的他们在结束一连串旋转后，让链球带着几千千克的力飞离自己双手的那一刻，所释放出的吼叫声。为了让我们能踏足赛场，近距离接触那些参赛者，电视台的制作人替我们准备起了通行证。趁这工夫，维尔纳告诉他们，现场直播体育比赛的时候，他们错过了一个特别重要的细节：运动员吸气呼气的关键性的声音。按维尔纳的说法，这种声音能够体现一个人的内在精神与力量。他因此断言，电视里的体育报道，缺乏活力，名不副实。它所欠缺的，恰恰是这种竞技体育最根本的东西：强有力的体力消耗、包含在拼搏与痛苦之中的各种声音，正是这些东西标志着，体育运动是一种对于生命的真正考验。

离开拜罗伊特之前，维尔纳和我在一个小型停车场里逗留了一阵，为的是观摩一家历史悠久的射击俱乐部所举行的颁奖典礼。身着巴伐利亚传统服装的男子，手持着来复枪，身上挂满色彩缤纷的绶带与各式各样的胸章，那都标志着他们所取得过的各项成就。颁奖典礼是为表彰一位刚获得"神枪手"称号的年轻会员而举办，整个过程都带着强烈的仪式感。维尔纳——他当时正在拜罗伊特执导瓦格纳歌剧《罗恩格林》——告诉我，此刻我所见证的这一套东西，非常符合史实，历史极其悠久。几个世纪以来，正是像这样的"神枪手"团体，保护着整个巴伐利亚。他还告诉我，通过这些仪式，古老的行为准则和人类生存必不可少的一套价值观，全都获得了巩固。在他看来，与之形成鲜明对比的，恰恰是拜罗伊特音乐节那些个布尔乔亚的、旅游观光式的文化，它们令人窒息，叫人压抑——那些自命不凡的美学家，被歌剧世界所吸引，像是加入了邪教一样，纷纷拜倒在瓦格纳的神龛之下。我能感觉到，离开了拜罗伊特，这让维尔纳倍感轻松，像是得到了解放。不知怎么的，那个古老的典礼像是预示着他即将迎来人生的下一个重要阶段，那将会是一些更为真实的东西。

上路之后没过多久，他就坚持要在镇上先停一下，好捎上一些必需品。我当然很好奇，对于维尔纳·赫尔佐格来说，究竟哪些东西是必需品。首先，他那辆小货车的排气管需要一个零件——之前它就已经在发怪声了。搞定了这件事之后，他又非得再去另一个地方，那是一家书店。进门的时候，他直截了当地问我有没有读过毕希纳的《棱茨》——他用坚定的语气告诉我，这本书，我必须要读——还有克莱斯特的短篇小说、荷尔德林的诗歌、《尼伯龙根之歌》（*Nibelungenlied*）、冰岛的两部《埃达》——《散文埃达》，但更重要的还是《诗体埃达》，以及里面那部顶顶重要的《强者格雷蒂史诗》（*The Saga of Grettir the Strong*）。我还没来得及一一作答（他提到的那些书，有些我知道，有些听都没听过），他已从书架上抽出好几册来（就是那种德国雷克拉姆出版社出的袖珍版），替我买了下来，然后我们就上路了。这一路上，他说他觉得很遗憾，一直都没什么时间能好好看书，而且真要有了时间，看的也尽是诸如怎么驯狮一类的书。

那天是个阴天，我们的车穿行在巴伐利亚乡间。雨开始下了起来，高低起伏的绿野中，星罗棋布着一些小村庄。我们视线所及，总能看见更远处那些令人望而生畏的大山。《强者格雷蒂史诗》并没出现在他给我买的袖珍版《埃达》里，于是他索性就把故事给我讲了一遍；那是他最钟爱的故事之一。格雷蒂的故事发生在十一世纪，这位冰岛大力士日益发现，在那个时代，基督教已成为新贵,像他这种讲究自我的人,越来越失去立足之地。面对这个已处在"启蒙"边缘的世界,面对其他人对于社会法则和基督信仰的认可——他们相信只有这样才能获得救赎——格雷蒂却我行我素,继续勇敢对抗着食人魔、食尸鬼、亡魂与各种怪物。因为他知道事情没那么简单,野兽可不会就那么轻易消失,它只是换了另一副面目。维尔纳给我讲这故事的方式,那种十分特别的重读发音,至今我仍一直记得。格雷蒂并没有犯多大的罪,却受了很大的冤屈。命中注定,他将成为被人排斥的异类,沦为亡命之徒。天生神力的他,常会好心办了坏事。他跟人握手,结果把人家的手给扯断了。他替父亲挠背,谁知弄得父亲皮开肉绽。他在别人肩头拍一下,就能要了那人的命。没人能控制得了他,而且他生来就是如此,你越是想要控制他,他越是和你对着干。就这样,他被众人逼成了亡命之徒,像是野兽那样,到处遭人追捕。格雷蒂被迫住进了遥远的山里、洞中,之后又被赶去了更加孤独、荒凉的地方。有时候,明知那些赏金猎人都是来杀他的,格雷蒂也会收留他们,因为这能疗愈他的寂寞。他不费吹灰之力就能打赢二十个大汉,他谁都不怕,不管你是肉体凡胎还是怪力乱神,可是格雷蒂却很怕独自待在黑暗之中。每当这时候,格拉姆的双眼就会像冤魂那样缠着他。在他除掉的所有怪物里头,就数格拉姆最可怕。在那与世隔绝的德朗盖岛上,格拉姆就住在面朝北海的一处幽深峡湾里一座岩石遍布的陡壁上。格雷蒂被所有人背叛,他死在了敌人的手里。维尔纳告诉我,《阿基尔》里有句台词——"长箭又开始流行了"——就取自《强者格雷蒂史诗》。在阿基尔统率的那些木筏上,在那些命中注定难逃一死的西班牙人里头,有个士兵当胸被射中了一箭。落水之前,他说出了这句台词。格雷蒂的兄弟阿特利也被敌人刺穿了腹部,临死之前他说了一句"这些日子流行宽头枪"。

这一路上,他目光始终注视着地平线。维尔纳对周围的风景非常熟悉,不光是风景的外在,还包括它内在的故事——在他的电影里,很多时候,这种风景的内在故事,被他用来表现人物的内心风景。维尔纳和我谈起我们正途经的这片区域的地理沿革,后来又说起了它的早期发展史。整个讲述过程中,他几乎不带有任何情感起伏,而他在这方面了解之广、之细,都给我留下了深刻印象。在他说的那些历史故事里,最引人入胜的一些,往往都和人类面对复杂地形时的失败处境有关。面对山川河谷无休无止的起起伏伏,人类仿佛迷失在了自己发烧时胡乱做的梦里头。那些发生在古代和中世纪的事,经他细细道来,令我十分受用。那都是些没能发生的战争,原本斗志高昂的对阵双方,行军途中走了半天,竟然怎么都找不到对方究竟在哪里。故事说完了,车里安静下来,只剩下思绪在沉淀。那一路上,绝大多数时候里,我们都没遇到什么车流。但忽然之间,像是天兵天将一样,一群德国摩托党骤然出现在路上,从四面八方包围了我们。那都是些头发花白、虎背熊腰、面带凶相的男人,身穿全套皮衣皮裤,胯下骑着体积庞大的摩托车。他们先是一路跟我们齐头并进,开了好一阵之后,才分成两股,由我们车子两旁扬长而去。他们看上去真的很像是古代的维京人,或是某个迷了路的勇士部落。这把维尔纳也逗乐了。"瞧瞧,"他说,"最后的游牧民族。"

二、膝盖和大腿

《我最亲爱的魔鬼》紧接着《希望的翅膀》拍摄,当时我们人就在秘鲁,但《我最亲爱的魔鬼》一分钱的预算都还没落实下来。想走还是想留,都任凭我们自己决定。要走的话,维尔纳一定也完全能理解，还会负责你回家的路费；或者就是留下，再次拿起摄影机和各种工具，重新一头扎进那片我们才刚离开的热带丛林，开拍另一部电影。而且，这还是一部所有细节都未敲定，什么计划都还没做过的电影。我还记得当初在利马那间宾馆里开的筹拍会议上，维尔纳告诉我们，钱还没找到，所以不管是什么形式的合同，暂时都还没办法跟大家签。他问我们有谁愿意加入。我记得所有人都报了名。下面这一段，是我当时记的日记。我想，从中应该能大致看出，与维尔纳一同深入丛林，拍摄一部有感而发、临时起意的电影，那会是什么感觉：

> 吃午饭时我们讨论了下一步计划。维尔纳画了一幅地图，详述了各种备选方案。我们先去库斯科，然后再去当初拍《阿基尔》开场戏的马丘比丘。下一步我们有两种选择，一是原路返回利马，或者坐飞机回普卡尔帕，然后再往南，去一个距离卡米塞阿河最近的、有飞机场的城市。另一种选择就是，一部分人——维尔纳，再加一个负责掌镜的人，彼得或是埃里克，可能再加上我来负责录音——坐木筏，经水路从马丘比丘抵达当初拍摄《陆上行舟》的卡米塞阿河。那样的话，我们就要经过河峡。现在虽是旱季，但危险性还是不小。而且这一路上，从马丘比丘到卡米塞阿河，根本就没有吃的东西。或许能找到零星的几间小木屋，运气好的话，能遇上印第安人正在烤香蕉吃，但也仅此而已了。一旦过了河峡，那就再没有回头的机会了——除非其他剧组成员由南方坐船北上时能接到我们。坐木筏漂流的，只能是少数几人，因为筏子上能携带的食物非常有限。而且其实我

们也不清楚究竟能不能找到木筏，也不确定能不能在马丘比丘下游找到会做木筏的人……

后面还写了许多，全都是类似的内容，但最终我们还是决定先走陆路，搭火车穿越安第斯山脉，直到火车无法行走的地方，再改乘汽车，沿着一条依山而建的肮脏的公路，一路盘旋而上，最终到达了海拔将近五千米的山区，那过程不亚于登上了一座巨型冰川。然后是下山的路，那还要再开三天，这样才能到达河边。毫不夸张地说，一路上都是些既没有入口也没有出口的地方，还有全境仅有七栋木屋的小镇，以及覆盖整个地平线的辽阔的高山草甸，那儿全都是放养的羊驼。最终，我们抵达乌鲁班巴山谷，骤然变密的丛林，在此取代了原本的丘陵，感觉像是把那些山地整个都吞了下去，而且每一分钟你都能感觉到，它越吞越深。由这里开始，我们彻底改走了水路。正如维尔纳预先描述的那样，这一路上都是大块的岩石和奔流直下的瀑布，四面八方都是状若笔直倾泻而下的丛林。但是，对比维尔纳当初在最具挑战性的条件下拍摄《阿基尔》和《陆上行舟》时遇上的那些问题，我们这一路上的经历，相信根本就不算什么。到达乌卡亚利河上喧嚣纷乱的普卡尔帕港口之后，眼前的景象完全出乎我们想象。整个亚马孙的生命力释放出无限的能量，它渗透在每一个角落，比比皆是——成百上千赤裸上身、肌肉发达、肤色黝黑的男人，正在往船上装货卸货，他们沿着河边陡峭的栈道，靠额头上系的绑带借力，背负着沉重的货物，甚至包括巨大的木箱；女人则站在小推车后头烹煮着鸡肉、鱼肉、丝兰和香蕉，鱼贩和屠夫兜售着他们鲜血淋漓的货物，临时摊位前的小商贩也叫卖着各种商品，从高帮橡胶靴到来自丛林深处的药用树皮，再到发动机零件和各种电子设备，真是应有尽有；闲坐着的人，热情交谈的人，正在喝酒的人，到处都是生机勃勃、五官鲜明的男男女女，个个明眸善睐，眼睛像是都会说话——维尔纳的视线越过港口，投向乌卡亚利河，看了一会儿，他又指着那一片混乱、喧闹的景象，那些身强体壮、挥汗如雨、脏话连篇、辗转腾挪的男人，他转过身来，带着一种对这地方深深眷恋的感觉，告诉我说："想象一下，你得设法把这组织成《陆上行舟》。当时的情况差不多就是这样，我们差不多就这么过了三年。"

维尔纳必须要在《我最亲爱的魔鬼》中出镜，所以我们决定爬上瓦伊纳皮克丘山（Huayna Picchu）的山顶，去拍些镜头，因为那是他命中注定的一座山：《阿基尔》的开场镜头就是在这里拍的，那一队人下山时走过的那条狭窄隘路，正是我们此时此刻即将要攀登的同一段石阶。上山的过程，几乎像是垂直往上爬升了四百米，最终到达一个海拔接近四千米的地方。一路上那些石阶，全都是印加人几百年前铺就的，坡度极陡，磨损严重。沉重的十六毫米摄影机，我们四人轮流扛着。有些地方的石阶几乎已完全磨光了，再加上有些时候天雨路滑，时不时都会滑倒，走起来相当困难。还有些地方，那条路走着走着，越变越窄，我们只能双手抱住路边的大石块，一寸一寸往前挪动。不用说，你脚下就是万丈深渊。登顶之后，我们拍摄了维尔纳远眺天空中密云压顶的景象的画面，那天的阳光很厉害，穿透云层射了出来，更加强了画面的效果。下山的路上，我们还补拍了维尔纳从下往上登山的画面。只见他踩着陡峭的石阶，一路小跑着朝我们奔来，最终消失在山间小道之中。我半开玩笑地告诉他，他跑得太轻松随意了，看上去没什么说服力。可能是觉得我这话有些道理，他决定重拍一条。这一次，毫不夸张地说，他就像是岩羊那样，一举跃上那些危险的陡峭石阶，整个过程，相比前一次拍摄快出了整整十秒，让人看得瞠目结舌。我敢肯定，我是绝对没法做到这一点。因为他那不光是速度快，你还得保持平衡、站稳脚跟，这也都很不容易。这让我想起了当初我第一次跟他一起爬楼时的往事，那是在慕尼黑的一栋办公楼里，他上楼的时候，一次两格。他就像是在向楼梯发起进攻，那种快活劲，让我大吃一惊。我得拼尽全力才能赶上他的脚步。

维尔纳让我们替他拍一些站在乌鲁班巴河上游那些大石块顶端的画面，但那天早上一直都在下雨，石头表面变得很滑——上千年里，猛烈的水流裹挟着超乎想象的力量，在那些石头的上方和周围冲刷，早已令其表面变得跟镜子一样光滑了。此时正值旱季，水位很低，雨季时会完全浸没在河中的那些大石块，此时都要高出河面十来米左右。万一摔下去，不用说，肯定性命攸关。摄影师彼得·蔡特林格身上绑了安全绳，安全绳那头，是另一个身上也系了绳子的人。负责拍剧照的摄影师，一早便已拒绝冒险，绝对不愿登上如此湿滑的岩石。于是维尔纳指挥我爬上了一块占据着制高点的大石头，从那儿拍摄剧照，视野一览无遗。但我实在是很难站稳，所以只好尽量放低身子，双脚抓牢光滑的岩石表面。但再看看维尔纳，他在这像玻璃一般光滑的石头上行走起来，身手异常敏捷，在石块间蹦来跳去，有时甚至能一下子越过几十厘米宽的岩缝，而他脚下就是汹涌的河水，深不见底。他动起来的时候，那种胸有成竹的样子，真的像是一头岩羊。看看别人身上绑了各种安全绳，再看看他，那真是让我惊愕不已（我也说不清是怎么回事，但我确实在此过程中拍到了一张他跃起在半空中，越过深渊的照片。在我为他拍过的所有照片里，这也是最佳之一）。他并非在炫耀，也不是在做不必要的冒险；他只是带着绝对的自信，走过这片风景，走过那么多年之前他曾拍摄过《阿基尔》和《陆上行舟》的这条河流和这些他命中注定的岩石。

正如万有引力定律所说，有升必有落。某次我和他一同去特柳赖德电影节，我们坐着自动索道的吊椅，去山顶上参加了一次野餐会。按原本的打算，那天下午我俩要去看某部电影，结果吃着吃着忘了时间，直到距离开场只剩几分钟时才回过神来。坐索道下山的地方已排起了长龙，看来我们是肯定赶不上开映了。某位电影节组织者告诉我们，他们允许我俩插队，下一张吊椅就能坐上；毕竟，维尔纳一直以来都是特柳赖德电影节的特别嘉宾——甚至可以说是他们的守护神。可他却拒绝了人家的好意，反而转过身来告诉我，"我们跑步下山吧。"说完之后，他就狂奔起来。

三、舞蹈的灵魂

二〇〇一年秋，我把欧里庇得斯的话剧《酒神的伴侣》(*The Bacchae*)由古希腊文翻译了过来。在我看来，那理应是一个以演出为目的的文本——相信欧里庇得斯当初之所以写这剧本，也是为了它能在舞台上现场表演出来——于是便找了些演员来念剧本，然后又招了一批舞者，就按着我翻译的版本，开始排练。我希望这出剧能忠于原作的精神，不仅要抓住欧里庇得斯的复调和高度诗化的语言（在他的作品中，这种高度诗化的语言总是与口头语交替着出现），还要追求其结构化的戏剧性力量和各种舞台形式，而这些都是你光靠文字翻译（或是在脚注里记录下阅读心得）所无法体现的。不用说，翻译好的剧本，我也给维尔纳寄了一份。那时候他正计划要去休斯顿歌剧院复排他这一版的瓦格纳歌剧《唐豪瑟》，所以就约了我去那儿见面。我问他是不是需要我捎上什么东西,因为以往每次见面,我都会那么做。曾有一次，他约我去维也纳见面——碰头之后,我们又飞去了泰国,拍摄《小迪特想要飞》——并让我捎上三副手铐,说是电影里要用到(机场安保为此如临大敌,害我险些错过航班。登机的时候,我还得把手铐交给机长保管,降落在维也纳之后才又交还给我)。这一次,维尔纳对我说:"只需要给我带一件东西——希腊文的《酒神的伴侣》。"他说对我某些地方的翻译,心存疑窦。

我到的时候,他已经把有疑问的那些段落都标了出来。当晚就是《唐豪瑟》首演,但那个下午,我们基本就是在他宾馆房间里度过的。他对照着希腊文原文,研究我译的那些文字。维尔纳大声朗读着希腊文剧本,流利程度堪比希腊文教授,尽管事实上,他可能自十六岁之后就再没怎么学过这门语言了。让他存疑的地方还有不少,但他最为关注的,恰恰是整出剧开始时的合唱部分: θιασεύεται ψυχὰν/ ἐν ὄρεσσι βακχεύων/ ὁσίοις καθαρμοῖσιν(ll. 75-77)。得承认,这句话想要表达的意思,如果要翻译成英语,可并不容易。那些人以歌唱的形式,赞颂着酒神狄俄尼索斯。逐字逐句译过来的话,差不多是这样一个意思:"与崇拜酒神的神圣的众人灵魂相交,通过神圣的净化仪式,在群山之间因崇拜酒神而彻底忘我并由此得到启示。"我翻译的时候,为了能保持跳跃的节奏,好让合唱队来演唱或是反复咏诵,就把这些句子断成了三行押韵的诗句,以表明句与句之间的韵律。我将它翻译成了"完全在那里(so wholly there)/ 在那山上(on the mountain)/ 舞蹈着他的灵魂(dancing his soul)/ 反反复复直至(over and into)/ 加入酒神的信众(the pack of Bacchus)。"在这里,"完全"(Wholly)是"神圣"(holy)的同音异义词,我希望它能在这儿起到双重作用,但这没法彻底让维尔纳信服。他不讨厌"舞蹈的灵魂"这种翻法,但总觉得希腊文原文里那种玄妙的概念,没能充分传达出来。

酒神的伴侣全神贯注地舞蹈着，彻底臣服于令人忘我的酒神狄俄尼索斯。他们可不仅仅只是在山上舞蹈；他们的灵魂已经和山相连（"完全／神圣在那里"）。整部《酒神的伴侣》由头至尾，众人经过的那些风景，欧里庇得斯在写的时候，全都把它们当成活的东西来写，那些风景也因为酒神的存在而欣喜若狂。剧中某处，伴着那一大群酒神的伴侣的移动，整座山都炸了开来，连它都进入了忘我的状态。他们舞蹈的灵魂，和这片得到启示的风景融合在了一起。他们所走过的世界，与他们的梦想化为一体。如今回头再想，当初让维尔纳生疑的这一段话，其实在整个希腊文学里都很有代表性。它无比生动地描绘了"令人忘我的真相"是一种什么样的体验：化平凡为神奇。说来也真是不可思议，全剧那么多个章节，维尔纳——他和酒神的伴侣一样，心灵都献给了真相，因其而忘我。他依靠想象，将各种风景都变成了令人忘我的梦——偏偏就瞄上了这几句，一眼就看出了其近乎无法移译的翻译难度。

四、捕猎，或者顺便的事

维尔纳的作品，有这么一点始终很打动我：观看他的电影，你会发现人的激情是一件很高尚的东西。前路再险，梦想再难，都敌不过这种激情。他作品的核心是一种人类的奇迹，宇宙再怎么冷漠、敌对，都挡不住人类不屈不挠地去寻找意义的斗争。荒地再怎么贫瘠干涸，山川再怎么冰封险峭，深渊再怎么深不可测，丛林再怎么密不透风，总有人会闯进去，发出信号弹，并且最终——就像是《生命的标记》里的史楚锡和他放的焰火那样，就像是沃尔特·斯泰纳存在主义的空中飞行那样，就像是《在世界尽头相遇》里在高空大气中研究中微子的那些科学家那样,就像是肖维岩洞里的那些画家那样——用划过天际的星星,写下自己的心愿。在维尔纳的作品里,形而下与形而上是一个整体(后者常出现在激烈斗争的过程中,斗争对象正是前者所施加的那种具有压倒性的重力)。

他有这么一种本事,总让我暗暗称奇。他能由平庸中榨挤出崇高的东西来。维尔纳拥有诗人的想象力,而这种想象力又来自他看事情时的冷峻态度;他几乎像是从一个科学的角度在看事情。他之所以会欣赏维吉尔的《农事诗》,那正是因为诗人对于生活细节中各种最细枝末节的地方,都有着客观、缜密的注意,那需要你拥有科学家一样最锐利的观察力,但与此同时,维吉尔也不缺少诗人的同情心。对维尔纳来说,和维吉尔一样,想要对人生有完整的领会,必不可少的便是一种身体上的场所感——站在让你流汗的风景中,能感受到自己是与之息息相关的。《农事诗》想要灌输给读者的,是做农活的高尚意义。对于大自然的神奇与敌意,维吉尔做了仔细的观察与认真的研究:既看到自然的美、神秘和丰饶,也看到它野蛮和恐怖的一面;既看到自然对于我们的无动于衷,也看到它神秘莫测、难以捉摸的力量;既看到大自然由生至死、死而复生的循环,也看到人类悲剧性的孤立状态;既看到大自然无法化解的敌意和缺乏人性的普遍规则,也看到那些发现(anagnorisis)或者说认可(recognition)的罕有时刻,在那些时候,你能从它身上看到某种你熟知的精神——面对大自然生机勃勃的更大的生存模式,人类与之相融合,从中得到印证,并且卷入其中。在《灰熊人》里,维尔纳用旁白描绘了那具有奇怪美感的一刻。空寂无人的画面里,我们看见只有芦苇在风中摇曳。特雷德韦尔已经出画,他想要拍的那些东西都已拍完,但镜盖并未合上，于是这简简单单的风吹芦苇的画面，也就意外地被记录了下来。那是偶尔撞上的现成的一刻，恢复了大自然不加掩饰的本来面目。忽然之间，不知从哪儿吹来一阵风，沙沙地刮过，神神秘秘的，完全不以人类意志为转移，也不以摄影师的视野为界限。罗伯特·格雷夫斯（Robert Graves）曾经写到过，在诗歌中出现的类似这样的时刻，那正是诗歌的精髓所在，正是对于"事物"的顿悟，平凡却又神秘，能让人颈背的毛发全都竖起来。"一个明显无人出现或是无事发生的场景……伴着猫头鹰的鸣叫声，月亮变得像是一叶扁舟，在飞掠而过的云朵间划过，奔腾的瀑布之上，树木缓缓摇曳，远方传来一声狗吠，又或是霜天中的一声钟鸣，忽然宣布了新的一年的降临。"

不管是现代人的多愁善感，还是各种得体的礼数，不管是诸如政治正确那样包治百病的灵丹妙药，还是那些从不习惯表达自己真实意图、想法或感觉的人克己复礼、假模假式的做法，维尔纳一概不去理会。他就像是经过叶芝墓前的那位骑士，维尔纳也向着生与死，投上了清醒的一眼。当一位共同的朋友通知我们，自己被诊断出了癌症，因此计划有变的时候，维尔纳的回答也带着性命攸关的清醒："那本身就是计划。"不过，我说他看待现实时总有种抽离出来的客观，这并不表示面对现实时，他会置身事外或避而远之。相反，我从没见过还有谁比他更爱这世界的，也没人像他这样，面对自己所见到的，会产生那么密切的联系，会有那么强烈的惊叹与敬畏之情。他看着自己身边的世界，整个拿过来，不分美丑，不分优劣，将之转变为电影中的一种体验。俗话说，只见树木不见树林，但对维尔纳来说，见树木和见树林同样重要，他要一棵树一棵树地看过来，因为这样才能看到它们本有的样子。面对自己所见到的，他与之接触的方式就是这样的。

那种观察的强度,已经快到了与被观察对象融为一体的程度。

用他自己的话来说,他电影里的那些风景,可能都是发烧时胡乱做的梦,或者说是内心的风景。但是那些风景的力量,还是来自他真的具有这种本领,能够梦见它们,能够凭着自己充满异象的想象,赋予它们灵魂。在物理学家劳伦斯·克劳斯为这本书写的跋里,他给天才下了一个定义:无中生有的创造能力。我只想再补充一点,经由那样创造出来的,绝对都是出众、奇妙、具有原创性的东西,除他本人之外,别人根本连想象都想象不出来,他竟然可以从那种无之中,创造出这样的东西来,哪怕你把这需要用到的所有原始要素全都摊在他们面前,也不管用。

将他比作动物的话,维尔纳是食肉动物多过于食草动物。各种感官始终忙碌,在地平线上寻找着食物的供应。他追猎的策略是出于本能,经过精密设计,全身从上到下都做足了准备,准备着迎接斗争以及随后的杀戮。和食肉动物一样,他处理起那些战利品来,速度很快,至于休息的话,那只要就近找一个合适的隐蔽处,也就可以了。捕猎——他的创作行为——才是全部,剩余的一切(财产、餐食、住宿、社交生活)都是捕猎时顺便的事。

赫伯特·戈尔德[1]

---

[1] 赫伯特·戈尔德是波士顿大学古典学教授,并担任校内人文学科与古典学期刊《阿里昂》(*Arion*)主编一职。自一九八八年起,他参与过维尔纳·赫尔佐格的《小迪特想要飞》《希望的翅膀》《我最亲爱的魔鬼》《纳粹制造》《白钻石》和《浩渺的蓝色远方》等片拍摄,还在《纳粹制造》中饰演了艾德尔曼拉比一角,并共同撰写了《儿子,你都干了些什么》的剧本。——原书注

跋

我始终记得第一次见到维尔纳·赫尔佐格时的情形，那真是一次让人失望透顶的经历，不，我不是对他感到失望，而是对我自己。

我当时正在读研究生，那是二十世纪七十年代末、八十年代初的事。我周围尽是些争强好胜、追求卓越的人，遇上能展现自己有多出色，取得多少成绩的机会，哪怕只是一星半点的机会，他们都绝对不会放过。这种环境给我带来了一种持续的不安全感，再加上加班加点的学习计划，结果电影就成了我急需的喘息机会。在麻省理工学院念研究生那阵子，我是艺术院线的常客。我得承认，那一方面是因为周围人带给我的压力，因为他们也都在观看那类电影；但另一方面，这类电影总体说来确实要比美国本土片优秀许多，看着更有意思。

最初爱上维尔纳·赫尔佐格的电影，正是通过这样的途径。那真是让我大开眼界，完全有别于我以往所见过的任何电影作品。那是视觉盛宴与原始情感的组合，有些情况下，我会觉得那像是在赞美濒临疯狂的状态。我记得我看的第一部就是《阿基尔》,那是一九七七年,差不多就是我刚开始读研的时候。同时,那也是赫尔佐格与让人永远铭刻于心的克劳斯·金斯基的初次合作。后来我才知道,银幕上的疯狂,正是金斯基身上那种易变的狂躁脾气的真实反映。但放在当初,我只能假设,作为导演的赫尔佐格,一定也是个喜怒无常并不亚于金斯基的人,只有这样才能和他达成平衡。

接下来看的是《陆上行舟》,那是一九八二年上映的,之前我刚拿到博士学位,从麻省理工转到了哈佛。那仍是在波士顿,但距离我常去的那家影院,又近了许多。时移势易,此时的我心气颇高,觉得自己也算是个人物了。我已不再是初出茅庐的学生哥,也成了一个工作上能独当一面的真实的人了。这时候再去参加鸡尾酒会,我已经不会被那些谈话内容所吓退了。但是,我得知赫尔佐格为拍《陆上行舟》,真的在亚马孙丛林深处,将一艘货真价实的汽船整个移到了山顶,翻越了山头,不仅如此,他还去了两个同样偏远的地方,将这同一部电影差不多拍了两遍,先是和贾森·罗巴兹、米克·贾格尔一起,后一遍又是和性格反复无常的金斯基一块儿拍的;当我知悉这一切之后,我觉得自己在同期做出的那些成绩,远不及他的那么有创见、有难度。

于是才有了我第一次与他见面时的那种失望之情。那是二〇〇五年的圣丹斯电影节,我受邀担任评委。这并不是因为我是电影专家,我想主要还是由于之前我曾写过一本书:《〈星际迷航〉里的物理学》(*The Physics of Star Trek*),而斯隆基金会正巧出资赞助了圣丹斯电影节的一个奖项,它专门表彰具有科学主题或相关主人公的最佳剧情长片。既然我懂科学,而《星际迷航》又是剧情片,于是他们便认定,我理应拥有足够的专业水准,来评判一部电影中这两项元素相结合的水平；我猜他们就是这么考虑的。结果我却发现，那年需要我们来做评判的这二十来部电影，情况都很糟糕。合规的一部都没有。有些虽有写实的科学人物，但其余部分，剧情或摄影什么的，都乏善可陈。另一些虽然情节妙趣横生，但科学性非常欠缺。评委们最终合计了一下，决定扩大候选范围，不再局限于纯粹的剧情片，改而将那种围绕着一个故事来发展，具有叙事主题的纪录片，也都囊括进来。于是，维尔纳那部关于蒂莫西·特雷德韦尔的扣人心弦的纪录片《灰熊人》，也成了候选作品之一。特雷德韦尔用了十三个夏天，在阿拉斯加拍摄灰熊，与它们共同生活。最终，他和女友都死在了其中一头熊的手里。

《灰熊人》画面引人入胜，拍得极不寻常。影片大部分都建立在特雷德韦尔自己拍摄的那一百多小时的素材的基础之上，赫尔佐格也在他亲自讲述的旁白中，肯定了这些内容具有不俗的视觉性。但对我来说，之所以会对《灰熊人》念念不忘，并非因为它的视觉背景，而是因为维尔纳精彩的旁白。原本，影片大可以将特雷德韦尔表现成一个简单的二维人物，一个疯子。他还以为那就像是迪士尼的电影，人类也能和熊亲近。但是，这位不屑与人为伍，情愿跟这些野生动物做伴的爱独来独往的特雷德韦尔，维尔纳显然是感觉到了，自己对他有一种真正的亲近感。

在我看来，有那么一场戏，抓住了影片想要传达的关键信息，也正是因为这一场戏，让我对我们在圣丹斯把奖发给了《灰熊人》的做法深感欣慰。那出现在影片靠近结尾时，那些画面出自特雷德韦尔生前最后拍摄到的一批素材。镜头中出现的熊，或许正是最终杀死他的那一头。只见镜头摇过去，拍到熊面部和眼睛的特写。它正紧盯着镜头。此时，响起了维尔纳的旁白声："有一点始终困扰着我,那就是所有被特雷德韦尔拍到的熊,在它们脸上,我完全找不到任何的亲近感、理解和怜悯。我看到的,只有大自然让人无法抵御的冷漠。"他要传达的信息很明确:别去惹大自然母亲。自然没有好坏之分,它根本就不在乎我们和我们的各种欲望。自然的世界是暴力的,大部分地方都不适合我们存在。我们的怪念头,我们的想象和我们的快乐,都应该留在我们心中,而不应该强加在这个自然的世界之上。少了我们,自然也不会怎么样。我至今仍被这条信息深深打动,而且我也从没在别的地方再看到过像这样的,针对我们徒劳到可悲的以人类为中心的宇宙观,所发出的简明有力却又让人久久难忘的评论了。

表彰获奖者的招待会上,我第一次见到维尔纳和他妻子莉娜。他俩手牵着手,一起从门口走入,看上去似乎要比真人更显伟岸,但同时又有种是看在这电影的分上,才勉强来参加这活动的感觉。他似乎一有机会,就打算迅速但又不显失礼地从会场中逃走。不过,最让我吃惊的还在于,我本以为他一定是个老年人了,结果却发现全非如此。原来,当初我看他电影的那些年里,他其实也没比当时正在读研和稍后博士后毕业的我年长多少,却早已成了世人心目中全球范围内最高产、最有活力、最具创意的电影人之一。我选择了一条简易、传统的发展道路,通往博士后与学界。同一时间里,他却做成了这些。想当初我还那么洋洋自得,后来想想,那真是够了。

在那之后,我又有幸与维尔纳一起做了不少事。某次,他怂恿我缺席在加州理工大学召开的物理学会议,转而去他那所人人向往的"无赖电影学院",当一回客座嘉宾,回答他本人提出的关于在四维空间里拍电影会是什么情况的各种问题。后来我们又倒转过来,我在亚利桑那州立大学搞的人类起源项目的活动上,也请了他来当嘉宾。我们放了他的3D作品《忘梦洞》，映后请他上台，与一些全世界顶尖的古生物学家一块儿，围绕早期现代人类展开讨论。之前维尔纳曾向我解释过，那才是全世界第一部真正需要用3D来拍摄的电影；只有他才能做到这一点。他说这话的时候，你丝毫不会觉得那是虚荣心在作祟。按他的说法，影片所聚焦的那些精细的旧石器时代岩洞壁画，当初画的时候，就把洞壁的曲度和形态全都考虑了进去，因为这样能让画出来的动物形象更具美感。所以，倘若不拍成3D的话，这个特点根本就没法表现出来。为此，维尔纳自制了专门的摄影机，然后还得在那个根本就没什么人进去过的——比在月球上行走过的人都要少——岩洞里，在黑暗之中一段纤细的金属杆上局促着，当场完成摄影机的安装工作，而且整个项目只有六天拍摄时间。所以我总跟他说，感觉就像是越没难度的电影，他反而越不乐意拍。但每次我那么说的时候，他都会以同样的力度做出回应，说我这些全都是胡说八道。

维尔纳是个天才。我说这话，绝不含有故意夸张的成分。我在我自己那个领域中，也曾与不少极有才华的人合作过，其中还包括好几位诺贝尔奖得主。但这些人中间，只有少数能让我视为天才的。这并不仅仅取决于智商高低，天才应该具有这样一种能力，能用别人根本就想象不到的方式，无中生有地创造出各种故事、解释和画面来。通常，面对一件已经完成的作品——例如爱因斯坦的狭义相对论——我们还有可能想象得出，他们究竟是如何由最初的想法出发，经由一路摸索，最终达成目标的。但另有一些发明创造，例如牛顿的那些，不管是事后还是事前，你都会觉得从无到有的这个过程，来得意义非凡。当我听维尔纳说起他那些计划时，再看看最终的那些成品，就会有上述这种感觉。

归根结底，我这一路来所认识的那位维尔纳·赫尔佐格，并非是你们在各种剪报上读到的那个野人。他懂得照顾人，为人体贴，开朗活泼，本质上是位谦谦君子。他思维活跃，脑子一刻都停不下来，拥有丰富的想象力与创造性，对于各种人生经验都有兴趣。他靠自学成才，看书很杂，学问很深。我觉得我俩之所以喜欢与对方打交道，原因之一就在于，我们有个共同点，都打从心眼里乐意尝试各种人生经验。他表达各种想法和深刻见解的时候，所表现出的那种像小孩子一样的惊叹，尤其深得我心，那是许多人一早就已失去了的东西。所以我才会觉得，倘若维尔纳当初选择走另一条路的话，他肯定不用费什么力气，就能当上科学家，而且我敢肯定，还是很具有实验精神的那种科学家，因为他喜欢直接去体验自己想象出来的那些现象。如果真当科学家的话，他的足迹肯定还是会遍及亚马孙的荒野或是南极洲的天涯海角。说不定，在某个平行宇宙中，这正是他此时此刻正在做的事。我只希望，换到那个时空里，我能拍起电影来。维尔纳身上有些品质，真让我羡慕不已，好希望自己也能拥有，但又知道那不可能，这其中就有他无所畏惧的过人勇气这一条品质。他对生活中黑暗的那一面很有兴趣，他认识到宇宙是一个待人极不友善的地方，笨蛋才会把它想象成相反的样子。但面对这样的宇宙，他又会毫不犹豫地一头扎进去，努力将它的每一面都用胶片记录下来。他并不鲁莽，始终知道这么做可能会导致的后果，但他会找出一条路径来，不管怎么样都要做下去。

维尔纳回答提问的方式，也是独一无二的。他从不装腔作势，也不担心别人听后会有什么反应。总是有什么说什么，而且直奔主题。此外，在他那些从不会让人听了觉得腻烦的谈话里，我们有机会知道他所经历的一些预料之外的挑战和时不时出现的纯属偶然的状况，对于最终的拍摄结果都构成了什么影响。他那些位居二十世纪最出色电影之列的作品，全都离不开上述这些。前面我已说过，我们在亚利桑那州立大学放了他那部3D电影，就在同一个周末，他参加另一个活动时，又展现出自己予人启示的那一面，给我留下了特别深刻的印象。那绝对是我所参与过的最精彩的一次电台节目，维尔纳跟我一起，再加上另一位好友，杰出的作家科马克·麦卡锡（Cormac McCarthy），与《科学星期五》（*Science Friday*）节目的主持人伊拉·弗拉托（Ira Flatow）一道，围绕着早期现代人类以及他们的文化与科技，畅所欲言。听这两位标志性人物细致、权威地讨论着科学话题，那场景我将永生难忘。因为那等于是在告诉我们每一个人，身为现代社会之中的文化人，不代表你就要躲得离科学远远的，而且，你不一定非得是科学家，才能对自然界感兴趣，才能在这方面握有某些专长。节目最后，维尔纳高声朗读起麦卡锡的小说《天下骏马》（*All the Pretty Horses*）。那一刻的感觉，真是神奇，在这两位同样善于创造的艺术家之间，存在着一种神奇的联系。他俩都乐于探索这世界不同的侧面，换了别人的话，相信有好多会心甘情愿地假装它们并不存在。

劳伦斯·克劳斯[1]

---

1 劳伦斯·克劳斯是亚利桑那州立大学地球与太空探索学院的物理学名誉教授、人类起源项目主持人。著作包括《害怕物理》（*Fear of Physics*）、《〈星际迷航〉里的物理学》和《无中生有的宇宙》（*A Universe from Nothing: Why There Is Something Rather than Nothing*）等。二〇一二年，他被授予美国国家科学委员会公共服务奖。